전정7판

FINANCIAL MANAGEMENT

현대재무관리

조 담 I 위정범

무역경영사

전정7판 머리말

우리는 힘들고 어려운 도전을 헤쳐 나가야만 하는 새로운 시대를 맞이하고 있다. 경제 강국들은 자유로운 시장경제를 통한 공동 번영이라는 패러다임을 버리고 자국의 국가이익을 철저하게 우선하는 정책으로 돌아서고 있다. 또 사회 전반에 널리 퍼져있는 기업에 대한 비판적 시각으로 전에 없던 냉혹한 경영환경이 조성되고 있다.

이런 환경 변화는 기업경영이 합리적 사고에 더욱 충실하여야 한다는 것을 의미하고 있으며, 이것은 역설적으로 사익 추구 또는 행태적 편향으로 발생되는 문제들을 더 잘 이해하여야 한다는 것을 시사한다. 이 책은 바로 이런 이유 때문에 재무관리 기초이론을 설명함과 동시에 대리인문제나 행태재무에 대한 이해를 강조하고 있다.

이제 또다시 전정7판을 내게 된 것도 이런 환경의 변화와 무관하지 않다. 이 책이 지금까지 일관되게 추구했던 목표, 즉 현대 재무학의 흐름을 적극적으로 받아들이면서도 우리나라 실정에 알맞은 교과서를 만들겠다는 목표를 나름대로 실천하기 위해 전정7판을 준비하였다.

외견상으로 보면, 국제재무관리에 관한 내용이 주제별로 각각 6, 7, 8, 9장으로 옮겨진 것을 제외하면 전정7판의 기본적 체계는 6판으로부터 크게 다르지 않다. 그러나 각 장의 구체적인 내용에 대해서는 많은 수정과 보충이 이루어졌다. 모든 장에서 새로운 개념들이 추가되고, 최근의 제도적 · 실무적 변화를 반영하여 많은 부분이 수정 또는 보완되었다.

이 책은 이전과 마찬가지로 저자 홈페이지와의 연관성을 중시하고 있다. 예시와 수치 자료는 https://myweb.jnu.ac.kr/~damcho에 bfmExamples.xls라는 파일로 게시되어 있다. 독자들께서 수치 자료와 계산 방법을 직접 확인할 수 있으므로 공부하는 데 크게 도움 받을 것으로 생각된다. 추후에 눈에 띄는 잘못된 내용과 오탈자에 대해서는 저자의 홈페이지에 정리하여 올려놓도록 하겠다. 혹시 오류 또는 수정사항을 발견하면, “damcho@chonnam.ac.kr” 또는 “jbw@khu.ac.kr”에 알려주시기 바란다.

2018년 1월 10일

조담 · 위정범 씀

차 례

제1부 재무활동과 금융시스템

제1장 재무관리의 의의와 기본개념 ------- 3

제1절 재무관리의 의의 ———— 3
1.1.1 재무와 재무관리 ------- 3
1.1.2 기업의 재무관리 ------- 4
1.1.3 기업의 투자결정과 자본조달결정의 관계 ------- 7
1.1.4 재무관리의 목표 ------- 9

제2절 재무관리의 중요한 두 가지 기본개념 ———— 12
1.2.1 화폐의 시간가치 ------- 12
1.2.2 위험 · 수익의 교환관계 ------- 13

제3절 부채와 자기자본 ———— 16
1.3.1 기업의 청구권의 종류와 특성 ------- 16
1.3.2 기업가치, 부채가치 및 자기자본가치의 관계 ------- 17

제4절 경영자의 대리인문제 ———— 20
1.4.1 소유와 경영의 분리 ------- 20
1.4.2 대리인문제 ------- 21

제5절 재무관리의 행태과학적 측면 ———— 24
1.5.1 편향 ------- 26
1.5.2 휴리스틱 ------- 26
1.5.3 프레이밍 효과 ------- 27

★ 연습문제 ———— 28

제2장 금융시장과 금융거래 ------- 33

제1절 금융시스템 ———— 33
2.1.1 금융시스템의 뜻 ------- 33
2.1.2 은행중심 금융시스템과 시장중심 금융시스템 ------- 34

제2절 금융시장과 금융기관 ———— 39
2.2.1 금융시장의 구조 ------- 39
2.2.2 금융기관의 종류와 기능 ------- 41

제3절 효율적 금융시장과 정보비대칭 ———— 45
2.3.1 효율적 금융시장 ------- 45
2.3.2 정보비대칭 ------- 45

제4절 금융규제 ———— 49
2.4.1 금융규제의 정당성 ------- 49
2.4.2 금융감독기관 ------- 50
2.4.3 금융규제의 내용 ------- 52
2.4.4 예금보험 ------- 58
★ 연습문제 ———— 59

제3장 화폐의 시간가치 ------- 63

제1절 화폐의 시간가치 ———— 63
3.1.1 화폐의 시간가치와 이자율 ------- 63
3.1.2 복리계산과 미래가치 ------- 64
제2절 현재가치 ———— 66
3.2.1 현재가치의 뜻과 계산 ------- 66
3.2.2 연금의 현재가치 ------- 73
제3절 내부수익률 ———— 78
제4절 인플레이션과 세금의 영향 ———— 80
3.4.1 인플레이션의 영향 ------- 80
3.4.2 세금의 영향 ------- 84
★ 연습문제 ———— 86

제4장 금융자산의 가치평가 ------- 91

제1절 금융자산 가치평가의 기본원리 ———— 91
4.1.1 단일가격의 법칙과 차익거래 ------- 91
4.1.2 금융자산의 기본가치 ------- 92
4.1.3 가치평가의 몇 가지 방법 ------- 93
제2절 채권의 가치평가 ———— 94
4.2.1 채권의 특성 ------- 94
4.2.2 채권의 가치평가 ------- 96
4.2.3 만기수익률 ------- 99
4.2.4 채권 이자율의 결정 요인 ------- 102
4.2.5 채권투자의 위험과 수익률 ------- 105
제3절 주식의 가치평가 ———— 106
4.3.1 주식의 특성 ------- 106
4.3.2 배당할인모형 ------- 107
4.3.3 상대가치평가모형 ------- 112
4.3.4 기업가치평가모형 ------- 114
4.3.5 주가지수 ------- 115
★ 연습문제 ———— 118

제2부 분산투자와 위험관리

제5장 포트폴리오이론과 CAPM ------- 125

제1절 기대수익률과 위험 ———— 125
5.1.1 위험의 정의 ------- 125
5.1.2 평균 · 분산기준 ------- 126
제2절 기대수익률과 위험의 측정 ———— 127
5.2.1 개별 자산의 기대수익률과 위험 ------ 127
5.2.2 포트폴리오의 기대수익률과 위험 ------ 132
제3절 분산투자의 이론 ———— 139
5.3.1 분산투자의 위험감소효과 ------ 139
5.3.2 효율적 포트폴리오와 효율적 투자기회선 ------- 142
5.3.3 시장포트폴리오와 자본시장선 ------- 144
제4절 체계적 위험과 비체계적 위험 ———— 149
5.4.1 시장모형과 베타계수 ------ 149
5.4.2 체계적 위험과 비체계적 위험 ------ 151
제5절 자본자산가격결정모형(CAPM) ———— 152
5.5.1 자본자산가격결정모형의 개요 ------- 152
5.5.2 증권시장선 ------- 154
5.5.3 자본자산가격결정모형의 고려사항 ------ 159
제6절 효율적 시장과 이상현상 ———— 160
5.6.1 효율적 시장 가설 ------- 160
5.6.2 증권시장의 이상현상 ------ 161
★ 연습문제 ———— 164

제6장 위험관리 ------- 171

제1절 위험관리 ———— 171
6.1.1 위험과 위험관리의 의의 ------ 171
6.1.2 위험관리의 절차와 수단 ------ 175
제2절 위험전가의 방법과 유용성 ———— 178
6.2.1 위험전가의 방법 ------ 178
6.2.2 위험전가와 효율적 위험배분 ------- 179
6.2.3 효율적 위험배분의 장애요인 ------- 180
제3절 보험 ———— 181
6.3.1 보험계약의 기본 특성 ------ 181
6.3.2 중요한 보험상품 ------ 182

제4절 파생상품을 이용한 위험관리 ———— 185
6.4.1 선도계약과 선물의 이용 ------- 185
6.4.2 옵션의 이용 ------- 191
6.4.3 스왑거래 ------- 201
제5절 국제적 기업활동과 환위험관리 ———— 204
6.5.1 기업의 국제화 ------- 204
6.5.2 환율의 결정과 환위험관리 ------- 205
★ 연습문제 ———— 211

제3부 기업의 재무관리

제7장 기업의 투자결정 ------- 221

제1절 투자결정과 자본예산 ———— 221
7.1.1 투자결정과 자본예산의 의의 ------- 221
7.1.2 자본예산의 절차 ------- 222
7.1.3 투자안의 종류 ------- 224
제2절 현금흐름의 추정 ———— 227
7.2.1 현금흐름의 의미 ------- 228
7.2.2 현금흐름을 추정할 때의 두 가지 중요한 기준 ------- 229
제3절 투자가치의 평가 ———— 235
7.3.1 회계적 이익률 ------- 237
7.3.2 회수기간 ------- 239
7.3.3 순현재가치 ------- 242
7.3.4 내부수익률 ------- 246
제4절 투자결정의 몇 가지 문제들 ———— 251
7.4.1 인플레이션의 고려 ------- 251
7.4.2 자본할당과 수익성지수 ------- 252
7.4.3 투자기간의 고려와 등가연간연금 ------- 253
7.4.4 실물옵션 ------- 254
7.4.5 리스의 결정 ------- 255
7.4.6 국제자본예산 ------- 261
제5절 현금흐름의 불확실성과 민감도분석 ———— 262
제6절 자본예산결정에서의 대리인문제와 행태과학적 문제 ———— 264
7.6.1 (+)의 NPV의 합리적 이유 ------- 265
7.6.2 자본예산결정에서의 대리인문제 ------- 265
7.6.3 자본예산결정에서의 행태적 문제 ------- 267
★ 연습문제 ———— 270

제8장 자본비용의 개념과 측정 ------- 277

제1절 자본비용의 의의 ———— 277

8.1.1 자본비용의 정의 ------- 277

8.1.2 자본비용의 이용 ------- 279

제2절 기업의 자본비용: 총자본비용 ———— 280

8.2.1 총자본비용의 뜻 ------- 281

8.2.2 총자본비용의 예시 ------- 281

제3절 원천별 자본비용과 가중평균자본비용 ———— 284

8.3.1 부채의 자본비용(타인자본비용) ------- 284

8.3.2 우선주의 자본비용 ------- 288

8.3.3 자기자본비용 ------- 289

8.3.4 가중평균자본비용 ------- 292

제4절 투자안의 자본비용 ———— 295

8.4.1 투자안의 자본비용 ------- 295

8.4.2 공공투자의 자본비용 ------- 297

8.4.3 해외투자안의 자본비용 ------- 298

★ 연습문제 ———— 299

제9장 자본구조의 이론과 현실 ------- 305

제1절 자본구조의 뜻과 중요성 ———— 305

9.1.1 자본구조의 뜻 ------- 305

제2절 MM의 자본구조이론 ———— 309

9.2.1 MM(1958)의 자본구조 무관련이론 ------- 309

9.2.2 MM(1963)의 자본구조이론: 법인세를 고려하는 경우 ------- 313

제3절 여러 가지 현실적 요인들 ———— 320

9.3.1 개인소득세 ------- 320

9.3.2 재무적 곤경의 비용 ------- 323

9.3.3 대리인비용 ------- 326

9.3.4 정보비대칭 ------- 331

9.3.5 기타의 요인들 ------- 334

제4절 자본구조정책의 실제 ———— 335

9.4.1 자본구조의 실증적 증거들 ------- 336

9.4.2 해외투자를 위한 자본조달 방법 ------- 338

★ 연습문제 ———— 339

제10장 배당정책의 이론과 실제 ------- 343

제1절 배당의 성격과 형태 ———— 343
10.1.1 잔여적 결정으로서의 배당정책 ------- 343
10.1.2 배당의 형태와 지급절차 ------- 344
제2절 배당정책의 결정요인 ———— 347
10.2.1 MM(1961)의 배당무관련이론 ------- 347
10.2.2 배당정책에 영향을 미치는 현실적 요인 ------- 349
10.2.3 배당정책의 관리적 고려사항 ------- 353
제3절 안정배당정책 ———— 355
10.3.1 안정배당정책의 이유 ------- 355
10.3.2 배당의 부분조정모형 ------- 356
제4절 자사주매입과 주식배당 ———— 357
10.4.1 자사주매입 ------- 358
10.4.2 주식배당 ------- 360
★ 연습문제 ———— 361

제11장 운전자본관리 ------- 365

제1절 운전자본관리의 개요 ———— 365
11.1.1 운전자본의 정의 ------- 365
11.1.2 운전자본 보유의 필요성 ------- 365
11.1.3 운전자본관리의 중요성 ------- 366
11.1.4 운전자본관리의 위험 · 수익 교환관계 ------- 367
제2절 현금 및 유가증권의 관리 ———— 369
11.2.1 현금보유의 동기 ------- 369
11.2.2 최적현금잔고의 결정 ------- 369
11.2.3 현금수납 및 지출관리 ------- 372
11.2.4 유가증권관리 ------- 372
제3절 매출채권 및 매입채무의 관리 ———— 374
11.3.1 매출채권의 의의와 경제적 기능 ------- 374
11.3.2 판매조건의 결정 ------- 376
11.3.3 신용분석과 신용결정 ------- 377
11.3.4 수금정책과 매출채권통제 ------- 381
11.3.5 매입채무의 관리 ------- 384
제4절 재고관리 ———— 384
제5절 단기자본의 조달 ———— 387
11.5.1 단기자본조달원천의 분류 ------- 387
11.5.2 단기자본조달정책 ------- 389
11.5.3 단기자본조달원천의 장 · 단점 ------- 390

★ 연습문제 ——— 391

제12장 재무분석과 재무계획 ------- 397

제1절 재무분석의 의의와 목적 ——— 397

제2절 비율분석 ——— 398

12.2.1 재무비율의 체계 ------- 398

12.2.2 주요 재무비율의 계산과 의미 ------- 399

12.2.3 재무비율의 비교분석 ------- 406

제3절 손익분기분석 ——— 408

12.3.1 손익분기분석의 개요 ------- 408

12.3.2 고정비와 변동비 ------- 410

12.3.3 손익분기점과 이익계획 ------- 411

제4절 레버리지분석 ——— 414

12.4.1 영업레버리지 ------- 415

12.4.2 재무레버리지 ------- 416

12.4.3 결합레버리지 ------- 417

제5절 재무계획 ——— 417

12.5.1 재무계획의 의의와 내용 ------- 417

12.5.2 재무예측 ------- 419

12.5.3 현금예산 ------- 421

12.5.4 추정재무제표 ------- 425

★ 연습문제 ——— 427

제4부 기업의 구조조정과 지배구조

제13장 구조조정과 M&A ------- 437

제1절 기업의 구조조정 ——— 437

13.1.1 기업확장 ------- 437

13.1.2 매각처분 ------- 438

13.1.3 지배권 및 소유구조의 변경 ------- 439

제2절 M&A의 의의와 동기 ——— 440

13.2.1 M&A의 의의 ------- 440

13.2.2 M&A의 유형 ------- 441

13.2.3 M&A의 동기 ------- 443

13.2.4 M&A의 성과 ------- 448

제3절 M&A의 방법 ——— 448

13.3.1 대상기업의 선정과 협상의 진행 방법 ------- 449
13.3.2 현금지급 vs 주식교환 ------- 450
13.3.3 주식교환비율의 결정 ------- 452
13.3.4 공개매수 ------- 456
13.3.5 LBO ------- 458
13.3.6 합작투자와 전략적 제휴 ------- 459
제4절 재무적 곤경의 처리 ———— 462
13.4.1 재무적 곤경의 의미와 처리 방법 ------- 462
13.4.2 채권단 자율협약과 기업개선작업 ------- 464
13.4.3 회생절차와 파산절차 ------- 465
13.4.4 재건형 절차와 청산형 절차의 선택 문제 ------- 467
★ 연습문제 ———— 469

제14장 경영자행동과 기업지배구조 ------- 473

제1절 경영자의 위치와 주주의 부 ———— 473
14.1.1 경영자의 위치와 대리인문제 ------- 473
14.1.2 주주의 경영자 통제 ------- 475
14.1.3 경영자 지분과 주주부 ------ 476
제2절 경영자 지배와 재무결정 ———— 477
14.2.1 투자결정 ------- 477
14.2.2 자본구조결정 ------- 479
제3절 경영자 보상 ———— 480
14.3.1 보상계약 설계의 기본원칙 ------- 480
14.3.2 경영자 보상의 결정기준 ------- 481
14.3.3 경영자 보상의 형태 ------- 483
제4절 기업지배구조 ———— 484
14.4.1 기업지배구조의 의미 ------- 484
14.4.2 기업지배구조의 구성 ------- 485
14.4.3 기업지배구조의 국가별 비교 ------- 487
14.4.4 주주행동주의, 집중투표제 및 대표소송제 ------- 490
★ 연습문제 ———— 493

◆ 부 록 ———— 497
[부표 1] 미래가치계수 ------- 499
[부표 2] 현재가치계수 ------- 500
[부표 3] 연금의 현재가치계수 ------- 502

◆ 찾아보기 ———— 505

제 1 부

재무활동과 금융시스템

- 제1장 재무관리의 의의와 기본개념
- 제2장 금융시장과 금융거래
- 제3장 화폐의 시간가치
- 제4장 금융자산의 가치평가

제 1 장 재무관리의 의의와 기본개념

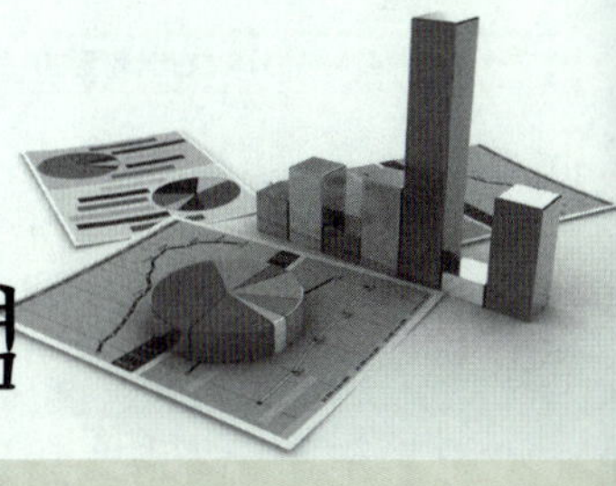

제1절 재무관리의 의의

1.1.1 재무와 재무관리

우리는 자기가 벌어들인 소득 중 얼마를 소비하고 얼마를 저축해야 할 것인지, 여유자금을 은행예금과 주식투자 중 어느 곳에 투자하는 것이 좋은지, 또 자동차나 주택 구입자금 중 부족한 부분을 어떤 조건으로 어떤 금융기관에서 빌릴 것인지 등과 같은 문제에 대해 고민하고 나름대로 합리적인 결정을 내려야 한다. 기업에서도 새로운 제품이나 설비에 투자해야 할 것인지, 투자한다면 그 자금을 은행차입금과 회사채 발행 중 어떤 방법으로 조달하는 것이 나을지, 고객들에게 제공하는 외상판매는 어떤 기준으로 해야 할 것인지, 이익 중 얼마를 배당으로 지급하고 얼마를 내부유보할 것인지 등을 결정하여야 한다.

위에서 예로든 여러 가지 의사결정 문제들은 모두 우리가 '재무(財務, finance)' 문제라고 부르는 것들이다. 이 문제들은 서로 다른 상황에서 다른 특성을 갖고 발생하는 것들이지만 어떤 공통적인 특성을 갖고 있다. 그것은 현재의 어떤 자원(돈)을 희생한 대신 미래의 어떤 자원을 얻거나, 또는 현재 어떤 자원을 얻는 대신 미래에 어떤 자원을 희생하는 거래라는 점이다. 따라서 우리는 "재무"라는 용어를 "'현재의 경제적 자원'과 '미래의 경제적 자원' 사이의 교환"이라고 정의할 수 있다.

예를 들어, 어떤 회사가 100억원을 투자하여 향후 10년간 매년 평균 20억원의 불확실한 미래 소득을 얻을 것으로 예상되는 신제품 개발에 투자하기로 결정하였다면, 그것은 신제품 판매로부터 향후 10년에 걸친 미래 소득을 얻기 위해 현재 100억원의 투자액을 지출하는 거래, 즉 현재와 미래의 경제적 자원의 교환이라는 성격을 내포하고 있다.

또 이 회사가 투자액 100억원을 조달하기 위하여 연리 8%로 3년 만기 회사채를 발행하려 한다 하자. 이 거래도 회사채 발행을 통하여 현재의 100억원의 경제적 자원과 1년 후의 이자 8억원, 2년 후의 이자 8억원 및 3년 후의 원금과 이자 108억원이라는 미래의 경제적 자원을 교환하는 거래이다.

위의 예에서 알 수 있는 바와 같이, 재무 또는 금융은 서로 다른 시점의 경제적 자원을 교환하는 거래로 정의될 수 있다.[1] 사람들이 소득의 일부를 저축하거나, 은행에서 주택자금을 차입하거나, 배당과 시세차익을 얻기 위해 주식에 투자하거나, 기업이 막대한 투자액을 들여 새로운 사업에 진출하거나, 또는 회사채를 발행하여 자금을 조달하는 등의 모든 거래가 재무 또는 금융활동에 해당한다.[2]

사람들은 재무 또는 금융활동을 할 때 그 활동이 자신의 부(富, wealth) 또는 재산가치에 어떤 영향을 미치게 될 것인가를 고려한다. 예를 들어, 기업의 어떤 투자안이 주주들이 소유한 주식가치 전체를 의미하는 주주부에 어떤 영향을 미치는가에 따라 그 투자안의 채택 여부가 결정된다. 또 어떤 개인이 은행에서 담보대출을 받아 아파트를 구입하고자 할 때 그런 거래가 그 사람의 재산을 늘려주는지를 판단하여 그 거래를 행한다. 따라서 넓은 의미에서 재무는 부 또는 재산가치에 영향을 미치는 경제활동이라고 정의할 수도 있다. 그리고 부 또는 재산가치에 영향을 미치는 재무활동의 특성과 원리를 연구하는 학문을 재무학(finance) 또는 재무경제학(financial economics)이라고 한다.[3]

재무관리(financial management)는 재무활동에 관한 의사결정과 실행 및 통제를 포함하는 일련의 과정을 말한다. 기업뿐만 아니라 모든 개인, 가계, 공공단체, 종교단체 등도 재무활동을 하고 있기 때문에, 재무관리는 기업에서만 이루어지는 것이 아니고 거의 모든 경제주체들이 나름대로 재무관리를 하고 있다고 보아야 한다. 그러나 좁은 의미에서 재무관리는 기업의 재무관리, 즉 기업재무(corporate finance)를 의미하는 것으로 이해되고 있다. 그것은 기업의 재무관리가 다른 어떤 경제주체의 재무관리보다 체계적이고 세련된 재무기법을 구사하기 때문이다.

1.1.2 기업의 재무관리

흔히 경제활동의 주체를 가계, 기업 및 정부로 분류한다. 가계와 정부는 기업과는 달리 나름의 재무활동을 활발하게 하고 있으나 그 성격의 특수성 때문에 별도의 학문영역에서 각각의 재무 문제를

---

1 Eugene F. Fama & Merton H. Miller, *The Theory of Finance* (Holt, Rinehart and Winston, 1972), p.1에서는 재무(finance)를 '서로 다른 시간 사이의 자원배분(allocation of economic resources over time)'이라고 정의하고 있다. 이 정의도 '현재의 경제적 자원과 미래의 경제적 자원 사이의 교환'이라는 정의와 동일한 의미를 갖고 있다.

2 일상생활에서 '재무'와 '금융'은 뚜렷한 의미의 차이가 없이 용도에 따라 적절하게 혼용되어 사용된다. 재무관리, 재무상태, 재무담당임원, 재무계약, 재무분석, 재무통제, 재무계획 등에서의 '재무'나 금융시장, 금융제도, 금융자산, 금융거래 등에서의 '금융'은 동일한 의미로 사용되고 있으며, 모두 finance 또는 financial의 뜻을 갖고 있다. 또 이재(理財)라는 단어도 재산을 다룬다는 뜻으로서 재무와 동일한 의미를 갖고 있다고 볼 수 있다.

3 재무학 또는 재무경제학은 연구대상에 따라 다양한 하위 학문영역으로 세분된다. 기업의 재무활동을 다루는 기업재무(corporate finance), 자본시장에서의 금융자산의 가격과 투자전략을 다루는 투자론(investment), 금융기관의 경영문제를 다루는 금융기관론(financial institutions), 금융기관과 기업의 위험의 식별과 관리 방법을 다루는 위험관리(risk management), 기업의 재무자료를 가공·분석하고 그 의미를 해석하는 재무분석(financial analysis, 경영분석 또는 재무제표분석), 보험시장을 다루는 보험론(insurance), 부동산시장의 특성을 연구하는 부동산(real estate), 가계의 재무활동을 다루는 가계재무(personal finance) 등이 있으며, 구체적인 금융활동과 금융자산의 종류별로 보다 세분된 학문영역이 존재하고 있다.

다룬다. 정부는 재정정책, 통화정책, 금리정책 등과 관련된 여러 가지 재무활동들을 수행함으로써 민간 부문의 경제활동에 대해 매우 큰 영향을 미치고 있기 때문에 기업의 재무관리와 다른 특수성을 갖고 있다. 따라서 정부의 재무관리는 재정학(public finance)이라는 별도의 학문영역에서 다룬다. 가계도 저축과 소비, 투자 등과 같은 재무활동을 활발하게 하고 있고, 또 그것들이 개인의 생활과 국민경제에 미치는 경제적 영향도 매우 크다. 일반적으로 가계의 재무관리는 그 특수성을 고려하여 가계재무(personal finance)라는 학문영역에서 별도로 다루어지고 있다.

기업(firm)은 흔히 재화와 서비스를 생산하는 경제주체로 정의된다. 기업은 작업장, 소매점포, 식당과 같이 개인 또는 가족단위로 소유, 운영되는 것도 있고 삼성전자나 마이크로소프트와 같이 세계적 규모로 운영되는 거대기업도 있다. 어떤 종류의 기업이든 기업이 재화와 용역을 생산하기 위해서는 여러 가지 형태의 자산을 필요로 한다. 기업의 생산 과정에서 사용되는 건물, 토지, 기계, 비품, 특허권, 무형적 기술과 노하우, 기타 중간투입물들을 실물자산(real asset)이라고 하고, 이 실물자산의 취득에 필요한 자금을 조달하기 위해 기업이 발행한 주식, 채권, 차입금 등은 기업에 대한 투자자의 금융자산(financial asset)이 된다.

오늘날 대부분의 기업은 거액의 자본을 투입하여 장기적인 존속과 성장을 도모하기 위하여 다수의 임직원이 다양한 형태의 제품과 서비스를 생산하므로, 기업의 재무관리는 매우 다양하고 복잡하게 전개된다. 기업에서 이루어지는 재무관리는 다음과 같이 투자결정, 자본조달결정, 운전자본관리, 위험관리라는 네 가지 영역으로 나누어진다.

① **투자결정(investment decision)**: 투자결정은 기업이 어떤 사업을 운영할 것이며, 그 사업을 위해 어떤 자산을 취득할 것인가에 관한 의사결정이다. 특히 기업의 미래 성과에 대하여 장기적인 영향을 미치고 거액의 투자지출을 수반하는 자산의 취득에 관한 투자결정은 특별히 자본예산결정(capital budgeting)이라고 부른다. 신규사업 진출, 신제품과 신기술 개발, 공장 및 기계의 구입, 중요한 전문인력의 초빙, 대규모 광고캠페인의 실시 등에 관한 결정이 자본예산결정에 해당한다.

② **자본조달결정(financing decision)**: 자본조달결정은 기업이 자산을 취득하기 위하여 필요한 자금을 조달하는 의사결정이다. 기업은 자금을 조달하기 위하여 여러 가지 금융자산을 발행하여야 한다. 금융자산은 기업이 보유하는 여러 가지 실물자산의 운영으로부터 얻어지는 미래의 소득에 관한 청구권(claims)을 표시한 것으로서 보통주, 회사채, 차입금, 리스채무, 외상매입금, 지급어음 등 여러 가지 형태를 취한다. 이 중 회사채, 차입금, 리스채무, 외상매입금 등은 만기와 원리금이 계약에 의해 일정하게 약정되어 있는 청구권으로서 이를 묶어 부채(debt)라고 부르고, 이 부채를 소유하고 있는 청구권자들을 채권자(debtholder)라고 부른다.

이와는 달리 기업소유자가 청구권을 행사하는 부분을 자기자본(equity)이라고 한다. 주식회사에서는 자기자본을 다수의 주식으로 분할하여 다수의 주주(shareholder)들이 그 주식을 소유하여 청구권을 행사한다. 따라서 주식은 주식회사의 소유권을 나타내는 청구권으로서, 만기와 원리금이 정해지지 않고 배당(dividend)만을 받을 수 있는 청구권이다.

기업의 자본조달결정에는 자본구조결정(capital structure decision)과 배당정책(dividend policy)이 포함된다. 자본구조란 기업의 부채와 자기자본의 구성을 의미하는 것으로서, 기업이 어떤 자본구조를 갖는지에 따라 기업의 미래 소득이 어떻게 채권자와 주주에게 분배되는가가 결정된다.

배당정책은 기업의 순이익 중 어느 정도를 주주에게 분배하고 어느 정도를 내부유보하여 재투자할 것인가에 관한 의사결정이다. 배당의 크기를 결정하는 문제는 곧 내부유보에 의한 자본조달의 크기를 결정하는 것과 동일한 것이기 때문에 배당정책도 자본조달정책의 일부로 다루어진다.

③ 운전자본관리(working capital management): 기업의 투자결정과 자본조달결정 중의 많은 것들은 일상적이고 반복적으로 발생한다. 예를 들어, 원재료의 외상매입, 설비의 수선, 저가의 부품구입, 상품의 외상매출 등에 관한 의사결정은 기업의 일상적인 영업활동과 관련하여 반복적으로 이루어지며, 이런 종류의 의사결정을 운전자본관리라고 부른다.

④ 위험관리(risk management): 기업의 이익과 기업가치의 하락을 가져오게 될 재난이나 위험을 회피하기 위해 행하는 여러 가지 의사결정과 행동을 위험관리라고 한다. 기업이 매우 다양한 활동을 하고 있는 만큼 재난 또는 위험에 노출될 가능성도 매우 다양하다. 기업이 부담하는 위험에는 원자재 가격변동, 제품가격의 변동, 금융자산의 가격변동, 또는 시설 및 업무시스템 운영에 따른 위험, 임직원의 사기와 절도, 평판이나 브랜드 가치의 하락, 노사관계의 악화, 법 · 규제의 변화 등이 있으며, 경우에 따라서는 이런 위험들이 기업의 생존에 치명적인 영향을 미치기도 한다. 이러한 위험들을 회피하거나 전가하기 위하여 기업들은 흔히 분산투자나 보험 등과 같은 방법을 사용한다.

최근에는 이 네 가지 영역 이외에 기업지배구조(corporate governance)도 재무관리의 중요한 영역으로 다루어지고 있다. 재무관리의 여러 가지 기능이 주주나 채권자가 아닌 전문경영자에 의해 다루어지고 있으므로, 기업의 이해관계자(stakeholder) 사이의 이해관계를 조정하고 경영활동에 대한 투명성(transparency)을 확보함으로써 이해관계의 마찰을 감소시킬 필요가 있다.[4] 이를 위해, 경영진에게 어떤 인센티브를 제공하고 어떻게 감시 및 규제할 것인지에 관한 의사결정이 필요하게 되며, 이런 영역은 오늘날 기업지배구조라는 영역에서 주로 다루어지고 있다.

이상과 같은 기업의 재무결정은 생산, 인사, 마케팅 등 다른 경영기능과 밀접한 관련을 가지면서 다른 기능들을 종합적으로 통합하고 조정하는 위치에 놓여 있다. 즉, 재무관리는 생산, 인사, 마케팅

4 이해관계자(stakeholder)라는 용어는 주주(shareholder, stockholder)라는 용어에 대비되어 사용된다. 이해관계자는 기업에 대해 재무적 · 비재무적 청구권을 갖고 있는 다양한 이해관계집단을 가리키는 말로서, 주주뿐만 아니라 채권자, 정부, 종업원, 소비자, 지역사회 등까지 포함한다.

과 같은 경영활동과 분리되는 것이 아니라, 이들 경영활동으로부터 얻어진 정보와 외부 경영환경으로부터 얻어진 정보를 기초로 기업목표의 효과적 달성을 위하여 투자결정과 자본조달결정을 하고 이를 생산, 인사, 마케팅 등을 통해 실행되도록 하는 활동이다.

1.1.3 기업의 투자결정과 자본조달결정의 관계

기업에서 이루어지는 다양한 재무결정들 중에서도 가장 핵심적인 것은 투자결정과 자본조달결정이다. 투자결정은 기업자산의 취득에 관한 의사결정이고, 자본조달결정은 자산취득에 필요한 자금을 어떻게 조달할 것인가에 관한 의사결정이다. 운전자본관리는 투자결정과 자본조달결정 중 단기적이고 반복적인 것들을 따로 분류한 것이고, 위험관리는 투자결정과 자본조달결정의 결과로서 발생하게 될 여러 가지 위험을 통제하고 관리하는 활동이기 때문에, 기업의 재무관리에서는 투자결정과 자본조달결정이 가장 핵심적인 의사결정이라고 할 수 있다.

기업의 투자결정과 자본조달결정이 서로 어떤 관련을 갖고 있고, 이들이 기업 외부의 금융시장과 어떤 관련을 갖고 있는가는 [그림 1-1]에 개략적으로 나타나 있다. 기업은 주주부의 극대화 또는 기업가치의 극대화 목표를 달성하기 위하여 여러 가지 투자결정을 내려야 한다. 이 투자결정에는 어떤 업종의 사업을 행하고 어떤 종류의 자산을 취득하며, 기업규모를 어느 정도로 할 것인지에 대한 의사결정이 포함된다.

투자에 필요한 투자자금을 어떤 자본조달원천으로부터 어떤 조건으로 조달하여야 하는지를 결정하는 것이 자본조달결정이다. 기업이 필요한 투자자금을 금융시장에서 금융자산을 발행하여 조달하면 (a, b), 이렇게 조달된 자금은 기업의 여러 가지 자산을 취득하는 데 사용된다(c). 그리고 자산을 이용하여 얻어진 현금흐름(d)은 먼저 채권자에게 원리금을 상환하는 데 사용되고(e), 나머지 중 일부는 법인세로 지출된다(f).[5] 이렇게 지출되고 난 후의 순이익이 주주의 몫이다. 이 몫은 주주에게 배당으로 지급되거나(g), 기업 내부에 내부유보되어 재투자된다(h).

투자결정은 주어진 투자액을 투자하여 더 큰 현금흐름(또는 소득)이 얻어질 수 있도록, 그리고 그 현금흐름이 더 적은 위험을 갖도록 하기 위한 의사결정이라고 할 수 있다. 즉, 투자결정은 (d)에서 얻어지게 될 현금흐름의 기대치와 그것의 위험도를 결정하는 의사결정이다.

일단 기업의 현금흐름이 얻어지면, 이 현금흐름을 주주와 채권자에게 어떻게 분배할 것인지는 부채와 자기자본의 구성에 따라 결정된다. 부채와 자기자본의 구성은 (a)의 금융자산을 발행하는 자본조달결정 과정에서 결정되므로, 자본조달결정은 기업의 현금흐름을 어떻게 분배할 것인지에 관한 의사

5 현금흐름(cash flow)은 일정 기간 중에 얻어진 현금수입 또는 현금소득을 의미하며, 다음에 설명하게 될 순현금흐름과 동일한 의미를 갖는다. 현금으로 지출된 비용을 현금유출(cash outflow)이라고 하고 현금으로 얻어진 수익을 현금유입(cash inflow)이라고 하며, 현금유입에서 현금유출을 뺀 값을 순현금흐름(net cash flow)이라고 한다.

결정의 성격을 갖는다고 볼 수 있다.

그림 1-1 투자결정과 자본조달결정의 관계

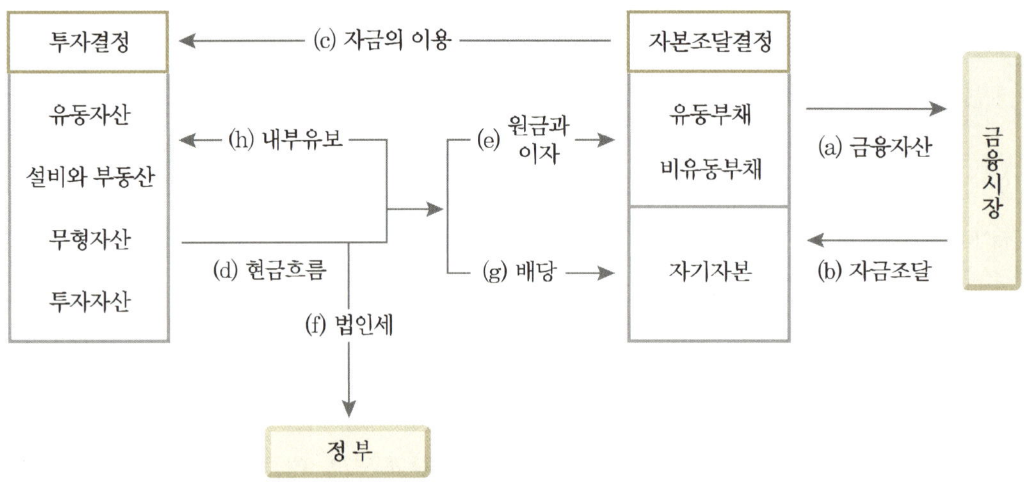

참고 기업의 재무관리 조직과 그 기능

기업은 다양한 활동을 분권화된 조직을 통해 수행한다. 전형적인 기업조직의 상층부를 그림으로 표시한 것이 [그림 1-2]이다. 기업의 최고경영자인 CEO(chief executive officer)는 주주총회와 이사회가 위임한 범위 내에서 기업경영을 총괄하며, 회장, 사장, 또는 대표이사의 직위를 갖는다. 기업의 재무관리 책임자는 흔히 CFO(chief financial officer, 재무담당임원)라고 하며, COO(chief operations officer, 영업담당임원)와 함께 CEO의 직접적인 지휘를 받는다. COO는 기업의 R&D, 마케팅, 생산관리, 인사관리 등을 총괄하며, 기업의 특성에 따라 R&D(정보 및 기술관리 포함), 또는 마케팅을 담당하는 별도의 임원이 배치되기도 한다. 일반적으로 CFO는 재무관리 및 회계업무 등을 총괄하며, 그 밑에 트레저러(treasurer)와 콘트롤러(controller)를 두기도 한다. 트레저러는 은행관계, 자금조달, 현금 및 운전자본의 관리, 보험 및 위험관리, 퇴직연금관리 등의 업무를 담당한다. 컨트롤러는 회사의 회계 및 감사업무를 총괄하며, 그 업무에는 회계보고서의 작성, 예산 작성과 통제, 예산과 실적의 비교분석, 세금 관련 업무, 각종 경영분석 등이 포함된다.

그림 1-2 기업의 재무관리 조직

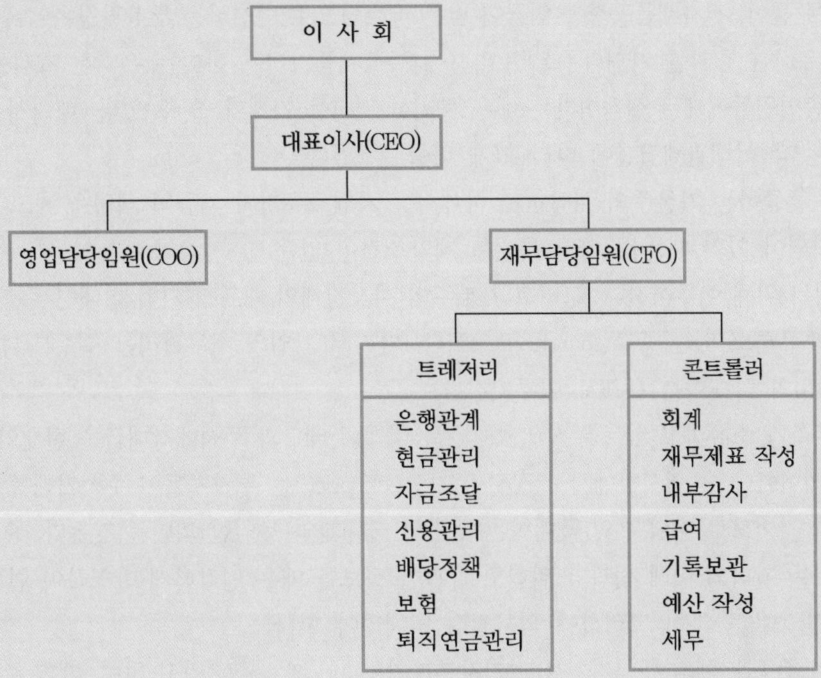

1.1.4 재무관리의 목표

일반적으로 경제학이나 재무학에서 개인의 목표는 평생의 소비를 통해 얻게 될 효용(utility)을 극대화하는 것으로 설정된다. 효용이란 소비를 통해 얻게 될 만족을 의미하는 것으로서 더 많은 소비는 더 큰 효용을 가져다주는 것으로 가정된다. 그러나 현실적으로 효용은 그 크기를 측정하기 어려울 뿐 아니라, 효용을 측정할 수 있다 하더라도 동일한 재화를 소비하여 얻게 될 효용의 크기가 사람마다 다를 수 있다. 따라서 개인의 재무활동의 성과를 효용에 의해 측정하여 의사결정에 이용하는 것은 별로 실용적이지 못하다.

효용의 개념이 갖는 이런 문제점 때문에 우리는 흔히 부(富, wealth)의 극대화를 재무관리의 목표로 삼는다. 부란 현재 및 미래의 모든 소득을 현재의 화폐가치로 평가한 것으로서 어떤 사람이 갖고 있는 재산가치의 크기를 말한다. 어떤 사람이 현재는 비록 재산을 갖고 있지 못하지만 앞으로 높고 안정적인 소득을 가져다 줄 직업을 갖고 있다면 그의 부는 큰 가치로 평가될 수 있다. 일반적으로 미래의 기대소득이 크고 소득의 위험이 적을수록 부는 더 크게 평가된다.

가계와는 달리 기업은 주주, 채권자, 종업원, 고객, 정부, 지역사회 등의 다양한 이해관계를 갖는 다수의 집단과 관련되어 있으며, 기업의 의사결정이 가져올 효과는 이해관계집단에 따라 서로 다르게 나타난다. 예를 들어, 전자제품공장을 임금이 낮은 베트남으로 이전하는 투자결정은 주주들에게 노무비 감소라는 유리한 효과를 가져다주고 소비자에게는 제품가격 인하라는 유리한 효과를 가져다 줄 수 있겠지만 종업원들에게는 실직이라는 매우 불리한 결과를 가져다 줄 수 있다. 따라서 기업에 대해 요구하는 바는 각 이해관계집단에 따라 크게 다를 수 있다.

사유재산을 존중하는 자본주의 시장경제 하에서는 기업소유자가 최종적 책임을 지고 기업을 경영하도록 제도화되어 있기 때문에, 다른 특별한 제약조건이 없는 한 기업의 재무활동은 기업소유자의 부를 증가시키기 위해 이루어진다. 그리고 자본주의 시장경제의 대표적 기업 형태인 주식회사의 소유자는 주식을 소유하고 있는 주주(shareholder)이다. 따라서 기업의 재무관리는 주주부(株主富, shareholder's wealth)의 극대화를 목표로 이루어진다.

주주부는 주주가 소유하고 있는 주식의 가치, 즉 미래의 배당과 주식매각대금을 현재의 화폐가치로 평가한 것을 의미한다. 증권시장에서 결정된 주가(stock price)는 투자자들이 주식거래를 통해 주식의 가치를 평가한 것이므로, 주주부의 극대화는 주가의 극대화와 동일한 의미를 갖는다. 오늘날의 금융시장에서 주가는 기업의 미래 성과와 위험도에 관한 정보를 매우 민감하게 반영하여 변동하므로, 기업은 주가의 반응을 충분히 고려하여 의사결정을 내려야 한다.

어떤 기업의 주주 전체의 주식가치를 자기자본가치(value of equity)라고 하며, 개별 주식의 주가에 발행주식 수를 곱한 것과 같다. 따라서 주가가 상승하면 자기자본가치도 비례적으로 상승한다.

경우에 따라서는 기업의 재무관리의 목표를 기업가치(value of the firm)의 극대화로 설정하기도 한다. 기업가치란 기업자산 전체의 가치이며, 이는 부채가치와 자기자본가치의 합계와 같다. 주주와 채권자 사이에 이해관계의 마찰이 없을 경우, 기업가치를 증가시키는 재무결정은 부채가치와 자기자본가치를 동시에 증가시키게 되므로 채권자와 주주 모두에게 유리하다.

예를 들어, 어떤 회사가 100억원의 원리금을 부담하는 부채를 지고 있다 하자. 만일 이 회사의 기업가치가 70억원으로 평가된다면, 원리금이 100억원이라 하더라도 부채의 가치는 70억원으로 평가되고 자기자본의 가치는 0으로 평가된다.[6] 그러나 기업가치가 120억원으로 평가된다면 부채의 가치는 100억원이 될 것이고 자기자본의 가치는 20억원으로 평가될 것이다. 따라서 기업이 기업가치의 증가를 가져오는 의사결정을 내린다면, 그것은 채권자와 주주 모두의 부를 증가시키게 된다. 즉, 기업가치의 극대화는 주주부의 극대화를 가져다주게 되므로 두 가지 목표는 사실상 동일한 의미를 갖는다.

주주부의 극대화 또는 기업가치의 극대화라는 목표는 금융시장이 효율적으로 자원배분기능을 행할 수 있도록 하여 준다. 예를 들어, 어떤 회사가 주주부를 증가시킬 것으로 예상되는 투자안을 채택한다

6 일반적으로 주주는 기업이 파산하더라도 자신의 지분가치를 포기하는 것 이상의 책임을 지지 않는다는 의미에서 유한책임만을 부담하기 때문에, 자기자본의 가치는 (−)의 값을 갖지 않는다. 이에 대해서는 제3절에서 구체적으로 설명하게 될 것이다.

면 이 회사의 주가는 상승하고 더 좋은 조건으로 필요한 자금을 조달할 수 있게 될 것이다. 그 결과 투자자들의 투자자금은 이 회사의 투자안에 투자되어 더 효율적으로 이용될 수 있기 때문에 금융시장을 통한 자본의 효율적 배분이 이루어진다.

오늘날 기업의 경영활동에서 가치중심경영(value-oriented management)이 강조되고 있다. 가치중심경영은 최고의 경영목표를 주주부나 기업가치의 극대화에 두고 기업의 모든 경영자원을 관리해 나가는 경영철학이다. 따라서 가치중심경영에서는 주주부를 기준으로 의사결정을 내리는 재무관리가 중요하지 않을 수 없다.

참고 피셔의 분리정리

현재 및 미래 소득의 불확실성이 없고 경제주체들이 동일한 이자율로 자유롭게 차입과 대여를 할 수 있다고 가정하자. 개인의 부(富)는 현재와 미래의 소득을 현재의 화폐가치로 평가한 것이다. 동일한 소득, 즉 동일한 부가 주어지더라도, 개인마다 선호의 태도가 다르기 때문에 현재와 미래의 소비는 개인에 따라 다를 수 있다. 현재의 소비를 더 중시하는 태도를 갖고 있는 사람은, 미래에 차입금을 상환하기로 하고 현재 자금을 차입하여, 현재의 소비를 더 많이 하고 미래의 소비를 줄이고자 할 것이다. 반대로 현재보다 미래의 소비를 더 중시하는 태도를 갖고 있는 사람은 자금을 대여하여 현재의 소비를 줄이고 미래의 소비를 늘리고자 할 것이다. 그러나 분명한 사실은, 어떤 사람이 현재의 소비를 더 중시하든 또는 반대로 미래의 소비를 더 중시하든, 누구나 더 많은 부를 원할 것이라는 점이다. 즉, 부가 증가하면 선호의 태도에 관계없이 모든 개인의 효용도 증가하게 된다. 왜냐하면 부가 증가하면, 차입 또는 대여를 통해 이전보다 더 높은 수준의 소비가 가능하게 되고 그 결과 더 큰 효용을 얻을 수 있기 때문이다. 부의 크기는 투자를 통해 결정된다. 즉, 더 높은 수익률을 가진 투자를 선택할수록, 더 큰 부를 얻을 수 있다. 다수의 주주로 이루어진 기업의 경우에도 기업가치, 즉 주주들의 부를 극대화하는 투자결정을 하면, 그 결과로 주주 개개인에게 돌아갈 몫도 극대화된다.

기업이 최적투자결정을 내림으로써 주주 전체의 부를 극대화하면 주주 개개인의 부도 극대화되기 때문에, 개별 주주는 나름대로 최대의 효용을 달성할 수 있다. 바꾸어 말하면, 기업의 어떤 투자결정이 주주 전체의 부를 극대화하는 것이라면, 그 투자결정은 선호의 태도를 달리하는 주주 개개인에게도 최대의 부와 효용을 가져다주는 최적투자결정이 된다. 따라서, 기업의 최적투자결정은 주주 개개인의 선호의 태도와 무관하다 — 즉, 분리되어 있다 — 라는 결론을 내릴 수 있으며, 이것을 피셔(I. Fisher)의 분리정리(separation theorem)라고 부른다.[7]

피셔의 분리정리는 기업의 재무관리에 대해서 두 가지 시사점을 준다. 첫째, 기업의 투자결정은

7 피셔(Irving Fisher, 1867~1947)는 미국의 경제학자로서 물가는 통화량에 비례한다는 화폐수량설과 이자율은 실질이자율과 예상인플레이션의 합계에 의해 결정된다는 피셔가설로 유명하다.

주주의 선호의 태도에 관계없이 주주부를 극대화하는 것만을 목표로 하면 된다. 그 부를 어떻게 소비할 것인가의 의사결정은 주주 개인의 선호의 태도에 따라 주주마다 다를 수 있다. 둘째, 소유와 경영의 분리가 정당화될 수 있다. 만일 기업의 투자결정이 주주의 선호의 태도에 따라 달라진다면, 특정 주주가 직접 경영을 담당하여 자기에게 가장 유리한 투자결정을 내려야만 한다. 그러나 피셔의 분리정리가 의미하는 것과 같이 투자결정이 주주의 선호의 태도와 분리되어 있다면, 주주부를 극대화하도록 최적투자결정을 내릴 수 있는 전문경영자에게 기업경영을 맡겨두고, 주주는 극대화된 부를 어떻게 소비할 것인가에 대해서만 관심을 가져도 된다.

다만, 피셔의 분리정리는 차입이자율과 대여이자율이 동일하고 개인이 자유롭게 차입 또는 대여할 수 있다는 가정 하에서만 성립한다. 만일 이 가정이 성립하지 않으면, 개인의 선호의 태도에 따라 최적투자결정이 달라지므로 피셔의 분리정리가 성립하지 않는다.

제2절 재무관리의 중요한 두 가지 기본개념

이미 언급한대로 재무관리는 현재의 어떤 금액과 미래의 어떤 금액 사이의 경제적 교환관계를 다룬다. 따라서 대부분의 재무결정에서는 의사결정을 내리는 현재와 그 결과가 얻어지는 미래 사이에 시차가 존재한다. 또 미래의 결과를 충분히 예측하지 못하기 때문에 위험(risk, 리스크) 또는 불확실성(uncertainty)을 부담하지 않으면 안 된다. 따라서 재무적 결정을 내리거나 재무적 거래를 행하기 위해서는 시차와 위험을 반드시 고려하여야만 한다.

재무관리에서 시차를 고려할 때에는 화폐의 시간가치라는 개념을 적용하고, 위험을 고려할 때에는 위험 · 수익의 교환관계라는 개념을 적용한다. 이 두 가지 개념은 모든 재무 문제를 다룰 때 일관성 있게 적용되는 매우 중요한 개념이다.

1.2.1 화폐의 시간가치

간단한 예로서 어떤 사람이 현재 100만원을 은행에 예금하고 1년 후에 102만원을 받기로 하였다고 하자. 은행예금이 전혀 위험을 갖지 않는다고 가정한다면, 1년 동안에 얻는 2%의 이자율은 1년이라는 시차에 대한 대가로 주어진 것으로서, 위험이 없는 확실한 이자율이라는 의미에서 무위험수익률(risk-free rate of return) 또는 무위험이자율이라고 한다. 이 시차에 대한 대가는 사람들이 먼 미래의 금액보다 가까운 미래 또는 현재의 동일한 금액을 더 선호하는 태도를 갖기 때문에 주어지는 것이다. 그리고 이런 태도 때문에 동일한 금액이라 하더라도 먼 미래에 얻어지는 금액일수록 낮은 가치로 평가되며, 이런 현상은 화폐의 시간가치(time value of money)라고 불린다.

우리는 화폐의 시간가치를 고려하여 부(富)의 크기를 계산하기 위해 현재가치(present value)라는 개념을 사용한다. 현재가치란 미래의 어떤 금액을 현재의 가치로 평가한 것을 말한다. 어떤 사람의 부의 크기는 미래에 얻게 될 소득을 현재 시점의 가치로 평가한 것이므로, 미래 소득의 현재가치와 같다.

1.2.2 위험 · 수익의 교환관계

1) 위험·수익의 교환관계

만일 어떤 사람이 100만원을 은행에 예금하지 않고 1년 동안 주식에 투자하는 경우에도 은행의 예금이자율 예를 들어, 2%의 이자로 만족할 수 있을 것인가? 정상적인 대부분의 투자자들은 가능하면 더 적은 위험을 부담하고자 하는 위험회피적(risk averse) 투자자이므로, 더 큰 위험을 부담해야 할 경우에는 그 대가로 더 많은 기대수익률을 요구하는 경향을 보인다. 따라서 투자자들은 상당히 큰 위험을 부담해야만 하는 주식투자에 대하여 무위험이자율인 2%에 만족하지 못할 것이므로, 이보다 훨씬 높은 기대수익률(expected rate of return)이 주어지지 않으면 주식에 투자하지 않을 것이다. 만일 이 주식투자로부터 얻어질 것으로 예상되는 기대수익률이 10%라면, 기대수익률 10%와 무위험수익률 2%의 차이인 8%는 위험부담에 대한 대가로서 주어지는 위험프리미엄(risk premium)으로 불린다. 따라서 어떤 재무결정으로부터 얻게 될 기대수익률은 다음과 같은 관계를 갖고 결정된다.

> 기대수익률의 결정
> 기대수익률 = 무위험수익률 + 위험프리미엄 (1–1)

투자위험이 커지면 투자자는 더 큰 위험프리미엄을 요구할 것이므로 기대수익률도 더 높아진다. 이처럼 위험이 클수록 위험프리미엄과 기대수익률이 증가하는 현상을 위험 · 수익의 교환관계(risk-return tradeoff)라고 한다.

재무관리에서 화폐의 시간가치와 위험 · 수익의 교환관계는 매우 중요한 의미를 갖고 있다. 왜냐하면 개인과 기업의 거의 모든 중요한 재무결정은 상당한 시차와 위험을 내포하고 있기 때문이다. 특히 위험 · 수익의 교환관계를 재무결정에 반영하는 것은 매우 중요하고도 어려운 문제이다.

현실에서도 위험 · 수익의 교환관계가 실제로 성립하는지에 대해 많은 의문이 제기되어 왔으며 실증적 검증도 이루어져 왔다. 우리가 어느 정도 확신을 갖고 말할 수 있는 것은 자산 유형별로 크게 보면 위험 · 수익의 교환관계가 실제로 성립한다는 것이다. 사람들이 국채보다 회사채에 대해 더 높은 이자율을 요구하고, 영업수익이 안정적인 회사보다 변동이 큰 벤처회사의 주식에 대해 더 높은 기대수익률을 요구한다는 것은 사실이다.

그러나 개별 자산의 경우에는 위험 · 수익의 교환관계가 엄격하게 성립하지 않을 수 있다. 사후적(ex post)으로 볼 때, 변동성이 큰 주식의 평균수익률이 그렇지 않은 주식의 평균수익률보다 낮은 경우도 흔히 관찰된다. 사전적(ex ante)으로 볼 때에도, 위험이 클 것으로 예상되는 주식의 기대수익률을 그렇지 않은 주식의 기대수익률보다 오히려 낮게 예상하는 경우도 있다. 이런 현상은 위험과 수익에 대한 정보가 불충분한 경우, 행태적인 편향이나 휴리스틱(heuristic)이 작용하는 경우 또는 집단적인 쏠림현상 등으로 합리적 판단이 어려운 경우에 발생한다.

2) 경영위험과 재무위험

주주부를 극대화하고자 하는 기업의 재무의사결정에서는 주주가 얻게 될 기대소득의 크기뿐만 아니라 이를 얻기 위해 부담해야 하는 위험도 중요하게 고려되어야 한다. 기업의 재무의사결정으로 인해 주주가 부담하게 될 위험은 그것이 발생하는 원천에 따라 크게 두 가지로 구분된다.

그 하나는 투자결정의 결과로서 발생하는 위험인 경영위험(business risk)이다. 경영위험은 영업이익의 변동성으로 이해될 수 있다. 영업이익은 매출액에서 매출원가, 판매비와 관리비 등을 뺀 이익으로서 회사의 자산으로부터 얻어진 소득의 크기를 나타낸다. 어느 기업이나 경기변동의 영향을 받아 매출액도 변동하고 그 결과 영업이익도 변동한다. 이러한 영업이익의 변동성이 경영위험이다.

어떤 회사는 경제 전반적인 경기변동으로부터 비교적 적은 영향을 받기 때문에 영업이익의 변동성, 즉 경영위험이 작은 데 반해, 다른 회사들은 경기변동의 영향을 민감하게 받기 때문에 경영위험이 큰 경우도 있다. 이처럼 기업에 따라 경영위험의 크기가 다른 것은 그 기업이 어떤 업종에 종사하고 있고 또 어떤 자산과 기술을 사용하여 영업활동을 전개하는가에 따라 영업이익의 변동성이 다르기 때문이다. 기업의 업종, 자산 및 기술 등을 선택하는 의사결정은 투자결정의 범위에 속하는 것이기 때문에 경영위험은 투자결정의 결과로 발생하는 위험이라고 할 수 있다.

주주가 부담하는 다른 종류의 위험은 자본조달결정의 결과로서 발생하는 재무위험(financial risk)이다. 기업이 부채를 이용하면 그 대가로 채권자들에게 이자를 지급하여야 한다. 지급이자는 기업의 영업성과에 관계없이 고정적으로 지급하여야 하며, 만일 이자를 지급하지 못하면 그것이 파산의 이유가 될 수 있다. 또 부채이용으로 더 많은 지급이자를 부담할수록 주주들의 소득인 순이익의 변동성은 증가하게 된다. 이와 같이 기업이 부채를 조달함으로써 순이익의 변동성과 파산가능성이 증가하는 위험을 재무위험이라고 한다. 재무위험은 기업이 어느 정도의 부채를 사용하고 있는가에 따라 그 크기가 결정되므로, 자본조달결정의 결과로 발생하는 위험이라고 할 수 있다.

참고 **주식회사의 기원**[8]

주식회사가 개인기업이나 다른 회사 형태와 구분되는 중요한 특징은 ① 독자적인 법인격, ② 소유자로서의 주주의 지위, ③ 주주의 유한책임, ④ 주식의 자유로운 양도, ⑤ 소유와 경영의 분리 등이다. 이런 특징은 하루 아침에 형성된 것이 아니고 시대의 흐름에 따라 기업활동이 점차 진화하면서 형성된 것들이다.

주식회사의 기원은 기원전 2세기경 로마제국까지 거슬러 올라 갈 수 있다. 당시 로마는 조세징수에서 신전건립에 이르기까지 많은 국가기능을 푸블리카니(Publicani)라는 조직에 아웃소싱하였다. 푸블리카니는 오늘날의 주식회사와 같이 다수의 출자자에게 소유권이 분산된 법인체이었으며, 집행임원이 조직의 업무를 수행하고 그 결과를 공시하였으며 정기적으로 출자자총회도 개최하였다고 한다. 또 푸블리카니의 주가변동을 보여주는 기록도 남아 있다. 따라서 푸블리카니는 주식회사의 기원으로 추정될 수 있다.

주식회사의 특징을 갖춘 최초의 근대적 주식회사는 1602년에 설립된 네덜란드 동인도회사이다. 당시 중상주의 시대에 장거리무역을 수행하는 동인도회사(East India Co.)가 영국에서는 1600년, 네덜란드에서는 1602년에 칙허회사로 설립되었다. 회사의 설립은 영국 동인도회사가 2년 앞서지만 주식회사 형태로는 네덜란드 동인도회사가 영국보다 10여년 빠른 것으로 알려져 있다.

그림 1-3 스토라 코파르베르크의 주식

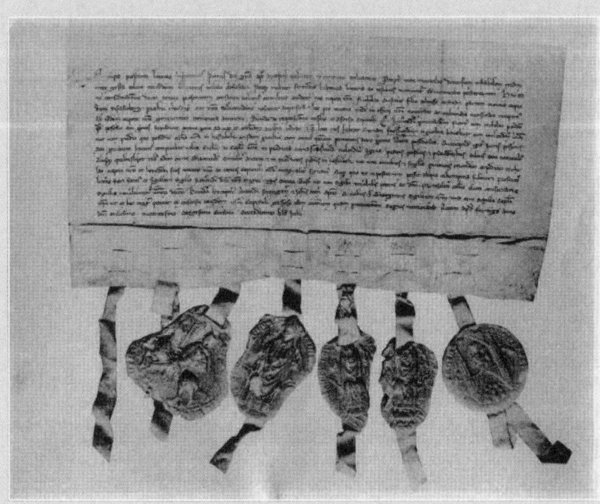

1600년 이전에도 과도기적 형태의 주식회사가 존재했다. 예를 들어, 13세기 후반 귀족과 상인들이 스웨덴의 스토라 코파르베르크(Stora Kopparberg)라는 구리광산의 지분을 주식 형태의 증권으로 나누어 소유했다고 한다. 이 광산은 아직도 활발하게 운용되고 있으며 현존하는 최고(最古)의 주식회사로 알려져 있다. [그림 1-3]의 사진은 지금까지 남아있는 최초의 근대적 주권으로 알려져 있는 것으로서, 스웨덴의 어떤 주교가 소유하고 있던 1/8의 지분을 나타내는 주권이다. 주권의 아래쪽 메달은 광산에서 채굴된 구리의 견본이다.

8 푸블리카니와 동인도회사에 관련되는 부분은 증권박물관(museum.ksd.or.kr)에서 발췌, 정리한 것이고 스토라 코파르베르크 부분은 위키피디아(www.wikipedia.org)에서 정리한 것이다.

제3절 부채와 자기자본

1.3.1 기업의 청구권의 종류와 특성

기업은 자산을 취득하는 데 필요한 자금을 여러 가지 종류의 금융자산을 발행하여 조달한다. 기업이 발행하는 금융자산은 그 자산이 나타내는 청구권의 특성에 따라 부채의 성격을 갖는 부채증권, 자기자본의 성격을 갖는 지분증권, 부채와 자기자본의 성격을 함께 갖고 있는 혼성증권으로 구분된다.

1) 부채

부채(debt)는 원금과 이자의 크기와 지급시기가 약정되어 있는 청구권이다. 부채의 원리금이 계약에 의해 약정되어 있다고 해서 무위험(risk-free)한 것은 아니다. 기업의 현금흐름이 부족할 경우에는 계약대로 원리금을 상환하지 못할 수도 있으며, 이런 경우를 채무불이행(default) 또는 지급불능(insolvency)이라고 하며 파산의 이유가 된다. 채권자들은 채무불이행에 따른 손실을 줄이기 위해 담보(collateral)나 보증(guarantee)을 요구하기도 한다.

기업에서 발행하는 부채의 형태는 매우 다양하다. 외상매입금, 지급어음, 미지급금, 단기차입금, 장기차입금, 회사채 등이 모두 부채에 해당한다. 이 중 외상매입금이나 미지급금은 원리금에 대한 청구권이 증서의 형태로 표시되어 있지 않지만, 단기차입금이나 장기차입금은 청구권의 내용이 증서로 표시되어 있다. 회사채는 거액의 장기자본을 조달하기 위해 발행하는 증권이며, 회사채를 매입한 투자자들은 증권시장에서 회사채를 자유롭게 양도할 수 있다.

2) 자기자본

자기자본(equity)은 기업의 소유권을 나타내는 청구권으로서, 주식회사의 경우 보통주(common stock)가 자기자본을 표시하는 증권이다. 보통주를 소유하고 있는 주주들은 기업의 이익과 재산에 대하여 잔여적 청구권(residual claim)을 행사하고 기업의 위험을 최종적으로 부담한다. 주주가 잔여적 청구권을 행사한다는 것은 기업의 이익과 재산이 부채에 대한 원리금과 법인세를 지급하는 데 먼저 사용되고, 나머지가 있을 때에만 주주들이 청구권을 행사할 수 있다는 의미이다. 또 주주들은 기업의 소유권을 갖고 있으므로 주주 자신이 직접 경영에 참여하거나 경영진을 임명할 수 있고 경영성과에 대해 최종적 책임을 진다.

개인기업의 경우 기업소유자 자신이 무한책임(unlimited liability)을 부담하여야 하므로, 출자액에 관계없이 부채의 전액에 대해서 책임을 진다. 그러나 주식회사의 주주는 유한책임(limited liability)을 진다(상법 331조). 즉, 주주는 회사의 부채에 대하여 자기자본의 한도 이내에서만 책임을 지므로, 회사의 부채를 회사의 자산으로 변제하지 못하더라도 주주가 잔여부채를 상환해야 할 의무를 지지 않는다.

3) 혼성증권

혼성증권(hybrid securities)은 부채와 자기자본의 성질이 혼합되어 있는 청구권으로서 전환사채나 우선주 등을 예로 들 수 있다. 전환사채는 보통주로 전환할 수 있는 전환권이 주어진 회사채이다. 주식으로 전환할 경우의 가치가 회사채로서의 가치보다 크면 투자자는 전환권을 행사하게 될 것이므로, 전환사채는 당장은 회사채로 존재하고 있지만 잠재적으로는 보통주의 성격도 내포하고 있는 증권이라고 할 수 있다.

우선주는 1주당 배당금의 크기가 정해져 있거나 보통주보다 더 높은 배당률을 지급받을 수 있도록 약정된 주식이다. 일반적으로 우선주는 주주총회에서 이사의 선임이나 영업보고서의 승인과 같은 대부분의 안건에 대해 의결권을 행사하지 못하며, 합병결의와 같은 특수한 경우에만 의결권 행사가 가능하다. 따라서 우선주는 배당금의 지급이 약정되어 있고 의결권이 없다는 점에서 부채의 성질을 갖고 있지만, 회사가 우선주 배당금을 지급하지 못한다 하더라도 채무불이행으로 취급되지 않는다는 점에서는 보통주와 유사하다.

1.3.2 기업가치, 부채가치 및 자기자본가치의 관계

1) 기업가치

어떤 자산의 가치는 그 자산으로부터 투자자가 미래에 얻게 될 소득을 현재가치로 평가한 것이다. 또 미래 소득의 기대치가 더 클수록, 그리고 위험이 작을수록 그 자산의 가치는 더 크게 평가된다. 이 점은 기업의 경우에도 해당된다. 즉, 기업가치(value of the firm)는 기업의 자산 전체로부터 투자자들이 얻게 될 미래 소득의 현재가치이다.

기업자산에 대한 투자자는 부채(타인자본)를 제공한 채권자와 자기자본을 제공한 주주로 나누어진다. 기업이 자산을 이용하여 소득 또는 이익을 얻으면, 기업은 채권자들에게 부채에 대한 원금과 이자를 제공하고 주주들에게는 배당을 지급할 것이다. 따라서 기업가치는 채권자 및 주주들에게 제공하는 미래 소득의 현재가치, 즉 부채의 원리금과 주식에 대한 배당을 현재의 시장가치로 평가한 것이다. 이것은 기업의 청구권이 크게 부채와 자기자본으로 나누어지므로, 기업가치는 부채가치와 자기자본가치의 합계와 같다는 것을 의미한다.

2) 부채가치와 자기자본가치

부채(debt)는 미래의 원금 및 이자에 대한 채권자들의 청구권을 나타낸다. 금융시장에서 부채는 원금 및 이자를 현재의 시장가치로 평가하여 거래되며, 이 부채의 시장가치가 부채가치(value of debt)이다. 예를 들어, 어떤 회사가 3년 만기 회사채만을 발행하고 있다 하자. 금융시장의 투자자들은 이 회사채의 특성, 즉 미래의 이자와 원금상환액의 지급시기, 크기 및 위험도 등을 고려하여 이 회사채의 시장가치를 결정한다. 물론 한 기업이 다양한 종류의 부채를 발행하고 있다면 금융시장은 각각의 부채의 특성을 반영하여 시장가치를 결정하게 되므로, 기업의 부채가치는 개별 부채의 시장가치를 모두 합계한 것과 같다.

기업의 자기자본(equity)은 주주들의 청구권을 나타낸다. 자기자본가치(value of equity)는 자기자본의 시장가치로서, 기업이 주주들에게 제공하는 미래 소득, 즉 미래의 배당을 현재의 시장가치로 평가한 것이다. 금융시장에서 결정되는 주가는 투자자들이 1주의 주식으로부터 예상되는 미래 소득을 시장가치로 평가한 것이므로, 기업의 자기자본가치는 주가에 발행주식 총수를 곱한 것과 같다. 예를 들어, 어떤 회사의 1주당 주가가 34,000원이고 발행주식 총수가 100만주라면 이 회사의 자기자본가치는 340억원으로 평가된다.

3) 부채가치와 자기자본가치는 기업가치와 어떤 관계를 갖는가?

부채는 기업의 이익에 대하여 자기자본보다 우선적으로 청구권을 행사한다. 즉, 기업이 생산 및 영업활동을 통해 이익을 얻어내면, 먼저 채권자들이 청구권을 행사하고, 나머지 이익에 대해 주주들이 청구권을 행사한다. 이것은 기업가치에서 부채가치를 뺀 나머지가 자기자본가치로 평가된다는 것을 의미한다.

채권자가 주주보다 우선적으로 청구권을 행사한다고 해서, 부채가치가 기업가치와 무관하게 일정한 금액으로 평가될 수 있다는 것을 의미하는 것은 아니다. 예를 들어, 어떤 회사의 부채의 원리금이 100억원이라고 하자. 만일 그 회사의 기업가치가 150억원이라면, 부채가치는 100억원, 자기자본가치는 50억원으로 평가될 것이다. 그러나 기업가치가 80억원이라면, 부채가치는 80억원, 자기자본가치는 0으로 평가된다. 여기서 주목할 점은 자기자본가치가 −20억원이 아니고 0이라는 점이다. 이것은 주주들이 유한책임을 부담하기 때문에, 회사가 부채를 갚지 못한다 하더라도 주주들이 그 부채를 떠안지 않고 주주의 권리만 상실하기 때문이다. 결국, 채권자는 기업가치를 초과하는 금액은 회수하지 못한다.

이상과 같은 기업가치, 부채가치, 자기자본가치의 관계는 [그림 1-4]와 같이 나타낼 수 있다. 기업가치가 부채의 원리금보다 작을 경우, 부채가치는 기업가치 모두가 채권자의 몫이 되므로 기업가치와 같고 자기자본가치는 0이 된다. 기업가치가 원리금보다 클 경우에는 부채가치는 기업가치의 증가에 관계없이 부채의 원리금 수준에서 결정되고, 자기자본가치는 기업가치가 증가할수록 커진다.

그림 1-4 기업가치, 부채가치 및 자기자본가치의 관계

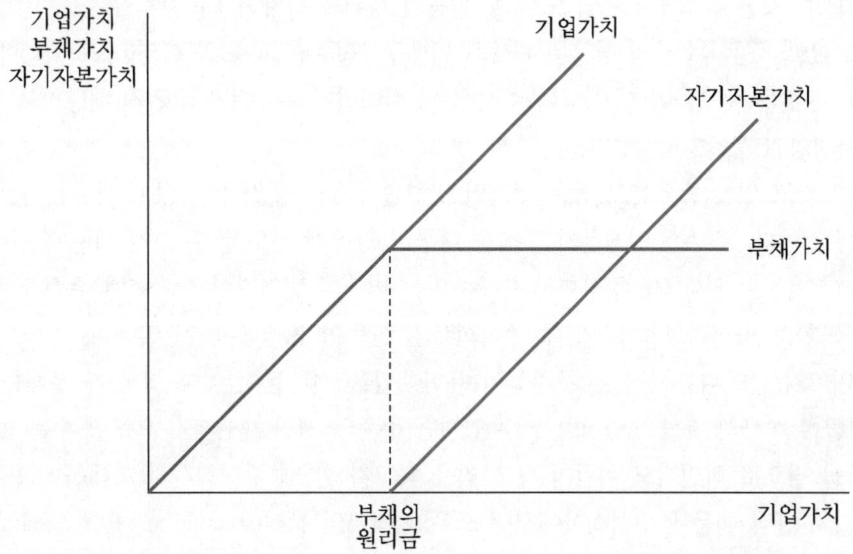

[그림 1-4]에 나타난 기업가치와 부채가치 및 자기자본가치의 관계는 기업의 재무관리에 대하여 한 가지 중요한 시사점을 제공해 준다. 그것은 기업가치가 증가하면 부채가치와 자기자본가치가 함께 증가하기 때문에, 채권자 및 주주 모두에게 유리한 결과를 가져다줄 것이라는 점이다. 따라서 기업가치 극대화를 추구하게 되면 주주부의 극대화라는 기업목표도 자연스럽게 달성된다.

현실에서는 기업가치 극대화가 언제나 주주부의 극대화를 가져다주는 것만은 아니다. 경영자나 임직원들이 기업가치의 일부를 낭비하거나 부채로 조달된 자금을 주주에게만 유리하도록 사용할 경우 또는 기업가치에 관한 정보가 주가에 제대로 반영되지 않을 경우, 기업가치를 증가시키는 의사결정을 내리더라도 주주부가 증가하지 않는 결과가 발생할 수도 있다. 또 경영자와 투자자들이 심리적 편향이나 습관에 젖어있으면 합리적 결정을 내리지 못하고, 결국 기업가치 또는 주주부의 극대화를 달성하지 못할 수도 있다. 이 문제에 대해서는 다음의 4절과 5절에서 보다 구체적으로 설명하기로 한다.

제4절 경영자의 대리인문제

1.4.1 소유와 경영의 분리

오늘날 기업의 대표적인 형태는 주식회사(corporation)이다. 주식회사는 독자적인 법인격을 갖고 있는 기업이므로, 재산의 소유나 차입 또는 계약 등의 행위를 독자적으로 행할 수 있으며 소송의 당사자가 될 수도 있다.[9] 주식회사의 정관은 회사의 지배구조(governance)와 운영(operation)에 관한 내용을 규정한다. 주주들은 그들이 갖고 있는 주식 수에 비례하여 주주로서의 권리(배당청구권, 잔여재산청구권, 이사선임권 등)를 행사한다.

주식회사가 갖고 있는 중요한 장점은 회사의 경영활동에 지장을 주지 않고 자유롭게 주식을 양도할 수 있다는 점이다. 주주는 언제든지 주식을 다른 사람에게 양도할 수 있기 때문에 원하는 시기에 투자자금을 회수할 수 있다. 또 주식회사는 주주와는 별개의 법인격이므로 어떤 주주가 주식을 다른 사람에게 양도한다 하더라도 그로 인해 주식회사의 활동이 지장을 받지 않는다.

주식회사가 갖는 또 다른 장점은 주주들이 유한책임을 진다는 점이다. 회사가 부채를 갚지 못할 경우 채권자들은 회사의 자산을 넘겨받을 수 있지만 주주의 개인 재산까지 요구할 수는 없다. 따라서 거액의 투자를 필요로 하면서도 위험이 큰 사업을 하고자 할 때 주식회사의 형태를 이용할 수 있다.

위의 두 가지 장점 때문에 주식회사에서는 소유와 경영의 분리(separation of ownership and management)가 다른 어떤 형태의 기업보다 용이하게 이루어질 수 있고 또 그 이점을 가장 잘 활용할 수 있다. 소유와 경영의 분리는 주주가 직접 회사를 경영하지 않고 전문경영자에게 경영의 권한과 책임을 위임하는 것으로서 전문적 경영능력을 이용할 수 있다는 것 이외에도 다른 여러 가지 이점을 갖고 있다.

그러나 소유와 경영의 분리는 뒤에서 설명하는 바와 같이 대리인문제를 야기한다는 문제점을 갖고 있다. 즉, 기업을 경영하는 경영자가 기업소유자인 주주의 이익보다는 자신의 이익을 위해 행동할 수 있으며, 그런 경우 주주들의 부는 감소한다.

9 주식회사가 독자적인 법인격을 갖고 있고 주주가 유한책임을 진다는 사실은 주식회사와 거래하는 상대방에게 매우 중요한 내용이 될 수 있으므로 거래 상대방이 그 사실을 충분히 인지할 필요가 있다. 이를 위해 우리나라와 일본에서는 회사의 명칭에 주식회사라는 것이 반드시 표시되어야 한다. 미국에서는 Inc(Incorporated), 프랑스는 SA(Sociedad Anonima), 대만은 유한공사(有限公司)라는 명칭이 상호에 포함되어야 한다. 독일의 공기업은 AG(Aktiengesellschaften), 사기업은 GmbH(Geselschaften mit beschrankter Haftung)을 사용하고, 영국의 공기업은 PLC(Public Limited Company), 사기업은 Ltd(Limited)를 사용한다.

참고 소유와 경영의 분리의 이점

① **전문적 경영능력의 활용**: 기업경영에 필요한 전문적 지식이나 경험, 품성을 갖춘 경영자를 활용할 수 있다. 예를 들어, 호텔업에서는 호텔경영의 전문가를 사장 또는 이사로 활용할 수 있다.
② **효율적 경영규모**: 개인 또는 가계로서는 감당할 수 없는 규모의 사업은 다수의 주주로부터 자금을 조달함으로써 효율적 규모의 사업을 전개할 수 있다. 이런 경우 다수의 주주 모두가 경영에 참여하기보다는 전문경영자에게 회사의 경영을 위임하는 것이 효율적이다.
③ **위험의 분산**: 불확실한 경영환경에서 주주들은 다수 기업의 주식에 분산투자함으로써 위험을 줄일 수 있다. 이런 경우 주주가 갖게 될 개별 기업의 주식은 경영에 참여하기에는 매우 적은 지분에 지나지 않게 된다.
④ **정보수집비용의 절약**: 전문경영자는 생산기술, 원재료와 노동시장, 제품시장에 관한 정확한 정보를 저렴한 비용으로 수집할 수 있다. 따라서 전문경영자가 경영을 담당하도록 함으로써, 주주들은 이런 정보를 개별적으로 비용을 들여 수집할 필요가 없다.
⑤ **계속기업 효과**: 직접 기업을 경영하는 주주가 자신의 지분을 다른 사람에게 양도할 경우, 주주가 갖고 있던 주식의 이전은 가능하지만 경영상의 노하우, 평판, 전문기술 등을 제대로 이전하는 것은 불가능하다. 그러나 별도의 전문경영자가 기업을 경영할 경우 주주가 주식을 이전한다 하더라도, 기업은 계속기업으로서 존속하게 되고 노하우나 평판, 전문기술의 축적이 이루어지게 된다.

1.4.2 대리인문제

1) 대리인문제의 성격

기업의 주인은 주주이다. 그러나 실제의 기업경영은 경영자가 계약에 따라 주주로부터 권한을 위임받아 수행하고 그 성과에 따라 경영자는 보수를 받는다. 따라서 경영자는 주인인 주주의 대리인으로서 기업을 경영하는 관계에 있다고 할 수 있다.

그러나, 경영자도 이기적인 인간이기 때문에 경영자가 주주들의 이익을 위해 최선을 다하지 않고 자신의 개인적 이익을 위해 행동함으로써 주주들의 이익을 침해하는 행동을 할 수도 있다. 이런 경우 주주와 경영자는 이해관계의 마찰 또는 갈등이 발생하게 된다.

이와 같이 대리인(agent)이 주인(principal)을 위해 일하고, 그 대가로 주인은 대리인에게 보수를 지급하는 계약관계를 주인 · 대리인관계라 한다. 그리고 주인과 대리인 사이의 이해관계의 마찰 때문에 발생하는 문제를 대리인문제(agency problem)라고 한다.[10]

만일 주인과 대리인이 미래에 발생하게 될 모든 사태를 충분히 예견하고 매우 상세한 계약을 작성하여 모두가 충실하게 그 계약을 지킨다면 이해관계의 마찰은 크지 않을 것이다. 우리는 이런 계약을 완비계약(complete contract)이라고 한다. 그러나 실제로는 미래의 모든 가능한 경우를 예측하여 충분히 상세한 계약을 작성할 수가 없으므로 대리인이 사적 이익을 추구하여 행동할 여지가 존재하며, 그 결과 주인과 대리인 사이에 이해관계의 마찰이 발생하게 된다.

대리인문제의 대표적인 예는 기업의 전문경영자가 자기 개인을 위하여 낭비적 소비(perk)를 행하는 경우를 들 수 있다. 낭비적 소비에는 호사스러운 사무실과 집기, 불필요한 비서진, 각종 사치 등에 지출되는 비용뿐만 아니라 생산성과 무관하게 지출되는 임직원의 급여, 경영자의 기호만을 위해 이루어진 각종 투자 등도 포함된다. 경영자가 주식의 일부만을 소유하거나 전혀 소유하고 있지 않을 때, 경영자는 가능한 한 적게 일하고 많은 낭비적 소비를 행하려는 유인을 갖게 된다. 경영자가 주식의 100%를 소유하고 있다면 그는 낭비적 소비의 100% 모두를 자신이 부담하기 때문에 그만큼 자신의 부의 감소를 가져온다. 그러나 경영자가 주식을 전혀 소유하지 않고 있다면, 그는 낭비적 소비의 100%를 즐기면서도 그 비용을 단 한푼도 부담하지 않는다. 따라서 경영자의 지분이 낮을수록 경영자가 낭비적 소비를 즐기려는 유인이 커진다.

이해관계의 마찰은 기업의 청구권자인 주주와 채권자 사이에서도 발생할 수 있다. 이 경우 회사에 조달된 부채의 주인은 부채를 제공한 채권자이고 대리인은 부채를 관리하는 주주이며,[11] 주주들이 부채를 조달한 후 주주에게만 유리하고 채권자에게는 불리하게 투자할 수도 있다. 이런 가능성은 [그림 1-4]에서 자기자본가치 또는 부채가치가 기업가치와 정확히 비례적으로 증가하거나 감소하지 않는다는 사실로써 설명될 수 있다. 기업가치가 부채가치보다 작은 영역에서 자기자본가치는 0이기 때문에, 주주는 상대적으로 안전하지만 수익성은 낮은 투자를 기피할 수 있기 때문이다. 이런 문제도 대리인문제의 하나이다.

2) 대리인비용

대리인문제 때문에 발생하거나 대리인문제를 완화하기 위하여 기업 또는 주주들이 부담하는 비용을 대리인비용(agency cost)이라고 한다. 예를 들어, 경영자의 낭비적 소비 그 자체로 발생하는 비용이나 경영자의 행동을 감시하는 과정에서 발생하는 여러 가지 비용은 대리인비용의 일종이다. 일반적으로 대리인비용은 다음 세 가지로 분류된다.

① 감시비용(monitoring cost): 대리인이 본래의 계약대로 주인의 이익을 위해 행동하도록 감시하기

---

10 M. C. Jensen & W. H. Meckling, "Theory of the Firm: Managerial Behavior, Agency Costs and Ownership Structure," *Journal of Financial Economics*, 3(Oct. 1976).

11 주주는 부채를 관리하는 권한을 경영자에게 다시 위임하겠지만, 이 경우 경영자는 주주의 이익을 위해 그 부채를 관리하게 될 것이다. 따라서 부채의 관리에 있어서는, 경영자는 주주와 동일한 입장을 갖게 된다.

위하여 지출되는 비용을 뜻한다. 예를 들어, 경영자의 행동이 주주들의 이익으로부터 벗어나지 않도록 회계 및 업무감사를 실시할 경우 발생하는 비용 등이다.

② 확증비용(bonding cost): 대리인이 본래의 계약대로 주인의 이익을 위해 행동하고 있다는 것을 자발적으로 확증하려 할 때 발생하는 비용이다. 경영자가 주주를 위해 노력하고 있다는 것을 보여주기 위하여 내부통제조직을 운영하거나 투자홍보활동을 전개할 경우 이에 따른 비용이 확증비용의 예이다.

③ 잔여손실(residual loss): 감시 또는 확증활동에도 불구하고 대리인문제가 충분히 해소되지 않을 수 있으며, 이런 대리인문제 때문에 주인이 부담해야 하는 여러 가지 손실을 의미한다. 예를 들어, 대리인문제 때문에 최선책을 택하지 못하고 차선책을 택해야만 할 경우 이로 인한 손실은 잔여손실에 해당한다. 또 경영자가 주주에게 불리한데도 불구하고 단순히 기업규모를 늘리기 위해 다른 회사를 인수하고자 할 경우, 기업인수 때문에 입게 되는 주주들의 손실도 잔여손실에 해당된다.

3) 대리인문제의 해결

경영자가 무능하거나 심각한 대리인문제를 야기할 경우 주주들이 취할 수 있는 최종적 수단은 경영자를 해임하는 것이다. 그러나 경영에 관심이 없는 소액주주들에게 대부분의 주식이 분산되어 있는 경우 주주들이 경영자의 무능과 대리인문제의 심각성을 제대로 인식하지 못할 수도 있고, 그것을 인식한다 하더라도 경영자에게 우호적인 주주집단의 방해 때문에 주주총회를 소집할 수 없는 경우가 흔히 있다. 또 주주들이 주주총회의 의결을 통해 무능한 경영자를 해임할 수 있다 하더라도, 이 방법은 해임결의까지의 심각한 내분과 갈등, 해임된 경영자의 기업비밀 누출 가능성, 기업 내 일부 임직원들의 반발 등의 대가를 수반하기 때문에, 경영자의 해임이 대리인문제를 해결하는 합리적 방법이 아닐 수도 있다.

경영자들의 대리인문제를 해소하기 위해 사용하는 또 하나의 방법은 유인합치계약(incentive-compatible contract)을 맺는 것이다. 유인합치계약이란 대리인이 자신의 유인(incentive)을 극대화하도록 행동할 때 그것이 결국 주인의 이익을 극대화하는 결과를 가져오도록 설계된 계약을 의미한다. 경영자 보수가 기업의 경영성과에 따라 달라지도록 계약하는 것도 유인합치계약의 예이다. 예컨대 기업의 주가나 순이익 수준에 따라 경영자의 보수가 결정되도록 계약하거나, 주가가 일정 수준 이상으로 상승할 경우에 경영자가 이득을 얻을 수 있도록 스톡옵션(stock option)이나 스톡그랜트(stock grant)를 부여할 수 있다. 이런 계약이 맺어지면 경영자는 자신의 보수를 극대화하기 위해 노력하게 되고, 그 결과 주주부도 극대화되므로, 이는 유인합치계약이라고 할 수 있다.

대리인문제를 해결하는 다른 방법은 감시(monitoring)와 확증(bonding)이다. 감시는 대리인이 본래의 계약을 신의와 성실을 다하여 이행하고 있는지를 살펴보는 것이다. 기업에서 이루어지는 여러 가지 내부감사 및 외부감사활동은 대부분이 이러한 대리인을 감시하기 위해 이루어지는 활동이다. 감시에는 상당한 비용이 수반되므로 현실적으로 완벽한 감시는 불가능하다.

확증은 대리인 자신이 신의와 성실을 다하여 계약을 이행하고 있다는 것을 입증하기 위한 여러 가지 활동이다. 기업의 경영자가 내부통제제도를 수립하여 내부의 부정과 낭비를 제거하거나 투자자 홍보활동을 통해 영업실적 및 성과를 알리는 것은 이러한 확증활동의 예이다.

대리인문제를 해소하는 데 사용되는 또 다른 수단은 시장규율(market discipline)이다. 시장규율이란 경쟁시장에서 지켜져야 할 정상적인 게임의 규칙에 의해 경제활동의 결과가 결정되는 것을 의미한다. 예를 들어, 방만하게 운영되는 기업은 결국 시장경쟁에서 버티지 못하여 망하게 되고 효율적으로 경영되는 기업이 성장, 발전하게 되는 것이 시장규율이다.

시장규율의 예로서 경영자시장과 M&A의 활성화를 들 수 있다. 경영자시장(management market)이란 경영자의 채용 여부와 보수가 결정되는 시장으로서, 경영자시장이 제대로 작동된다면 무능하거나 낭비가 심한 경영자는 경영자시장에서 나쁜 평판을 얻게 되어 결국 직위를 잃거나 보수가 나쁜 회사로 밀려날 것이다. 또 M&A(merger and acquisition, 기업인수 및 합병)가 활발하게 이루어진다면, 무능한 경영자가 운영하고 있는 회사는 다른 회사에 의해 인수 또는 합병되고 무능한 경영자는 축출될 것이다. 따라서 경영자시장과 M&A를 활성화시키는 것은 대리인문제를 크게 감소시키는 효과를 가져다준다.

제5절 재무관리의 행태과학적 측면

합리성(rationality)은 이용 가능하고 객관적인 모든 정보를 이용하여 목표달성에 충실한 대안과 수단 및 방법을 사용하여 행동하는 것을 의미한다. 그러나 현실의 인간행동에는 합리성을 결여한 비합리적 행동이 흔히 발견되며 그런 행동의 많은 부분은 인간의 심리적 요인 때문에 발생한다.

1990년대 이후 재무관리 연구에서 얻어진 중요한 성과의 하나는 금융시장과 재무관리에 나타나는 인간행동의 많은 부분을 행동과학적 관점에서 설명할 수 있게 되었다는 점이며, 그런 성과를 체계화한 학문영역이 행태재무학(behavioral finance)이다.[12] 행태재무학은 기업의 재무관리가 표준적인 경제이론에서 가정하는 것처럼 인간의 합리성에 의해서만 결정되지 않고, 제한된 합리성(bounded ra-

12 행태재무학은 카너먼(Daniel Kahneman)과 트버스키(Amos N. Tversky) 등이 개척한 행태경제학(behavioral economics)의 연구 성과를 금융거래와 재무관리의 영역에 적용한 것이다. 이중 카네만은 인지적 편향과 프로스펙트 이론을 제시하고 행태경제학을 창시한 공로로 2002년 노벨경제학상을 수상하였다(공동연구자인 트버스키는 1996년에 사망하여 노벨상을 받지 못했다). 세일러(Richard H. Thaler)는 시카고대학 교수로서 행태경제학을 재무학에 적용함으로써 행태재무학의 발전에 크게 공헌하였다. 세일러는 2017년에 노벨경제학상을 수상하였다.

tionality) 또는 비합리성(irrationality)에 의해서도 크게 영향 받는다는 사실을 중시하고 있다. 즉, 행태재무학은 경영자의 재무적 결정이 인간의 심리적 요인 때문에 비합리적으로 이루어질 수 있다는 점에 주목하고 있다.[13]

경영자의 재무결정에서 흔히 관찰되는 심리적 요인들은 [표 1-1]에 요약되어 있다.[14]

▶▶ 표 1-1 재무결정에 영향을 미치는 심리적 요인들

심리적 현상	잘못된 재무결정의 예	기업에 미치는 결과
1. 편향(bias)		
과잉낙관	불황기에 비용절감을 연기	비용 과다와 이익 감소
자기 과신	여유자금이 있을 때 열등한 M&A를 추진	위험의 과소추정으로 기업가치 하락
확신편향	기존 관점에 반대되는 정보를 무시	환경변화에의 적응이 지연되어 이익 감소
통제력 환상	자신의 통제력을 과대평가	필요 이상으로 높은 비용을 부담하여 투자안 실행
2. 휴리스틱스		
대표성	편향된 예측에 기초하여 그릇된 프로젝트를 선택	NPV가 극대화되지 않기 때문에 기업가치가 하락[15]
가용성	편향된 예측에 기초하여 그릇된 프로젝트를 선택	우선순위와 위험을 잘못 판단함으로써 기업가치 하락
집착	특정 수치에 집착하여 수치 수정이 불충분	편향된 성장 예측으로 기업가치 하락
감정	공식적 가치평가 분석 대신 직관에 의존	(−)의 NPV를 갖는 투자안을 채택함으로써 기업가치 하락
3. 프레이밍 효과		
손실회피	같은 크기의 이득보다 같은 크기의 손실을 더 크게 봄	부채이용의 회피로 세금효과를 상실
확실한 손실의 회피	투자실패를 감추고자 우량자산을 처분하여 이익을 실현	(−)의 NPV를 갖는 투자안을 채택함으로써 기업가치 하락

13 앞에서 언급한 대리인문제는 주주의 이익을 침해하기는 하지만 경영자 자신의 이익을 추구한다는 점에서, 경영자 자신에게는 합리적 의사결정이라고 할 수 있다. 이와는 달리, 여기에서 설명하는 행태이론적 성향들은 경영자 자신의 이익에도 도움을 주지 못하는 비합리적 행동이다.

14 [표 1-1]과 이에 대한 설명은 H. Shefrin, *Behavioral Corporate Finance: Decisions that Create Value* (McGraw-Hill, 2007), 조담 역, 행태과학으로 본 재무관리(청람, 2012), 제1장을 요약한 것이다.

15 NPV는 순현재가치로서 어떤 투자안을 채택할 경우 얻어지는 기업가치의 증가분을 측정한다. NPV가 (+)이면 그 투자안을 채택하고 (−)이면 기각해야 한다.

1.5.1 편향

편향(bias)이란 실수를 유발하는 편견이나 선입견을 말한다. 재무관리에서 흔히 나타나는 편향으로는 과잉낙관, 자기 과신, 확신, 통제력 환상의 편향이 있다.

① 과잉낙관(excessive optimism): 이것은 경영자가 자기가 취한 행동에 대해 유리한 결과가 얻어질 가능성을 과대평가하고 불리한 결과가 얻어질 가능성을 과소평가하는 경향을 말한다. 그 예로서, 경영자들이 경기침체의 심각성을 과소평가하고 비용절감의 노력을 미룸으로써 결국 이익의 대폭적인 감소를 가져오는 경우를 흔히 볼 수 있다. 일반적으로 경기악화나 현상유지의 의견을 보이는 사람보다 경기가 호전될 것이라고 생각하는 사람이 두 배 정도 많다는 조사결과가 알려져 있으며, 이것 역시 많은 사람들이 과잉낙관의 편향을 보이고 있다는 증거로 볼 수 있다.

② 자기 과신(overconfidence): 자신의 능력과 지식을 실제보다 과대평가하는 경향을 말한다. 80% 이상의 사람들은 자신의 운전능력이 평균보다 높다고 생각하며, 특히 남자들의 경우 거의 100%가 그렇게 생각한다고 한다. 이것은 자기 과신의 대표적인 예이다. 어떤 사람이 자기 과신을 갖고 있다고 해서 그 사람이 무능력하거나 무지하다는 것을 의미하지는 않는다. 자기 과신을 갖는 경영자는 객관적으로 위험이 큰 투자안이라 할지라도 자신이 그 투자를 집행할 경우 우수한 투자성과를 가져올 수 있다고 과신하는 경향을 보인다.

③ 확신편향(confirmation bias): 자신의 견해를 뒷받침하는 정보에 너무 큰 중요성을 주고 자신의 견해에 반대되는 정보를 경시하는 경향이다. 확신편향을 갖는 많은 경영자들은 흔히 자신이 보고 싶은 것만을 보고 듣고 싶은 것만을 듣는 경향을 보이며 자신의 견해에 반대되는 근거보다 지지하는 근거를 찾기 위해 훨씬 더 많은 노력과 시간을 소비하는 경향을 보인다.

④ 통제력 환상(illusion of control): 자신이 내린 의사결정의 결과에 대해 자신이 행사할 수 있는 통제력을 과대평가하는 경향이다. 일반적으로 경영자가 내린 의사결정의 결과는 운(luck)과 능력(skill)의 결합에 의해 결정된다. 그럼에도 불구하고 경영자는 자신의 능력에 의해 결과를 충분히 통제할 수 있다는 환상을 갖고 있는 경우가 많다. 대체로 통제력 환상이 큰 경영자일수록 과잉낙관의 편향도 증가하는 경향을 보인다.

1.5.2 휴리스틱

휴리스틱(heuristic)이란 주먹구구(rule of thumb) 또는 직관적 판단을 의미한다. 의사결정을 내릴 때 합리적 기준과 새로운 정보를 고려하지 않고 개인적 습관이나 조직의 관행에 따라 의사결정을 내리는 경향이 휴리스틱이다. 재무 의사결정에서 흔히 발견되는 휴리스틱으로 다음과 같은 것들이 있다.

① 대표성(representativeness) 휴리스틱: 이것은 의사결정자가 속한 집단을 대표하는 의견이나 생각에 따라 판에 박힌 사고방식으로 판단을 내리는 것을 말한다. 신중한 판단 없이 조직의 다수 의견에 따라 행동하는 경우가 그 예이다.

② 가용성(availability) 휴리스틱: 이것은 의사결정을 내릴 때 이미 알고 있거나 직관적으로 쉽게 이해할 수 있는 정보에 과다한 비중을 주고 잘 드러나 있지 않거나 추상적인 정보를 무시하려는 경향을 말한다. 투자결정을 내릴 때 어떤 경영자가 직관적으로 쉽게 이해할 수 있는 회수기간을 중시하고 이해하기 어려운 순현재가치(NPV)를 경시한다면, 이 경영자는 이용가능성 휴리스틱에 의존하고 있다고 할 수 있다.

③ 집착(anchoring): 집착은 기존 수치나 정보(이것을 anchor라고 한다)에 집착하여 미래의 결과를 추정하고 새로운 정보를 받아들여 자신의 판단을 수정하려는 의지가 불충분한 경향을 말한다. 집착 휴리스틱 중에서도 과거의 성장 추세에 집착하여 미래의 결과를 판단하려는 경향, 즉 성장 집착(growth anchoring)이 특히 문제된다.

④ 감정(affect) 휴리스틱: 이것은 주로 직관, 본능, 배짱 등에 기초하여 의사결정을 내리려는 경향을 말한다. 경영자들이 평소에 관심을 갖고 있었다는 이유만으로 충분한 사전 검토도 없이 어떤 프로젝트를 채택하는 것은 감정 휴리스틱이 강하게 작용한 예에 해당된다. 과단성 있다는 평을 받는 경영자들에게서 흔히 발견되는 휴리스틱이다.

1.5.3 프레이밍 효과

프레이밍 효과(framing effect)는 주제 또는 질문의 서술방식이 다르면 판단 또는 결론이 달라지는 현상을 말한다. "아 다르고 어 다르다"는 속담과 같이 동일한 내용을 담고 있는 보고서라 할지라도 그 형식과 체제에 따라 판단이 달라지는 경우가 프레이밍 효과의 예이다. 여기에서 프레이밍이란 설명 또는 서술이란 의미를 갖는다.

① 손실회피(risk aversion): 동일한 크기의 이득보다 손실을 더 중요시하는 현상을 말한다. 흔히 사람들은 같은 크기의 이득보다 손실을 2, 3배 더 중요시하는 것으로 알려져 있다. 어떤 대안의 결과를 표현하고자 할 때 손실의 가능성을 분명하게 표현하면, 그 대안에 대해 부정적인 결론이 내려지는 경우가 많다. 이것은 동일한 크기의 이득보다 손실의 중요도를 더 크게 평가하려는 경향, 즉 손실회피의 경향 때문에 나타나는 결과이다.

② 확실한 손실의 회피(aversion to a sure loss): 손실 또는 실패가 실현되어 구체적으로 표현되는 결과를 회피하려는 경향을 말한다. 투자자들이 주가가 반등할 것이라는 충분한 기대가 없는데도 불구하고 주가가 하락한 주식을 매도하지 않고 계속 보유하려는 경향을 흔히 보이는데, 이것은 확실한 손실을 구체적으로 확인하기 싫어하는 경향 때문이다.

제1장 연습문제

[선다형]

01 기업의 재무관리 기능을 가장 적절하게 표현한 것은?

① 기업목표를 달성하기 위하여 인적자원을 적재적소에 배치하는 기능이다.
② 현금의 흐름과 관련된 기업활동을 계획, 집행, 통제하는 기능이다.
③ 기업의 경영활동에 필요한 자금의 조달과 운용에 관련된 의사결정을 내리는 기능이다.
④ 재무관리는 넓은 의미의 거시경제학의 일부분이다.
⑤ 적절한 현금잔고의 크기와 외상매출의 신용기준을 결정하는 기능이다.

02 재무관리자의 기능 중 투자결정기능을 적절하게 설명한 것은?

① 투자결정기능의 목표는 자본조달원천의 최적배합에 있다.
② 기업의 의사결정에 필요한 정보를 제공하기 위한 재무분석기능이다.
③ 순이익을 배당과 내부유보로 어떻게 배분할 것인가에 관한 의사결정이다.
④ 투자자금의 구성을 결정하는 기능이다.
⑤ 기업이 필요로 하는 자산의 구성을 결정하는 기능이다.

03 다음 설명 중 잘못된 것은?

① 일반적으로 재무관리의 목표는 주주부(富)의 극대화로 규정되고 있다.
② 주주부(富)는 주주들이 기업으로부터 받을 것으로 기대되는 미래이득의 현재가치이다.
③ 주주부(富)의 개념은 회계적 이익이 아니라 경제적 이익을 의미한다.
④ 주주부(富)는 기업의 단기적 경영 성과를 측정하는 개념이다.
⑤ 경영자, 주주, 채권자 사이에 이해관계의 마찰이 없다면 기업가치 극대화는 주주부(富)의 극대화를 가져다준다.

04 기업가치의 극대화가 기업목표로서 갖는 장점에 해당되지 않는 것은?

① 기업가치는 기업의 모든 이해관계자들의 이익을 반영하는 개념이다.
② 자본시장에서 많은 투자자에 의해 객관적으로 기업가치가 평가된다.
③ 현금흐름의 시간가치와 불확실성을 의사결정에 고려할 수 있도록 해준다.
④ 기대되는 미래의 현금흐름을 현재 시점의 가치로 평가한 것이다.

⑤ 미래의 장기적 경영 성과를 고려할 수 있도록 해준다.

05 기업가치와 기업의 수익성 및 위험과의 관계를 올바르게 설명한 것은?

① 기업가치는 수익성이 높을수록 크고 위험이 클수록 작다.
② 기업가치는 수익성이 낮을수록 크고 위험이 클수록 작다.
③ 기업가치는 수익성이 높을수록 작고 위험이 클수록 크다.
④ 기업가치는 수익성이 높을수록 작고 위험이 클수록 작다.
⑤ 기업가치는 수익성 및 위험과 무관하다.

06 화폐의 시간가치에 대한 설명 중 옳지 않은 것은?

① 일반적으로 사람들은 미래의 소비보다 현재의 소비를 더 선호하므로, 현재의 소비를 포기한 대가로 이자가 주어진다.
② 현재의 현금흐름과 같은 가치를 갖는 미래의 현금흐름은 더 큰 금액이어야 한다.
③ 이자율은 화폐의 구매력 하락에 대한 대가로 주어지는 것이므로 인플레이션이 없으면 화폐의 시간가치도 발생하지 않는다.
④ 수익성 있는 투자기회가 존재할 때, 현재의 재화는 동일한 크기의 미래의 재화보다 더 큰 가치를 갖는다.
⑤ 시간에 대한 주관적인 가치는 사람마다 다를 수 있다.

07 기업의 위험에 관한 다음 설명 중 옳지 않은 것은?

① 지급이자 등의 고정적 재무비용은 경영위험을 증가시킨다.
② 부채가 없는 기업의 경영위험은 자기자본에 귀속되는 순이익의 불확실성과 같다.
③ 기업의 경영위험은 투자결정에 의존한다.
④ 경영위험이란 미래 영업이익의 불확실성을 의미한다.
⑤ 주주들이 부담하는 총위험은 경영위험과 재무위험을 합한 것과 같다.

08 주식회사제도는 소유와 경영의 분리에 따른 장점들을 갖고 있다. 주식회사의 장점이라고 할 수 없는 것은?

① 거액의 자금을 다수의 투자자로부터 용이하게 조달할 수 있다.
② 기업수명이 개인기업보다 길다.
③ 기업소유권이 주식에 의하여 표시되므로 소유권의 양도가 용이하다.
④ 부채에 대해서 유한책임을 지므로 기업소유자가 부담하는 위험이 적다.
⑤ 회사의 설립과 해산에 따른 비용과 노력이 개인회사보다 적게 든다.

09 대리인문제(agency problem)에 대한 설명 중 옳지 않은 것은?

① 위임자와 수임자 사이의 대리관계로부터 발생되는 문제이다.
② 경영자가 주주의 목표보다 자신의 사적 목표를 추구하는 행위도 도덕적 해이의 일종이다.
③ 주주 또는 채권자가 대리인문제를 해소하는 데 소요되는 비용은 대리인비용에 포함한다.
④ 대리인문제는 주주가 경영자를 해고할 수 없기 때문에 발생한다.
⑤ 자기자본만으로 운영하는 개인 기업에서는 대리인문제가 거의 발생하지 않는다.

10 기업에서 발생하는 대리인문제(agency problem)와 관련된 내용이 아닌 것은?

① 유인합치 보상제도
② 도덕적 해이(moral hazard)
③ 감시비용(monitoring costs)
④ 주주의 이익을 위해 낮은 위험의 투자안 선택
⑤ 잔여손실

11 경영자가 주주부의 증가를 위해 노력하도록 유인 또는 강요하는 수단으로서 옳지 않은 것은?

① M&A를 통한 무능한 경영자의 축출
② 기업 성과에 의존하는 경영자의 보수체계
③ 경영자 노동시장에서의 경쟁
④ 이익의 내부유보로 인한 기업의 잉여현금흐름 증가
⑤ 주주총회에서의 임원선출

12 재무결정에서 빈번히 발견되는 편향적 심리에 포함되지 않는 것은?

① 과잉낙관
② 자기 과신
③ 통제력환상
④ 집착
⑤ 확신편향

13 대표성 휴리스틱을 설명한 것은?

① 이미 알고 있거나 쉽게 이해할 수 있는 정보에 과다한 비중을 두는 경향
② 신중한 판단 없이 다수의견이나 판에 박힌 사고방식으로 의사결정 하는 행위
③ 기존의 정보에 집착하고 새로운 정보를 받아들이는 것을 거부하는 경향
④ 주제 또는 질문의 서술방식에 따라 판단 또는 결론이 달라지는 현상
⑤ 손실 또는 실패가 구체적으로 실현되는 것을 회피하는 경향

[서술형]

01 가계와 기업이 행하는 재무활동들의 예를 들고, 그것들이 왜 '재무'의 정의에 합치하는지를 설명하시오.

02 주주의 부(富)란 무엇을 의미하는가? 주가가 주주부를 나타내는 척도로 사용될 수 있는 이유는 무엇인가?

03 화폐의 시간가치의 의미를 간략하게 설명하시오.

04 위험·수익의 교환관계의 의미를 간략하게 설명하시오.

05 경영위험과 재무위험의 의미를 간략하게 설명하시오.

06 기업가치와 부채가치 및 자기자본가치의 관계를 설명하시오.

07 흔히 기업가치가 증가하면 그것은 주주와 채권자 모두에게 유리할 것이라고 한다. 그 이유를 설명하시오.

08 기업가치가 증가되더라도 주주부가 증가하지 않는 경우가 있을 수 있는가? 그 예를 들어 보시오.

09 기업에서 실제로 발생할 수 있는 대리인문제의 구체적인 예를 세 가지만 열거하고 그 해결책을 생각해 보시오.

10 지분이 전혀 없는 전문경영자를 최고경영자로 초빙할 경우의 장점과 단점을 열거하시오.

11 부채에 의한 자본을 조달할 경우 어떤 대리인문제가 발생할 것인지 설명하시오.

12 [표 1-1]에 지적된 행태론적 문제가 발생할 수 있는 현실적 예를 만들어 보시오.

13 과잉낙관, 자기 과신 및 확신편향의 뜻이 어떻게 구분될 수 있는지 구체적인 예를 들어 설명하시오.

14 대통령이나 국회의원 선거에서 대표성 휴리스틱이 작용되는 예를 들어보시오.

15 일상생활에서 확실한 손실 회피의 예를 찾아보시오.

[선다형문제 정답과 풀이]

01 ③ **02** ⑤ **03** ④ **04** ① **05** ① **06** ③ **07** ① **08** ⑤ **09** ④ **10** ④ ▸ 유인합치 보상제도는 경영자가 주주부의 극대화를 추구하려는 동기를 갖도록 경영자의 보수체계를 설계하는 것을 말한다. 경영자의 보수를 기업가치 또는 경영 성과와 연계시키거나, 경영자에게 주식옵션을 부여하는 등의 방법이 있다. **11** ④ **12** ④ ▸ 집착(anchor)은 휴리스틱의 일종이다. **13** ②

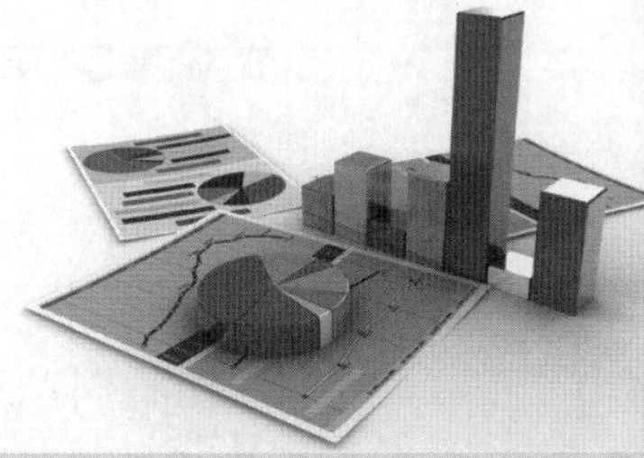

제 2 장 금융시장과 금융거래

제1절 금융시스템

2.1.1 금융시스템의 뜻

사람들은 어느 한 시점이나 한 기간이 아니라 현재부터 미래에 걸친 여러 기간에 걸쳐 소득을 얻고 소비한다. 각 경제주체의 매 시점의 소득과 소비가 정확하게 일치하지 않기 때문에 금융거래가 필요하며, 이 금융거래를 실행하기 위해서 금융시스템과 금융시장이 형성된다. 즉, 어떤 사람이 어떤 기간 중에 소득보다 적게 소비하고자 할 때에는 소득의 일부를 저축하고, 반대로 소득보다 많이 소비하고자 한다면 부족한 부분을 차입하여야 한다. 만일 금융시장이 형성되어 있지 않다면 소득보다 많거나 적은 소비가 불가능하지만, 자금을 차입 또는 대여할 수 있는 금융시장이 형성되어 있다면 사람들은 자기가 원하는 금액만큼 소비할 수 있기 때문에 모두 효용을 극대화할 수 있다.

금융시스템(financial system)은 저축자로부터 차입자에게 자금이 흘러가는 과정에서 발생하는 모든 경제활동을 말한다. 이 경우의 경제활동은 금융자산 또는 금융상품의 거래를 통해 이루어지는 것이므로, 금융시스템은 금융자산의 거래와 관련되는 경제시스템이라고 할 수 있고, 더 구체적으로 금융시장, 금융기관, 금융 관련 법규, 금융규제기관 등을 포함한다.

오늘날 거의 모든 경제활동은 금융거래를 수반하기 때문에, 효율적이고 건전한 금융시스템은 경제발전의 필수적 요소이다. 경제활동에서 금융시스템이 수행하는 역할로서 다음과 같은 것들을 들 수 있다.

① 자원의 시간적 · 공간적 이전: 금융시스템은 사람들에게 차입과 대여의 기회를 제공함으로써 경제적 자원을 시간적으로 이전할 수 있도록 하여 준다. 예를 들어, 연금저축은 현재 소비하지 않고 저축하여 형성된 경제적 자원을 먼 미래에 소비할 수 있도록 하는 금융상품이다. 다른 예로서, 시설투자자금을 부채로 조달하는 것도 현재의 투자자금을 미래의 부채 원리금과 교환하는 금융거래이다. 또 금융시스템은 경제적 자원을 다른 장소로 이전하는 활동에서도 중요한 역할을 한다. 예컨대 미국의 투자자들이 러시아 국채를 매입한다면, 이 거래는 경제적 자원을 공

간적으로 이전하는 예이다.

② 위험관리 수단의 제공: 사람들은 금융시스템을 이용하여 위험부담을 줄이거나 전가시킬 수 있다. 사람들은 보험회사에게 보험료를 지급하고 자동차사고로 부담하게 될 경제적 손실의 위험을 전가시킬 수 있다. 또 기업은 투자자금을 부채와 자기자본으로 나누어 조달함으로써 저위험 · 저수익을 원하는 투자자들은 부채에 투자하고 고위험 · 고수익을 원하는 투자자들은 자기자본(주식)에 투자할 수 있도록 한다. 그리고 금융시장에서는 다양한 종류의 금융자산이 거래되고 있기 때문에, 투자자들은 여러 가지 금융자산에 분산투자함으로써 위험을 크게 줄일 수 있다.

③ 효율적 결제수단의 제공: 금융시스템은 사람들이 재화나 서비스를 구입할 때 대금지급이 더 효율적으로 이루어질 수 있도록 만들어 준다. 오늘날 대부분의 급여는 현금으로 지급되지 않고 근로자 각자의 통장으로 입금되므로, 현금 취급에 따른 여러 가지 보이지 않는 비용이 감소되었다. 또 수표, 자동이체, 여행자수표, 신용카드, 전자화폐 등은 상품과 서비스의 대금지급이 훨씬 간편하고 안전하게 이루어질 수 있도록 만들고 있다.

④ 자금의 집중과 지분의 분할: 오늘날 기업운영에 필요한 투자자금의 규모는 대부분의 경우 한 개인의 조달능력을 넘어선다. 증권시장이나 은행은 영세한 개인들의 부를 집중(pooling)하여 기업이 필요로 하는 거액의 자본을 형성하여 준다. 이것을 기업의 입장에서 본다면, 주식이나 회사채 또는 다른 종류의 금융자산을 발행함으로써 기업에 투자된 거액의 자본을 다수의 지분으로 분할하여 용이하게 조달할 수 있고 각각의 지분을 보다 자유롭게 양도할 수 있도록 한다.

⑤ 정보의 제공: 우리들은 거의 매일 신문이나 TV에서 주가, 금리, 환율 등에 관한 금융정보를 본다. 이런 뉴스들은 모두 금융시장의 거래를 통해 형성된 가격으로서, 개별 기업이나 국내외의 거시경제, 정치 · 사회에 관한 모든 정보를 반영하여 결정된 것들이다. 사람들은 금융정보를 이용하여 저축, 차입 또는 투자결정을 내릴 뿐만 아니라, 금융정보를 통해 금융시스템 이외의 다른 사건들이 자신에게 미치는 영향을 해석하고 전망한다.

⑥ 기업경영의 감시: 어떤 기업이 금융시장을 통해 자본을 조달하면 그것은 기업경영에 대한 금융시장의 감시를 유발하여 기업의 대리인문제와 부실경영을 예방하는 효과를 가져다준다. 예를 들어, 어떤 회사가 설비투자를 위해 은행에서 자금을 차입하였다면, 은행은 대출금을 지키기 위하여 그 기업이 본래의 약속대로 자금을 이용하고 있는지 그리고 상환능력을 유지할 정도로 건실하게 운영되고 있는지를 지속적으로 감시하려 할 것이다.

2.1.2 은행중심 금융시스템과 시장중심 금융시스템

세계의 대부분의 국가들은 비슷한 시장경제체제를 갖고 있는 것처럼 보이지만, 금융시스템의 구체적인 내용에서는 상당히 큰 차이를 보이고 있다. 세계 각국의 금융시스템을 단순화하여 구분하면, 은행중심 금융시스템과 시장중심 금융시스템으로 나누어 볼 수 있다.

1) 은행중심 금융시스템

은행중심(bank-oriented) 금융시스템은 은행을 비롯한 금융기관의 역할을 중시하기 때문에 기관중심 금융시스템이라고도 하며, 기업의 외부자금이 주로 은행을 통해 조달되는 금융시스템이다.

은행은 관계금융(relational banking), 즉 거래상대방과 예금 또는 대출하는 금융거래를 반복적으로 수행한다는 특성을 갖고 있다. 또 거래상대방의 신용상태와 경영성과가 나빠질 것으로 예상될 때, 은행은 재협상을 통해 대출조건을 바꿀 수 있는 재협상가능성(renegotiability)을 갖고 있다. 따라서 은행중심 금융시스템에서는 은행이 기업경영에 관한 충분한 정보를 갖고 있을 경우, 관계금융과 재협상을 통해 기업에 대한 감시 역할을 담당할 수 있다. 이런 이유 때문에 은행이 투자성과에 대해 충분한 정보를 갖고 있는 산업 부문과의 금융거래에서 특히 효과적인 금융시스템이다.

또 은행중심 금융시스템의 커다란 장점은 은행의 경기변동 조절기능을 기대할 수 있다는 것이다. 은행은, 경기과열이 예상될 때, 미래의 급격한 경기하락으로 인한 부실대출(bad debt) 발생을 우려하여 가계 및 기업에 대한 대출을 억제하기 때문에 경기과열이 예방된다. 또 불경기에 기업 부문의 경영성과가 크게 나빠지더라도 예금자들에게는 안정적으로 이자가 지급되기 때문에 극단적인 소비위축이 방지되어 경기회복에 도움을 준다.

은행중심 금융시스템에서 가장 큰 문제는, 은행의 부실대출이 누적되어 예금 지급능력이 우려될 때, 예금인출사태(bank run)가 발생할 수 있다는 점이다. 일반 대중들은 은행의 영업활동이 동질적인 것으로 인식하고 있기 때문에, 어떤 한 은행에서의 예금인출사태는 곧바로 다른 은행에 전염되는 특징을 갖고 있다. 그 결과, 예금인출사태는 대규모의 금융공황(financial panic)으로 발전할 가능성을 갖고 있다. 따라서 은행중심 금융시스템에서는 은행의 부실대출을 예방하고 예금 지급능력을 유지하기 위한 건전성규제(prudential regulation)가 매우 중요시된다.

일반적으로 은행중심 금융시스템에서는 기업활동에 대한 감시를 은행이 주로 담당하기 때문에, 자본시장 또는 증권시장을 통한 감시는 비교적 약하게 이루어진다. 자본시장을 통한 기업감시의 대표적인 수단이 적대적 기업인수에 의한 M&A인데, 은행중심 금융시스템을 갖고 있는 독일이나 일본에서는 적대적 기업인수는 제도적으로 허용되어 있지만 실제로는 빈번하게 이루어지지 않는다.

은행중심 금융시스템의 대표적인 예는 독일과 일본의 금융시스템이다. 독일의 은행과 기업 사이의 관계는 흔히 하우스방크 시스템(hausbank system)이라고 한다. 즉, 독일의 은행은 밀접한 관련을 갖고 있는 기업에 대해 지속적이고 장기적으로 대출을 제공할 뿐만 아니라 해당 회사의 주식에도 투자하고 이사를 파견하여 경영활동을 직접 감시하기도 한다.

일본의 은행과 기업의 관계는 주거래은행제(main-bank system)라는 특징을 갖는다. 즉, 일본에서는

참고 은행의 어원과 역사

그림 2-1 고대 트라페주스의 은화(BC 4세기)

은행의 영어단어인 bank는 책상 또는 벤치를 나타내는 이탈리아 말인 "방코(banco)"에서 왔다. 이 방코라는 말은 르네상스 시기의 플로렌스 은행가들이 녹색 책상보가 덮인 책상에서 거래했던 것과 관련되어 있다.

그러나 은행업무는 르네상스 시대보다 훨씬 이전인 고대에도 행해졌다. 사실 "방코"라는 말도 그 뿌리는 고대 로마제국으로 거슬러 올라간다. 당시 대금업자들은 마르첼라(marcella)라고 부르는 집안 정원 가운데에 "bancu"라고 부르는 긴 벤치에 점포를 설치하고 일을 보았다. 그들은 환전업도 함께 했는데, 그것은 단순히 외국통화를 로마의 법정통화로 바꿔주는 것이기 때문에 큰 투자를 필요로 하는 것은 아니었다.

고대사회에서도 환전업무가 이루어졌다는 증거는 [그림 2-1]에 있는 은화의 그림에서 찾을 수 있다. 이 은화는 고대 그리스 식민지로서 흑해 연안에 있었던 트라페주스(Trapezus, 오늘날의 Trabzon)에서 사용되던 은화로서, 환전상의 탁자(trapeza) 위에 동전이 가득 쌓여 있고 아래쪽에 도시 이름이 새겨져 있다. 지금도 그리스에서는 Trapeza라는 말이 탁자와 은행 모두를 의미하는 단어로 사용되고 있다고 한다.

그림 2-2 Palazzo San Giorgio

오늘날과 같이 정부의 허가를 받고 은행업무를 취급하는 금융기관의 효시는 산조르지오은행(Banco di San Giorgio, 영문명은 Bank of St. George)으로 알려져 있다. 이 은행은 이탈리아 르네상스 시대인 1407년에 제노아(Genoa) 공화국의 허가를 받아 설립된 은행으로서 그 본점은 산조르지오궁에 위치했다. 이 은행은 당시 제노아의 유력한 4개 가문을 대표하는 4명의 최고경영자들에 의해 경영되었다고 한다. 이 사실은 이탈리아에 있던 당시의 공화국들이 거의 모두 소수의 가문이 지배하는 과두정이라는 점을 고려하면, 공화국에서 은행의 위상이 어떠했는지를 짐작할 수 있게 한다.

산조르지오은행은 은행업무뿐만 아니라 해외식민지의 일부를 제노아공화국의 위임을 받아 직접 통치하기도 했다. 예를 들어, 1453년에는 공화국이 코르시카와 가자리아(Gazaria)의 통치를 산조르지오은행에 넘겼다. 15, 16세기에는 유럽의 여러 지배자들에게 거액을 대출해 줌으로써 막강한 정치적 영향력을 행사했다.

주거래은행의 역할을 하는 대형은행을 중심으로 다수의 기업들이 계열을 형성하고, 주거래은행이 계열회사에 대해 투자자금을 대출해주고, 경우에 따라서는 주거래은행과 계열회사가 주식을 상호 보유함으로써 경영권을 보호해 주기도 한다.

2) 시장중심 금융시스템

시장중심(market-oriented) 금융시스템은 기업의 외부자금이 주로 증권시장을 통해 조달되는 금융시스템으로서, 미국과 영국의 금융시스템이 시장중심 금융시스템의 대표적인 예이다. 시장중심 금융시스템에서는 기업이 발행한 채권과 주식 등의 증권을 투자자들가 직접 매입함으로써 자금조달이 이루어진다.

시장중심 금융시스템에서 투자자와 기업의 관계는 증권의 발행과 매입을 통해 이루어지는 1회적 관계이므로, 기업의 경영성과가 악화될 때 재협상이 불가능하고 그 손실을 투자자가 직접 부담하여야 한다. 즉, 시장중심 금융시스템에서는 원칙적으로 투자자(및 자본시장)가 직접 기업활동을 감시하여야 하며, 투자결과에 대해서도 투자자가 직접 책임을 진다.

일반적으로 시장중심 금융시스템에서는 투자성과에 대해 투자자가 직접 책임을 지므로, 투자자의 개인적 판단과 책임이 중시되는 새로운 산업이나 벤처회사에 적합한 금융시스템이다. 즉, 시장중심 금융시스템은 위험부담의 대가로 높은 투자성과를 기대하는 투자자에게 강력한 투자유인을 제공하게 되므로, 기술혁신을 통한 지속적 경제성장을 가능하게 한다는 장점을 갖는다.

시장중심 금융시스템의 중요한 단점은 은행중심에 비해 경기변동이 더 큰 폭으로 발생할 수 있다는 점이다. 시장중심 금융시스템에서, 기업경영의 실패는 곧바로 증권가격의 하락과 투자자의 소비위축 및 기업의 자금조달 곤란 등을 가져와 경기침체가 확대될 수 있다. 반대로 일시적인 증권가격 폭등은 투자자의 소비확대와 기업의 방만한 투자확대를 가져와 비정상적인 경기과열로 연결될 수도 있다.

시장중심 금융시스템이 제대로 작동하기 위해서는 투자기회와 기업경영에 관한 정보가 자본시장의 투자자들에게 신속하고 정확하게 전달되어야 한다. 그렇지 못할 경우, 투자자들은 증권의 가치를 제대로 평가하지 못하여 잘못된 투자결정을 내릴 가능성이 커진다. 따라서 시장중심 금융시스템에서는 투자기회와 기업경영에 관한 정보를 투자자에게 신속하고 공평하게 배분하도록 하는 데에 금융규제의 초점이 주어진다.

또 시장중심 금융시스템에서 기업경영에 대한 감시는 투자자에 의해 직접 행해지는 것이 원칙이지만, 오늘날의 금융시장에서는 증권이 다수의 투자자에게 분산되어 있기 때문에 투자자에 의한 직접적 감시가 충분히 이루어질 수 없다. 따라서 시장중심 금융시스템에서 기업경영의 감시를 위한 수단으로 적대적 기업인수와 같은 시장규율(market discipline)과 사외이사제도 등이 발달되어 있다.

1990년대 이후 세계적 추세는 점차적으로 시장중심 금융시스템으로 이행하여 가는 추세이다. 즉, 은행중심 금융시스템을 택하는 대표적 국가인 독일과 일본에서 부실기업을 정리하기 위해 적대적 기업인수 등의 시장규율 수단을 더 큰 폭으로 받아들이고 있고, 또 자본시장의 역할을 중시하는 여러 이론들—예를 들어, 자본자산가격결정모형, 옵션가격결정모형, 효율적 시장이론 등—이 재무결정과 금융정책 수립에서 더 큰 폭으로 채용되고 있기 때문이다.

우리나라는 은행중심 시스템과 시장중심 시스템이 혼합되어 있지만 그 중에서도 은행의 비중이 더 큰 시스템이라고 볼 수 있다. 그 이유로서 가계 금융자산의 60% 이상이 은행 등 금융중개기관의 금융상품이고 기업의 신규 자본조달의 많은 부분이 간접금융시장을 통해 조달되고 있기 때문이다.

참고 국가별 금융시스템의 차이

은행중심 금융시스템을 가진 대표적 국가인 독일과 시장중심 금융시스템을 가진 대표적 국가인 미국, 그리고 혼합된 시스템을 가진 우리나라의 관련 통계수치를 살펴보자. 예를 들어, 독일 은행들이 2015년에 자국의 기업 및 자영업자에게 대출한 금액은 1조 3,141.7억 유로이고 같은 해 독일의 주식 및 채권의 순발행액 합계는 728.2억 유로로서, 독일에서는 은행을 통한 자금조달 비중이 압도적으로 높음을 알 수 있다. 대조적으로, 미국의 경우에는 2015년에 상업은행들의 만기 1년 이상 대출의 합계는 1,294.2억 달러이고 미국 기업의 주식과 채권을 포함한 증권의 신규발행금액은 1조 7,852.2억 달러로서, 자본시장을 통한 자금조달 비중이 압도적이다. 한국 은행들의 2014년의 기업자금대출 합계는 705조 9,558억원이고 국내 주식 및 채권의 순발행액 합계는 95.9조원으로 나타나서, 중간적 성격의 금융시스템임을 보여주고 있다.[1]

---

1 독일의 자료는 Deutsche Bundesbank의 Banking statistics와 Capital market statistics, 미국의 자료는 Federal Reserve Bank, St. Louis 및 Securities Data Company and the Board of Governors of the Federal Reserve System, 한국의 자료는 금융감독원 은행경영통계와 한국은행 연차보고서에서 각각 구하였다.

그림 2-3 주요 국가의 금융시스템

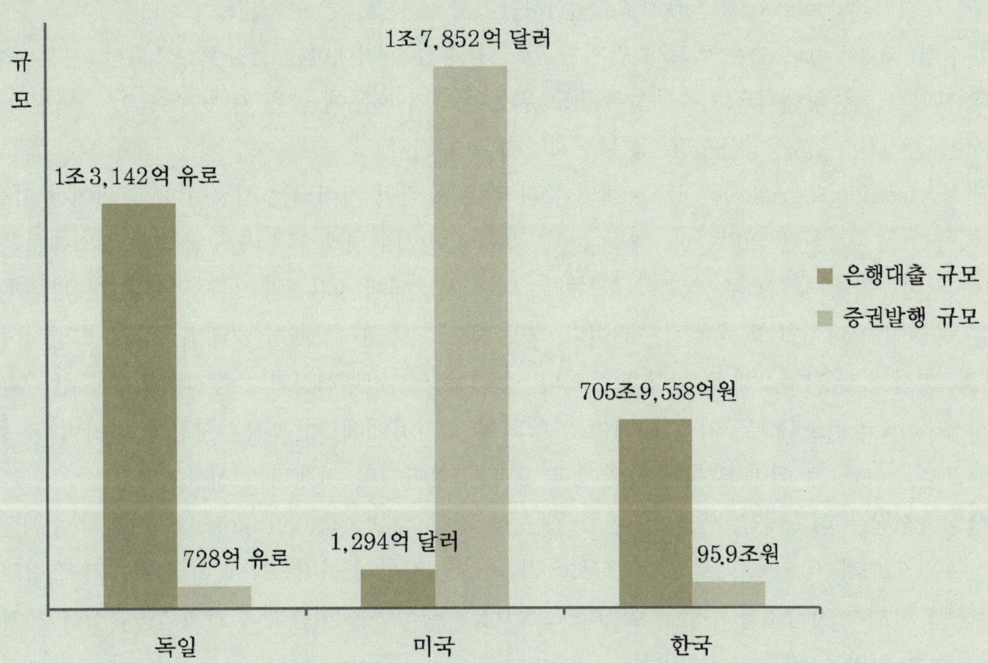

제2절 금융시장과 금융기관

2.2.1 금융시장의 구조

금융시장(financial markets)은 자금의 수요자와 공급자들이 여러 가지 금융자산을 거래하는 시장이다. 금융시장은 거래되는 금융자산의 종류에 따라 화폐시장과 자본시장 또는 직접금융시장과 간접금융시장 등으로 구분된다.

1) 화폐시장과 자본시장

거래되는 금융자산의 만기까지의 기간에 따라 금융시장은 화폐시장과 자본시장으로 나누어진다. 화폐시장(money market)은 자금시장 또는 단기금융시장이라고도 하며, 대체로 1년 이하의 만기를 갖고 유동성이 높으며 위험이 적은 금융자산을 거래하는 금융시장이다. 화폐시장에서 거래되는 금융자산은 은행의 요구불예금, 양도성예금증서(negotiable certificate of deposit: CD), 콜론(call loan), 단기국공채, 기업어음(commercial paper: CP), 전자단기사채 등을 들 수 있다.

자본시장(capital market)은 비교적 만기가 긴 금융자산을 거래하는 금융시장으로서, 자본시장에서 거래되는 자산들은 상대적으로 유동성이 작고 위험이 크기 때문에 높은 기대수익률이 주어진다. 자본시장에는 증권시장, 파생상품시장 및 보험시장이 포함된다.

증권시장(securities market)은 주식, 채권 등과 같은 증권이 거래되는 시장이다. 증권이란 자유롭게 양도 가능한 금융자산을 의미한다. 예를 들어, 동일한 장기부채라 할지라도 은행의 장기대출은 청구권을 다른 사람에게 양도할 수 없지만 회사채는 다른 사람에게 자유롭게 양도될 수 있기 때문에, 장기대출은 증권이 아니지만 회사채는 증권이다. 일반적으로 증권시장에서 거래되는 대표적인 금융자산은 주식, 회사채, 장기국공채, 전환사채 등이다. 증권시장은 발행시장과 유통시장으로 다시 구분된다. 발행시장(primary market)은 처음 증권이 발행되어 투자자에게 매출되는 시장을 말하며, 유통시장(secondary market)은 이미 발행된 증권이 투자자들 사이에서 거래되는 시장이다.

파생상품시장은 선도계약, 선물, 옵션, 스왑 등과 같은 파생상품(derivatives)이 거래되는 시장이다. 파생상품은 기초자산(underlying asset)으로 불리는 다른 자산의 가치변동에 따라 가치가 결정되는 자산으로, 그 자체가 자금조달 수단은 아니다. 그러나 파생상품을 이용하여 가격변동위험을 제거할 수 있고 투기적 이익을 얻을 수도 있다.

보험시장(insurance market)은 보험료를 대가로 위험을 인수하는 시장으로 생명보험시장과 손해보험시장이 있다.

2) 간접금융시장과 직접금융시장

간접금융시장은 자금의 수요자와 공급자 사이에 은행과 같은 금융중개기관(financial intermediary)이 개입되어 있는 금융시장이다. 예를 들어, 은행은 예금자들로부터 저축을 받아 차입자들에게 대출하여 준다. 이때 은행은 자금차입자들로부터 대출의 증표로 받은 금융자산인 차입증서를 그대로 예금자들에게 넘겨주는 것이 아니라 은행 스스로 새로운 형태의 금융자산인 예금통장 또는 CD 등을 발행하여 자금을 조달한다. 이와 같이 금융기관이 금융자산을 창출하여 자금의 수요와 공급을 매개하는 금융시장을 간접금융시장이라고 한다.

직접금융시장은 자금수요자가 발행한 금융자산을 자금공급자(투자자)들이 직접 매입하여 자금을 조달하는 시장이다. 예를 들어, 어떤 회사가 발행한 회사채나 주식에 투자자들이 투자하는 경우가 직접금융시장의 대표적인 예이다. 흔히 발행회사가 발행한 회사채나 주식을 증권회사 등이 인수(underwrite)하여 투자자들에게 판매하지만, 이 경우에도 증권회사는 스스로가 새로운 금융자산을 발행하지 않고 이미 발행된 증권을 그대로 투자자에게 매출하기 때문에 직접금융에 해당된다.

2.2.2 금융기관의 종류와 기능

1) 금융기관의 종류

우리나라의 금융기관은 취급하는 금융서비스의 성격에 따라 은행, 비은행 예금취급기관, 보험회사, 금융투자회사, 기타 금융기관으로 분류될 수 있다.[2]

은행(bank)에는 은행법에 의해 설립된 일반은행(commercial bank, 상업은행)과 각각의 특수은행법에 의해 설립된 특수은행이 있다. 일반은행은 시중은행, 지방은행 및 외국은행 국내지점으로 이루어져 있다. 일반은행은 주로 요구불예금과 저축성예금으로 조달한 자금을 단기대출로 운용하는 상업금융(commercial banking)을 주업무로 하고 장기금융업무도 취급한다. 특수은행은 일반은행이 재원과 수익성의 제약 때문에 필요한 자금을 공급하기 어려운 특정 부문에 자금을 공급하며 대부분 정부에 의해 운영되는 은행이다. 특수은행에는 중요산업 및 기술개발을 위한 장기시설자금을 공급하는 한국산업은행, 수출입금융을 전문적으로 공급하는 한국수출입은행, 중소기업금융 전문은행인 기업은행이 있다. 그리고 농업협동조합중앙회와 수산업협동조합중앙회의 계열은행인 농협은행과 수협은행도 특수은행에 포함된다. 한편 일반은행과 특수은행은 별도의 인가를 받아 신탁업무를 겸영하고 있다.

비은행 예금취급기관(non-bank depository institution)은 예금을 받아 대출을 하지만 지급결제망에 직접 참여하지 못하는 금융기관들을 의미하며, 상호저축은행, 신용협동기구, 우체국예금 등이 있다. 상호저축은행은 지역의 서민과 소기업을 대상으로 하는 여 · 수신 업무를 전문적으로 다루고 있다. 신용협동기구는 조합원 상호 간의 상부상조를 목적으로 조합원에 대한 여 · 수신 업무를 다루고 있는데 신용협동조합, 새마을금고 그리고 농협과 수협의 단위조합의 상호금융이 있다. 우체국예금은 전국의 우체국에서 취급되고 있는 공영 금융기관이다.

보험회사는 다수의 보험계약자를 상대로 보험료를 받아 이를 대출, 유가증권, 부동산 등에 투자하고 피보험자에게 노후, 사망, 질병, 사고 등이 발생할 때 보험수익자에게 보험금을 지급하며, 생명보험회사와 손해보험회사 및 우체국보험 등을 포함한다.

금융투자회사 또는 증권회사는 자본시장에서 주식, 채권 등 유가증권의 발행을 주선하고, 발행된 유가증권의 매매를 중개하며, 자산운용이나 투자자문 업무 등을 수행한다.

기타 금융기관으로는 금융지주회사, 여신전문금융회사, 벤처캐피탈회사, 대부업체, 증권금융회사, 한국무역보험공사, 한국주택금융공사, 한국자산관리공사, 한국투자공사 등이 있다. 한편 금융기관은 아니지만 금융기관과 금융거래에 밀접하게 관련된 서비스를 제공하는 금융보조기관으로 예금보험공사, 한국거래소, 신용보증기관, 신용정보회사, 자금중개회사 등이 있다.

---

2 우리나라 금융기관과 금융시장에 대한 설명은 한국은행, '한국의 금융시장과 한국의 금융제도'를 요약한 것으로서 상세한 내용은 한국은행 홈페이지인 www.bok.or.kr의 조사연구자료 – 종류별 자료 – 단행본에서 다운로드 받을 수 있다.

참고 우리나라 은행산업의 역사

우리나라 최초의 근대적 은행은 일반적으로 1897년에 설립된 한성은행으로 알려져 있다. 그 이전의 금융업은 상품의 위탁매매 및 매매 주선, 그리고 창고업 · 화물수송업 · 금융업 등을 복합적으로 영위하는 중간상인인 객주(客主) 등에 의해 수행되었다.

1905년 을사보호조약 이후, 일제는 조선에 대한 침략을 본격화하면서 경제적 수탈을 용이하게 달성하려는 목적으로 금융기관들을 설립하였다. 그 중에는 중앙은행 역할을 한 조선은행, 조선총독부의 산업정책을 금융적으로 지원하기 위한 조선식산은행 등이 있다.

일제 지배 하에서도 민족계 자본에 의해 설립된 민족은행들이 출현하였으며, 이는 1917년에 설립된 대구은행, 1918년의 동래은행, 1920년의 호남은행 등을 포함한다. 이 은행들은 민족계 상공인들을 상대로 금융사업을 펼쳤으나, 조선총독부의 민족계 은행 말살정책의 핍박을 받아야 했다.

1945년 광복 이후, 우리나라의 금융시스템은 국민경제를 지원하는 시스템으로 재탄생했다. 1960~1970년대의 경제적 고도성장을 뒷받침했던 우리나라의 은행산업은 국내 금융산업의 구조적 변혁의 계기가 되었던 1997년의 외환 · 금융위기 당시에 조 · 상 · 제 · 한 · 서(조흥은행, 상업은행, 제일은행, 한일은행, 서울은행)로 불리던 5대시중은행 중심의 구조를 갖고 있었다.

그 이후 금융구조조정, 금융지주회사 도입 등 구조적 · 제도적 변화를 거친 결과로서 2016년 현재 우리나라의 일반은행은 대부분 금융지주회사 산하에 있다. 예를 들어, 신한은행, KB국민은행, KEB 하나은행, NH농협은행 등이다.

2) 금융기관의 기능

금융시장은 금융거래를 담당하는 여러 가지 금융기관으로 이루어져 있다. 금융기관의 기능은 거래비용 절감, 만기 및 금액변환, 위험의 감소, 지급결제수단 제공의 네 가지로 요약할 수 있다.

① 거래비용의 절약: 금융기관은 적은 비용으로 금융거래를 수행할 수 있도록 해준다. 금융기관이 없으면 자금의 공급자와 수요자는 거래할 때마다 직접 거래상대방을 찾아 신용정보를 분석하고 거래와 관련된 법규나 절차를 검토하여야 하는 등 막대한 거래비용을 지출하게 될 것이다. 그러나 금융기관이 존재하면 금융기관의 도움으로 수많은 자금의 공급자 및 수요자 사이에 규칙적 · 반복적 금융거래가 가능해지므로 더 적은 거래비용으로 대량의 금융거래가 이루어질 수 있다. 또 금융기관은 예금, 대출, 투자, 신용정보, 법률에 관한 전문인력을 보유하고 있기 때문에 이를 활용하여 보다 신뢰성 있고 전문성을 갖춘 금융거래를 가능하게 한다.

② 만기와 금액의 변환: 금융기관은 다양한 만기와 금액의 자금을 모아 자금 수요자에게 필요한 자금을 일정 기간 동안 안정적으로 공급해 준다. 즉, 소액 단기자금을 모아 거액 장기자금을

공급하거나 거액 장기자금을 나누어 소액 단기자금으로 공급한다. 금융기관이 없을 경우 자금의 규모, 이용기간 등에 있어 자금의 공급자와 수요자가 각각 희망하는 조건이 다르기 때문에 금융거래가 성립되기 어려울 것이다.

③ **위험감소:** 금융기관은 신용위험, 금융자산 가격변동위험 등과 같은 위험을 줄여 준다. 개인이 개별적으로 금융거래를 하면, 자금공급자는 수요자의 신용도를 평가할 수 있는 충분한 능력과 정보를 갖고 있지 못하므로, 매우 큰 신용위험을 부담하여야 한다. 그러나 금융기관은 우월한 신용평가능력을 발휘하여 자금을 공급하므로 신용위험을 큰 폭으로 줄일 수 있다. 또 금융기관은 다수의 투자자로부터 공급된 거액의 자금을 여러 가지 투자 대상에 분산투자할 수 있으므로 투자자산 전체의 가격변동위험을 줄일 수 있다.

④ **지급결제수단의 제공:** 금융기관은 다양한 지급결제수단을 제공하여 준다. 금융기관이 제공하는 대표적인 지급결제수단은 수표, 어음, 신용카드, 계좌이체 등이다. 최근에는 정보통신기술의 발달로 지급결제수단의 혁신적인 변화가 일어나고 있다. 그중 가장 두드러진 것은 자금이체를 신속히 해주고 많은 양의 정보를 적은 비용으로 처리할 수 있는 전자자금이체시스템과 일정량의 화폐가치를 디지털 형태로 저장하여 사용하는 전자화폐이다.

참고 1970년대 이후의 금융혁신

금융시스템은 세계적 경제상황의 변화와 함께 지속적으로 진화하여 왔다. 1930년대 대공황기에는 금융기관의 전업주의, 특히 하나의 금융기관이 은행업과 증권업을 겸업하는 행위를 금지하는 원칙이 정착되었다. 오늘날의 금융시스템은 1970년대 이후 진행되어온 "금융혁신(financial innovation)"의 조류 속에서 형성되어온 시스템이다. 일반적인 의미의 금융혁신은 새로운 금융자산, 새로운 금융거래 기법, 새로운 금융서비스 등을 의미하는 것이지만, 좁은 의미로는 금융기관들이 1970년대 이후 고(高)금리, 고위험의 금융환경에 적응하는 과정에서 이루어진 금융시장의 변화를 의미하기도 한다. 금융혁신은 여러 가지 형태로 이루어졌지만 그 중에서도 증권화, 자산운용의 세계화, 분산투자, 파생상품의 개발 및 이용, 금융공학의 응용, 업무영역의 파괴, 핀테크(fintech)의 발전 등이 주된 내용을 이루고 있다.

① **증권화:** 증권화(securitization)는 기존의 시장성이 없는 금융자산을 시장성을 갖는 증권으로 그 성격을 바꿈으로써, 어떤 자산이 유동성을 갖도록 한 것이다. 그 대표적인 것이 지니매(Ginnie Mae)와 같은 원리금이체증권(pass-through securities)이다. 예를 들어, 지니매는 미국 정부저당금고(Government National Mortgage Association: GNMA)가 부동산담보대출로부터 얻게 될 원리금을 지니매의 투자자에게 이체하여 지급할 것을 약속한 채권이다. 또 정기예금을 증권화한 양도성예금증서(CD)와 기존의 약속어음에 유동성을 부여한 기업어음(CP) 역시 증권화 현상의 예이다.

② **세계화:** 세계화(globalization)는 세계 여러 나라의 금융자산에 분산투자함으로써 보다 큰 위험감

소효과를 얻어내고 더 많은 이윤의 기회를 얻고자 하는 것이다. 금융거래의 세계화를 달성하기 위해서는 다른 나라의 은행, 보험, 증권산업의 개방이 전제되어야 한다. 금융거래의 세계화로 각국의 금리나 주가가 다른 나라, 특히 미국의 금리나 주가에 대해 민감하게 반응하고 있으며 그 결과 금융시장의 동조화 현상이 나타나고 있다.

③ 파생상품의 이용: 파생상품의 대표적인 예는 선물, 옵션 및 스왑이다. 이런 자산들은 모두 미래의 거래가격을 계약에 의해 고정시키는 효과를 갖고 있기 때문에 가격위험을 전가하기 위한 수단으로 이용될 수 있다. 선물과 옵션은 위험전가의 수단으로 이용될 수 있지만 투기의 수단으로도 용이하게 이용될 수 있는 금융자산이다. 또 기존의 금융자산에 파생상품의 특성을 부가한 새로운 금융상품도 다양하게 만들어지고 있다. 예를 들어, 고정금리를 지급하는 정기예금에 옵션의 성질을 부가한 것이 지수연동 정기예금이다. 이것은 만기가 정해져 있고 원금을 보장한다는 점에서 기존의 정기예금과 동일하지만, 만기일의 주가지수가 기준시점의 주가지수보다 높으면 상승률에 비례하여 지급이자가 달라지는 정기예금이다.

④ 금융공학의 응용: 금융공학(financial engineering)은 금융자산의 가격변동이 갖고 있는 수학적 특성을 이용하여 각 자산들의 현금흐름을 해체(unbundling)하고 재구성(rebundling)하는 기술이다. 자산해체의 예로서 채권의 원금 부분과 이표이자 부분을 분리한 분리채권(STRIPS)을 들 수 있고, 자산재구성의 예로서 주식과 옵션을 결합하여 무위험자산을 만드는 경우를 들 수 있다. 금융공학은 기존의 자산을 이용하여 투자자의 요구를 보다 적절하게 만족시켜주는 신종 자산을 만들어 낼 수도 있고, 어떤 자산과 동일한 현금흐름을 가져다주는 복제(replication)된 금융자산을 만들 수도 있다.

⑤ 규제완화와 업무영역의 파괴: 1930년대 대공황 이후 금융산업에서 독과점의 폐해를 방지하고 고객을 보호하며 금융시스템의 건전성을 유지하기 위하여 세계 각국은 금융거래에 대하여 엄격한 규제를 가하고 금융기관에게 전업주의(專業主義)—은행은 은행업무, 보험회사는 보험업무, 증권회사는 증권업무만을 취급하도록 하는 업무영역 제한—를 강제해 왔다. 금융기관 규제의 예로서 진입퇴출의 엄격한 제한, 자산운용에 대한 제약, 취급 금융상품에 대한 제한, 금리에 대한 제한, 자기자본비율에 대한 제한 등을 들 수 있다. 그러나 최근에는 금융기관들이 보유한 자산과 정보를 보다 효율적으로 이용하기 위하여 다른 업무영역에 진출하거나 다른 업종의 금융기관과 제휴하는 사례가 늘고 있다. 각국의 정부도 금융기관이 여러 가지 업무영역을 취급할 수 있도록 하는 겸업주의(兼業主義)를 허용하는 추세를 보이고 있으며, 금융기관의 영업행위에 대한 규제를 완화하되 금융기관의 건전성에 대한 규제는 강화하는 추세를 보이고 있다.

⑥ 핀테크(fintech)의 발전: 핀테크는 금융(finance)과 기술(technology)의 합성어이다. 금융산업은 정보통신기술의 발달에 힘입어 여러 가지 금융거래를 인터넷 또는 모바일 환경에서 더 신속하고 저렴하게 수행할 수 있게 되었으며, 기존에는 불가능했던 다양한 서비스들을 속속 도입하고 있다. 핀테크는 초기에는 모바일 신용카드 등과 같이 주로 지급결제 부문에 집중했으나, 점차로 여·수신, 자산관리 등으로 영역을 넓히고 있으며, 고도의 정신노동으로 분류되는 금융업무에 인공지능(artificial intelligence: AI)을 도입하는 단계로 발전하고 있다.

제3절 효율적 금융시장과 정보비대칭

2.3.1 효율적 금융시장

사회적으로 금융시장이 갖는 가장 중요한 역할은 자본의 최적배분을 달성하는 데 있다. 여기에서 자본의 최적배분이란 사회의 자본이 최적의 용도에 투자되어 있는 상태를 의미한다. 자본의 최적배분이 달성되기 위해서는 금융자산의 가격이 그 자산의 위험 · 수익에 관한 모든 정보를 제대로 반영하여 결정되어야 한다. 이와 같이 자산의 시장가격이 이용 가능한 모든 정보를 충분히 반영하고 있는 시장을 효율적 시장(efficient market)이라고 한다.

효율적인 금융시장은 이용 가능한 정보가 투자자들에게 즉시적으로, 비용 없이 그리고 정확하게 전달되어 그 정보의 내용이 자산의 시장가격에 적절히 반영되는 시장이며, 이는 정보효율성(informational efficiency)으로 불리기도 한다.

효율적 금융시장은 자본의 최적배분을 위하여 반드시 필요한 전제조건이다. 즉, 금융시장이 효율적일 때 투자자들은 주어진 정보를 충분히 이용하여 가장 높은 수익률을 가져다주리라고 예상되는 투자기회에 투자할 것이므로, 자본의 최적배분이 달성된다. 또 금융시장이 효율적이면 모든 투자자들이 주어진 정보를 공평하게 이용할 수 있기 때문에, 모두가 최선의 투자결정을 내리게 되어 결과적으로 그들이 얻는 투자 성과도 평균적으로 같아지게 될 것이다.

효율적 금융시장에서 금융자산의 가격은 예측 불가능하게 무작위로 변동한다. 왜냐하면 금융자산에 관한 모든 정보가 가격에 완전히 반영되어 있는 상태에서, 무작위적으로 발생하는 새로운 정보는 금융자산의 가격을 즉시 변화시킬 것이며, 이런 변화는 사전에 예측될 수 없기 때문이다. 따라서 금융자산의 가격이 예측불능하게 변동한다면, 그것은 금융시장이 효율적이라는 것을 보여주는 중요한 증거가 된다.

현실의 금융시장이 만족스러울 정도로 효율적 시장인지에 대하여 많은 실증적 연구가 이루어져 왔다. 최근 금융시장의 비효율성을 말해 주는 여러 가지 현상들이 발견되고 있으며, 그런 현상들을 금융시장의 이상현상(anomalies)이라고 부른다. 그렇다고 해서 금융시장이 완전히 비효율적이라고 결론지을 수는 없다. 왜냐하면 금융시장의 효율성은 상대적인 정도의 문제이며, 현실의 금융시장이 효율적이라는 증거도 매우 다양하게 주어져 있기 때문이다.

2.3.2 정보비대칭

전통적인 재무관리이론에서는 금융시장의 모든 참여자들이 동일한 정보를 갖고 행동하고 있는 상황을 가정하고 있다. 그러나 현실적으로 금융시장의 어떤 참여자는 금융자산의 특성과 미래 소득에 대하여 충분한 정보를 갖고 있지만 다른 참여자들은 그렇지 못할 수도 있다. 이와 같이 시장참여자들이 갖고 있는 정보의 양과 질이 차이를 보이는 상황을 정보비대칭(information asymmetry)이라고 한다.

정보비대칭의 실례는 다양하게 존재하고 있다. 예를 들어, 어떤 기업에서 비밀리에 추진했던 신제품개발 프로젝트에 대해 이 회사의 경영자들은 그 프로젝트가 성공적으로 완료되었다는 정보를 알고 있지만 증권시장의 투자자들은 이 신제품개발의 정보를 알고 있지 못할 수 있다. 이 경우는 경영자와 투자자 사이에 존재하는 정보비대칭의 전형적인 예에 해당한다. 다른 예로서 중고차 판매자는 중고차의 성능에 대하여 충분한 정보를 갖고 있지만 중고차 구매자는 그렇지 못한 경우를 들 수 있다. 또 보험가입자와 보험회사, 종업원과 사용자, 차입자와 은행 등의 거래관계에도 정보비대칭이 존재할 수 있다.

정보비대칭이 가져다주는 문제점으로서 역선택과 도덕적 해이의 문제가 있다.

1) 역선택

거래 당사자 사이에 정보비대칭이 존재할 때, 상품의 가격이 제대로 형성되지 못하게 되는 현상을 역선택(逆選擇, adverse selection) 또는 레몬문제라고 부른다.[3] 상품의 품질에 대해 판매자는 충분한 정보를 갖고 있지만 구매자들은 그렇지 못할 경우 구매자는 좋은 상품과 나쁜 상품을 구분하지 못하기 때문에, 결과적으로 상품가격이 제대로 형성되지 못하고 시장이 붕괴되는 현상이 역선택 문제이다. 일반적으로 거래 또는 계약이 이루어지기 전에 정보비대칭이 존재하면 역선택 문제가 발생한다.

역선택 문제는 중고차 시장의 예를 보면 쉽게 이해할 수 있다. 중고차 시장에서 판매자는 중고차의 성능에 대하여 충분한 지식을 갖고 있지만 구매자는 그렇지 못하기 때문에 정보비대칭이 존재한다. 예를 들어, 정보가 대칭적일 경우 좋은 차는 400만원에 팔리고 나쁜 차는 200만원에 팔려야 되며, 시장에는 좋은 차와 나쁜 차가 각각 50%씩 차지하고 있다 하자.

구매자가 중고차의 성능을 모르고 있는 정보비대칭의 상황에서 그 구매자는 어떤 가격을 제시할 것인지 생각해보자. 구매자가 평균가격인 300만원을 부를까? 만일 그렇게 한다면, 좋은 차의 판매자는 400만원 가치의 중고차를 300만원에 팔고자 하지 않을 것이므로 시장에서 탈퇴할 것이고 나쁜 차의 판매자들만 남아서 중고차 시장을 형성하게 될 것이다. 정보비대칭 하에서 이성적인 구매자들이라면 이런 상황을 충분히 예견할 수 있으므로 처음부터 200만원의 가격을 부르거나 아예 중고차 시장에서 중고차를 구매하지 않으려 할 것이다. 결국, 정보비대칭 하에서 중고차 시장은 성능에 따라 제대로 가격을 결정해야 하는 시장 본래의 기능을 수행할 수 없게 되는 결과가 발생한다.

이와 같이 정보비대칭의 결과로서, 시장가격이 상품의 질을 올바로 반영하지 못하여 시장이 그 기능을 제대로 수행하지 못하는 상황인 시장실패(market failure)가 발생한다. 이처럼 정보비대칭으로

3 레몬(lemon)은 겉만 번지르르하고 성능이 빈약한 중고 자동차를 의미하는 속어이다.

인해 시장실패가 나타나는 문제를 역선택 문제라고 한다.

역선택의 예로서 투자자들이 미래의 기업 성과에 대해 충분한 정보를 갖고 있지 못할 경우, 기업가치가 제대로 평가되지 못하여 우량기업의 주식이 저평가되는 경우를 들 수 있다. 또 은행이 대출심사 능력을 제대로 갖추고 있지 못하는 경우, 은행은 신용도에 관계없이 모든 차입자들에게 높은 금리를 부과하려고 할 것이므로, 건실한 기업은 차입을 포기하고 신용도가 낮은 기업들이 은행대출을 받아 결국 은행이 부실화되는 경우도 역선택의 예이다. 보험업에서도 보험회사가 피보험자의 사망이나 질병 위험에 관해 정확히 알 수 없을 때, 상대적으로 높은 위험을 가진 사람들만 보험에 가입한다면 역선택이 발생할 수 있다. 결국 보험회사는 예상보다 많은 보험금을 지급해야 하고, 더 이상 보험서비스를 제공하지 못할 수도 있다.

역선택 문제는 기본적으로 정보비대칭에 기인하는 것이지만, 정보비대칭이 발생하는 구체적 이유들로서 다음과 같은 것들을 들 수 있다. 첫째는 정보비대칭을 방치하거나 더 크게 하는 것이 정보보유자에게 유리한 경우가 있다(정보비대칭을 선호하는 유인). 예를 들어, 나쁜 중고차의 판매자는 차의 품질을 알리지 않고 거래하는 것이 자신에게 더 유리하다. 둘째로, 적절한 정보전달 또는 정보공시에 너무 많은 비용과 장애요인이 존재할 수 있다(정보비용). 예컨대, 어떤 상품을 직접 사용해야만 그 품질을 알 수 있는 경우 높은 비용 때문에 사실상 품질에 관한 정보를 알려 줄 수 없다. 셋째, 정보를 제공할 수 있다 하더라도 그 정보의 신뢰성을 보장할 수 있는 수단이 존재하지 않을 수 있다(정보의 신뢰성 보장). 넷째, 충분한 정보가 주어지더라도 거래자가 그 정보의 내용을 이해할 수 있는 지적 능력 또는 전문성이 없을 수 있다(무지).

역선택 문제를 해소하는 방법은 현실의 역선택 문제가 어떤 이유 때문에 발생했는지에 따라 다를 수 있다. 만일 위의 첫 번째 이유가 중요하다면, 정보 미보유자가 직접 정보를 생산하거나(예컨대 은행의 신용분석) 또는 정보보유자가 미보유자에게 정보를 제공하도록 강제(상장회사의 정보공시 의무)할 수 있다. 세 번째 이유가 중요할 경우에는 평판있는 전문가를 통해 정보를 제공 받는 방법이 사용될 수 있다(예컨대 채권 신용평가등급을 신용평가기관이 제공). 네 번째 이유가 중요할 경우에는 정보의 내용을 단순화하거나 정보 미보유자를 교육시키는 방법이 사용된다.

참고 **중금리 대출**

대출시장은 정보비대칭에 기인한 역선택 문제가 심각한 전형적인 예이다. 예를 들어, 은행이 대출수익을 얻기 위해 높은 대출금리를 적용하면 우량한 상환능력을 가진 차입자는 높은 이자비용 때문에 차입을 포기하고, 열등한 상환능력을 가진 차입자는 (어차피 빚을 갚을 가능성이 높지 않으므로) 고금리임에도 불구하고 대출을 받을 수 있기 때문이다. 결국 은행은 현재의 대출이자율 하에서 대출에 대한 수요가 공급보다 많더라도, 금리를 높이는 대신 차입희망자들 각자가 원하는 금액보다 작은 대출금을 할당하게 된다(신용할당, credit rationing).[4] 나아가서, 신용등급이 낮은 차입희망자들은 아무리 높은 금리를 부담하더라도 전혀 대출을 받지 못할 수 있다.

많은 나라에서 대형 상업은행들은 주로 우량한 신용등급을 가진 고객들에게만 대출을 제공해 왔다. 예를 들어, 한국의 시중은행들은 개인차입자의 경우 신용등급 4등급 이내의 고객에게만 비교적 낮은 금리로 대출을 제공하고, 그 밖의 차입자들은 저축은행, 카드사 또는 캐피탈사 같은 여신전문금융기관, 대부업체 등으로부터 상대적으로 높은 금리에 차입하는 실정이었다.[5]

그러나, 2007~2008년 세계금융위기 이후 저소득층의 가계부채에 관한 우려가 확산되면서, 각국은 기존에 고금리 차입 또는 어떤 금리에도 차입할 수 없었던 개인들에 대해 저렴한 금리의 대출을 제공하는 방안을 모색하기 시작했다. 한국에서도 제도권 금융기관들이 '중금리 대출' 즉, 중간 수준의 신용등급을 가진 차입자들에게 중간 수준의 금리로 대출을 제공하기 시작했다.

이런 중금리 대출 상품 가운데 2016년 7월에 정부주도로 출시된 상품이 '사잇돌' 대출이다. 상환능력이 있고 소득기준을 충족하는 중신용등급(4~7등급) 고객을 대상으로 연금리 5~10%(보증보험료 포함), 대출기간은 거치기간 없이 60개월 이하, 매월 원금 또는 원리금을 균등분할상환하는 조건이다. 시중은행이 대출하고 서울보증보험이 원금 전부를 보장한다.

중금리 대출은 시작부터 많은 관심과 논란을 불러 일으켰다. 기존에 금융서비스의 혜택을 받지 못하던 계층에게 금융서비스를 제공함으로써 '포용적 금융(financial inclusion)'이라는 가치에 기여할 것이 기대되나, 이런 차입자들에 대한 신용평가가 쉽지 않고 일단 채무불이행이 발생하면 회수가능금액이 거의 없기 때문에 금융기관의 건전성을 훼손할 수 있다는 것 등이다. 특히 핀테크 발전과 발맞추어, 이 고객들의 신용평가를 위해 소득 및 재산·부채 등 전통적인 요소뿐 아니라 비금융 또는 비정량적 자료를 포함하는 빅데이터를 사용하려는 시도도 주목받고 있다. 중금리 대출의 미래 성과는 포용적 금융, 금융기관의 건전성, 핀테크, 국민경제에 미치는 영향 등에 의존할 것이다.

2) 도덕적 해이

도덕적 해이(moral hazard)는, 거래 또는 계약 후에 어떤 거래 당사자가 다른 거래 당사자의 행동을 충분히 감시할 수 없는 경우 거래 당사자들 사이에 정보비대칭이 발생하여 거래 또는 계약의 내용이 충실히 이행되지 않게 되는 문제, 즉 '불충분한 감시로 인한 폐해'를 의미한다. 이 경우 어느 한쪽이 자신의 이익을 위해 계약을 충실하게 이행하지 않을 경우 그 피해는 거래상대방이 부담하게 된다.

금융거래는 도덕적 해이가 발생할 가능성을 일반적인 상품거래보다 더 많이 내포하고 있다. 그 이

4 Joseph Stiglitz and Andrew Weiss, "Credit Rationing in Markets with Imperfect information," *American Economic Review* 71(June 1981).

5 민간신용평가회사(credit bureau: CB)에 의해 평가된 개인신용등급은 1~10등급으로 구분된다. 일반적으로, 1~4등급은 우량, 5~6등급은 일반, 7~8등급은 주의, 9~10등급은 위험등급으로 간주된다.

유는 금융거래에서는 계약이 이루어진 후 상당한 시간이 경과하여야 그 결과를 확인할 수 있다는 특성 때문이다. 예를 들어, 투자자들이 3년 만기 회사채에 투자하는 경우를 생각해보자. 이 경우 투자자들은 원리금이 발생하는 3년 후까지 발행회사가 회사채의 약관을 성실하게 이행하고 있는지 감시하고 있어야 한다. 그러나 이런 장기적이고 지속적인 감시활동은 많은 비용과 시간을 필요로 하기 때문에, 발행회사에 대한 투자자들의 감시가 불충분하게 이루어질 가능성이 크다. 따라서 회사채 발행회사는 조달된 자금을 위험이 큰 투자에 사용함으로써 채권자의 이익을 침해하는 도덕적 해이를 범할 수 있다.

도덕적 해이의 예로서, 어떤 경영자가 주주를 위해 최선의 노력을 쏟기로 약속하고 회사의 CEO가 되었지만 실제로는 주주들의 이익을 외면하고 자신의 이익만을 추구하는 경우를 들 수 있다. 이것은 주주가 경영자의 행동을 충분히 감시하지 못할 때 발생하는 도덕적 해이의 대표적인 예라고 할 수 있다. 이 예에서 알 수 있는 바와 같이 제1장에서 설명한 대리인문제는 도덕적 해이의 전형적인 예이다.

금융기관의 부실대출도 도덕적 해이의 대표적 예이다. 예금자들이 은행의 대출활동을 충분히 감시할 수 없기 때문에, 은행이 대출심사를 소홀히 하거나 연고대출을 행하고 대출 후 차입자의 행동을 충분히 감시하지 않는 등의 도덕적 해이를 범하게 된다.

또한 피보험자가 보험의 보장을 믿고 손실의 발생을 방지하려는 노력을 게을리 하는 현상도 도덕적 해이의 예이다. 현실에서는 피보험자의 손실의 일부는 보험회사가 책임지지 않고 피보험자 스스로 부담하도록 하는 면책금액(deductible) 제도가 도덕적 해이를 완화하기 위한 수단으로 널리 사용된다.

제4절 금융규제

2.4.1 금융규제의 정당성

자유경쟁시장이 존재한다면, 정부의 개입과 규제 없이 개별 경제주체들이 자유롭게 경쟁함으로써 사회 전체적인 복지도 극대화된다. 그러나 현실에서는 자유경쟁을 저해하는 여러 가지 요인들이 존재하기 때문에 정부의 규제가 어느 정도 정당화된다. 특히 금융시장 및 금융기관에 대한 규제 및 감독은 경제활동의 다른 어떤 부문보다 강하게 정당화되고 있다. 금융기관에 대한 규제가 정당화되는 이유로서 다음 세 가지가 중요시되고 있다.

① 경쟁과 독과점의 폐해 방지: 금융산업은 본래 진입과 퇴출이 용이하기 때문에 매우 경쟁적인 성격을 갖고 있다. 그러나 몇 가지 핵심적인 부문은 본래의 특성 때문에 필연적으로 독과점화될 수밖에 없다. 예를 들어, 은행은 거래비용을 최소화할 수 있는 규모, 고객의 신뢰를 얻을 수 있을 정도의 자본과 평판, 금융서비스에 필요한 고도의 전문성과 네트워크를 전제로 하기

때문에, 다수 기업의 자유로운 경쟁이 불가능하며 또 자유로운 경쟁이 반드시 바람직하지도 않다. 따라서 규제기관은 자유경쟁의 폐해를 최소화하기 위해 과잉경쟁을 제한하는 여러 가지 규제수단을 사용한다. 그러나 금융기관이 시장을 독과점하는 경우 독점이윤의 크기가 거액에 달하고 다수의 금융소비자에게 불공정한 영향력을 행사하거나 손실을 끼치기 때문에, 독과점의 폐해를 방지하고 고객을 보호하기 위해 규제기관은 금융기관의 영업활동을 제한하거나 때로는 직접 개입하기도 한다.

② 일반고객의 보호: 일반적으로 금융거래의 상세한 내용을 이해하기 위해서는 법률 및 금융에 관한 전문지식을 필요로 한다. 그러나 비교적 소규모의 금융거래를 하는 일반고객들은 이런 전문지식을 갖고 있지 못하므로 자신의 이익을 돌볼 수 없다. 따라서 이런 일반고객과의 금융거래에 대해서는 상거래의 관행인 매수자 위험부담의 원칙을 그대로 적용할 수 없고, 고객을 보호하기 위한 규제가 필요하다.[6] 예를 들어, 중요한 계약내용을 고객에게 사전에 고지하도록 하거나 특정한 부류의 고객에게는 고위험 금융상품을 팔지 못하도록 규제하고 있다.

③ 금융시스템의 안정: 금융시스템은 강한 전염효과(contagion)를 갖고 있다. 즉, 일부 금융기관에서 부실 또는 위기가 발생하면, 그 부실 또는 위기는 곧바로 같은 종류의 금융기관에 확산되는 경향을 보이며 나아가 금융시스템 전체의 위기로 번지기도 한다. 특히 업무의 동질성이 강하고 지급결제시스템으로 연관되어 있는 은행산업에서는 이러한 위기의 확산가능성이 매우 크다. 따라서 금융시스템 전반의 안정을 위해서 개별 금융기관이 건전하게 운영되도록 사전적인 규제와 감시가 상시적으로 행해지고 있으며, 일단 금융위기가 발생할 경우에도 전염효과를 차단하기 위해 다양한 시스템안정화 정책이 신속하게 취해진다.

2.4.2 금융감독기관

우리나라는 고도로 집중된 금융규제 및 감독체계를 갖고 있다. 즉, 국무총리 산하의 금융위원회와 집행기관인 금융감독원이 거의 모든 금융기관 및 금융거래에 대하여 규제 및 감독업무를 담당하고 있다. 또 한국은행, 예금보험공사, 기획재정부도 금융감독체계를 구성하고 있다.

1) 금융위원회와 금융감독원

금융위원회(Financial Services Commission, www.fsc.go.kr)는 건전한 신용질서와 공정한 금융거래

---

6 매수자 위험부담(caveat emptor)의 원칙이란 일단 상거래가 이루어지면 상거래로부터 발생하는 여러 가지 위험을 매수자가 부담하여야 한다는 관행이다. 예를 들어, 매수자가 어떤 물건을 일단 매입하면, 별도의 약정이 없는 한 그 물건이 비싸다거나 성능이 나쁘다고 해서 그 거래를 취소할 수 없다.

를 유지하고 금융서비스의 이용자를 보호하기 위하여 설립된 국무총리 소속의 합의제 행정기관으로서 금융감독 기능과 금융정책수립 기능을 수행한다. 구체적으로, 금융위원회는 금융기관에 대한 감독과 관련한 규정의 제정 · 개정, 금융기관의 설립 · 합병 · 전환 · 영업 양수도 등의 인허가, 금융기관의 경영과 관련된 인허가, 금융기관에 대한 검사 · 제재, 증권시장과 선물시장의 관리 · 감독 · 감시 등의 기능을 수행하고 있다.

금융위원회는 증권 및 선물시장에 대한 규제 및 감독을 위해 증권선물위원회를 하위기구로 두고 있다. 증권선물위원회는 증권시장 · 선물시장의 불공정거래 조사, 기업회계의 기준 및 회계감리에 관한 업무, 금융위원회가 심의 · 의결하는 증권시장 · 선물시장의 관리 · 감독 · 감시 등과 관련된 주요 사항에 대한 사전심의, 증권시장 · 선물시장의 관리 · 감독 · 감시 등을 위하여 금융위원회로부터 위임받은 업무 등을 수행한다.

금융감독원(Financial Supervisory Service, www.fss.or.kr)은 〈금융감독기구의 설치 등에 관한 법률〉에 의해 설립된 무자본 특수법인이다. 금융감독원은 금융회사에 대한 감독업무, 이들 회사의 업무 및 재산상황에 대한 검사와 검사결과에 따른 제재, 금융분쟁의 조정 등 금융소비자 보호업무, 기타 금융위원회의 업무보조 등의 기능을 수행한다.

2) 한국은행 및 예금보험공사

한국은행은 금융통화위원회가 통화신용정책의 수행을 위하여 필요하다고 인정하는 경우 금융감독원에 대하여 구체적인 범위를 정하여 금융기관에 대한 검사를 요구할 수 있고, 필요할 때에는 한국은행 직원이 금융감독원의 금융기관 검사에 공동으로 참여할 수 있다. 그리고 금융감독원에 대하여 검사결과를 보내 주도록 요청하거나 검사결과에 따라 금융기관에 대한 필요한 시정조치를 요청할 수 있다. 한편 금융통화위원회는 금융위원회가 통화신용정책과 직접 관련되는 조치를 하는 경우 이의를 제기할 수 있다.

예금보험공사도 예금자보호와 금융제도의 안정성 유지를 위하여 필요하다고 인정하는 경우에는 금융감독원에 대하여 구체적인 범위를 정하여 금융기관에 대한 검사를 실시하고 그 결과를 보내 줄 것을 요청하거나 소속 직원으로 하여금 금융기관에 대한 검사에 공동으로 참여하도록 요청할 수 있다.

3) 국제금융감독기구

세계화 추세와 함께 국가간 금융거래가 활발해지면서 금융안정은 더 이상 국가들의 개별적 노력만으로는 달성하기 어려워졌다. 예를 들어, 2007~2008년의 글로벌 금융위기는 한 나라의 금융불안이 세계경제의 침체를 초래한 예이다. 이제 금융감독과 규제의 국가간 공조는 과거 어느 때보다 중요한 일이 되었으며, 다수의 국제적 협력기구들이 설립되어 활동하고 있다.[7]

가장 대표적인 국제적 금융감독기구인 금융안정위원회(Financial Stability Board: FSB)는 글로벌 금융시스템 개선 및 감독기구 간 협력강화를 위해 1999년 설립된 금융안정포럼(Financial Stability Forum: FSF)의 기능과 역할을 강화하여, 2009년에 설립되었다. 이 기구는 총회 및 운영위원회, 상임위원회, 지역자문그룹으로 조직되어 있다.

금융안정위원회는 글로벌 금융시장 동향을 진단하고, 국제사회의 금융개혁 방향을 제시하는 역할을 수행한다. 금융시스템의 거시건전성 제고, 금융회사 지배구조 개선, 금융 규제 · 감독의 방향 제시 등을 통해 국제금융시장의 위험요인에 선제적으로 대응할 수 있는 시스템 구축을 목표로 하고 있다.[8]

이 밖에, 바젤은행감독위원회(Basel Committee on Banking Supervision: BCBS)는 은행감독당국 간 상호협력을 위하여 1974년 국제결제은행(BIS) 후원 하에 설립되었으며 최고위급회의(GHOS) 및 바젤위원회 정례회의, 5개 소위원회 및 산하 실무그룹으로 구성되어 있다. BCBS는 국제은행감독자회의(International Conference of Banking Supervisors: ICBS)를 격년으로 주관하여 개최한다.

국제결제은행(Bank for International Settlements: BIS)은 중앙은행 간 협력증진과 원활한 국제금융결제를 목적으로 1930년 5월 17일 설립되었다. 주요 정책사항을 결정하는 총회, 운영을 담당하는 이사회 및 일반업무를 관장하는 집행부로 구성되어 있다.

국제증권감독기구(International Organization of Securities Commissions: IOSCO)는 효율적 시장규제 방안, 국제증권거래에 관한 감독 및 기준설정 등 공통 관심사에 대한 논의 등을 통한 각국 증권감독자 협력증진을 목적으로 1983년 설립되었다. 이사회 및 정책위원회, 지역위원회 등으로 조직되어 있다.

국제보험감독자협의회(International Association of Insurance Supervisors: IAIS)는 보험감독자 협력증진, 보험감독 및 규정의 국제적 기준 제정, 회원의 연수제공 등을 목표로 1994년 설립되었다. 집행위원회, 전문위원회, 이행위원회, 금융안정위원회, 예산위원회 등으로 구성되어 있다.

국제연금감독자기구(International Organisation of Pension Supervisors: IOPS)는 각국 연금감독 관련 정책 및 기준 수립과 정보 공유 등을 목적으로 2004년 설립되었으며 총회 및 집행위원회, 전문위원회로 구성되어 있다.

국제회계감독기구(International Forum of Independent Audit Regulators: IFIAR)는 각국 감독기구 간 회계감독업무 관련 정보공유 및 상호협력 증진을 목적으로 2006년 설립되었으며 집행기구 및 6개의 실무작업반으로 구성되어 있다.

2.4.3 금융규제의 내용

금융기관의 부실로 인한 피해는 그 회사에만 한정되지 않고 경제 전반으로 급속하게 파급되기 때

7 금융감독원 홈페이지(www.fss.or.kr)-알림 · 소식-해외금융감독.

8 금융위원회 홈페이지(www.fsc.go.kr)

문에 금융기관은 일반 기업보다 엄격한 법적 규제와 감시를 받는다.

본래 금융규제와 감독은 예금자보호를 위해 출발하였다. 만일 예금자보호가 제대로 안되면 특정 금융기관에 대한 신뢰가 무너질 경우 예금인출사태(bank run)가 발생할 수도 있으며, 예금인출사태가 다른 금융기관으로까지 전염될 경우 금융공황(financial panic)으로 발전하여 금융시스템 및 경제전반이 위기적 상황으로 빠질 수도 있다.

금융규제의 기본 목적은 금융기관의 건전성 및 금융제도의 안정성을 확보하는 데 있으며 금융환경 및 금융시장의 발전 정도에 따라 그 내용에 차이를 보이고 있다. 최근 선진국에서는 금융의 효율성을 제고하기 위해 금융기관의 진입과 일상적인 업무에 대해서는 규제를 완화하고, 그 대신 건전성규제는 더욱 강화하고 있는 추세이다. 특히 금융활동의 세계화에 따라 국제금융시장의 안정성과 공평한 경쟁조건을 확보하기 위해 금융기관의 건전성규제에 관한 국제적 공조체제가 형성되고 있다. 1988년 국제결제은행(BIS)의 바젤은행감독위원회가 제정하고 이후 보완 과정을 거친 BIS기준 자기자본비율규제가 그 대표적인 예이다.

금융규제는 규제의 목적, 수단 및 대상에 따라 매우 다양한 형태로 이루어지고 있지만, 그 내용을 크게 구분하면 설립 · 퇴출 및 업무영역에 관한 규제, 건전성규제 및 경영실태평가와 적기시정조치 등으로 나눌 수 있다.[9]

1) 설립 · 퇴출 및 업무영역에 관한 규제

금융기관의 설립과 퇴출, 인수 · 합병, 업종전환은 다른 산업과는 달리 매우 엄격한 인허가 절차를 따르도록 하고 있다. 그 이유는 다수의 금융시장에서의 과당경쟁과 독과점으로 인한 피해가 해당 금융회사 및 거래자에 한정되지 않고 경제 전반으로 확산될 수 있기 때문이다.

① **설립 및 인수 · 합병**: 금융기관을 새로 설립하기 위해서는 관련 법규(은행법, 보험업법, 자본시장과 금융투자업에 관한 법률 등)에서 요구하는 기본요건을 갖추고 금융위원회의 인허가를 받아야 한다. 또 다른 금융기관을 인수 · 합병하거나 다른 금융업으로 업종을 전환하고자 하는 경우에도 금융위원회의 인가를 받아야 한다. 이와 같이 금융기관의 설립, 인수 · 합병이 금융위원회의 인허가를 필요로 하도록 한 것은 부적격자의 금융업 진입을 막고 과당경쟁과 독과점에 따른 폐해를 최소화하기 위해서이다.

② **퇴출**: 금융기관의 퇴출은 자율적 퇴출과 강제퇴출로 나누어진다. 자율적 퇴출은 영업의 양도, 합병, 계약이전 또는 해산 등의 사유로 영업을 종료하는 것이다. 자율적 퇴출의 경우에도 퇴출결정에 앞서 금융위원회의 사전인가를 받아야 한다. 이것은 퇴출로 인해 금융거래가 위축되거나 금융기관 간 경쟁이 과도하게 제한될 수 있고 퇴출 과정에서 금융거래자나 투자자가 피해를 입을 수 있기 때문이다.

9 한국은행, 한국의 금융제도(www.bok.or.kr), 제9장.

강제퇴출은 관련 법규를 위반하거나 재무상태가 기준에 미달한 금융기관에 대해 금융위원회가 영업정지나 인허가 취소의 결정을 내림으로써 금융기관의 영업이 종료되는 경우이다.

③ **업무영역규제**: 금융기관은 관련 금융업법에 규정된 고유업무와 부수업무만을 수행할 수 있으며, 그 이외의 업무를 겸영하고자 할 경우에는 금융위원회의 인가를 받아야 한다. 이것은 우리나라 금융제도가 기본적으로는 전업주의(專業主義)를 택하고 있기 때문이다.

그러나 세계적인 금융겸업화 추세에 발맞추어, 우리나라에서도 금융기관의 업무범위에 대한 규제를 완화하고 있다. 즉, 은행, 증권, 보험의 3대 핵심업종 간 고유업무의 상호 겸영은 금지하되, 다른 핵심업종의 부수업무에 대해서는 부분적으로 겸영이 가능하도록 허용되어 가고 있다. 예를 들어, 은행이 펀드나 보험상품을 판매할 수 있고 증권회사가 외화입출금, 외화증권매매 등의 외환업무를 취급할 수 있다.

참고 **은행의 소유규제**

은행이 수행하는 여수신업무와 지급결제서비스의 중요성을 고려하여, 은행의 소유구조에 대해서는 매우 강한 규제가 적용되고 있다. 즉, 동일인이 은행의 의결권 있는 주식의 10%(지방은행은 15%)를 초과하여 보유할 수 없도록 되어 있다.

또 산업자본(비금융주력자)의 은행 지배를 막기 위하여 은행의 경우 원칙적으로 동일인의 주식소유한도가 시중은행은 4% 이내, 지방은행은 15% 이내로 제한되어 있다. 그러나 산업자본이 금융지주회사의 의결권 있는 주식의 9%까지 보유할 수 있으므로, 은행을 자회사로 지배하고 있는 금융지주회사의 주식을 보유하는 방법을 통해 산업자본이 은행을 간접적으로 지배할 수 있는 방법이 열려 있다.

2) 건전성규제

건전성규제(prudential regulation)는 개별 금융기관의 건전성(soundness)을 유지하기 위한 규제와 금융시스템의 안정성(stability)을 유지하기 위한 규제를 포함한다. 개별 금융기관의 건전성규제는 자기자본규제, 자산건전성규제, 편중여신규제 등으로 나누어지며, 해당되는 금융업의 종류에 따라 그 내용이 많이 다르다. 먼저, 금융기관 중 가장 중요성이 높은 은행에 대한 건전성규제는 다음과 같다.

① **자기자본규제**: 자기자본규제는 금융기관의 자기자본을 충실히 하기 위해 자기자본비율(=자기자본÷총자산)이 일정 비율 이상이 되도록 하는 규제이다. 현재 은행에 적용되고 있는 자기자본규제는 국제결제은행(BIS)기준 자기자본비율규제이다. BIS기준 자기자본비율규제는 위험가중(危險加重, risk-weighted)자산에 대한 자기자본의 비율이 최소한 8% 이상을 유지하도록 하는 것이다.

② 자산건전성규제: 은행은 매 분기 말 현재 차입자의 채무상환능력과 금융거래내용 등을 감안하여 보유자산의 건전성을 정상, 요주의, 고정, 회수의문, 추정손실의 5단계로 분류하고 적정한 수준의 대손충당금 및 지급보증충당금을 적립·유지하여야 한다.

③ 편중여신규제: 편중여신규제는 은행의 산업지배를 방지하고 특정 기업에 대한 대규모 여신이 부실화되어 은행의 공신력이 저하되는 위험을 사전에 방지하기 위하여 운용되고 있는 규제이다. 편중여신규제의 대표적인 예로서 동일 차입자에게 자기자본의 20% 이상의 신용(대출, 지급보증 및 유가증권 매입)을 제공할 수 없도록 하고 은행의 거액여신이 자기자본의 5배를 넘지 않도록 하는 것 등을 들 수 있다.

④ 유동성규제: 은행의 유동성은 자산을 처분하지 않고 예금인출 요구나 대출수요를 충족시킬 수 있는 능력을 의미한다. 은행에 대한 예금자의 신뢰를 유지하고 예금인출사태를 방지하기 위해, 규제기관은 은행이 적정한 유동성을 보유하도록 규제하고 있다. 유동성규제의 가장 대표적인 예는 예금의 일정 비율을 한국은행에 예치하도록 하는 지급준비금제도이다. 또 유동부채에 대한 유동자산의 비율이 일정 수준 이상이 되도록 하거나 유가증권 투자한도와 부동산 투자한도를 설정하는 것도 유동성규제의 예이다.

⑤ 경영공시: 경영공시는 주주, 예금자, 차입자 등 이해관계자에 의한 시장규율(market discipline) 기능을 강화함으로써 은행의 건전경영과 책임경영을 유도하기 위한 목적으로, 은행의 경영상태 및 위험에 대한 충분한 정보를 제공하도록 의무화하는 제도이다.

참고 **BIS기준 자기자본비율**

1970년대 이후 급속히 진전되기 시작한 세계적인 금융규제 완화 및 국제화의 영향으로 경쟁이 격화되자 은행은 고위험·고수익 위주의 자산운용을 확대하였다. 또 1970년대 말부터 일본계 은행들이 국제금융시장에 대거 진출하자 미국 및 유럽의 은행들이 경쟁조건의 형평성 문제와 일본계 은행들의 자본적정성에 대한 우려를 강력히 제기하기 시작하였다.

이를 배경으로 1980년대 중반부터 국제금융시장의 안정성을 강화하고 국제업무를 영위하는 은행들의 경쟁조건이 공평해지도록 하기 위한 논의가 일어나고, 그 결과 1988년 7월 국제결제은행(BIS)의 은행감독위원회가 은행 자기자본 측정과 기준에 관한 국제적 합의를 제정하게 되었다. 이 합의에서 국제업무를 영위하는 상업은행은 BIS기준 자기자본비율을 8% 이상 유지하도록 의무화하였다. 여기에서 BIS기준 자기자본비율이란 은행의 자기자본을 위험가중 총자산으로 나눈 값이며, 위험가중 총자산은 위험도를 반영한 개별 자산의 가치 — 즉, 위험도가 큰 자산항목은 장부가에 대해 높은 가중치를 부여하고 위험이 없는 자산항목에 대해서는 낮은 가중치를 부여하여 계산된 자산가치 — 를 합계한 것이다.

1988년에 제정된 기존의 BIS기준 자기자본비율은 대출금의 회수불능위험, 즉 신용위험(credit risk)을 주로 고려하고 있는 규제기준이다.

그 이후 은행의 사업영역 다각화가 빠르게 진행되면서, 기존의 BIS기준 자기자본비율이 금융자산의 가격변동에 따른 시장위험(market risk)이나 금융업무에 수반하여 발생하는 운영위험(operational risk)을 반영하지 못한다는 문제점이 나타나게 되었다. 따라서 BIS 은행감독위원회는 2004년 6월에 기존의 방식을 대체하는 것으로서, 신용위험, 시장위험 및 운영위험을 모두 반영하는 새로운 기준인 바젤 II로 불리는 기준을 만들었다. 이 새로운 기준에서는 개별 금융기관의 경험 자료를 활용하여 신용위험과 시장위험의 크기를 측정하고 이에 기초하여 필요 자기자본의 크기를 계산할 수 있도록 허용하였다. 아울러 바젤 II에서는 자기자본비율 규제(이것을 Pillar 1이라고 한다)만으로 규제목적의 달성이 어렵다고 보고 감독당국에 의한 금융기관의 감시(Pillar 2)와 시장규율(Pillar 3)을 강화하는 방법도 포함되어 있다.

2008년 세계금융위기 이후, BIS의 은행감독위원회는 기존의 바젤 II만으로 금융시장의 경기변동에 따른 위험에 충분히 대처할 수 없다고 보고 바젤 III로 불리는 기준을 만들었다. 이 바젤 III는 기존의 은행 자기자본개념을 보다 상세하게 구분하여, 위험가중자산 대비 보통주자본(보통주+잉여금)이 4.5% 이상, 기본자본(보통주자본+우선주와 특수한 기타 특수한 주식)이 6% 이상, 자기자본이 8% 이상 유지할 것을 요구하고 있다. 또 바젤 III에서는 은행의 위기발생과 경기변동으로 인한 건전성의 약화에 대비하기 위해 자본보전 완충자본과 경기대응 완충자본이라는 것을 추가적으로 적립하도록 요구하고 있다.

한편, 보험회사에 대한 건전성규제로는 지급여력비율제도가 운영되고 있다. 지급여력비율은 지급여력금액의 지급여력기준금액에 대한 비율이며 100% 이상으로 유지되어야 한다. 지급여력은 보험금 지급에 필요한 수준 이상으로 유지하고 있는 자산을 의미한다. 즉, 지급여력금액은 보험회사의 순자산에 해당하는 것으로, 보험회사가 계약자에게 환급해야 할 금액인 책임준비금 이상으로 보유하는 잉여금이다. 그리고 지급여력기준금액은 보험회사가 보유해야 할 적정잉여금으로서 각종 위험을 감안하여 산출된다.

금융투자회사에 대해서는 유동성불안이나 손실급증으로 인한 재무불안을 사전에 예방하고 영업이 중단되는 경우에도 투자자의 재산을 차질없이 변제할 수 있도록 영업용순자본비율 규제가 적용된다. 영업용순자본비율은 영업용순자본의 총위험액에 대한 비율이며, 100% 이상으로 유지되어야 한다. 이는 위험손실을 감안한 현금화가능 자산의 규모가 상환의무 있는 부채의 규모보다 항상 커야 함을 의미한다.

참고 **거시건전성 규제**

금융시장의 시스템위험(systemic risk)은 그 영향이 금융 및 경제 전반에 미침으로써, 구조적 위기의 원인이 될 수 있다. 이에 따라, 금융시스템의 안정성을 유지하기 위한 거시건전성 규제(macro-prudential regulation)가 관심을 받고 있다.

거시건전성 규제는 시스템위험의 인식과 분석, 그리고 정책적 대응을 포함한다. 시스템위험의 분석수단은 각종 경제지표를 관찰함으로써 위기의 조짐을 찾아내는 조기경보체계, 가상적 위기시나리오의 영향을 분석하는 스트레스테스트 등이다. 정책대응은 자본규제, 충당금적립 등의 건선성 규제수단에 의해 수행된다.

이를 위해 우리나라는 외환건전성부담금, 선물환포지션한도, 외국인채권투자과세제도를 도입하였다. 외환건전성부담금제도는 외화차입을 줄이고 장기차입을 유도하기 위해, 은행의 비예금성 외화부채에 부담금을 부과하는 제도이다. 선물환포지션한도제도는 은행의 자기자본에 대한 선물환포지션의 비율을 규제한다. 외국인투자과세제도는 외국인의 과도한 채권투자가 초래할 수 있는 외환시장의 변동성 확대를 완화하는 목적을 갖고 있다.

3) 경영실태평가

금융감독원은 금융기관의 재무상태, 경영관리능력, 법규준수상황 등 다양한 부문을 종합적이고 통일적인 방식으로 평가하기 위해 경영실태평가제도를 운영하고 있다. 경영실태평가항목은 자본적정성(capital adequacy), 자산건전성(asset quality), 경영관리능력(management), 수익성(earnings), 유동성(liquidity), 시장위험에 대한 민감도(sensitivity to market risk)의 6개 항목이며, 각 항목의 영문 머리글자를 따서 CAMELS 방식 평가라고도 한다. 금융감독원은 평가결과를 감독 및 검사업무에 반영할 수 있다.

4) 적기시정조치

적기시정조치(prompt corrective action)는 부실가능성이 있는 금융기관에 대해 적절한 경영개선조치를 취하여 정상화시키거나 정상화 가능성이 없는 금융기관을 퇴출시킴으로써 금융제도의 안정성을 유지하는 제도이다. 금융위원회는 금융기관의 재무상태가 적정기준에 미달해 있거나 금융사고 또는 부실채권 발생으로 재무상태가 적정기준에 미달할 것이 명백하다고 판단되는 경우에는 그 금융기관에 대해 경영개선을 권고, 요구 또는 명령하거나 그 이행계획을 제출할 것을 명하도록 되어 있다. 은행의 예를 들면, 금융위원회는 어떤 은행의 BIS기준 자기자본비율이 최저기준에 미달하거나 경영실태평가 결과가 일정 등급 이하인 경우 그 미달 정도에 따라 경영개선권고, 경영개선요구, 경영개선명령 등의 적기시정조치를 취하고 있다.

2.4.4 예금보험

일단 금융기관이 파산하게 되면 예금자를 보호하고 조속히 금융시스템의 공신력을 회복시켜야 할 필요가 있다. 이를 위해 마련된 제도가 예금보험이다. 예금보험은 금융기관이 파산 등으로 예금, 보험계약 또는 예탁금을 지급할 수 없을 때 예금의 지급을 보장하는 제도로서, 우리나라에서는 무자본 특수법인인 예금보험공사가 담당하고 있다. 예금보험공사가 예금보험을 적용하는 금융기관은 은행, 증권회사, 보험회사, 종합금융회사 및 상호저축은행 등이다.

보호대상 예금은 만기와 이자가 확정되어 있는 개인 및 법인의 예금, 보험계약, 예탁금의 원금 및 이자이며, 외화예금, 금융채, CD, 실적배당신탁 등은 보호대상에서 제외된다. 예금보험공사가 지급하는 보험금의 한도는 금융기관별로 1인당 5천만원이다. 예금보험공사는 부보금융기관으로부터 매년 예금 잔액에 0.5%를 초과하지 않는 범위 내에서 대통령령이 정하는 비율의 보험료율을 적용한 보험료를 수취한다.

제2장 연습문제

[선다형]

01 금융시스템의 기능을 설명하는 내용으로 적당하지 않은 것은?

① 자원의 시간적 · 공간적 이전을 가능하게 한다.
② 각종 거래에 수반되는 지급결제행위가 원활하게 이루어지도록 한다.
③ 기업 또는 정부가 대규모 자본을 조달할 수 있도록 한다.
④ 경제 전체적인 경영위험, 재무위험을 포함한 각종 위험을 효과적으로 소멸시킬 수 있도록 한다.
⑤ 투자자 또는 예금자들이 그들의 자금을 사용하는 기업들에 관한 정보를 수집하고 감시할 수 있도록 해준다.

02 은행중심 금융시스템과 시장중심 금융시스템에 관한 옳은 설명은?

① 은행중심 금융시스템에서 모든 금융거래는 궁극적으로 은행으로 집중되어 처리된다.
② 은행중심 금융시스템에서는 자금의 최종사용자와 최종 공급자 사이의 관계가 밀접하기 때문에 정보비대칭 문제가 해소된다.
③ 시장중심 금융시스템에서는 투자자가 직접 위험을 부담하기 때문에 높은 수익을 가져다주는 기술혁신이 불가능하다.
④ 은행중심 금융시스템에서는 큰 폭의 경기변동이 발생하는 경향이 있다.
⑤ 시장중심 금융시스템에서는 투자자 보호와 기업에 대한 감시가 중요한 과제이다.

03 다음 설명 가운데 옳은 것은?

① 직접금융시장은 화폐시장과 대출시장을 포함한다.
② 금융기관은 간접금융시장을 통해 증권을 인수한다.
③ 은행중심 금융시스템에서는 간접금융, 시장중심 금융시스템에서는 직접금융의 비중이 높다.
④ 자본시장시장에서 조달된 자금은 기업의 운전자본으로 이용될 수 없다.
⑤ 짧은 만기의 파생상품은 화폐시장에서 거래된다.

04 일반적으로 금융기관의 기능으로 간주되지 않는 것은?

① 거래비용의 절약
② 자금의 규모와 만기의 변환
③ 경기변동에 대한 대응
④ 지급결제 수단의 제공
⑤ 위험관리 수단의 제공

05 정보비대칭과 관련된 다음 설명 가운데 옳은 것은?

① 은행의 이자수입이 금리에 비례적으로 늘어나지 않는 것은 역선택현상 때문이다.
② 보험계약의 면책금액제도는 보험회사의 도덕적 해이를 완화하기 위한 장치이다.
③ 역선택은 보험가입자가 주도적으로 보험회사를 선택하기보다 보험회사가 주도적으로 보험가입자를 선택하는 현상을 포함한다.
④ 일반적으로, 제품 또는 서비스의 구매자는 판매자보다 더 많은 정보를 갖고 있다.
⑤ 도덕적 해이는 금융시장 특유의 현상이다.

06 20세기 말 이후의 금융혁신 추세에 포함되지 않는 것은?

① 증권화
② 세계화
③ 규제완화
④ 핀테크의 발전
⑤ 금본위제도 강화

07 금융규제 및 감독과 관련된 다음 설명 가운데 옳지 않은 것은?

① 금융규제는 경쟁 및 독과점 폐해를 완화하려는 목적을 갖고 있다.
② 한국은행은 은행, 금융감독원은 비은행 금융기관들을 감독한다.
③ 일부 금융기관의 위기가 금융시스템으로 전염되는 것을 방지하는 것도 금융규제 기능의 일부이다.
④ 우리나라에서 금융기관을 설립하려면 금융위원회의 인 · 허가를 받아야 한다.
⑤ 신용평가기관은 금융감독기관에 포함되지 않는다.

08 주요 금융규제에 포함되지 않는 것은?

① 설립 · 퇴출 및 업무영역에 관한 규제
② 건전성규제
③ 경영실태평가
④ 예금보험
⑤ 적기시정조치

09 개별 금융기관의 건정성규제에 속하지 않는 것은?

① 자기자본규제
② 자산건전성규제
③ 편중여신규제
④ 유동성규제
⑤ 금리규제

[서술형]

01 금융시스템이 어떤 역할을 하는지 설명하시오.

02 은행중심 금융시스템과 시장중심 금융시스템을 비교하여 설명하시오.

03 금융시장의 구조와 금융기관의 종류를 알아보시오.

04 주위에 있는 은행과 증권회사 점포를 방문하여 어떤 금융상품을 취급하고 있는지 알아보시오.

05 효율적 금융시장의 의미를 설명하고, 국민경제에서 효율적 금융시장이 왜 중요한지 설명하시오.

06 정보비대칭 때문에 발생할 수 있는 문제들을 설명하시오.

07 금융기관이 대출을 요청하는 회사에 관해 충분한 정보를 갖고 있지 못할 경우 어떤 행동을 취하게 될 것인지 설명하시오.

08 금융기관에서 발생할 수 있는 도덕적 해이의 예를 들어보시오.

09 우리나라의 금융감독기관과 그 역할을 설명하시오.

10 중요한 국제금융감독기구와 그 역할을 설명하시오.

[선다형문제 정답과 풀이]

01 ④ ▸ 경제 전체적으로 위험은 소멸되지 않고, 단지 개별 경제주체의 입장에서 분산, 전가될 수 있다. **02** ⑤ ▸ 시장중심 금융시스템에서는 직접금융의 비중이 높으므로, 전문적 능력을 갖추지 않은 다수의 일반투자자를 보호하는 제도가 더 중요하다. **03** ③ **04** ③ ▸ 금융기관은 자율적으로 경기변동을 조절하는 기능을 수행하지는 않는다. 금융기관은 호경기에 대출을 늘이고, 불경기에 대출을 줄이는 경향을 갖고 있기 때문에, 오히려 경기변동에 순응적인 모습을 보이곤 한다. **05** ① ▸ 은행이 대출금리를 높이면 높은 신용등급의 고객은 차입을 포기하고, 낮은 신용등급의 고객들만 차입을 원할 것이다. 결국 부실채권이 증가하므로 이자수입은 비례적으로 증가하지 않으며, 오히려 감소할 수 있다. **06** ⑤ ▸ 20세기 후반 이후 금본위의 화폐제도를 사용하는 나라는 찾아보기 어려우며, 최근에는 비트코인(bit coin) 등 가상화폐가 대두되고 있다. **07** ② ▸ 우리나라에서는 금융감독원이 통합적으로 금융기관들을 감독한다. **08** ④ ▸ 예금보험제도는 금융기관 파산 시에 예금자를 보호하려는 목적을 갖고 있으므로, 상대적으로 규제적 성격을 덜 띠고 있다. **09** ⑤ ▸ 금리규제는 시장 전체에 대한 규제이며, 개별 금융기관 차원의 규제로 보기 어렵다.

제3장 화폐의 시간가치

제1절 화폐의 시간가치

3.1.1 화폐의 시간가치와 이자율

1) 화폐의 시간가치

일상생활에서 가장 빈번하게 이루어지는 금융거래의 하나는 은행의 예금일 것이다. 예를 들어, 1년 만기 정기예금 금리가 연간 3%라면, 어떤 사람이 현재 100만원을 은행에 예금하면 그 사람은 1년 후에 103만원의 원리금을 받는다. 은행예금이 안전하다고 가정한다면, 이것은 현재의 100만원과 1년 후의 103만원을 교환하는 것과 같다. 또 2년 만기 정기예금의 금리도 연간 3%라면, 현재의 100만원의 예금에 대한 2년 후의 원리금은 100만$\times(1+0.03)^2=106.09$만원이 될 것이다. 이 경우도 현재의 100만원과 2년 후의 106.09만원이 교환되는 거래라고 할 수 있다.

위의 예에서와 같이 정상적인 금융거래에서는 현재의 어떤 금액이 그보다 큰 미래의 어떤 금액과 동일한 가치를 갖는 것으로 평가되어 교환되고 있다(반대로 현재의 어떤 금액이 그보다 작은 미래의 금액과 교환되는 경우는 존재하지 않는다). 이것은 1년 후나 2년 후 또는 그보다 먼 미래의 1원보다 현재의 1원이 더 큰 가치를 갖고 있는 것으로 평가되기 때문이다. 이처럼 먼 미래의 금액은 더 작은 가치로 평가되고, 현재 또는 가까운 미래의 금액이 더 큰 가치를 갖는 것으로 평가되는 현상을 화폐의 시간가치(time value of money) 또는 시차선호(time preference)라고 한다.

2) 이자율

위의 예에서 3%의 이자율은 현재의 100만원을 당장 소비하지 않고 1년 후로 연기함으로써(=자금의 공급 또는 저축) 그 돈이 사회적으로 유용한 곳에 투자되어(=자금의 수요) 소득 또는 이익을 가져다준 데 대한 대가로 주어진 것이다. 일반적으로 이자율의 크기에 따라 자금의 수요와 공급이 결정된다. 즉, 이자율이 하락하면 자금의 공급이 줄고 자금의 수요가 늘어나서 자금의 초과수요 상태가 발생하며, 반대로 이자율이 상승하면 자금의 공급이 늘고 자금의 수요가 줄어서 자금의 초과공급 상태가 발생한다. 따라서 자금의 수요와 공급이 일치하는 수준에서 이자율이 결정된다.

전혀 위험이 없는 투자에 대한 대가로 주어진 이자율을 무위험수익률(risk-free rate of return) 또는 무위험이자율이라고 한다. 무위험수익률은 위험에 대한 대가를 포함하지 않고 화폐의 시간가치만을 반영한 수익률이다. 또 전혀 위험이 없는 투자 또는 자산을 무위험자산(riskless asset)이라고 하며, 그 대표적인 예로서 은행의 정기예금이나 정부가 발행한 국고채를 들 수 있다.[1]

참고 이자율과 수익률의 표기에 관한 금융관행

금융시장에서 이자율이나 수익률은 매우 빈번하게 사용되는 수치이므로, 일정한 관행에 따라 이자율이나 수익률을 표기함으로써 거래의 혼란을 막고 있다. 즉, 이자율 또는 수익률은 별도로 표시한 경우를 제외하면 연리(annual rate)로 나타내고, %단위로 소수 이하 두 자리까지 표기한다. 예를 들어, 3개월 정기예금 금리가 3%로 표기되어 있으면, 이것은 3개월 후에 3%의 이자를 지급한다는 뜻이 아니고 0.75%(=3%×(3/12))를 지급한다는 뜻이다.

%단위로 소수 이하 두 자리 값은 흔히 bp(basis point의 줄임말)라고 한다. 즉, 1bp는 0.0001이고 0.01%에 해당한다. 오늘날 1회의 거래금액이 수천억 또는 수조원에 이르는 경우도 가끔 발생한다. 이런 경우에는 이자율을 1bp 단위로 표기하는 것도 커다란 오차를 가져올 수 있다. 따라서 실제 계산할 때에는 이보다 더 정밀한 단위까지 계산해보고 최종적인 수치를 나타낼 때에는 1bp를 단위로 표기하는 것이 좋다.

3.1.2 복리계산과 미래가치

이자율이 정해져 있으면, 화폐의 시간가치를 반영하여 현재의 어떤 금액과 교환될 수 있는 미래의 금액을 구할 수 있으며, 이것을 미래가치(future value: FV)라고 한다. 미래가치는 복리계산(compounding)에 의하여 구해진다. 일반적으로 이자율이 i이고 미래까지의 기간이 t일 때, 미래가치 FV는 다음과 같은 복리계산 공식에 의하여 구해진다.

1 일반적으로 무위험자산이란 명목가치가 무위험한 자산을 의미한다. 엄격한 의미에서 실질가치가 무위험한 자산은 이용 가능하지 않다. 국고채나 은행의 정기예금은 명목가치가 확실하게 보장되는 무위험자산이라고 할 수 있다. 그러나 미래의 화폐가치 변동이 불확실하기 때문에 이런 자산들도 실질가치가 확실하게 보장되는 무위험자산이라고 할 수는 없다.

미래가치

$$FV = P_0(1+i)^t \tag{3-1}$$

단, FV는 미래가치, P_0는 현재의 원금, i는 이자율, t는 기간을 나타낸다.

예시

이자율이 3%일 경우 현재의 100만원에 대한 1년 후의 미래가치는 다음과 같이 계산된다.

$FV = 100만 \times (1+0.03)^1 = 103만원$

마찬가지 방법으로 2년 후의 미래가치는 다음과 같이 계산된다.

$FV = 100만 \times (1+0.03)^2 = 106.09만원$

더 복잡한 예로서 이자율이 3%일 때, 현재의 100만원에 대한 5년 후의 미래가치 FV는 다음과 같이 115.93만원으로 계산된다.

$FV = 100만 \times (1+0.03)^5 = 100만 \times (1.1593) = 115.93만원$

위의 예시에서 $(1+0.03)^5 = 1.1593$은 이자율이 3%일 때 현재의 1원이 5년 후에 얼마가 될 것인지를 나타내 주는 값으로서 미래가치계수(future value factor: FVF)라고 한다. 일반적으로, 1기간의 이자율이 i일 경우, t기 후의 미래가치는 원금에 미래가치계수를 곱하여 계산된다.

미래가치는 계산기, 핸드폰의 계산기 기능 또는 엑셀(Excel)과 같은 스프레드시트 프로그램을 사용하여 간편하게 계산할 수 있다. 엑셀을 사용하여 미래가치를 계산하는 방법은 [참고]를 참조하기 바란다.

참고 **엑셀을 이용한 미래가치 계산**

엑셀은 금융거래뿐만 아니라 다른 다양한 업무를 수행할 때 자료의 정리 및 계산 작업을 위해 가장 빈번하게 사용하는 소프트웨어이다. 이 책에서는 엑셀 2007 버전을 기준으로 설명하기로 하자.

현재의 어떤 금액에 대한 미래가치를 엑셀을 사용하여 구하는 계산은 매우 간단하다. 예를 들어, 이자율이 3%일 때 현재의 원금 100만원에 대한 미래가치를 계산하고자 한다면, 엑셀을 실행하여 나온 스프레드시트에서 원하는 셀을 선택하여 '=1000000*(1+0.03)^5'라고 입력하고 엔터(enter) 키를 누르면 된다.

참고로, 엑셀의 [수식－재무] 메뉴에 FV라는 함수가 주어져 있으나 이 함수는 여러 기간에 걸쳐 일정한 금액을 매기마다 지불할 경우의 미래가치를 계산하는 함수로서 현재의 어떤 원금에 대한 미래가치와는 다소 다른 의미를 갖고 있다. 저자는 이 FV라는 함수를 사용하지 않고 셀에 직접 수치를 정한 금액을 매기마다 지불할 경우의 미래가치를 계산하는 함수로서 현재의 어떤 원금에 대한 미래가치와는 다른 의미를 갖고 있다. 저자는 이 FV라는 함수를 사용하지 않고 셀에 직접 수치를 입력하여 미래가치를 구하고 있다.

예를 들어, 이자율이 연리 3%일 때 매분기마다 50만원씩 3년(=12분기) 동안 얻어지는 현금흐름의 미래가치를 구하는 경우, 저자는 다음의 순서로 미래가치를 구한다.

① A4, B4 및 C4 셀에 각각 '기간', '현금흐름' 및 '미래가치'라고 써넣는다.

② A5부터 A16의 셀에 1부터 12까지를 써넣고, B5부터 B16의 모든 셀에 '500000'을 써넣는다(이것은 B5에 '500000'을 입력하고, B5를 [복사]한 후, B6~B16에 [붙여넣기]하면 된다).

③ C5 셀에 '=B5*(1+0.03/4)^(12-A5)'를 써넣는다. 여기에서 0.03/4는 분기 이자율이 0.03/4와 같다는 뜻이고 (12-A5)는 1분기 말에 얻어지는 금액에 대한 (12-1)분기 후의 미래가치를 구한다는 것을 의미한다.

④ C5를 복사하여 C6~C16의 구간에 복사한다. 그러면 각 셀에 매기의 현금흐름의 미래가치가 계산되어 나타날 것이다.

⑤ C17 셀에 커서를 놓고 [수식－자동합계]를 선택하면 C17 셀에 '=SUM(C5:C16)'이 자동으로 입력되면서, 구하고자 하는 값인 6253793의 미래가치가 계산될 것이다.

제2절 현재가치

3.2.1 현재가치의 뜻과 계산

재무관리에서는 위에서 설명한 미래가치와 함께 현재가치의 개념이 매우 유용하게 사용된다. 예를 들어, 현재 일정한 투자액을 지출하고 미래의 장기간에 걸쳐 현금흐름이 얻어지는 경우, 우리는 미래 현금흐름에 대한 현재가치를 평가하고 이것을 현재의 투자액과 비교하여 그 투자가 유리한지 여부를 판단한다. 이와 같이 우리가 일상생활에서 다루는 많은 재무결정 문제는 미래의 여러 기간에 걸친 현금흐름을 현재가치로 평가하는 과정을 포함하고 있다.

1) 현재가치

일상생활에서 다루어지는 많은 재무 문제나 금융거래들은 미래에 어떤 금액의 현금흐름을 얻거나 지출하는 것과 관련되어 있기 때문에, 합리적인 결론을 얻어내기 위해서는 미래 현금흐름을 현재 시점의 가치로 평가할 필요가 있다. 미래의 어떤 금액과 교환될 수 있는 현재 시점의 금액을 현재가치(現在價値, present value: PV)라고 한다.

현재가치는 미래가치를 계산하는 것과 반대의 방법으로 계산된다. 즉, 이자율이 i일 때 t기 후에 얻게 될 어떤 금액 C_t에 대한 현재가치 PV는 다음의 계산공식에서와 같이 C_t를 $(1+i)^t$로 나누어 구해질 수 있다.

현재가치

$$\mathrm{PV} = \frac{C_t}{(1+i)^t} \tag{3–2}$$

단, PV는 현재가치, C_t는 t기 후에 얻어지는 금액이다.

식(3-2)에서와 같이 현재가치를 구하는 계산을 할인(discounting)이라고 하고, 미래의 어떤 금액을 현재가치로 할인하기 위하여 사용하는 이자율을 할인율(discount rate)이라고 부르기도 한다.

예시

이자율이 3%일 때 5년 후의 115.93만원에 대한 현재가치는 다음과 같이 100만원으로 계산된다.

$$\mathrm{PV} = \frac{115.93\text{만}}{(1+0.03)^5} = 115.93\text{만} \times 0.86261 = 100\text{만원}$$

위의 현재가치 계산공식에서 $1/(1+i)^t$는 현재가치계수(present value factor: PVF)로서 t기 후의 1원에 대한 현재가치를 의미한다. 할인율이 i일 때, t기 후의 1원에 대한 현재가치계수는 PVF(i,t)로 표시하며 그 값은 다음과 같이 계산된다.

$$\mathrm{PVF}(i,t) = \frac{1}{(1+i)^t} \tag{3–3}$$

따라서 미래의 t기에 얻어질 금액 C_t의 현재가치는 다음 식과 같이 간단하게 계산될 수 있다.

$$\mathrm{PV} = C_t \times \mathrm{PVF}(i,t) \tag{3–4}$$

실제의 계산에서 현재가치계수를 하나하나 계산하는 것은 번거로운 일이기 때문에, 흔히 [부표 2]의 현재가치계수표를 사용한다. 예를 들어, 할인율이 3%일 경우 5년 후 받게 될 1억원의 현재가치를 계산하기 위해서, 먼저 현재가치계수표의 할인율 3%의 열과 기간 5의 행에 해당하는 현재가치계수

0.86261을 찾고, 1억원에 현재가치계수 0.86261을 곱하면 8,626.1만원의 현재가치가 구해진다.

2) 할인율 및 기간과 현재가치의 관계

동일한 1억원을 5년 후에 받는다 하더라도 할인율이 3%가 아니라 5%라면, 현재가치계수는 0.78353으로 줄어들고 현재가치는 7,835.3만원으로 구해진다. 할인율은 3% 그대로이지만 1억원을 받는 시기가 5년 후가 아니고 25년 후라면 현재가치계수는 0.47760이 되며, 따라서 현재가치는 4,776만원에 지나지 않는다.

이와 같이 현재가치는 할인율이 높을수록, 그리고 기간이 길수록 작다. 현재가치의 이런 성질은 화폐의 시간가치를 반영하고 있는 것으로서 매우 당연한 현상이다. 왜냐하면, 할인율이 더 높다는 것은 1기간 동안 소비를 연기하는 데 대해 사회적으로 요구하는 대가가 더 크다는 것을 의미하고, 기간이 더 길다는 것은 더 많은 기간에 해당하는 시간의 대가를 요구한다는 것을 뜻하기 때문이다.

따라서 먼 미래에 확실하게 얻어질 금액이 지금 생각하기에 상당히 큰 것으로 보일지라도, 그것의 현재가치는 하찮은 금액에 불과할 수도 있다. 이런 사실 때문에 시차를 갖는 거래에서는 반드시 현재가치를 계산하여야 한다.

예를 들어, 25년 후에 1억원을 지급하기로 약속한 금융상품이 현재 4,700만원에 발행되고 있을 경우, 그 금융상품의 투자가치는 미래의 이자율 수준이 어떻게 예상되느냐에 따라 크게 달라진다. 만일 예상 이자율이 5%라면, 그 금융상품의 균형가격—금융시장에서 수요와 공급을 일치시키는 가격—은 4,776만원으로 평가된다. 따라서 그 금융상품을 구입하는 사람은 76만원(=4,776만원−4,700만원)의 손해를 보게 된다.

3) 여러 기간에 걸친 현금흐름의 현재가치

위의 현재가치 계산은 미래의 어느 한 시점에만 현금흐름이 얻어질 경우의 현재가치를 계산하는 경우만을 다루고 있다. 그러나 개인과 기업의 재무결정에서 다루는 대부분의 문제들은 미래의 현금흐름이 어느 한 시점이 아니라 여러 기간에 걸쳐 얻어지는 경우이다. T기에 걸쳐 현금흐름이 얻어지는 다기간 현금흐름의 현재가치는 다음 식(3-5)와 같이 각 기간의 현금흐름에 대한 현재가치를 계산하고 이를 합계하여 구한다.

다기간 현금흐름의 현재가치

$$\mathrm{PV} = \sum_{t=1}^{T} \frac{C_t}{(1+i)^t} \tag{3–5}$$

예시

할인율이 3%이고 제1기에 100만원, 제2기에 150만원, 제3기 200만원의 현금흐름이 얻어지는 경우 그것의 현재가치는 다음과 같이 421.51만원으로 계산된다.

$$PV=\frac{100만}{1+0.03}+\frac{150만}{(1+0.03)^2}+\frac{200만}{(1+0.03)^3}=421.51만원$$

참고 엑셀을 이용한 현재가치 계산

엑셀을 이용하여 위에서 예로 든 다기간 현금흐름의 현재가치를 계산해 보기로 하자.

① 빈 스프레드시트의 F4 셀에 '기간', G4에 '현금흐름', H4에 '현가'라고 써넣는다. F5~F7에 '1', '2', '3'을 써넣고(기간이 긴 경우에는 [편집－채우기] 메뉴를 사용), G5~F7에 '1000000', '1500000', '2000000'을 써넣는다.

② 커서를 H5에 놓고 '= G5/(1+0.03)^F5'를 써넣으면 H5에 제1기의 현금흐름 100만원에 대한 현재가치가 계산된다.

③ 커서를 H5에 놓고 [홈－복사]를 선택한다. 그 다음 커서를 H6에 놓고 H7까지 끌어당긴 후, [홈－붙여넣기] 메뉴를 선택한다. 그러면 H6, H7에 제2기와 3기 현금흐름의 현재가치가 구해진다.

④ 커서를 H8에 놓고 [수식－자동합계] 메뉴를 선택하면 H8 셀에 구하고자 하는 현재가치가 4215051로 얻어진다.

* 주의: [수식－재무]에 PV라는 함수가 있다. 엑셀에서 PV는 다음 항에서 설명하게 될 연금의 현재가치를 구하는 함수이다.

참고 현재가치 계산에서 할인율의 중요성

현재가치는 할인율의 수치에 매우 민감하게 반응하기 때문에 할인율의 정확한 추정이 매우 중요하다. 그러나 신뢰할 수 있는 할인율 추정은 이론이나 실무적으로 간단한 문제는 아니다. 여기에서는 상이한 할인율이 사용되면 현재가치가 현저히 달라짐을 보임으로써, 할인율의 중요성을 예시하려고 한다.

식(3-5)의 예시의 조건을 여러 가지로 변형하여 현재가치를 계산해 보기로 하자. 먼저, 할인율이 2%포인트 증가하여 5%가 되면 현재가치는 다음과 같이 약 4.14%인 17.45만원만큼 감소한 404.06만원이 된다.

$$PV=\frac{100만}{1+0.05}+\frac{150만}{(1+0.05)^2}+\frac{200만}{(1+0.05)^3}=404.06만원$$

또한, 할인율 변화의 영향은 현금흐름의 기간에 따라 다르다. 장기 현금흐름의 예를 들기 위해, 현재의 현금흐름이 다시 한 번 반복되는 경우를 가정하고 3%와 5%의 할인율 각각에 대해 현재가치를 계산해보자.

$$PV = \frac{100만}{1+0.03} + \frac{150만}{(1+0.03)^2} + \frac{200만}{(1+0.03)^3} + \frac{100만}{(1+0.03)^4} + \frac{150만}{(1+0.03)^5} + \frac{200만}{(1+0.03)^6} = 807.24만원$$

$$PV = \frac{100만}{1+0.05} + \frac{150만}{(1+0.05)^2} + \frac{200만}{(1+0.05)^3} + \frac{100만}{(1+0.05)^4} + \frac{150만}{(1+0.05)^5} + \frac{200만}{(1+0.05)^6} = 753.10만원$$

이 장기 현금흐름의 예에서, 할인율이 3%로부터 2%포인트 증가하여 5%가 되면, 현재가치는 807.24만원에서 약 6.71%인 54.14만원만큼 감소한 753.10만원이 된다. 따라서, 현금흐름이 장기일수록 그 현재가치는 할인율 변화에 민감함을 알 수 있다.

할인율 변화가 현재가치에 미치는 영향은 초기의 할인율 수준에도 의존한다. 예를 들어, 위의 3기 동안의 현금흐름에서 할인율이 3%로부터 5%로 그리고 5%로부터 7%로 각각 2%포인트 증가할 때 현재가치의 변화를 살펴보자. 할인율이 7%일 때, 이 현금흐름의 현재가치는 다음과 같다.

$$PV = \frac{100만}{1+0.07} + \frac{150만}{(1+0.07)^2} + \frac{200만}{(1+0.07)^3} = 387.73만원$$

이 예에서, 할인율이 5%로부터 2%포인트 증가하여 7%가 되면, 현재가치는 404.06만원에서 약 4.04%인 16.33만원만큼 감소한 331.88만원이 된다. 다시 말해, 초기 할인율이 높을수록 같은 크기의 할인율 변화는 현재가치에 더 작은 영향을 미친다.

4) 연속복리와 연속할인

위에서 미래가치와 현재가치를 구하는 공식들은 1년에 1회의 복리 또는 할인계산을 한다고 가정한 것이다. 그러나 분기 또는 월 또는 1일 단위로 복리 또는 할인계산을 할 수도 있다. 이처럼 일정한 시간간격에 맞추어 복리 또는 할인계산하는 것을 이산적 복리(discrete compounding) 또는 이산적 할인(discrete discounting)이라고 한다.

시간간격을 매우 작게 설정하면 시간의 흐름은 연속적인 것으로 간주될 수 있으므로, 연속적인 매 순간마다 복리 또는 할인계산을 할 수 있다. 이와 같이 시간간격이 매우 짧은 연속적 시간에서의 복리계산을 연속복리(continuous compounding)라고 하고 연속적 시간에서의 할인계산은 연속할인(continuous discounting)이라고 한다.

이 연속복리 또는 연속할인의 개념은 선물이나 옵션과 같은 파생상품(derivatives)의 가치를 계산할 때 매우 중요하게 사용된다. 따라서 파생상품을 이해하기 위해서는 연속복리 및 연속할인의 계산 방법도 미리 익혀 놓을 필요가 있다.

연속복리를 구체적인 식으로 나타내 보자. 이자계산을 1기에 1회만 하는 것이 아니라 n회로 나누어 계산한다면, 이 경우 미래가치 공식은 다음과 같이 표시된다.

$$\mathrm{FV} = P_0\left(1+\frac{i}{n}\right)^{nt} \qquad (3\text{–}6)$$

| 예시 |

연간 이자율이 3%이고 매 분기마다 복리계산을 한다면, 현재의 100만원에 대한 5년 후의 미래가치는 다음과 같이 116.12만원으로 계산된다.

$$\mathrm{FV} = 100\text{만} \times \left(1+\frac{0.03}{4}\right)^{4\times 5} = 116.12\text{만원}$$

이 계산결과는 연 1회 복리계산할 경우의 미래가치인 115.93만원보다 크다. 이처럼 다른 조건이 동일하더라도 복리계산의 기간단위를 짧게 하면 미래가치는 더 커진다.

나아가서 1기를 무한의 횟수로 나누어 이자계산을 할 수 있다. 이 경우 미래가치는 다음의 식과 같이 계산되며 이 미래가치가 연속복리에 의한 미래가치이다.

연속복리에 의한 미래가치

$$\mathrm{FV} = \lim_{n\to\infty} P_0\left(1+\frac{i}{n}\right)^{nt} = P_0 e^{i\times t} \qquad (3\text{–}7)$$

단, e는 자연대수의 밑수(=2.71828)이다.

| 예시 |

이자율이 3%일 때 현재의 100만원의 5년 후 미래가치를 연속복리에 의해 계산하면 다음과 같다.

$$\mathrm{FV} = 100\text{만} \times e^{0.03\times 5} = 116.18\text{만원}$$

위의 계산에서 알 수 있는 바와 같이 동일한 이자율을 사용하면 이산적 복리보다 연속복리에 의한 미래가치가 더 크다는 것을 알 수 있다. 따라서 확정금리로 투자 또는 저축하는 경우라 하더라도,

만기일의 원리금이 어떤 방식으로 복리계산하여 얻어지는지에 대해 관심을 가져야 한다.

연속복리에서와 마찬가지로 할인계산을 1기간에 1회만 하는 것이 아니라 무한의 횟수에 걸쳐 할인계산하는 것을 연속할인이라고 한다. t기 후의 현금흐름 C_t의 현재가치를 연속할인에 의해 계산하는 공식은 다음과 같다.

연속할인에 의한 현재가치

$$\text{PV} = C_t e^{-it} \tag{3-8}$$

예시

3%의 할인율로 3년 후의 100만원에 대하여 이산적 할인을 행하여 현재가치를 계산하면 $100\text{만} \div (1+0.03)^3 = 91\text{만}5{,}142\text{원}$이 된다. 그러나 위의 식과 같이 연속할인에 의하여 현재가치를 계산하면 이보다 작은 값인 91만3,931원이 얻어진다.

$$\text{PV} = (100\text{만}) \cdot e^{-0.03\times 3} = 91\text{만}3{,}931\text{원}$$

참고 연간단순이자율(APR)과 실효연간이자율(EAR)

금융상품의 이자지급주기는 통상적으로 1년보다 짧다. 즉, 어떤 회사채의 연간 이자율이 4%라고 한다면, 이는 매 분기(3개월)마다 액면가의 1%에 해당하는 금액을 지급한다는 의미이다. 이 이자율은 복리효과를 감안하지 않고 연간 이자율로 환산되면 4%가 되고, 이 이자율은 연간단순이자율(annual percentage rate: APR)로 불린다.

그러나, APR은 화폐의 시간가치를 반영하지 않고 있다. 채권자가 수취하는 이자를 연말까지(같은 이자율로) 재투자하고 채권의 액면가는 100이라고 가정하면, 1년간 받는 이자의 미래가치는 $1\times(1.01)^3+1\times(1.01)^2+1\times(1.01)^1+1=4.0604\text{원}$이 된다. 이렇게 복리효과를 감안하여 계산된 연간이자율 4.06%는 실효연간이자율(effective annual rate: EAR)로 불린다.

관행적으로 금융상품의 이자율은 APR로 표시되나, 투자결정은 금융상품의 이자지급 주기를 고려하여 EAR로 평가된 값에 기초해야 한다.

3.2.2 연금의 현재가치

연금(annuity)이란 일정 기간 동안 매번 동일한 금액을 받거나 주는 경우이다. 앞으로 5년 동안 연말에 매년 500만원씩 받는 경우가 그 예이다. 연금의 현재가치를 구하기 위해서는 먼저 연금의 특수한 형태인 영속연금의 현재가치를 이해하는 것이 편리하다. 따라서 여기에서는 영속연금의 현재가치를 어떻게 구하는가를 공부하고 다음에 연금의 현재가치를 구하는 방법을 알아보기로 한다.

1) 영속연금의 현재가치

연금의 특수한 경우로서 매기 동일한 금액을 영속적으로 받을 수 있는 영속연금(perpetuity)이라는 것이 있다. 현실에서 영속연금의 예를 찾아보기는 매우 힘들다. 그러나 영속연금과 동일한 성격을 지닌 증권으로서 영속채권(perpetual consol)이 있다. 또 매기 같은 크기의 배당이 영속적으로 주어질 것으로 예상되는 주식도 영속연금의 일종으로 간주될 수 있다.

영속연금은 제1기 말부터 무한대까지 매기 동일한 연금 C를 영속적으로 받는 것이기 때문에 그것의 현금흐름은 다음과 같이 표현할 수 있다.

▶▶ 표 3-1 영속연금의 현금흐름

기간	1	2	3	…	t	…
현금흐름	C	C	C	…	C	…

이 영속연금의 현재가치는 다음과 같이 표시될 수 있다.

$$\mathrm{PV} = \sum_{t=1}^{\infty} \frac{C}{(1+i)^t} \qquad (3\text{–}9)$$

영속연금의 현재가치를 나타내는 위의 식은 아래와 같이 매우 단순한 공식으로 정리된다.[2]

2 영속연금의 현재가치 공식을 도출하는 과정은 다음과 같다.

$$\mathrm{PV} = \frac{C}{1+i} + \frac{C}{(1+i)^2} + \frac{C}{(1+i)^3} + \cdots \qquad ①$$

이 식①의 양변에 $(1+i)$를 곱하면

$$\mathrm{PV}(1+i) = C + \frac{C}{1+i} + \frac{C}{(1+i)^2} + \frac{C}{(1+i)^3} + \cdots \qquad ②$$

위의 식②에서 ①을 빼면 $\mathrm{PV}(1+i) - \mathrm{PV} = C$가 얻어지고, 이를 정리하면 영속연금의 현재가치가 $\mathrm{PV} = C/i$로 간단히 정리된다.

영속연금의 현재가치

$$\mathrm{PV} = \frac{C}{i} \tag{3-10}$$

이 공식과 같이 영속연금의 현재가치는 매기의 연금을 할인율로 나누어 구해진다.

| 예시 |

매월 말에 8만원의 이자를 영속적으로 지급하기로 되어 있고 이 현금흐름에 적합한 할인율이 연리 6%, 즉 월 0.5%라면, 이 영속채권의 현재가치는 위의 영속연금의 현재가치 공식을 이용하여 다음과 같이 1,600만원으로 계산된다.

$$\mathrm{PV} = \frac{8\text{만}}{0.005} = 1{,}600\text{만원}$$

2) 일정성장 영속연금의 현재가치

영속연금의 특수한 형태로서 매기의 현금흐름이 일정한 성장률 g로 증가하는 영속연금이 있으며, 이런 종류의 연금을 일정성장 영속연금(constant growth perpetuity)이라고 부른다. 이 일정성장 영속연금의 경우 매기 받게 되는 현금흐름은 매기 g만큼 증가하기 때문에 다음과 같이 표시된다.

▶▶ 표 3-2 일정성장 영속연금의 현금흐름

기간	1	2	3	…	t	…
현금흐름	C_1	$C_1(1+g)$	$C_1(1+g)^2$	…	$C_1(1+g)^{t-1}$	…
현재가치	$\frac{C_1}{(1+i)}$	$\frac{C_1(1+g)}{(1+i)^2}$	$\frac{C_1(1+g)^2}{(1+i)^3}$	…	$\frac{C_1(1+g)^{t-1}}{(1+i)^t}$	…

이와 같은 일정성장 영속연금의 현재가치는 다음 공식에 의하여 매우 간단하게 얻어진다.[3]

일정성장 영속연금의 현재가치

$$\mathrm{PV} = \frac{C_1}{i-g} \tag{3-11}$$

단, C_1은 제1기 말의 현금흐름이고 g는 매기 현금흐름의 성장률이다.

3 일정성장 영속연금의 현재가치 공식도 영속연금의 현재가치를 구하는 것과 동일한 방법으로 얻어진다.

위의 식(3-11)을 사용할 때 우변의 분자가 전기 말이 아니라 제1기 말, 즉 당기 말의 현금흐름이라는 점에 주의하여야 한다. 또 식(3-11)은 이자율 i가 성장률 g보다 크다는 조건에서만 성립한다. 왜냐하면 분자에서 이자율 i가 성장률 g보다 작으면 현재가치가 무한대로 되어 유한한 크기의 현재가치가 얻어지지 않기 때문이다.[4]

예시

제1년도 말에 1,500만원의 연금이 얻어지고 그 연금이 매기 2%씩 영속적으로 증가하며 할인율이 3%라면, 이 연금의 현재가치는 다음과 같이 계산된다.

$$\text{PV} = \frac{1{,}500\text{만}}{0.03-0.02} = 15\text{억원}$$

엄격한 의미에서 일정성장 영속연금과 완전하게 동일한 형태의 연금은 존재할 수 없다. 그러나 미래의 현금흐름이 대체로 일정한 성장률로 장기적으로 증가할 것으로 예상되는 경우에는 일정성장 영속연금의 현재가치 공식을 응용할 수 있다. 그 대표적인 예가 주식가치의 평가이다. 이에 대해서는 다음 장에서 구체적으로 설명하기로 한다.

3) 연금의 현재가치

위에서 영속연금의 현재가치를 계산하는 방법을 설명하였으므로 일반적인 형태의 연금의 현재가치를 계산하는 것은 어렵지 않게 이해될 수 있다. 앞으로 T기 동안 매기 C만큼의 현금흐름이 주어지는 연금이 있다면 그 연금의 현금흐름은 다음과 같이 표현될 수 있다.

▶▶ 표 3-3 연금의 현금흐름

기간	1	2	3	…	T	…
현금흐름	C	C	C	…	C	…

연금의 현재가치는 다음과 같이 계산될 수 있다.

$$\text{PV} = \sum_{t=1}^{T} \frac{C}{(1+i)^t} \qquad (3\text{–}12)$$

4 더 구체적으로 설명하면, $i<g$이면 아주 먼 미래의 현금흐름의 현재가치가 무한대로 발산한다. 즉, $C_1(1+g)^\infty/(1+i)^\infty = C_1 \times [(1+g)/(1+i)]^\infty$에서 큰 괄호 안의 값이 1보다 크기 때문에 이 현재가치의 값은 무한대로 커지게 된다.

그러나 위의 식을 가지고 연금의 현재가치를 계산하려면, T개의 현재가치계수를 구해야 하는 번거로움이 따른다. 따라서 연금의 현재가치는 다음과 같은 공식을 사용하는 것이 편리하다.[5]

연금의 현재가치

$$PV = C\left[\frac{(1+i)^T-1}{i(1+i)^T}\right] \tag{3-13}$$

예시

어떤 회사원이 퇴직하면서 매년 3,000만원씩 15년간 연금을 받기로 하였고 앞으로 이자율이 3% 수준에서 유지될 것으로 예상된다면, 그 연금의 현재가치는 다음과 같이 3억5,814만원으로 계산된다.

$$PV = (3{,}000\text{만})\left[\frac{(1+0.03)^{15}-1}{(0.03)(1+0.03)^{15}}\right] = 3\text{억}5{,}814\text{만원}$$

연금의 현재가치를 간편하게 계산할 수 있도록 연금현재가치계수(present value factor of annuity)가 각각의 할인율과 기간에 대하여 계산되어 있으며, 그것은 [부표 3]에 주어져 있다. [부표 3]에서 할인율 3%의 열과 기간 15의 행을 찾아보면 연금현재가치계수가 11.9379로 주어져 있다. 따라서 3,000만원에 11.9379를 곱하면 위의 계산과 동일한 결과를 얻는다.

참고 엑셀을 이용한 연금의 현재가치 계산

엑셀을 이용하여 위에서 예로 든 연금의 현재가치를 계산해 보기로 하자.

① 엑셀의 스프레드시트에서 원하는 빈 셀에 커서를 놓는다.

② [수식－재무] 메뉴에서 PV를 선택하면 PV 대화상자가 나타난다.

③ PV 대화상자에서 Rate 행에 할인율 '0.03', Nper 행에 기간 수 '15', Pmt 행에 연간수취액 '－30000000'을 써넣는다(PV 함수는 연금지급액의 현재가치를 구한다. 따라서 연금을 수취하는 경우에는 －부호를 붙여 준다). Fv는 지급기간 종료 시 남겨 두고자 하는 잔액으로서 이 예에서는

5 연금의 현재가치는, 제 T기 말까지 매기 C의 현금흐름이 얻어지는 연금이므로, 다음 두 가지 영속연금의 차이로 파악할 수 있다. 첫 번째 영속연금 A는 1기 말부터 무한대까지 매기 C만큼의 현금흐름이 주어지는 영속연금으로서 그것의 현재가치 PVA는 $PV_A = C/i$로 구해진다. 두 번째 영속연금 B는 $T+1$기 말부터 매기 C만큼의 현금흐름이 얻어지는 현금흐름으로서, 그것의 현재가치 PVB는 T기 말 시점에 평가한 현재가치($PV_{B,T} = C/i$)를 다시 $(1+i)^T$로 나누어 구해진 현재 시점의 현재가치와 같으므로 $PV_B = (C/i)/(1+i)^T$로 구해진다. T기 말까지만 매기 C의 현금흐름을 가져다주는 연금의 현재가치는 위의 PVA에서 PVB를 뺀 것과 같고 이를 정리한 것이 식(3-13)이다.

'0'을 써넣는다. Type은 연금지급이 기말에 이루어지면 0, 기초에 이루어지면 1을 써넣도록 되어 있다. 이 예에서는 기말에 연금을 수취하므로 '0'을 써넣는다.

④ PV 대화상자의 확인단추를 누르면 본래 선택한 셀에 구하고자 하는 현재가치인 358138053이 얻어진다.

참고 **장기 고정금리 대출의 월간 상환액**

금융기관에서 주택저당대출과 같은 장기대출을 받고자 하면 대부분의 경우 상환기간과 금리조건(변동금리 또는 고정금리 조건 중 하나를 선택)을 선택하여야 한다. 변동금리 조건의 대출 이자율은 기준금리+가산금리의 방식으로 결정된다. 기준금리(reference rate)로는 은행의 CD 금리나 자금조달금리(cost of funds index, 코픽스: cofix)가 사용된다. 가산금리는 차입자의 신용등급에 따라 달라지며 신용등급이 우수할수록 낮은 가산금리를 부담한다. 고정금리 대출의 경우, 금융기관이 미래의 이자율변동 위험을 부담하기 때문에 차입자는 동일 조건의 변동금리 대출보다 1% 정도 더 높은 금리를 부담하는 것이 일반적이다. 그러나 향후 이자율 변화에 관한 예상도 금리결정에 영향을 미치기 때문에, 이자율 하락이 예상되는 경우 변동금리 대출의 금리가 고정금리 대출보다 높을 수도 있다.

먼저 할부상환(amortization) 조건으로 고정금리 장기대출을 받을 경우 차입자가 매기의 원리금 상환액이 얼마인지, 상환액을 원금 부분과 이자 부분으로 어떻게 구분되는지 알아보기로 하자. 이 문제는 현재가치를 알고 있을 때 매기의 연금을 구하는 문제로서 식(3-13)을 응용하면 된다. 예를 들어, 1억5,000만원의 원금을 대출받고 연간 4.2%(월 0.35%)의 조건으로 240개월에 걸쳐 매월 일정액의 원리금을 상환해야 한다면 월간 상환액은 다음 식과 같이 924,856원으로 결정된다.

$$150{,}000{,}000 = C\left[\frac{(1+0.0035)^{240}-1}{0.0035(1+0.0035)^{240}}\right] \quad \rightarrow \quad C = 924{,}856\text{원}$$

이 924,856원의 월간 상환액은 이자 부분과 원금상환 부분으로 나누어진다. 즉, 전월 말 잔액에 월간 이자율 0.3%를 곱하면 해당 월차의 이자([표 3-1]의 4열)가 구해지고 월간 상환액 924,856원에서 이자를 빼면 해당 월차의 원금상환액([표 3-1]의 5열)이 구해진다. [표 3-1]의 3열은 2열의 월간상환액을 월 0.5%의 이자율로 할인한 현재가치로서, 그 합계는 최초의 원금인 1억5,000만원과 같다.

변동금리 대출의 경우 매월 이자율이 달라지기 때문에 [표 3-1]과 같은 할부상환 스케쥴을 만들 수 없다. 일반적으로 매월의 원금상환액을 일정하게 하고 전월 말 잔액에 해당 월차의 변동금리를 곱하여 이자 부분을 결정한다. 경우에 따라서는 매월의 원금상환액을 차입자가 자신의 형편에 맞춰 결정하도록 하기도 한다.

▶▶ 표 3-1 고정금리 대출의 할부상환 스케줄

월차	월정액	현가	이자	원금상환	월말잔액
0					150,000,000
1	924,856	921,630	525,000	399,856	149,600,144
2	924,856	918,416	523,601	401,256	149,198,888
…	…	…	…	…	…
239	924,856	401,256	6,440	918,416	921,630
240	924,856	399,856	3,226	921,630	0
합계		150,000,000		150,000,000	

4) 정상연금과 선연금

연금은 현금흐름의 발생 시점에 의해 두 종류로 구분된다. 만약 매기의 현금흐름이 기말에 발생하면 그 연금은 정상연금(ordinary annuity)으로 불리고, 매기의 현금흐름이 기초에 발생하면 선연금(annuity due)으로 불린다. 위의 제1, 2, 3항은 모두 정상연금임을 가정하고 표시한 것이고, 선연금의 현재가치는 각각 정상연금의 현재가치에 $(1+i)$을 곱한 값이 된다.

제3절 내부수익률

지금까지 화폐의 시간가치를 반영하여 현재가치를 계산하는 방법을 설명하였다. 실무에서 화폐의 시간가치를 반영하는 방법으로 현재가치의 개념과 함께 널리 사용되고 있는 것이 내부수익률(internal rate of return: IRR)이다. 내부수익률은 현재의 일정한 투자지출과 미래 현금흐름의 현재가치를 같도록 만드는 할인율로 정의된다. 즉, 내부수익률은 다음의 식(3-14)에서 현재의 지출액인 P_0와 미래에 얻게 될 매기의 현금흐름 C_t의 현재가치를 일치시켜 주는 어떤 할인율 R이다.

내부수익률(IRR)

$$P_0 = \sum_{t=1}^{T} \frac{C_t}{(1+R)^t} \qquad (3\text{–}14)$$

단, R은 내부수익률(IRR).

이 식은 현재가치 공식과 매우 유사한 것처럼 보이지만 그 의미는 매우 다르다. 즉, 현재가치를 구할 때에는 미래의 현금흐름 C_t와 할인율 i를 알고 현재가치(PV)를 구하는 것이었지만, 이 내부수익률의 공식에서는 현재의 금액 P_0와 미래 현금흐름 C_t의 값을 알고 이로부터 내부수익률(IRR)을 구해야 하기 때문에 훨씬 더 계산이 복잡하다.

| 예시 |

이 식의 의미를 명확하게 이해하기 위하여 한 가지 예를 들어보자. 어떤 사람이 앞으로 3년을 예정하고 편의점을 시작하려 한다 하자. 처음 사업을 시작할 때 각종의 시설비 및 임차료로 4,500만원이 필요하며, 그 이후 1년도 말에 1,200만원, 2년도 말에 2,500만원, 3년도 말에 2,700만원의 소득이 얻어질 것으로 예상된다. 이 사업계획의 내부수익률 R은 다음과 같이 표현된다(단위: 만원).

$$4{,}500 = \frac{1{,}200}{1+R} + \frac{2{,}500}{(1+R)^2} + \frac{2{,}700}{(1+R)^3}$$

이 식에서 내부수익률은 약 17.46%로 구해지며, 이 계산결과는 이 투자가 연평균 17.46%의 복리수익률을 얻는 효과를 가져온다는 것을 의미한다.

위의 예에서 내부수익률의 값을 손으로 계산하는 것은 결코 쉽지 않다. 한 가지 방법은 적절한 할인율의 값을 임의적으로 대입하여 4,500만원에 가장 가까운 현재가치를 가져다주는 할인율을 시행착오에 의해 구하는 방법이다. 그러나 이 방법은 번거롭기도 하고 정확한 답을 구하기도 어렵다. 실제에서는 엑셀 또는 재무계산기의 내부수익률을 구하는 함수를 이용하여 내부수익률을 구하는 것이 일반적이다. 엑셀을 이용하는 방법은 아래에서 설명하기로 한다.

내부수익률의 경제적인 의미는 어떤 투자로부터 여러 기간에 걸쳐 얻게 될 복리수익률이다. 이를 확인하기 위하여 위의 예시에서 투자지출 4,500만원을 내부수익률인 17.46%의 복리수익률로 3년간 투자할 경우 3년 후의 미래가치를 구하면 7,292만원이 된다. 또 1년도의 현금흐름 1,500만원을 2년간, 2년도의 현금흐름 2,500만원을 1년간, 3년도의 현금흐름 2,700만원을 0년간 17.46%의 복리수익률로 투자할 경우의 3년 후의 미래가치도 다음과 같이 7,292만원이 된다.

$$1{,}200(1+0.1746)^2 + 2{,}500(1+0.1746)^1 + 2{,}700(1+0.1746)^0 = 7{,}292\text{만원}$$

이 사실은 투자액을 내부수익률로 복리투자하여 얻게 될 미래가치가 1년도 이후 얻어질 현금흐름의 미래가치와 같다는 것을 의미하며, 결국 내부수익률이란 어떤 투자의 복리수익률과 같다는 것을 뜻한다.

참고 엑셀을 이용한 내부수익률의 계산

엑셀을 이용하여 위에서 예로 든 현금흐름의 내부수익률을 계산해 보기로 하자.

① K4에 '기간', L4에 '현금흐름'을 써넣고, K5~K8에 '0', '1', '2', '3', L5~L8에 '-4500', '1200', '2500', '2700'을 써넣는다.

② 커서를 L9에 가져다 놓는다. [수식－재무] 메뉴에서 IRR의 함수를 선택한다.

③ IRR 대화상자에서 Values 행의 범위단추를 누른다. 본 화면이 나타나면 L5에 커서를 놓고 L8까지 끌어당긴다. 그 다음 범위입력행의 범위단추를 누른다.

④ IRR 대화상자에서 Guess 행에 적당한 근사치로 생각되는 '0.1'을 기입하고 확인단추를 누른다. 그러면 L9 셀에 구하고자 하는 내부수익률인 17.4564%가 얻어진다(계산결과의 자릿수를 조정하기 위해서는 [홈－글꼴－표시형식] 메뉴를 사용할 것).

제4절 인플레이션과 세금의 영향

3.4.1 인플레이션의 영향

어떤 사람이 1년 후에 찾을 예정으로 1,000만원을 1년 만기 정기예금에 넣어 두었다 하자. 금리가 연 3% 수준이라면 그 사람은 1년 후에 1,030만원을 찾게 될 것이다. 이 1년 후의 1,030만원을 현재의 화폐가치로 평가하면 얼마나 될까?

금년에 물가가 2% 정도 상승할 것으로 예상된다고 하자. 이것은 현재 1원짜리 상품의 가격이 1년 후에 1.02원으로 상승할 것이라는 것이고 그만큼 화폐의 구매력이 하락할 것이라는 것을 의미한다. 바꾸어 말하면, 1년 후의 1원을 현재의 구매력으로 평가하면 0.9804원(＝1÷1.02)이 된다. 따라서 1년 후의 1,030만원을 현재의 화폐가치로 평가하면 다음과 같이 1,009.80만원으로 구해진다.

$$\frac{1{,}030\text{만}}{1+0.02}=1{,}009.80\text{만원}$$

이 예에서 1년 후에 받게 될 정기예금의 원리금 1,030만원은 인플레이션에 대해 조정하지 않고 그 시점의 물가수준으로 표시된 금액으로서 명목가치(nominal value)라고 부른다. 그리고 이 명목가치 1,030만원을 현재 시점의 화폐가치로 표시한 1,009.80만원은 인플레이션을 수정하여 현재 시점의 구매력으로 나타낸 가치로서 실질가치(real value)라고 부르며, 1년 후의 명목가치에 대한 실질가치는 다음 식과 같이 계산된다.

$$\text{실질가치} = \frac{\text{명목가치}}{1+\text{인플레이션율}} \tag{3-15}$$

실질가치는 위에서 설명한 현재가치와 다른 개념이다. 실질가치는 미래 금액의 구매력과 동일한 구매력을 갖는 현재 시점의 금액이다. 그러나 현재가치는 미래의 어떤 금액과 교환될 수 있는 현재의 금액이다. 예를 들어, 2%의 인플레이션이 예상될 경우 1년 후의 1,030만원에 대한 현재 시점의 실질가치는 1,009.80만원이다. 이 경우 현재가치도 1,009.80만원 그대로일까? 그렇지 않다. 현재가치는 금융시장에서 결정된 이자율에 따라 현재가치가 달라진다. 이자율이 3%라면 현재가치는 1,030만÷(1+0.03)=1,000만원으로 계산된다.

1년 후가 아니라 3년과 같이 더 먼 미래의 명목가치는 미래의 명목가치를 그동안 발생하게 될 인플레이션율을 모두 반영하여 실질가치를 구하여야 한다. 일반적으로, 앞으로 T년 동안 매년 동일한 정도로 인플레이션이 발생할 것으로 예상된다면 T년 후의 명목가치에 대한 실질가치는 다음과 같이 계산된다.[6]

$$\text{실질가치} = \frac{T\text{년 후 명목가치}}{(1+\text{인플레이션율})^T} \tag{3-16}$$

위의 예에서 3%의 이자율은 화폐가치의 변동을 수정하지 않은 이자율로서 명목이자율(nominal rate of interest)이라고 한다. 그러나 이 정기예금은 현재 1,000만원을 투자하여 1년 후에 1,009.80만원의 실질가치를 얻는 것과 동일하므로, 실질가치를 기준으로 연간 0.98%의 이자율을 받는 것과 같다. 이 0.98%는 명목이자율에서 화폐가치 변동을 조정한 이자율로서 실질이자율(real rate of interest)이라고 부른다. 실질이자율은 다음과 같이 계산된다.

실질이자율

$$\text{실질이자율} = \frac{1+\text{명목이자율}}{1+\text{인플레이션율}} - 1 \tag{3-17}$$

6 더 복잡한 예로서 매년의 예상인플레이션율이 다를 경우 T년 후 명목가치의 실질가치는

$\text{실질가치} = \frac{T\text{년 후 명목가치}}{(1+\pi_1)(1+\pi_2)\cdots(1+\pi_T)}$ 의 식에 의해 계산된다(단, π_1, ⋯ , π_T는 매년의 인플레이션율).

예시

위의 정기예금의 예에서 명목이자율은 3%이고 인플레이션율은 2%이다. 따라서 식(3-17)에서와 같이 이 정기예금의 실질이자율은 $(1+0.03)\div(1+0.02)-1=0.0098$(즉, 0.98%)가 된다.

위의 예에서는 미래의 인플레이션율을 확실하게 알고 있는 것으로 가정하였다. 그러나 실제로는 사람들이 앞으로 물가가 어느 정도 상승할지에 대하여 완전하게 예측하지 못한다. 따라서 미래의 인플레이션율은 사람들이 예상하는 부분인 기대인플레이션율(expected inflation rate)과 사람들이 예상하지 못하는 부분인 비기대인플레이션율(unexpected inflation rate)로 나누어진다. 그리고 시장에서는 미래의 기대인플레이션율을 반영하여 금융자산의 이자율이 결정된다.

사람들이 자금을 차입하거나 대출할 때 실질이자율과 함께 미래에 예상되는 화폐의 구매력 하락에 대한 대가를 반영하여 명목이자율을 결정하려 할 것이다. 따라서 금융시장에서 결정되는 명목이자율은 실질이자율 및 기대인플레이션율과 다음과 같은 관계를 가져야 한다.

$$(1+\text{명목이자율})=(1+\text{실질이자율})(1+\text{기대인플레이션율}) \tag{3-18}$$

명목이자율과 기대인플레이션율 사이의 이러한 관계를 피셔효과(Fisher effect)라고 부른다. 이 식에서 기대인플레이션율은 화폐가치 하락에 대한 대가를 나타낸다. 이 식의 중요한 의미는 기대인플레이션율이 달라지면 이와 거의 같은 정도만큼 명목이자율도 달라진다는 것이다. 즉, 위의 식(3-18)에서 실질이자율과 기대인플레이션율이 그리 크지 않은 값이라면 두 값의 곱은 거의 0에 가깝다.[7] 따라서 위 식을 정리하면, 피셔효과는 다음과 같이 표시될 수 있다.

피셔효과

$$\text{명목이자율} \simeq \text{실질이자율}+\text{기대인플레이션율} \tag{3-19}$$

즉, 기대인플레이션율이 1% 상승할 때마다 명목이자율도 대체로 1% 정도 상승한다. 예를 들어, 실질이자율이 1%라고 하자. 위의 식에 의하면, 기대인플레이션율이 2%라면 명목이자율은 3%에서 결정된다(식(3-18)을 사용하여 더 정확하게 계산하면, $1.01\times1.02-1=0.0302$, 즉 3.02%이다). 그러나 사람들이 기대인플레이션율을 3%로 예상한다면, 명목이자율은 4.03%로 결정된다.

7 피셔효과의 식은 다음과 같이 정리된다.

$$\begin{aligned}(1+\text{명목이자율}) &= (1+\text{실질이자율})(1+\text{기대인플레이션율})\\ &= 1+\text{실질이자율}+\text{기대인플레이션율}+\text{실질이자율}\times\text{기대인플레이션율}\\ &\simeq 1+\text{실질이자율}+\text{기대인플레이션율}\end{aligned}$$

참고 우리나라의 실질이자율

[표 3-2]는 우리나라의 서민들이 자주 이용하는 예금은행 정기예금(1년 이상~2년 미만 만기)와 주택저당대출의 실질이자율이 어느 정도인지를 보여준다.[8] 은행 정기예금을 기준으로 볼 때, 실질이자율은 2000년까지 4% 내지 7% 수준을 유지해왔으나, 그 이후 급격하게 하락하여 2004년에는 0.27%까지 하락하였다.

▶▶ 표 3-2 우리나라의 명목이자율과 실질이자율

(단위: %)

연도	명목이자율		물가상승률	실질이자율	
	정기예금	주택담보대출		정기예금	주택담보대출
1996	10.02		4.92	4.86	
1997	10.64		4.44	5.94	
1998	13.28		7.51	5.36	
1999	7.94		0.81	7.07	
2000	7.94		2.26	5.56	
2001	5.79	6.31	4.07	1.66	2.16
2002	4.95	6.67	2.76	2.13	3.80
2003	4.25	6.21	3.51	0.71	2.60
2004	3.87	5.86	3.59	0.27	2.19
2005	3.72	5.39	2.75	0.94	2.56
2006	4.50	5.64	2.24	2.21	3.32
2007	5.17	6.34	2.53	2.57	3.71
2008	5.87	7.00	4.67	1.14	2.22
2009	3.48	5.54	2.76	0.70	2.71
2010	3.86	5.00	2.96	1.37	1.73
2011	4.15	4.92	4.00	1.34	1.75
2012	3.70	4.63	2.19	1.25	1.43
2013	2.89	3.86	1.31	1.56	2.52
2014	2.54	3.55	1.27	1.25	2.25
2015	1.81	3.03	0.71	1.10	2.31
2016	1.56	2.91	0.97	0.58	1.92
평균(2014~2016)	1.97	3.16	0.98	0.97	2.16

2004년에는 은행 정기예금 명목이자율 3.87%에 대해 16.5%의 이자소득세를 부과했으므로 정기예금의 납세 후 명목이자율은 인플레이션율보다 낮은 3.23%에 지나지 않는다. 이것은 정기예금의 납세 후 실질이자율이 −0.36%로 낮아지며 은행 예금자들의 부의 실질가치가 그만큼 하락하였다는 것을 의미한다. 2008년에는 정기예금의 납세전 실질이자율은 (+)값이지만 15.4%의 이자소득세율을 감안하면 거의 제로 금리에 가까운 상황이 지속되었다.

2008년 글로벌 금융위기 이후에는 불황이 장기화함에 따라 각국의 중앙은행들이 경기부양을 위해 정책금리를 낮추고 유동성공급을 늘렸기 때문에 명목이자율은 지속적으로 하락하였다. 동시에 물가상승률도 장기불황 속에서 하락하였기 때문에, 실질이자율은 정기예금 기준으로 1% 내외, 주택저당대출 기준으로 2% 내외에서 유지되어 왔다. 이런 세계적인 저금리기조는 미국 연방준비제도(Federal Reserve System: FRS)와 유럽중앙은행(European Central Bank: ECB)이 완화적 통화정책을 중단하려는 의도를 시사하는 가운데, 종료될 것으로 예상되기도 하나 여전히 여러 가지 불확실성에 노출되어 있다.

[표 3-2]에서 2016년의 주택담보대출의 명목이자율과 실질이자율은 정기예금에 비해 각각 1.35%와 1.34% 정도 높은 수준이다. 이것은 주로 차입자의 신용위험에 대한 가산금리가 주택담보 대출금리에 포함되어 있기 때문이다.

3.4.2 세금의 영향

지금까지 소득세를 무시하고 화폐의 시간가치를 설명하였다. 그러나 금융자산으로부터 얻어진 거의 대부분의 소득에 대해서 이자소득세, 배당소득세 또는 양도소득세가 부과된다.[9]

예를 들어, 이자소득세율이 15.4%라고 하자. 연리 3%로 1,000만원을 예금할 경우 1년 후 원리금은 1,030만원이다. 예금자는 이 중 이자소득 30만원에 대해 15.4%에 해당하는 4만6,200원을 이자소득세로 납부하게 된다. 따라서 예금자가 받는 납세후 원리금은 1,025만3,800원이다. 이 예에서 예금자가 받는 납세전 이자율(before-tax interest rate)은 3%이지만, 납세후 이자율(after-tax interest rate)은 2.54%(=25.38만÷1,000만)이며 이것은 납세전 이자율에 (1−이자소득세율)을 곱한 것과 같다. 그리고 기대인플레이션율이 2%이라면, 2.54%의 납세후 명목이자율은 납세후 실질이자율이 대략 0.54%의 수준이 될 것이라는 것을 의미한다.

8 한국은행 경제통계시스템(ecos.bok.or.kr)에서 발췌. 정기예금 금리는 예금은행 신규취급기준 정기예금 평균금리이고 주택담보대출 금리는 가계의 주택담보대출 평균금리임.

9 우리나라에서는 잦은 세법 개정으로 세율이 자주 달라지고 있다. 2013년 현재 금융자산소득이 2,000만원 미만인 경우, 이자소득세와 배당소득세는 14%이며 여기에 주민세로 소득세의 10%가 추가되므로 합계 15.4%가 과세된다. 그러나 2,000만원을 초과하는 금융자산소득은 종합소득에 포함되어 과세되므로 이보다 높은 세율이 부과된다. 또 상장주식의 시세차익에 대해서는 양도소득세가 부과되지 않는다.

최근 우리나라에서도 예금이자율이 매우 낮게 주어지고 있다. 1990년대 중반까지 우리나라 시중은행의 예금이자율은 10% 수준을 유지하고 있었고 인플레이션율은 3% 내외의 수준을 유지하였다. 당시 이자소득세율이 22%이었으므로 납세후 명목이자율은 7.8% 정도이었고, 예금자들이 얻는 납세후 실질이자율은 약 4.8% 정도에 달했다. 그러나 2000년대 중반 이후 시중은행의 예금이자율은 5% 이하의 수준으로 내려갔다. 이자소득세율을 약 15% 정도로 본다면 납세후 명목이자율은 4.25% 정도라고 할 수 있다. 그리고 연간 인플레이션율을 3% 정도로 본다면 납세후 실질금리는 1.25% 정도였다고 할 수 있다. 2010년 이후에는 예금이자율이 더욱 낮아져서 시중은행의 정기예금 금리는 3% 수준으로 내려갔다. 이자소득세율을 15% 정도로 보면 납세후 명목이자율은 2.5% 정도이고, 연간 인플레이션율을 약 2%라고 하면 납세후 실질금리는 1% 이하의 수준으로 내려갔다고 할 수 있다.

제3장 연습문제

[선다형]

01 원금 10,000원의 금액을 연 10%의 이자율로 은행에 예금한다면 4년 후에 찾을 수 있는 금액은?

① 14,640원 ② 13,300원 ③ 14,000원
④ 12,140원 ⑤ 16,370원

02 당신은 현재 500만원을 두 가지 예금 중의 하나에 투자하고자 한다. 갑예금은 1년에 8%의 복리이자를 주는 것이고 을예금은 반년에 3.75%의 복리이자를 주는 예금이다. 어떤 예금을 선택하여야 할 것인지에 대하여 올바른 설명만을 묶은 것은?

> A. 더 큰 종료가치(terminal value)를 가져다주므로 갑예금을 택한다.
> B. 연간 실효이자율이 더 크므로 갑예금을 택한다.
> C. 더 큰 종료가치(terminal value)를 가져다주므로 을예금을 택한다.
> D. 연간 실효이자율이 더 크므로 을예금을 택한다.

① A ② B ③ C
④ A, B ⑤ C, D

03 이표율이 연 8%이고 분기별로 복리계산된다면, 연간 실효이자율은 얼마인가?

① 8.02% ② 8.19% ③ 8.24%
④ 8.57% ⑤ 8.63%

04 할인계산이란 무엇을 의미하는가?

① 이자율이 주어져 있을 때, 현재의 원금에 대한 T년 후의 미래가치를 계산하는 것.
② 이자율이 주어져 있을 때, T년 후에 어떤 금액을 얻기 위하여 현재 얼마의 원금을 예금하면 되는가를 계산하는 것.
③ 어떤 자산을 어느 정도 저렴하게 살 수 있는가를 계산하는 것.
④ 현금흐름의 확실성을 평가하는 방법.
⑤ 시간당 임금을 계산하는 방법.

05 다음 중 연금의 현재가치 계산식으로 옳은 것은? 단, PV 는 N년 동안의 연금의 현재가치, C는 연간 연금수령액, i는 할인율, N은 연금수령기간.

① $\text{PV}=C\left[\frac{(1+i)^N-1}{i(1+i)^N}\right]$
② $\text{PV}=C\left[\frac{(1+i)^N-1}{i(1+i)}\right]$
③ $\text{PV}=C\left[\frac{(1+i)-1}{i(1+i)^N}\right]$
④ $\text{PV}=C\left[\frac{(1+i)-1}{i(1+i)}\right]$
⑤ $\text{PV}=C\left[\frac{i(1+i)^N-1}{(1+i)^N}\right]$

06 동일한 할인율을 사용하여 어떤 두 가지 소득의 현재가치를 계산하고자 한다. 하나의 소득은 3년 후에 300만원이 얻어지는 것이고 다른 하나는 2년 후에 100만원이 얻어지는 것이다. 두 소득의 현재가치를 구하는 데 사용하는 현가계수에 대하여 옳게 설명하고 있는 것은?

① 3년 후 소득에 대한 현가계수는 2기 후 소득에 대한 현가계수보다 작거나 같다.
② 3년 후 소득에 대한 현가계수는 2기 후 소득에 대한 현가계수보다 크거나 같다.
③ 어느 쪽의 현가계수가 더 큰지는 이자율에 따라 달라진다.
④ 소득의 크기가 서로 다르므로 현가계수에 대하여 무어라고 말할 수 없다.
⑤ 큰 금액에 대한 현가계수는 언제나 작은 금액에 대한 현가계수보다 크다.

07 3년 후부터 매년 750만원의 연금을 영속적으로 받기로 되어 있다. 적절한 할인율이 8%일 경우 이 연금의 현재가치는?

① 6,996.8만원 ② 7,442.2만원 ③ 8,037.6만원
④ 8,333.3만원 ⑤ 9,375.0만원

08 할인율이 8.25%일 때, 1년 후에 50만원, 2년 후에 200만원, 4년 후에 700만원, 6년 후에 800만원의 현금흐름이 얻어진다면, 이 현금흐름의 현재가치는?

① 1,127.19만원 ② 1,324.81만원 ③ 1,219.49만원
④ 1,223.84만원 ⑤ 1,351.32만원

09 어떤 운전사가 트럭을 구입하기 위하여 1,800만원을 은행에서 차입하고자 한다. 현재의 금리는 연리 12%(월 1%)이며 매월 복리계산된다. 이 차입금을 향후 5년간 매월 일정액을 불입하여 상환하기로 하였다. 매월의 불입액은 얼마인가?

① 363,390원 ② 394,040원 ③ 400,400원
④ 407,860원 ⑤ 412,220원

10 앞으로 10년간 매년 말마다 500만원을 저축하려고 한다. 이자율이 주어져 있을 경우, 이 저축의 현재가치는 어떻게 구해지는가?

> A. 현금흐름의 합계를 구하고 이 합계에 적절한 현가계수를 곱하여 구한다.
> B. 매년의 현금흐름에 적절한 현가계수를 곱하여 얻어진 현재가치들을 모두 합계한다.
> C. 매년의 현금흐름에 대한 미래가치를 구하고 이 미래가치를 모두 합계한 다음, 합계한 금액에 적절한 현가계수를 곱한다.
> D. 현금흐름 총액을 구하고 적절한 이자율을 사용하여 복리계산을 행한다.

① B　② C　③ B, C
④ A, B, C　⑤ B, C, D

11 연금의 가치와 관련하여 옳지 않은 설명은?

① 할인율이 낮을수록 연금의 현재가치는 커진다.
② 이자율이 높을수록 연금의 현재가치와 미래가치는 커진다.
③ 동일한 크기의 연금이 보다 장기간 주어질수록 연금의 현재가치는 증가한다.
④ 단기연금과 장기연금을 비교할 때에는 연금의 재투자수익률도 고려하여야 한다.
⑤ 두 가지 연금 중에서 하나를 선택하고자 할 경우, 보다 큰 종료가치를 갖는 것을 택한다.

12 어떤 사람이 15년 전에 1,000만원을 은행에 예치하여 두었고, 현재 이 예금은 5,000만원으로 늘어나 있다. 그 동안의 연평균 복리이자율은 어느 정도인가?

① 5.98%　② 7.23%　③ 11.33%
④ 12.37%　⑤ 14.26%

[서술형]

01 이자율이 연 3%일 때 원금 1,000만원의 5년 후 미래가치는?

02 이자율이 다음 각각의 경우일 때 1,000만원을 20년간 예금하여 얻게 될 미래가치의 크기는 얼마인가?

(1) 2%　(2) 3%　(3) 4%
(4) 5%　(5) 6%　(6) 7%

03 할인율이 3%일 경우 미래의 1억원에 대한 현재가치를 구하고 현재가치와 시간의 관계에 대해 생각해보시오.

(1) 1년 후에 받게 될 1억원　(2) 5년 후에 받게 될 1억원
(3) 10년 후에 받게 될 1억원　(4) 30년 후에 받게 될 1억원
(5) 50년 후에 받게 될 1억원

04 연금형 로또에 당첨되면 상금을 일시에 주지 않고 매년 일정액으로 분할하여 지급한다. 만일 어떤 사람이 매년 연말에 360만원씩 20년에 걸쳐 상금을 받고 이 중 30%를 세금으로 내야 한다면 이 상금의 실제 가치는 얼마인가? 이자율은 앞으로 계속 3% 수준에서 안정될 것으로 가정한다.

05 은행에서 아파트 구입자금으로 2억5,000만원을 대출하여 주고 240개월에 걸쳐 매월 말에 일정액을 상환받는다. 이자율이 월 0.3%라면 매월 상환액은 얼마이어야 하는가?

06 어떤 공무원이 정년퇴직에 임박하여 퇴직금을 일시금으로 받을 것인지, 또는 연금으로 받을 것인지에 대하여 고민하고 있다. 일시금으로 받는 대안을 택한다면 퇴직 시점에 1억5,000만원을 받는다. 그러나 연금으로 받는 대안을 택하면 매년 말에 1,500만원을 15년간에 걸쳐 받게 된다. 다음 각각의 경우에 대하여 어떤 대안이 더 나은지 평가하시오.

(1) 이자율이 2%로 예상되는 경우

(2) 이자율이 5%로 예상되는 경우

07 어떤 채권에 투자하면 만기인 1년 후에 1억원의 원금이 상환된다고 하자. 현재 시장이자율은 연 3%이다. 할인계산이 (1) 연 1회, (2) 연 2회, (3) 분기별, (4) 월별, (5) 일별, (6) 연속할인으로 이루어질 경우 이 채권의 현재가치는 각각 얼마로 계산되는가?

08 1년 만기 정기예금 금리가 다음과 같을 경우의 납세후 기대실질이자율을 구하시오. 이자소득세율은 15%이다.

(1) 이자율이 10%이고 기대인플레이션율이 7%일 경우

(2) 이자율이 5%이고 기대인플레이션율이 2%일 경우

(3) 이자율이 7%이고 기대인플레이션율이 6%일 경우

(4) 이자율이 3%이고 기대인플레이션율이 2%일 경우

09 첫 해에 800만원, 두 번째 해에 1,000만원, 세 번째 해에 1,800만원의 현금흐름이 얻어지리라고 예상되는 사업에 3,000만원의 투자액이 소요된다(엑셀을 사용하시오).

(1) 이 투자의 내부수익률을 계산하시오.

(2) 매기 현금흐름에 대해 15%의 소득세율을 부담해야 할 경우, 이 투자의 내부수익률을 구하시오.

(3) 매기 현금흐름에 대해 15%의 소득세율을 부담해야 하고 연간 물가상승률이 2%로 예상될 경우, 이 투자의 실질가치 기준 내부수익률을 구하시오.

10 어떤 사람이 5년 후에 10억원의 목돈을 만들 것을 목표로 매월 일정액을 저축하고자 한다. 이자율이 연 3%(월 0.25%)라면 매월 얼마를 저축해야 할까?

11 앞으로 20년간 매년 말에 1,500만원이 주어지는 연금이 있다. 이자율이 3%로 일정하다면, 이 연금의 20년 후 미래가치는?

12 어떤 사람이 현금가격이 2,500만원인 승용차를 구입하고 그 대금을 앞으로 3년간 매월 말에 75만원씩 분할납

부하기로 하였다. 이 할부구매에 적용된 이자율(연율)은 어느 정도일까? 엑셀을 사용하여 답을 구하시오.

13 지급액이 매년 2%씩 증가하는 영속연금이 있다. 금년 말의 연금지급액은 100만원이며, 이자율은 3% 수준에서 일정하게 유지된다. 이 연금의 현재가치는 얼마인가?

14 제1년도 말에 1,000만원의 연금을 지급하고 그 이후 매년 2%씩 연금지급액이 증가하여 제15년도 말까지 연금을 지급하는 퇴직연금이 있다. 앞으로 이자율이 3% 수준에서 일정하게 유지될 것으로 예상된다면, 이 연금의 현재가치는 얼마인가?

15 현재 1,000만원을 투자하면 4년 후에 1,200만원이 얻어지는 채권이 있다. 이 채권의 내부수익률은?

16 연속복리 이자율이 연 3%일 경우 1,000만원의 3개월 후 미래가치는?

17 연 3%의 이자율로 연속할인할 경우 3개월 후 받게 될 1,000만원의 현재가치는 얼마인가?

18 1년만기 정기예금 금리가 3%이고 기대인플레이션율이 2%, 이자소득세율이 15%라면 이 정기예금의 납세후 기대실질이자율은 어느 정도일까?

19 명목이자율이 연 3%이고 실질이자율이 1%일 때, 피셔효과에 의해 시장이 예상하는 기대인플레이션율은 어느 정도인가?

20 제1년도 말의 연금지급액이 500만원이고 매년 연금지급액이 5%씩 증가하는 영속연금이 있다. 이 연금을 받기 위해서 현재 1억2,500만원을 한꺼번에 납부하여야 한다면, 이 투자의 내부수익률은 얼마인가?

21 제1년도 말의 연금지급액이 500만원이고 매년 연금지급액이 2%씩 증가하는 연금이 있다. 이자율이 연 3%일 때, 이런 연금이 앞으로 20년간 지급된다면 이 연금의 현재가치는 얼마인가?

22 어떤 회사가 은행에서 매분기 말에 동일 금액을 5년에 걸쳐 상환하는 조건으로 연리 4%로 10억원을 차입하였다. 분기별 상환액을 구하고, 이 상환액을 이자부분과 원금상환 부분으로 구분하시오([표 3-1]을 참고하여 엑셀을 사용할 것).

[선다형문제 정답과 풀이]

01 ① ▸ $FV = 10{,}000 \times (1+0.1)^4 = 14{,}641$원 **02** ④ **03** ③ ▸ 이표율이 연 8%이면 분기이자율은 2%이다. 따라서 분기별로 복리계산하면 실효이자율은 $(1+0.02)^4 - 1 = 8.24\%$가 된다. **04** ② **05** ① **06** ① **07** ③ ▸ 이 연금의 3년도 초의 현재가치는 750만/0.08=9,375만원. 이 금액의 현재시점의 현재가치는 9,375만원$/(1+0.08)^2$=8,037.6만원

08 ④ ▸ $PV = \frac{50만}{1+0.0825} + \frac{200만}{(1+0.0825)^2} + \frac{700만}{(1+0.0825)^4} + \frac{800만}{(1+0.0825)^6}$ **09** ③ ▸ 월간 불입액을 C로 표시하면, 5년간(60개월)의 불입액의 현재가치가 1,800만원과 같아야 한다. 따라서 연금의 현재가치공식을 사용하면, $C\left[\frac{(1+0.01)^{60}-1}{0.01(1+0.01)^{60}}\right]$=1,800만원 ∴ C=400,400원 **10** ③ **11** ② **12** ③ ▸ 1,000만$\times(1+i)^{15}$=5,000만 ∴ $i = 11.33\%$

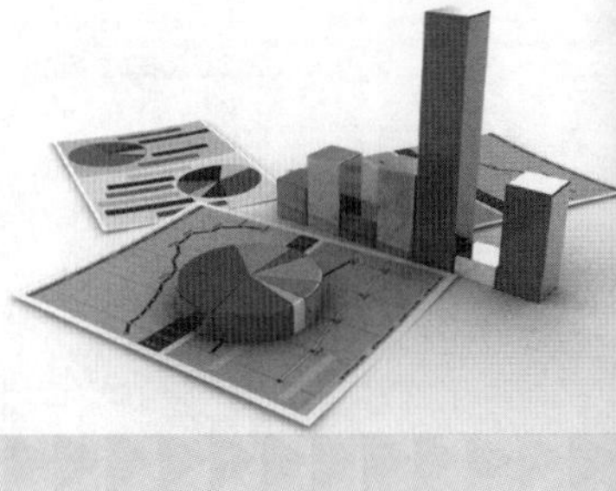

제4장 금융자산의 가치평가

제1절 금융자산 가치평가의 기본원리

4.1.1 단일가격의 법칙과 차익거래

자유로운 경쟁시장에서는 모든 특성이 동일한 상품들이 서로 다른 가격으로 거래될 수 없다. 이것을 우리는 단일가격의 법칙(law of one price, 一物一價의 법칙)이라고 한다. 품질과 수량이 동일하지만 상표가 다른 두 가지 쌀이 동일한 가격으로 거래되는 것, 동일한 능력과 자질을 갖고 있는 두 사람의 종업원이 동일한 임금을 받아야 한다는 것, 미래의 현금흐름이 동일한 두 가지 금융자산이 동일한 가격으로 거래되어야 하는 것 등이 모두 단일가격의 법칙의 예이다.

현실의 시장에서 때때로 단일가격의 법칙이 성립하지 않을 때도 있다. 그러나 차익거래가 자유롭게 이루어질 수 있다면 단일가격의 법칙이 실제로 달성된다. 차익거래(差益去來, arbitrage, 재정거래(裁定去來)라고도 한다)는, 동일한 자산 또는 상품이 서로 다른 가격으로 거래되고 있을 때, 확실한 이익을 얻기 위해 가격이 낮은 자산을 매입함과 동시에 가격이 높은 자산을 매도하는 거래를 말한다.

차익거래의 예를 하나 들어 보기로 하자. 현재 거래되고 있는 모든 마늘의 품질이 동일하다고 가정하고 10kg들이 마늘 한 상자가 목포에서는 5만원에 거래되고 있고 서울에서는 6만원에 거래되고 있다 하자. 목포에서 서울까지 운반하는 비용과 시간은 0이라고 하자. 이런 경우 사람들은 목포에서 마늘 1상자를 매입함과 동시에 서울에서 1상자를 매도하는 차익거래를 실행하면 아무런 투자액과 위험을 부담하지 않고 1만원의 이익을 얻을 수 있다. 가능하다면 1상자가 아니라 100만 상자를 차익거래 한다면 그 이익은 훨씬 커질 것이다. 가격차이를 인식하고 있는 어느 누구나 이런 차익거래를 할 수 있으므로, 순식간에 대량의 차익거래가 이루어질 수 있다. 그 결과 순식간에 서울의 마늘가격은 하락하고 목포의 마늘가격은 상승하여, 단일가격의 법칙이 성립하고 차익거래의 기회는 사라지게 된다.

시장에는 이런 차익거래의 기회를 노리고 활동하는 거래자들이 있으며 이들을 차익거래자(arbitrageur)라고 부른다. 차익거래자는 어떤 한 가지 상품이나 증권뿐만 아니라 여러 가지 종류의 상품과 자산을 대상으로 차익거래를 행하는 것이 일반적이다. 실제의 금융시장에서는 거래비용이 필요하다. 따라서 동등한 자산의 가격차이가 거래비용보다 클 경우에만 차익거래가 발생한다. 그리고 단일가격의 법칙이 성립되어 차익거래를 행할 수 없는 상태를 무차익거래조건(no-arbitrage condition)이라고 부른다.

4.1.2 금융자산의 기본가치

금융시장에서는 금융자산이 거래되면서 시시때때로 가격이 변동한다. 금융자산의 가격변동은 투자자들이 그 자산에 대한 정보를 반영하여 매입하거나 매도하기 때문에 발생한다. 이처럼 투자자들의 거래를 통해 금융시장에서 실제로 결정된 가격을 시장가격(market price)이라고 한다.

흔히 시장가격은 그 자산의 기본가치를 중심으로 무작위로 변동한다고 한다. 여기에서 어떤 자산의 기본가치(fundamental value)는 충분한 정보를 갖고 있는 투자자들이 자유경쟁시장에서 그 자산에 대해 지급하고자 하는 가격으로 정의된다.[1] 이 정의에서 충분한 정보를 갖고 있는 투자자(well-informed investor)란 어떤 자산에 관련된 이용 가능한 모든 정보를 알고 이를 이용하여 거래하는 투자자, 즉 충분한 분석능력을 갖고 있는 합리적 거래자(rational trader)라는 뜻이다. 그리고 자유경쟁시장(free and competitive market)이란 다수의 영세한 수요자와 공급자가 존재하고 아무런 거래비용이나 마찰적 요인이 없이 자유롭게 경쟁이 이루어지는 시장을 의미한다. 따라서 기본가치는 합리적 투자자들이 거래하는 자유경쟁시장에서 이용 가능한 모든 정보를 반영하여 결정된 가격이라고 할 수 있다.

어떤 자산의 시장가격은 일시적으로 기본가치로부터 차이를 가질 수 있다. 금융시장에는 충분한 정보를 갖고 있는 투자자만 있는 것이 아니라 충분한 정보 없이 유행이나 충동에 따라 투자하는 소음거래자(noise trader)도 많이 있다. 이들은 흔히 근거없는 정보에 따라 충동적으로 거래함으로써 시장가격이 기본가격으로부터 벗어나도록 만들 수 있다. 이런 경우 충분한 정보를 갖고 있는 투자자들은 기본가치에 비해 시장가격이 낮은 자산을 매입하고 시장가격이 높은 자산을 매도하여 이익을 얻으려 할 것이다. 그 결과 시장가격은 기본가치에 접근하는 경향을 갖게 된다.

참고 금융시장과 미인대회

유명한 경제학자인 케인즈(J. M. Keynes)는 증권시장을 미인대회 심사에 비유한 바 있다. 미인대회에서 심사위원들이 최고의 미녀를 뽑는 과정을 생각해 보자. 각각의 심사위원들은 최고 미녀라고 생각되는 후보들에게 투표하고 가장 많은 표를 얻은 미녀가 최고 미녀로 뽑힌다. 그리고 심사위원들이 무성의하게 심사하지 못하도록 최고 미녀로 뽑힌 미녀에게 투표한 심사위원에게는 상금을 주고

---

1 Z. Bodie & R. C. Merton, *Finance* (Prentice-Hall, 1998), p.158.

그렇지 못한 심사위원에게는 벌금을 부과한다고 하자.

이런 경우 각 심사자들은 자기 자신의 심미적 관점에 따라 소신있게 투표할 것인가? 케인즈는 그렇지 않다고 지적한다. 심사자들은 자신의 소신에 따라 행동하는 것이 아니라 다른 심사자들이 누구에게 투표할 것인가를 판단해서 투표한다. 왜냐하면 다른 심사자들이 투표하리라고 생각되는 미녀에게 투표함으로써 자신이 상금을 받을 가능성을 더 크게 해야 하기 때문이다.

이 비유를 증권시장에 적용해 보자. 투자자(=심사위원)는 자기가 좋아하는 증권에 투자해도 가격이 오르지 않으면 손해를 본다. 투자자는 다른 많은 투자자들이 좋아하리라고 생각되는 증권에 투자하여야만 가격상승의 이익을 얻을 수 있다. 따라서 투자자들은 자신이 주관적으로 평가한 증권 자체의 가치보다는 다른 투자자들이 그 증권의 가치를 어떻게 평가하고 어떻게 행동할 것인지에 더 큰 관심을 기울이며 투자한다. 그 결과 투자자들은 유행이나 분위기에 따라 투자하게 되어 주가에 거품이 발생하기도 하고 주가가 크게 폭락하기도 한다.

4.1.3 가치평가의 몇 가지 방법

어떤 자산의 기본가치를 알아내는 것은 결코 쉬운 일은 아니다. 먼저 부딪치는 어려움은 그 자산의 가치를 결정하는 주요한 정보를 알아내는 것이다. 증권분석의 실무에서는 자산가치를 결정하는 주요한 정보들을 흔히 기본요인(fundamentals)이라고 부른다. 주식의 경우 발행회사의 수익력, 성장성, 자본구조, 자산구성, 경영진의 능력 등이 기본요인을 구성한다. 자산의 기본가치를 평가할 때 이 기본요인들 중에서 어떤 것을 보다 더 중요시하는가에 따라 몇 가지 평가 방법으로 나누어진다.

1) 상대가치

시장에서 완전히 동등한 두 가지 자산은 존재할 수 없다. 그러나 대부분의 중요한 특성은 동일하지만 한두 가지 점에서만 차이를 갖는 자산들은 흔히 존재한다. 이런 경우 비교 가능한 다른 자산의 가격을 기준으로 어떤 자산의 가치를 평가할 수 있으며, 이렇게 평가한 가치를 상대가치(relative value)라고 한다.

예를 들어, 아파트의 가치를 평가하는 경우를 생각해 보자. 각각의 아파트는 수년에 한 번씩만 거래되기 때문에 시장가격을 관찰할 수 없다. 그러나 같은 단지에 있는 아파트들은 대부분 특성이 동일하고, 위치나 전망 등과 같은 일부 특성에서만 차이를 갖는다. 이런 경우에는 단지 내 동일면적의 아파트들의 최근 거래가격을 기준으로 하고 여기에 위치나 전망의 차이를 금액으로 환산하여 아파트 가치를 평가한다. 이런 방식으로 평가된 아파트의 가치가 상대가치이다.

상대가치는 시장이 제대로 형성되어 있지 않은 자산을 평가할 때 주로 사용된다. 예를 들어, 거래 빈도가 낮은 부동산의 가치를 평가하거나, 아직 경영실적이 확인되지 않은 벤처회사의 주식가치를 평가할 때 사용될 수 있다.

2) 장부가치

장부가치(book value)는 재무상태표(또는 대차대조표)에 표시된 자산의 가치를 의미한다. 예를 들어, 주식의 장부가치는 순자산(net worth, 총자산에서 부채를 뺀 가치)을 발행주식 수로 나누어 평가된다. 장부가치가 중시되는 경우는 어떤 자산의 미래 소득을 추정할 수 없거나 미래 소득이 무의미한 경우이다. 예를 들어, 1998년이나 2008년의 금융위기 때 일부 주식의 경우에 수익력이나 성장성보다 발행회사가 당장 파산할 경우 주주가 얼마의 잔여재산을 받을 수 있는가가 주요 관심사이었다. 이런 경우 주식의 가치는 장부가치를 기준으로 평가하는 것이 일반적이다.

3) 할인가치

금융자산은 미래 소득에 대한 청구권이다. 투자자들이 금융자산에 투자할 때 그 자산이 미래에 어느 정도의 소득을 가져다 줄 것인가에 대해 가장 큰 관심을 가지므로, 투자자들은 예상되는 미래 소득의 크기를 고려하여 자산의 가치를 평가하려 할 것이다. 따라서 금융자산의 가치는 그 자산으로부터 얻어지리라고 예상되는 미래 현금흐름을 할인한 현재가치로 평가될 수 있으며, 이것을 할인가치(discounted value)라고 한다. 예를 들어, 채권의 가치는 원금과 이자의 현재가치로 평가될 수 있으며 주식의 가치는 미래 배당흐름의 현재가치로 평가될 수 있다.

할인가치는 자산의 가치를 평가하는 가장 기본적인 방법으로 사용되고 있다. 즉, 금융자산뿐만 아니라 기업이나 부동산 또는 지적재산권의 가치를 평가할 때에도 할인가치를 중시한다. 다음 절에서는 채권과 주식의 할인가치를 평가하는 방법을 설명한다.

제2절 채권의 가치평가

4.2.1 채권의 특성

일반적으로 미래의 현금흐름이 확정되어 있는 금융자산을 흔히 확정소득증권(fixed income securities)이라고 하며, 그 대표적인 것이 채권이다. 예외적인 경우를 제외하면, 채권(債券, bond)은 만기,

만기상환액, 매기 지급하게 될 이자지급액 등이 약관에 정해져 있는 증권이다. 따라서 채권의 가치는 약정되어 있는 미래의 이자지급액과 만기상환액의 현재가치를 평가함으로써 구해질 수 있다.

채권은 발행조건에 따라 여러 가지 형태로 나누어진다. 가장 일반적인 형태의 채권은 이표채권(coupon bond)으로서 매기 일정한 금액의 이자를 지급하고 만기(maturity)에 액면가, 즉 원금을 상환하는 채권이다. 이보다 단순한 형태로서 무이표채권(zero-coupon bond)이 있다. 이것은 만기에 이르기까지 이자를 지급하지 않고 만기에 액면가만을 지급하는 채권으로서 할인채권(discount bond)이라고도 부른다. 그 밖에 보증과 담보의 유무, 전환권의 차이, 원금상환 방식의 차이 등에 따라 다양한 채권이 존재한다.

금융시장에서 활발하게 거래되고 있는 채권은 정부가 재원조달을 위해 발행하고 있는 국고채(Korea Treasury Bond: KTB), 한국은행이 화폐가치 안정을 위해 발행하는 통화안정증권, 기업이 자금조달을 위해 발행하는 회사채(corporate bond) 등이다. 이 중 국고채와 통화안정증권은 채무불이행의 가능성이 없으므로 우리나라 금융시장을 대표하는 지표채권(indicator bond)으로 간주되고 있다.

국고채와 회사채와 같은 장기채권들은 모두가 이표채권이며, 다음과 같은 조건들이 약관에 정해져 있다.

① **액면가**: 채권의 권면에 표시되어 있는 금액을 액면가(face value 또는 par value)라고 한다. 이 액면가는 채권의 만기상환액, 지급이자, 발행규모의 크기 등을 계산하는 기준이 된다. 우리나라에서는 1만원의 액면을 최소의 액면가로 삼고 있으며, 동일 종목의 회사채를 여러 가지 권종으로 발행하고자 하는 경우에는 반드시 이 최소 액면가의 정배수를 액면가로 하도록 되어 있다.

② **이표이율**: 이표채권의 액면가에 대한 연간 이자지급액의 비율을 이표이율(coupon rate) 또는 표면이율이라고 하며, 이렇게 정해진 이자지급액을 이표이자(coupon interest)라고 한다. 예컨대 액면가가 100만원인 회사채에 대한 이표이율이 5%로 정해져 있다면 연간 이표이자는 50,000원이다. 우리나라의 국고채는 연 2회에 걸쳐 이표이자를 분할지급하고 있으며, 회사채는 연 4회 지급하는 것이 관례이다. 따라서 액면가가 100만원이고 연 4회 이자지급 조건인 회사채의 경우, 이표이율이 5%로 약정되어 있으면 매 분기말에 12,500원의 이표이자가 지급된다.

③ **만기**: 만기(maturity)는 채권의 원금을 최종적으로 상환하는 시기이다. 국고채는 대체로 3년, 5년 또는 10년 만기의 조건으로 발행되고 있으며, 회사채는 대체로 3년 만기의 조건으로 발행되고 있다.

금융시장에서 거래되는 모든 채권이 만기가 긴 장기채권인 것은 아니다. 예를 들어, 한국은행은 만기가 546일(1년6개월)과 364일인 통화안정증권을 발행하고 있으며, 은행이 발행하는 CD(양도성예금증서)나 기업이 발행하는 CP(commercial paper, 기업어음)는 91일이나 182일과 같이 비교적 짧은 만기를 갖고 있다. 이런 단기금융자산들은 만기에 지급하는 액면가만 정해져 있고 이표이율은 0이다. 따라서 단기금융자산의 현재가격은 만기의 액면가를 현재가치로 할인하여 결정되며, 이 경우 현재가치는 지금까지 공부한 할인 방법이 아니라 다음 항에 설명된 것과 같은 단기금융자산에 적용하는 독특한 할인 방법을 사용한다.

4.2.2 채권의 가치평가

1) 이표채권의 가치평가

우리나라에서 널리 거래되고 있는 국고채는 연 2회, 회사채의 대부분은 연 4회 이표이자를 지급하는 이표채권이다. 따라서 이표채권의 가격은 ① 만기까지 매기 일정하게 지급되는 이표이자의 현재가치와 ② 만기에 지급되는 액면가의 현재가치의 두 부분으로 이루어지며, 다음 식과 같이 계산된다.

이표채권의 가격

$$P_0 = \sum_{t=1}^{T} \frac{C}{(1+i)^t} + \frac{F}{(1+i)^T} \qquad (4\text{–}1)$$

단, C는 매기의 이표이자 지급액이고 F는 액면가(또는 만기상환액)이다.

이 식에서 첫 번째 부분은 매기의 이표이자에 대한 현재가치로서 제3장의 식(3-13)에 주어진 연금의 현재가치 공식을 사용하여 구할 수도 있다. 두 번째 부분은 T기 후 만기에 얻어지는 액면가의 현재가치에 해당하는 부분이다.

예시

국고01750-1812로 표시되는 3년 만기 국고채는 2015년 12월에 발행되고 2018년 12월에 만기도래하며, 이표이율은 연 1.75%(연간 2회 분할지급)이다. 이 채권의 액면가치는 10,000원이다. 국고채는 이표이자를 매년 2회에 나누어 지급하므로 이 채권의 보유자는 1회당 87.5원의 이표이자를 3년 동안 6회에 걸쳐 수령한다. 만약 3년 만기 국고채의 시장이자율이 연간 2%, 즉 반기(semiannual) 이자율이 1%라면, 이 채권의 가격은 다음과 같이 9,927.557원으로 계산된다.

$$P_0 = \sum_{t=1}^{6} \frac{87.5}{\left(1+\frac{0.02}{2}\right)^t} + \frac{10,000}{\left(1+\frac{0.02}{2}\right)^6} = 9,927.557\text{원}$$

이자율변동이 채권가격에 대해 미치는 영향은 식(4-1)을 보면 알 수 있다. 즉, 이자율이 상승하면 우변의 분모에 있는 할인율이 커지므로 현재가치인 채권가격은 하락하고, 반대로 이자율이 하락하면 채권가격은 상승한다. 즉, 채권가격은 이자율의 변동과 반대방향으로 변동한다.

예시

위에서 예로든 채권의 경우 이자율이 1% 하락하면 채권가격은 아래와 같이 변동한다.

이자율 1% 하락: $P_0 = \sum_{t=1}^{6} \frac{87.5}{\left(1+\frac{0.01}{2}\right)^t} + \frac{10,000}{\left(1+\frac{0.01}{2}\right)^6} = 10,221.11$원

그리고 이자율이 1% 상승하면 채권가격은 아래와 같이 변동한다.

이자율 1% 상승: $P_0 = \sum_{t=1}^{6} \frac{87.5}{\left(1+\frac{0.03}{2}\right)^t} + \frac{10,000}{\left(1+\frac{0.03}{2}\right)^6} = 9,643.926$원

위의 계산결과를 보면 이자율이 2%에서 1%로 1%포인트만큼 하락하면 채권가격은 10,221.11원으로 약 2.96%만큼 상승한다. 반대로 이자율이 3%로 1%포인트만큼 상승하면 채권가격은 9,643.926원으로 약 2.86%만큼 하락한다.

특히 채권가격은 [그림 4-1]과 같이 이자율에 대해 아래쪽으로 볼록한 우하향 곡선의 형태를 갖는다. (이 그림은 위의 국고채와 동일한 조건의 만기 10년 채권을 가정하여 그려졌다.)

그림 4-1 채권의 볼록곡선

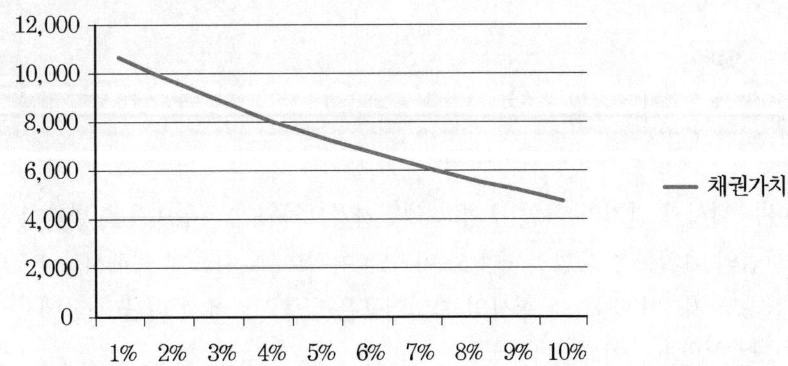

또 한 가지 중요한 현상은 만기가 길수록 채권가격은 이자율변동에 대해 더 민감하게 영향 받는다는 점이다. 그 이유는 이자율이 상승할 때, 먼 미래일수록 분모의 값이 더 큰 폭으로 증가하므로 현재가치가 더 큰 폭으로 하락하게 되고, 먼 미래에 현금흐름이 많이 발생하는 장기채권의 가격이 더 큰 폭으로 하락한다. 반대로 이자율이 하락하면 만기가 긴 장기채권의 가격이 더 큰 폭으로 상승한다. 따라서 이자율변동이 발생할 때 만기가 긴 채권일수록 가격변동성이 더 크다. 예를 들어, 모든 조건이

동일하지만 만기가 각각 3년인 채권과 5년인 채권이 있으면, 동일한 크기의 이자율변동이 발생할 경우 5년 만기 채권의 가격변동이 더 크다.[2]

참고 **변동금리채권의 가치평가**

변동금리채권은 이표이율이 발행 시 확정되지 않고, 발행 후 시장금리의 변화에 연동하여 결정되는 자산이다. 즉, 이런 채권의 이표이율은 매 기간에 시장금리 i와 동일하다. 따라서 식(4-1)을 이용하여 평가된 변동금리채권의 가치는 다음과 같다.

$$P_0 = \sum_{t=1}^{T} \frac{i \times F}{(1+i)^t} + \frac{F}{(1+i)^T} = F$$

즉, 변동금리채권의 가치는 항상 액면가와 동일하다.

2) 단기채권의 가치평가

양도성예금증서(CD)나 기업어음(CP)과 같이 만기가 1년 미만인 단기금융자산의 가치를 평가할 때에는 위의 식(4-1)과 같은 현재가치 공식을 사용하지 않고 다음과 같은 단순한 공식을 사용한다.

$$P_0 = F \times \left(1 - i \times \frac{d}{365}\right) \tag{4-2}$$

단, P_0는 단기금융자산의 가격이고 F는 액면가, i는 이자율 또는 할인율, d는 만기까지의 일수이다.

예를 들어, 어떤 회사가 만기가 91일 후이고 액면가가 1억원인 기업어음을 발행하였다 하자. 금융시장에서 우량기업의 91일물 어음할인율이 5%이지만 이 회사의 어음에 대해서는 1.5%의 가산금리를 추가하여 할인한다 하자. 이 경우 이 회사의 기업어음은 금융시장에서 다음 계산에서와 같이 9,837만 945원의 가격으로 할인되어 거래된다.

$$P_0 = (1\text{억}) \times \left(1 - 0.065 \times \frac{91}{365}\right) = 98,379,452\text{원}$$

이 어음을 매입한 사람의 입장에서 보면 현재 98,379,452원을 투자하여 91일 후에 1억원을 받는 투자이다. 따라서 이 투자로부터 얻게 되는 내부수익률은 다음과 같이 연 6.78%에 달한다.

2 이와 유사한 현상으로서, 이표이율이 높을수록 이자율에 대한 채권가격의 민감도가 작다. 이표이율이 높다는 것은 채권의 현금흐름이 상대적으로 조기에 실현된다는 것을 의미하며, 만기가 짧은 채권의 경우와 마찬가지로 이자율 변동에 따른 현재가치의 변동이 상대적으로 작다.

$$98{,}379{,}452 = \frac{100{,}000{,}000}{(1+R)^{91/365}} \quad \rightarrow \quad R = 6.78\%$$

이 6.78%는 이 기업어음에 투자하여 얻게 될 복리수익률과 같은 의미를 갖고 있는 실효연간이자율(effective annual rate)이다.

3) 채권의 잔존만기와 가격

이표채권의 가격은 이자지급일을 기준으로 변동한다. 채권의 가치는 이자지급일까지는 경과이자의 발생을 반영하여 계속 상승하고, 이자지급일 이후에는 일시적으로 하락한 후 다시 다음 이자지급일까지 상승한다. 경과이자(accrued interest)는 시간의 흐름과 함께 연속적으로 발생하는 것으로 간주되는 이자를 의미한다. 따라서 만기도래 직전의 채권의 가격은 액면가와 경과이자를 더한 금액과 거의 같다.

4.2.3 만기수익률

1) 만기수익률

채권시장에서 형성되는 채권가격은 이표이자와 원금상환액의 현재가치와 같다. 이표이자와 원금상환액은 계약에 의하여 확정되어 있으므로, 채권가격이 변동하는 것은 곧 채권의 수익률, 즉 시장이자율이 변동하였음을 의미한다. 여기에서 채권의 수익률이란 일반적으로 채권의 만기수익률을 의미한다.

채권의 만기수익률(yield to maturity: YTM)은 어떤 시점에 채권가격을 지급하고 채권을 매입하여 만기까지 그 채권을 보유하였을 경우 투자자가 실현하게 될 복리수익률을 말한다. 다시 말해 만기수익률은 채권의 내부수익률, 즉 현재의 채권가격과 미래 현금흐름의 현재가치를 일치시키는 할인율과 같다. 따라서 채권의 만기수익률은 다음의 식에서 할인율에 해당하는 y의 값이다.

채권의 만기수익률

$$P_0 = \sum_{t=1}^{T} \frac{C}{(1+y)^t} + \frac{F}{(1+y)^T} \tag{4-3}$$

단, y는 채권의 만기수익률.

예시

앞에서 예로 든 국고01750-1812 채권의 만기는 2018년 12월 10일이다. 이 채권의 첫 번째 이자지급일은 2016년 6월 10일이며, 이 날의 채권 종가는 10,098원이다. 이 채권의 2016년 6월 10일 기준 만기수익률은 다음 식의 내부수익률인 y와 같다. 만기수익률은 연율(年率)로 나타내는 것이 거래관행이므로, 아래 식에서 반기할인율을 $y/2$로 나타냈다.

$$10{,}098 = \sum_{t=1}^{5} \frac{87.5}{\left(1+\frac{y}{2}\right)^t} + \frac{10{,}000}{\left(1+\frac{y}{2}\right)^6} \rightarrow y = 1.35\%$$

개별 채권의 만기수익률은 그 채권의 특성에 의해 결정된다. 일반적으로 채권의 만기수익률을 결정하는 요인으로서 만기의 차이와 위험도의 차이가 중요한 것으로 알려져 있다.

동일한 조건의 채권이라면 동일한 만기수익률을 가져야 한다. 그러나 경우에 따라서는, 거의 모든 조건이 동일한데도 불구하고 만기수익률이 차이를 보이는 경우가 있으며, 그런 경우 투자자들은 만기수익률이 높은 채권을 매입하고 만기수익률이 낮은 채권을 매도하는 차익거래를 행함으로써 투자액과 위험의 추가적 부담이 없이 확실한 이익을 얻어낼 수 있다. 따라서 더 이상 차익거래가 발생할 수 없는 균형 상태에서 동일한 조건의 채권은 동일한 만기수익률을 갖게 된다.

우리가 금리 또는 이자율이 오르거나 내렸다고 말할 때 금리 또는 이자율이라는 말은 지표채권(즉, 활발하게 거래되는 대표적인 무위험채권)의 만기수익률을 의미한다. 우리나라에서는 3년 만기 국고채의 만기수익률이 장기자금시장의 이자율을 나타내는 지표로 흔히 사용되고 있고, 단기금리의 지표로는 364일물 통화안정증권 수익률과 91일물 CD수익률 등이 흔히 사용되고 있다.

[그림 4-2]는 우리나라 시장이자율의 기준으로 간주되고 있는 1년 만기 통화안정증권과 3년 만기 국고채의 만기수익률이 1987년 이후 어떻게 변동하여 왔는가를 보여 주고 있다. 이 그림을 보면 우리나라의 금리는 상당한 변동성을 보이면서 장기적으로 점차 낮아져 왔다는 것을 알 수 있다. 1997년 외환위기 이전에는 장기금리와 단기금리 모두 15% 내외의 높은 수준이었다. 그러나 1997년 하반기 외환위기로 이자율이 일시적으로 급등하였지만 1998년 하반기 이후 이자율이 10% 이하의 수준으로 하락하고 2016년에는 2% 내외의 수준까지 크게 낮아졌다.

[그림 4-2]에서 소비자물가상승률 역시 장기적으로 하락하는 추세를 보이고 있지만 이자율 하락보다는 완만하게 하락하고 있다. 그 결과 이자율과 물가상승률의 차이인 실질이자율이 큰 폭으로 감소하고 있다. 1년 만기 통화안정증권 이자율을 기준으로 계산된 실질이자율은 1997년 상반기까지 7% 이상을 유지하였으나 그 이후 빠른 속도로 감소하여 2000년대 중반에는 2% 내외의 수준까지 하락하고 2010년대에 0% 수준으로까지 하락하고 있다. 이와 같은 실질이자율의 급격한 하락은 우리나라 경제의 장기적 문제점으로 지적되고 있는 가계저축 하락, 설비투자 감소, 경제성장률 둔화의 원인이 되고 있다.

그림 4-2 3년 만기 국고채 수익률 추이

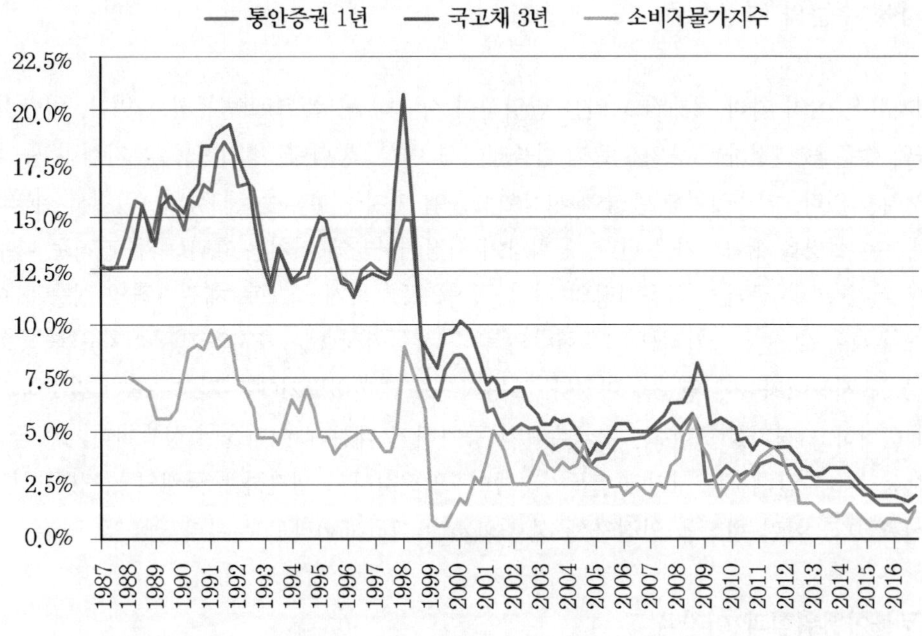

2) 경상수익률

채권의 경상수익률(current yield)은 주식의 배당수익률(=배당금/주가)과 유사하게, 연간 이자지급 총액을 현재 채권가격으로 나눈 값이다.

채권의 경상수익률

$$\mathrm{CY} = \frac{C_a}{P_0} \tag{4-4}$$

단, CY는 채권의 경상수익률, C_a는 연간 지급이자 총액, P_0는 채권의 시장가격.

경상수익률은 채권 투자로부터 향후 1년간 발생하는 현금소득률을 측정하기 때문에, 단기적인 관점에서 현금흐름을 중시하는 투자자에게 유용한 척도이다. 그러나 자본이득을 제외하기 때문에, 장기적으로 총수익을 중시하는 투자자에게는 유용성이 상대적으로 낮다.

4.2.4 채권 이자율의 결정 요인

1) 이자율 수준의 결정

시장이자율은 여러 가지 경제적 요인을 반영하여 상당히 큰 폭으로 변동하고 있다. 일반적으로 시장이자율의 수준을 결정하는 요인으로서 인플레이션 예상, 통화량, 경기변동, 투자심리 등이 중요한 것으로 알려져 있다. 인플레이션 예상이 시장이자율에 미치는 효과는 제3장의 4절에서 설명하였으므로 여기에서는 설명을 생략하기로 한다. 통화량이 시장이자율에 미치는 효과는 두 가지로 나누어진다. 단기적으로는 통화량 증가가 금융시장의 자금공급을 풍부하게 하므로 채권가격의 상승과 이자율의 하락을 가져온다. 그러나 장기적으로 통화량의 증가는 물가상승을 가져와 명목이자율을 상승시킨다.

경기변동도 시장이자율에 영향을 미친다. 일반적으로 경기하락기에는 자금수요가 감소하기 때문에 이자율이 하락하고 경기상승기에는 자금수요가 증가하기 때문에 이자율이 상승한다. 또 금융위기와 같이 투자심리가 불안해지는 시기에는 투자자들이 안전하다고 생각하는 국채의 가격이 상승하고 이자율이 하락한다. 이런 현상을 안전자산 선호(flight to quality)라고 부른다.

2) 채무불이행위험과 이자율

채무불이행위험(default risk)은 채권의 발행자가 원리금을 약정대로 지급하지 못하게 될 가능성을 말한다. 채무불이행은 여러 가지 형태를 취한다. 그 한 가지 형태는 어떤 기간과 그 이후의 이자 및 원금상환액을 전혀 지급할 수 없는 상황으로서, 이를 완전불이행이라고 부른다. 또 원리금의 일부만을 지급할 수 없게 되거나 지급을 연기하게 되는 경우가 있으며, 이를 부분불이행이라고 부른다. 투자자들이 채무불이행위험을 예상하면 이를 반영하여 채권가격을 낮게 평가하고, 그 결과 채권의 만기수익률은 높아진다.

채무불이행위험은 발행회사의 재무상태와 장기적 수익성과 성장성에 따라 달라진다. 발행회사의 재무정보를 충분히 갖고 있지 못한 일반 투자자들이 채권의 채무불이행위험의 크기를 추정하는 것은 매우 어려운 일이다. 따라서 신용평가전문기관이 채무불이행위험을 평가하고 그 결과를 신용등급으로 표시하여 발표한다. 일반적으로 AA- 이상의 등급이 우량채권으로 간주되고 BBB- 이상의 등급이 투자적격채권으로 간주된다. 채권시장에서는 BBB- 등급 이상은 투자등급(investment grade), BB+ 등급 이하는 투기등급(speculative grade)이라고 한다. 투기등급 채권은 정크본드(junk bond) 혹은 고수익채권(high-yield bond)으로도 불린다.

[그림 4-3]은 3년 만기 국고채, AA- 등급 회사채 및 BBB- 등급 회사채의 만기수익률을 분기별로 보여주고 있다. 국고채는 채무불이행위험이 없는 채권으로 간주될 수 있으므로, 위험이 있는 다른 채권의 수익률과 국고채수익률의 차이는 채무불이행위험에 대해 투자자들이 요구하는 위험프리미엄

을 반영하는 것으로서 신용스프레드(credit spread)라고 부른다. 일반적으로 금융시장이 불안해지거나 경기침체기에는 신용스프레드가 증가하는 경향을 보인다. 금융시장이 안정되었던 2006년의 시기에 BBB- 등급 회사채의 신용스프레드는 3% 정도로 감소하였지만, 2008년 세계적 금융위기가 닥치자 7% 이상으로 확대되었다. 그 이후 신용스프레드가 약간 낮아지긴 하였지만, 유럽 재정위기의 영향으로 6% 내외의 높은 수준을 유지하고 있다.

그림 4-3 3년 만기 회사채의 신용등급별 이자율

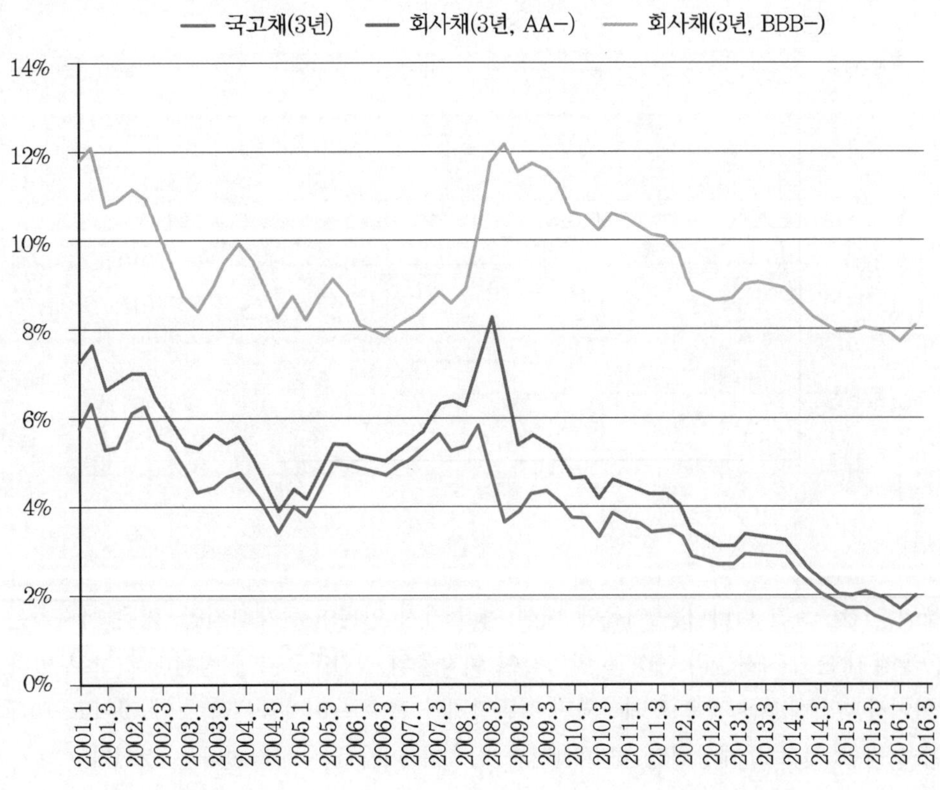

3) 이자율의 기간구조

이자율, 즉 채권의 만기수익률은 채권의 여러 가지 특성에 따라 다르게 결정된다. 이자율의 차이를 가져다주는 가장 중요한 채권의 특성은 만기까지의 기간이다. 즉, 다른 조건이 동일하더라도 만기가 다르면 이자율도 다르다. 만기까지의 기간과 이자율의 관계를 이자율의 기간구조(term structure of interest rates)라고 하며, 이 관계를 그림으로 나타낸 것을 수익률곡선(yield curve)이라고 한다.[3]

[그림 4-4]는 국채수익률이 잔존만기(년)의 길이에 따라 어떤 차이를 보여주는지를 그린 수익률곡선이다. 2010년 5월 20일의 국채수익률은 잔존만기가 길수록 만기수익률이 상승하는 형태를 보여주고 있다. 이는 흔히 관찰되는, 만기까지의 기간이 길수록 이자율이 높아지는 형태이다. 그러나 흔한 것은 아니지만, 만기가 멀수록 이자율이 낮아지는 형태, 일단 상승하였다가 다시 하락하는 형태, 일단 하락하였다가 다시 상승하는 형태 등 매우 다양한 형태의 수익률곡선도 관찰된다. 예를 들어, 2015년 7월 1일의 국채수익률은 하락 후 상승하는 형태의 수익률곡선을 보여준다.

그림 4-4 국채의 수익률곡선

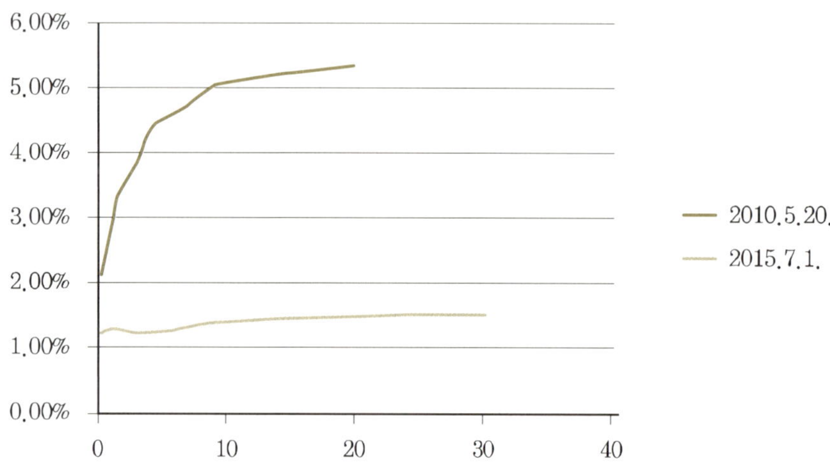

이자율의 기간구조가 나타나는 이유에 대해 여러 가지 이론이 존재하지만, 많은 학자들은 미래의 단기이자율에 대한 투자자들의 예상을 반영하여 이자율의 기간구조가 결정된다고 보고 있다. 즉, 미래의 단기이자율이 상승할 것으로 예상되면 잔존만기가 길수록 이자율은 상승할 것이고, 미래의 단기이자율이 하락할 것으로 예상되면, 잔존만기가 길수록 이자율은 하락한다는 것이다.[4]

3 무이표채권의 만기수익률을 현물이자율(spot rate of interest)이라고 한다. 정확하게 말하면, 이자율의 기간구조는 이표채권의 만기수익률의 차이가 아니라 현물이자율의 차이로 나타내야 한다. 그러나 거의 모든 장기채권은 이표채권으로 발행되고 있으므로 만기가 장기일 경우 현물이자율을 관찰할 수 없다. 따라서 편의상 이표채권의 만기수익률에 의해 이자율의 기간구조를 파악하는 경우가 많다.

4 이 이론을 불편기대가설(unbiased expectations hypothesis)이라고 부른다. 이 이론 이외에도 장기채권 투자로 인해 유동성을 상실하게 되는 데 대한 대가가 영향을 미친다는 유동성프리미엄가설이나 장 · 단기 채권시장이 분할되어 있기 때문이라는 시장분할가설 등이 있다.

4.2.5 채권투자의 위험과 수익률

흔히 채권의 원금 및 이자의 크기와 지급시기가 약관에 의해 정해져 있으므로 채권투자는 위험을 수반하지 않는 것으로 오해하는 경우가 많다. 그러나 실제로는 채권투자도 다양한 종류의 위험에 노출되어 있으며, 이중 특히 중요한 위험은 이자율위험과 신용위험이다.

1) 이자율위험

이자율위험(interest rate risk)은 이자율의 변동으로 투자자의 부(富)가 변동하는 것이다. 이자율이 변동하면 채권가격과 미래 이표이자의 재투자수익도 달라진다. 채권가격을 나타내는 식(4-1)에서 분모의 이자율이 상승(또는 하락)하면 채권가격은 하락(또는 상승)하므로 이자율과 채권가격은 서로 반대 방향으로 변동한다. 또 시장이자율이 상승(또는 하락)하면 미래에 받게 될 이표이자를 재투자하여 얻게 될 이자소득도 증가(또는 감소)하므로, 이자율 변동과 이표이자의 재투자수익은 동일한 방향으로 변동한다.[5]

1970년대 이후 세계금융시장의 특징 중 가장 중요한 것은 이자율의 변동성이 커졌다는 점이다. [그림 4-2]에서 알 수 있는 바와 같이 우리나라 시장이자율은 장기적으로 낮아지는 추세를 보이면서도 단기적으로 상당히 큰 폭의 변동성을 보이고 있다. 오늘날 은행, 보험회사, 연금기관, 자산운용회사 등의 금융기관들은 많은 자산을 확정소득증권에 투자하고 있으므로, 이자율위험을 제거하는 위험관리를 매우 중요하게 다루고 있다.

2) 신용위험

채권의 신용위험(credit risk)은 발행자가 이표이자와 액면가를 정해진 시점에 지급하지 못할 위험이다. 채권의 이자율은 신용위험에 의해서도 영향을 받는다. 예를 들어, 채권 발행자의 신용등급이 악화되면 이 채권에 대하여 투자자들이 요구하는 수익률이 상승하여 채권가격이 하락한다. 이자율위험이 전체적인 시장이자율 수준의 변동에서 비롯되는 위험이라면, 신용위험은 개별 채권 발행자의 신용도와 관련된 위험이다.

5 시장이자율이 변동할 때 채권가격과 이표이자의 재투자수익률이 서로 반대 방향으로 움직이는 현상을 이용하여, 이자율 변동의 위험을 제거할 수 있는 투자전략을 만들 수 있으며, 이를 면역전략(immunization)이라고 한다.

참고 **물가연동국고채**

이자율위험 및 신용위험뿐만 아니라 인플레이션위험(inflation risk)도 채권투자에 수반되는 중요한 위험이다. 인플레이션위험은 실제의 인플레이션이 기대인플레이션(expected inflation)으로부터 크게 벗어날 가능성, 즉 비기대인플레이션(unexpected inflation)이 발생할 가능성을 말한다. 1980년대 중반 이후 인플레이션이 비교적 안정되었던 시기에는 인플레이션위험은 중요시 되지 않았다. 그러나 2000년대에 들어서서 원유, 농산물 및 다른 원자재 가격이 큰 폭으로 상승하고 그 변동성도 증가하게 되자 투자자들은 인플레이션위험에 대해서도 주목하게 되었다. 이런 상황에서 투자자들이 원하는 것은 인플레이션위험을 제거하고 확실한 투자수익을 얻는 것이다. 이를 실현하는 한 가지 방법은 물가연동국고채에 투자하는 것이다. 물가연동국고채(treasury inflation-protected securities: TIPS)는 원금의 크기가 물가수준의 변동에 따라 결정되는 채권으로서 우리나라에서는 2007년부터 10년 만기 조건으로 발행되고 있다.

이 채권의 이표이율은 고정되어 있지만 액면가는 소비자물가지수의 변동에 따라 달라진다. 예를 들어, 발행 시점의 액면가가 100만원이고 이표이율이 1.5%라고 하자. 1년 후 소비자물가지수가 3% 만큼 상승하였다면 원금도 103만원(=100만×(1+0.03))으로 조정되고 이에 따라 연간 이표이자 지급액도 15,450원(=103만×0.015)으로 조정된다. 이와 같이 물가연동국고채의 원금과 이표이자가 물가수준 변동에 비례하여 자연스럽게 조정되므로, 투자자들은 인플레이션위험이 없이 투자 시점에 예상된 투자수익률을 달성할 수 있다.

또 우리나라의 물가연동국고채는 10년 만기의 장기국채이기 때문에 이표이자에 대해 분리과세되고 원금 상승분에 대해서는 비과세 혜택을 받을 수 있다. 따라서 금융소득이 연 2,000만원 이상이기 때문에 종합소득세를 부담해야 하는 투자자들에게는 물가연동국고채가 절세의 수단으로 이용될 수 있다.

제3절 주식의 가치평가

4.3.1 주식의 특성

주식은 발행회사가 원금의 상환의무를 갖지 않고, 기업의 이익 수준에 따라 불확정적인 배당금만을 지급하는 증권이다. 따라서 주식은 전형적인 변동소득증권(variable income securities)으로서, 동일 회사가 발행한 회사채에 비하여 더 큰 위험을 갖는다. 예외적으로 확정배당금을 보통주에 우선하여 지급하는 우선주가 존재하나, 이 우선주는 사실상 채권과 유사한 성격의 확정소득증권으로 간주된다. 따라서 우리가 흔히 주식이라고 말할 경우 기업의 소유권과 잔여적 청구권을 나타내는 보통주(common stock)를 가리킨다.

주식이 큰 위험을 갖는 위험자산이라고 해서 채권보다 경제적으로 불리한 자산이라는 뜻은 아니다. 왜냐하면 제1장에서 설명한 위험 · 수익의 교환관계에 의하여, 위험이 큰 주식에 대하여 높은 기대수익률이 주어지기 때문이다.

주식의 경우에도 채권과 마찬가지로 액면가가 존재한다. 그러나 주식의 액면가는 기업의 자본금을 균등한 지분으로 나누기 위한 단위금액에 불과하며 다른 어떤 의미도 갖고 있지 않다. 즉, 현재의 주식가치는 미래에 받게 되리라고 예상되는 배당과 주식가격에 의해서만 결정되기 때문에, 액면가는 주식가치의 평가와 아무런 관련을 갖지 않는다.

보통주에 투자하여 얻어지는 소득은 배당소득(dividend income)과 자본이득(capital gain)이다. 배당소득은 기업의 이익 중 일부를 주주에게 분배하여 주는 것으로서 미래에 얼마만큼의 배당이 얻어질지 확정되어 있지 않다. 자본이득은 보유하고 있는 주식을 매도함으로써 얻어지는 가격의 차이(=매도가격−매입가격)이며, 주가의 변동에 따라 그 크기도 달라진다.

4.3.2 배당할인모형

1) 배당할인모형

채권의 경우와 마찬가지로 보통주의 가치 역시 미래 현금흐름의 현재가치로 평가된다. 보통주에 투자하여 얻게 될 현금흐름은 미래의 배당과 주식의 매도가격이다. 만일 어떤 주주가 T기 동안 주식을 보유하고 T기 말에 그 주식을 매각하고자 한다 하자. T기까지 받게 될 매기의 주당배당(dividend per share: DPS)을 d_t라고 하고 T기 말의 주가를 P_T라고 하면, 그 주식의 가치는 다음과 같이 표시될 수 있다.

$$P_0 = \sum_{t=1}^{T} \frac{d_t}{(1+k_e)^t} + \frac{P_T}{(1+k_e)^T} \qquad (4\text{–}5)$$

단, P_0는 현재의 주식가치, d_t는 t기말의 1주당 예상배당액, P_T는 T기 말의 배당락주가, k_e는 주주들의 요구수익률이다.

이 식(4-5)에서 주식가치를 구하기 위해 이자율이 아닌 주주들의 요구수익률(required rate of return)인 k_e를 할인율로 사용하였다. 이 요구수익률 k_e는 투자자들이 그 주식에 투자하여 얻고자 하는 최저의 기대수익률로서 무위험이자율에 위험프리미엄이 가산된 것이다. 즉, 투자위험이 큰 주식에 대해서는 높은 위험프리미엄이 추가되고 투자위험이 작은 주식에 대해서는 낮은 위험프리미엄이 가산된다.

예시

어떤 주식의 1주당 예상배당이 1년도 말에 1,000원, 2년도 말에 1,250원, 3년도 말에 1,400원이 주어질 것으로 예상되고 3년도 말의 배당락주가(ex-dividend price)가 35,000원으로 예상된다 하자.[6] 이 주식의 위험도를 반영한 요구수익률이 12%라면 이 주식의 가치는 위의 식(4-4)에 의하여 다음과 같이 평가된다.

$$P_0 = \frac{1,000}{1+0.12} + \frac{1,250}{(1+0.12)^2} + \frac{1,400}{(1+0.12)^3} + \frac{35,000}{(1+0.12)^3} = 27,798\text{원}$$

위의 식(4-5)에서 현재의 주식가치는 미래 배당과 주가를 주주들의 요구수익률로 할인한 현재가치로 평가되었다. 그러나 T기 말의 주가는 $T+1$기 이후에 영속적으로 얻게 될 주당배당의 현재가치이다. 따라서 주식가치는 식(4-6)에서와 같이 영속적으로 주어지는 미래 주당배당의 현재가치로 평가된다.[7]

배당할인모형

$$P_0 = \sum_{t=1}^{\infty} \frac{d_t}{(1+k_e)^t} \tag{4-6}$$

위의 식(4-6)은 주식의 가치를 영속적으로 얻어지게 될 미래 배당흐름의 현재가치로 평가하기 때문에, 흔히 배당할인모형(dividend discount model: DDM)으로 불린다. 이처럼 주식가치를 미래 배당흐름의 현재가치로 평가하는 것은 투자자가 주식투자를 통하여 실제로 얻게 될 소득은 배당이기 때문이다. 그렇다고 하여, 위의 식(4-6)이 자본이득을 고려하지 않는 것은 아니다. 왜냐하면 T기 말에 주식을 매도하여 얻게 될 주가는 그 이후 얻게 될 배당흐름의 현재가치로서 식(4-6)에 포함되어 있기 때문

6 배당락주가(配當落株價)는 배당을 받을 수 있는 권리가 확정된 후, 배당을 받을 수 있는 권리가 없는 주식의 주가를 말한다. 예를 들어, 4월 말이 결산기말인 주식의 경우 4월 30일에 배당금을 받을 수 있는 주주가 확정된다. 5월 1일에 주식을 새로이 취득한 주주는 배당을 받지 못한다. 따라서 5월 1일에 주식을 취득하려면, 기간 중에 휴일이 없다고 가정할 때, 4월 29일에 매수계약을 체결해야 한다. 즉, 4월 30일의 주가는 배당락주가이다.

7 T기 말의 주가는 $P_T = \sum_{t=1}^{\infty} \frac{d_{T+t}}{(1+k_e)^t}$ 이다.

이 식을 식(4-5)에 대입하여 정리하면, $P_0 = \sum_{t=1}^{T} \frac{d_t}{(1+k_e)^t} + \sum_{t=T+1}^{\infty} \frac{d_t}{(1+k_e)^t} = \sum_{t=1}^{\infty} \frac{d_t}{(1+k_e)^t}$ 으로 정리된다.

이다.

흔히 배당이 전혀 지급되지 않는데도 높은 주가가 유지되는 경우가 있다. 예를 들어, 1950년대에 IBM은 무배당정책을 장기간 유지하였으나 높은 주가를 유지하였다. 또 1999년과 2000년에 정보통신 관련 주식들은 발행회사가 충분한 실물자산과 영업실적을 보이지 못했음에도 불구하고 높은 주가를 실현하였다. 그것은 현재 및 가까운 미래의 배당을 희생하고 그것을 기업 내에 재투자하는 것이 먼 미래의 배당을 크게 증가시키기 때문에 더 유리하다고 투자자들이 판단하였기 때문이다.

2) 일정성장모형

위의 식(4-6)에 의해 주식가치를 구하려면 매기의 주당배당을 예측하여야 하지만 실제로 이를 상세하게 예측하는 것은 거의 불가능하다. 따라서 매기의 주당배당이 일정한 성장률 g로 증가할 것이라는 가정 하에서 주식가치를 평가하는 방법이 흔히 사용되고 있다. 이 경우 주식가치의 평가 방법은 제3장의 식(3-11)에 주어진 일정성장 영속연금의 현재가치와 같으므로, 주식가치는 다음과 같이 매우 간단하게 구해진다.

일정성장모형

$$P_0 = \frac{d_1}{1+k_e} + \frac{d_1(1+g)}{(1+k_e)^2} + \frac{d_1(1+g)^2}{(1+k_e)^3} \cdots = \frac{d_1}{k_e - g} \tag{4-7}$$

단, d_1은 당기 말(제1기 말)의 예상 주당배당, k_e는 주주들의 요구수익률, g는 주당배당의 성장률이다.[8]

식(4-7)은 미래의 주당배당이 일정한 성장률 g로 영속적으로 증가할 것으로 가정하는 경우의 주식가치 평가모형이므로 흔히 일정성장모형(constant growth model)이라고 하며, 이 공식을 주식평가에 적용한 고든(M. J. Gordon)의 이름을 따서 고든모형이라고도 부른다.[9]

이 일정성장모형은 미래의 주당배당이 g의 성장률로 '영속적으로' 증가할 것이라는 비현실적인 가정에 기초하고 있다. 그러나 실제에 있어 '영속적'이라는 말의 의미는 단순히 '예측 가능한 장기간'이라는 의미에 불과하며, g의 성장률이 예측 가능한 장기에 걸쳐 계속될 수 있다면 그 경우에는 일정성

---

8 일반적으로 배당성장률 g는 미래에 예상되는 자기자본이익률(return on equity: ROE)에 내부유보율(retention ratio)을 곱하여 계산된다. 자기자본이익률은 순이익을 자기자본가치로 나눈 값으로서 자기자본 투자에 대한 수익성을 나타낸다. 내부유보율은 순이익 중 내부유보되는 부분의 비율로서 회사의 배당정책에 의해 결정된다. 성장률이 이렇게 결정되는 이유는, 이익의 일부를 내부유보하여 재투자하면 다음 해에는 내부유보된 부분에 대해 자기자본이익률만큼 순이익이 증가하게 되고 이에 비례하여 주당배당도 증가할 것이기 때문이다.

9 M. J. Gordon, *The Investment, Financing and Valuation of the Corporation* (Irwin, 1962)은 이 식을 적용하여 주식가치를 평가하는 방법을 설명하고 있다.

장모형이 적용될 수 있다고 할 수 있다.[10]

예시

일정성장모형을 사용하면 주식가치가 매우 간단하게 평가된다. 예를 들어, 어떤 주식의 금년도 말 1주당 기대배당이 1,000원으로 예상되고 그 이후 주당배당이 매기 5%의 성장률로 증가할 것으로 예측된다고 하자. 자본시장의 투자자들은 이 회사 주식의 위험도에 알맞은 요구수익률이 12% 수준일 것으로 추정하고 있다면, 이 주식의 가치는 다음과 같이 14,286원으로 평가된다.

$$P_0 = \frac{1,000}{0.12 - 0.05} = 14,286\text{원}$$

그러나 이 회사가 신제품을 개발하여 주당배당의 성장률이 8%로 증가할 것으로 예상된다면, 이 회사의 주식가치는 다음과 같이 25,000원으로 상승할 것이다.

$$P_0 = \frac{1,000}{0.12 - 0.08} = 25,000\text{원}$$

3) 성장주의 가치

기업은 이미 활용하고 있는 기존 자산뿐만 아니라 시장확대의 가능성, 새로운 기술과 제품 등과 같은 무형적인 미래 성장기회(growth opportunities)를 보유하고 있다. 어떤 회사는 이미 투자된 기존 자산의 가치는 크지 않지만 풍부한 성장기회를 갖고 있기 때문에 높은 주가가 형성될 수 있으며, 이런 주식을 성장주(growth stock)라고 한다.

만일 어떤 회사가 전혀 성장기회를 갖고 있지 않거나 또는 성장기회를 이용하려는 의사가 없다 하자. 이런 회사는 당기에 얻어진 이익 모두를 배당으로 지급하고 전혀 내부유보하지 않을 것이므로 미래의 주당이익(및 주당배당)은 현재의 수준에서 정체될 것이다. 이런 회사의 주식을 흔히 정태적 주식(static stock)이라고 부른다.[11] 이러한 정태적 주식의 주당배당은 주당이익(earnings per share: EPS)과 같고 성장률 g 역시 0이므로 주식가치는 다음과 같이 평가된다. 식(4-8)은 영속연금의 현재가치를 계산하는 식(3-10)으로부터 얻어질 수 있다.

---

10 일정성장모형은 주당배당이 일정한 성장률 g로 영속적으로 증가할 것이라는 너무 낙관적이고 비현실적인 가정에 기초하고 있다. 현실적으로 어떤 특정 제품이 수명주기(life cycle)를 갖고 있는 것과 마찬가지로, 기업의 이익 및 배당 역시 나름대로의 수명주기를 갖고 있는 것으로 볼 수 있다. 따라서 주식가치를 평가하고자 할 때 이러한 이익 및 배당의 단계적 변화를 고려할 필요가 있으며, 그런 주식평가모형으로서 다단계 배당할인모형이 있다.

11 미래의 주당이익이 일정하지 않고 오히려 감소하는 주식도 있으며 이런 주식을 사양주(declining stock)라고 한다. 예를 들어, 미국의 1950년대의 철도 주식이나 우리나라 1980년대의 섬유, 합판, 신발회사의 주식, 1990년대의 건설주 등이 그 예이다.

정태적 주식의 주식가치

$$P_0 = \frac{d_1}{k_e} = \frac{e_1}{k_e} \tag{4-8}$$

단, d_1은 제1기의 주당배당이고 e_1은 제1기의 주당이익이다.

이제, 앞의 정태적 기업에 비해 기존 자산은 동일하나 풍부한 성장기회를 갖고 있는 회사가 있다 하자. 이런 회사는 성장기회를 이용하려면 이익의 일부를 내부유보하여 재투자해야 한다. 따라서 현재 및 가까운 미래의 주당배당은 정태기업에 비해 작은 금액일 것이나, 투자의 성과가 나타나는 미래의 어떤 시점부터는 주당이익이나 주당배당은 더 클 것이다. 만약 성장기회를 이용할 때 주당배당이 영속적으로 g의 성장률로 증가할 것으로 예상된다면, 이런 성장기업의 가치 또는 성장주의 가치는 식(4-7)의 일정성장모형에 의해 평가될 수 있다.

따라서, 어떤 주식의 주가에 반영된 성장기회의 현재가치(present value of growth opportunities: PVGO)는 위의 두 식의 차액임을 알 수 있다. 이때, 성장기회는 기업이 보유하는 일종의 무형자산으로 간주될 수 있다.

성장기회의 가치

$$\text{PVGO} = \frac{d_1}{k_e - g} - \frac{e_1}{k_e} \tag{4-9}$$

| 예시 |

어떤 회사의 당기 말 주당이익이 2,400원으로 예상되고 주주들의 요구수익률이 12%라고 하자. 만일 이 회사가 성장기회를 갖고 있지 않기 때문에 이익의 100%를 배당으로 지급한다면 이 회사의 주식가치는 다음과 같이 평가된다.

$$P_0 = \frac{2,400}{0.12} = 20,000\text{원}$$

그러나 이 회사가 갖고 있는 유리한 투자기회를 활용하기 위해 순이익의 60%를 내부유보하여 재투자한다고 하자. 이 성장기회를 활용함으로써 앞으로 주당이익과 주당배당이 매년 9% 정도 증가할 것으로 예상된다면, 이 주식의 가치는 다음과 같이 계산된다.

$$P_0 = \frac{2,400(1-0.6)}{0.12-0.09} = 32,000\text{원}$$

이 예에서 내부유보 때문에 당기 말의 주당배당은 960원으로 감소하였으며 이러한 배당의 감소 자체는 주가를 하락시키는 효과를 가질 것으로 생각될 수 있다. 그러나 배당은 감소하였지만 내부유보를 재투자함으로써 미래의 배당이 높은 성장률로 증가할 것이기 때문에 주가는 정태적 주식으로서의 가치보다 높게 평가된다. 여기에서 성장주의 주식가치 32,000원과 정태적 주식의 주식가치 20,000원의 차이인 1주당 12,000원은 성장기회의 현재가치가 주식가치에 반영된 부분이다.

그러나 기업이 이익의 일부를 내부유보한다고 해서 성장기회의 현재가치가 언제나 (+)로 나타나는 것은 아니다. 만일 새로운 투자기회의 수익률이 주주들의 요구수익률보다 낮다면 내부유보를 많이 할수록 오히려 주식가치는 감소한다. 그 이유는 낮은 수익성을 갖는 투자기회에 내부유보액을 재투자함으로써 투자기회의 현재가치가 내부유보액보다 작은 가치로 평가되기 때문이다.

4.3.3 상대가치평가모형

주식의 가치는 배당할인모형처럼 현금흐름의 현재가치로 평가하는 방법 외에, 다른 주식의 시장가치와 비교하여 평가될 수도 있다. 이런 접근법은 상대가치평가모형(relative valuation model)으로 불린다. 일반적으로 이 모형들은 비교 과정에서 핵심적인 가격 관련 지표를 사용하며, 주가이익비율이나 장부가치비율이 대표적인 예이다.

1) 주가이익비율에 기초한 상대가치평가모형

증권분석의 실무에서 주식의 시장가격이 이익에 비해 어느 정도 수준에서 형성되고 있는지 판단하기 위해 사용하는 대표적인 지표가 주가이익비율(price/earnings ratio: PER)이다. PER은 다음과 같이 구해진다.

주가이익비율(PER)

$$PER = \frac{P_0}{e_0} \tag{4-10}$$

단, e_0은 최근 회계기간의 주당이익이다.

위 식에서 PER는 주가를 주당이익(EPS)으로 나누어 구하고 있으므로, PER는 주당이익 1원이 주식시장에서 얼마의 가격으로 평가되고 있는지를 나타낸다. 여기에서 주당이익은 주식의 수익력을 의미하므로, PER는 주가가 주식의 수익력에 비해 상대적으로 높은지 또는 낮은지를 나타내는 지표로 해석된다. 따라서 동일 업종에 속하거나 다른 조건이 유사한 주식들은 비슷한 PER를 가질 것으로 예상된다.

따라서 특정 기업의 주가는 자신의 주당이익에 적정 수준의 PER를 곱함으로써 추정될 수 있다.

> 주가이익비율(PER)을 이용한 상대가치평가모형
>
> $$P_0 = \mathrm{PER}^* \times e_0 \quad (4\text{–}11)$$
>
> 단, PER*는 적정 주가이익비율을 의미하며 통상적으로 유사한 기업들의 PER 평균으로 계산된다.

한편, PER가 특히 낮은 주식은 수익력에 비하여 저평가된 것으로 간주될 수 있으므로, 앞으로 주가의 상승가능성이 큰 종목인 것으로 해석된다. 또한 주당이익은 최근 공표된 순이익을 기준으로 계산되기 때문에, 전년도 또는 최근 분기의 이익이 일시적인 경기변동이나 1회성 요인의 영향을 크게 받은 경우 PER는 정상적인 수준보다 높거나 낮게 계산되어 판단의 착오를 가져올 수 있다. 따라서 주식투자에 PER를 참고하고자 할 경우에는 PER의 장기적 추세와 미래의 수익성 전망 등도 함께 고려하여야 한다.

2) 주가장부가치비율에 기초한 상대가치평가모형

주식의 가치를 평가할 때 주식의 수익력이나 미래 배당흐름보다는 보유자산의 가치가 더 중요한 경우도 있다. 예를 들어, 어떤 주식은 주당이익이나 배당은 적지만 발행회사가 고가의 부동산을 보유하고 있기 때문에 주가가 높게 형성되는 경우도 있다. 또 심각한 경기침체의 시기에는 주식가치의 보수적인 추정치로서 장부가치가 중요시된다. 주식의 1주당 장부가치는 기업의 순자산(=총자산−총부채, net worth)을 발행주식수로 나누어 계산한다.[12] 그리고 1주당 장부가치에 비해 주가가 어느 정도 높게 또는 낮게 평가되어 있는가를 나타내는 지표로서 흔히 주가장부가치비율(price to book value ratio: PBR)을 사용한다. 이 지표는 주가순자산비율로도 불린다.

> 주가장부가치비율(PBR)
>
> $$\mathrm{PBR} = \frac{\text{주가}}{\text{1주당 장부가치}} \quad (4\text{–}12)$$

PBR은 1주당 장부가치 1원이 주식시장에서 얼마의 가격으로 평가되고 있는지를 나타낸다. 이 PBR이 1보다 높으면 주식의 장부가치에 비해 주가가 높게 형성되어 있다는 것을 의미하며, 장부에 나타나지 않은 무형적인 자산이나 성장기회의 가치가 주가에 반영되어 있는 것으로 해석된다.

---

12 순자산(net worth)은 장부상 자기자본(=총자산−총부채)에서 무형자산과 이연자산을 빼고 이연부채를 더하여 구한다.

PBR이 상대적으로 높으면 주가가 장부가치(또는 대체가치)에 비해 높음을 의미하며, 이런 기업은 장부가치에 반영되지 않은 무형자산 등이 많다고 간주될 수 있다.

또한, PER과 비슷하게, 동일 업종에 속하거나 다른 조건이 유사한 주식들의 PBR은 비슷할 것으로 예상된다. 따라서 특정 기업의 주가는 자신의 주당장부가치(book value per share: BPS)에 적정 수준의 PBR를 곱함으로써 추정될 수 있다.

주가장부가치비율(PBR)을 이용한 상대가치평가모형

$$P_0 = \text{PBR}^* \times \text{BPS}_0 \tag{4-13}$$

단, PBR*는 적정 주가장부가치비율을 의미하며 통상적으로 유사한 기업들의 PBR 평균으로 계산된다.

일반적으로, 미래 성장기회의 가치가 큰 성장주(growth stock)는 주당이익이나 장부가치에 비해 주가가 높게 형성되므로 PER와 PBR이 높다. 이와 반대로 PER 또는 PBR이 낮은 주식은 주당이익이나 장부가치에 비해 주가가 낮은 주식으로서 흔히 가치주(value stock)라고 불린다.

4.3.4 기업가치평가모형

기업의 가치는 잉여현금흐름 또는 자유현금흐름(free cash flow: FCF)에 기초하여 평가될 수도 있다. 잉여현금흐름은 회사가 영업활동으로부터 얻은 현금유입에서 투자를 포함한 제반 비용을 충당하는 현금유출을 차감한 금액이다. 기업의 미래 잉여현금흐름(free cash flow of firm: FCFF)의 현재가치에서 부채의 시장가치를 뺀 값을 총발행주식수로 나누면 주식의 가치가 계산된다.

기업의 잉여현금흐름(FCFF)

$$\text{FCFF} = \text{세전 영업이익} \times (1 - T_c) + \text{감가상각비} - \text{자본적 지출} - \text{순운전자본의 증감} \tag{4-14}$$

단, T_c는 법인세율이다.

예시

어떤 기업의 잉여현금흐름이 1년도 말에 −200억원, 2년도 말에 100억원, 3년도 말에 500억원이고 3년도 말의 기업가치는 1,000억원으로 예상된다고 가정하자. 이 기업의 위험을 반영한 요구수익률은 10%이고 총발행주식은 100만주라면, 이 주식의 가치는 위의 식(4-14)에 의하여 다음과 같이 평가된다.

$$P_0 = \frac{\dfrac{-200}{1+0.1} + \dfrac{100}{(1+0.1)^2} + \dfrac{500}{(1+0.1)^3} + \dfrac{1,000}{(1+0.1)^3}}{1,000,000} = 102,780\text{원}$$

또는, 미래의 주주잉여현금흐름(free cash flow of equity: FCFE)을 추정하고 그 현재가치를 구함으로써 주식의 가치를 평가할 수도 있다.

주주의 잉여현금흐름(FCFE)

FCFE = 당기순이익 − (기말 자기자본 − 기초 자기자본) (4-15)

4.3.5 주가지수

일반적으로 개별 주식의 주가는 주식시장 전체의 주가변동과 밀접한 관련을 갖고 변동한다. 따라서 주식시장 전체의 주가변동의 추이를 관찰하기 위하여 주가지수를 계산한다. 주가지수(stock price index)는 어떤 기준 시점의 주식시장 전체의 가격수준을 100으로 하고 비교 시점의 가격수준을 이 100에 대한 상대치로 환산하여 표시하는 방법이다.

한국거래소가 작성하여 발표하고 있는 코스피(Korea Stock Price Index, 종합주가지수: KOSPI)라는 주가지수는 우리나라 주식시장의 주가변동을 대표하는 주가지수이다. 코스피는 어떤 비교 시점의 시가총액을 기준시점(1980년 1월 4일)의 시가총액으로 나누어 구해진 주가지수이다.

$$\text{KOSPI} = \frac{\text{비교 시점의 시가총액}}{\text{1980년 1월 4일의 시가총액}} \times 100 \qquad (4\text{-}16)$$

시가총액을 구할 때의 채용종목은 한국거래소의 유가증권시장에 상장된 모든 보통주를 포함하고 있으며, 신규상장, 유상증자, 상장폐지, 채용종목 교체 등이 발생할 경우에는 이를 반영하여 비교 시점의 시가총액을 수정하여 주고 있다. 또 코스피를 작성하는 것과 동일한 방법으로 대형주, 중형주, 소형주의 규모별 지수 및 산업별 지수를 작성 · 발표하고 있다.

한국거래소는 종합주가지수 이외에 대표적 주식의 주가만으로 작성된 몇 가지 지수를 발표하고 있다. 이 중 코스피200은 주가지수선물의 거래대상으로 사용하기 위해 주식시장의 실세를 나타내는 200종목의 시가총액을 기준으로 작성한 주가지수이다. 기준 시점은 1990년 1월 3일이며 지수계산 방법은 코스피와 동일하다. 코스피200의 계산에 편입되는 종목은 시가총액, 거래량 및 업종대표성 등을 고려하여 선정되며 유가증권시장의 전체 시가총액의 70% 이상을 포함하고 있다.

[그림 4-5]는 1980년 초부터 2015년 말까지 코스피(KOSPI)와 미국의 스탠다드 · 푸어 500(Standard and Poor's 500: S&P500) 주가지수의 움직임을 보이고 있다. [그림 4-5]를 보면 1986년부터 1989년 초반까지 낮은 유가와 금리 및 높은 엔화가치에 힘입은 실물경제의 호황을 반영하여 주가가 급등하였으

며, 그 결과 1989년 3월에는 종합주가지수가 1,000포인트를 달성하였다. 그러나 그 이후에는 실물경제의 성장에도 불구하고 주가지수의 최고치는 1,000포인트를 크게 벗어나지 못하였으며, 주가지수는 큰 폭으로 상승과 하락을 되풀이하는 움직임을 보여 왔다. 특히 1997년 외환·금융위기의 영향으로 1998년 8월에는 310포인트까지 하락하였다.

1998년 이후 외환위기 극복, 정보통신산업의 발달, 지속적인 경상수지 흑자, 저금리 등의 좋은 조건을 배경으로, 주가지수가 2000년 1월에 다시 1,000포인트를 회복하였지만, 그 이후 다시 큰 폭의 상승과 하락이 되풀이 되었다. 그러나 2003년 이후 적절한 다른 투자기회가 부족한 상황에서 그동안 크게 축적되어 있던 대기성 투자자금이 주식시장에 유입되어 주가가 큰 폭으로 상승하게 되었다. 그 결과 2003년 3월 말 535.7포인트 수준이던 코스피는 2007년 11월 1일에 당시까지 역사상 최고치를 갱신한 2,085.3포인트까지 상승하였다. 그 이후 미국의 주택저당대출 신용위기에서 비롯된 세계금융위기가 발생하자 코스피도 급격하게 하락하여 2009년 3월 초에는 993.8포인트 수준까지 내려갔다. 세계금융위기에 이어서 유럽 재정위기가 발생하여 세계적 경기침체가 장기화되었지만 우리나라는 반도체, 자동차 등의 수출호조에 힘입어 코스피 지수도 비교적 빠르게 회복되었으며 2011년 4월 27일에는 역사상 최고치를 갱신한 2,225.95포인트까지 상승하였다. 그 이후에 반복적으로 재연되는 유럽 재정위기, 중국의 성장률 하락, 국제유가 하락 등으로 2,000포인트 수준을 중심으로 등락을 계속했다. 2017년 들어서는 뚜렷한 상승세를 나타내서, 2017년 11월 12일에는 역사상 최고치인 2,561.63포인트에 도달했다.

그림 4-5 KOSPI와 S&P500의 움직임

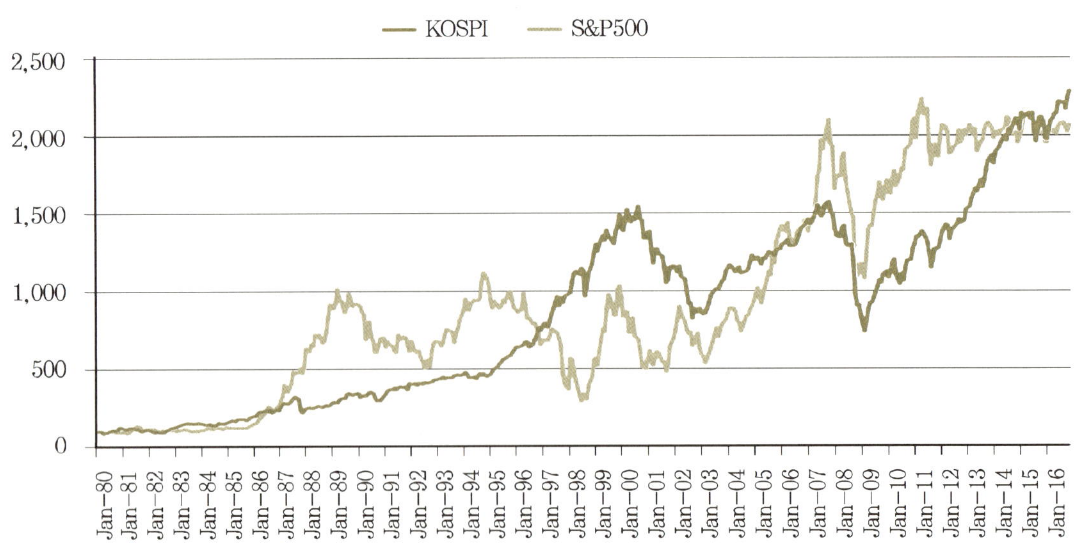

S&P500 지수는 세계의 중심 주식시장이라고 할 수 있는 미국 뉴욕증권거래소를 대표하는 500개 대형주식으로 이루어진 주가지수이다. S&P500은, 1987년 10월 19일 암흑의 월요일(Black Monday) 하루 동안에 주가가 24% 가량 하락하는 등과 같은 충격이 있긴 하였지만, 2000년 5월 말 1,498 포인트에 달하기까지 장기적인 상승국면을 보였다. 그러나 그 이후 경기침체와 9 · 11 테러 등으로 주가가 크게 하락하게 되어, S&P500은 불과 2년 후인 2002년 7월 말의 911 포인트까지 하락하였다. 그러나 그 이후 이라크 전쟁, 고유가 등의 악재에도 불구하고 완만한 경기회복에 힘입어 2007년 9월에는 1,526포인트까지 상승하였다. 그러나 주택저당대출시장의 신용위기가 발생하자 주가는 2009년 2월의 735포인트 수준으로 급격히 하락하였다. 그 이후, 미국 경제의 장기적 회복세에 힘입어 지속적으로 상승하여 2016년에는 2,000포인트를 넘어섰고, 2017년 11월 24일에는 역사상 최고치인 2,602.42포인트까지 상승했다.

S&P500 이외에 미국의 대표적인 주가지수로서 다우 · 존스 산업평균(Dow-Jones Industrial Average)이 있다. 다우 · 존스 산업평균은 뉴욕증권거래소에 상장된 주요 30개 제조업 주식의 주가평균으로 계산되었으나 오늘날에는 편입종목의 교체, 신주발행, 주식배당, 액면분할 등으로 평균치 계산 방법이 매우 복잡해졌으며, 그 결과 단순한 주가평균이 아니라 주가지수에 가까운 의미를 갖게 되었다. 또 최근 벤처기업, 정보통신산업의 주가변동과 관련하여 미국의 NASDAQ지수, 필라델피아 반도체지수 등도 중시되고 있다.

제4장 연습문제

[선다형]

01 이표이율이 8%이고 액면가치가 100만원인 5년만기 채권(이표이자는 연 1회 연말지급)이 10%의 유통수익률로 거래되고 있다. 이 채권의 가격은 얼마인가?

① 922,770원 ② 924,160원 ③ 1,075,800원
④ 1,077,200원 ⑤ 1,000,000원

02 이자율과 채권가격의 관계를 가장 잘 설명하고 있는 것은(각주 2를 참고할 것)?

① 이자율 하락은 대체로 채권가격의 하락을 가져온다.
② 이표이율이 동일한 채권들은 만기에 관계없이 이자율 상승에 따른 채권가격의 변동률이 동일하다.
③ 만기가 동일할 경우 이자율 하락에 따른 채권의 가격상승률은 이표이율이 낮을수록 크다.
④ 이자율이 1% 상승할 때와 1% 하락할 때, 다른 조건이 일정하면, 채권의 가격변동률의 절대치 역시 동일하다.
⑤ 채권가격은 현금흐름의 크기를 결정하는 이표이율의 영향만을 받고 시장이자율의 영향을 받지 않는다.

03 채권시장에서 1년만기 국채의 만기수익률이 1.5%이고 5년만기 국채의 만기수익률이 2.3%이다. 그리고 만기가 5년인 A회사채의 만기수익률이 2.9%이고 만기가 1년인 B회사채의 만기수익률은 2.4%이다. A회사채와 B회사채의 채무불이행위험에 대한 스프레드는 어느 정도인가?

① 0.6%와 0.1% ② 1.4%와 0.1% ③ 0.6%와 0.9%
④ 1.4%와 0.9% ⑤ 1.0%와 0.5%

04 어떤 투자자가 매년 말에 이표이자를 지급하는 6년만기 채권을 1년 전에 매입하였다. 이 채권의 이표이율은 10%이었고 액면가치는 10만원이다. 그 채권을 매입하던 시점의 만기수익률은 8%이었다. 이 투자자가 첫 번째 이표이자를 받자마자 7%의 만기수익률로 그 채권을 매도하였다면, 이 투자자가 1년 동안 실현한 수익률은 어느 정도인가?

① 7.00% ② 8.00% ③ 9.95%
④ 10% ⑤ 11.95%

05 이자율위험의 두 가지 부분은?

① 가격위험과 채무불이행위험
② 재투자수익률위험과 체계적 위험
③ 수의상환위험과 가격위험
④ 가격위험과 재투자수익률위험
⑤ 수의상환위험과 채무불이행위험

06 전년도 말에 800원의 주당배당이 지급되었던 주식이 있다. 이 주식의 영속적으로 기대되는 주당배당성장률은 8%이며, 할인율은 15%이다. 현재 이 주식의 내재가치는 얼마로 평가되어야 하는가?

① 11,429원
② 5,333원
③ 12,343원
④ 5,760원
⑤ 10,000원

07 어떤 주식의 현재의 주가가 9,500원이고, 금년 말의 기대주당배당은 325원이며, 이 주당배당은 영속적으로 매년 7%씩 증가할 것으로 예상되고 있다. 현재의 주가를 정당화할 수 있는 할인율은 얼마인가?

① 9.3%
② 8.5%
③ 11.2%
④ 10.4%
⑤ 7%

08 배당할인모형에 관한 설명으로서 옳은 것은?

① 회사가 당년도에 배당을 지급하지 않는다 하더라도 투자자는 배당할인모형을 사용하여 주식가치를 평가할 수 있다.
② 투자자들이 주로 자본이득에 관심을 갖는다면, 배당할인모형을 사용하여 주식가치가 평가될 수 없다.
③ 배당할인모형은 주가가 내재가치를 제대로 반영하지 못한다는 철학을 옹호하기 위하여 고안된 주식가치 평가모형이다.
④ 배당할인모형은 CAPM과 서로 배타적인 관계에 있다.
⑤ 배당할인모형은 주식의 위험도를 반영하지 못하므로 적절한 주식가치 평가모형이 아니다.

09 고든(M. J. Gordon)의 일정성장모형에 관한 설명으로서 옳은 것은?

① 주당배당의 증가율이 기업의 라이프 사이클에 따라 변동한다.
② 주당배당의 증가율이 영속적으로 일정하다.
③ 주당배당과 요구수익률이 영속적으로 일정한 성장률로 증가한다.
④ 미래의 주당배당에 대한 예측치가 없더라도 주식가치를 평가할 수 있다.
⑤ 미래에 예상되는 주당배당보다는 당기의 주당배당이 더 중요하다는 것을 의미한다.

10 주가장부가치비율(주가순자산비율)에 대한 설명으로 적당하지 않은 것은?

① 대차대조표에 나타난 소유자의 지분과 증권시장에서 평가되는 시장가치를 비교한 것이다.
② 기업자산의 이용능률을 평가할 수 있다.
③ 주당 장부가치는 (자본금+유보이익)을 발행주식 수로 나누어 구해진다.
④ 풍부한 성장기회를 갖고 있는 회사의 주식은 주가장부가치비율이 높다.
⑤ PBR이라고도 부른다.

11 주가이익비율에 대한 설명으로 틀린 것은?

① 흔히 P/E비율 또는 PER이라고도 한다.
② 주식가격이 주당이익의 몇 배로 평가되어 있는가를 나타낸다.
③ 이 비율은 어떤 주식의 주가가 과대 또는 과소평가되어 있는가를 알고자할 때 중요시된다.
④ 주가수익비율은 일반적으로 주가의 변동과 같은 방향으로 변동한다.
⑤ 일반적으로 높은 성장이 기대되는 기업은 낮은 주가수익비율을 갖는다.

[서술형]

01 일간신문의 경제면 또는 인터넷의 포탈 사이트(www.daum.net 또는 www.naver.com)에서 최근의 1일물 콜, 91일물 CD, 3년 만기 국고채, AA- 등급 3년 만기 회사채의 실세금리를 알아보시오.

02 현재 91일 만기 CD의 수익률이 연 2.5%라면, 액면 1억원인 CD의 현재 가격은 얼마인가?

03 현재 182일 만기 CD의 수익률이 연 3%라면, 액면 1억원인 CD의 가격은 얼마로 평가되는가? 이 CD의 실효연간이자율은 어느 정도인가?

04 이표이율이 6%(연 1회 연도말 지급)이고 액면가가 10,000원인 3년 만기 회사채의 가격은 얼마로 평가되는가? 단, 현재의 시장이자율은 8%이다.

05 어떤 회사가 최근에 발행한 채권의 발행조건이 다음과 같다.

액면가치: 100만원	만기: 3년
이표이율: 연 8%	이자지급방식: 분기 말 지급

시장이자율이 연 8%라면 이 채권의 가격은 얼마인가?

06 어떤 채권이 매분기마다 2만원의 이표이자를 지급하며 만기인 3년 후에 액면가치 100만원을 상환해 준다. 이 채권이 현재 시장에서 92만원에 거래되고 있다면, 이 채권의 만기수익률은 얼마인가? Excel을 사용하여 답을 구하시오.

07 어떤 주식으로부터 1년 후에 1,000원, 2년 후에 1,200원, 3년 후에 1,500원의 주당배당이 얻어질 것이며, 3년 후의 배당락주가가 30,000원일 것으로 예상하고 있다 하자. 이 주식에 대한 투자자들의 요구수익률이 15%라면, 이 주식의 현재가격은 얼마로 평가되어야 하는가?

08 어떤 회사의 주당배당이 매년 8%의 성장률로 영속적으로 증가할 것으로 기대되고 있다. 만일 금년 말의 예상배당이 주당 800원이고 주주들의 요구수익률이 18%이라면 이 주식의 가치는 얼마로 평가되겠는가?

09 전년도 말에 3,000원의 주당배당이 지급되었고 앞으로 매기 주당배당이 3%씩 증가할 것으로 예상되는 주식이 있다. 이 주식에 대한 요구수익률이 8%라면 이 주식의 금년도 초의 현재가치는 얼마로 평가되는가?

10 어떤 회사는 순이익의 60%를 내부유보하는 배당정책을 갖고 있다. 이 회사의 직전 연도의 주당이익은 1,500원이었으며, 증권분석가들은 이 회사의 자기자본이익률이 지속적으로 20% 수준을 유지할 것으로 예측하고 있다. 이 회사의 주주들이 요구하는 요구수익률은 15%이다.

(1) 이 회사의 주당배당 성장률은 어느 정도일 것인가(주당배당 성장률은 각주 8을 참고할 것)?
(2) 이 회사 주식의 1주당 가치는 얼마로 평가되는가?
(3) 만일 이 회사가 이익의 100%를 배당으로 지급하는 배당정책을 갖고 있다면, 이 회사 주식의 가치는 얼마로 평가되는가?
(4) 내부유보율이 60%라면 이 주식의 가치 중에서 미래 성장기회에 기인하여 얻어진 부분은 얼마인가?

11 어떤 회사의 전기 말 주당이익이 1,250원이고 현재의 주당순자산은 12,500원이다. 이 주식의 현재 주가가 15,000원이라면 이 주식의 PER와 PBR은 어느 정도인가?

12 삼성전자(주)에 관한 다음 물음에 답하시오. 필요한 자료는 인터넷(www.daum.net 또는 www.naver.com)을 검색하여 알아보시오.

(1) 삼성전자의 최근 주가는 얼마인가?
(2) 삼성전자의 주당이익과 PER는 어느 정도인가?
(3) 삼성전자의 주당 장부가와 PBR은 얼마인가?
(4) 삼성전자의 PER와 PBR을 국내 경쟁회사인 LG전자와 비교하시오.
(5) 삼성전자와 LG전자의 PER과 PBR이 차이를 보이고 있다면 그 이유는 무엇이라고 생각하는가?

13 다음 세 주식의 가치를 평가하시오(주주의 요구수익률은 모두 15%이다).

(1) 매년 주당 10,000원의 배당을 영속적으로 지급할 것으로 예상되는 주식.
(2) 금년도 말에 주당 5,000원의 배당을 지급하고, 그 이후 매년 5%의 배당성장률이 예상되는 주식.
(3) 금년도 말에 주당 5,000원의 배당을 지급하고, 그 이후 3년은 매년 8%, 그 다음부터는 2%의 배당성장률이 예상되는 주식.

14 어떤 회사의 금년도 말 주당이익이 3,200원으로 예상되고 있다. 이 회사는 순이익의 60%를 내부유보하여 재투자하는 배당정책을 갖고 있다. 이 회사의 배당정책이 그대로 유지될 경우 증권시장의 증권분석가들은 주당배당이 매년 8%씩 증가할 것으로 예상되고 있다. 이 주식에 대한 투자자들의 요구수익률은 연 12%이다. 이 주식의 미래 성장기회의 현재가치는 얼마로 평가되겠는가?

[선다형문제 정답과 풀이]

01 ② **02** ③ **03** ③ **04** ⑤ ▸ 1년 전의 채권가격: $P=\sum_{t=1}^{6}\frac{10,000}{1.08^t}+\frac{10,000}{1.08^6}=109,246$원 현재의 채권가격 : $P=\sum_{t=1}^{5}\frac{10,000}{1.07^t}+\frac{10,000}{1.07^5}=112,301$원 ∴ 1년 동안의 수익률은 $\frac{(112,301-109,246)+10,000}{109,246}=0.1195$ **05** ④ **06** ③ ▸ 금기 말의 1주당 예상배당은 $800(1+0.08)=864$원이다. 따라서 이 주식의 내재가치는 $V_0=864/(0.15-0.08)=12,343$원이다. **07** ④ ▸ 일정성장모형의 공식인 $9,500=\frac{325}{k_e-0.07}$에서 k_e를 구하면 0.104이다. **08** ① **09** ② ▸ 일정성장모형은 미래의 주당배당이 일정한 성장률로 영속적으로 증가한다는 것을 가정하고 있다. 일정성장모형에서는 제1기말의 주당배당과 주당배당성장률에 대한 예측치가 주어져야만 주식가치를 구할 수 있다. **10** ② **11** ⑤

제 2 부

분산투자와 위험관리

○ 제5장 포트폴리오이론과 CAPM

○ 제6장 위험관리

제 5 장 포트폴리오이론과 CAPM

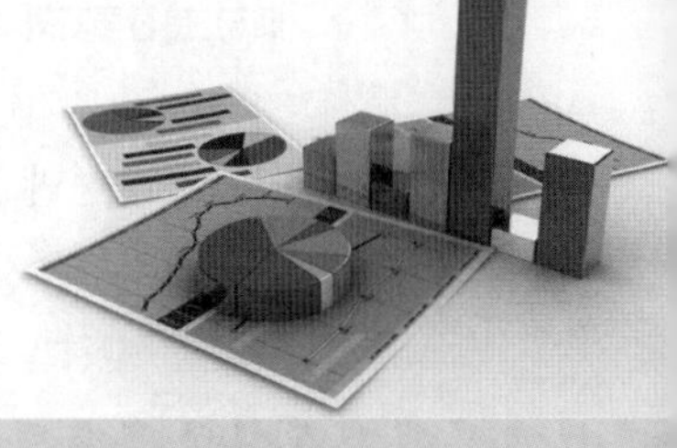

제1절 기대수익률과 위험

5.1.1 위험의 정의

자본시장에서 거래되고 있는 대부분의 금융자산의 투자수익은 확실하게 예측되지 않는다. 금리나 환율의 변동도 예측이 매우 어렵다. 주식투자로 얻게 될 수익률은 매우 불확실하며 예측이 더 어렵다. 이처럼 투자수익이 불확실한데도 불구하고 우리가 많은 돈을 금융자산에 투자하는 이유는 상당한 크기의 위험을 부담하고 그 대가로 더 높은 수익률을 얻을 것이라고 기대하기 때문이다.

자산의 위험(risk)은 미래에 얻게 될 '수익률(또는 가격이나 부)의 변동성(variability 또는 volatility)'으로 정의된다. 여기에서 변동성이라는 말은 미래에 실제로 얻게 될 수익률이 기대수익률로부터 편차를 갖게 될 가능성을 의미한다. 일반적으로 위험, 즉 변동성의 크기는 분산(分散, variance)이나 표준편차(標準偏差, standard deviation)에 의해 측정된다.

대부분의 개인이나 기업은 위험회피적(risk averse)인 것으로 가정된다. 위험회피적 투자자는 다른 조건이 동일하다면 더 적은 위험을 갖는 자산이나 투자기회를 선택하려는 투자자로서, 위험의 대가가 적절하게 주어지지 않는 한 위험을 부담하려 하지 않는다.[1] 위험회피적 투자자의 중요한 특성은 분산투자에 의해 위험을 감소시키려 한다는 점이다. 즉, 그들은 여러 가지 자산에 투자자금을 나누어 투자함으로써 자산 전체로부터 얻어지는 기대수익률의 감소 없이 효과적으로 위험을 낮추고자 한다.

이처럼 여러 가지 자산에 분산투자하여 구성된 자산의 모임을 포트폴리오(portfolio)라고 한다.[2] 단

---

1 위험회피적 투자자와는 달리, 더 큰 기대수익률이 주어지지 않더라도 더 큰 위험을 부담하려는 투자자도 존재할 수 있으며 이런 투자자를 위험추구적(risk seeking) 투자자라고 한다. 또 위험의 크기에 무관심하고 다만 더 큰 기대수익률만을 원하는 투자자도 있을 수 있으며, 이런 투자자를 위험중립적(risk neutral) 투자자라고 한다.

2 portfolio라는 말의 의미를 알기 위하여 Webster's New Collegiate Dictionary를 찾아보기로 하자. 이 사전에 의하면, portfolio라는 말은 라틴어의 portare(=to carry)와 folium=foglio(=leaf, sheet)의 합성어이며, ① 서류, 그림, 팸플릿 등을 넣고 다니기 위한 가방, ② (서류가방이라는 뜻으로부터)내각의 직책과 기능 또는 내각의 구성원, ③ 투자자 또는 금융기관이 보유하고 있는 증권이라는 뜻을 갖고 있다. 본문에서 사용하는 '포트폴리오'라는 용어는 위의 ③에

하나의 자산만으로 포트폴리오가 만들어질 수도 있다. 그러나 일반적으로 포트폴리오는 여러 가지 자산에 분산투자된 자산의 모임을 의미하는 것으로서, 위험을 감소시키고자 하는 위험회피적 투자자의 투자행동과 매우 밀접한 관련을 갖는 용어이다. 이 장에서는 자산 또는 포트폴리오의 기대수익률과 위험을 어떻게 측정하고 위험을 최소화시킬 수 있는 효율적 분산투자의 방법이 무엇인지, 그리고 투자자가 부담하는 위험에 대해 어느 정도의 대가를 받는 것이 적절한지에 대해 설명하고자 한다.

5.1.2 평균 · 분산기준

자산의 기대수익률과 표준편차(또는 분산)가 측정되면 우리는 이 두 가지 척도를 사용하여 어떤 자산이 다른 자산보다 더 바람직한 것인지 여부를 판단할 수 있으며, 이때 사용되는 비교적 단순하고 실용적인 판단기준이 평균 · 분산기준(mean-variance criterion)이다. 이 평균 · 분산기준은 마코위츠(H. Markowitz)에 의해 1952년에 처음 제시된 투자기준으로서, 투자자들이 다수의 자산에 분산투자하는 행동을 설명하기 위해 제시된 것이다.

평균 · 분산기준을 정의하면, "투자자는 동일한 기대수익률을 갖는 포트폴리오들 중에서 가장 작은 표준편차(또는 분산)를 갖는 포트폴리오를 선택하고, 동일한 분산을 갖고 있는 포트폴리오들 중에서 가장 높은 기대수익률을 갖고 있는 포트폴리오를 선택한다"는 것으로 표현된다.

평균 · 분산기준의 의미를 명확하게 이해하기 위하여 [그림 5-1]을 보기로 하자. 어떤 자산(또는 포트폴리오) P를 기준으로 볼 때, 영역 I에 있는 자산 1은 자산 P보다 큰 기대수익률과 작은 위험을 갖고 있다. 따라서 투자자들은 자산 P보다는 자산 1을 선호한다. 즉, 투자자들은 자산 P보다는 영역 I에 있는 자산 또는 포트폴리오를 선호한다. 반대로 영역 Ⅲ에 있는 자산 5와 같은 투자기회들은 자산 P보다 작은 기대수익률과 큰 위험을 갖고 있다. 따라서 투자자들은 영역 Ⅲ에 있는 투자기회보다 자산 P를 선호한다.

영역 Ⅱ와 IV에 있는 투자기회와 자산 P 사이의 선호관계는 기대수익률과 표준편차만을 비교하여 결정할 수 없다. 왜냐하면 영역 Ⅱ에 있는 자산들은 P보다 높은 기대수익률을 갖고 있으면서, 또 P보다 큰 위험을 갖고 있기 때문이다(영역 IV는 그 반대이다). 따라서 영역 Ⅱ와 IV에 있는 자산 3이나 7과 자산 P 중에서 어느 것이 더 큰 기대효용을 가져다 줄 것인지를 결정하기 위해서는 투자자의 효용함수에 각 자산의 기대수익률과 표준편차를 대입하여 계산해 보아야만 한다.

가까운 뜻이지만 훨씬 더 넓은 의미, 즉 증권뿐만 아니라 여러 가지 다른 종류의 자산까지도 포함하는 의미로 사용되고 있다. 오늘날 '포트폴리오'라는 말은 증권 또는 자산의 모임이라는 뜻이 확대되어, 다양한 뉘앙스를 갖는 유행어로 사용되고 있다. 예를 들어, 제품포트폴리오, 전략포트폴리오, 심지어 구두의 상품명 등도 포트폴리오라는 단어를 포함하고 있다.

그림 5-1 평균 · 분산기준

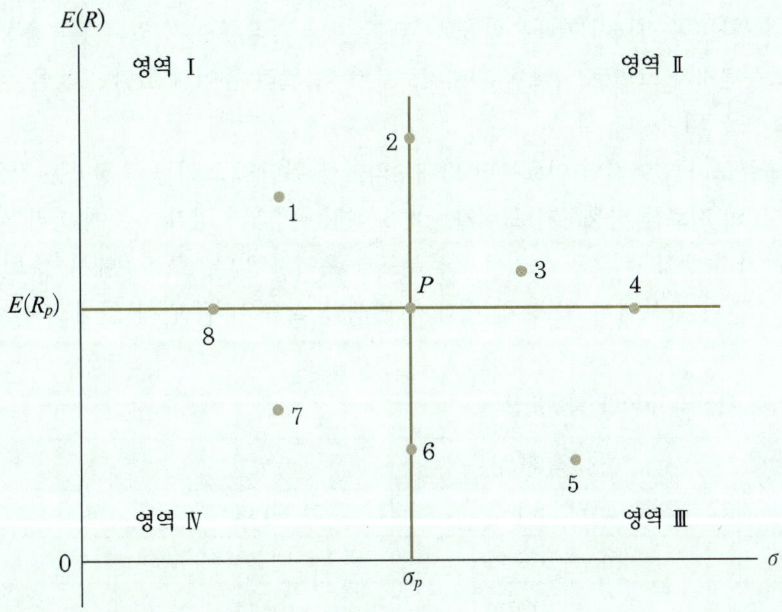

제2절 기대수익률과 위험의 측정

5.2.1 개별 자산의 기대수익률과 위험

재무관리에서 다루는 수익률의 개념은 과거에 이미 실현된 사후적(ex post) 수익률이 아니라 앞으로 얻어질 것으로 투자자가 예상하는 사전적(ex ante) 수익률이다. 따라서 투자자들은 어떤 자산에 투자함으로써 어느 정도의 수익률이 어떤 크기의 확률로 발생할 것인지를 확률분포의 형태로 예상하고 이 확률분포를 기초로 그 자산에 투자할 것인지 아닌지 또는 어느 정도 투자하는 것이 바람직할 것인지를 판단한다. 예를 들어, 어떤 주식에 투자하여 30%의 수익률이 얻어질 확률이 0.5이고 0%의 수익률이 얻어질 확률이 0.5라고 예상하였다면, 이 예상이 그 주식의 수익률 확률분포이다.

일단 어떤 자산의 수익률 확률분포가 얻어지면, 그 확률분포로부터 기대수익률과 표준편차(또는 분산)를 계산한다. 기대수익률(expected rate of return)은 어떤 자산의 수익률 확률분포에 대한 평균치로서 그 자산의 수익성(profitability)을 나타내는 척도이다. 기대수익률이 클수록 부(富)가 더 많이 증가하리라는 것을 의미하므로, 다른 조건이 같다면 투자자들은 기대수익률이 작은 자산보다는 기대수익률이 큰 자산을 선호한다.

어떤 자산의 위험의 크기는 수익률의 확률분포로부터 계산된 분산이나 표준편차에 의하여 측정된다. 분산과 표준편차는 수익률이 기대수익률로부터 얼마나 널리 흩어져 있는가를 측정하는 척도이다. 즉, 분산이나 표준편차가 크면 수익률이 기대치로부터 더 널리 흩어져 있다는 것을 의미하며 그만큼 위험이 크다는 것을 의미한다.

수익률의 확률분포가 얻어지면 이로부터 기대수익률과 위험의 크기를 측정하는 것은 어렵지 않다. 이를 위해 [표 5-1]의 자료를 사용하기로 하자. [표 5-1]에는 미래의 경기 수준에 따라 자산의 수익률이 결정될 경우, 두 가지 주식 1과 2의 수익률 확률분포가 주어져 있다. [표 5-1]에서 첫 번째 열에는 미래 상태, 즉 경기 수준이 표시되어 있고 각 상태가 발생할 확률은 두 번째 열에 주어져 있다.

표 5-1 두 가지 자산의 수익률 확률분포

상태(s)	확률(p_s)	R_{1s}	R_{2s}
1. 불경기	0.1	−0.15	0.80
2. 약간 불경기	0.2	0.00	−0.40
3. 보통	0.4	0.15	0.60
4. 약간 호경기	0.2	0.30	0.40
5. 호경기	0.1	0.45	−0.40

어떤 자산 j의 기대수익률 $E(R_j)$는 어떤 상태 s에 발생할 수익률 R_{js}를 그 상태가 발생할 확률 p_s로 곱하여 얻은 값을 모든 가능한 상태에 관하여 합계하여 계산된다. 즉, 개별 자산의 기대수익률은 다음 식에 의해 계산된다.

개별 자산의 기대수익률

$$E(R_j) = \sum_{s=1}^{S} p_s R_{js} \tag{5-1}$$

단, R_{js}는 상태 s에 자산 j로부터 얻게 될 수익률이고 p_s는 상태 s가 발생할 확률, 즉 자산 j로부터 R_{js}의 수익률이 얻어지게 될 확률이다. 여기에서 미래 상태의 경우의 수가 S가지라면 $s=1, \cdots, S$이다.

예시

[표 5-1]에 주어진 두 주식의 기대수익률은 식(5-1)을 사용하여 다음과 같이 계산된다.

$$E(R_1) = 0.1(-0.15) + 0.2(0) + 0.4(0.15) + 0.2(0.3) + 0.1(0.45) = 0.15$$

$$E(R_2) = 0.1(0.8) + 0.2(-0.4) + 0.4(0.6) + 0.2(0.4) + 0.1(-0.4) = 0.28$$

어떤 자산 j의 수익률의 분산(variance) σ_j^2은 다음의 식(5-2)와 같이 '편차의 제곱에 대한 기대치'에 의해 계산된다(σ는 sigma라고 읽는다).

개별 자산의 분산

$$\sigma_j^2 = \sum_{s=1}^{S} p_s [R_{js} - E(R_j)]^2 \tag{5-2}$$

표준편차(standard deviation)는 식(5-3)과 같이 분산의 제곱근을 구하여 계산한다.

개별 자산의 표준편차

$$\begin{aligned}\sigma_j &= \sqrt{\sigma_j^2} \\ &= \left\{\sum_{s=1}^{S} p_s [R_{js} - E(R_j)]^2\right\}^{1/2}\end{aligned} \tag{5-3}$$

위의 식에서 알 수 있는 바와 같이, 분산이 크면 표준편차도 크며 분산과 표준편차 모두 음의 값을 취할 수 없으므로 위험의 척도로서 어느 것을 사용하더라도 관계없다. 그러나 분산은 편차를 제곱하여 계산하기 때문에, 분산의 척도는 본래 수치가 갖고 있던 척도의 제곱으로 표시된다. 이런 불편을 없애기 위하여 분산의 제곱근을 구하여 척도의 통일성을 기하고자 한 것이 표준편차이다. 따라서 위험의 크기를 나타내는 척도로서 표준편차가 더 널리 사용되고 있다.

| 예시 |

[표 5-1]에서 예로 든 두 가지 주식의 표준편차는 식(5-2)를 사용하여, 다음과 같이 계산된다.

$\sigma_1^2 = 0.1(-0.15-0.15)^2 + \cdots + 0.1(0.45-0.15)^2 = 0.0270$

$\sigma_2^2 = 0.1(0.8-0.28)^2 + \cdots + 0.1(-0.4-0.28)^2 = 0.2096$

그리고 위의 두 주식의 수익률의 표준편차는 식(5-3)에 의해 $\sigma_1 = 0.1643$과 $\sigma_2 = 0.4578$으로 계산된다.

어떤 자산의 기대수익률과 표준편차가 구해지면, 그 자산은 표준편차와 기대수익률로 이루어진 좌표의 한 점에 표시될 수 있다. 일반적으로 기대수익률은 Y축에, 표준편차는 X축에 나타낸다. 예를 들어, 주식 1의 기대수익률과 표준편차가 각각 15%와 16.43%이고 주식 2의 기대수익률과 표준편차가 각각 28%와 45.78%라고 하면 두 주식은 [그림 5-2]와 같이 표시된다.

그림 5-2 기대수익률과 표준편차의 좌표

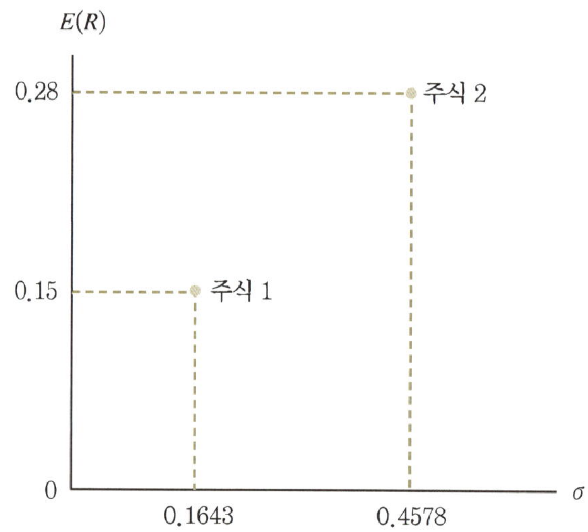

참고 과거 자료를 이용한 평균수익률과 분산 및 표준편차의 계산

현실에서는 위와 같이 자산의 수익률 확률분포가 미리 주어져 있는 경우가 흔하지 않을 뿐만 아니라 실제로 확률분포를 구하는 것도 그리 간단하지 않다. 따라서 대부분의 포트폴리오 분석의 실무에서는 개별 자산의 과거 수익률 자료를 사용하여 평균수익률, 분산 및 표준편차 등을 계산하고 이것을 기대수익률과 위험의 추정치로 사용한다.

만일 어떤 자산 j의 수익률 자료가 과거 T기에 걸쳐 주어져 있다면, 평균수익률 $\overline{R_j}$는 다음 식에 의해 구해진다.

$$\overline{R_j} = \frac{1}{T}\sum_{t=1}^{T} R_{jt} \qquad (5\text{–}4)$$

단, $\overline{R}_j$은 자산 j의 평균수익률이고 R_{jt}는 t기에 얻어진 자산 j의 수익률이다.

즉, 평균수익률은 과거 T기 동안 얻어진 매기의 수익률을 모두 합계하여 T로 나누어 계산하며, 흔히 기대수익률의 추정치로 사용된다.

분산 s_j^2과 표준편차 s_j는 과거의 수익률 자료로부터 다음과 같이 계산된다.

$$s_j^2 = \frac{1}{T-1}\sum_{t=1}^{T}(R_{jt} - \overline{R}_j)^2 \tag{5-5}$$

단, s_j^2는 과거 자료로부터 계산된 자산 j의 분산.

$$s_j = \sqrt{s_j^2} = \left\{\frac{1}{T-1}\sum_{t=1}^{T}\left(R_{jt} - \overline{R}_j\right)^2\right\}^{1/2} \tag{5-6}$$

단, s_j는 과거 자료로부터 계산된 자산 j의 표준편차.

위의 식에서 두 가지 점에 주목할 필요가 있다. 첫째는 확률분포로부터 구해진 분산이나 표준편차와 구별하기 위하여 σ가 아닌 s라는 기호를 사용하고 있다는 점이다. 둘째로, 분산을 계산할 때 '편차 제곱의 합계'를 관찰 자료의 수인 T가 아닌 자유도 $T-1$로 나누고 있다는 점이다.

▶▶ 표 5-2 S주식, H주식 및 KOSPI의 월간수익률 자료

월	S주식	H주식	KOSPI	월	S주식	H주식	KOSPI
1	−0.0412	−0.1592	−0.0899	19	0.1414	0.2033	0.0961
2	−0.0379	0.0102	0.2159	20	0.0380	0.1456	−0.0594
3	0.5320	0.3725	0.1997	21	−0.0380	−0.1019	−0.0674
4	0.1852	−0.0266	−0.0328	22	−0.0045	−0.0382	0.0256
5	0.0152	−0.1610	−0.0032	23	0.1558	0.1093	0.0193
6	0.1083	−0.2340	0.0315	24	−0.1886	−0.2094	−0.1342
7	−0.0824	−0.2953	−0.1224	25	−0.0717	−0.1099	−0.0569
8	−0.1045	−0.2202	−0.1574	26	−0.0412	0.0162	−0.0278
9	0.1981	0.1818	0.1221	27	0.0161	−0.0438	−0.0690
10	−0.0729	0.1237	−0.0246	28	0.0739	0.1958	0.1188
11	−0.2946	−0.1035	−0.1610	29	0.0721	0.0645	0.0568
12	−0.0247	−0.0692	−0.0091	30	0.0957	0.0972	0.0576
13	−0.1500	0.0423	−0.0644	31	0.1718	0.1139	0.0651
14	0.1010	0.1977	0.1035	32	0.0457	0.1136	0.0644
15	−0.0943	0.1208	−0.0278	33	−0.0989	−0.1556	−0.0816
16	0.0026	−0.0340	0.0066	34	0.1990	0.1918	0.1216
17	0.2393	0.2381	0.1212	35	−0.0106	0.1559	0.0177
18	0.2798	0.0591	0.0774	36	−0.0301	0.1075	0.0182

참고 엑셀을 이용한 평균수익률과 표준편차의 계산

과거 자료가 주어져 있을 때 엑셀을 사용하여 어떤 자산의 평균수익률, 분산, 표준편차 등을 매우 쉽게 구할 수 있다.

① 먼저 [표 5-2]에 주어진 수익률 자료를 엑셀의 스프레드시트에 적어 넣는다. A1부터 D1의 셀에 '월' 'S주식' 'H주식' 'KOSPI'를 쓰고 그 아래 37행까지 해당되는 값을 입력한다([표 5-2]의 자료는 저자의 홈페이지인 altair.chonnam.ac.kr/~damcho의 저서 관련 자료에 주어진 재무관리(전정7판) bfmExamples.xls에 주어져 있으므로 직접 입력하지 않고 복사하여 사용해도 된다).

② A38 셀에 '평균', A39 셀에 '표준편차'라고 써 넣는다.

③ B38에 커서를 갖다놓고 [수식-함수추가-통계] 메뉴에서 AVERAGE를 선택하면 함수인수를 입력하는 창이 나온다.

④ 함수인수를 입력하는 창에 'B2:B37'을 직접 입력하거나, 범위를 지정하는 버튼을 사용하여 B2 셀부터 B37 셀까지를 지정한 다음 확인버튼을 누른다. 그러면 B38 셀에 S주식의 평균인 0.35696의 값이 나타난다.

⑤ B38에 커서를 놓고 [홈-복사] 메뉴를 선택한다. 그리고 커서를 C38에 옮긴 후, D38 셀까지 끌어당긴다.

⑥ [붙여넣기] 메뉴를 선택하면, C38과 D38에 H주식 및 KOSPI의 평균수익률이 계산된다.

⑦ S주식의 표준편차를 계산하기 위해 커서를 B39에 놓고, [수식-함수추가-통계] 메뉴에서 [STDEV] 함수를 선택한다. 그 다음의 절차는 평균을 계산하는 것과 동일하다.

⑧ 이렇게 만든 스프레트시트는 다음 상관계수를 계산할 때 다시 사용되므로 적절한 이름을 붙여 저장해둔다.

5.2.2 포트폴리오의 기대수익률과 위험

앞 절에서는 어떤 하나의 자산에 투자자금의 100%를 투자하였을 경우 투자자가 얻게 될 기대수익률과 위험을 설명하였다. 그러나 투자자들은 어떤 하나의 자산에 모든 재산을 투자하지 않는다. 즉, 대부분의 투자자들은 현금, 예금, 채권, 주식, 부동산, 보석, 귀금속, 골동품, 예술작품 등 여러 가지 자산에 나누어 투자한다. 자산운용회사, 보험회사, 은행 등의 기관투자자들은 주식만으로도 수십 또는 수백 가지 주식을 동시에 보유한다. 이와 같이 여러 가지 자산에 투자자금을 나누어 투자하는 것을 분산투자(diversification)라고 한다.

오늘날 분산투자의 필요성과 함께 특히 중요시되는 용어가 포트폴리오라는 개념이다. 포트폴리오(portfolio)는 자산의 결합 또는 자산의 모임으로 정의된다. 포트폴리오는 자산의 모임을 의미하기 때문에, 투자자금의 전액을 한 가지 자산에 집중투자하는 것도 하나의 포트폴리오이고 투자자금을 다양한 종류의 자산에 분산투자하여 구성한 자산의 모임도 하나의 포트폴리오이다. 그러나 일반적으로 포트폴리오라는 말은 여러 가지 자산에 분산투자하여 구성한 자산의 묶음을 나타내는 데 사용된다.

투자자들이 분산투자하여 포트폴리오를 구성하는 이유는 분산투자를 통해 위험을 감소시킬 수 있기 때문이다. "계란을 한 바구니에 담지 말라"라는 속담은 위험을 줄이기 위해서는 분산투자하여야 한다는 지혜를 표현한 것이다. 분산투자와 관련하여 투자자가 갖는 중요한 관심사는 포트폴리오를 구성하는 개별 자산의 기대수익률과 위험이 아니라, 여러 자산으로 이루어진 포트폴리오 전체의 기대수익률과 위험이다. 따라서 여러 자산으로 이루어진 포트폴리오의 기대수익률과 표준편차가 어떻게 계산되는지를 이해할 필요가 있다.

포트폴리오의 기대수익률과 위험을 계산하는 방법을 공식화하기 전에, [표 5-1]의 두 주식으로 이루어진 가상적 포트폴리오의 기대수익률과 표준편차를 지금까지 학습한 방법으로 계산해 보자. 이 포트폴리오의 투자금액은 1원이고, 주식 1에 0.4원, 주식 2에 0.6원을 배분한다고 가정한다.

[표 5-3]은 포트폴리오 수익률의 확률분포를 보여준다. 예를 들어 호경기일 때, 주식 1에 투자된 0.4원은 −15%의 수익률을 내고 주식 2에 투자된 0.6원은 80%의 수익률을 낼 것이므로, 포트폴리오에 투자된 1원은 $R_{P1} = 0.4(-0.15) + 0.6(0.80) = 0.42$의 수익률을 낼 것이다. 같은 방법으로 포트폴리오의 상태별 수익률을 계산할 수 있다.

▶▶ 표 5-3 포트폴리오 수익률의 확률분포

상태(s)	확률(p_s)	R_{1s}	R_{2s}	R_{Ps}
1. 불경기	0.1	−0.15	0.80	0.42
2. 약간 불경기	0.2	0.00	−0.40	−0.24
3. 보통	0.4	0.15	0.60	0.42
4. 약간 호경기	0.2	0.30	0.40	0.36
5. 호경기	0.1	0.45	−0.40	−0.06

예시

[표 5-3]의 포트폴리오의 기대수익률, 분산 및 표준편차를 식(5-1), (5-2) 및 (5-3)을 이용하여 계산하면 다음과 같다.

$$E(R_P) = 0.1(0.42) + 0.2(-0.24) + 0.4(0.42) + 0.2(0.36) + 0.1(-0.06) = 0.228$$

$$\sigma_P^2 = 0.1(0.42 - 0.228)^2 + \cdots + 0.1(-0.06 - 0.228)^2 = 0.074016$$

$$\sigma_P = 0.2721$$

다음에는 포트폴리오의 기대수익률과 위험을 계산하는 과정을 정형화된 공식으로 살펴보자.

1) 포트폴리오의 기대수익률

투자할 수 있는 자산이 N가지가 있고, 어떤 j번째 자산에 x_j의 투자비율로 투자하여 포트폴리오 P를 구성하였다 하자. 이때 어떤 자산 j에의 투자비율은 투자자의 자금 중에서 그 자산에 투자된 금액의 비율이다. 각 자산에 투자된 투자액의 합계는 투자자금과 같아야 하므로, 각 자산에의 투자비율의 합계는 1과 같아야 한다(즉, $\sum_{j=1}^{N} x_j = 1$).

포트폴리오의 기대수익률은 포트폴리오를 구성하는 개별 자산의 기대수익률을 각 자산의 투자비율로 가중평균하여 계산된다.

포트폴리오의 기대수익률

$$E(R_P) = \sum_{j=1}^{N} x_j E(R_j) \tag{5-7}$$

단, $E(R_P)$는 포트폴리오 P의 기대수익률, x_j는 자산 j에의 투자비율, $E(R_j)$는 자산 j의 기대수익률이다.

| 예시 |

[표 5-3]의 포트폴리오 P의 기대수익률은 위의 예시의 결과와 동일하게 22.8%임을 확인할 수 있다.

$E(R_P) = 0.4(0.15) + 0.6(0.28) = 0.228$

2) 상관계수

포트폴리오의 위험은 기대수익률의 계산과 같이 단순하게 구해지지 않는다. 왜냐하면 포트폴리오의 위험에는 개별 자산의 표준편차뿐만 아니라 각 자산들 사이의 상관계수도 영향을 미치기 때문이다. 상관계수는 그 자체가 위험을 나타내 주는 척도는 아니다. 상관계수(correlation coefficient)는 어떤 두 가지 자산의 수익률이 함께 움직이는 정도를 나타내는 통계적 척도로서, 여러 개의 자산을 결합하여 분산투자하는 경우 투자자가 부담하게 될 위험의 크기에 대하여 매우 중요한 영향을 미친다.

[그림 5-3]에서와 같이 상관계수는 언제나 -1과 $+1$ 사이의 어떤 값을 취한다(ρ는 rho라고 읽는다). 만일 어떤 두 가지 자산의 수익률이 완전한 (+)의 선형적 관계를 가지고 변동한다면 이것을 (+)의 완전상관이라고 하며, 두 자산 사이의 상관계수는 $+1$이 된다. 반대로 두 자산이 완전한 (−)의 선형적 관계를 가지고 변동한다면 이는 (−)의 완전상관이며 -1의 상관계수를 갖는다. 이와 같이 (+)의 완전상관 또는 (−)의 완전상관을 가지고 수익률이 변동하는 경우는 실제로 거의 찾아보기 어렵다.

그림 5-3 상관계수의 여러 가지 경우

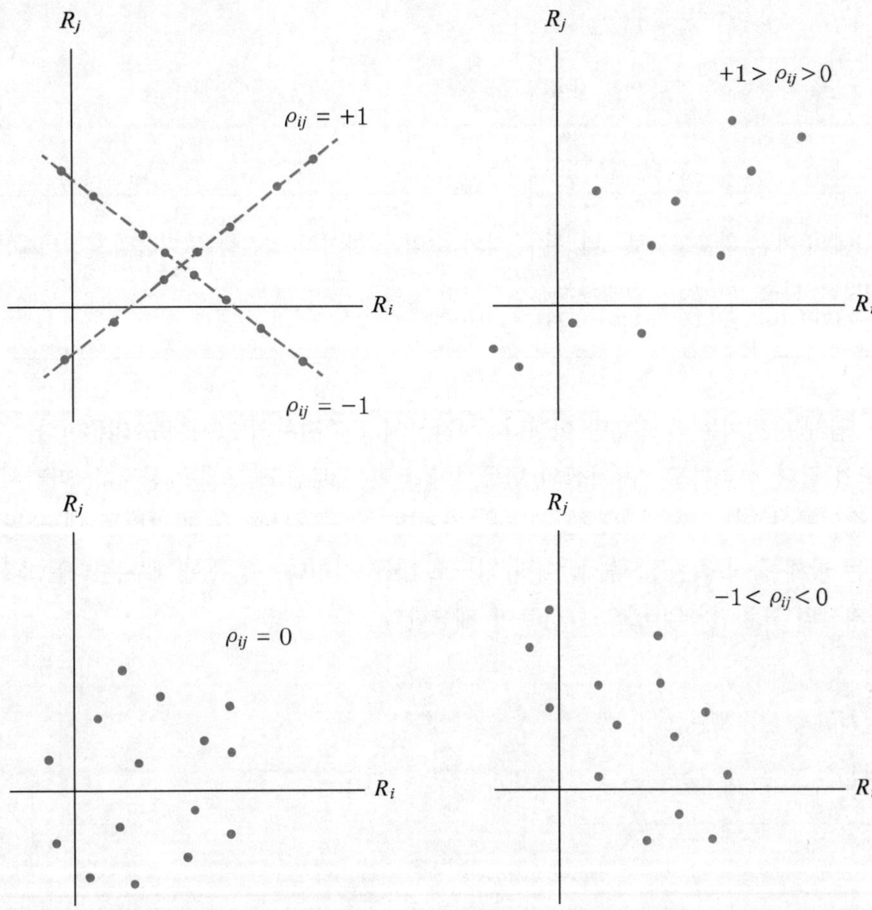

일반적으로 대부분의 자산의 수익률들은 서로 사이에 불완전한 상관관계를 갖고 변동한다. 만일 어떤 자산의 수익률이 증가할수록 다른 자산의 수익률도 대체로 함께 증가하는 경향을 갖는다면 이것을 (+)의 불완전한 상관관계라고 하며, 두 자산은 0과 1 사이의 (+)의 상관계수를 갖는다. 반대로 어떤 자산의 수익률이 증가할수록 다른 자산의 수익률은 대체로 감소하는 관계를 갖는다면 (−)의 불완전 상관관계라고 하며, 이 두 자산은 0과 −1 사이의 (−)의 상관계수를 갖는다. 경우에 따라서는 두 가지 자산이 전혀 상관성을 갖지 않는 경우도 있으며, 이런 경우 상관계수는 0이다.

수익률의 확률분포로부터 상관계수를 계산하기 위해서는 먼저 공분산(covariance)을 계산할 필요가 있다. 공분산은 다음 식과 같이 두 자산의 수익률의 '편차의 곱에 대한 기대치'에 의해 계산된다.

두 자산 사이의 공분산

$$\sigma_{ij} = \sum_{s=1}^{S} p_s [R_{is} - E(R_i)][R_{js} - E(R_j)] \tag{5–8}$$

단, σ_{ij}는 두 자산 i와 j의 수익률 사이의 공분산

| 예시 |

[표 5-1]에 주어진 확률분포로부터 두 주식의 수익률 사이의 공분산은 다음과 같이 계산된다.

$$\sigma_{12} = 0.1(-0.15-0.15)(0.8-0.28) + \cdots + 0.1(0.45-0.15)(-0.4-0.28) = -0.0120$$

공분산은 '함께 움직이는 정도'뿐만 아니라 두 자산의 표준편차의 크기에도 의존한다. 즉, 함께 움직이는 정도가 같다 하더라도, 두 자산의 변동성이 크면 공분산도 크게 계산된다. 따라서 공분산은 두 자산의 수익률이 어느 정도 밀접한 관련을 가지면서 변동하는지를 파악하는 데 불편하다.

상관계수는 함께 움직이는 정도를 상대적 척도로 바꾼 것이다. 즉, 상관계수는 다음 식과 같이 공분산을 두 자산의 표준편차의 곱으로 나누어 계산한다.

두 자산 사이의 상관계수

$$\sigma_{ij} = \frac{\sum_{s=1}^{S} p_s [R_{is} - E(R_i)][R_{js} - E(R_j)]}{\sigma_i \sigma_j} = \frac{\sigma_{ij}}{\sigma_i \sigma_j} \tag{5–9}$$

단, σ_{ij}는 두 자산 i와 j의 수익률 사이의 공분산.

| 예시 |

[표 5-1]에서 예로 든 두 주식의 상관계수는 공분산인 -0.0120을 두 주식의 표준편차로 나누어 구할 수 있으며, 다음과 같이 -0.1595로 얻어진다.

$$\rho_{12} = \frac{-0.0120}{(0.1643)(0.4578)} = -0.1595$$

상관계수의 의미를 명확히 이해하기 위해, 다음의 주식 3과 4가 [표 5-1]의 주식 1과 각각 $+1$, -1의 상관계수를 갖는다는 것을 확인하자. 여기에서 주식 3의 상태별 수익률은 주식 1의 상태별 수익률에 대해 (+)의 기울기를 갖는 선형함수인 $R_{3s} = -0.05 + 0.5R_{1s}$, 주식 4의 상태별 수익률은 주식 1의 상태별 수익률에 대해 (−)의 기울기를 갖는 선형함수인 $R_{3s} = 0.30 - R_{1s}$에 의해 만들어졌다.

▶▶ 표 5-4 자산들 사이의 상관계수

상태(s)	확률(p_s)	R_{1s}	R_{3s}	R_{4s}
1. 불경기	0.1	−0.15	−0.125	−0.5
2. 약한 불경기	0.2	0.00	−0.05	0.7
3. 보통	0.4	0.15	0.025	−0.3
4. 약한 호경기	0.2	0.30	0.1	−0.1
5. 호경기	0.1	0.45	0.175	0.7

참고 과거 자료를 이용한 공분산과 상관계수의 계산

과거 자료를 이용하여 공분산과 상관계수를 계산할 때에는 다음 식을 사용한다.

$$\text{Cov}(R_i, R_j) = \frac{1}{T-1}\sum_{t=1}^{T}(R-\overline{R}_i)(R_{jt}-\overline{R}_j) \tag{5–10}$$

단, Cov(R_i,R_j)은 과거 자료로부터 계산된 두 자산 i와 j의 수익률 사이의 공분산.

$$\text{Corr}(R_i, R_j) = \frac{\frac{1}{T-1}\sum_{t=1}^{T}(R-\overline{R}_i)(R_{jt}-\overline{R}_j)}{s_i s_j} = \frac{\text{Cov}(R_i, R_j)}{s_i s_j} \tag{5–11}$$

단, Corr(R_i,R_j)은 과거 자료로부터 계산된 두 자산 i와 j의 수익률 사이의 상관계수.

참고 엑셀을 이용하여 공분산과 상관계수를 계산하기

[표 5-2]에 주어진 자료를 사용하여 S주식과 H주식의 공분산과 상관계수를 계산해 보기로 하자.

① 위에서 작성된 스프레드시트의 A40과 A41 셀에 '공분산'과 '상관계수'를 써넣는다.

② S주식과 H주식 사이의 공분산을 구하기 위해서 커서를 B40에 놓고 [수식–함수추가–통계] 메뉴에서 COVAR 함수를 선택한다. COVAR 대화상자에서 Array 1의 범위에 S주식 수익률 자료의 범위인 B2~B37을 지정하고 Array 2의 범위에 H주식의 자료범위인 C2~C37을 지정한다. 그 다음 COVAR 대화상자의 OK를 누르면 B40에 0.01458의 값이 얻어진다.

③ 상관계수는 CORREL의 함수를 사용한다는 점을 제외하면 위의 ②와 동일한 방법으로 계산된다. 계산된 값은 0.631324이다.

3) 포트폴리오의 위험

지금까지 어떤 두 자산 사이의 상관계수에 대해 설명하였다. 이 상관계수의 개념을 이용하면 복수의 자산으로 이루어진 포트폴리오의 분산과 표준편차를 쉽게 구할 수 있다. 예를 들어, 두 개의 자산에 투자하여 구성한 포트폴리오 P의 분산과 표준편차는 다음과 같은 공식에 의해 구해질 수 있다.[3]

두 개의 자산으로 이루어진 포트폴리오의 분산과 표준편차

분산: $\sigma_P^2 = x_1^2\sigma_1^2 + x_2^2\sigma_2^2 + 2x_1x_2\rho_{12}\sigma_1\sigma_2$ (5–12)

표준편차: $\sigma_P = \sqrt{\sigma_P^2} = \sqrt{x_1^2\sigma_1^2 + x_2^2\sigma_2^2 + 2x_1x_2\rho_{12}\sigma_1\sigma_2}$ (5–13)

분산을 구하는 식(5-12)의 처음 두 개의 항은 개별 자산의 분산을 반영하고 있는 부분으로서 각 자산의 분산에 투자비율의 제곱을 곱하여 주고 있다. 세 번째 항은 두 자산 사이의 상관계수를 포함하고 있는 항으로서 상관계수가 작을수록 포트폴리오의 위험도 작다는 것을 보여 주고 있다.

예시

[표 5-3]의 포트폴리오의 수익률의 표준편차는 이 식(5-13)에 의하여 다음과 같이 계산된다.

$$\sigma_P = \left[(0.4)^2(0.1643)^2 + (0.6)^2(0.4578)^2 + (2)(0.4)(0.6)(-0.1595)(0.1643)(0.4578)\right]^{1/2}$$
$$= 0.2721$$

포트폴리오를 구성하는 자산의 수가 매우 많은 경우에도 포트폴리오의 위험은 개별 자산의 분산과 상관계수를 포함하는 항의 수가 많아질 따름이며, 식(5-12) 및 (5-13)과 기본적으로 동일한 식을 사용하여 계산될 수 있다. 만일 자산의 수가 N가지라면 포트폴리오의 분산과 표준편차는 다음 식에 의해 계산된다.

포트폴리오의 분산과 표준편차

$$\sigma_P^2 = \sum_{j=1}^{N} x_j^2\sigma_j^2 + 2\sum_{j=1}^{N}\sum_{k=j+1}^{N} x_j x_k \rho_{jk}\sigma_j\sigma_k \quad (5\text{–}14)$$

$$\sigma_P = \sqrt{\sigma_P^2} \quad (5\text{–}15)$$

3 포트폴리오의 분산도 개별 주식의 경우와 마찬가지로 수익률의 편차제곱의 기대치, 즉 $\sigma_P^2 = \Sigma p_s[R_{Ps} - E(R_P)]^2$에 의해 구해진다. 이 식에서 R_{Ps} 대신 $x_1R_{1s} + x_2R_{2s}$를 대입하여 정리하면 식(5-12)가 얻어진다.

식(5-14)를 두 개의 자산만으로 포트폴리오를 구성한 경우에 적용하면 식(5-12)가 얻어지므로 상관계수를 포함하는 항이 1개뿐이다. 그러나 포트폴리오를 구성하는 개별 자산의 수가 많아지면 각 자산 사이의 상관계수의 수도 많아지므로 상관계수를 포함하는 항의 수도 많아진다. 예컨대 자산의 수가 3개이면 상관계수의 경우의 수는 3개에서 2개를 뽑는 경우의 수인 3개이므로, 식(5-14)의 두 번째 부분은 다음 식과 같이 3개의 항으로 풀어진다.

$$\sigma_P^2 = x_1^2\sigma_1^2 + x_2^2\sigma_2^2 + x_3^2\sigma_3^2 + 2x_1x_2\rho_{12}\sigma_1\sigma_2 + 2x_1x_3\rho_{13}\sigma_1\sigma_3 + 2x_2x_3\rho_{23}\sigma_2\sigma_3$$

마찬가지로 자산의 수가 4개이면 상관계수의 수가 6개이므로 식(5-14)의 두 번째 부분은 6개 항으로 늘어난다.

제3절 분산투자의 이론

1952년에 마코위츠(Harry Markowitz)는 처음으로 분산투자에 의해 위험감소효과가 얻어지는 이유를 이론적으로 설명함과 동시에 분산투자를 어떻게 하는 것이 가장 바람직한 것인지에 대한 분석 방법, 즉 효율적 분산투자의 이론도 제시하였다.[4] 여기에서 효율적 분산투자(efficient diversification)라는 것은 단순히 여러 가지 자산에 분산투자하여 위험을 감소시키는 것이 아니라, 원하는 기대수익률의 수준에서 최소의 위험을 가져다주는 포트폴리오를 선택하여 분산투자하는 것을 말한다.

이 절에서는 먼저 왜 분산투자에 의하여 위험이 감소하는지를 설명하고, 그 다음에 마코위츠가 제시한 효율적 분산투자의 이론을 소개하기로 한다.

5.3.1 분산투자의 위험감소효과

대부분의 투자자들은 여러 가지 자산으로 이루어진 포트폴리오를 보유하고 있으며, 이처럼 여러 가지 자산에 분산투자하는 가장 중요한 이유는 분산투자에 의하여 위험이 감소하기 때문이다. 분산투자에 의해 위험의 감소효과가 얻어지는 이유를 이해하기 위하여 먼저 가장 단순한 형태의 분산투자, 즉 오직 두 개의 자산만으로 포트폴리오를 구성할 경우, 포트폴리오의 위험이 어떻게 감소하는가를 보기로 하자.

4 Harry Markowitz, "Portfolio Selection," *Journal of Finance* (Mar. 1952), pp.77~91 및 *Portfolio Selection; Efficient Diversification of Investment* (John Wiley, 1959). 마코위츠는 효율적 포트폴리오 선택이론을 제시한 업적으로 1990년에 노벨경제학상을 받았다.

그림 5-4 두 개의 주식으로 이루어진 포트폴리오

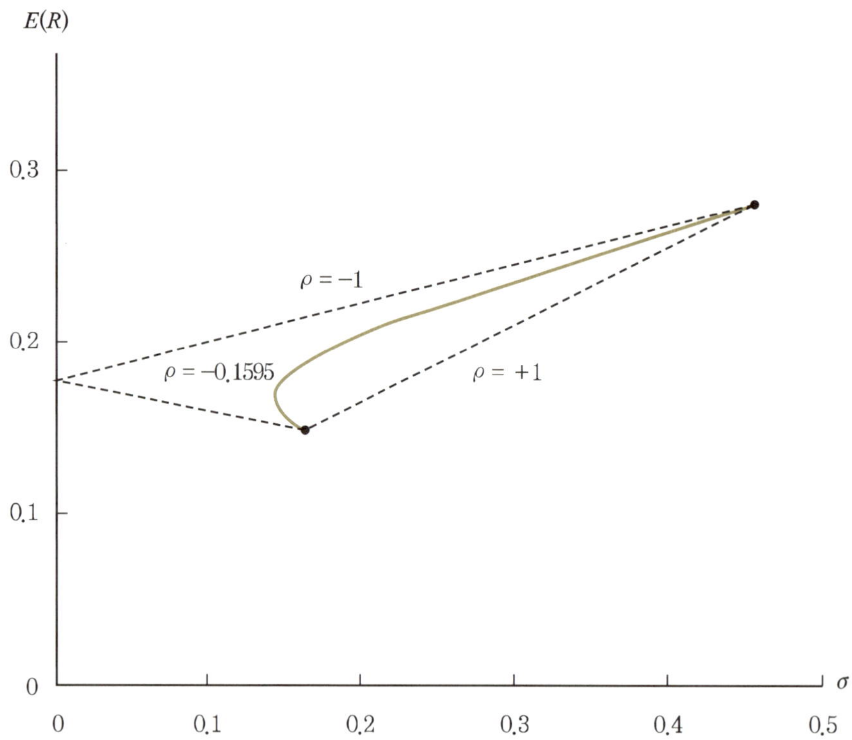

1) 두 개의 자산으로 이루어진 포트폴리오

여러 가지 자산에 분산투자하여 구성된 포트폴리오의 기대수익률은 개별 자산의 기대수익률을 가중평균한 값과 같다. 예를 들어, 위의 [표 5-3]에서 주식 1과 2를 40% 및 60%의 투자비율로 결합하여 얻어진 포트폴리오의 기대수익률은 22.8%로서, 두 주식의 기대수익률을 투자비율에 의해 가중평균한 값과 같음을 확인할 수 있다.

위의 예에서, 두 주식 1과 2의 투자비율이 달라지면 포트폴리오의 기대수익률과 표준편차가 어떻게 달라지는가를 보기로 하자. 이 두 주식으로 이루어진 포트폴리오의 기대수익률과 표준편차는 식(5-7)과 식(5-13)에 의해 다음과 같이 구해진다.

$$E(R_P) = 0.15x_1 + 0.28x_2 = 0.15x_1 + 0.28(1-x_1) = -0.13x_1 + 0.28$$

$$\sigma_P = \left[x_1^2(0.1643)^2 + (1-x_1)^2(0.4578)^2 + 2x_1(1-x_1)(-0.1595)(0.1643)(0.4578)\right]^{1/2}$$

예를 들어, 주식 1과 2에 0.4:0.6으로 투자한 포트폴리오는 앞의 식에 의해 27.21%로 계산된다. 두 주식의 투자비율을 달리 하면서 만들어진 포트폴리오 기대수익률과 표준편차도 위의 두 식을 사용하여 계산할 수 있다. 주식 1의 투자비율을 0에서 1까지 변화시키고 동시에 주식 2의 투자비율을 1에서 0까지 변화시켜 얻어질 수 있는 다양한 포트폴리오들을 생각해 보자.

[그림 5-4]의 주식 1과 2를 잇는 실선은 두 주식을 결합하여 얻어진 다양한 포트폴리오들의 자취를 이은 곡선이다. 이 [그림 5-4]에서 흥미있는 사실은 이 곡선이 왼쪽으로 휘어 있다는 것이며, 이것은 다음에 설명되는 것처럼 두 주식에 분산투자하여 위험이 감소하였음을 의미한다.

2) 상관계수와 위험감소효과

만약 상관계수가 +1인 두 자산을 결합하여 포트폴리오를 구성하면, 포트폴리오의 표준편차는 두 자산의 표준편차를 가중평균한 값과 같다. 즉, 이 경우에는 분산투자를 하더라도 위험감소효과는 얻어지지 않는다. 그러나 상관계수가 1보다 작은 자산을 결합하여 포트폴리오를 구성하면 포트폴리오의 표준편차는 '개별 자산의 표준편차를 가중평균한 값'보다 작으며, 이 차이가 분산투자로부터 얻어지는 위험감소효과라고 할 수 있다. 일반적으로 포트폴리오를 구성하는 개별 자산의 수익률 사이의 상관계수가 작으면 작을수록 위험감소효과는 더 크게 얻어진다.

| 예시 |

위에서 예로 든 주식 1과 2의 표준편차는 각각 16.43%와 45.78%이므로, 두 주식에 0.4:0.6의 투자비율로 분산투자할 경우 표준편차의 가중평균은 34.04%(=0.4×0.1643+0.6×0.4578)일 것이다. 그러나 식(5-13)을 사용하여 이 포트폴리오의 실제의 표준편차를 계산해보면 다음과 같이 27.21%이다.

$$\sigma_P = \left[(0.4)^2(0.1643)^2 + (0.6)^2(0.4578)^2 + (2)(0.4)(0.6)(-0.1595)(0.1643)(0.4578)\right]^{1/2}$$
$$= 0.2721$$

즉, 개별 자산의 표준편차의 가중평균은 34.04%이지만 포트폴리오의 실제의 표준편차는 27.21%이므로, 분산투자에 의해 그 차이인 6.83%포인트 만큼 위험감소효과가 얻어졌다고 할 수 있다. 이 예에서는 주식 1과 2 사이의 상관계수가 1보다 작은 −0.1595이기 때문에 두 주식에 분산투자함으로써 위험감소효과가 얻어지는 것이다.

상관계수가 다른 몇 가지 경우를 비교해 보면 분산투자에 의해 위험감소효과가 어떻게 얻어지는가를 좀 더 분명하게 이해할 수 있다. 만약 위의 두 주식의 수익률이 +1의 상관계수를 갖고 있다면, 두 자산에 0.4:0.6으로 분산투자하여 얻어진 포트폴리오의 표준편차는 식(5-13)에 의해 34.04%로 계산된다.

$$\sigma_P = [x_1^2\sigma_1^2 + x_2^2\sigma_2^2 + 2x_1x_2(+1)\sigma_1\sigma_2]^{1/2} = x_1\sigma_1 + x_2\sigma_2$$
$$= (0.4)(0.1643) + (0.6)(0.4578) = 0.3404$$

즉, 상관계수가 +1일 때 포트폴리오의 표준편차는 두 자산의 표준편차를 가중평균한 값과 같다.

따라서 상관계수가 +1일 경우 주식 1과 2에의 투자비율을 결합하여 얻어진 포트폴리오들을 이은 선은 [그림 5-4]에서 두 점을 이은 점선으로 나타난다. 이런 의미에서, 상관계수가 +1일 때에는 분산투자를 하더라도 위험이 줄어들지 않는다고 할 수 있다.

다른 극단적인 경우로서 두 주식의 수익률이 −1의 상관계수를 갖고 있다고 가정해 보자. 이 경우 두 자산에 0.4:0.6으로 분산투자하여 얻어진 포트폴리오의 표준편차는 다음과 같이 20.9%로 계산된다.

$$\begin{aligned}\sigma_P &= [x_1^2\sigma_1^2 + x_2^2\sigma_2^2 + 2x_1x_2(-1)\sigma_1\sigma_2]^{1/2} = |x_1\sigma_1 - x_2\sigma_2| \\ &= |(0.4)(0.1643) - (0.6)(0.4578)| = 0.2090\end{aligned}$$

이와 같이 상관계수가 −1일 때에는 상관계수가 +1일 경우에 비해 포트폴리오의 표준편차가 크게 감소함을 알 수 있다. 상관계수가 −1일 때 투자비율을 달리하여 얻어지는 포트폴리오의 표준편차는 [그림 5-4]에서 꺾어진 점선으로 나타나 있다. 또 이 경우에는 적절한 투자비율을 선택함으로써 표준편차를 0으로 만들어 위험을 완전히 제거할 수도 있다. 즉, 이 예에서 표준편차를 0으로 만드는 방정식은 다음과 같다.

$$|x_1 \times 0.1643 - (1 - x_1) \times 0.4578| = 0$$

이 식을 풀면 $x_1 = 0.7359$, $x_2 = 0.2641$일 때 표준편차가 0으로 된다.

한편, 주식 1과 2의 실제의 상관계수는 −0.1595이다. 그리고 두 주식을 0.4:0.6으로 결합한 포트폴리오의 표준편차는 27.21%이므로, 상관계수가 +1일 때의 표준편차인 34.04%와 비교하면 분산투자에 의해 6.83%포인트만큼 위험이 감소한다.

이상의 계산결과에서 상관계수가 1보다 작은 자산들에 분산투자함으로써 위험을 감소시킬 수 있다는 것을 확인할 수 있다. 또 분산투자할 때 가급적 상관계수가 작은 자산들을 선택하여 포트폴리오를 구성하는 것이 위험감소의 효과를 더 크게 하여 주며, 극단적으로는 −1의 상관계수를 갖는 자산을 결합하여 분산투자할 때 위험감소효과가 가장 크게 얻어진다는 것도 확인할 수 있다.

5.3.2 효율적 포트폴리오와 효율적 투자기회선

1) 효율적 포트폴리오

앞의 항에서는 2개의 자산만으로 포트폴리오를 구성하는 매우 단순한 경우만을 설명하였다. 그러나 실제로 거래되고 있는 자산의 종류는 대단히 많다. 투자자는 자산들을 다양하게 결합하여 기대수익률과 표준편차가 다른 무한히 많은 수의 포트폴리오를 만들어낼 수 있고 그 중 투자자가 원하는 어느 하나의 포트폴리오를 선택하여 투자한다. 이와 같이 투자자가 선택할 수 있는 모든 포트폴리오들의 모임을 투자기회집합(opportunity set)이라고 한다. 이 투자기회집합을 그린 것이 [그림 5-5]이다.

그림 5-5 투자기회집합과 효율적 투자기회선

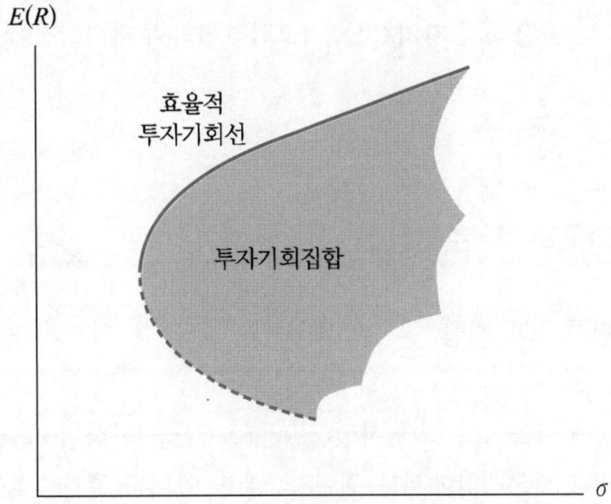

[그림 5-5]에서 투자기회집합은 왼쪽으로 휘어진 경계선을 갖고 있다. 그 이유는 수익률이 1보다 작은 상관계수를 갖고 있는 자산들에 분산투자함으로써 위험감소효과가 얻어지기 때문이다. 이것은 [그림 5-4]에서 상관계수가 1보다 작은 두 개의 자산에 분산투자할 때 포트폴리오들의 집합이 왼쪽으로 휘어진 곡선을 보이고 있는 것과 동일한 논리에 의해 설명될 수 있다.

[그림 5-5]에서 동일한 기대수익률을 갖는 포트폴리오들 중에서 가장 작은 표준편차를 갖거나 동일한 표준편차를 갖는 포트폴리오들 중에서 가장 높은 기대수익률을 갖는 포트폴리오를 효율적 포트폴리오(efficient portfolio)라고 한다. 효율적 포트폴리오는 주어진 기대수익률의 수준에서 최소의 위험을 갖고 있는 포트폴리오, 또는 주어진 위험의 수준에서 최대의 기대수익률을 갖고 있는 포트폴리오이다. 그런 의미에서 효율적 포트폴리오는 분산투자의 위험감소효과를 최대화한 포트폴리오라고 할 수 있다.

효율적 포트폴리오는 동일한 기대수익률을 갖는 포트폴리오들 중에서 최소의 위험을 갖는 포트폴리오이므로, [그림 5-5]에서 투자기회집합의 왼쪽 경계선상에 위치한다. 그러나 점선 부분에 있는 포트폴리오는 효율적 포트폴리오가 아니다. 왜냐하면 점선 부분의 포트폴리오는 동일한 위험을 갖는 포트폴리오들 중에서 최소의 기대수익률을 갖는 포트폴리오로서 평균·분산기준을 만족시키지 못하기 때문이다.

2) 효율적 투자기회선

위에서 알 수 있는 바와 같이 원하는 기대수익률 수준을 달리함으로써 수많은 효율적 포트폴리오를 얻어낼 수 있으며, 이렇게 얻어진 효율적 포트폴리오들의 집합이 효율적 투자기회선(efficient frontier)이다. 효율적 투자기회선은 효율적 포트폴리오의 집합으로서 마코위츠 프런티어(Markowitz frontier)라고 부르기도 한다. 이 효율적 투자기회선은 [그림 5-5]의 투자기회집합에서 굵은 실선으로 표시된 부분이다.

5.3.3 시장포트폴리오와 자본시장선

1) 무위험자산과 위험자산의 결합

지금까지는 수익률이 변동성을 갖는 위험자산(risky asset)을 결합하여 효율적 포트폴리오를 구성하는 것만을 다루었다. 그러나 자본시장에서는 위험자산뿐만 아니라 투자수익이 확실하게 얻어지는 무위험자산(riskless asset)도 거래되고 있다. 정부가 발행한 통화안정증권이나 국고채, 은행의 양도성예금증서와 같이 채무불이행위험이 없는 증권은 무위험자산으로 간주될 수 있으며, 이런 자산의 수익률이 무위험수익률(risk free rate of return)이다.[5] 따라서 투자자들은 위험자산만으로 포트폴리오를 구성하지 않고 무위험자산과 위험자산을 결합하여 포트폴리오를 만들 수도 있다.

투자자들이 어떤 방법으로 무위험자산과 위험자산을 결합하여 새로운 포트폴리오를 구성할 것인지를 이해하기 위해 [그림 5-6]을 보기로 하자. 무위험자산의 수익률은 R_f이다. [그림 5-6]에서 알 수 있는 한 가지 사실은 합리적 투자자라면 R_f로부터 그린 직선이 효율적 투자기회선과 접하는 점에 있는 포트폴리오 M을 찾아내고 이 M과 무위험자산을 결합하여 새로운 포트폴리오를 구성하려 할 것이라는 점이다. 왜냐하면 접점에 있는 포트폴리오 M과 무위험자산을 결합하는 것이 다른 어떤 위험자산과 결합하는 것보다 더 높은 기대수익률과 더 작은 위험을 가져다주기 때문이다. 그런 의미에서 접점에 있는 포트폴리오 M은 위험자산으로 이루어진 포트폴리오들 중에서 가장 바람직한 포트폴리오, 즉 '최적위험포트폴리오(optimal portfolio of risky assets)'이다.

접점에 있는 포트폴리오 M의 기대수익률이 $E(R_M)$, 표준편차는 σ_M이라 하고, 이 포트폴리오 M에 w만큼 투자하고 무위험자산에 $(1-w)$만큼 투자하여 새로운 포트폴리오 P를 구성하는 경우를 생각해 보기로 하자. 포트폴리오 M과 무위험자산을 결합하는 것도 2개의 자산을 결합하는 경우에 해당하므로, 이렇게 얻어진 포트폴리오 P의 기대수익률과 표준편차는 다음과 같이 구할 수 있다(이 식들은 식(5-7)과 (5-14)의 기호를 M과 무위험자산에 해당하는 기호로 바꾼 것에 지나지 않는다).

---

5 미래의 인플레이션율이 불확실성을 갖기 때문에, 실질수익률이 확실하게 얻어지는 자산은 존재하지 않는다. 그러나 통화안정증권이나 국고채의 예와 같이 명목적으로 무위험한 자산은 현실적으로 존재한다.

$$E(R_P) = (1-w)R_f + w\,E(R_M) \tag{5–16}$$

$$\sigma_P = [(1-w)^2(0)^2 + w^2\sigma_M^2 + 2(1-w)\,w\,(0)(0)\sigma_M]^{1/2} \\ = w\sigma_M \tag{5–17}$$

단, w는 접점포트폴리오 M에의 투자비율이고 $(1-w)$는 무위험자산의 투자비율이다.

그림 5-6 위험자산포트폴리오와 무위험자산의 결합

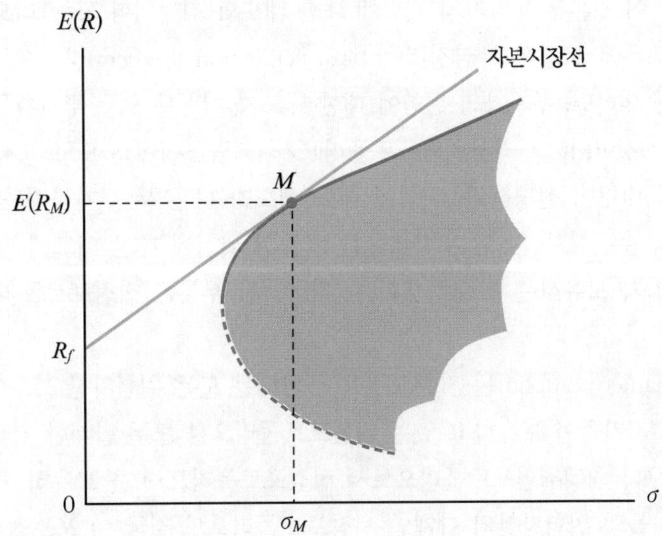

식(5-16)은, 무위험자산과 접점포트폴리오 M을 결합하여 포트폴리오 P를 구성할 경우, 포트폴리오 P의 표준편차가 M의 표준편차에 투자비율 w를 곱한 것과 같다. 그 결과, 포트폴리오 M과 무위험자산을 결합하여 얻어진 어떤 포트폴리오 P의 기대수익률과 표준편차는 w를 달리함에 따라 [그림 5-6]에서와 같이 포트폴리오 M과 무위험자산을 잇는 직선으로 표시된다.[6]

2) 토빈의 분리정리와 시장포트폴리오

위의 설명에서 중요한 점은 접점포트폴리오 M이 무위험자산을 이용할 수 있을 때 투자자가 선택 가능한 최적위험포트폴리오라는 사실이다. 여기에 동질적 예상(homogeneous expectations)의 가정이 추가된다면 토빈(J. Tobin)의 분리정리로 알려진 매우 흥미로운 결과가 얻어진다.

---

6 이를 확인하기 위하여, 식(5-17)을 w에 관하여 정리하면 $w = \sigma_P/\sigma_M$가 얻어지고 이를 식(5-16)에 대입하여 정리하면 $E(R_P) = R_f + \frac{E(R_M) - R_f}{\sigma_M} \cdot \sigma_P$가 얻어진다. 이 식은 포트폴리오의 기대수익률 $E(R_P)$가 표준편차인 σ_P에 대해 1차함수 관계를 갖고 있다는 것을 말해주고 있다.

동질적 예상의 가정이란 모든 투자자들이 각 자산의 기대수익률과 위험에 대하여 동일한 예상을 갖는다는 가정이다. 자본시장이 효율적이라면, 즉 모든 투자정보가 모든 투자자들에게 공평하고 즉시적으로 전달된다면, 모든 투자자들은 동일한 정보를 갖게 되므로 동질적 예상을 갖게 될 것이다. 따라서 동질적 예상의 가정은 자본시장이 효율적일 때 충족되는 가정이다.

만일 모든 투자자들이 동질적 예상을 갖는다면, 모든 투자자들에게 주어지는 효율적 투자기회선이 동일할 것이므로 각 투자자들이 선택하는 최적위험포트폴리오(=접점포트폴리오 M)의 구성도 모두 동일할 것이다. 즉, 투자자들은 그들의 위험에 대한 태도에 관계없이 모두 동일한 최적위험포트폴리오를 선택하게 된다. 이 결론은 투자자의 위험에 대한 태도와 최적위험포트폴리오의 선택이 무관하다는 것을 의미하기 때문에 토빈의 분리정리(Tobin's separation theorem)라고 부른다.[7]

토빈의 분리정리에 의하면, 투자자의 위험에 대한 태도가 어떻든 모든 투자자들은 동일한 최적위험포트폴리오를 선택할 것이며, 그 최적위험포트폴리오가 [그림 5-6]에 M으로 표시되어 있는 접점포트폴리오 M이다. 이를 바꾸어 설명하면, 위험에 대한 태도가 다른 두 투자자가 있을 때, 두 투자자가 선택하는 위험자산과 무위험자산에의 투자비율은 그들의 위험에 대한 태도에 따라 서로 다를 수 있다. 그러나 두 투자자가 보유하는 포트폴리오 중 위험자산 부분은 접점포트폴리오 M으로 이루어져 있어야 한다.

시장포트폴리오(market portfolio)는 자본시장을 구성하는 모든 위험자산으로 이루어진 포트폴리오이다. 이것은 개별 투자자들이 보유하고 있는 위험포트폴리오를 모두 합계한 것과 같다. 그런데 개별 투자자들은 어느 누구나 최적위험포트폴리오로서 접점포트폴리오 M을 보유하고 있으므로(토빈의 분리정리), 개별 투자자들의 위험자산의 합계인 시장포트폴리오도 결국 이 포트폴리오 M과 동일한 포트폴리오가 된다. 달리 말하면, 시장포트폴리오가 곧 투자자들이 선택하고자 하는 최적위험포트폴리오와 같다.

토빈의 분리정리와 시장포트폴리오를 가상적인 예로 설명해보자. 어떤 자본시장에서 두 명의 투자자 A와 B가 세 개의 주식만 거래하고 있다 하자. A는 위험을 적게 부담하길 원하기 때문에 투자액의 30%만 위험자산에 투자하고자 하고 B는 위험을 많이 부담하고 그 대신 높은 기대수익률을 얻고자 하기 때문에 투자액의 70%를 위험자산에 투자하고자 한다. 이 두 투자자는 동일한 정보를 갖고 포트폴리오를 선택하기 때문에(동질적 예상의 가정) 두 투자자의 투자기회집합과 효율적 투자기회선도 동일하게 된다. 따라서 두 투자자의 위험에 대한 태도는 다르지만 그들이 선택하는 최적위험포트폴리오(접점포트폴리오 M)는 동일하게 되며, 바로 이 점이 토빈의 분리정리가 의미하는 것이다.

---

7 James Tobin, "Liquidity Preference as Behavior towards Risk," *Review of Economic Studies*, Vol.25(Feb.1958), pp.65~87. 토빈은 1985년에 노벨경제학상을 받았다.

예시

편의상 두 투자자가 선택한 최적위험포트폴리오의 구성이 세 주식에 1/3씩 투자한 포트폴리오라고 하자. A의 총투자액은 100억원이고 이 중 70%는 무위험자산, 30%는 M(각 주식에 10억원)에 투자되어 있으며, B의 총투자액은 150억원이고 무위험자산에 30%, M에 70%(각 주식에 35억원) 투자되어 있다 하자. 이 경우 자본시장의 시장포트폴리오(위험자산 전체)의 시가총액은 30억+105억=135억원이 될 것이고 이 시장포트폴리오의 구성은 세 주식에 1/3만큼씩 투자되어 있는 두 투자자의 최적위험포트폴리오의 구성과 동일하게 된다. 바꾸어 말하면, 토빈의 분리정리가 성립할 경우, 개별 투자자들의 최적위험포트폴리오는 시장포트폴리오와 동일하다.

시장포트폴리오의 이런 특성은 증권투자에서 중요한 의미를 갖는다. 즉, 투자자들은 최적위험포트폴리오를 선택하기 위해 많은 수고를 들여 효율적 포트폴리오들을 구하고 그 중에서 접점에 있는 포트폴리오를 찾을 필요가 없이, 곧바로 시장포트폴리오에 투자하면 최적위험포트폴리오를 선택하는 것과 동일한 결과를 가져다준다. 증권투자의 실제에서 시장포트폴리오를 찾아내는 것은 그리 쉬운 일이 아니다. 따라서 시장포트폴리오의 대용지표로서 주식시장을 대표하는 주가지수가 흔히 사용된다. 우리나라의 코스피200이나 미국의 S&P500 지수 등이 그런 것들이다.[8]

3) 자본시장선

위에서 설명한 바와 같이, 무위험자산이 이용 가능하고 동질적 예상의 가정이 타당하다면, [그림 5-6]에서 접점포트폴리오 M이 곧 시장포트폴리오를 나타낸다고 할 수 있다. 또 투자자들은 시장포트폴리오 M과 무위험자산을 결합하여 R_f와 M을 잇는 직선에 있는 어떤 하나의 포트폴리오를 선택할 수 있다. 만일 어떤 투자자가 무위험자산에 전액을 투자한다면 그는 위험이 없이 무위험수익률을 얻을 것이다. 또 그가 시장포트폴리오에 투자자금 전액을 투자한다면 그가 갖게 될 포트폴리오는 시장포트폴리오 M과 같을 것이다. 그리고 무위험자산에의 투자비율을 줄이고 시장포트폴리오의 투자비율을 증가시킨다면 그는 이 직선 상에서 더 큰 기대수익률과 위험을 가져다주는 어떤 포트폴리오를 선택하게 될 것이다.

따라서 무위험자산과 시장포트폴리오 M을 결합하여 어떤 포트폴리오 P를 구성한다면, 포트폴리오 P의 기대수익률은 그가 부담하게 될 포트폴리오 P의 위험과 다음과 같은 관계를 갖는다.[9]

---

8 지수펀드(index fund)는 주가지수와 동일한 수익률이 얻어지도록 만들어진 포트폴리오이다. 지수펀드는 1970년대 중반 출현하였으며, 오늘날에는 간접투자를 위한 대표적인 금융상품으로 가장 활발하게 이용되고 있다.

9 이 식은 각주 6)에서 얻어졌다.

자본시장선(CML)

$$E(R_P) = R_f + \frac{E(R_M) - R_f}{\sigma_M}\sigma_P \tag{5-18}$$

단, $E(R_P)$는 시장포트폴리오와 무위험자산을 결합하여 얻어진 포트폴리오 P의 기대수익률이고, R_f는 무위험수익률, $E(R_M)$은 시장포트폴리오 M의 기대수익률, σ_M은 시장포트폴리오 M의 표준편차, σ_P는 포트폴리오 P의 표준편차이다.

식(5-18)의 의미는 단순하다. 이 식에서 $E(R_P)$와 σ_P는 무위험자산과 시장포트폴리오를 결합하여 만들어진 어떤 포트폴리오의 기대수익률과 표준편차이므로, 이 식은 효율적 분산투자를 행하는 투자자가 부담하게 될 위험과 기대수익률의 관계를 나타내주고 있으며, 흔히 자본시장선(capital market line: CML)이라고 부른다. 이 자본시장선에 있는 모든 포트폴리오는 다른 어떤 포트폴리오보다 높은 기대수익률과 낮은 위험을 갖고 있다. 따라서 이 직선은 무위험자산이 존재하는 경우의 새로운 효율적 투자기회선이라고 할 수 있다. 그리고 자본시장선의 기울기는 투자자가 1%의 위험(표준편차)을 추가적으로 부담함으로써 어느 정도의 위험프리미엄을 더 얻을 수 있는가를 나타내는 것으로서 위험의 시장가격(market price of risk)이라고 부른다.

예시

코스피 지수가 우리나라 주식시장의 시장포트폴리오를 적절하게 나타낸다고 하고, 코스피의 연간 기대수익률이 12%, 표준편차는 25%라고 하자(실제로 2003년 1월 ~ 2012년 12월까지 코스피의 연간 평균수익률은 12%, 표준편차는 22% 정도이었다). 그리고 무위험수익률을 대표하는 값으로서 1년 만기 통화안정증권의 수익률이 4%라고 하자. 투자자 A가 보유하는 포트폴리오의 위험이 15%일 것으로 예상된다 하자. 무위험자산과 시장포트폴리오를 결합한 포트폴리오에 투자할 경우, 투자자들은 식(5-18)에 의해 8.8%의 기대수익률을 얻을 수 있다.

$$E(R_P) = 0.04 + \frac{0.12 - 0.04}{0.25} \times 0.15 = 8.8\%$$

위의 예에서 만일 투자자 A가 보유하는 포트폴리오의 기대수익률이 이 8.8%보다 낮다면, 이것은 자본시장에서 얻을 수 있는 정당한 수익률보다 낮으므로 A는 시장 전체보다 열등한 포트폴리오를 보유하고 있다고 할 수 있다. 반대로 A의 포트폴리오의 기대수익률이 8.8%보다 높다면, A는 자본시장의 다른 투자자들이 갖고 있지 않은 특별한 정보, 즉 사적 정보(private information)를 이용하여 포트폴리오를 운용하고 있다고 판단할 수 있다. 이런 경우는 자본시장이 비효율적이기 때문에 일부 투자자들이 사적정보를 이용할 수 있을 때 발생할 수 있다.

제4절 체계적 위험과 비체계적 위험

5.4.1 시장모형과 베타계수

1) 시장모형

흔히 자본시장에서 각 주식의 수익률 변동을 관찰해 보면, 각 주식의 수익률은 독립적으로 변동하는 것이 아니라 시장포트폴리오, 즉 자본시장 전체의 경기변동과 밀접한 관련을 가지고 변동한다는 것을 쉽게 알 수 있다. 즉, 어떤 주식은 자본시장 전체의 수익률 변동에 대하여 민감하게 반응하면서 변동하고 다른 주식은 덜 민감하게 반응하면서 변동한다는 차이를 보이긴 하지만, 어떤 주식이나 자본시장 전체의 수익률 변동의 영향을 받아 변동한다. 이와 같은 개별 자산과 시장포트폴리오 수익률 사이의 관계는 다음의 식으로 표현될 수 있다.

시장모형

$$R_{jt} = \alpha_j + \beta_j R_{Mt} + \epsilon_{jt} \tag{5–19}$$

단, R_{jt}는 자산 j로부터 t기에 얻어진 수익률이고 R_{Mt}는 t기의 시장포트폴리오의 수익률, ϵ_{jt}는 오차항이다. α_j와 β_j는 자산 j의 특성선의 절편과 기울기이다.

이 식은 각 자산의 수익률이 자본시장 전체(=시장포트폴리오) 수익률이라는 공통요인의 영향을 받아 결정된다는 것을 나타내고 있으므로 시장모형(market model)이라고 한다. 여기에서 개별 자산의 수익률은 과거 자료로부터 쉽게 구할 수 있으나, 시장포트폴리오를 실제로 관찰하는 것은 거의 불가능하다. 따라서 실무에서는 흔히 코스피 또는 코스피200과 같은 대표적인 시장지표를 이용하여 시장포트폴리오의 수익률을 구한다.

시장모형을 나타내는 식(5-19)는 주식 j의 수익률 R_j가 두 가지 요인의 영향을 받아 변동한다는 것을 나타낸다. 하나는 자본시장 전체의 경기변동을 나타내는 시장포트폴리오 수익률 R_M이고 다른 하나는 자본시장 전체의 움직임과 관계없이 개별 자산의 고유요인 때문에 발생하는 ϵ_j이라는 요인이다. 시장모형의 절편 α_j와 기울기 β_j의 값을 알면, 시장포트폴리오 수익률 R_M이 개별 자산의 수익률 R_j에 대해 어떤 영향을 미치고 있는지를 알 수 있다.

그림 5-7 증권의 특성선

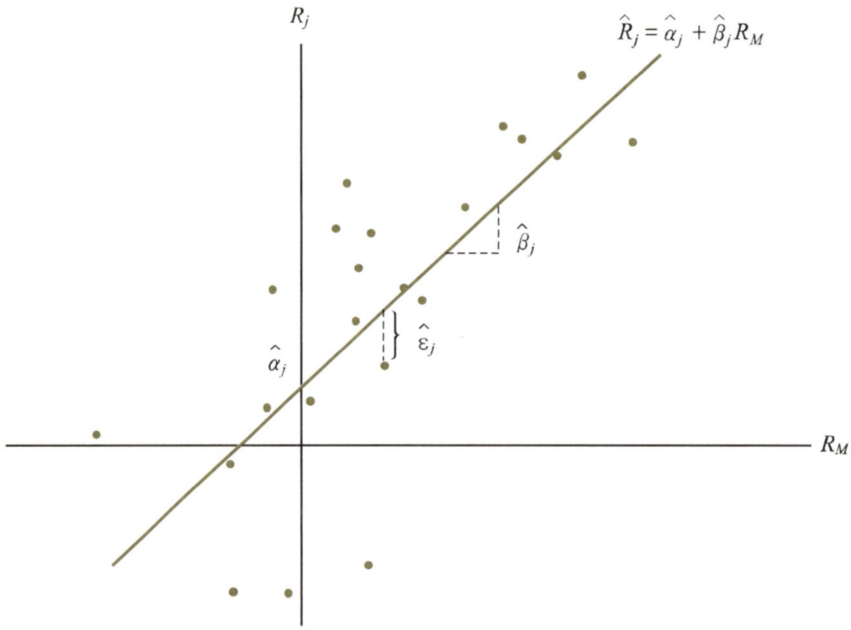

위의 시장모형을 산포도로 나타낸 것이 [그림 5-7]이다. 이 그림에서 산포도의 전체적 경향을 나타내는 직선을 특성선(characteristic line)이라고 한다. [그림 5-7]에서 추정된 특성선의 절편은 α_j이고 기울기는 β_j이다. 특성선의 절편과 기울기는 최소제곱법(least squares)이라는 방법으로 추정된다.[10] 예를 들어, [표 5-2]에 주어져 있는 S주식과 코스피(KOSPI)의 수익률 자료를 사용하여 S주식의 특성선을 추정하면, 기울기는 1.2059, 절편은 0.0240으로 추정된다.

이 특성선은 자산 j의 수익률 변동의 전반적 경향을 나타낼 따름이지 자산 j의 수익률 변동을 완전하게 설명하는 것은 아니다. 왜냐하면 자산 j의 수익률은 시장포트폴리오의 수익률 변동과 무관하게 고유의 요인에 의하여 변동하는 부분을 포함하기 때문이다. 개별 자산 고유의 요인 때문에 발생하는 수익률 변동의 부분인 식(5-19)의 ϵ_j는 [그림 5-7]에 $\hat{\epsilon}_j$로 추정되어 있다.

10 최소제곱법에 의해 절편과 기울기를 구하는 공식은 다음과 같다.

$$\hat{\beta}_j = \frac{\sum_{t=1}^{T}(R_{jt} - \overline{R}_j)(R_{Mt} - \overline{R}_M)}{\sum_{t=1}^{T}(R_{Mt} - \overline{R}_M)^2}, \quad \hat{\alpha}_j = \overline{R}_j - \hat{\beta}_i \overline{R}_M$$

이 식에서 $\hat{\beta}_j$와 $\hat{\alpha}_j$는 특성선의 기울기와 절편의 추정치이고 $\overline{R}_j$와 $\overline{R}_M$는 R_{jt}와 R_{Mt}의 평균이다.

참고 엑셀을 이용한 회귀분석

엑셀을 사용하여 [표 5-2]에 주어진 S주식의 특성선을 구해 보기로 하자. 이를 위해 먼저 [표 5-2]의 자료를 저장한 엑셀 파일을 불러온다.

① 메뉴에서 [데이터－데이터분석]을 선택하면, 데이터분석 대화상자가 나타난다. 데이터분석 대화상자에서 '회귀분석'을 선택하고 확인단추를 누르면 회귀분석 대화상자가 나타난다.

② 회귀분석 대화상자에서 Y축과 X축의 입력범위를 지정하고 '출력범위'를 선택한다.

③ 회귀분석 대화상자의 확인단추를 누르면 지정된 출력범위에 회귀분석 결과가 얻어져 있음을 확인할 수 있을 것이다. 이 결과를 정리한 것이 다음의 식이다.

$$R_S = 0.0240 + 1.2059 R_M \qquad (\text{결정계수 } R^2 = 0.5548)$$

t값 (1.39) (6.51)

2) 베타계수

특성선의 기울기($=\beta_j$)는 어떤 자산의 수익률이 자본시장 전체의 수익률 변동에 대하여 어느 정도의 민감도(sensitivity)를 갖고 변동하는가를 나타내는 값으로서 베타계수(beta coefficient)라고 부른다. 베타계수는 자산의 위험 특성을 나타내는 데 매우 중요한 의미를 갖는다. 즉, 베타계수가 1보다 큰 자산의 수익률은 대체로 시장 전체의 수익률 변동보다 큰 폭으로 변동하고 베타계수가 1보다 작은 자산의 수익률은 시장포트폴리오 수익률의 변동보다 작은 폭으로 변동한다. 흔히 베타계수가 1보다 낮은 자산은 방어적 자산, 1보다 높은 자산은 공격적 자산이라고 한다. 매우 예외적인 경우로서 베타계수가 (－)인 자산도 있으며, 이런 자산의 수익률은 시장포트폴리오의 수익률과 (－)의 상관관계를 갖고 있다.

주식의 베타계수는 그 주식의 특성에 따라 다른 값을 갖는다. 일반적으로 경기변동에 민감한 업종의 주식, 고정비 부담이 큰 기업의 주식, 그리고 자본구조에서 부채의존도가 큰 기업의 주식이 큰 베타계수를 갖는다.

5.4.2 체계적 위험과 비체계적 위험

[그림 5-7]을 보면, 자산의 수익률 변동이 두 가지 요인 때문에 발생한다는 것을 알 수 있다. 즉, 어떤 자산의 수익률은 자본시장 전체의 수익률 변동의 영향을 받아 변동하기도 하지만, 자본시장 전체의 수익률 변동과 무관하게 자산 자체의 고유 요인의 영향을 받아 변동하기도 한다. 이 사실은 어

떤 자산의 위험이 자본시장 전체의 수익률 변동에 기인하는 부분과 자산 고유의 요인에 기인하는 부분으로 이루어져 있다는 것을 의미한다. 우리는 자본시장 전체의 수익률 변동 때문에 발생한 위험을 체계적 위험(systematic risk)이라고 하고, 자본시장 전체의 수익률 변동과 무관하게 자산 자체의 고유의 요인에 기인하여 발생하는 위험을 비체계적 위험(unsystematic risk)이라고 한다.

체계적 위험은 자본시장 전체의 수익률 변동에 기인하여 발생하는 위험이므로, 그 크기는 어떤 자산의 수익률이 자본시장 전체의 수익률 변동으로부터 어느 정도 민감하게 영향 받는지를 나타내는 베타계수의 크기에 따라 달라진다. 즉, 어떤 자산의 베타계수가 크면 체계적 위험도 크고 베타계수가 작으면 체계적 위험도 작다.

체계적 위험은 아무리 많은 주식에 분산투자한다 하더라도 감소하지 않는 분산불가능위험(undiversifiable risk)이다. 아무리 많은 자산에 분산투자하더라도 자본시장 전체의 위험을 줄일 수는 없으므로, 분산투자에 의해 자본시장 전체의 수익률 변동 때문에 발생하는 체계적 위험을 감소시킬 수는 없다. 예를 들어, 베타계수가 1.2인 주식과 베타계수가 0.6인 주식에 0.3:0.7의 비율로 투자하여 포트폴리오를 구성한다면, 이 포트폴리오의 베타계수는 두 주식의 베타계수를 가중평균한 0.78(= 0.3×1.2+0.7×0.6)이 된다. 이처럼 포트폴리오의 베타계수는 개별 자산의 베타계수를 가중평균한 값과 같기 때문에, 분산투자에 의하여 베타계수 및 체계적 위험이 줄어든다고 할 수 없다.

비체계적 위험은 어떤 자산의 수익률 변동 중에서 자본시장 전체의 수익률 변동과 무관하게 발생한 위험, 즉 자산 자체의 고유의 요인에 의하여 발생한 위험이다. [그림 5-7]에서 어떤 자산의 수익률이 특성선으로부터 멀리 흩어져 있을수록 잔차($=\hat{\epsilon}_j$)의 분산이 커지므로 추정된 비체계적 위험도 증가한다.

비체계적 위험은 분산투자에 의하여 감소시킬 수 있는 분산가능위험(diversifiable risk)이다. 비체계적 위험은 자산 자체의 고유의 요인에 기인하여 발생하는 위험이기 때문에, 분산투자를 행하면 각 자산 고유의 요인이 서로 상쇄되어 포트폴리오의 비체계적 위험은 현저히 줄어든다. 만일 충분히 많은 수의 자산에 분산투자하여 포트폴리오를 구성한다면, 포트폴리오의 비체계적 위험은 거의 모두 제거되고 투자자들은 오직 체계적 위험만을 부담하게 된다.

제5절 자본자산가격결정모형(CAPM)

5.5.1 자본자산가격결정모형의 개요

자유롭게 경쟁이 이루어지는 완전시장에서 어떤 상품의 가격은 그때그때의 수요와 공급의 상황을 반영하여 수요와 공급이 일치되도록 결정된다. 이와 같이 수요와 공급을 일치시키는 가격을 균형가격이라고 한다. 자본시장에서 거래되는 주식이나 채권과 같은 금융자산의 경우에도, 그 자산에 대한 수요와 공급이 일치하도록 균형가격이 결정되고 있다.

이 절에서 설명하는 자본자산가격결정모형(capital asset pricing model, 흔히 CAPM으로 줄여 부른다)은 자본시장에서 어떤 자산의 균형가격이 어떻게 결정될 것인지를 설명해 주는 이론이다. 이 CAPM에 의하면, 체계적 위험에 비해 어떤 자산의 기대수익률이 너무 높으면 그 자산의 가격은 상승하여 기대수익률을 낮추고 기대수익률이 너무 낮으면 가격이 하락하여 기대수익률을 높일 것이기 때문에 어떤 자산의 기대수익률은 체계적 위험(베타계수)과 선형적 관계를 갖게 된다.

CAPM은 자본시장에서 어떤 자산의 가격이 과대 또는 과소평가되어 있는가를 판단할 수 있는 기준을 제공해 준다. 기업의 재무결정에서도 CAPM은 주주들이 주식으로부터 요구하는 최소의 기대수익률이 어느 정도인지, 어떤 투자안으로부터 얼마만큼의 기대수익률이 얻어져야 하는지 등에 관한 해답을 제공해 주기 때문에 매우 유용하게 이용된다.

CAPM은 1952년 마코위츠가 제시한 포트폴리오 선택이론과 1958년 토빈의 분리정리를 토대로 1964년에 샤프(W. Sharpe), 그 이후 린트너(J. Lintner)와 모신(J. Mossin) 등이 개발한 이론이다.[11] 그 이후에는 이 CAPM이 현실의 자본시장을 잘 설명하고 있는지를 실증적 자료에 의하여 검증하려는 시도가 매우 다양하게 이루어져 왔다. 물론 이런 실증적 검증결과들이 CAPM을 충분히 지지해 주는 것은 아니다. 그러나 CAPM이 지니고 있는 풍부한 시사점은 다른 어떤 이론에 의해서도 대신할 수 없는 것이기 때문에, 오늘날에도 CAPM은 증권투자뿐만 아니라 기업의 재무관리에서도 여전히 널리 활용되고 있다.

많은 이론들과 마찬가지로 CAPM도 몇 가지 가정 위에서 논리적 추론을 통하여 얻어진 이론적 결과이며, 주요한 결론은 다음의 세 가지로 요약될 수 있다.[12]

① 모든 투자자들은 그들의 위험에 대한 태도에 관계없이 '최적위험포트폴리오'로서 자본시장의 모든 위험자산으로 이루어진 시장포트폴리오를 보유한다.

② 투자자들은 시장포트폴리오와 무위험자산을 결합한 새로운 효율적 포트폴리오를 선택한다. 이때 투자자들이 부담하는 위험에 대하여 어느 정도의 기대수익률을 얻게 될 것인가는 자본시장

---

11 William Sharpe, "Capital Asset Prices: A Theory of Market Equilibrium," *Journal of Finance* (Sep. 1964), John Lintner, "The Valuation of Risk Assets and the Selection of Risky Investments in Stock Portfolios and Capital Budgets," *Review of Economics and Statistics* (Feb. 1965) 및 Jan Mossin, "Equilibrium in a Capital Asset Market," *Econometrica* (Oct. 1966)이 CAPM을 제시한 논문들이다. 이 중 샤프는 CAPM을 제시한 공로로 1990년에 마코위츠 및 밀러와 함께 노벨경제학상을 수상하였다.

12 CAPM은 다음과 같은 몇 가지 가정 하에서 도출된 이론이다. ① 자본시장은 완전경쟁적이고 효율적이다. ② 투자자들은 단일기간 수익률에 대한 예상만을 가지고 포트폴리오를 구성한다. ③ 투자자들은 평균 · 분산기준을 이용하여 효율적 분산투자를 행한다. ④ 무위험자산이 이용 가능하다. ⑤ 모든 투자자들은 동질적 예상을 행한다. 물론 이 가정들은 상당히 비현실적이며, 이 비현실적인 가정으로부터 도출된 CAPM 역시 현실을 충분히 설명해 줄 수 있는 것은 아니다. 그러나 이런 단순한 가정을 점차 현실적인 것으로 수정함으로써 현실을 더 잘 설명할 수 있는 다양한 형태의 CAPM이 도출될 수 있다.

선(capital market line: CML)으로 나타내진다.

③ 균형 하에서 개별 자산의 기대수익률은 그 자산의 베타계수와 1차함수 관계를 갖는다. 이 관계는 다음과 같은 증권시장선(security market line: SML)으로 나타내진다.

증권시장선: $E(R_j)=R_f+[E(R_M)-R_f]\beta_j$ (5-20)

CAPM이 갖고 있는 주요 내용 중 ①과 ②는 이미 제2절의 5.2.3 항에서 설명하였다 따라서 여기에서는 CAPM의 가장 중요한 결론이라고 할 수 있는 ③의 내용을 주로 설명하기로 한다.

5.5.2 증권시장선

위에서 언급한 바와 같이 CAPM은 자본시장에서 위험자산의 균형가격이 어떻게 결정될 것인지를 설명하는 이론이다. 따라서 어떤 자산의 균형가격이 어떻게 결정될 것인지를 표현하고 있는 증권시장선의 식이 CAPM의 몇 가지 결론들 중에서 가장 중요한 결론이라고 할 수 있다. 증권시장선은 투자자들이 위험을 최소화하기 위해 효율적 분산투자를 행하고 자본시장에서 무위험자산이 자유롭게 이용될 수 있는 경우, 어떤 자산의 기대수익률은 그 자산의 베타계수와 선형적 관계를 갖는다는 것을 말해주고 있다.

1) 증권시장선의 도출

증권시장선(security market line: SML)은 매우 정교한 수학적 과정을 통하여 얻어진 공식이지만, 여기에서는 증권시장선의 도출 과정을 가능한 한 쉽게 설명하기로 한다.

증권시장선이 얻어지는 과정은 위의 제2절에서 설명한 시장포트폴리오의 개념으로부터 출발한다. 이미 설명한 바와 같이 무위험자산이 이용될 수 있는 경우 모든 투자자들은 최적위험포트폴리오로서 시장포트폴리오를 보유한다. 이미 상세하게 설명한대로, 시장포트폴리오는 자본시장에서 거래되는 모든 위험자산으로 이루어져 있는 포트폴리오이므로, 시장포트폴리오의 위험은 오직 체계적 위험만으로 이루어져 있으며 베타계수는 1이다. 바꾸어 말하면 각 위험자산을 결합하여 시장포트폴리오를 형성하는 과정에서 각 개별 자산이 갖고 있는 비체계적 위험은 완전하게 제거되고 오직 체계적 위험만을 투자자들이 부담하게 된다.

이와 같이 투자자들이 시장포트폴리오를 보유함으로써 체계적 위험만을 부담하게 된다면, 그들이 요구하는 기대수익률의 크기는 그들이 실제로 부담하는 위험인 체계적 위험의 크기에 따라 결정될 것이다. 만일 어떤 자산의 기대수익률이 그 자산의 체계적 위험에 비해 높다면, 많은 투자자들이 그 자산을 매수하고자 할 것이다. 그 결과 이런 자산의 가격은 상승하고 기대수익률은 체계적 위험의 크기에 적합한 수준으로 낮아질 것이다. 반대로 어떤 자산의 기대수익률이 그 자산의 체계적 위험에 비해 낮다면, 사람들은 그 자산을 매도하고자 할 것이므로 가격은 하락하게 되고, 그 결과 그 자산의 기대수익률은 더 높은 수준으로 조정될 것이다.

그러면 어떤 자산에 대한 수요와 공급이 일치하는 균형 하에서, 그 자산의 기대수익률은 어떤 수준에서 결정될 것인가? 먼저 체계적 위험이 0인 자산, 즉 베타계수가 0인 자산을 생각해 보기로 하자. 그런 자산이 갖고 있는 비체계적 위험은 분산투자를 통하여 완전하게 제거될 것이므로, 베타계수가 0인 자산은 사실상 아무런 위험을 갖고 있지 않는 것과 마찬가지이다. 따라서 베타계수가 0인 자산의 기대수익률은 [그림 5-8]에서와 같이 무위험수익률과 동일한 크기일 것이다.

또 베타계수가 1인 다른 자산이 있다 하자. 어떤 자산의 베타계수가 1이라는 것은 그 자산의 체계적 위험의 크기가 시장포트폴리오의 위험과 같다는 것을 의미하므로, 시장포트폴리오의 위험프리미엄($=E(R_M)-R_f$)과 동일한 크기의 위험프리미엄이 주어져야 한다. 따라서 베타계수가 1인 자산의 기대수익률은 [그림 5-8]에서와 같이 시장포트폴리오의 기대수익률인 $E(R_M)$과 같아야 할 것이다. 만일 어떤 자산의 베타계수가 0.5라면, 그 자산의 위험프리미엄은 시장포트폴리오의 위험프리미엄의 0.5배($=[E(R_M)-R_f]\times 0.5$)만큼이어야 하므로, 기대수익률은 시장포트폴리오의 기대수익률 $E(R_M)$과 무위험수익률 R_f의 중간 수준이 될 것이다.

이상의 설명과 같이, 균형 하에서 어떤 자산의 기대수익률은 그 자산의 베타계수와 선형적 관계를 갖게 되며, 이 관계는 [그림 5-8]의 증권시장선(SML)으로 나타내진다. 어떤 자산의 기대수익률은 한 단위의 β_j에 대하여 시장포트폴리오의 위험프리미엄인 $E(R_M)-R_f$만큼 증가하므로, 증권시장선의 기울기는 시장포트폴리오의 위험프리미엄인 $E(R_M)-R_f$와 같다. 그리고 β_j가 0인 자산에 대하여 무위험수익률(R_f)과 같은 크기의 기대수익률이 주어지므로 증권시장선의 절편은 R_f와 같다. 따라서 증권시장선은 다음과 같은 식으로 표현될 수 있다.

증권시장선(SML)

$$E(R_j)=R_f+[E(R_M)-R_f]\beta_j \tag{5-21}$$

단, $E(R_j)$는 자산 j의 기대수익률이고 R_f는 무위험수익률, $E(R_M)$는 시장포트폴리오의 기대수익률, β_j는 자산 j의 베타계수를 나타낸다.

그림 5-8 증권시장선

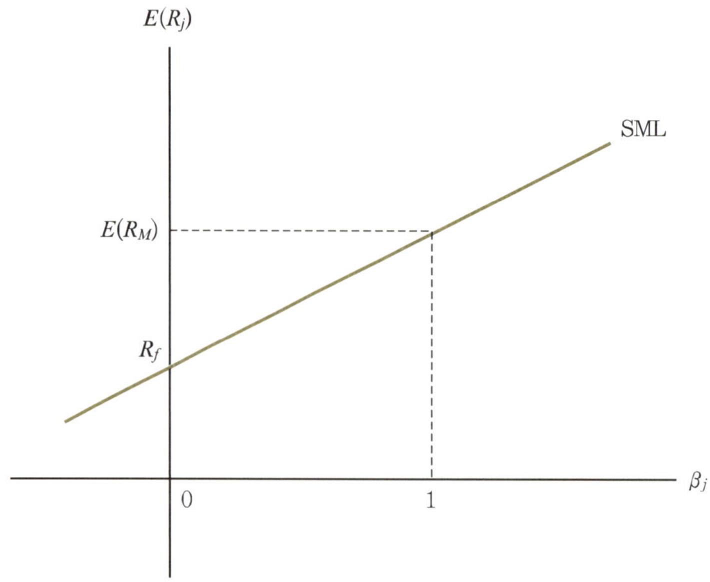

식(5-21)에서 증권시장선은 매우 단순한 공식으로 표현되고 있다. 즉, 어떤 자산의 기대수익률은 그 자산의 베타계수와 선형적 관계를 갖고 있으므로 베타계수가 1보다 큰 자산에 대해서는 시장포트폴리오의 기대수익률인 $E(R_M)$보다 높은 기대수익률이 주어지게 되며, 베타계수가 1보다 작은 자산은 $E(R_M)$보다 낮은 기대수익률이 얻어지도록 가격이 결정된다. 때로는 베타계수가 0보다 작은 자산이 있을 수 있으며, 이런 자산은 무위험수익률 R_f보다 낮은 기대수익률을 갖게 된다.

2) 증권시장선의 의미

증권시장선은 자본시장이 균형 상태에 있을 때 어떤 자산이나 포트폴리오의 기대수익률이 어떻게 결정될 것인지를 설명해 주는 공식이다. 이를 명확하게 이해하기 위해 다음의 예시를 보기로 하자.

예시

CAPM이 타당하다고 전제하고, 시장포트폴리오 기대수익률이 11%이고 무위험수익률은 3%라고 하자. 어떤 주식의 1년 후 기대현금흐름(배당과 매각대금)이 1주당 112,500원으로 예상되고 베타계수가 1.2인 어떤 주식이 현재 10만원의 가격으로 거래되고 있다 하자. 이 주식에 1년간 투자할 때 예상되는 기대수익률은 12.5%이다. 그러나 1.2의 베타계수에 알맞은 기대수익률은 증권시장선에 의해 $0.04+(0.11-0.03)\times1.2=13.6\%$이어야 한다. 이 주식의 실제 기대수익률은 12.5%로서 균형시장에서 정당화될 수 있는 수익률인 13.6%보다 낮으므로, 투자자들은 이 주식을 매도하고자 할 것이다. 그 결과 이 주식의 주가가 99,032원까지 하락하면, 위험의 크기에 알맞은 13.6%의 기대수익률을 얻게 될 것이므로 이 주가에서 균형이 성립할 것이다.

위의 예에서와 같이 어떤 주식이 베타계수에 비하여 낮은 기대수익률이 예상되고 있다 하자. 주가는 미래 현금흐름의 현재가치로 평가되기 때문에, 기대수익률이 낮다는 것은 위험에 비해 가격이 고평가되어 있다는 것을 의미한다. 투자자들은 이런 주식을 매도하려 할 것이므로 시장에서 초과공급이 나타나고 주가는 하락하게 될 것이다. 주가가 하락한다는 것은 이 주식의 기대수익률이 상승한다는 것을 의미한다. 이 주식의 가격이 충분히 하락하여 기대수익률이 SML상의 수준으로 상승하게 되면 더 이상의 초과공급이 나타날 수 없게 되어 이 주식에 대해 균형이 달성된다.

반대로 베타계수에 비하여 높은 기대수익률이 예상되고 있는 주식은 주가가 위험에 비해 저평가되어 있으므로, 시장에서 초과수요가 나타나고 주가는 상승하고 기대수익률은 하락하게 된다. 이 주식의 주가가 충분히 상승하여 기대수익률이 SML상의 수준까지 하락하면 초과수요가 사라지고 이 주식에 대한 균형이 달성된다.

이와 같이 자산의 가격은 그 자산의 체계적 위험의 크기에 알맞은 수준의 기대수익률이 얻어지도록 조정된다. 따라서 증권시장선은 자산의 균형적 기대수익률이 어떻게 결정될 것인지를 나타내 주고 있는 식이므로 재무관리와 증권투자의 실무에서 매우 중요하게 이용되고 있다.

3) 증권시장선의 이용 방법

증권시장선을 이용하여 균형 상태에서 어떤 자산의 기대수익률이 어느 정도일 것인지를 알고자 할 때, 위의 식(5-21)에 필요한 실제 자료가 쉽게 얻어지는 것은 아니다. 실무적으로 식(5-21)을 이용하기 위해서는 무위험수익률 및 시장포트폴리오의 위험프리미엄을 나타내 주는 실제의 값을 구하여야 하며, 주식의 베타계수 역시 계산하여야 한다.

① 무위험수익률(R_f): 일반적으로 통화안정증권과 같은 국채의 수익률을 무위험수익률로 사용한다.

② 시장포트폴리오의 위험프리미엄($E(R_M)-R_f$): CAPM에서 말하는 시장포트폴리오는 모든 위험자산으로 구성된 포트폴리오를 의미한다. 이런 의미의 진정한 시장포트폴리오를 찾아낼 수 있는 방법은 현실적으로 존재하지 않는다. 그러나 실무적으로 다른 적절한 지표를 구할 수 없으므로, 코스피(KOSPI)와 같은 대표적인 주가지수를 시장포트폴리오의 대용지표로 사용한다. 일단 시장포트폴리오를 비교적 잘 나타낸다고 판단되는 주가지수가 정해지면, 그 주가지수의 수익률에서 무위험수익률을 차감하여 시장초과수익률(market excess return)을 구하고, 3~5년에 걸친 월별 시장초과수익률을 평균하여 시장포트폴리오의 위험프리미엄에 대한 추정치를 얻을 수 있

다.[13]

③ 베타계수(β_j): 어떤 자산의 베타계수는 그 자산의 수익률을 시장포트폴리오의 수익률에 대하여 회귀분석함으로써 추정될 수 있다. 그러나 이와 같이 추정된 베타계수는 과거 자료로부터 얻어진 사후적(ex-post) 베타계수에 지나지 않는다. 위의 식(5-21)의 증권시장선에서 베타계수는 사전적(ex-ante) 예상에 의해 얻어진 체계적 위험을 의미하므로, 과거 자료로부터 얻어진 사후적 베타계수를 그대로 사용할 수 있는지에 대하여 의문의 여지가 있다. 만일 자산의 베타계수가 안정적이라고 가정할 수 있다면, 사전적 베타계수도 사후적 베타계수와 커다란 차이를 갖지 않을 것이다. 그러나 베타계수가 불안정적이라면 사후적 베타계수를 그대로 이용할 수 없으며, 적절한 방법으로 수정을 가하여 사용하여야 한다.

실제로 베타는 측정에 사용되는 표본기간에 따라 그 계산결과가 달라진다. 그러나, 베타는 개별 주식의 경우에는 안정적이지 않으나 포트폴리오의 베타는 비교적 안정적인 것인 경향이 있다. 일반적으로, 포트폴리오에 포함된 증권의 수가 크고 추정기간이 길수록 베타는 더 안정적이다. 또한 베타는 1을 향해 수렴하는 경향이 있다. 즉, 비교적 높은 베타를 가진 포트폴리오의 베타는 시간이 지나면서 하락하고, 낮은 베타를 갖는 포트폴리오의 베타는 시간이 지나면서 상승하는 경향을 보인다. 따라서 실무에서는 전기의 베타와 1을 가중평균한 수정베타가 사용되기도 한다.[14]

참고 증권시장선의 행태과학적 문제[15]

증권투자나 기업의 재무관리의 의사결정에서 가장 빈번하고 중요하게 사용하는 이론이 증권시장선의 공식이다. 증권시장선이 주는 가장 중요한 메시지는 더 큰 위험에 대해 더 큰 기대수익률을 요구한다는 것이다. 그러나 현실의 투자자나 경영자들이 이 메시지와 같이 생각하고 판단하고 있을까? 이와 관련하여 흔히 발견되는 행태과학적 현상이 대표성(representativeness) 휴리스틱이다. 대표성 휴리스틱은 판단을 내릴 때 널리 또는 이미 받아들여지고 있는 편향된 판단을 그대로 받아들이려는 경향을 말한다.

인텔과 유니시스는 모두 세계적인 IT제품 회사이다. 일반적으로 인텔은 유니시스보다 더 좋은 실적을 올려왔고 더 널리 알려져 있으며 더 나은 재무건전성을 갖는 것으로 알려져 있다. 이런 지식

---

13 예를 들어, 우리나라의 대표적 지수인 코스피 수익률에 유가증권시장 상장주식의 가중평균 배당수익률을 합계한 값을 시장포트폴리오의 수익률로 사용하고 한국은행 통화안정증권의 수익률을 무위험수익률의 지표로 사용하여 시장초과수익률을 구할 수 있다. 우리나라 증권업계의 실무에서는 분석기관에 따라 다소의 차이를 보이고 있긴 하지만 시장포트폴리오 위험프리미엄으로 연간 8% 내지 9% 정도로 가정하는 것이 일반적인 것 같다. 이 수치는 뚜렷한 논리적 또는 실증적 근거를 갖고 있지 않지만 어느 정도 직관적 설득력을 갖고 있는 것으로 보인다.

14 CAPM과 증권시장선만이 자산의 기대수익률을 결정하는 유일한 이론은 아니다.

15 조담 역, 행태과학으로 본 재무관리(청람, 2012), 4.2절.

때문에 대부분의 사람들은 인텔 주식의 기대수익률이 유니시스보다 당연히 더 높을 것으로 판단한다. 그런 이 판단은 대표성 휴리스틱에 의존함으로써 위험 · 수익의 교환관계를 무시하는 잘못된 판단이다.

포춘(Fortune)지는 1997년 이래 경영자 및 투자전문가를 대상으로 위험과 기대수익률의 관계에 대해 설문조사하고 있다. 이 결과를 보면, 전문가들도 기업평판이나 영업성과가 좋은 기업 주식의 기대수익률을 높게 예상하고 있으며, 결과적으로 베타계수가 작은 주식이 높은 기대수익률을 갖는 것으로 예상하고 있다. 이 결과는 전문가들마저도 주식의 기대수익률을 예상할 때 대표성 휴리스틱에 의존하고 있다는 것을 보여주고 있다.

그러나 증권시장선이 주는 메시지는 어떤 자산의 위험프리미엄과 기대수익률은 오직 그 자산의 베타계수의 크기에 따라 결정되어야 한다는 것이다. 즉, 인텔과 유니시스의 경우 두 주식의 베타계수(체계적 위험)의 크기를 먼저 추정하고 베타계수의 크기에 기초하여 기대수익률을 예상해야 한다.

5.5.3 자본자산가격결정모형의 고려사항

1) CAPM의 검증

위에서 언급한대로 CAPM을 실제로 이용할 때 가장 큰 문제점은 사전적(ex-ante) 관점의 기대수익률을 예측하는 데 사후적(ex-post) 자료를 사용해야 한다는 점이다. 즉, CAPM은 미래를 예측하는 모형이나, 실제 분석은 과거 자료에 기초한다. 결국, 엄밀하게 CAPM은 지금까지 실증적으로 검증된 적이 없고 앞으로도 검증될 수 없을 것이다.

또한 CAPM에서 시장포트폴리오는 모든 위험자산을 시장가치의 비중만큼 포함하는 포트폴리오인데, 이런 포트폴리오는 실제로 관찰될 수 없다. 현실에서는 시장포트폴리오 대신 주가지수 같은 다른 지표를 사용하고 있는데, 이는 베타와 시장위험 프리미엄을 부정확하게 측정하는 결과를 초래할 수 있다. 롤(R. Roll, 1977)은 이 점을 지적하여 CAPM의 검증은 불가능하다고 주장하였다.[16]

2) 단일요인 모형의 한계

CAPM에서 어떤 자산의 기대수익률을 결정하는 요인은 베타이다. 그러나 베타가 자산의 수익률을 설명하는 유일한 위험요인이라는 결론은 많은 도전에 직면하였다. 예를 들어, 파마와 프렌치(E. Fama

---

16 Richard Roll, "A Critique of the Asset Pricing Theory's Tests Part I: On Past and Potential Testability of the Theory," *Journal of Financial Economics 4*(Mar. 1977).

& K. French, 1992 & 1993)는 어떤 자산의 수익률과 베타의 관계는 표본기간에 따라 다르게 나타나고, 평균수익률은 베타 외에도 기업 규모(Size), 주가이익비율(PER), 그리고 장부가/시가비율(PBR의 역수)와 선형관계를 보인다고 주장하며, CAPM을 비판했다.[17]

이에 대해, CAPM을 지지하는 학자들은 CAPM 발표 이후 약 60년의 연구기간은 비록 짧지는 않으나 CAPM을 검증할 수 있을 만큼 충분히 길지도 않으며, CAPM을 부정하는 결과들은 자료 측정의 오류 또는 특정한 표본에서만 나타나는 허구적인 관계일 수 있다고 반박했다. 특히, 실증연구는 표본기간 동안 생존한 기업만을 대상으로 하기 때문에, 여기에서 발생하는 표본선택의 편의(sample-selection bias)의 가능성을 지적했다. 일반적으로 위험한 기업은 소규모이거나 높은 장부가/시가비율을 갖는 경향이 있으며, 이런 기업은 도중에 소멸하여 표본으로부터 제외될 가능성이 높다. 그러나 그 가운데 생존하는 기업은 높은 기대수익률을 보이는 경향이 있으므로, 소규모이거나 높은 장부가/시가비율을 갖고 있는 기업의 주식은 높은 기대수익률을 내는 것처럼 보일 수 있다는 것이다.

제6절 효율적 시장과 이상현상

5.6.1 효율적 시장 가설

1) 효율적 시장

앞의 제2장에서 언급된대로 효율적 시장(efficient market)은 현재 시장가격이 증권에 관한 모든 정보를 반영하는 시장이다. 현대의 증권시장은 정보가 풍부하고, 모든 투자자들은 거의 실시간으로 별 비용부담 없이 이런 정보를 이용할 수 있기 때문에, 증권시장이 상당히 효율적이라는 것은 부정하기 어렵다. 그러나 증권시장은 나라나 시기에 따라 그 효율성의 정도에서 차이를 보이기 때문에, 효율성의 수준을 나타내거나 측정할 수 있는 적당한 척도가 필요하다.

파마(E. Fama, 1970)는 증권가격이 정보를 반영하는 정도에 기초하여 시장의 효율성 수준을 다음 세 가지로 구분하였다.[18]

① 약형(weak-form): 증권의 가격은 모든 역사적 정보를 반영한다. 따라서 과거의 주식가격이나 거래량에 기초한 거래규칙은 투자수익을 높이는 데 도움이 되지 않는다.

17 Eugene Fama and Kenneth French, "The Cross-section of Expected Stock Returns," *Journal of Finance 47* (Jun. 1992) 및 Eugene Fama and Kenneth French, "Common Risk Factors in the Returns on Stocks and Bonds," *Journal of Financial Economics 33* (Feb. 1993).

18 Eugene Fama, "Efficient Capital Markets: A Review of Theory and Empirical Work," *Journal of Finance* (May 1970).

② 준강형(semistrong-form): 증권의 가격은 모든 공개된 정보(public information)를 반영한다. 따라서 과거와 현재의 공개된 정보에 기초한 거래규칙은 투자수익을 높이는 데 도움을 주지 않는다.

③ 강형(strong-form): 증권의 가격은 공개된 정보뿐 아니라 일부 사람들만 알고 있는 사적 정보(private information)도 반영한다. 따라서 어떤 거래 규칙도 투자수익을 높이는 데 도움을 주지 않는다.

먼저, 약형 효율성은 시장 효율성을 판단하는 가장 낮은 기준이다. 증권시장이 약형 효율성을 충족한다는 것은 공개된 모든 정보는 이미 가격에 반영되어 있음을 의미한다. 따라서, 과거의 증권가격이나 거래량을 분석하는 것으로는 기대수익률을 초과하는 비정상수익률(abnoraml return)을 얻을 수 없다. 예를 들어, 만약 누군가 주가가 며칠 동안 지속적으로 상승하고 있다거나 시장이 불안하여 가격이 하락하고 있다는 정보를 이용하여 거래를 하더라도, 다른 투자자들도 이미 이런 정보를 감안하여 매매를 하고 있을 것이므로, 그는 비정상적으로 높은 수익률을 얻을 수 없다.

준강형 효율성은 증권가격이 모든 공개된 정보를 이미 반영하고 있는 상태를 의미한다. 따라서 과거의 가격이나 거래량뿐 아니라 예상되지 않았던 뉴스나 공적인 정보도 증권가격에 즉시 반영된다. 준강형 가설에 따르면, TV나 인터넷을 통해 얻은 정보에 기초하여 거래하는 것으로는 비정상수익률을 얻을 수 없다.

마지막으로, 강형 효율성은 기업의 경영자와 내부자(insider)만 갖고 있는 사적 정보도 이미 증권가격에 완전히 반영될 정도의 효율성을 의미한다. 증권시장이 강형 효율성을 충족하는 경우에는 예를 들어, 투자자가 어떤 회사가 비밀리에 추진하고 있는 인수 · 합병에 관한 정보를 입수하더라도 그는 이 정보를 이용하여 거래하는 것으로 비정상수익률을 얻을 수 없다. 따라서 강형 효율성 가설은 대단히 높은 수준의 시장 효율성을 의미한다.

5.6.2 증권시장의 이상현상

1) 시장의 이상현상

효율적 시장에서는 비정상수익을 얻을 수 없다. 그러나, 증권시장에서는 공개된 정보에 기초하여 거래하는 경우에도 비정상수익을 얻는 상황이 반복적으로 발생하는 경우가 있으며, 이런 것을 시장의 이상현상(anomalies)이라고 한다. 대표적인 이상현상으로는 다음과 같이 캘린더효과, 규모효과, 소외기업효과 등이 있다.

① 캘린더효과: 캘린더효과(calendar effect)는 비정상 수익률이 특정 기간 동안에 규칙적으로 발생하는 현상을 의미한다. 예를 들어, 증권시장에서는 1월에 수익률이 높게 나타나는 현상이 관찰

되곤 하여, 효율적 시장 가설을 위협한다. 이런 1월효과(January effect)는 절세 동기에 의해 설명되기도 한다. 즉, 투자자는 가격이 하락한 자산의 손실을 실현하여 세금을 줄이기 위해 연말에 증권을 매도하고, 새해에 들어서면 다시 매입하며, 그 결과로 주가는 연말에 하락하고 1월에 상승한다는 것이다. 그러나, 일부에서는 회계연도가 12월에 종료되지 않거나 세법이 다른 나라에서도 1월효과가 관찰된다고 반박하기도 한다. 1월효과 외에도, 매월 초반에 수익률이 높게 나타나는 현상을 의미하는 월간효과(monthly effect), 월요일의 수익률이 낮고 금요일의 수익률이 높은 현상을 뜻하는 주말효과(weekend effect) 등도 거론된다.

② 규모효과: 규모효과(size effect)는 작은 시가총액을 가진 소규모 기업이 대규모 기업보다 높은 수익률을 보이곤 하는 현상을 의미한다. 일부 학자들은 소규모 기업의 주식은 거래빈도가 낮기 때문에 쉽게 현금화될 수 없는 위험을 갖고 있다거나 거래비용이 높다는 것으로 규모효과를 설명하려고 시도한다. 또는 시장은 기관투자자와 개인투자자로 분할되어 있는데, 소규모 기업의 주식은 주로 개인투자자가 지배하는 시장에서 거래되기 때문에 기관투자자들 사이의 경쟁의 영향을 덜 받기 때문이라는 주장도 있다.

③ 소외기업효과: 기업의 규모뿐 아니라, 투자자의 관심이 낮은 기업의 수익률이 높은 현상을 소외기업효과(neglected firm effect)라고 한다. 예를 들어, 어떤 기업은 그 기업에 대해 관심을 갖고 정기적으로 주가예측을 수행하는 증권분석가의 수가 작은데, 이런 회사는 상대적으로 높은 수익률을 보이곤 한다. 일반적으로 소외기업은 규모가 작은 경향이 있기 때문에, 규모효과와 소외기업효과는 서로 관련성을 갖고 있는 것으로 보인다.

2) 이상현상에 대한 여러 가지 견해

증권시장의 실증연구에서 발견되는 이상현상은 상당히 지속적으로 다양한 시장에서 관찰되고 통계적으로 유의하나, 전통적인 투자이론으로는 설명되기 어렵다. 다시 말해, CAPM 같은 위험을 반영한 자산가격결정모형을 이용하여 분석할 때, 수익률의 일부는 그 모형에 의해 설명되지 않는다. 이런 비정상수익률이 존재하는 이유에 대한 학자들의 견해는 크게 세 가지로 분류된다.

첫째, 어떤 학자들은 이상현상의 존재를 인정하지 않고, 실증연구 과정의 측정오류 등의 문제 때문에 마치 이상현상이 존재하는 것처럼 보인다고 주장한다. 이들은 효율적 시장 가설을 지지하는 입장을 갖고 있다.

둘째, 효율적 시장 가설을 지지하는 학자들의 다른 일부는 시장효율성 가설은 맞으나 검증모형에 오류가 있다고 주장한다. 이들은 예를 들어 CAPM이 현실을 완전히 설명하지 못하고 있다고 본다.

셋째, 이상현상이 효율적 시장 가설이 틀렸음을 보여주는 증거라고 주장하는 학자들이 있다. 이들은 이상현상을 시장에 관한 기존의 관점을 바꾸어야 할 근거로 간주하고, 제1장에서 소개된 행태재무학(behavioral finance)을 그 대안으로 제시하곤 한다.

전통적인 재무이론은 투자자가 합리적으로(rationally) 행동하고 시장이 완전히 효율적이라는 전제에 기초하나, 행태재무학은 시장효율성에 반하는 이상현상들을 심리학적 접근을 통해 설명하려고 시도한다. 심리학자들은 투자자의 결정이 종종 합리성을 결여한 방법에 의해 이루어진다는 것을 발견하였으며, 행태재무학은 개인 또는 사회적 심리가 어떻게 재무적 의사결정과 금융시장의 움직임에 영향을 미치는지 분석한다.

제5장 연습문제

[선다형]

01 어떤 주식에 투자하여 제1년도에 10%, 제2년도에 -12%, 제3년도에 6%, 제4년도에 13%, 제5년도에 -9%의 수익률이 얻어졌다 하자. 이 주식의 수익률 표준편차는?

① 1.89% ② 5.48% ③ 8.66%
④ 11.37% ⑤ 26.87%

02 흔히 증권의 수익률이 정규분포를 갖는 것으로 가정한다. 그 이유로서 타당한 것은?

① 우리가 갖고 있는 자료는 유한하기 때문이다.
② 수익률의 실제 관찰자료가 대부분 정규분포로 나타낼 수 있기 때문이다.
③ 정규분포를 가정할 경우에만 기대수익률과 표준편차의 계산이 가능하기 때문이다.
④ 정규분포는 증권의 수익률이 갖는 다양한 특성들을 가장 정확하게 나타내줄 수 있기 때문이다.
⑤ 정규분포의 형태는 평균과 표준편차만으로 정의될 수 있기 때문이다.

03 수익률의 변동성을 나타내는 척도로서 가장 흔히 사용하는 것은?

① 도수분포 ② 인플레이션율 ③ 위험프리미엄
④ 표준편차 ⑤ 현재가치

04 무위험자산의 수익률 R_f와 시장포트폴리오를 통과하는 선은 다음 중 어느 것인가?

① 증권시장선 ② 증권특성선 ③ 효율적 투자기회선
④ 자본시장선 ⑤ 자본배분선

05 체계적 위험의 중요성을 설명하는 것으로서 가장 적절한 것은?

① 자산의 총위험을 측정하는 데 필요하므로
② 위험프리미엄은 자산 고유의 위험에 의존하므로
③ 균형상태의 자본시장에서 체계적 위험에 대해서만 위험프리미엄이 주어지므로
④ 각 자산의 총위험은 체계적 위험의 크기만큼만 차이를 보이므로
⑤ 비체계적 위험을 제거하기 위해서는 많은 비용이 들기 때문에

06 베타계수에 관한 설명으로서 옳지 않은 것은?

① 체계적 위험의 척도이다.

② 베타계수가 1보다 작은 자산은 방어적 자산으로 간주된다.

③ 일반적으로 베타계수가 크면 기대수익률도 크다.

④ 베타계수가 1인 자산은 국공채의 이자율과 같은 기대수익률을 갖는다.

⑤ 어떤 자산의 베타계수가 클수록 그 자산의 위험프리미엄도 크다.

07 증권특성선에 대한 설명으로 잘못된 것은?

① 개별 증권의 수익률이 시장포트폴리오의 수익률변동과 어떤 관계를 갖고 변동하는가를 표시한다.

② 증권특성선의 기울기인 β_i는 비체계적인 위험을 나타내는 지수이다.

③ $\beta_i > 1$인 자산을 공격적 자산이라고 한다.

④ β_i의 크기에 의해 자산 i의 체계적 위험의 크기를 알 수 있다.

⑤ 증권특성선은 개별 자산의 수익률을 시장포트폴리오의 수익률에 관하여 회귀분석하여 구해진다.

08 비체계적 위험을 바르게 설명한 것이 아닌 것은?

① 특정 기업이나 산업에 국한된 요인들로부터 발생하는 위험이다.

② 전쟁, 인플레이션, 경기침체 등 증권시장 전체의 공통적 요인들로 인하여 발생한 위험이다.

③ 여러 가지의 증권에 분산투자함으로써 제거할 수 있는 위험이다.

④ 시장모형의 잔차의 분산에 의하여 그 크기를 측정한다.

⑤ CAPM에 의하면, 개별 자산의 기대수익률은 그 자산의 비체계적 위험의 크기와 무관하다.

09 자산수익률의 변동을 시장모형에 의하여 적절하게 나타낼 수 있다면, 충분히 분산투자된 포트폴리오의 분산에 대한 개별 자산의 공헌도를 가장 잘 나타내는 척도는 다음 중 어떤 것인가?

① 분산　　② 상관계수　　③ 잔차분산

④ 체계적 위험　　⑤ 결정계수

10 효율적 시장가설(EMH)에 관하여 옳은 설명만을 묶은 것은?

A. EMH는 양(+)의 순현가를 갖는 투자안이 존재할 수 없다는 것을 의미한다.
B. EMH는 모든 자산의 기대수익률이 동일하다는 것을 의미한다.
C. EMH는 어느 누구도 지속적으로 비정상적인 높은 수익을 얻을 수 없다는 것을 의미한다.
D. EMH는 증권거래소의 주가가 공정하게 결정된다는 것을 의미한다.

① A, B ② A, B, C ③ A, C, D
④ B, C, D ⑤ A, B, C, D

11 약형 또는 준강형 시장효율성에 관한 증거가 말해주지 않는 것은?

① 적절하게 조직화된 증권시장에서 결정된 주가는 공정한 가격이다.
② 과대 또는 과소평가된 주식을 찾아내기가 쉽지 않다.
③ 가격이 새로운 정보에 대하여 신속하게 반응한다.
④ 공개된 정보를 이용하여 주가의 움직임을 예측하기가 어렵다.
⑤ 기업의 임직원들이 자기회사에 관하여 사적 정보를 갖고 있다 하더라도 이를 이용하여 돈을 벌 수 없다.

12 과거의 주가변동을 면밀하게 분석한 결과, 매년의 12월에 주식을 매입하여 다음해 정월에 매도함으로써 비정상 성과를 얻을 수 있다는 사실이 발견되었다. 이 사실과 관련하여 올바른 설명은?

① 이 사실은 자본시장 효율성을 위배한 것이 아니다.
② 이 사실은 약형 효율성을 위배한 것이다.
③ 이 사실은 준강형 효율성을 위배한 것이다.
④ 이 사실은 강형 효율성을 위배한 것이다.
⑤ 이 사실은 강형 효율성만을 위배한 것이다..

[서술형]

01 위험감소를 위하여 분산투자를 수행하는 구체적인 사례들을 들어보시오.

02 평균 · 분산기준에 대해 설명하시오.

03 무위험자산이 존재하는 경우 모든 투자자들이 효율적 투자기회선의 접점에 있는 시장포트폴리오 M을 최적위험 포트폴리오로 보유하고자 하는 이유를 설명하시오.

04 체계적 위험과 비체계적 위험에 대하여 설명하시오.

05 어떤 주식의 수익률이 다음과 같이 예상된다. 이 주식의 기대수익률과 표준편차는?

수익률	확률
−20%	25%
15%	50%
50%	25%

06 어떤 두 자산의 표준편차가 각각 0.2와 0.5이고, 상관계수는 0이다. 두 자산에 1/2씩 투자하여 구성한 포트폴리오의 표준편차는?

07 기대수익률이 10%이고 표준편차가 20%인 주식 A와 기대수익률이 20%이고 표준편차가 40%인 주식 B에 각각 투자자금의 1/2을 투자하여 만든 포트폴리오의 기대수익률과 표준편차는? A와 B 사이의 상관계수는 0.3이다.

08 주식 A는 18%의 기대수익률과 25%의 표준편차를 갖고 있고, 주식 B는 30%의 기대수익률과 45%의 표준편차를 갖고 있으며, 두 주식의 수익률은 0의 상관계수를 갖고 있다.

(1) 이 두 주식을 30 : 70으로 결합하여 만든 포트폴리오의 기대수익률과 표준편차를 계산하시오.

(2) 이 두 주식에 투자비율을 달리하여 다양한 포트폴리오들을 만들 경우, 그 포트폴리오들의 기대수익률과 표준편차를 그림으로 그리시오.

09 어떤 두 자산의 수익률의 확률분포가 다음과 같이 주어져 있다.

상태	확률	주식 1	주식 2
1	1/3	−20%	40%
2	1/3	20%	20%
3	1/3	60%	0%

(1) 두 자산의 표준편차는?

(2) 두 자산의 수익률 사이의 상관계수는?

10 어떤 세 개의 자산에 대한 기대수익률, 표준편차 및 상관계수가 다음과 같이 주어져 있다.

	$E(R)$	σ	ρ
주식 A	0.15	0.3	$\rho_{AB}=0.6$
주식 B	0.20	0.5	$\rho_{BC}=0.3$
주식 C	0.25	0.5	$\rho_{AC}=-0.3$

이 세 주식에 1/3씩 투자할 경우 포트폴리오의 기대수익률과 표준편차를 계산하시오.

11 시장포트폴리오의 표준편차가 0.2일 때, 베타계수가 1.2이고 비체계적 위험(잔차분산)이 0.09인 주식의 표준편차는 얼마인가?

12 시장포트폴리오의 기대수익률은 13%이고 무위험수익률은 5%이다. 어떤 투자자가 시장포트폴리오와 무위험자산을 결합하여 만든 포트폴리오 C의 위험프리미엄이 10%라면, 포트폴리오 C의 베타계수는?

13 주식 X에 대하여 다음의 과거 자료가 주어져 있다. 엑셀을 사용하여 다음 물음에 답하시오.

연도	주식 X의 수익률	주가지수 수익률
1	−0.3025	−0.1760
2	0.4202	0.2750
3	0.2728	0.2145
4	−0.1012	0.0220
5	0.0836	0.1111
6	0.2365	0.2354
7	0.3476	0.0000

(1) 위의 자료를 가지고 산포도를 그리시오.

(2) 주식 X와 주가지수의 평균수익률과 표준편차를 구하시오.

(3) 주식 X의 베타계수를 구하시오.

14 CAPM의 내용을 요약하여 설명하시오.

15 무위험자산의 수익률이 10%이다. 그리고 시장포트폴리오의 기대수익률은 17%, 표준편차는 20%이다.

(1) 위의 자료에 의하여 자본시장선을 구하시오.

(2) 어떤 투자자가 1%의 표준편차를 추가적으로 부담할 경우 어느 정도의 기대수익률을 더 많이 얻어 낼 수 있는가?

16 무위험수익률은 10%이고 시장포트폴리오의 기대수익률은 18%이다.

(1) 이 자료를 이용하여 증권시장선의 식을 구하시오.

(2) 시장포트폴리오의 위험프리미엄은?

(3) 베타계수가 1.5인 자산의 기대수익률은 얼마이어야 하는가?

(4) 어떤 주식의 베타계수는 0.8이고 기대수익률은 15%이다. 이 주식을 매입하는 것이 바람직한가?

17 어떤 주식의 베타계수는 1.2이고 당기말 주당배당은 2,000원으로 예상된다. 또 이 주식의 주당배당은 영속적으로 매기 5%씩 증가할 것으로 예상되고 있다. 이 주식은 현재가치는 얼마로 평가되는가? 시장포트폴리오의 기대수익률은 12%, 무위험수익률은 4%이다.

18 어떤 회사의 총자산이 500억원으로 평가되고 있고 경영위험은 0.8의 베타계수로 추정되고 있다. 이 회사가 총자산 200억원, 경영위험이 1.2의 베타계수를 갖는 다른 회사를 합병하여 새로운 회사를 설립하고자 한다. 합병 후 설립될 새로운 회사의 경영위험을 베타계수로 측정한다면 어느 정도인가?

19 시장포트폴리오의 기대수익률은 20%이고 무위험수익률은 10%이다. CAPM이 타당하다면 17%의 기대수익률을 갖고 있는 위험자산의 베타계수는 얼마이어야 하는가?

20 무위험수익률은 5%, 종합주가지수의 기대수익률은 12%로 예상되고 있다. CAPM이 타당하다면, 다음의 자산들의 기대수익률은 어느 정도로 예상되는가?

(1) 베타계수가 −0.2인 뮤추얼 펀드 (2) 베타계수가 0인 주식

(3) 베타계수가 1.5인 수익증권 (4) 베타계수가 1인 자산

22 시장포트폴리오의 기대수익률은 15%이고 표준편차는 30%이다. 무위험수익률은 5%이다. 어떤 투자자가 20%의 표준편차만을 부담한다고 가정하자.

(1) 그가 선택하게 될 포트폴리오에서 시장포트폴리오와 무위험자산의 투자비율은?

(2) 그가 선택하게 될 포트폴리오의 기대수익률과 베타계수는?

21 오른쪽의 그림은 효율적 투자기회선과 자본시장선을 그린 그림이다.

(1) 효율적 분산투자를 행하는 투자자가 20%의 표준편차를 부담한다면 그가 얻게 될 기대수익률의 크기는 얼마인가?

(2) 이 그림에서 자산 A의 기대수익률은 10.8%이다. CAPM이 타당하다면, 이 자산의 베타계수는 어느 정도인가?

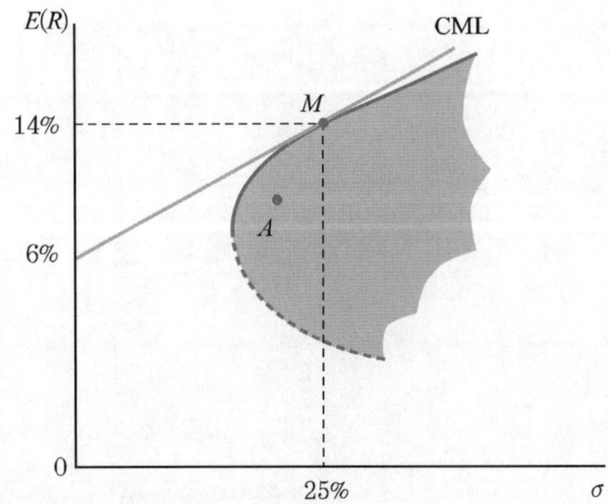

23 2001.1월~2012.12월까지 우리나라 코스피 월간수익률, 통안증권수익률(월간), 주요 업종별 지수의 월간수익률 등이 주어져 있다. 엑셀을 이용하여 다음 물음에 답하시오.

(1) 코스피와 각 업종별 지수의 월간초과수익률을 계산하여 별도의 스프레드를 작성하시오.

(2) 코스피와 각 업종별 지수의 월간초과수익률과 표준편차를 구하시오.

(3) 각 업종별 월간초과수익률과 코스피 월간초과수익률 사이의 공분산을 구하시오.

(4) 각 업종별 월간초과수익률의 베타계수를 구하시오. 각 업종의 베타계수는 $\beta_j = \mathrm{Cov}(r_j, r_{\mathrm{KOSPI}}) \div \mathrm{Var}(r_{\mathrm{KOSPI}})$의 식에 의해 구할 수 있다(단, $\mathrm{Var}(r_{\mathrm{KOSPI}})$는 코스피 초과수익률의 분산이다).

(5) 월간초과수익률을 12배하여 업종별 연간평균초과수익률을 구하고, 업종별 연간평균초과수익률을 베타계수에 관해 회귀분석하시오. 또 회귀분석 결과를 보고 증권시장선이 말하는 바와 같이 평균초과수익률이 베타계수에 대해 (+) 관계를 갖고 있다고 할 수 있는지 논평하시오.

24 시장효율성의 의미를 설명하고, 어떻게 효율성의 수준이 세 가지로 구분될 수 있는지 기술하시오.

25 증권시장의 이상현상을 설명하고, 세 가지 이상의 예를 들어보시오.

[선다형문제 정답과 풀이]

01 ④ ▸ 평균수익률은 $(0.1-0.12+0.06+0.13-0.09)/4=0.02$. 표준편차는 $\sqrt{(0.1-0.02)^2+\ldots+(-0.09-0.02)^2}=0.1137$
02 ⑤ ▸ 실제 증권의 수익률은 대체로 정규분포를 갖지 않는다. 그럼에도 불구하고 흔히 정규분포를 가정하는 것은 ㉠ 정규분포의 형태가 평균과 표준편차만으로 정의될 수 있으며, ㉡ 정규분포의 통계적 특성이 잘 알려져 있기 때문이다. **03** ④ **04** ④ **05** ③ **06** ④ **07** ② **08** ② **09** ④ **10** ③ **11** ⑤ **12** ②

제6장

위험관리

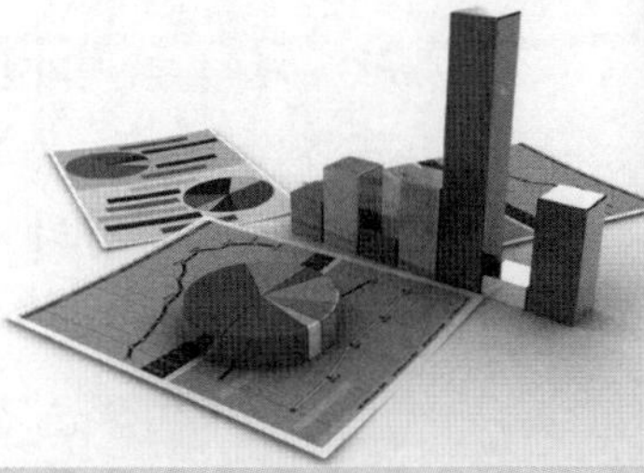

제1절 위험관리

6.1.1 위험과 위험관리의 의의

1) 위험과 위험노출

일반적인 의미에서 위험(risk)은 손실이나 재난을 입을 가능성을 의미한다. 우리의 일상생활에서 교통사고, 가뭄과 홍수, 질병, 실업, 증권과 부동산가격의 하락 등과 같은 사태는 언제든지 발생할 수 있으며 이런 것들이 모두 위험에 해당한다. 따라서 어떤 의미에서 위험은 개인과 사회활동의 중요한 일부를 이루고 있다고 할 수 있다.

많은 종류의 위험은 그 크기를 양적으로 측정할 수 있다. 예를 들어, 소행성이 지구와 충돌할 확률을 고도의 천문학적 지식을 이용해 계산할 수 있으며, 우리는 이렇게 계산된 확률을 지구파멸이라는 위험의 크기를 나타내는 척도로 사용할 수 있다. 또 증권투자에서는 어떤 자산의 수익률이 어느 정도의 변동성을 갖고 있는가를 표준편차와 같은 통계적 척도로 측정할 수 있으며, 이렇게 측정된 표준편차는 투자위험의 크기를 나타내는 척도로 사용된다.

일반적으로 거의 모든 개인이나 기업은 위험회피적(risk averse)인 것으로 가정된다. 위험회피적 인간은 가능한 한 위험을 더 적게 부담하고자 하며, 경우에 따라서는 비용을 치루더라도 위험을 줄이고자 하는 사람이다. 그리고 위험회피적인 사람은 위험부담의 대가가 적절하게 주어져야만 위험을 부담하려 한다.

어떤 개인이나 기업이 특정한 종류의 위험에 직면하게 되었을 때 이것을 위험노출(risk exposure)이라고 한다. 예를 들어, 어떤 사람이 임시직 사원이라면 그는 실업위험에 많이 노출되어 있다고 할 수 있다. 또 유럽으로 전자제품을 수출하는 회사는 유로화의 환율변동위험에 크게 노출되어 있다고 할 수 있다. 개인 또는 기업이 노출되는 위험의 종류는 헤아릴 수 없을 정도로 매우 다양하다. 그러나 경제적으로 특히 중요한 위험노출만을 분류하면 다음과 같다.

2) 개인의 위험노출

개인 또는 가계는 생존 그 자체와 다양한 사회적 활동에 수반되는 여러 종류의 위험에 노출되어 있으며 그것들을 예로 들면 다음과 같다. 이 위험노출은 개인이 직접 부담하거나 위험의 일부를 보험을 통해 다른 개인 또는 기관에게 전가할 수 있다.

① 질병, 불구 및 사망: 예상치 못한 질병이나 사고는 치료비뿐만 아니라 소득의 감소 때문에 개인 및 가계에 커다란 비용을 부담하도록 만든다.

② 실업위험: 오늘날 기술혁신의 속도가 빨라짐으로써 개인의 숙련과 기술의 수명이 짧아지고 있으며, 따라서 실업위험이 크게 증가하고 있다.

③ 내구소비재위험(consumer-durable asset risk): 이것은 주택, 자동차 또는 다른 내구소비재의 소유에 따른 위험이다. 이 위험은 화재, 절도 또는 고장뿐만 아니라 기술발전이나 소비자기호의 변화로 인한 진부화 때문에 발생하는 손실의 가능성도 포함한다.

④ 채무위험(liability risk): 어떤 손실이 발생하여 다른 사람이 채무적 청구권을 행사함으로써 자신이 책임져야만 하는 위험. 예를 들어, 당신이 부주의한 운전으로 사고를 일으켜서 다른 사람에게 부상 또는 재산피해를 끼쳤을 때, 다른 사람은 당신에게 피해보상을 위한 재무적 청구권을 갖게 된다.

⑤ 금융자산위험(financial-asset risk): 주식, 채권, 외환 또는 다른 금융자산에 투자함으로써 발생하는 위험. 제5장에서는 이 금융자산위험을 분산투자에 의해 감소시키는 방법을 설명하였다.

3) 기업의 위험노출

기업이 행하는 경제적 기능은 재화와 용역을 생산하는 것이며, 그 과정에서 불가피하게 여러 가지 종류의 위험을 부담하게 된다. 이 위험은 궁극적으로 주주, 채권자, 고객, 납품업자, 종업원 및 정부와 같은 이해관계자들이 부담하여야 하지만 보험 등과 같은 금융제도를 이용하여 다른 당사자들에게 위험을 전가할 수도 있다. 전형적인 제조업체에서 발생하는 위험노출은 다음과 같다.

① 생산위험(production risk): 공장이나 사옥의 화재, 기계의 고장, 원재료의 공급지연, 종업원의 파업 또는 태업, 신기술로 인한 설비의 진부화, 해커 또는 산업스파이에 의한 기업비밀의 누출 등과 같이 생산활동의 차질을 가져오는 위험이다.

② 제품의 가격위험(price risk): 예상 밖의 경기변동, 경쟁기업의 출현, 소비자기호의 변화, 기타 시장상황의 변동으로 판매량과 제품가격이 변동하게 될 위험을 말한다.

③ 생산요소의 가격위험: 예상 밖의 원자재 수급사정의 변화로 인한 원자재 가격의 변동, 노무비의 변동, 환율과 금리의 변동 등과 같은 위험을 의미한다.

④ 천재지변(natural calamity): 기업은 지진, 홍수, 폭풍, 폭우 등과 같은 자연적 재난에 노출되어

있으며, 경우에 따라서는 천재지변으로 인해 기업의 존속이 불가능해질 수도 있다.

⑤ 기타의 위험: 기업의 경영정책이나 영업활동 때문에 피해를 보았다고 주장하는 주주, 종업원, 소비자 또는 기타 외부 이해관계자들의 소송가능성, 남녀차별이나 윤리적 문제 때문에 발생하는 피해보상 및 평판의 저하 등도 기업이 노출되어 있는 위험이다.

4) 금융기관의 위험노출

제2장에서 설명한 바대로 금융기관은 그것이 제공하는 금융서비스의 성격에 따라 매우 다양하게 분류되기 때문에 금융기관이 노출되어 있는 위험 역시 금융기관의 종류에 따라 큰 차이를 보인다. 여기에서는 대표적 금융기관이라고 할 수 있는 은행을 기준으로 특히 중요한 위험을 정리하고자 한다.

① 신용위험: 신용위험(credit risk)은 채무자의 신용도 하락으로 인한 대출 자산의 가치가 하락할 가능성이다. 신용위험은 채무불이행위험(default risk)과 등급하락위험(degrading risk)으로 나누어진다. 채무불이행위험은 대출 또는 채권의 채무자가 원리금의 전부 또는 일부를 상환하지 못하게 될 가능성을 의미한다. 국가 신용등급이나 회사채의 신용등급, 은행대출의 신용평점(credit score) 등은 채무불이행위험의 정도를 나타내는 지표이다. 등급하락위험은 채무자의 재무건전성이 악화되거나 금융시장의 환경 변화로 채권 또는 대출의 신용등급 또는 신용평점이 하락하게 될 가능성이다. 예를 들어, 어떤 회사에서 구체적인 채무불이행 사건이 발생한 것은 아니지만 신용평가기관이 그 회사의 회사채 신용등급을 낮춤으로써 회사채 가격이 하락할 수 있으며, 이런 사태가 발생할 가능성이 등급하락위험이다.

② 시장위험: 시장위험(market risk)은 금융자산의 시장가격 변동성을 의미한다. 일반적인 금융기관에서 이자율, 주가 및 환율의 변동이 시장위험의 대부분을 차지한다. 제5장에서 시장위험을 가장 잘 나타내주는 예는 주가변동으로 인한 수익률 변동성이다. 은행이 노출되어 있는 시장위험 중에서 가장 중요한 것은 이자율위험이다. 시장이자율이 상승할 경우 고정금리대출과 예금의 가치가 동시에 하락하겠지만 대출의 가치하락이 더 크게 발생할 경우 자기자본가치가 하락할 수 있다. 1980년대 초에 발생한 미국의 은행 연쇄도산 사태는 이러한 이자율위험 때문에 발생한 금융위기의 예이다.

③ 운영위험: 운영위험(operational risk)은 금융기관 운영시스템의 고장, 사고, 실수, 사기 등의 사건이 발생할 가능성이다. 예를 들어, 전산시스템의 오작동, 고객 및 경영정보의 누출, 화재 또는 천재지변으로 인한 영업장애, 직원의 실수 및 사기 등이 운영위험의 예이다. 오늘날 정보통신기술의 발달로 금융거래의 85% 이상이 ATM, 인터넷, 모바일 등을 이용한 비대면(非對面) 거래의 형태를 취하고 있다. 그 결과 금융거래의 빈도와 규모, 경제전반에 미치는 영향 모두가 비약적으로 증가하고 있으며, 금융기관 운영위험의 중요성 역시 매우 중요해지고 있다.

④ 유동성위험: 유동성위험(liquidity risk)은 자금부족으로 지급의무를 제때에 이행하기 어려워서 손

실을 겪을 가능성을 말한다. 유동성위험은 자산 유동성위험(asset liquidity risk)과 자금조달 유동성위험(funding liquidity risk)을 포함한다. 자산 유동성위험은 자금수요를 충족하기 위해 급히 자산을 매각하려할 때 적절한 가격을 받지 못할 가능성이다. 자금조달 유동성위험은 필요한 금액을 조달할 수 없거나 높은 비용을 지불해야 할 가능성을 말한다.

⑤ **평판위험**: 평판위험(reputation risk)은 평판의 저하 또는 손상이 발생할 가능성이다. 평판위험은 금융기관의 다른 종류의 위험과는 달리 구체적인 위험식별이 어렵고 계량화가 거의 불가능하다. 그러나 금융기관 존립이 기본적으로 고객의 신뢰와 평판에 기초하고 있기 때문에 금융기관의 경영자는 평판위험의 식별 및 관리에 대해 특히 주의를 기울여야 한다.

4) 위험관리

위에서 열거한 위험을 개인이나 기업의 이해관계자들이 직접 부담할 수도 있다. 그러나 개인이나 기업은 그들이 부담하는 위험의 크기를 줄이기 위하여 여러 가지 행동을 취할 수 있으며, 이를 위해 상당한 크기의 비용을 지급할 수도 있다. 예를 들어, 대부분의 제조업체들이 공장의 화재위험에 노출되어 있다 하자. 위험관리의 한 가지 대안은 기업이 공장의 화재위험을 모두 부담하기로 하고 위험감소를 위해 아무런 조치도 취하지 않을 수도 있다. 다른 대안은 비싼 보험료를 치루고 화재위험으로 인한 손실을 100% 보상받는 화재보험에 가입할 수도 있다. 또 이 두 가지 대안 사이의 중간에서 화재위험으로 인한 손실의 일부만을 보상받고 그 대신 적은 보험료를 지급하는 여러 가지 대안들이 있을 수 있다.

이와 같이 위험감소의 이득과 비용 사이의 교환관계를 파악하고 최선의 행동을 결정하고 실행하는 것을 위험관리(risk management)라고 한다. 위험관리는 본질적으로 미래에 어떤 결과가 발생할지 모르는 불확실성 하에서 사전적(a priori)으로 이루어지는 선택행동이다. 예를 들어, 화재위험의 손실을 줄이기 위해서는 화재발생의 실제 결과를 모르는 상태에서 다만 화재발생의 가능성만을 염두에 두고 화재보험에 가입하여야 한다. 따라서 적절한 위험관리결정이 무엇인지를 판단하기가 그리 쉬운 일은 아니다.

일반적으로 어떤 결정이 적절한 위험관리결정인지를 판단하는 것은 의사결정을 내린 시점에 어떤 정보를 이용할 수 있는가에 의존한다. 예를 들어, 어떤 사람이 대다수의 일기예보가 비가 올 것으로 예보하고 있는데도 우산 없이 회사에 출근하였다 하자. 그 날 다행스럽게도 비가 오지 않았다고 해서 우산을 갖고 가지 않은 결정이 현명한 것이라고 판단할 수는 없다.

6.1.2 위험관리의 절차와 수단

일반적으로 위험관리는 ① 위험식별, ② 위험평가, ③ 위험관리기법의 선택과 실행, ④ 사후적 검토의 네 가지 단계로 나누어 이루어진다.

1) 위험식별

위험식별(risk identification)은 분석주체에게 중요한 위험노출이 무엇인지를 알아내는 과정이다. 위험을 식별하는 분석주체는 개인이나 가계일 수도 있고 기업이나 다른 조직일 수도 있으며, 특정한 위험에 노출되어 있는 당사자가 위험을 식별해야만 할 수도 있지만 다른 주체를 위해 제3자가 위험을 식별할 수도 있다.

위험식별의 단계에서 중요한 점은 관리가 필요한 종류의 위험을 식별하는 것이다. 어떤 사람이 실업위험에 노출되어 있음에도 불구하고 지금까지 전혀 실직당한 경험이 없다는 이유로 그 위험을 인식하지 않고 방치해 둔다면, 그 사람은 실제 실직이 발생하는 경우 돌이킬 수 없는 커다란 손실을 입게 될 수도 있다.

반대로 모든 위험에 대해 미리 대비해 두는 것이 좋다는 이유로 발생가능성이 전혀 또는 거의 없는 위험을 식별하고 이를 관리하기 위해 과다한 비용을 지출하는 것도 바람직하지 않다.

2) 위험평가

위험평가(risk assessment)는 위험의 크기와 이로 인한 비용을 수량화하는 것이다. 실업위험의 예에서 앞으로 1년 이내에 실직될 확률이 어느 정도이고 실직될 경우 잃게 될 수입과 재취업을 위해 부담해야 하는 비용 등을 추정하는 것이 위험평가이다. 이러한 위험평가를 전문적으로 수행하는 사람을 보험계리사(actuary)라고 한다.

3) 위험관리기법의 선택과 실행

노출된 위험을 다루는 방법으로서 위험회피, 손실예방 및 통제, 위험수용, 위험전가 및 분산투자의 다섯 가지 방법이 있을 수 있다.

① 위험회피(risk avoidance): 위험회피는 특정한 종류의 위험에 노출되지 않도록 하기 위한 의도적인 의사결정을 말한다. 예를 들어, 산업재해의 위험에 노출되지 않기 위해 위험이 큰 특정한 종류의 직업을 갖지 않기로 결정하는 경우가 위험회피이다. 현실에서는 많은 종류의 위험들이 위험회피의 노력에 관계없이 발생하기 때문에, 위험회피가 유용한 위험관리기법으로 사용될 수

참고 **손실예방의 기술**

오늘날 서비스 또는 제품을 이용할 때 발생 가능한 실수와 오작동, 이에 따른 손실의 예방을 위해 여러 가지 노력이 체계적으로 이루어지고 있으며, 그 중 중요한 것이 오류예방설계(error-preventive design)라는 것이다. 이것은 이용자의 실수와 제품의 오작동을 미리 예상하고 이를 방지할 수 있도록 서비스 또는 제품을 설계하는 것이다. 예를 들어, 고객이 현금인출기에 신용카드를 놓아둔 채 현금만을 꺼내고 떠나는 실수를 예방하기 위해, 신용카드를 꺼낸 후에만 현금을 찾을 수 있도록 현금인출기 서비스의 절차를 설계하는 것도 오류예방설계의 예이다.

또 금융기관과 기업에서 임직원의 실수, 사기, 기타 불법행위를 예방하기 위한 수단으로서 SOD(separation of duties)가 널리 활용되고 있다. SOD는 일련의 업무처리를 몇 개의 독립적 절차로 분할하고 그 담당자를 분리함으로써 실수 또는 부정을 예방하거나 짧은 시간 내에 식별, 시정할 수 있도록 하는 조직설계 방식이다. 예를 들어, 금융회사의 외환, 파생상품 또는 증권의 매매업무(흔히 딜링이라고 하는 업무)를 프론트 오피스(front-office)와 백 오피스(back-office)로 분할하는 것도 SOD의 예이다. 프론트 데스크는 외환의 매수 또는 매도주문을 결정하고 실행하는 담당자이지만, 백오피스는 모든 외환거래를 실시간으로 감시하고 비정상 거래 또는 고위험 거래가 발견되면 즉시 주문의 이행을 중단시키는 절차와 담당자를 가리킨다. 또 은행에서 금융상품의 상담 및 판매 담당자와 매매대금의 출납 담당자를 분리하는 것이나 전산센터에서 프로그램 작성자와 프로그램 실행자를 분리하는 것도 SOD의 좋은 예이다.

없는 경우가 많다.

② 손실예방 및 통제(loss prevention and control): 위험발생의 가능성과 손실의 크기를 줄이기 위해 위험발생 이전 또는 이후에 취하는 행동을 의미한다. 예를 들어, 충분한 영양과 휴식, 금연, 운동 등을 실천함으로써 질병에 걸릴 가능성을 줄일 수 있다. 또 일단 질병에 걸린 후에도 조기에 적절한 치료를 받음으로써 사후적으로나마 손실의 크기를 줄일 수 있다.

③ 위험수용(risk retention): 위험을 직접 부담하고 그 손실을 자신의 재산이나 다른 자원으로 보전하는 것이다. 위험수용은 위험노출을 전혀 식별하지 못한 경우에 불가피하게 취하게 되는 위험관리기법이기도 하지만, 위험노출을 식별한 경우라 하더라도 다른 방법을 취하는 것보다 유리하다고 판단될 때 위험수용의 방법을 취한다. 예를 들어, 사고발생의 가능성이 무시할 정도인 경우 보험료를 지급하고 보험에 드는 것보다 위험수용이 보다 합리적인 대안일 수 있다.

④ 위험전가(risk transfer): 위험을 다른 사람 또는 기관에게 전가하는 것이다. 보험에 들거나 위험자산을 다른 사람에게 매도하거나 또는 손실을 메워 줄 수 있는 다른 자산을 매입하는 것 등이 모두 위험전가에 속한다. 위험전가를 위해 사용하는 거래기법으로서 헤징(hedging)과 보험(insurance)이 있다.

⑤ 분산투자(diversification): 분산투자는 여러 종류의 위험자산에 투자자금을 나누어 투자함으로써 포트폴리오 전체의 위험을 줄이는 투자 방법이다. 분산투자는 투자자 자신이 직접 여러 가지 위험자산에 분산투자하는 개인분산투자(homemade diversification), 기업이 여러 가지 사업이나 자산에 분산투자함으로써 결과적으로 투자자에게 분산투자의 효과를 가져다주는 기업분산투자(corporate diversification), 그리고 뮤추얼펀드나 투자신탁과 같은 전문투자기관을 이용하는 간접분산투자(indirect diversification)로 나누어진다.

4) 사후검토

위험관리 과정은 피드백(feedback)을 필요로 하는 동태적인 과정이다. 과거의 위험관리가 가져다 준 유효성을 평가하고 새로운 여건의 변화를 고려하여 새로운 위험관리 과정을 준비하여야 한다.

참고 영업지속성관리

지진, 홍수, 가뭄, 황사, 폭설 등과 같은 자연재해와 화재, 테러, 단전, 단수, 건물과 교량의 붕괴 등과 같은 인위적 재난은 기업활동을 일시적으로 또는 영구적으로 중단시키는 매우 중요한 재난이다. 이런 종류의 재난은 보험을 이용하여 사후적으로 그 손실을 보상받고 그 책임소재를 분명히 하는 것도 중요하지만, 빠른 시간 내에 재난의 충격으로부터 벗어나 정상적 기업활동을 회복하는 것은 더 중요하고 응급한 과제이다. 이와 같이 재난이 발생할 경우 빠른 시간 내에 정상적 기업활동을 회복하기 위한 위험관리 수단이 영업지속성관리(business continuity management: BCM)이다.

BCM은 크게 ① 매뉴얼의 작성 및 보급, ② 대체사업장, ③ 재난 대비 모의훈련의 세 가지 요소로 구성된다.

매뉴얼은 BCM의 핵심적 요소로서 재난이 발생했을 경우 회사의 조직이 어떻게 전환되는지, 어떤 직책 담당자가 어떤 행동을 취해야 하는지, 주요 업무의 회복시간(recovery time)이 어느 정도이어야 하는지 등을 기술한 지침서이다.

대체사업장은 주요 사업장이 재난으로 기능을 상실했을 경우 그 사업장에서의 업무를 이전하여 대행할 수 있는 사업장이다. 대체사업장은 원래의 사업장에서 발생한 재난의 영향을 받지 않을 정도로 충분한 공간적 거리를 확보할 수 있으면서도 원래 사업자의 중요 담당자들이 빠른 시간 내에 이동하여 업무를 재개할 수 있는 곳에 위치하여야 한다.

모의훈련은 재난발생의 가상적 상황에서 매뉴얼에 따라 관련 요원들이 대체사업장으로 이동하여 정상적 업무를 회복하는 과정을 실제 행동으로 훈련하는 과정이다. 모의훈련은 단순히 매뉴얼 지침에 따라 행동하는 것뿐만 아니라, 목표대로 업무회복시간 목표가 달성되었는지, 매뉴얼에 문제점이 없는지 등을 평가하는 것까지 포함한다.

제2절 위험전가의 방법과 유용성

6.2.1 위험전가의 방법

1) 헤징

현실적으로 위험관리를 위해 사용할 수 있는 가장 중요한 방법은 위험전가이며, 금융시장에서 우리가 활용할 수 있는 위험전가의 수단은 헤징과 보험이다.

헤징(hedging)은 이득을 얻게 될 가능성을 포기함으로써 위험노출을 제거 또는 감소시키는 것을 의미한다. 일반적으로 헤징에 따른 거래비용은 다른 위험전가 방법보다 적다. 그 이유는 위험 감소의 대가로 이득의 기회를 포기하여야 하기 때문이다. 헤징의 구체적인 예로서 정미소 주인이 막걸리 양조장과 곡물 판매가격을 고정시키기 위해 선도계약(forward contract)을 맺는 경우를 들어보자.

예를 들어, 정미소 주인과 양조장 주인은 막걸리 성수기인 8월의 쌀값에 따라 손익이 크게 달라질 수 있다고 하자. 정미소 주인의 입장에서 볼 때 수확기인 10월 이전에 재고로 보유하고 있는 쌀을 모두 처분하여야 하므로, 8월의 쌀가격이 하락하면 큰 손해를 본다. 반대로 양조장 주인은 막걸리 성수기인 8월에 쌀가격이 상승하면 큰 손해를 본다. 따라서 이 두 사람은 쌀가격 변동의 위험을 제거하기 위하여 쌀 10만 킬로그램을 킬로그램 당 2,000원의 가격으로 3개월 후인 8월 1일에 사고팔기로 한 선도계약을 맺어 둘 수 있다.

이 계약에 의해 정미소 주인은 8월에 곡물가격이 상승할 경우 얻게 될 이득을 포기하고, 그 대신 곡물가격이 하락할 경우 입게 될 손실을 회피할 수 있다. 또 양조장 주인은 가격하락으로 얻게 될 이득을 포기한 대신 가격상승으로 인한 손실을 회피할 수 있다. 이 예에서 정미소 주인은 쌀가격 하락의 위험을 정미소 주인에게 전가하고, 이와 동시에 정미소 주인은 쌀가격 상승의 위험을 양조장 주인에게 전가하게 된다.

금융자산위험이나 가격위험을 헤징하기 위해서는 흔히 선도계약이나 선물(futures) 또는 스왑(swap)을 사용한다. 선물과 스왑에 대해서는 뒤에서 다시 구체적으로 설명될 것이다.

2) 보험과 옵션

보험(insurance)은 미래의 잠재적 손실을 다른 사람 또는 기관에게 전가하고 그 대가로 보험료를 지급하는 것을 말한다. 예를 들어, 자동차보험의 가입자는 보험료를 지급함으로써 일정 기간 동안 자동차사고를 냈을 경우 부담하게 될 커다란 손실을 보험회사에게 전가시킬 수 있다.

금융시장에서 거래되는 옵션(option)도 금융자산 가격변동의 위험에 대해 보험의 역할을 해준다.

옵션은 어떤 자산을 약정된 시기에 약정된 가격으로 매입 또는 매도할 수 있는 권리이다. 예를 들어, 1만 달러를 3개월 후에 달러당 1,200원의 가격으로 매입할 수 있는 권리가 옵션이다. 3개월 후 1만 달러가 필요한 어떤 사람이 이 옵션을 취득하고 그 대가로 25,000원의 프리미엄을 지급하였다 하자. 이 경우 그는 25,000원의 프리미엄을 지급함으로써 환율상승으로 입게 될 수도 있는 잠재적 손실을 옵션매도자에게 전가하게 된다.

보험과 헤징은 다른 의미를 갖고 있다. 헤징은 미래의 잠재적 손실을 제거하기 위하여 이득의 기회를 포기하는 것이다. 그러나 보험은 잠재적 손실을 제거하기 위하여 일정한 대가를 지급하는 것이며, 잠재적 이득의 기회는 그대로 유지된다.

6.2.2 위험전가와 효율적 위험배분

우리 사회에는 위험전가를 위한 여러 가지 제도적 장치들이 마련되어 있다. 선물, 옵션 또는 스왑 계약과 여러 가지 보험상품은 모두 위험전가의 목적으로 이용될 수 있는 수단들이다. 위험전가를 위한 이런 제도적 장치들은 더 낮은 비용으로 위험을 관리할 수 있거나 위험을 부담함으로써 더 큰 대가를 얻어낼 수 있는 경제주체가 그 위험을 부담하도록 하여 준다. 이와 같이 동일한 위험에 대해 더 큰 대가가 얻어지도록 위험을 배분함으로써 사회 전체의 후생을 증가시키는 것을 효율적 위험배분(efficient risk allocation)이라고 한다. 일반적으로 효율적 위험배분은 다음 두 가지 방법의 하나에 의해 달성된다. 첫 번째의 방법은 어떤 주체가 기존에 노출되어 있는 위험을 다른 경제주체에게 재배분하는 것이고, 두 번째의 방법은 투자활동에 수반되는 미래의 위험을 재배분함으로써 투자의 경제적 가치를 증가시키는 것이다.

1) 기존 위험의 효율적 부담

위험전가를 통해 기존의 위험을 재배분함으로써 모든 거래 당사자들의 후생을 증가시킬 수 있다. 예를 들어, 자동차보험의 가입자는 자동차 사고로 입게 될 손실의 가능성을 손해보험회사에게 전가한다. 그리고 손해보험회사는 자동차사고의 위험을 인수하고 그 대신 보험료를 받는다. 가입자가 직접 자동차사고를 처리한다면 엄청나게 큰 비용을 치러야 하겠지만, 사고처리에 전문성을 갖고 있는 손해보험회사가 자동차사고를 처리한다면 훨씬 적은 비용으로 신속하게 처리할 수 있을 것이다. 즉, 자동차보험은 가입자 개인의 후생을 증가시켜 줄 뿐만 아니라 사회 전체적으로도 후생을 증가시키는 결과를 가져다준다.

2) 투자가치의 증가

위험전가의 수단을 이용함으로써 그렇지 않으면 기각되었을 투자안이 채택되도록 할 수 있다. 이것은 위험전가에 의해 투자안의 경제적 가치가 증가할 수 있다는 것을 의미한다. 예를 들어, 위성발사, 석유탐사, 신약개발 등의 사업은 거액의 투자액을 필요로 하고 그 성공확률도 그리 높지 않지만, 일단 성공하게 되면 매우 큰 현금흐름이 예상된다.[1] 만일 보험이나 다른 위험전가의 수단이 없다면, 투자자들은 높은 위험 때문에 이런 사업에 투자하지 않을 것이고 이런 사업으로부터 기대되는 경제적 효과도 얻지 못한다. 그러나 보험과 같은 위험전가의 수단이 있다면, 투자자들은 보험에 가입하여 투자의 실패로 인한 거액의 손실 가능성을 방지할 수 있기 때문에, 기꺼이 이런 사업에 투자하여 적은 위험만을 부담하고 커다란 현금흐름을 얻을 수 있으며 그 결과로서 사회 전체적 후생의 증가에 공헌할 수 있다.

6.2.3 효율적 위험배분의 장애요인

효율적 위험배분을 위한 가장 이상적인 상태는 사람들이 부담하거나 회피하고자 하는 모든 종류의 위험을 자유롭게 선택할 수 있는 상태이다. 이런 상태에서는 어느 누구나 실업, 화재, 자동차사고 또는 부동산가격 하락 등과 같은 위험을 공정한 대가를 치루고 다른 사람에게 전가할 수 있고 또 다른 사람으로부터 공정한 대가를 받고 그런 위험을 인수할 수도 있다.

인류는 오랜 기간에 걸쳐 효율적인 위험배분을 위해 다양한 제도와 계약을 발전시켜 왔다. 그것의 대표적인 예가 보험회사와 선물시장의 발전이다. 또 증권의 설계에서도 효율적인 위험배분이 중요하게 고려되고 있다. 예를 들어, 부채와 자기자본의 구분도 투자자가 부담하는 위험의 종류와 크기가 다르도록 의도적으로 설계된 결과이다. 투자자들은 부채와 자기자본의 어느 하나 또는 양자의 적절한 조합을 선택함으로써 그들이 원하는 위험부담을 선택할 수 있다.

특히 1970년대 이후 위험관리에서도 중요한 혁신이 이루어졌다. 정보통신기술의 발달과 재무이론의 발전이 동시에 이루어짐으로써 국제적 분산투자와 위험관리의 전문화를 위한 비용이 크게 낮아졌다. 다른 한편으로 이자율, 환율, 주가, 상품가격 등의 변동성이 증가하였기 때문에 위험관리의 필요성도 증가하였다. 그 결과 1970년대와 1980년대에 선물, 옵션, 스왑 등이 급속하게 보급되었고 국제분산투자를 위한 여러 가지 금융상품도 일반화되었다.

그러나 이런 발전에도 불구하고 아직도 많은 종류의 위험은 전가되거나 회피될 수 없고 또 위험관리에 따른 비용이 공정한 수준보다 높은 상태이므로, 이상적 수준의 효율적 위험배분이 충분히 달성

---

1 Merk, Inc.의 재무담당임원이었던 Judy Lewent에 의하면, 신약을 시장에 내놓기까지 평균 3억5,900만 달러의 비용이 들고, 시장에 출시되더라도 10개 중 3개만이 성공한다고 한다(*Harvard Business Review*, Jan./Feb. 1994).

될 수 없는 종류의 위험이 많이 존재한다. 이처럼 효율적 위험배분이 달성되지 못한 주된 이유로서 거래비용, 도덕적 해이 및 역선택의 문제 등이 흔히 지적되고 있다.

거래비용(transactions cost)은 위험의 거래와 관리에 수반되는 여러 가지 간접경비로서, 보험회사의 운영비용, 증권거래비용, 계약의 작성과 이행에 따른 비용 등을 말한다. 위험의 거래와 관리는 고도의 법률, 회계 및 경제지식을 갖추고 있는 전문가들에 의해 담당되고 있고 그들이 비교적 높은 보수를 요구하기 때문에 위험배분에 따른 거래비용이 높게 발생한다.

효율적 위험배분을 저해하는 다른 중요한 요인은 도덕적 해이(moral hazard)의 문제이다. 예를 들어, 일단 어떤 종류의 보험에 들고나면 보험 가입자는 전보다 더 부주의하게 행동하거나 또는 의도적으로 사고를 유발하는 경우가 있으며 이것이 보험 가입자의 도덕적 해이이다. 이러한 종류의 도덕적 해이는 사회 전체적인 위험관리비용을 증가시키고 효율적 위험배분을 저해하게 된다. 만일 이런 도덕적 해이가 과도해지면 보험회사는 이와 관련된 보험상품을 판매하지 않게 되어 위험배분을 위한 시장이 무너질 수 있다.

역선택(adverse selection)의 문제도 효율적 위험배분을 저해한다. 역선택의 문제는 위험의 거래 당사자들이 상대방에 대하여 충분한 지식을 갖고 있지 못하기 때문에 발생하는 시장실패를 의미한다. 예를 들어, 보험회사가 보험 가입자의 건강상태를 충분히 알지 못할 경우 보험 가입자 각자에 대하여 적절한 보험료를 부과할 수 없기 때문에 보험시장이 무너질 수도 있다.

제3절 보험

6.3.1 보험계약의 기본 특성

이미 언급한대로 보험(insurance)은 미래의 잠재적 손실을 다른 사람이나 기관에게 전가하고 그 대가로 보험료를 지급하는 계약이다. 현실에서는 매우 다양한 형태의 보험상품이 개발되어 이용되고 있으며, 보험의 특성을 갖고 있으면서도 보험이라는 명칭을 사용하지 않는 보험계약도 여러 가지가 있다.

보험회사가 피보험자의 잠재적 위험에 대한 충분한 정보를 갖고 있지 못하거나 피보험자의 계약 후의 행동을 충분히 감시할 수 없기 때문에, 보험계약에서는 역선택과 도덕적 해이의 문제가 매우 중요하게 다루어진다. 특히 피보험자가 거액의 보험금을 타기 위해 고의적으로 사고를 일으키거나 손실을 야기하는 도덕적 해이가 드물지 않게 발생한다. 그래서 보험계약에는 역선택과 도덕적 해이의 문제를 방지하기 위해 여러 가지 조항이 포함되어 있다. 여기에서는 보험계약을 이용할 때 특히 중요한 네 가지 조항을 설명하고자 한다.

① 면책조항(免責條項, exclusion): 면책조항이란 보험계약의 적용을 받을 수 있는 조건을 충족시키고 있는 것처럼 보이지만 구체적인 계약 내용에 의해 보험계약의 적용을 받지 못하는 손실을 말한다. 예를 들어, 생명보험은 피보험자가 사망할 때 보험금을 지급하도록 약정되어 있지만, 피보험자가 계약 시 알리지 않고 숨겨둔 질병, 고의적인 사고 또는 자살할 경우에는 보험계약이 적용되지 않는다. 자동차보험에서도 운전자의 고의적 사고, 천재지변으로 인한 사고 등은 면책조항에 해당되며, 보험가입자가 과거 사고경력을 은폐한 경우에도 면책조항이 적용될 수 있다. 일반적으로 면책조항이 여러 가지일수록 보험료가 더 적게 부과된다.

② 보상한도(cap): 보상한도는 보험계약의 적용을 받는 특정한 종류의 손실에 대해 보험회사가 지급하는 보험금의 최대금액을 말한다. 예를 들어, 여행자보험의 경우 사망에 대해서는 5만 달러, 질병에 대해서는 3만 달러 등과 같이 손실의 종류에 따라 보상한도가 정해져 있다. 또 보상한도가 따로 정해져 있지 않은 무한보험도 있다. 일반적으로 보상한도가 클수록 보험료가 더 많이 부과된다.

③ 면책금액(deductible): 면책금액은 보험회사로부터 보상을 받기 이전에 피보험자 자신이 부담하여야 하는 금액을 말한다. 예를 들어, 자동차보험의 면책금액이 25만원이라면, 자동차 사고로 발생한 손실액 중 25만원은 피보험자가 부담하여야 하고 나머지는 보험회사가 부담한다. 일반적으로 면책금액이 높을수록 보험료가 더 낮게 부과된다.

④ 공동부담비율(copayment): 공동부담비율은 손실이 발생했을 때 피보험자가 부담하여야 하는 금액의 비율이다. 예를 들어, 의료보험의 경우 진료비의 30%는 피보험자인 환자가 부담하고 나머지 70%는 보험공단에서 부담한다면, 피보험자가 부담하는 30%가 공동부담비율이다.

6.3.2 중요한 보험상품

1) 생명보험

생명보험상품은 가입대상에 따라 개인보험과 단체보험으로 나누어지고, 다시 개인보험은 보험금 지급조건에 따라 사망보험, 생존보험 및 생사혼합보험으로 세분된다.

사망보험은 피보험자가 보험기간 중에 장애 또는 사망을 당할 때 보험금이 지급되는 전형적인 보장성보험으로서 정기보험과 종신보험이 있다. 정기보험은 보험기간을 미리 정해 놓고 피보험자가 보험기간 내에 사망하였을 때 보험금을 지급하는 보험이며, 종신보험은 보험기간이 피보험자의 일생 동안에 걸쳐 있는 보험상품이다.

생존보험은 피보험자가 보험기간 만기일까지 생존하는 경우에만 보험금이 지급되는 형태로서 저축성 기능이 강한 보험이다. 실제로는 순수한 형태의 생존보험상품은 없고 피보험자가 사망할 때 별도의 보험금 지급을 보장하는 내용을 추가하는 것이 일반적이다. 현재 생존보험에 속하는 주요 보험상품으로는 연금보험과 교육보험이 있다.

생사혼합보험은 양로보험으로도 불리는데 생존보험의 저축기능과 사망보험의 보장기능을 겸비한 절충형 보험이다. 즉, 피보험자가 보험기간 중에 사망 또는 상해를 당할 경우에는 사망보험금이 지급되고 생존할 때에는 생존보험금이 지급된다.

한편 단체보험은 일정한 요건을 갖춘 단체의 구성원 일부 또는 전부를 피보험자로 하는 보험이다. 이 보험은 고용주가 보험기간 중 피고용자의 사망, 질병 또는 퇴직 등과 같은 예기치 않은 손해가 발생할 위험을 보험회사에 전가하는 방법으로 널리 이용되고 있다.

2) 손해보험

손해보험은 각종 사고에 따른 재산상의 손실이 발생할 위험에 공동 대처하기 위한 상호보장의 성격을 갖는 보험제도로서, 장기저축과 상호보장의 기능이 혼합된 생명보험과는 상당히 다른 성격을 갖는다.

손해보험 상품은 보험의 대상이 되는 위험의 성격에 따라 화재, 해상, 자동차, 보증, 특종, 연금, 장기저축성 등으로 구분된다. 보험종류별로 보험상품의 내용을 보면 해상보험에는 적하보험, 선박보험, 운송보험 등이 있으며 자동차보험(개인용, 업무용, 영업용)에는 자동차종합보험과 운전자보험이 있다. 보증보험에는 신원보증, 계약이행보증, 할부판매보증 및 납세보증 등이 있고, 특종보험에는 상해보험, 도난보험, 배상책임보험 및 원자력보험 등이 포함된다. 장기저축성보험은 보험기간 중 보험사고가 없더라도 만기에 보험금을 지급하는 보험으로서 장기화재, 장기상해, 장기종합보험 등이 포함된다. 연금보험은 개인연금보험 및 퇴직보험 등을 말한다.

3) 사회보험

사회보험은 국가의 사회복지정책의 일환으로 실시되는 보험으로서, 실직의 위험에 대비하기 위한 고용보험, 산업재해에 대비하기 위한 산재보험, 질병에 대비하기 위한 의료보험 등이 사회보험의 대표적인 예이다. 사회보험은 다음 두 가지 특징을 갖고 있다. 첫째, 사회보험은 대체로 강제보험의 성격을 갖고 있다. 즉, 사회보험은 일정한 자격을 갖춘 모든 사회구성원에게 개인의 의사에 관계없이 강제적으로 적용되는 보험이다. 둘째, 사회보험은 차등부담, 균등수혜의 성격이 강하다. 즉, 사회보험 가입자가 부담하는 보험료는 소득수준이 높을수록 더 많지만, 사회보험의 혜택은 보험료 부담액에 관계없이 모든 피보험자에게 균등하게 베풀어진다.

4) 특수한 보험계약

현실에서는 보험과 동일한 성격을 갖는 여러 가지 형태의 계약과 금융상품이 이용되고 있다. 그런 것들로서 신용보증, 품질보증, CDS 등이 있다. 이 세 가지는 표면적으로는 보험이라는 명칭을 갖고 있지 않고 사람들도 이것들을 보험이라고 생각하지 않고 거래하고 있지만 그 본질적인 성격은 보험과 동일한 것들이다.

① 신용보증(credit guarantee)은 차입자가 채무를 제대로 상환하지 못할 경우 보증자가 그 채무를 대신하여 약정된 금액을 지급하겠다는 계약이다. 금융거래에서 신용보증의 예는 매우 많다. 신용카드 사용액에 대한 카드회사의 지급보증, 은행차입금에 대한 친인척의 보증이나 신용보증보험회사의 보증, 회사채에 대한 금융기관의 보증, 해외채무에 대한 정부의 보증, 재무제표의 내용에 관한 회계법인의 보증 등이 모두 신용보증에 해당한다. 금융기관이나 보증보험회사가 신용보증을 제공할 때에는 그 대가로 보증수수료를 받는다. 그런 의미에서 신용보증은 채무불이행위험에 대한 보험이다.

② 품질보증(warranty)은 판매된 제품이 고장 또는 파손될 경우 판매자 또는 제조회사가 손실의 전부 또는 일부를 부담하겠다는 계약이다. 예를 들어, 자동차 판매 후 3년 이내 또는 6만Km 주행거리 이내에 발생한 모든 고장을 자동차회사가 무상으로 수리하여 주기로 한 것은 품질보증의 한 예이다. 외국에서는 구매자가 보증수수료를 지급하고 제품의 품질보증을 구입하는 경우가 일반화되어 있다. 이 경우 품질보증의 범위에 따라 보증수수료가 다르게 정해진다.

③ CDS(credit default swap)는 용어 자체로만 보면 다음에 설명하게 될 스왑거래의 일종인 것처럼 보이지만, 실제로는 대출에 내재되어 있는 신용위험을 전가하기 위한 보험의 성격을 갖고 있다. 예를 들어, A은행이 1억 달러의 부동산저당대출로부터 발생할 수 있는 채무불이행위험을 우려하여 이를 회피하고자 한다 하자. 이 경우 A은행은 매년 약정된 수수료를 B투자은행에게 지불하고 그 대신 B투자은행은 대출의 채무불이행이 발생할 경우 A은행에게 대출원금을 보전해주기로 하는 계약을 맺을 수 있으며, 이런 계약을 CDS 계약이라고 한다. 대출의 원리금이 정상적으로 상환되고 있는 기간 중에는 B투자은행은 매년 일정한 수수료 수입을 얻게 되지만, 일단 채무불이행이 발생하면 B투자은행은 이로 인해 A은행이 채무불이행으로 인해 입은 손실을 메꾸어 주어야 한다.

참고 신용파생상품의 투자위험

CDS와 같이 신용위험의 정도에 따라 청구권의 가치가 결정되는 금융자산을 신용파생상품(credit derivative)이라고 한다. CDO(collateralized debt obligation)라는 것도 신용파생상품의 일종이다. 신용파생상품은 신용위험을 전가하는 매우 유용한 수단이지만, 여기에 투자한 투자자 입장에서는 내재된 신용을 잘못 평가할 경우 극도로 위험한 금융상품일 수도 있다.

CDO는 신용위험을 갖고 있는 대출의 원리금에 대해 우선순위를 달리하여 청구권을 행사할 것을 조건으로 발행된 몇 종류의 채권을 말한다. 예를 들어, 어떤 은행이 100건의 부동산저당대출을 모아 원금 1,000억원 규모의 대출자산풀을 만들고, 이로부터 발생하는 원금과 이자 상환액에 대한 청구권의 우선순위가 다른 5가지 종류의 회사채(즉, CDO)를 원금 200억원 규모로 발행했다 하자. 자산풀에서 현금흐름이 정상적으로 발생하면 모든 CDO에게 원래 예정된 현금흐름이 지급된다. 그러나 자산풀의 일부에서 채무불이행이 발생하면 가장 낮은 순위의 CDO로부터 현금흐름 지급이 중단된다. 따라서 가장 높은 순위의 CDO는 원래의 자산풀보다 훨씬 낮은 신용위험을 갖게 되므로 그 가격도 높게 평가되지만, 가장 낮은 순위의 CDO는 자산풀보다 훨씬 높은 신용위험을 갖게 되며 따라서 가격도 매우 낮게 평가된다.

2008년 하반기에 발생한 세계 금융위기는 미국의 후순위 주택저당대출(subprime mortgage)에서 발생한 신용위험이 CDS와 CDO를 매개로 은행권 밖의 금융시장으로 확대되었기 때문에 발생한 것이다. 즉, 주택가격 하락으로 발생한 신용위험이 대출은행에 한정되지 않고, CDS 또는 CDO를 매입하여 신용위험을 인수한 다국적 투자은행이 그 신용위험을 부담해야만 했기 때문이다. 대표적인 예로서, 리먼브러더스 홀딩스(Lehman Brothers Holdings Inc.)는 160년 가까운 역사를 갖고 있는 미국의 대표적인 다국적 투자은행이었지만, CDS 등을 통해 전가된 약 6천억 달러의 부채를 감당하지 못하고 2008년 9월 15일 파산신청을 내지 않을 수 없었다.

또 2007년을 전후하여 우리나라의 어떤 대형은행은 대규모로 미국의 신용파생상품인 CDS와 CDO에 투자하여 2009년까지 1조5천억원이 넘는 평가손을 본 적이 있었으며, 이로 인해 전임 CEO가 감독당국으로부터 징계당한 적도 있었다. 이런 예들은 충분한 위험관리가 없이 신용위험을 인수하는 것이 얼마나 위험한 것인지를 보여주는 예들이다.

제4절 파생상품을 이용한 위험관리

6.4.1 선도계약과 선물의 이용

1) 선도계약과 선물거래

대부분의 일상적인 거래는 현물의 인도와 현금의 지급이 동시에 이루어지는 현물거래(現物去來, spot transaction)의 형태로 이루어진다. 그러나 미래의 특정 시기에 어떤 상품을 구입하거나 판매하고자 예정하고 있는 경우, 현재 시점에 그 상품의 거래가격과 인도일(대금지급시기)을 미리 계약해 놓을 수도 있으며 이러한 계약을 선도계약(先渡契約, forward contract)이라고 한다.

선도계약은 미래의 가격변동성에 대비하여 유용하게 이용될 수 있다. 예를 들어, 정유회사는 수개월 후의 유가상승 가능성에 대비하여 미래의 일정 시기에 약정된 가격으로 약정된 수량의 원유를 구입하기로 미리 계약해 놓을 수 있다.

구체적으로 어떤 정유회사가 앞으로 몇 달 후에 다량의 원유를 필요로 하며, 그 동안에 원유가격이 크게 오를 경우를 두려워하고 있다 하자. 이 정유회사는 원유를 필요한 시기에 확보하는 방법으로 ① 원유를 현물시장에서 미리 사놓고 필요할 때까지 저장해 놓는 방법, ② 원유가 필요로 되는 시기까지 기다리고 있다가 그때에 현물시장에서 매입하는 방법, ③ 약정된 시기에 약정된 가격으로 일정한 품질의 원유를 구입하는 선도계약에 의해 원유를 확보해 놓는 방법 중에서 어느 하나를 택할 수 있다.

이 세 가지 대안이 지닌 위험과 비용의 크기는 매우 다르다. 첫 번째 대안은 막대한 보관비용이 소요되며, 두 번째 대안은 미래 가격의 불확실성이 크다. 따라서 보관비용의 부담이 없고 가격위험을 피할 수 있는 세 번째의 선도계약이 유용하게 이용될 수 있다.

선도계약은 계약당사자만 존재한다면 어떤 종류의 상품에 대해서도 성립할 수 있다. 즉, 특정 상품에 대하여 가격, 상품인도 및 현금지급시기, 상품인도장소 등의 상세한 거래조건에 대해 계약당사자(구매자와 판매자)가 합의한다면 어떤 상품에 대해서도 선도계약이 맺어질 수 있다.

그러나 선도계약을 실제로 이용하기에는 현실적으로 많은 제약이 따른다. 동일한 거래조건을 희망하는 상대방을 제때에 찾아내어 직접 선도계약을 맺는다는 것이 그리 쉬운 일은 아니다. 또 상대방을 찾아냈다 하더라도, 인도일에 상품의 인도와 대금의 결제가 제대로 이루어질 수 있는지 불확실하다. 따라서 금융시장에서 이루어지는 대부분의 선도계약은 신뢰할만한 금융기관의 중개와 보증이 주어진 조건에서 맺어진다.

만일 선도계약의 대상이 되는 상품이나 자산에 대한 수요자와 공급자가 매우 광범위하게 존재한다면, 거래소를 통해 다수의 계약당사자들을 연결함으로써 위와 같은 선도계약이 매우 효율적이고 대량으로 이루어질 수 있다. 즉, 상품의 매입자는 거래소로부터 상품을 매입하겠다는 계약을 체결하고 상품의 매도자는 거래소에게 상품을 매도하겠다는 계약을 체결할 수 있다면, 계약 당사자들이 직접 계약을 체결하지 않고도 미래 일정 시기에 상품을 매입 또는 매도하는 계약을 맺어 둘 수 있다.

이와 같이 거래소라는 공식적 시장을 통하여 거래되는 선도계약을 선물계약(先物契約, futures contract) 또는 줄여서 선물(futures)이라고 하며, 이런 의미에서 선물계약은 시장성 있는 선도계약(marketable forward contract)으로 정의할 수 있다. 거래소를 통해 선물계약이 대량으로 체결될 수 있고 그 계약이 제3자에게 양도될 수 있기 위해서는 거래 대상의 품질과 인도 및 결제조건이 표준화되어 있어야 하고 광범한 수요와 공급을 갖고 있는 상품이어야 한다. 선물거래가 선도계약과 구별되는 특징은 품질과 거래조건이 표준화되어 있고 광범한 시장성을 갖고 있는 상품을 거래대상으로 한다는 점이다. 따라서 미술품이나 희귀상품 또는 품질의 등급화가 어려운 상품은 선물계약의 대상이 될 수 없다. 오늘날 선물거래가 이루어지는 상품은 매우 다양하다. 원유, 석탄, 금, 철강, 구리, 반도체, 밀, 옥수수, 쌀, 면화, 생사, 생고무, 소고기, 돼지고기, 닭고기 등 주요 원자재와 각국의 주가지수, 외화, 국채 등의 주요 금융상품이 모두 선물거래의 대상이 되고 있다.

선물거래의 중요한 특징은 선물가격이 경쟁시장에서 효율적으로 결정된다는 점이다. 즉, 다수의 거래자들이 동일 조건의 선물계약을 매입 또는 매도하기 때문에, 선물가격(futures price), 즉 선물계약에 의하여 약정된 인도가격은 인도일의 현물가격에 관한 정보를 충분히 반영하여 결정된다.

거의 대부분의 선물거래는 인도일에 실제로 계약을 이행하기보다는 단지 가격위험을 회피하거나 투기의 목적으로 거래한다. 따라서 대부분의 선물거래자들은 어떤 시점에 선물을 매입 또는 매도하면, 인도일 또는 그 이전에 반대매매를 함으로써 선물계약 이행의 의무를 해제한다. 이때 선물거래로 실현하게 될 이익의 크기는 선물 매도가격에서 매수가격을 뺀 값이다.

예를 들어, 어떤 거래자가 3월 1일 현재 시점에 7월 인도 서부텍사스중질유(WTI) 선물을 배럴당 90달러의 선물가격으로 매입하였다고 하자. 시간이 경과하여 인도월인 7월에 선물을 매도하는 반대매매를 취했다 하자. 7월의 WTI의 현물가격이 93달러라면 선물가격도 동일한 가격을 갖게 될 것이므로, 이 거래자는 선물거래로부터 3달러의 이익을 얻게 된다(반대로 선물매도자는 배럴당 3달러의 손실을 보게 된다).[2] 그러나 7월의 현물가격이 85달러라면 선물매입자는 5달러의 손실을 보게 된다(반대로 선물매도자는 5달러의 이익을 보게 된다).

선물거래에서는 선물가격변동으로 인한 손익이 매일매일 정산되며 이를 일일정산(日日精算, marking to the market: MTM)이라고 한다. 예를 들어, 3월 1일에 형성된 7월 인도 WTI의 선물가격이 90달러이고, 그 다음 날(3월 2일)에 동일한 선물계약의 선물가격이 92.75달러로 상승하였다 하자. 이 경우 선물거래소는 손해를 본 선물매도자로부터 0.75달러를 받아서 이익을 본 선물매입자에게 0.75달러를 지급한다. 이와 같이 일일정산은 선물가격 변동에 따른 손익을 곧바로 실현하여 주고 동일한 조건의 모든 선물계약이 동일한 선물가격을 갖도록 만들어 준다. 선물거래의 실제에서는 일일정산과 선물계약의 이행을 원활하게 하기 위하여 거래자들은 선물계약의 체결과 동시에 계약가액의 일정 비율(10~15% 정도)을 증거금(margin)으로 거래소에 예치하여야 한다.

2) 선물을 이용한 헤징

선물은 매우 위험이 큰 투자수단이기 때문에 많은 투자자들은 투기(speculation)를 목적으로 선물거래를 행한다.[3] 예를 들어, 주가지수선물의 경우 주가지수 변동으로 인한 손익은 현물거래(실제의 주

2 인도일에 거래되는 선물은 사실상 현물거래와 동일하다. 따라서 인도일의 선물가격은 그 때의 현물가격과 같아야 한다.

3 투기(speculation)는 가격변동에 따른 자본이득을 얻고자 행하는 거래를 의미한다. 투기는 거래자가 미래의 가격변동

식포트폴리오에 직접 투자한 경우)의 손익과 동일하지만, 투자에 필요한 금액은 선물거래가 훨씬 적다. 즉, 현물거래의 경우 주식포트폴리오를 매입하기 위해서는 포트폴리오 가치의 전액이 필요하지만 선물거래에서는 계약금액의 15% 내외의 증거금만 납입하면 된다. 따라서 선물거래는 현물거래와 동일한 크기의 손익을 실현하지만 투자액은 약 1/7에 불과하므로 선물 투자자가 부담하는 위험은 현물거래에 비해 약 7배 정도 더 크다.

그러나 선물거래는 현물거래와는 달리 자유롭게 매입 또는 매도할 수 있고 선물가격은 현물가격과 거의 같은 정도로 변동하기 때문에, 가격변동의 위험을 회피하기 위한 헤징의 수단으로 선물이 매우 효과적으로 이용될 수 있다.

헤징(hedging)을 위한 선물거래는 현물가격의 변동을 선물가격의 변동에 의하여 상쇄시키고자 할 때 이용되며, 현물의 매입 또는 매도 그 자체가 목적이 아니다. 즉, 현물을 보유하고 있는 사람(현물의 매수포지션(long position))이 선물을 매도하여(선물의 매도포지션(short position)) 현물가격의 변동을 선물가격의 변동에 의하여 상쇄시킴으로써 가격위험을 제거할 수 있으며, 이런 거래를 매도헤징(short hedging)이라고 한다. 반대로 미래에 현물을 필요로 하는 사람(현물의 매도포지션)은 선물을 매입함으로써(선물의 매수포지션) 가격위험을 제거할 수 있으며, 이것을 매입헤징(long hedging)이라고 한다.

헤징의 예로서 어떤 무역회사가 3개월 후에 100만 달러의 수입대금을 지급한다고 하자. 현재의 환율이 1달러당 1,200원이고 3개월 후 인도하는 선물환율은 1,215원이라 하자. 이 무역회사는 3개월 후 수입대금 결제 시점에 환율이 급격하게 상승할 경우 커다란 손실을 보게 될 것이므로 환율변동의 위험을 제거하는 방법을 모색하고 있다.

이 회사는 미래에 외화를 매입해야 하는 위치에 있으므로, 현재 외화의 매도포지션에 있다. 따라서 환율변동의 위험은 매입헤징에 의하여 제거될 수 있다. 즉, 이 무역회사는 현재 '3개월 후에 인도하는 외화선물'을 매입함으로써 현물환율변동의 위험으로부터 벗어날 수 있게 된다. 왜냐하면 현물환율의 상승으로 인한 손실은 선물거래에서 얻어진 이익에 의해 상쇄될 것이고, 현물환율의 하락으로 인한 이익은 선물거래로 인한 손실에 의해 상쇄될 것이기 때문이다.

예시

3개월 후에 인도하는 달러선물이 현재 1,215원의 선물가격으로 거래되고 있다. 그리고 현재 매입한 선물은 3개월 후 인도일에 선물을 매도하는 반대매매를 통해서 상쇄될 것이다. 이 경우 인도일의 선물가격은 현물가격과 일치할 것이므로, 무역회사가 실현하게 될 외화의 매입가격은 [표 6-1]과 같이 계산될 것이다. 이 예에서 외화선물의 매입헤징을 행함으로써 현물환율의 변동에 관계없이 외화 1달러당 매입가격은 1,215원으로 실현된다.

에 대해 우월한 정보와 예측능력을 갖고 있다고 믿기 때문에 행해진다. 이런 관점에서 보면, 투기거래는 거래자들이 갖고 있는 정보가 시장가격에 효율적으로 반영되도록 하는 데 중요한 기여를 한다고 볼 수 있다.

▶▶ 표 6-1 선물매입에 의한 헤징의 현금흐름(1달러 기준)

선물 및 현물거래 \ 3개월 후 환율		1,000원	1,200원	1,400원
$t=0$	외화선물 매입($F_{3,0}=1,215$원)	–	–	–
$t=3$	현물시장에서 외화매입 외화선물매도($F_{3,3}=S_3$)	−1,000 −215	−1,200 −15	−1,400 185
$t=3$에 실현된 매입환율		−1,215	−1,215	−1,215

단, $F_{3,0}$는 3개월 후 인도하는 선물의 현재의 선물가격, $F_{3,3}$는 3개월 후 인도 시점에서의 선물가격, S_3는 3개월 후 인도 시점에서의 현물가격이다.

매입헤징 또는 매도헤징에 의하여 가격변동의 위험을 완전하게 제거할 수 있는 헤징을 완전헤징(perfect hedging)이라고 한다. 선물시장에서 거래자가 원하는 인도일과 거래대상을 가진 선물상품이 찾아질 수 있는 경우, 인도일의 현물가격과 선물가격은 거의 완전하게 일치하기 때문에 완전헤징이 현실적으로 가능하다.

그러나 현실적으로 거래자가 원하는 인도일 또는 상품이 선물시장에서 찾아질 수 없는 경우가 많다. 이런 경우 현물가격과 상관성이 높은 상품의 선물계약을 이용하거나 원하는 인도일과 근접한 인도일의 선물을 이용하여 가격위험의 많은 부분을 제거할 수 있다. 이와 같이 현물과 강한 대체적 관계를 갖는 선물을 이용하여 가격위험을 제거하는 헤징을 교차헤징(cross hedging)이라고 한다.

3) 선물가격과 현물가격의 관계: 현물·선물 패리티

선물을 매입한다는 것은 현재 현물을 매입하여 인도시기까지 보관하는 것과 동일한 효과를 갖는다. 따라서 현재의 선물가격은 현재의 현물가격과 인도일까지의 보관비용을 반영하여 결정되어야 하며, 이와 같은 선물가격과 현물가격 사이의 관계를 현물 · 선물 패리티(spot-futures parity)라고 한다.

현재 시점에서 현물을 매입하고 T기까지 현물을 보관하고 있는 것과 T기 후 인도하는 선물을 매입하는 것은 경제적으로 동일한 효과를 갖는다. 왜냐하면 두 가지 거래 방법은 모두 T기 후에 동일한 상품을 보유하도록 만들어 주기 때문이다. 따라서 현재 현물을 매입하여 보유할 경우의 비용과 T기 후에 선물계약에 의하여 상품을 매입할 경우의 비용이 동일하여야 한다.

이를 식으로 표현하면 다음과 같은 현물 · 선물 패리티의 공식이 얻어진다.

상품선물의 현물 · 선물 패리티

$$F_{T,0} = S_0 + T \cdot C \qquad (6\text{–}1)$$

단, $F_{T,0}$는 인도일이 T기 후인 선물의 현재의 선물가격, S_0는 현재의 현물가격, C는 월간 보유비용(carrying costs)이다. 보유비용은 상품을 보유하는 데 따르는 월간 창고료, 보험료, 감모, 상품구입원가의 이자비용 등의 합계에서 재고편익을 뺀 값이다.

식(6-1)에 의하면 현재의 선물가격은 현물가격에 보유비용을 가산한 것과 같아야 한다. 이 현물 · 선물 패리티의 공식은 선물가격을 나타내는 중요한 공식의 하나이다. 이 식에 의하면 일반적으로 보유비용이 (+)값이므로 선물가격은 현재의 현물가격보다 높고, 인도일이 멀수록 보유비용의 증가로 인하여 선물가격과 현물가격의 차이가 증가한다. 그러나 상품공급이 현저히 적거나 불안정적인 경우 재고를 보유함으로써 긴급한 수요에 응할 수 있는 이득(이것을 재고편익(convenience yield)이라고 한다)이 다른 보유비용의 부분보다 클 수 있으며, 이런 경우에는 선물가격이 현물가격보다 낮을 수도 있다.

| 예시 |

예를 들어, 6월 10일 현재 원유의 현물가격이 배럴당 75달러이고 월간보유비용이 배럴당 1.2달러라면, 6개월 후인 12월 10일에 사용하기 위해 현물을 지금 매입하여 그때까지 보유한다면 82.2달러(=75+1.2×6)의 비용이 든다. 만일 12월 10일이 인도일인 원유선물의 선물가격이 이 82.2달러보다 높다면 현물로 원유를 보유하는 것이 더 유리하므로, 구태여 선물을 매입하고자 하지 않을 것이며 그 결과 선물가격은 하락하게 될 것이다. 반대로 선물가격이 82.2달러보다 낮다면 현물을 보유하는 것보다 선물을 매입하는 것이 더 유리하므로 선물가격은 상승하게 될 것이다. 따라서 선물가격은 현물을 매입하여 보유할 경우의 비용과 동일한 수준에서 결정될 것이다.

그러나 금융자산의 경우에는 다른 보유비용 없이 이자비용만 발생한다. 따라서 금융자산에 대한 현물 · 선물 패리티의 공식은 다음 식으로 나타낼 수 있다.[4]

금융선물의 현물 · 선물 패리티

$$F_{T,0} = S_0 e^{rT} \qquad (6\text{–}2)$$

단, r은 무위험이자율.

4 배당이 주어지는 주식에 대한 선물가격은 현재의 주가와 $F_{T,0} = S_0 e^{rT} - d$의 관계를 갖는다(단, d는 예상배당의 만기일의 미래가치). 또 외화선물의 선물가격은 현물환율과 $F_{T,0} = S_0 e^{(r-r^*)T}$의 관계를 갖는다(단, r^*는 외화자산의 무위험이자율).

위 식에서 현재의 선물가격은 현물가격의 미래가치와 같다. 따라서 무위험수익률이 높을수록 현재의 선물가격은 더 높게 결정된다.

| 예시 |

코스피200 주가지수가 현재 230포인트이고 연속복리 무위험이자율이 4%라면, 3개월 후가 인도일인 주가지수 선물의 이론적 선물가격은 다음과 같이 232.3포인트로 계산된다.[5]

$$F_{T,0} = S_0 e^{rT} = 230 \times e^{0.04 \times 0.25} = 232.31$$

현물 · 선물 패리티에 의해 계산된 선물가격은 흔히 이론적 선물가격이라고 부르며, 차익거래 이익을 노리는 투자자에게 매우 유용한 지침을 제공한다. 즉, 실제 선물가격이 이론적 선물가격보다 높으면 선물 매도, 현물 매수하는 차익거래를 행하고, 반대로 이론적 선물가격보다 낮으면 선물 매수, 현물 매도하는 차익거래를 행한다.[6] 그러나 실제 선물가격이 이론적 선물가격과 약간의 차이를 보이는 경우가 빈번하다. 그 이유는 차익거래에 따르는 거래비용이 존재하거나 차익거래를 자유롭게 행할 수 없는 경우가 있기 때문이다.

6.4.2 옵션의 이용

1) 옵션의 의의

옵션(option)은 약정된 시기 또는 그 시기 이내에 약정된 가격으로 어떤 자산을 매수 또는 매도할 수 있는 권리를 말한다. 예를 들어, 갑이라는 사람이 A회사 주식을 12월 말에 1주당 50,000원의 가격으로 매입할 수 있는 권리를 을이라는 사람으로부터 사들였다고 하자. 이 경우 갑이 취득한 주식매수선택권이 옵션이다. 만일 12월 말의 주식가격이 50,000원보다 높게 결정된다면 갑은 이 권리를 행사하여 이익을 얻어내려 할 것이나, 주식가격이 50,000원보다 낮게 형성된다면 그는 이 권리를 행사하지 않고 포기해 버릴 것이다.

이 간단한 예가 보여 주는 중요한 성격은 옵션이란 어떤 자산을 매입 또는 매도할 수 있는 '권리'를 나타내는 것이지 어떤 '의무'를 내용으로 하는 것이 아니라는 점이다. 따라서 옵션을 공짜로 취득할 수 없으며 일정한 대가를 치러야 한다. 위의 예에서 갑은 을에게 옵션가격(option price 또는 option pre-

---

5 주가지수선물과 옵션의 가치는 원이라는 화폐단위 대신 포인트로 표시한다. 주가지수선물은 KOSPI200 × 50만 단위를 1계약(거래단위)으로 한다.

6 구체적인 차익거래 방법은 지청 · 조담, 투자론, 전정8판(2008, 학현사), 제14장을 참조할 것.

mium)을 지급하고 주식매수권, 즉 옵션을 취득하였으며 을은 옵션가격을 받고 옵션을 팔았다고 한다.

가장 널리 거래되고 있는 옵션은 주식을 거래대상으로 하는 주식옵션이다. 이것은 특정 주식을 일정 기간 내에 약정된 가격으로 매입 또는 매도할 수 있는 권리이다. 이 주식옵션은 오래 전부터 장외시장에서 거래되고 있었지만 1973년 시카고옵션거래소(Chicago Board of Options Exchange: CBOE)가 개설됨으로써 공식적인 시장에서 대량으로 거래되기 시작하였다. 그 이후 주식, 주가지수, 외환, 금, 은, 원유, 곡물, 소고기 등을 대상으로 하는 옵션거래가 활발하게 이루어지고 있다.

현실의 여러 가지 증권 또는 청구권들은 옵션의 명칭이 붙어 있지는 않지만 옵션의 성질을 갖고 있다. 예를 들어, 보통주는 기업가치에 대한 일종의 옵션으로 간주될 수 있다. 또 전환사채나 신주인수권부사채는 옵션이 부가된 회사채이다. 또 기업의 임직원들에게 경영성과에 대한 보수로서 스톡옵션을 주는 경우도 많다. 따라서 기업의 재무관리자는 옵션에 대한 충분한 이해를 갖추고 있어야 한다.

옵션이 갖는 매수선택권 또는 매도선택권으로서의 성격을 보다 명료하게 이해하기 위해서는 옵션에 관련된 몇 가지 특수한 용어를 알아 둘 필요가 있다.

① **콜옵션**(call option)은 어떤 사산을 매수할 수 있는 권리이고, **풋옵션**(put option)은 어떤 사산을 매도할 수 있는 권리이다. 갑이라는 사람이 A회사 주식 1주를 1개월 후인 12월 15일에 1주당 50,000원에 매입할 수 있는 옵션을 갖고 있다고 하자. 이 옵션은 자산의 매수권을 내용으로 하는 옵션이기 때문에 콜옵션이다. 반대로 동일한 주식을 1개월 후에 1주당 50,000원에 매도할 수 있는 옵션이 있다면, 이 옵션은 풋옵션이다.

② **기초자산**(underlying asset)이란 옵션의 대상이 되는 자산이다. 위의 예에서 A회사 주식 1주가 기초자산이다. 실제의 옵션거래에서 어떤 사람이 콜옵션을 매도하거나 풋옵션을 매입하기 위하여 반드시 기초자산을 보유하고 있어야만 할 필요는 없다. 왜냐하면 어떤 사람이 기초자산이 없이 콜옵션을 팔았다 하더라도, 상대방이 콜옵션을 행사할 때 시장에서 기초자산을 매입하여 콜옵션의 행사에 응해 주면 되기 때문이다.

③ 옵션계약에 의하여 기초자산을 매입하거나 매도하는 행위를 **옵션을 '행사한다**(excercise)'고 한다. 그리고 **행사가격**(exercise price)은 기초자산의 매입가격 또는 매도가격으로서 옵션계약에 의하여 약정되어 있다. 위의 콜옵션의 예에서 옵션을 행사할 때 옵션의 소유자가 지급하여야 하는 50,000원이 행사가격이다. 만일 12월 15일의 주가가 65,000원으로 결정된다면, 옵션의 소유자는 행사가격인 50,000원만을 지급하고 65,000원의 가치를 갖는 주식을 매입함으로써 15,000원의 이익을 얻게 될 것이다. 그러나 12월 15일의 주가가 40,000원이라면 이 옵션을 행사하면 손실을 보게 되기 때문에 옵션의 소유자는 이 옵션을 행사하지 않고 포기하게 된다.

④ **만기일**(maturity 또는 expiration date)은 옵션을 행사할 수 있는 최종일자로서 옵션이 행사되지 않은 채로 이 만기일을 넘기게 되면 그 옵션은 소멸하게 된다. 위의 예에서 12월 15일이 만기일이다.

⑤ 만기일 바로 그날에만 옵션이 행사될 수 있는 경우를 **유럽형 옵션**(European option)이라 하고,

만기일 이전의 어느 시기에나 옵션이 행사될 수 있는 경우를 **미국형 옵션(American option)**이라고 한다. 위의 예에서 12월 15일 그날에만 옵션이 행사될 수 있도록 약정되어 있다면 그것은 유럽형 옵션이고, 12월 15일 이전의 어느 시기에라도 유리하다고 판단될 때 옵션을 행사할 수 있도록 약정되어 있으면 그 옵션은 미국형 옵션이다.

⑥ 옵션은 기초자산을 매입 또는 매도할 수 있는 권리이다. 이 권리를 취득하기 위하여 옵션의 소유자가 지급하여야 하는 가격이 **옵션가격(option price)** 또는 **옵션프리미엄(option premium)**이다. 위의 예에서 갑이 콜옵션을 취득하기 위하여 옵션계약의 상대방에게 3,000원을 지급하였다면 이 3,000원이 옵션가격이다. 개인과 개인 사이에 옵션계약이 맺어진다면, 옵션가격은 계약 당사자들이 흥정하여 결정된다. 그러나 공식적인 옵션시장에서 옵션이 거래된다면 옵션의 수요와 공급이 일치하도록 하는 수준에서 옵션의 균형가격이 결정된다.

⑦ **옵션의 매입자(buyer)**는 옵션의 매도자에게 옵션가격을 치르고 기초자산의 매수선택권 또는 매도선택권을 취득한 사람이다. 따라서 옵션매입자는 옵션의 보유자(option holder)라고도 할 수 있다. **옵션의 매도자(writer 또는 seller)**는 옵션가격을 받고 옵션매입자에게 옵션에 따르는 권리를 제공한 사람이다. 옵션매입자는 옵션의 행사 여부를 자유롭게 결정할 수 있다. 그리고 옵션 매도자는 옵션가격을 받고서 그 권리를 팔았기 때문에 옵션매입자가 옵션을 행사할 경우 그것에 응해 주어야 하는 의무를 진다.

2) 만기일의 옵션가치

옵션의 경제적 특성은 옵션이 만기일에 어느 정도의 가치를 갖게 될 것인가를 살펴봄으로써 보다 분명하게 이해될 수 있다. 먼저 유럽형 콜옵션이 만기일에 어느 정도의 가치를 갖게 될 것인가를 생각해 보기로 하자. KOSPI200을 기초자산으로 하는 콜옵션의 행사가격이 240포인트이고 만기일은 3개월 후라 하자.[7]

만일 만기일의 시장가격이 220포인트라면, 이 시장가격은 행사가격보다 낮기 때문에, 옵션매입자는 옵션의 행사를 포기할 것이다. 왜냐하면, 옵션을 행사할 경우 220포인트의 시장가격을 갖는 주가지수 1단위를 그보다 높은 240포인트의 행사가격을 지급하고 매입하여 손실을 보기보다는 옵션을 포기하는 것이 유리하기 때문이다. 따라서 만기일의 시장가격이 행사가격보다 낮을 경우 콜옵션의 가치는 0이다.

그러나 만기일의 시장가격이 250포인트라면 이것은 행사가격 240포인트보다 높으므로, 옵션매입자는 콜옵션을 행사함으로써 시장가격과 행사가격의 차액인 10포인트만큼의 이익을 얻어낼 수 있다.

7 코스피200 주가지수옵션은 KOSPI200×50만 단위를 1계약(거래단위)으로 한다. 따라서 주가지수 콜옵션 1계약을 2포인트의 옵션가격으로 매입하였다는 것은 100만원(=2포인트×50만 단위)의 옵션가격을 지급하고 콜옵션 1계약을 매입했다는 것과 같은 뜻이다.

왜냐하면 옵션을 행사함으로써 250포인트의 시장가치를 갖는 주가지수 1단위를 그보다 적은 금액인 240포인트의 행사가격만을 지급하고서 취득할 수 있기 때문이다. 이상의 설명은 다음 식(6-3)과 같이 간단한 식으로 나타낼 수 있다.

만기일의 콜옵션가치

$$C_T = \mathrm{Max}\,(0, S_T - E) \tag{6–3}$$

단, C_T는 만기일 T에서의 콜옵션의 가치, S_T는 만기일 T에서의 기초자산의 시장가격, E는 행사가격이다.

즉, 만기일에서의 콜옵션의 가치는 0과 $S_T - E$ 중에서 큰 값(Max)이다. 만일 그 만기일의 주가가 행사가격보다 낮으면($S_T < E$), $S_T - E$는 0보다 작으므로 콜옵션을 행사하지 않게 되어 콜옵션의 가치는 0이다. 그러나 만기일의 주가가 행사가격보다 높으면($S_T \geq E$), $S_T - E$가 0보다 크기 때문에 콜옵션을 행사하게 되어 $S_T - E$ 만큼의 가치를 갖게 된다.

만기일에 콜옵션의 매입자가 옵션을 행사할 것인지 여부와 콜옵션의 가치는 [그림 6-1]의 실선에 의해 표시된다. 즉, 만기일의 콜옵션가치는 기초자산의 시장가격이 옵션의 행사가격보다 높은 영역에서 시장가격의 증가에 따라 45°의 기울기를 갖고 증가한다. 그러나 시장가격이 행사가격보다 낮은 영역에서 옵션매입자가 얻는 이익은 0이다.

이 설명에서 알 수 있는 바와 같이 콜옵션매입자는 만기일에 기초자산의 시장가격이 행사가격보다 높게 형성될 것이라고 예상하고 콜옵션을 매입한다. 그러나 만일의 경우 기초자산의 시장가격이 행사가격보다 낮아진다 하더라도, 그는 가격하락의 모든 손실을 부담하지 않고 처음 옵션을 매입할 때 지급한 옵션가격만을 잃게 된다. 따라서 콜옵션의 매입자는 가격하락의 위험을 콜옵션의 매도자에게 전가한 대가로 옵션가격을 매도자에게 지급한 것이라고 말할 수 있다.

그림 6-1 만기일의 콜옵션가치

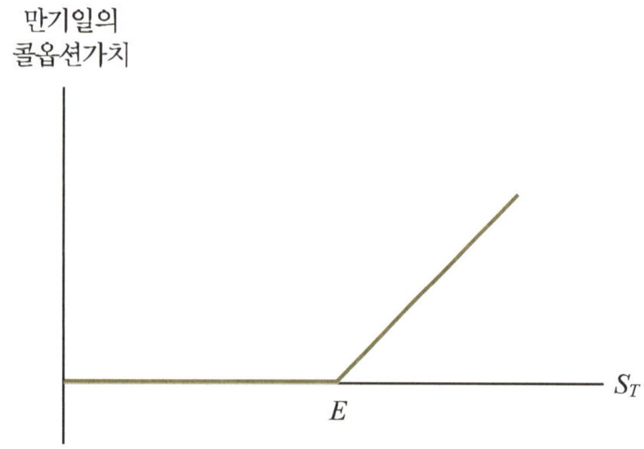

콜옵션매도자의 입장에서 볼 때, 만기일의 콜옵션가치는 옵션매입자의 경우와 반대로 나타난다. 만일 만기일에 기초자산의 시장가격이 옵션의 행사가격보다 높으면 콜옵션은 행사될 것이므로, 옵션매도자는 S_T의 시장가격을 갖는 기초자산을 그보다 낮은 값인 E만큼의 행사가격만을 받고 팔아 주어야만 하며, 그 결과 $S_T - E$만큼의 손실을 감수해야 한다. 그러나 만기일의 시장가격이 행사가격보다 낮으면 콜옵션의 매입자가 옵션의 행사를 포기할 것이므로 콜옵션의 매도자는 0의 이익을 얻는다.

풋옵션은 기초자산을 약정된 만기일에 매도할 수 있는 권리이다. 즉, 풋옵션은 만기일에 약정된 행사가격을 받고 기초자산을 매도할 수 있는 권리이다. 만일 만기일에 기초자산의 시장가격이 행사가격보다 낮게 형성되면($S_T < E$), 풋옵션매입자는 풋옵션을 행사함으로써 시장가격보다 높은 행사가격을 받고 기초자산을 팔 수 있다. 따라서 만기일의 시장가격이 행사가격보다 낮은 경우 풋옵션의 가치는 $E - S_T$이다.

그리고 만기일에 기초자산의 시장가격이 행사가격보다 높으면($S_T \geq E$), 풋옵션매입자는 풋옵션의 행사를 포기한다. 왜냐하면 풋옵션매입자는 시장가격보다 낮은 행사가격만을 받고 주식을 매도하려 하지 않을 것이기 때문이다. 따라서 시장가격이 행사가격보다 높으면, 풋옵션의 가치는 0이다. 이상의 설명을 간단한 식으로 표시하면 다음과 같다.

만기일의 풋옵션가치

$$P_T = \mathrm{Max}(0, E - S_T) \tag{6-4}$$

단, P_T는 만기일의 풋옵션가치이다.

즉, 만기일의 풋옵션가치는 0과 $E - S_T$ 중에서 큰 값(Max)이다. 식(6-4)를 그림으로 나타내면 [그림 6-2]의 실선과 같다. 풋옵션매도자는 매입자의 경우와 반대의 입장이므로 여기에서는 설명을 생략하기로 한다.

그림 6-2 만기일의 풋옵션가치

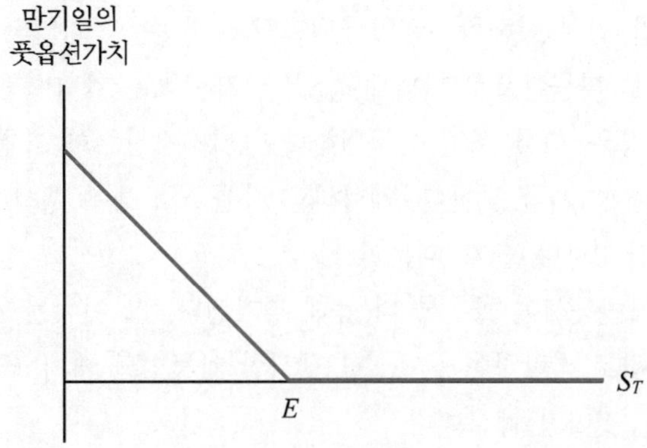

3) 옵션가격의 결정요인

앞 항에서는 만기일의 옵션가치를 설명하였다. 실제로 옵션을 거래하는 것은 만기일 전의 어떤 시점이므로, 그 시점의 옵션가격은 만기일의 옵션가치와 다른 값을 갖는다. 오늘날 표준적인 형태의 옵션, 즉 유럽형이면서 행사가격이 확정되어 있는 콜옵션이나 풋옵션의 가격은 블랙 · 숄즈 옵션가격결정모형(Black-Scholes Option Pricing Model: BS OPM)으로 널리 알려져 있는 공식에 의해 구해질 수 있다. 이 옵션가격결정모형은 그 자체로서 상당히 복잡한 구조를 갖고 있으므로 설명을 뒤로 미루기로 하고 여기에서는 옵션가격의 결정요인이 무엇인지를 먼저 설명하기로 하자.

옵션가격을 결정하는 요인들은 두 가지 부류로 나누어진다. 첫 번째는 옵션계약 자체의 내용으로서 행사가격과 만기일이 이에 해당한다. 두 번째는 기초자산 및 시장의 특성을 반영하는 것으로서 기초자산의 시장가격, 기초자산의 가격변동성, 무위험이자율 및 예상배당을 들 수 있다.

① 기초자산의 가격: 다른 조건이 동일하다면, 기초자산의 현재 가격이 높으면 높을수록 콜옵션가격은 높게 평가된다. 예를 들어, 어떤 주가지수 콜옵션의 행사가격이 240포인트라 하자. 현재 KOSPI200이 220포인트일 경우보다는 260포인트일 경우에 콜옵션의 행사가능성과 그로부터 얻게 될 이익이 더 클 것으로 기대된다. 왜냐하면 다른 조건이 동일하다면 현재의 주가가 더 높을수록 만기일의 자산가격이 행사가격보다 더 높게 결정될 것으로 예상되기 때문이다.

풋옵션의 경우 기초자산의 현재 가격이 높을수록 풋옵션가격은 낮게 평가된다. 왜냐하면 기초자산의 현재 가격이 높을수록 만기일의 자산가격이 행사가격 이하로 하락하여 풋옵션 행사에 의해 얻게 될 이익이 더 적을 것으로 예상되기 때문이다.

② 행사가격: 어떤 콜옵션의 행사가격이 높으면 높을수록 그 콜옵션의 가치는 낮게 평가된다. 왜냐하면, 다른 조건이 동일하다면 행사가격이 높을수록 콜옵션의 행사로부터 얻게 될 이익은 더 작을 것이고, 그 결과 콜옵션가격도 낮게 평가될 것이기 때문이다. 그러나 풋옵션의 경우에는 행사가격이 높을수록 풋옵션가격은 높게 평가된다. 왜냐하면 행사가격이 높을수록 풋옵션의 행사로부터 얻게 될 이익은 더 커질 것이고, 그 결과 풋옵션의 가치도 높게 평가될 것이기 때문이다.

③ 기초자산의 가격변동성: 콜옵션은 기초자산의 가격변동성이 더 클수록 더 높게 평가된다. 이 점은 [그림 6-3]을 보면 쉽게 이해할 수 있다. [그림 6-3]에는 만기일의 예상가격이 동일한 어떤 두 자산의 가격변동을 확률분포로 나타내고 있다. 자산 A는 가격변동성이 크고 자산 B는 가격변동성이 적다. 이 경우, 다른 조건이 동일하다면 기초자산 A에 대한 콜옵션이 기초자산 B에 대한 콜옵션보다 높은 가치를 갖는다. 왜냐하면 자산 A의 경우 행사가격보다 높은 시장가격을 갖게 될 확률이 자산 B보다 크기 때문이다.

풋옵션가격도 가격변동성이 클수록 더 높게 평가된다. 그 이유는 가격변동성이 클수록 자산가격이 행사가격 이하로 하락하여 풋옵션을 행사할 가능성도 커지고, 또 풋옵션을 행사하여 얻게 될 이익도 더 클 것이기 때문이다.

그림 6-3 기초자산가격의 확률분포

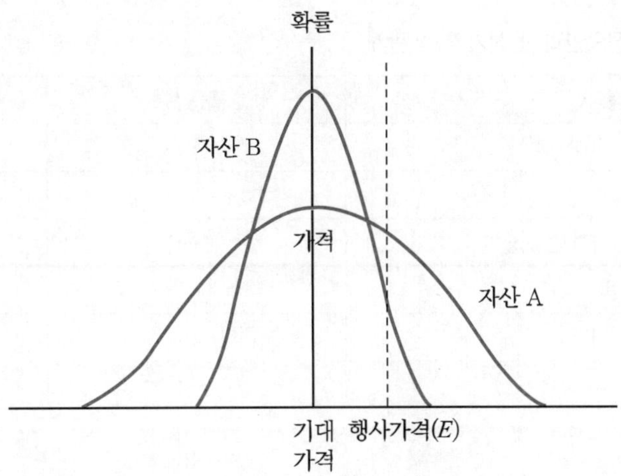

④ 무위험이자율: 콜옵션은 무위험이자율이 클수록 높게 평가된다. 이 점은 콜옵션의 행사가격이 이자율 수준에 관계없이 고정되어 있다는 사실과 관련되어 있다. 즉, 콜옵션을 행사할 때 지급하는 행사가격의 현재가치는 무위험이자율이 높을수록 낮게 평가된다. 바꾸어 말하면, 무위험이자율이 높을수록 콜옵션 보유자가 지급하게 될 행사가격의 현재가치는 낮아지기 때문에 콜옵션은 더 높은 가치를 갖는 것으로 평가된다.

풋옵션의 경우 무위험이자율이 높을수록 풋옵션 보유자가 받게 될 행사가격의 현재가치는 낮아진다. 이와 같이 무위험이자율이 높을수록 행사가격의 현재가치가 낮아진다는 것은 풋옵션가격이 더 작은 가치를 갖게 된다는 것을 의미한다.

⑤ 만기까지의 기간: 다른 조건이 동일하다면 만기일까지의 기간이 길수록 콜옵션의 가치는 더 높게 평가된다. 그 이유는 두 가지이다. 첫째, 만기일까지 남은 기간이 길수록 기초자산가격의 변동성이 크기 때문에 행사가격 이상으로 상승할 가능성이 증가한다. 극단적인 경우로서 만기일까지 무한의 기간이 남아 있는 경우 옵션가격은 기초자산의 가격과 거의 같게 된다.

풋옵션의 경우에도 만기까지의 기간이 길수록 미래에 예상되는 기초자산가격의 변동성이 크기 때문에 풋옵션이 행사되어 이익을 얻게 될 가능성도 증가한다. 따라서 만기까지의 기간이 길수록 풋옵션가격도 높게 평가된다.

⑥ 예상배당: 배당이 주어지면 그 만큼 기초자산가격이 하락하게 되므로, 만기일 이전에 배당 지급이 예상되는 경우 콜옵션가격은 하락한다. 그러나 풋옵션의 경우 기초자산가격이 하락할수록 풋옵션 보유자에게 유리하므로, 예상배당이 클수록 풋옵션가격은 상승한다.

이상과 같은 요인들과 콜옵션 및 풋옵션가격의 관계는 [표 6-2]와 같이 정리될 수 있다. 이 표에서 (+)는 결정요인 값이 커질수록 옵션가격도 증가한다는 것을 의미하고 (−)는 옵션가격이 감소한다는 것을 의미한다.

▶▶ 표 6-2 옵션가격 결정요인과 옵션가격의 관계

결정요인	콜옵션	풋옵션
기초자산의 현재가격	(+)	(−)
행사가격	(−)	(+)
기초자산의 가격변동성	(+)	(+)
무위험이자율	(+)	(−)
만기까지의 기간	(+)	(+)
예상배당	(−)	(+)

참고 **블랙 · 숄즈 옵션가격결정모형**

오늘날 옵션가격을 평가할 때 가장 많이 사용하는 공식은 블랙과 숄즈(F. Black & M. Scholes)가 1973년에 제시한 옵션가격결정모형(option pricing model, 흔히 OPM으로 줄인다)이다. 이 모형은 유럽형 콜옵션이나 풋옵션의 균형가격을 구하고자 하는 공식이다.[8]

블랙 · 숄즈 OPM은 완전경쟁적 시장에서 콜옵션이 만기일에만 행사될 수 있고 기초자산의 가격이 연속적으로 변동하며 만기일 이전에 배당이 주어지지 않는다는 가정 하에서 얻어진 것으로서, 유럽형 콜옵션의 가격은 아래의 식(6-5)에서와 같이 구해진다.

$$C_0 = S_0 N(d_1) - Ee^{-rT}N(d_2) \tag{6–5}$$

$$d_1 = \frac{\ln(S_0/E) + (r + 0.5\sigma^2)T}{\sigma\sqrt{T}} \tag{6–5a}$$

$$d_2 = d_1 - \sigma\sqrt{T} \tag{6–5b}$$

단, C_0는 콜옵션가격, S_0는 기초자산의 현재가격, E는 행사가격, ln은 자연대수를 구하는 연산기호이다. r은 연속복리 무위험이자율이고 T는 만기까지의 기간, e는 자연상수(약 2.718282), $N(d)$는 표준정규분포에서 d 이하의 누적확률, σ는 기초자산의 수익률의 표준편차이다.

8 F. Black & M. Scholes, "The Pricing of Options and Corporate Liabilities," *Journal of Political Economy* (May/June 1973). 숄즈는 옵션가격결정모형을 도출한 업적으로 1997년에 R. Merton과 함께 노벨경제학상을 수상하였으며, 블랙은 1995년에 사망하여 불운하게도 이 영광에 참여하지 못하였다. 블랙 · 숄즈의 OPM은 ① 투자자는 아무런 제약이 없이 자유롭게 기초자산 및 콜옵션을 공매(short selling)할 수 있고, ② 거래비용이나 세금 등의 마찰적 비용이 존재하지 않으며, ③ 콜옵션을 만기일에만 행사할 수 있고, ④ 기초자산의 가격은 점프(jump)가 없이 연속적으로 변동하며, ⑤ 콜옵션의 만기일 이전에 기초자산으로부터 배당이 주어지지 않고, ⑥ 단기적으로 무위험이자율은 안정적이고

위의 식에서 콜옵션가격은 기초자산가격(S_0)과 행사가격의 현재가치(Ee^{-rT})를 두 개의 확률 $N(d_1)$과 $N(d_2)$로 곱하여 얻어진다. 콜옵션의 행사가능성이 매우 크면 $N(d_1)$과 $N(d_2)$는 1에 접근하게 되고 콜옵션가격은 $S_0 - Ee^{-rT}$ 에 접근할 것이다.[9] 반대로, 콜옵션의 행사가능성이 거의 없으면 $N(d_1)$과 $N(d_2)$는 거의 0에 가까워진다. 이 경우 콜옵션가격은 0에 가까울 수밖에 없다.

참고 풋 · 콜 패리티

유럽형 콜옵션의 가격이 주어지면, 그 콜옵션과 동일한 기초자산과 만기일 및 행사가격을 갖고 있는 유럽형 풋옵션의 가격은 콜옵션가격과 일정한 관계를 갖고 결정된다. 콜옵션과 풋옵션 사이에 존재하는 이러한 관계를 풋 · 콜 패리티(put-call parity)라고 부르며, 다음 식과 같이 나타내진다.

$$P_0 = C_0 - S_0 + Ee^{rT} \tag{6–6}$$

단, P_0는 풋옵션가격이다.

풋 · 콜 패리티의 식에서 기초자산의 현재가격(S_0), 행사가격(E) 및 무위험이자율(r)은 자료에 의하여 주어지는 값이다. 따라서 어떤 콜옵션의 가격 C_0가 주어지면 식(6-6)에 의하여 풋옵션가격 P_0가 쉽게 얻어진다. 이 풋 · 콜 패리티는 유럽형 풋옵션가격과 콜옵션가격의 관계만을 말해 주는 것이므로 만기일 이전에 조기행사가 가능한 미국형 옵션에 대해서는 적용되지 않는다.

이 풋 · 콜 패리티의 공식을 이용하면 블랙 · 숄즈 OPM을 응용하여 풋옵션가격을 구할 수 있다. 즉, 식(6-5)에 의해 동일한 조건의 유럽형 콜옵션의 가격을 구하고 이를 식(6-6)에 대입하면 유럽형 풋옵션 가격을 용이하게 구할 수 있다.

참고 엑셀을 이용한 옵션가격결정모형의 계산

엑셀을 사용하여 블랙 · 숄즈 OPM에 따라 옵션가격을 구해 보기로 하자. 식(6-5)는 상당히 복잡하게 이루어진 공식이므로 각 항 하나하나를 단계적으로 계산하여 나가야 한다. 엑셀에는 표준정규분포의 누적확률을 계산해 주는 함수가 주어져 있으므로 OPM에 의한 콜옵션가격이 매우 쉽게 계산될 수 있다. 여기에서는 KOSPI200 주가지수옵션의 가상적 자료를 사용하기로 한다.

알려져 있다는 가정 하에서 도출된 것이다.

9 Ee^{-rT}는 행사가격 E를 연속할인하여 얻어진 현재가치이다.

KOSPI200의 현재의 가격	S_0 = 230포인트
KOSPI200의 연간수익률의 표준편차	σ = 24%
만기까지의 기간	T = 0.25년(즉, 3개월)
콜옵션의 행사가격	E = 240포인트
연간 무위험이자율	r = 5%

① 기호를 쉽게 구분하기 위하여 각 기호를 스프레드시트에 미리 써넣는다. 즉, A1셀에 'S0', A2에 'sigma', A3에 'T', A4에 'E', A5에 'r', A6에 'd1', A7에 'd2', A8에 'N(d1)', A9에 'N(d2)', A10에 'C0'를 써넣는다.

② 계산에 필요한 자료를 써넣는다. 즉, B1셀에 '230', B2에 '0.24', B3에 '0.25', B4에 '240', B5에 '0.05'를 써넣는다.

③ d1의 값을 구하기 위하여 B6에 '= (ln(B1/B4) + (B5+0.5*B2^2)*0.25)/ (B2+sqrt(B3))'라고 써넣고 엔터키를 누른다. 그러면 −0.1905의 계산결과가 표시될 것이다.(ln은 자연대수를 구하는 기호이고, sqrt는 제곱근을 구하는 기호이다.)

④ d2의 값을 구하기 위하여 B7에 '= B6 - B2*sqrt(B3)'라고 써넣는다. 그러면 −0.3105의 계산결과가 얻어질 것이다.

⑤ N(d1)을 구하기 위하여 B8에 '= normsdist(B6)'을 써넣으면 0.42446의 계산결과가 얻어진다. normsdist(·)는 괄호 안의 값에 대한 표준정규분포의 누적확률을 구하는 함수이다.

⑥ N(d2)를 구하기 위하여 B9에 '= normsdist(B7)'을 써넣으면 0.37809의 계산결과가 얻어진다.

⑦ 마지막으로 구하고자 하는 콜옵션가격 C0를 구하기 위하여 B10에 '= B1*B8 - B4*exp(-B5*B3)*B9'를 써넣는다. 그러면 8.0110포인트의 값이 얻어질 것이다.

⑧ 필요한 자료의 값만 바꾸면 원하는 콜옵션의 가격이 곧바로 얻어진다. 따라서 앞으로 동일한 작업을 반복할 수 있도록 적절한 파일이름으로 저장시켜 두도록 한다.

4) 옵션을 이용한 위험관리

투기적 목적으로 옵션에 투자하는 투자자들은 옵션을 일종의 도박으로 생각한다. 그 이유는, 일반적으로 옵션가격이 기초자산의 가격에 비해 현저히 작은 금액이기 때문에, 기초자산가격이 투자자가 예상하는 방향으로 변동할 경우 옵션을 행사하여 큰 이익을 얻을 수 있기 때문이다. 그러나 기초자산가격이 예상한 방향으로 움직이지 않을 경우 옵션 투자자는 옵션 투자액 모두를 잃게 된다. 따라서 옵션은 그 자체로서 매우 위험이 큰 자산이다.

그러나 옵션은 그 특성 때문에 위험관리에도 매우 유용하게 사용될 수 있다. 옵션을 이용한 대표적인 위험관리기법으로서 포트폴리오보험(portfolio insurance)이라는 것이 있다. 이것은 주식포트폴리오와 주가지수 풋옵션을 결합함으로써 주식포트폴리오의 가치하락위험을 회피하고자 하는 기법이다.

어떤 펀드매니저가 충분히 분산투자되어 있는 주식포트폴리오를 관리하고 있다 하자(충분히 분산투자되어 있으므로 비체계적 위험이 없다). 지금까지 이 주식포트폴리오는 비교적 좋은 투자성과를 올리고 있지만 앞으로 수개월 남아있는 만기 이전에 주가폭락이 발생하여 투자자들에게 큰 손실을 끼칠 가능성도 있다. 이런 경우 펀드매니저는 주가지수 풋옵션을 적절한 수량만큼 매입함으로써 미래의 가격하락 위험을 제거할 수 있다. 즉, 주가가 행사가격 이상으로 상승할 경우 주가지수 풋옵션의 가치는 0이 되겠지만, 주식포트폴리오의 가치가 상승할 것이기 때문에 펀드매니저는 고객들에게 좋은 투자성과를 가져다 줄 수 있다. 반대로 주가가 행사가격 이하로 하락할 경우 주식포트폴리오의 가치하락으로 손실이 발생하겠지만, 주가지수 풋옵션을 행사하여 얻어지는 이득에 의해 그 손실을 상쇄시키게 되므로 포트폴리오 전체의 가치하락을 방지할 수 있다.

이 포트폴리오 보험은 포트폴리오 가치하락의 위험을 제거하는 효과를 갖고 있지만 그 대가로 주가지수 풋옵션의 매입가격을 지출하여야 한다. 즉, 풋옵션가격을 보험료로 지급하여야 한다.

참고 **금리 캡과 금리 플로어**

기준금리 수준에 따라 이자율이 달라지는 변동금리대출은 이자율위험에 매우 민감한 금융상품이다. 차입자의 입장에서 볼 때 이자율위험은 기준금리가 상승함으로써 이자부담이 증가하게 될 위험을 의미하며, 이런 경우 금리 캡(interest-rate cap)이 사용될 수 있다. 금리 캡은 차입자가 지급하게 될 이자율의 최대값을 설정하는 것으로서 기준금리가 상승하더라도 차입자는 이 최대값 이내의 이자율을 부담한다. 따라서 금리 캡은 기준금리가 일정 수준 이상으로 상승할 경우 차입자에게 초과분의 이자를 지급하는 특수한 형태의 옵션으로 해석될 수 있다.

반대로 변동금리로 대출한 대출자(은행)의 입장에서 볼 때 이자율위험은 기준금리가 하락함으로써 이자수입이 감소하게 될 위험을 의미한다. 이런 경우 금리 플로어(interest-rate floor)가 사용될 수 있다. 금리 플로어는 대출자가 받게 될 이자율의 최저값을 설정하는 것으로서 기준금리가 일정 수준 이하로 하락하더라도 이자수입의 추가적인 감소를 방지해 준다. 따라서 금리 플로어는 기준금리가 일정 수준 이하로 하락할 경우 대출자에게 그 차이에 해당하는 이자를 지급하는 특수한 형태의 옵션이다.

6.4.3 스왑거래

1970년대 이후 세계 금융시장의 가장 중요한 특징은 이자율이나 환율의 변동성이 커졌다는 것이며, 이로 인해 이자율위험이나 환위험을 어떻게 관리할 것인가가 재무관리의 중요한 과제로 등장하였다. 이를 위해 개발된 것이 금리스왑과 통화스왑이다. 그 이후 상품스왑, 주식스왑 등과 같은 다양한 형태의 스왑거래가 개발되었다.

스왑(swap)은 미리 약정된 미래의 현금흐름 또는 자산을 교환하기로 하는 두 거래자 사이의 사적 계약이다. 미래의 현금흐름 또는 자산을 교환하기로 하는 사적 계약이라는 점에서 스왑은 일종의 선도계약이라고 볼 수 있다. 스왑은 1981년경 금리스왑의 형태로 처음 시작된 이래 그 거래규모가 급속하게 성장하고 있다. 스왑의 형태는 매우 다양하지만 여기에서는 기업의 위험관리를 위해 사용하는 스왑거래로서 가장 대표적인 형태인 금리스왑, 통화스왑 및 상품스왑에 대해서만 설명하기로 한다.

1) 금리스왑

금리스왑(interest rate swap)은 두 거래자가 서로 다른 종류의 채무를 교환하는 계약이다. 이를 설명하기 위하여 이자율스왑의 가장 단순한 형태인 기본형(plain vanilla) 금리스왑의 예를 들어보자. 기본형 금리스왑은 거래자 A가 거래자 B에게 '가상적' 원금에 대한 고정금리를 지급하기로 하고 B는 A에게 동일 원금에 대한 변동금리를 지급하기로 약정하는 계약이다.[10]

예를 들어, A가 B에게 향후 3년 동안 매년 '가상적'인 원금 1억 달러에 대한 고정금리인 연 6.5%를 지급하기로 하고 B는 A에게 향후 3년 동안 '가상적' 원금 1억 달러에 대한 변동금리인 LIBOR+1.5%의 금리를 지급하기로 약정하였다 하자.[11] 이러한 기본형 이자율스왑을 그림으로 표시하면 [그림 6-4]와 같다. 이 이자율스왑에서 B가 A에게 지급하는 변동금리는 LIBOR 금리를 기준으로 하므로 LIBOR 금리가 변동하면 이자지급액도 달라진다.

그림 6-4 기본형 금리스왑

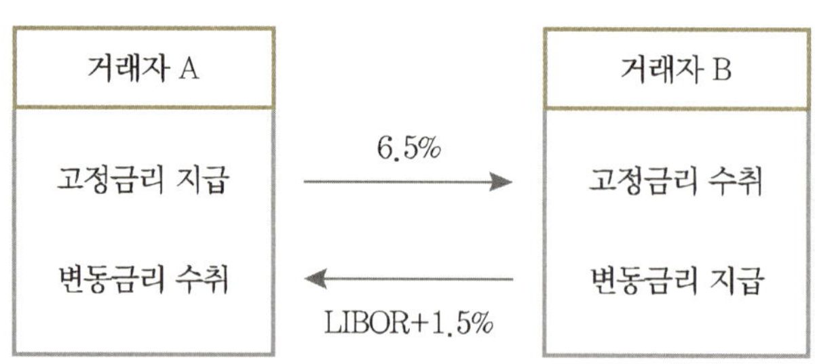

금리스왑이 이루어지는 첫 번째 이유는 이자율위험이다. 어떤 거래자가 주로 변동금리로 예금을 받아 고정금리로 대출하는 금융기관이라 하자. 이 거래자는 고정금리 채무를 지고 변동금리 자산을

10 실제로는 두 거래자가 직접 스왑계약을 체결하기보다는, 중간에 은행이 개입하여 쌍방의 거래자에 대한 계약상대가 되어주고 금리의 차이를 수취하는 경우가 일반적이다.

11 LIBOR, 즉 런던은행간금리(London interbank offered rate)는 런던의 주요 은행들이 유로달러(미국 밖에서 이루어지는 달러 표시 자금)의 거래에 적용하는 변동금리로서, 세계 금융시장의 기준금리로서의 역할을 하고 있다.

취득하는 스왑거래를 통해, 변동금리 예금과 변동금리 자산 및 고정금리 대출과 고정금리 채무를 동시에 보유하게 되며, 그 결과 이자율 변동이 발생한다 하더라도 그 영향을 상쇄시킬 수 있다.

금리스왑이 발생하는 두 번째 이유는 비교우위(comparative advantage)이다. 어떤 거래자는 고정금리시장에서 유리하게 차입할 수 있지만 변동금리 차입금을 원하고 있고, 다른 거래자는 변동금리시장에서 유리하게 차입할 수 있지만 고정금리 차입금을 원하고 있다 하자. 이런 경우 두 거래자는 비교우위를 갖는 금융시장에서 차입하고 금리스왑을 행함으로써 각자 원하는 형태의 자금을 저렴한 자본비용으로 조달할 수 있게 된다.

2) 통화스왑

통화스왑(foreign currency swap)은 특정한 통화로 표시된 채무의 원리금을 다른 통화로 표시된 채무의 원리금과 교환하는 것이다. 예를 들어, A회사는 주로 미국에 상품을 수출하고 있는 우리나라 기업이라 하자. 이 회사는 액면가가 13억원이고 연간 이표이율이 8%인 3년 만기 회사채를 발행하였다. 이 A회사는 미래에 풍부한 달러현금흐름이 예상되기 때문에 이자를 달러로 지급하고자 원하고 있다. 이런 경우 A회사는 회사채의 원리금 지급의무를 금융기관에게 넘겨주고 그 대신 금융기관에게 달러로 원리금을 지급하는 채무를 부담하기로 계약할 수 있다. 즉, A회사가 금융기관을 상대로 원화표시 채무와 달러표시 채무를 교환하기로 한 계약이 통화스왑이다.

3) 상품스왑

상품스왑(commodity swap)은 특정한 상품의 가상적인 수량에 대한 변동가격과 고정가격을 서로 교환하는 계약이다. 예를 들어, 항공회사가 월 5만 배럴의 가솔린을 소비하고 있으며, 가솔린가격의 변동에 대해 우려하고 있다 하자. 이런 경우 항공회사는 매월 5만 배럴의 가솔린에 대하여 배럴당 15달러의 고정가격을 스왑딜러에게 지급하고 스왑딜러는 매월 변동하는 현물가격을 지급하기로 하는 스왑계약을 맺을 수 있다. 이러한 스왑거래를 통해 항공회사는 가솔린 구입에 따른 현물가격의 변동을 스왑딜러로부터 받는 현물가격의 변동에 의해 상쇄시키고, 매월 고정된 가격으로 가솔린을 구입하는 효과를 얻을 수 있게 된다.

제5절 국제적 기업활동과 환위험관리

6.5.1 기업의 국제화

현실의 많은 기업들은 외국기업과 거래를 하고 있거나 해외에 생산 및 판매거점을 가지고 있으며, 경우에 따라서는 국제금융시장에서 자본을 조달하고 있다. 대부분의 대기업에서 해외투자 또는 국제적 거래가 갖는 비중이 거의 절대적이기 때문에, 국제재무관리(international financial management)의 특수성을 고려한 의사결정이 매우 중요한 의미를 갖는다.

우리나라 기업이 국제적 기업활동을 행할 경우 고려해야 하는 중요한 사실은 원화가 아닌 달러와 같은 외화를 기준으로 거래가 이루어지고 있다는 점이다. 따라서 기업의 재무관리자는 환율변동의 영향을 예측하고 환위험을 제거할 수 있는 적절한 수단을 강구하여야 한다. 또 다른 중요한 사실은 기업활동이 자국이 아닌 해외에서 이루어지기 때문에 현지의 거래관행 및 법규의 규제를 받게 되며, 경우에 따라서는 재산몰수 또는 수용이나 송금제한 등과 같은 정치적 위험을 부담하여야 한다는 점이다.

기업의 국제화란 기업활동이 국내시장에서 해외시장으로 이전되어 가고 이에 따라 경영관리가 국제적 관점에서 이루어지는 것을 의미한다. 보다 구체적으로 기업의 국제화는 다음과 같은 방식을 통해 이루어진다.

1) 수출

수출은 ① 간접수출, ② 현지 대리점 또는 유통기구를 통한 수출, ③ 현지 자회사 또는 지점을 통한 수출 등의 형태를 취한다.

2) 국제제휴

국제제휴는 ① 상호, 상표 또는 노하우의 사용권을 제공하는 라이센싱(licensing), ② 코카콜라나 맥도날드 햄버거 등의 예에서와 같이 상표, 상호 등의 사용권과 함께 원료 및 관리시스템까지 제공하는 프랜차이징(franchising), ③ 다른 나라에 소재하고 있는 호텔의 경영관리를 대행해 주는 경우와 같이 현지 국가의 기업에 대한 경영관리의 서비스를 제공해 주는 관리계약(management contract), ④ 해외 발주자를 위하여 대형 플랜트를 건설하고 이를 가동할 수 있도록 관리 노하우 및 기술훈련의 서비스까지 제공하는 턴키(turn key)계약, ⑤ 진출대상국 제조업체에게 제품생산을 위탁하는 계약생산(contract manufacturing) 등의 방법을 취한다.

3) 해외투자

해외투자의 방법으로 ① 신설 또는 M&A에 의해 100% 지분을 갖는 해외생산거점을 확보하는 단독투자(sole venture)와 ② 신설 또는 M&A에 의해 현지 회사와 공동으로 소유 및 지배권을 갖는 방식에 의해 해외생산거점을 확보하는 합작투자(joint venture)가 있다.

위와 같이 기업의 국제화는 여러 가지 방식을 통해 이루어질 수 있지만, 많은 연구들은 시간의 흐름에 따라 일정한 패턴을 밟으면서 점진적으로 이루어지는 것으로 보고 있다. 즉, 기업의 국제화는 위험도가 낮은 간접수출에서 시작하여 직접수출, 현지 자회사를 통한 해외 판매망 구축, 현지 생산 등과 같이 위험도가 높은 수준으로 단계적으로 진행한다. 예를 들어, 일본 기업들의 국제화는 무역회사를 통한 간접수출 방식으로부터 직접수출, 현지 판매회사 설립, 개발도상국에서의 현지 생산, 선진국에서의 현지 생산, 범세계적 마케팅으로 단계적 발전을 거쳐 이루어졌다.

6.5.2 환율의 결정과 환위험관리

각국은 서로 다른 통화단위를 사용하고 있으며, 이 서로 다른 통화단위 사이의 교환비율을 환율(exchange rate)이라고 부른다. 오늘날 거의 대부분의 국가들은 외화에 대한 수요와 공급을 반영하여 매 시점의 환율이 변동되는 변동환율제도를 시행하고 있다.

외화에 대한 수요와 공급은 여러 가지 요인 때문에 발생한다. 경상수지가 증가하거나 외국인 투자가 증가하면 외화의 공급이 많아지기 때문에 외화의 가치가 하락하고 자국통화의 가치는 상승한다. 반대로 경상수지 감소나 외국인의 투자회수가 발생하면 외화수요가 증가하여 외화의 가치는 상승한다. 또 미래의 환율변동을 예상하여 미리 외화를 매입 또는 매도하는 투기적 거래 때문에 환율이 변동하기도 한다.

1) 환율결정의 이론

환율의 단기적 변동은 매우 다양한 경제 · 정치 · 사회적 요인들에 의하여 야기된다. 그러나 문제를 단순화하기 위하여 각국에서의 인플레이션과 이자율 차이가 환율에 대하여 어떠한 영향을 미치는가를 다룬 구매력평가설 및 이자율평가설을 중심으로 설명하기로 한다. 첫 번째의 구매력평가설은 인플레이션과 현물환율의 관계를 다룬 것이고, 두 번째의 이자율평가설은 현물환율을 선물환율과 연관시킨 이론이다.

① 구매력평가설

구매력평가설(purchasing power parity theory)은 어떤 나라의 물가수준이 다른 나라의 물가수준보다 더 많이 상승한다면, 두 나라 통화의 실질구매력이 거의 동일해지는 수준까지 두 나라 통화의 환율이 조정된다는 이론이다.

예를 들어, 무역의 제한이 전혀 존재하지 않는 상태에서 기초의 원/달러 환율이 $S_0=1{,}000$원이고, 우리나라의 물가상승률이 5%, 미국의 물가상승률이 2%라고 하자. 우리나라의 물가상승률이 미국보다 높다는 것은 달러보다 원화의 화폐가치가 더 많이 하락하였다는 것을 의미하므로, 원/달러 환율은 이를 반영하여 상승하여야 한다.

즉, 기초의 $1의 화폐가치는 1년 후의 $1.02(=(1+0.02)×$1)와 같고, 기초의 ₩1,000의 화폐가치는 기말의 ₩1,050(=(1+0.05)×₩1,000)과 같다. 기초에 $1와 ₩1,000을 교환할 때의 화폐가치를 그대로 유지하기 위해서는 1년 후에 $1.02는 ₩1,050과 교환되어야 한다. 따라서 1년 후의 원/달러 환율은 ₩1,029(=₩1,050÷$1.02)으로 결정된다. 이 설명을 정리하면 다음의 식으로 나타낼 수 있다.[12]

현재의 환율	$1.00	=	₩1,000
물가상승률	2%		5%
1년 후의 환율	(1+0.02)$1.00=(1+0.05)₩1,000		

$$\therefore \text{ 1년 후의 환율은 } \$1.00 = \frac{1+0.05}{1+0.02}₩1{,}000 = ₩1{,}029$$

② 이자율평가설

이자율평가설(interest rate parity theory)은 외화의 선물가격(=선물환율)이 현물가격(=현물환율)과 어떤 관계를 가지고 결정되는가를 설명하고자 하는 이론이다. 이 이론은 오늘날 해외증권투자를 목적으로 하는 자본이동이 활발해짐에 따라 특히 중요성을 갖게 되었다.

설명의 편의상 미국의 $1를 기준으로 우리나라 원화의 환율을 표시하고 미국 투자자의 입장에서 현물 및 선물거래를 행하는 경우를 살펴보기로 한다. 현재 $1에 대한 현물환율이 ₩1,000이고 미국의 시장이자율은 6%, 우리나라의 시장이자율은 9%라고 하자. 미국의 투자자가 $1를 미국의 금융시장에서 투자한다면 1년 후 $1.06(=$1×(1+0.06))의 현금흐름이 얻어진다.

미국 투자자가 택할 수 있는 또 하나의 전략은 [그림 6-5]의 시계방향에 따라, $1를 현재의 현물환율 ₩1,000으로 바꾸어서 우리나라에서 투자하는 방법이다. 이 경우 미국 투자자는 1년 후에 ₩1,090(=₩1,000×(1+0.09))을 받게 된다.

---

12 우리나라의 물가상승률이 $\pi_₩$이고 미국의 물가상승률이 $\pi_\$$이며 현재의 원/달러 환율이 S_0라면, 구매력평가설은 $S_1 = \frac{1+\pi_₩}{1+\pi_\$}S_0$과 같이 나타낼 수 있다.

그림 6-5 이자율과 환율의 관계

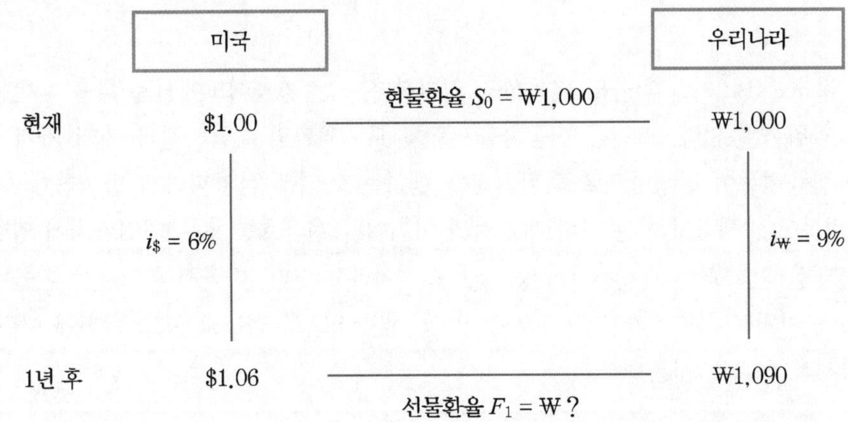

미국 투자자가 환위험이 없이 이 ₩1,090을 달러로 바꾸기 위해서는 미리 선물을 매입하여 두어야 한다. 이때 미국 투자자가 원화로 얻게 될 투자수익 ₩1,090을 다시 달러로 교환하여 얻게 될 금액은 미국 내에서의 투자수익인 $1.06과 같아야 한다. 따라서 1년 후에 인도할 달러의 선물환율 F_1은 다음과 같이 ₩1,028으로 결정된다.[13]

$$\$1 \times (1+0.06) = \frac{₩1,000 \times (1+0.09)}{F_1}$$

$$\therefore \quad F_1 = \frac{₩1,000 \times (1+0.09)}{(1+0.06)} = ₩1,028$$

이상으로 설명한 환율결정이론은 장기적인 환율변동을 설명하는 데에는 상당히 유효하지만 단기적으로는 현실적 증거에 의하여 충분히 뒷받침되고 있지 않다. 즉, 단기적으로 환율변동이 각국의 물가상승률 차이를 충분히 반영하지 못하며, 선물환율도 이자율 차이를 충분히 반영해 주고 있지 못하다. 이 사실은 외화의 현물 또는 선물투자에 의하여 비정상적 투자성과를 실현할 수 있다는 것을 의미하며, 국제적 거래의 비중이 큰 기업에게 환율예측이 기업가치 증대를 위하여 매우 중요한 과제라는 것을 말해 주고 있다.

2) 환위험의 관리

국제적으로 영업활동을 하는 기업의 경우 국제적 거래에서 발생하는 여러 가지 위험, 특히 서로 다른 통화를 사용하기 때문에 발생하는 환위험을 재무결정에 고려하여야 한다. 즉, 어떤 재무결정이

13 현재의 원/달러 현물환율이 S_0, 미국의 이자율이 $i_\$$, 한국의 이자율이 $i_₩$ 이라면, 이자율평가설에 의해 1년 후 인도하는 선물환율 F_1은 $F_1 = \frac{1+i_₩}{1+i_\$} S_0$으로 구해진다.

나 영업활동으로 인하여 기업이 부담하는 환위험을 측정하고 나아가 그 위험을 제거하여야 한다.

① 환노출

환위험(exchange risk)이란 환율의 변동성을 의미한다. 고정환율제도에서는 환율의 변동이 일어나지 않으므로 환위험은 없다. 그러나 변동환율제도에서는 외환의 수급사정과 여러 가지 경제상황의 변동에 따라 환율변동이 발생하므로 외환거래를 행하는 기업은 불가피하게 환위험에 노출된다.

일단 환율변동이 발생하면 이는 곧바로 기업의 이익이나 현금흐름 또는 기업가치에 영향을 미치게 되며, 이런 영향을 환노출(foreign exchange exposure)이라고 한다. 따라서 환노출은 환율변동이 기업의 영업 성과에 미치는 영향이라고 정의할 수 있다. 일반적으로 환노출은 그 원천에 따라 환산노출, 거래노출, 경제적 노출로 구분된다.

참고 **환노출의 구분**

① **환산노출**: 환산노출(translation exposure)은 해외 영업활동의 결과를 재무제표에 자국통화로 환산 표시하는 과정에서 발생하는 환노출로서 회계적 노출이라고도 한다. 예를 들어, 우리나라의 어떤 회사가 환율 $1: ₩1,200일 때 12억원(=$100만)을 바꾸어 미국의 은행에 예금하여 두었다 하자. 결산기말에 환율이 $1: ₩1,250으로 변동하였다면 미국 은행에 예금해 둔 자산은 재무상태표에 이제 12억5천만원으로 환산 표시되어야 하며, 이러한 외화 환산 과정에서 5천만원의 환차익이 발생한다.

② **거래노출**: 거래노출(transaction exposure)은 환율변동 이전에 거래가 이미 끝났으나 환율변동 이후에 결제가 이루어지는 경우 환율변동으로 인한 가치의 변동을 의미한다. 만일 거래시기와 결제시기가 동일하다면 거래노출은 발생하지 않는다. 따라서 거래노출은 가격이 외화로 표시되어 있는 상품 및 용역의 외상매입 또는 외상매출, 외화로 표시된 차입 및 대출에서 발생한다. 예를 들어, 어떤 회사가 VCR 100대를 1대당 200달러에 수출하고 그 대금은 3개월 후에 받기로 하였다 하자. 수출이 이루어진 시점의 원/달러 환율이 ₩1,200이라면, 이 수출대금은 원화로 2,400만원(=1,200×$20,000)이다. 그러나 결제가 이루어지기까지 3개월 동안에 원화의 평가절상이 이루어져 환율이 ₩1,100으로 내려갔다 하자. 이 경우 수출업자는 수출대금 2만 달러를 받아 은행에서 원화로 바꾸면 2,200만원(=1,100×$20,000)을 받게 되어 그 동안의 원화 평가절상으로 200만원의 손실을 보게 되며, 이 손실이 거래노출이다.

③ **경제적 노출**: 경제적 노출(economic exposure)은 예상 밖의 환율변동으로 미래의 현금흐름이 변동성을 갖게 되는 것을 의미한다. 예를 들어, 우리나라의 어떤 전자제품회사가 미국에 현지공장을 세우고자 하는 투자안을 검토하고 있다. 이 경우 투자안의 경제성을 평가하기 위해서는 미래의 환율을 예측하여 투자안의 순현금흐름을 구하게 된다. 그러나 미래의 실제 환율이 예측치로부

터 벗어날 수 있는 가능성은 충분히 존재하며, 이로 인해 순현금흐름도 기대치로부터 벗어날 수 있다. 이와 같이 예상치 못한 환율변동으로 미래의 현금흐름이 갖게 되는 변동성을 경제적 노출이라고 한다.

② 환위험관리

오늘날 여러 가지 요인으로 환율변동이 커지고 기업들의 해외거래 및 해외영업의 비중이 커짐에 따라, 기업들이 부담하는 환위험이 증대되고 또한 이 환위험을 제거하기 위하여 여러 가지 방법이 이용되고 있다. 환위험을 제거하기 위하여 어떤 방법을 사용할 것인지를 선택하는 문제는 기업이 어떤 종류의 환노출을 더 중요하게 고려해야 하는가에 따라 달라진다.

경제적 노출을 관리하기 위한 수단으로 주로 사용될 수 있는 방법은 영업활동 및 자본조달을 국제적으로 다변화하는 것이다. 이것은 각국 통화의 환율이 언제나 동일한 방향으로 움직이는 것이 아니기 때문에, 영업활동이나 자본조달을 여러 나라에 다변화함으로써 각국의 환율변동이 서로 상쇄되도록 하는 방법이다.

거래노출을 관리하는 방법으로 통화선물이나 통화옵션을 이용함으로써 환율변동의 위험을 크게 줄일 수 있다. 어떤 회사가 앞으로 외화를 지급하여야 할 경우(short in actuals)에는 외화선물을 매입(long in futures)하고, 앞으로 외화를 수취하게 될 경우(long in actuals)에는 외화선물을 매도(short in futures)함으로써 현물환율변동의 영향을 반대방향의 선물환율변동에 의해 어느 정도 제거할 수 있다. 또 앞으로 외화를 지급하여야 할 경우에는 해당 외화의 콜옵션을 매입하여 두고, 반대로 외화를 수취하도록 되어 있는 경우에는 해당 외화의 풋옵션을 매입하여 둠으로써 환율변동으로 발생하는 손익을 옵션으로부터의 손익에 의하여 상쇄시킬 수도 있다.

환산노출을 관리하는 방법으로서 거래노출의 관리에서와 같이 선물 또는 옵션을 이용하기도 하지만, 이른바 재무상태표 헤징(B/S hedging)이라는 방법도 사용된다. 이 재무상태표 헤징은 환산노출의 영향을 받는 자산항목의 크기와 부채항목의 크기를 같게 함으로써 자산항목에서 발생하는 평가익(또는 평가손)을 부채항목에서 발생하는 평가손(또는 평가익)으로 상쇄되도록 하는 방법이다.

참고 **환위험의 내부적 관리기법과 외부적 관리기법**

환위험관리기법들을 내부적 관리기법과 외부적 관리기법으로 분류하기도 한다. 내부적 관리기법은 기업 내부의 거래를 통하여 환위험을 제거하는 방법들로서 다음과 같은 것들이 있다.

① netting: 동일계열 기업들 내에서 일정 기간 동안에 발생한 외화표시 채권과 채무를 서로 상계하여 차액만을 지급하는 제도. 이와 유사한 것으로서 다른 기업들 사이에서 외화표시 채권과 채무

를 서로 상계하는 방법을 matching이라고 부름.

② leading과 lagging: 수출입대금 또는 다른 자금의 결제를 인위적으로 앞당기거나 늦추는 기법.

③ 복합통화단위의 이용: 여러 가지 외화로 표시된 자산과 부채를 보유함으로써 환위험을 분산시키고자 하는 방법.

④ 재무상태표 헤징: 환산노출의 영향을 받는 자산항목의 크기와 부채항목의 크기를 같게 하는 것.

외부적 관리기법은 기업 외부의 다른 기업 또는 거래자와의 거래를 통하여 환위험을 제거하는 기법들로서 다음과 같은 것들이 있다.

① 외화선물 또는 선물환의 이용

② 외화옵션의 이용

③ 통화스왑(currency swap): 두 거래자가 서로 다른 통화로 차입한 자금의 원리금 상환을 서로 교환하여 이행하기로 한 계약. 통화스왑은 환위험의 헤징뿐만 아니라 금리변동의 헤징, 외화규제 및 조세차별의 회피 등을 위한 수단으로 흔히 사용됨.

제6장 연습문제

[선다형]

01 일반적으로 기업 또는 금융기관이 노출되는 위험이 아닌 것은?

① 생산위험　② 실업위험　③ 가격위험
④ 운영위험　⑤ 평판위험

02 금융기관의 위험에 관한 설명 중 틀린 것은?

① 시장위험은 금융시장의 가격 또는 변동성 변화에 의한 손실의 위험이다.
② 신용위험은 거래상대방이 계약상 의무를 이행할 의사나 능력이 없기 때문에 채무자가 입는 손실의 위험이다.
③ 운영위험은 내부의 절차, 시스템, 인원 및 외부 사건에 기인한 손실의 위험이다.
④ 유동성위험은 기관의 지급능력이 부족할 때 발생하는 손실의 위험이다.
⑤ 평판위험은 구체적 식별이나 계량화가 어렵다.

03 유동성위험에 관한 다음 설명 중 그릇된 내용을 고르시오.

① 유동성위험은 자산 유동성위험과 자금조달 유동성위험을 포함한다.
② 자산의 유동성은 쉽게 현금화될 수 있는 정도를 의미한다.
③ 자산의 범용성이 높을수록 유동성위험은 증가한다.
④ 금융기관은 자금조달원천을 다양화함으로써 유동성위험에 대비할 수 있다.
⑤ 금융시장이 위기상황에 처하면 유동성위험이 급격히 증가한다.

04 보험계약의 조건에 관한 설명으로 타당하지 않은 것은?

① 면책조항은 보험계약의 적용받지 못하는 손실을 의미한다.
② 보상한도는 보험회사가 지급하는 보험금의 최대한도를 말한다.
③ 면책금액은 보험금 지급 이전에 피보험자가 부담해야 하는 손실을 말한다.
④ 공동부담비율은 손실이 발생했을 때 피보험자가 부담해야 하는 금액이다.
⑤ 일반적으로 지진, 홍수 같은 천재지변에 의한 손실에 대해서도 보험금은 지급되도록 규정되어 있다.

05 다음 중 선물계약(futures contract)과 선도계약(forward contract)에 관한 설명으로 옳은 것은?

① 선물계약은 당사자 사이의 직접적인 계약이므로 계약당사자의 신용을 고려해야 하지만, 선도계약은 계약의 이행이 청산소에 의해 보증되므로 계약의 이행에 따르는 위험이 없다.
② 선도계약은 투기의 비중이 높으므로 대개 강력한 규제가 수반되지만 선물계약은 시장의 자율규제에 따르며 헤징거래가 많다.
③ 선물계약은 만기일에 가서 상품인도 및 대금지급이 이루어지지만 선도계약은 실제로 인·수도가 이루어지는 경우가 극히 드물다.
④ 선물계약은 선도계약보다 시장의 유동성이 높고 가격조작의 가능성이 적다.
⑤ 선도계약은 표준화된 계약으로 거래소에서 거래가 이루어지는 반면, 선물계약은 매매 쌍방의 합의에 의해 모든 조건을 임의로 정할 수 있으며 거래장소의 제한이 없다.

06 상품의 품질과 수량 및 인도일과 같은 선물계약의 조건들은 어떻게 정해지는가?

① 매입자와 매도자가 정한다.
② 매입자가 정한다.
③ 매도자가 정한다.
④ 선물거래소가 정한다.
⑤ 중개인과 딜러들이 정한다.

07 어떤 식품회사는 20×1년 8월에 1톤의 커피원두를 구입하여야 한다. 이 회사가 커피원두의 가격위험을 제거하기 위하여 선물을 어떻게 이용하는 것이 좋겠는가?

① 인도시기가 20×1년 8월인 커피원두 선물계약을 1톤의 수량만큼 매입한다.
② 인도시기가 20×1년 8월인 커피원두 선물계약을 2톤의 수량만큼 매입한다.
③ 인도시기가 20×1년 8월인 커피원두 선물계약을 1톤의 수량만큼 매도한다.
④ 인도시기가 20×1년 8월인 커피원두 선물계약을 2톤의 수량만큼 매도한다.
⑤ 선물거래를 이용하여 가격위험을 제거할 수 없다.

08 다음 중 매도헤징(short hedging)이 의미하는 바는 무엇인가?

① 현물의 매입포지션과 동시에 선물의 매도포지션을 취하고 있는 것.
② 현물의 매입포지션과 동시에 선물의 매입포지션을 취하고 있는 것.
③ 현물의 매도포지션과 동시에 선물의 매도포지션을 취하고 있는 것.
④ 현물의 매도포지션과 동시에 선물의 매입포지션을 취하고 있는 것.
⑤ 선물에만 매입포지션을 취하고 있는 것.

09 어떤 투자자가 금년 4월 인도 주가지수선물을 1월 1일에 930원의 선물가격으로 50만 단위를 매도하였다. 이 투자자는 2월 1일에 4월 인도 주가지수를 950원의 선물가격으로 50만 단위를 매입하였다. 이러한 선물거래를 통하여 이 투자자는 어느 정도의 이익을 얻었는가?

① +1,000만원　② −1,000만원　③ +500만원
④ −500만원　⑤ 0

10 당신이 선물계약을 매입하였다면, 이 거래는 어떤 의미를 갖고 있는가?

① 어떤 상품을 약정된 가격을 지급하고 매입하였다.
② 어떤 상품을 약정된 가격으로 매입할 수 있는 권리를 취득하였다.
③ 어떤 상품을 약정된 가격으로 매입해야 하는 의무를 지게 되었다.
④ 어떤 상품을 약정된 가격으로 매입하는 권리와 의무를 갖게 되었다.
⑤ 어떤 상품을 약정된 가격을 받고 매도하였다.

11 이론적으로 콜옵션의 매도자가 입게 될 손실의 최대치는 어느 정도인가?

① 콜옵션가격　② 행사가격
③ 무한한 금액　④ 기초자산의 현재가격
⑤ 기초자산의 현재가격에서 행사가격을 뺀 값

12 풋옵션의 매도자가 입게 될 손실의 최대치는 어느 정도인가?

① 풋옵션가격　② 행사가격
③ (기초자산의 현재가격)−(풋옵션가격)　④ (행사가격)−(풋옵션가격)
⑤ 기초자산의 현재가격

13 유럽형 풋옵션의 가격결정요인을 적절하게 설명하고 있는 것은?

① 풋옵션의 가격은 만기와 무관하다.
② 행사가격이 높을수록 풋옵션가격은 낮아진다.
③ 기초자산의 가격이 높을수록 풋옵션가격은 높아진다.
④ 기초자산의 가격의 변동성이 클수록 풋옵션가격은 높아진다.
⑤ 기초자산에 대한 배당이 만기일 이전에 보다 크게 주어질 것으로 예상될 경우 풋옵션가격은 낮아진다.

14 다음은 옵션(option)에 대한 설명이다. 이 가운데 잘못된 것은 어느 것인가?

① 옵션은 만기일의 기초자산의 시장가격에 따라 행사 여부가 결정되는 조건부청구권의 일종이다.
② 옵션은 자산을 매입 또는 매도할 수 있는 권리이므로 옵션의 보유자는 반드시 옵션을 행사하여야만 하는 것은 아니다.

③ 옵션투자자들 역시 위험회피적이므로 주식가격의 분산이 큰 주식에 대한 콜옵션의 가격은 주식가격의 분산이 작은 주식에 대한 콜옵션의 가격보다 낮게 평가된다.
④ 투자자들은 옵션을 이용하여 자신이 보유하고 있는 포트폴리오의 가치를 일정한 가치 이하로 하락하지 않도록 투자전략을 구사할 수 있다.
⑤ 무위험이자율이 높을수록 행사가격의 현재가치가 작아지므로 풋옵션의 가격도 보다 낮게 평가된다.

15 기초자산가격의 변동성이 증가하게 되면 옵션가격은 어떻게 결정되는가?

① 콜옵션가격은 증가하지만 풋옵션가격은 하락한다.
② 콜옵션가격은 하락하지만 풋옵션가격은 상승한다.
③ 콜옵션가격과 풋옵션가격 모두가 하락한다.
④ 콜옵션가격과 풋옵션가격 모두가 상승한다.
⑤ 아무런 영향을 받지 않는다.

16 어떤 자산과 그 자산을 기초자산으로 하는 풋옵션을 함께 보유하고 있는 투자자가 풋옵션의 만기일에 얻게 될 현금흐름의 크기는?

① 동일 조건의 콜옵션의 보유자가 얻게 될 현금흐름과 같다.
② 풋옵션의 행사가격과 같다.
③ 만기일의 기초자산가격에서 보유기간 동안의 이자를 차감한 금액이다.
④ 만기일의 기초자산가격과 행사가격 중에서 큰 값이다.
⑤ 만기일의 기초자산가격과 같다.

17 두 나라 사이의 환율변동이 두 나라에서 물가수준변동의 차이에 의하여 결정된다고 보는 환율결정이론은 어느 것인가?

① 구매력평가설 ② 국제피셔효과 ③ 이자율평가설
④ 불편기대이론 ⑤ 외환기대이론

18 해외에서 외화표시로 이루어진 영업활동을 재무제표에 국내통화로 표시할 때 발생하는 환위험은?

① 환산노출 ② 거래노출 ③ 경제적 노출
④ 사회적 노출 ⑤ 선물환노출

19 어떤 회사가 차관자금의 원리금인 120만 달러를 6개월 후 외국은행에 지급하여야 한다. 이 회사가 환위험을 회피하고 원화지급액을 고정시키기 위하여 사용할 수 있는 적절한 방법이 아닌 것은?

① 6개월간 원화를 빌려서 그 자금으로 현물시장에서 달러화를 매입한 다음 이를 미국 금융시장에서 6개월간 투자한다.
② 1년 후에 인도하는 달러 선물계약을 매입한다.
③ 120만 달러에 해당하는 원화를 은행에 예치한다.
④ 6개월만기의 풋옵션을 매도한다.
⑤ 6개월만기의 콜옵션을 매입한다.

20 국제자본시장이 완전경쟁시장이고 국제피셔효과가 성립한다 하자. 미국의 연간 시장이자율과 기대인플레이션율이 각각 6%와 3%이고 일본의 기대인플레이션율이 2%라면 일본의 연간 시장이자율은 어떻게 결정되어야 하는가?

① 5% ② 10% ③ 15%
④ 7.5% ⑤ 정답 없음

[서술형]

01 개인과 기업에게 노출되는 중요한 위험들을 열거해 보시오.

02 위험관리의 절차를 설명하시오.

03 만기일에 콜옵션과 풋옵션의 가치가 기초자산 가격과 어떤 관계를 갖고 있는지 설명하시오.

04 콜옵션가격의 결정요인들이 무엇인지 설명하시오.

05 콜옵션이든 풋옵션이든 기초자산 가격의 변동성이 클수록 더 큰 가치를 갖는다. 그 이유를 설명하시오.

06 이자율스왑에 대하여 설명하시오.

07 어떤 정유회사가 2개월 후에 1,000만 배럴의 원유를 구입하고자 한다. 2개월 후에 인도하는 원유의 선물가격은 현재 배럴당 78달러이다. 이 정유회사가 가격위험을 제거하기 위해서는 어떤 거래를 해야 하는지 설명하시오.

08 어떤 옵션의 기초자산 가격이 15,000원이고 행사가격이 14,000원이며 만기까지의 기간이 1년인 콜옵션이 있다. 다음 각각의 경우에 블랙·숄즈 옵션가격결정모형에 의한 콜옵션의 이론적 가격이 얼마인지 엑셀을 사용하여 계산하시오(무위험이자율은 5%).

(1) 기초자산의 수익률의 표준편차가 0.1일 경우
(2) 기초자산의 수익률의 표준편차가 0.2일 경우
(3) 기초자산의 수익률의 표준편차가 0.3일 경우

09 옵션시장에서 현재 주식 A의 가격이 12,000원이고, 무위험이자율이 연 10%이다. 이 주식 한 주를 기초자산으로 하고 만기까지의 기간이 3개월이며 행사가격이 11,000원인 유럽형 콜옵션이 현재 2,000원의 가격으로 거래되고 있다. 이와 동일한 조건의 풋옵션의 가격은 얼마로 평가되는가?

10 어떤 곡물업자가 9월 1일에 5천 부쉘의 곡물을 부쉘당 2,000원에 매입하였다. 이와 동시에 다음 해 12월에 인도하는 선물계약을 부쉘당 2,120원에 매도하여 헤징을 시도하였다. 12월에 그는 5천 부쉘의 곡물을 부쉘당 1,950원에 현물시장에서 매도하고 동시에 선물시장에서 5천 부쉘을 현물가격과 동일한 가격으로 매입하였다. 이 곡물업자가 12월에 실현한 곡물의 부쉘당 판매가격은 얼마인가?

11 현재 KOSPI200의 현물가격은 110포인트이다. 현물·선물 패리티가 성립한다면, 3개월 후에 인도하는 주가지수 선물의 가격은 얼마이어야 하는가? 무위험이자율은 연 5%이다.

12 무위험이자율이 분기당 3%이고 현재의 코스피200 지수가 120이며 2개월 후에 2.4포인트의 배당이 예정되어 있다. 현물·선물 패리티가 타당하다면, 인도일이 3개월 후인 코스피200 지수선물의 현재의 선물가격은 얼마이어야 하는가?

13 5개월 후가 인도일인 구리선물이 있다. 구리의 현재 kg당 현물가격은 25달러이다. 구리의 kg당 월간 보관비용이 0.5달러라면, 균형 상태에서 이 구리선물의 선물가격은 얼마이어야 하는가?

14 환율결정의 이론들을 비교·설명하시오.

15 환위험의 종류와 관리 방법을 설명하시오.

16 미국의 기대인플레이션율이 2%, 유럽의 기대인플레이션율이 3%, 현재의 유로(euro)기준 달러($)의 환율이 $1.2/euro, 미국과 유럽의 실질이자율이 3%라고 가정하자.

(1) 피셔효과가 성립한다면 두 나라의 명목이자율은 얼마가 되겠는가?
(2) 이자율평가설에 의하면 양국 통화의 선물환율은 얼마가 되어야 하는가?
(3) 구매력평가설에 의하면 양국 통화의 1년 후의 환율은 얼마로 예상되는가?

[선다형문제 정답과 풀이]

01 ② ▸ 실업위험은 가계의 위험이다. **02** ② ▸ 신용위험은 채권자의 손실 위험이다. **03** ③ ▸ 넓은 용도를 가진 자산은 쉽게 거래될 수 있기 때문에 높은 유동성을 갖는다. **04** ⑤ ▸ 일반적으로 천재지변에 의한 손실은 보험보장의 대상에서 제외된다. **05** ④ **06** ④ **07** ① **08** ① **09** ② **10** ④ **11** ③ **12** ④ ▸ 기초자산의 가격이 거의 0에 접근하면 풋옵션의 행사로 인하여 풋옵션의 매도자는 (행사가격−0)−(풋옵션가격)=(행사가격)−(풋옵션가격)만큼의 손실을 보게 된다. **13** ④ **14** ③ ▸ 옵션이 갖는 중요한 성질은 기초자산의 가격변동성(분산)이 클수록 옵션가격은 높게 평가된다는 점이다. **15** ④ **16** ④ ▸ 만기일의 기초자산가격을 S_T로 나타내고 풋옵션의 행사가격을 E로 나타내면, 만기일에 얻게 될

현금흐름은 다음과 같다.

	$S_T \le E$	$S_T \ge E$
기초자산	S_T	S_T
풋옵션	$E-S_T$	0
현금흐름	E	S_T

17 ① **18** ① **19** ③ ▸ 이 회사는 120만 달러의 현물 매도포지션(short position)에 있다. 따라서 120만 달러의 선물 매입포지션을 취함으로써 환위험을 제거할 수 있다(②의 방법). 또 원화를 빌려서 미리 달러로 환전하여 놓은 경우에도 환위험을 피할 수 있다(①의 방법). 또 콜옵션을 매입하거나 풋옵션을 매도함으로써 무위험헤지포트폴리오를 만들 수 있다(④와 ⑤의 방법). ③과 같이 원화를 은행에 예치하여 둘 경우 환위험은 전혀 제거되지 않는다. **20** ① ▸ 국제적 피셔이론(또는 국제피셔효과)은 두 나라의 명목이자율의 차이가 두 나라의 기대인플레이션율의 차이와 동일하다는 이론이다. 미국과 일본의 기대인플레이션의 차이가 1%이므로 일본의 시장이자율은 5%(=6%−1%)이어야 한다.

제 3 부

기업의 재무관리

- 제7장 기업의 투자결정
- 제8장 자본비용의 개념과 측정
- 제9장 자본구조의 이론과 현실
- 제10장 배당정책의 이론과 실제
- 제11장 운전자본관리
- 제12장 재무분석과 재무계획

제 7 장

기업의 투자결정

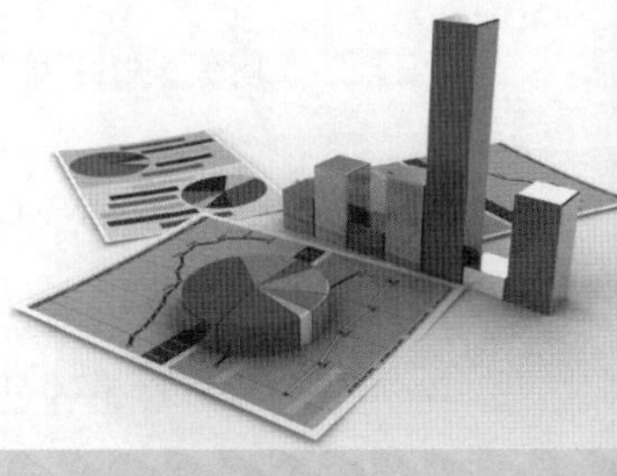

제1절 투자결정과 자본예산

7.1.1 투자결정과 자본예산의 의의

1) 투자결정

투자(investment)는 미래의 경제적 이득을 위한 경제적 희생으로 정의된다. 이 정의에 의하면 개인이나 기업이 유형, 무형의 자산을 취득하는 활동은 거의 모두 투자의 성격을 갖고 있다고 할 수 있다. 학생들이 경비와 시간을 들여 재무관리 수업을 듣는 것, 투자자가 주식을 매수하는 것, 프로야구 구단이 우수선수를 스카우트하는 것, 기업이 거액을 들여 신기술을 개발하는 것, 정부가 새로운 국제공항을 건설하는 것 등이 모두 투자에 해당된다.

기업의 투자결정은 개별 기업과 국민경제에 대하여 매우 중요한 영향을 미친다. 개별 기업이 어느 시기에 어느 정도의 규모로 어떤 투자결정을 내리느냐에 따라 그 기업의 성장과 존속은 결정적인 영향을 받는다. 예를 들어, 어떤 제품을 어떤 설비로 생산할 것인가와 같은 투자결정은 기업의 업종, 기업의 미래 수익과 위험 및 기업의 성장에 결정적인 영향을 미치게 된다. 또 기업의 투자결정은 새로운 소득과 고용의 기회를 제공하고 산업구조를 결정하는 데 영향을 미친다. 따라서 기업에서의 투자결정은 자원을 가장 적절히 이용할 수 있도록 합리적 기준에 따라 내려져야 한다.

기업의 투자결정은 매우 다양하게 이루어진다. 따라서 흔히 기업의 투자결정을 그 중요도에 따라 운전자본관리와 자본예산결정으로 구분한다.

운전자본관리(working capital management)는 유동자산의 취득과 유동부채의 조달에 관한 의사결정을 가리키는 것으로서 투자지출의 규모가 비교적 작고 그 효과가 단기에 그치는 투자결정의 문제를 다룬다. 반복적으로 이루어지는 외상매출, 원재료의 구입, 소규모의 비품구입과 기계수리 등은 운전자본관리의 범위에 속하는 것이라고 할 수 있다. 일반적으로 운전자본관리의 범주에 속하는 투자결정 문제는 일상적 · 반복적으로 발생하는 것이기 때문에 의사결정의 권한이 중간경영층 또는 그 아래의

수준까지 위양되어 있다.[1]

2) 자본예산

자본예산(capital budgeting)은 투자지출의 규모가 비교적 거액에 달하고 그 효과가 장기에 걸쳐 발생하는 자산의 취득에 관한 투자결정을 의미한다. 회계적으로 말한다면, 기계, 설비, 토지, 특허권 등 고정자산의 취득과 같은 자본적 지출(capital expenditure)에 관한 의사결정이 중심을 이룬다고 말할 수 있다. 그러나 자본예산결정은 단순히 고정자산의 취득에 관한 의사결정뿐만 아니라 기업의 존속과 성장에 중요한 영향을 미치는 다른 많은 의사결정까지 포함하며, 그 예로서 중요한 연구개발 프로젝트의 채택, 대규모 광고캠페인의 실시, 중요한 전문경영자 또는 기술자의 초빙 등을 들 수 있다.

일반적으로 자본예산결정은 경영조직의 상층에 그 권한이 집중되어 있다. 이는 자본예산결정이 기업의 존속과 성장에 결정적 영향을 미친다는 데 이유가 있지만, 각각의 자본예산결정이 매우 다른 성격을 갖고 있을 뿐만 아니라 반복적으로 적용 가능한 하나의 기준과 절차가 존재하지 않는다는 데에도 그 이유가 있다. 그렇다고 해서 자본예산결정의 모든 절차가 경영조직의 상층에서만 이루어지는 것은 아니다. 투자안의 제기, 투자평가를 위한 자료의 수집과 정리, 투자안의 평가를 위한 제약조건의 검토 등의 절차는 여러 관련 부서의 협조를 필요로 한다. 그러나 대부분의 중요한 자본예산결정의 최종적 권한과 책임은 주로 최고경영층에 귀속된다.

7.1.2 자본예산의 절차

자본예산은 일상적 · 반복적으로 이루어지는 의사결정이 아니기 때문에 일정하게 정형화된 절차가 주어져 있는 것은 아니고 구체적 내용과 성격에 따라 그 기준과 절차가 결정된다. 그러나 자본예산결정 과정에서 대체로 밟게 되는 절차는 [그림 7-1]과 같다.

투자안은 특정한 문제의 해결 또는 특정 목표의 달성을 위하여 기업 내부의 여러 부서에서 탐색되고 제기될 수 있다. 때로는 시장의 동향이나 기술혁신의 동향에 적응하기 위하여 어떤 투자안이 기업 외부로부터 탐색되고 제기될 수도 있다. 오늘날 유리한 투자기회를 탐색하기 위하여 많은 기업들은 체계적인 노력을 기울이고 있다. 새로운 원재료, 신제품, 새로운 공정의 개발과 같은 연구개발(R&D), 다른 회사의 인수 · 합병(merger and acquisition: M&A), 새로운 금융상품과 투자기법을 개발하는 금융혁신(financial innovation), 새로운 관리기법의 개발 및 적용가능성의 탐색 등이 모두 새로운 투자안을 탐색하기 위한 노력의 일환이다.

---

1 운전자본관리는 제11장에서 상세하게 다룬다.

그림 7-1 자본예산의 절차

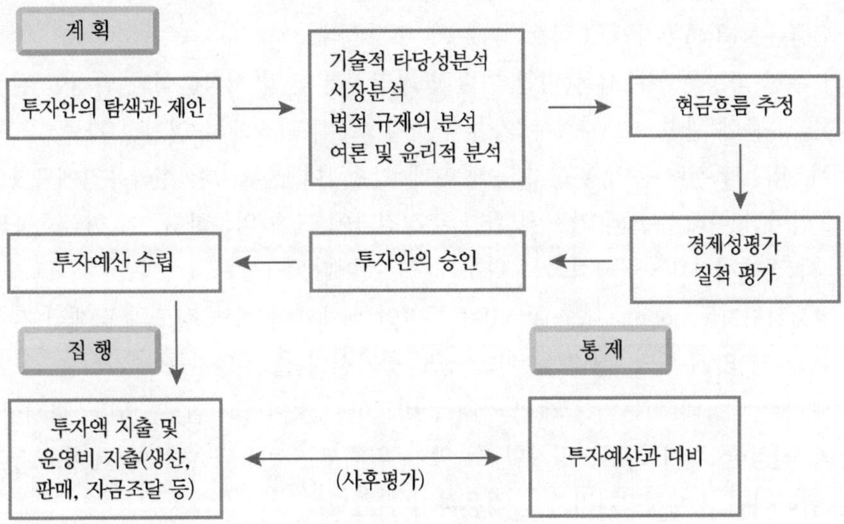

새로운 투자안이 제기되면 그 다음 단계로서 기술적 타당성분석(technical feasibility analysis) 및 시장분석(market analysis)의 단계로 들어간다. 기술적 타당성분석은 어떤 투자안이 기술적으로 실현 가능한가를 분석하는 것에 그치지 않고, 적절한 입지의 선정, 적절한 제조기술, 공정 및 설비의 선택, 필요한 원재료, 인력, 용수, 전력, 통신, 에너지, 수송수단 등의 추정까지도 포함한다. 따라서 넓은 의미에서 기술적 타당성분석은 일종의 공학적 분석이라고 할 수 있다. 기술적 타당성분석은 기업 내의 전문 기술인력에 의하여 이루어질 수도 있지만, 제기된 투자에 대한 경험이 충분치 못한 경우에는 기업 외부의 자문기관에 의뢰될 수도 있다.

시장분석(market analysis)은 투자안을 실행할 경우 생산될 제품이 어느 정도의 시장규모를 갖게 될 것인가에 대한 분석이다. 이 시장분석의 단계에는 제품의 수명주기(life cycle) 추정, 제품에 대한 경쟁가능성의 예측, 제품에 대한 총수요의 크기와 시장점유율의 추정, 제품 판매가격의 예측 등이 포함된다. 이 시장분석에서 다루는 여러 가지 사항은 매우 높은 불확실성을 안고 있다. 왜냐하면 미래의 시장동향은 경기변동, 경쟁상태 및 기술혁신 등에 의하여 커다란 영향을 받기 때문이다. 이 시장분석은 기업 내부 또는 외부의 전문적 마케팅 조사기관에 의뢰하여 이루어진다.

위의 기술적 타당성분석과 시장분석 이외에 법률적 · 사회적 · 도덕적 규제에 대한 분석 역시 중요하게 다루어져야 한다. 최근에는 환경규제나 투자규제가 강화되고 있으므로 관련 법규에 대한 면밀한 검토가 이루어져야 한다. 또 기업의 투자활동에 대한 사회적 관심이 늘어남에 따라 투자가 '선량한 시민으로서의 책임'에 부합하는지에 대한 검토도 이루어져야 한다. 일반적으로 법률적 규제에 대한 분석은 변호사 등의 법률전문가에게, 여론 및 윤리적 분석은 공중관계(public relations) 전문가에게 위촉하여 이루어진다.

위와 같은 기초조사가 이루어지면 그 결과를 토대로 투자안과 관련된 현금흐름을 추정한다. 투자안의 현금흐름은 투자안을 채택할 경우 기업이 얻게 될 경제적 이득과 희생을 의미하는 것으로서, 현금유입과 현금유출(최초투자액 포함)로 나누어 추정된다.

현금흐름의 추정 과정은 앞에서 설명한 기술적 타당성분석 및 시장분석과 밀접한 관련을 갖는다. 일반적으로 현금유출에 관한 기초자료는 기술적 타당성분석 과정에서 얻어진 자료, 즉 필요한 설비, 원재료, 노동력, 용수와 전력 등의 추정치 등에 크게 의존하여 얻어진다. 현금유입에 관한 기초자료는 시장분석에서 얻어진 미래 수요와 가격에 관한 추정결과에 크게 의존한다. 이 현금흐름의 추정에 대해서는 다음 제2절에서 보다 구체적으로 다루게 될 것이다.

투자안의 경제성평가(economic evaluation)는 투자안의 채택이 어느 정도의 경제적 가치를 갖고 있는가, 또는 기업가치 및 주주의 부(富)를 어느 정도 증가시켜 줄 것인가를 평가하는 과정이다. 이 과정은 투자안에 따른 비용과 이득의 경제적 가치를 비교하는 것이라고 할 수 있다. 경제성평가의 단계에서 투자안의 '진정한' 투자가치를 평가할 수 있기 위해서는 비용과 이득이 제대로 추정되어야 할 뿐만 아니라 합리적인 경제성평가기준을 적용하여야 한다.

투자안의 경제성평가와 함께 질적 평가(qualitative evaluation) 역시 투자안의 채택 여부를 결정하는 데 중요하게 고려된다. 질적 평가는 법률적 · 사회적 · 도덕적 제약조건을 종합적으로 평가하는 것으로서 투자안의 경제외적 가치를 평가하는 과정이라고 할 수 있다. 어떤 투자안이 충분한 경제적 가치를 갖는다 하더라도 빈약한 질적 가치 때문에 기각되는 사례도 흔히 있다.

경제성평가와 질적 평가에 의하여 타당성이 인정되는 투자안은 최고경영층 또는 이사회의 승인 대상이 된다. 하지만 경제성평가와 질적 평가에 의하여 타당성이 인정되는 투자안이라 하더라도 거액의 투자지출 때문에 자본구조와 유동성이 현저하게 악화되는 경우에는 투자안 채택이 보류될 수도 있다. 투자안 실행이 승인되면, 투자액의 항목별 금액과 시기, 투자자금 조달의 원천별 금액과 시기, 투자 후 현금흐름의 항목별 · 시기별 예정액이 투자예산으로 상세하게 작성되고, 이 투자예산에 기초하여 투자의 집행이 이루어진다.

투자비용의 지출 및 투자안의 실행이 이루어진 후에도, 그 실적은 원래의 투자예산과 대비하여 어느 정도의 편차를 보이고 있는가, 그 편차가 어떤 원인 때문에 발생한 것인가 등이 사후적으로 평가될 필요가 있다. 이러한 사후평가는 투자 성과의 측정이라는 관점에서도 중요하지만, 사후평가에서 얻은 경험을 다른 투자안의 평가 과정에 반영함으로써 '잘못된 의사결정이 가져오는 보이지 않는 손실'을 최소화하여야 한다.

7.1.3 투자안의 종류

기업의 투자결정은 주로 어떤 투자안의 채택 여부를 결정하거나 여러 투자안들의 우선순위를 결정하는 것을 목표로 한다. 이를 위해서는 제기된 투자안이 어떤 성격을 갖고 있는가가 명확하게 정의되어 있어야 한다. 특히 투자안이 어떤 목적을 달성하기 위한 것인지, 기존 자산 및 다른 투자안과 어떤 관계에 있는지, 기업의 존속과 성장에 대하여 어떤 의미를 갖고 있는지 등을 명확하게 이해하여야 한다.

투자안의 목적을 분명히 함으로써 투자안과 관련되는 미래의 이득과 손실을 더욱 정확하게 추정할 수 있다. 예를 들어, 설비대체를 목적으로 하는 투자안의 경우, 새로운 설비의 도입에 따른 비용절약효과의 추정이 투자결정의 가장 중요한 과제이다. 투자안들 사이의 관계 역시 투자결정에 중요한 영향을 미친다. 상호의존적인 관계에 있는 투자안을 독립적으로 평가하여 채택 여부를 결정한다면, 그 투자결정은 반드시 그릇된 결과를 가져올 것이다. 또 밀접한 관련을 가지고 있는 투자안들은 개별적으로 분석하기보다 하나의 투자정책으로 종합하여 분석하는 것이 올바른 투자결정을 가져다준다.

주어진 투자안들을 일정한 기준에 따라 분류하는 것은 투자안의 성격을 정의하는 데 도움을 준다. 투자안을 분류하는 기준으로서 투자안의 목적과 투자안 상호 간의 경제적 관계 등이 중요하다.

1) 투자목적에 의한 분류

특별한 경우를 제외하면 거의 모든 투자안은 궁극적으로 기업가치를 증가시키는 데 목표를 둔다. 그러나 기업의 실천적 목적의 어떤 것에 공헌하고자 하는가는 투자안에 따라 다를 수 있다. 따라서 공헌하고자 하는 실천적 목적이 무엇인가에 따라 각각의 투자안은 다음과 같이 분류될 수 있다.

① **제품투자**: 제품투자(product investment)는 새로운 제품을 생산하거나 기존 제품의 성능 또는 품질을 향상시키는 투자이다. 제품투자는 신제품투자와 제품개량투자로 나누어진다. 신제품투자는 신제품을 개발하여 새로운 시장을 창출하기 위한 투자이다. 신제품투자의 결정에서는 신제품의 라이프사이클 추정 및 수요예측이 특히 중요시된다. 제품개량투자는 기존 제품의 품질 및 성능의 개선을 통하여 기존 시장의 유지 또는 확대를 추구하는 투자이다. 제품개량투자는 시장점유율을 둘러싸고 경쟁기업과 벌이는 게임의 성격과 아울러, 가격경쟁이 아닌 비가격경쟁(non-price competition)의 성격을 갖는다. 따라서 제품개량투자의 성과는 경쟁기업의 대응전략에 따라 크게 달라진다.

② **설비투자**: 설비투자는 기존의 생산설비를 새로운 설비로 바꾸기 위한 투자로서 대체투자(replacement)와 확장투자(expansion)로 나누어진다. 대체투자는 기존의 생산능력을 유지하면서 기존 설비를 새로운 설비로 대체하는 투자로서 설비대체에 따른 비용절약효과의 추정이 중요한 과제이다. 확장투자는 생산능력의 확대를 위하여 동종 설비를 추가하는 투자이다.

③ **전략적 투자**: 전략적 투자(strategic investment)는 기업의 전략적 필요에 의해 이루어지는 투자로서 경제적 가치보다는 전략적 가치가 더 중요하게 고려된다. 전략적 투자는 흔히 위험경감투자(risk-reducing investment)와 후생투자(welfare investment)로 나누어진다. 위험경감투자는 기업

의 경영위험을 줄이기 위한 투자로서, 안정적 원료공급을 목적으로 원재료생산회사를 합병하는 경우나 안정된 현금흐름이 얻어지도록 수익성은 없지만 기존 제품의 현금흐름과 (−)의 상관계수를 갖는 제품을 생산하는 경우가 위험경감투자의 예이다. 후생투자는 지역사회의 복지를 증진시키기 위하여 복지시설을 갖추거나, 환경오염을 줄이기 위하여 공해방지시설을 설치하거나, 종업원의 후생을 증진시키기 위하여 기숙사, 체육시설, 교육시설 등을 건설하는 경우가 후생투자의 예이다.

2) 투자안들 사이의 경제적 의존관계에 의한 분류

어떤 투자안이 다른 투자안과 어떤 경제적 의존관계를 갖고 있는가에 의하여 투자안을 분류하는 것은 투자안의 가치를 평가하는 데 있어 매우 중요한 의미를 갖는다. 여기에서 투자안들 사이의 경제적 의존관계는 어떤 투자안의 채택 여부가 다른 투자안의 현금흐름에 대하여 어떤 영향을 미치게 될 것인가에 의하여 결정된다.

현금흐름의 의존관계에 따라 투자안은 [그림 7-2]와 같이 보완투자, 대체투자, 독립투자로 크게 분류된다. 이와 같은 투자안의 분류 방법은 각종의 재화를 대체재와 보완재로 분류하는 사고방식과 동일하다.

그림 7-2 현금흐름의 상호관계에 의한 투자안의 분류

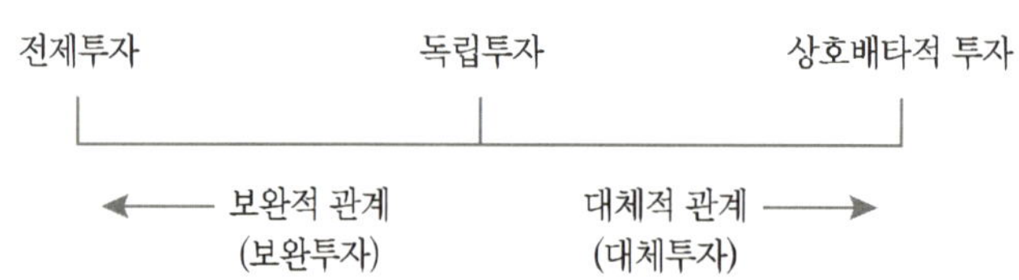

① **보완투자**: 보완투자(complementary investments)는 어떤 투자안을 채택함으로써 다른 투자안의 현금흐름을 증가시키는 투자이다. 보완투자의 예로서 프로야구 구단과 제과회사의 관계를 들 수 있다. 제과회사가 프로야구 구단을 설립하면 프로야구를 통한 홍보를 통하여 제과회사의 현금흐름이 증가할 것으로 생각할 수 있다. 이 경우 전자는 후자에 대하여 보완투자의 관계를 갖는다. 보완투자의 현금흐름을 예측하고자 하는 경우에는 이러한 보완적 관계가 현금흐름에 미치는 영향에 특히 관심을 기울여야 한다. 위의 예에서 프로야구 구단설립이라는 투자안의 현금흐름은 그 투자안의 현금흐름뿐만 아니라 프로야구 구단설립으로 인한 제과회사 현금흐름의 증가분까지도 함께 포함해야 한다.

② **전제투자**: 보완투자의 극단적인 경우가 전제투자(premise investment)이다. 전제투자는 어떤 투

자를 채택하여야만 비로소 다른 투자안의 현금흐름이 얻어지는 경우이다. 원유수송 때문에 항구지역에 입지해야만 하는 정유회사는 거대한 항만시설을 반드시 필요로 한다. 이 경우 항만건설의 투자안은 정유회사건설이라는 투자안의 전제투자가 된다. 통신, 항만, 도로 등과 같은 사회간접자본투자는 국민경제 전체의 여러 가지 투자안에 대한 전제투자로서의 성격을 지니고 그 편익이 국민 대다수에게 주어지는 것이므로 대부분 정부예산에 의하여 이루어진다.

③ **대체투자:** 대체투자(substitutive investments)는 어떤 투자안을 채택함으로써 다른 투자안의 현금흐름을 감소시키는 투자이다. 그 예로서 제과회사가 음료사업에 진출하고자 하는 경우를 들 수 있다. 음료사업에 진출할 경우 음료사업이 제과 부문의 수요를 빼앗아 가게 되어 제과 부문의 현금흐름이 감소할 것으로 예상할 수도 있다. 이 경우 음료사업의 진출은 제과 부문에 대한 대체투자의 성격을 갖는다. 대체투자의 현금흐름을 예측할 때에도 그 투자가 다른 투자의 현금흐름에 어떤 영향을 미치게 될 것인가를 고려하는 것이 중요하다.

④ **상호배타적 투자:** 대체투자의 극단적인 경우가 상호배타적 투자(mutually exclusive investments)이다. 상호배타적 투자는 어떤 투자를 채택함으로써 다른 투자안의 채택이 불가능하게 되거나 그 투자의 현금흐름이 0으로 되는 경우이다. 따라서 상호배타적 관계에 있는 둘 또는 그 이상의 투자안들을 동시에 채택하는 것은 불가능하며, 오직 어떤 하나의 투자안만을 선택하여야 한다. 상호배타적 투자의 예로서 동일한 부지에 호텔을 짓고자 하는 투자안과 오피스빌딩을 짓고자 하는 투자안을 들 수 있다. 상호배타적 투자안을 평가하는 경우에는 각 투자안의 경제적 가치의 평가와 함께 투자우선순위의 결정이 중요한 관심사로 된다.

⑤ **독립적 투자:** 독립적 투자(independent investment)는 위에서 설명된 대체적 관계나 보완적 관계를 갖지 않는 투자이다. 즉, 어떤 투자안의 채택 여부가 다른 투자안의 현금흐름과 채택 여부에 대하여 아무런 영향을 미치지 않는 경우, 이 두 투자안은 독립적 투자라고 한다. 이러한 독립적 투자안의 평가에서는 각 투자안 자체의 현금흐름을 예측하고 투자가치를 평가하는 것만이 중요시된다.

제2절 현금흐름의 추정

기업의 투자결정에서 가장 중요한 과제의 하나는 투자가치를 계산하는 것이다. 만일 어떤 투자가 장기의 효과를 가지고 있다면, 그 투자의 경제적 가치는 경제적 이득의 현재가치에서 경제적 희생의 현재가치를 뺀 값으로 계산되어야 한다.

여기서 문제가 되는 것은 투자안의 경제적 이득과 희생 및 순이득을 어떻게 측정할 것인가의 문제이다. 우리에게 가장 낯익은 개념은 회계적 이익이며, 이 회계적 이익에 의하여 투자로 인한 순이득의 크기를 나타낼 수도 있다. 그러나 재무관리에서는 이득과 희생의 크기를 철저하게 현금흐름의 개념에 기초하여 추정한다. 마찬가지로 투자결정에서도 투자안의 미래 이득은 그 투자안의 채택과 관련하여 얻어지게 될 현금흐름에 의하여 추정한다.

7.2.1 현금흐름의 의미

1) 현금흐름

지금까지 몇 번에 걸쳐 '현금흐름(cash flow)'이라는 용어를 사용하였다. 여기에서는 현금흐름이 어떤 의미를 갖고 있는지, 현금흐름이 회계적 이익과 어떤 차이를 갖고 있는지, 그리고 기업의 재무결정에서 회계적 이익이라는 낯익은 개념을 쓰지 않고 구태여 현금흐름이라는 개념을 사용하여야 하는지에 대하여 설명하고자 한다.

현금흐름은 어떤 투자안 때문에 일정 기간 중에 발생한 수입과 지출이다. 어떤 기간에 발생한 현금수입을 현금유입(cash inflow), 그 기간 중에 발생한 현금지출을 현금유출(cash outflow)이라고 하며, 현금유입에서 현금유출을 뺀 값을 순현금흐름(net cash flow)이라고 한다. 이 순현금흐름이 투자안의 이득을 나타낸다.

순현금흐름

순현금흐름 = 현금유입 − 현금유출 (7–1)

투자안의 현금유입 및 현금유출을 구성하는 항목은 매우 다양하고 복잡하다. 따라서 현금유입과 현금유출의 각 항목이 어느 기간에 어떤 크기로 발생할 것인가에 대하여 세심한 주의를 기울여 가급적 정확한 순현금흐름을 계산할 수 있어야 한다. 일반적으로 매출액과 같이 현금수입을 수반하는 수익의 대부분이 현금유입을 구성하고, 현금지출을 수반하는 대부분의 비용과 자산구입액은 현금유출을 구성한다.

2) 회계적 이익과의 차이

회계적 이익을 계산할 때에는 비용과 수익의 기간대응이라는 원칙을 중요시한다. 그 결과 실제로 현금의 수입과 지출이 발생한 기간이 아닌 다른 기간에 비용과 수익이 발생한 것으로 인식하여 이익을 계산하기도 한다. 그러나 현금흐름을 계산할 때에는 이러한 인위적 인식기준을 배제하고 철저하게 어떤 시기에 현금의 수입과 지출이 발생하였는지를 중시한다.

예를 들어, 2××0년에 100만원의 매출이 이루어지고 이 중 50만원은 2××1년에 수금된다 하자. 회계적 이익을 계산할 때에는 이 100만원의 매출을 2××0년에 실현된 수익으로 인식한다. 그러나 현금흐름을 계산하는 경우에는 이 100만원의 매출 그 자체를 현금유입으로 인식하지 않고, 이 중 50만원은 2××0년의 현금유입으로 인식하고 나머지 50만원은 그 금액이 실제로 수금된 2××1년의 현금유입으로 인식한다.

다른 예로서 설비를 구입하기 위해 자본적 지출을 행한 경우를 들 수 있다. 어떤 회사가 기계의 구입 및 설치를 위하여 현재 거액을 지출하여야 한다고 하자. 이 투자비용은 회계적 이익과 현금흐름의 계산에서 전혀 다르게 다루어진다.

회계적 이익을 계산할 때는 자산을 취득한 시기에 비용이 발생한 것으로 인식하지 않고 자산의 사용기간 중 매기 감가상각비가 발생한 것으로 인식함으로써 여러 기간에 걸쳐 비용이 나누어 발생한 것으로 본다. 그러나 현금흐름을 계산할 때는 이 기계를 구입 · 설치하기 위하여 자본적 지출이 실제로 이루어진 기간에 현금유출이 발생한 것으로 인식한다.

위의 예에서 알 수 있는 바와 같이 투자결정에서는 현금흐름이 어느 시점에 발생하였는가를 매우 중요시한다. 왜냐하면 현금흐름이 어느 시점에 발생하였는가에 따라 화폐의 시간가치가 달라질 수 있고 그 결과 투자안의 경제적 가치가 다르게 평가될 수 있기 때문이다. 예를 들어, 어떤 설비의 구입원가가 10억원이고 내용연수가 5년이라 하자. 이 경우 10억원의 지출을 구입 시점의 현금유출로 인식하는 것과 그 10억원을 5년에 걸쳐 매년 2억원씩 감가상각비로 인식하는 것의 현재가치는 상당한 차이를 갖는다.

7.2.2 현금흐름을 추정할 때의 두 가지 중요한 기준

앞 항에서 투자가치는 회계적 이익이 아닌 현금흐름을 기초로 평가되어야 한다는 것을 설명하였다. 그러나 실제로 현금흐름을 추정하는 일이 그렇게 쉽지는 않다. 투자결정의 여러 가지 절차 중에서도 현금흐름의 추정이 가장 어려운 과정이라고 느끼는 경영자들도 많다.

현금흐름 추정에서 느끼는 어려움은 다음 두 가지 이유 때문에 발생한다. 첫 번째 이유는 투자안을 둘러싼 환경요인의 변동성이 매우 크다는 점에 있다. 특히 경제 전반 및 특정 산업의 경기변동, 미래의 제품수요, 제품가격, 생산요소가격 등은 커다란 불확실성을 내포하고 있다. 따라서 환경요인의 변동성이 클수록 투자안의 현금흐름은 보다 큰 위험을 갖게 되고 현금흐름의 추정도 더욱 어려워진다. 이 문제는 투자안의 기술적 · 경제적 특성에 대해 전문적 이해와 경험을 갖출 때에 비로소 해결될 수 있다.

두 번째 이유는 현금흐름의 개념과 추정의 기준을 정확히 이해하지 못하고 있다는 점이다. 많은 경영자들은 회계적 이익의 개념에 익숙한 나머지, 이보다 단순한 개념인 현금흐름을 낯설고 어렵게 느끼고 있다. 그러나 현금흐름은 미래에 얻어지리라고 예상되는 현금수입과 지출을 기초로 계산하기 때문에 회계적 이익보다 훨씬 쉽게 계산될 수 있다. 그러나 실제로 현금흐름을 계산할 때에 여러 가지 애매한 경우가 있을 수 있으며, 그 때에는 투자안의 채택으로 얻게 될 ① 증분현금흐름을 ② 납세후기준으로 추정하여야 한다는 점을 분명히 하면 대부분의 곤란은 해소된다.

1) 증분현금흐름기준

증분현금흐름(incremental cash flow)은 어떤 투자안을 채택할 경우 얻게 될 기업의 현금흐름의 증가분이다. 증분현금흐름은 투자안 채택 여부(with vs. without)에 따른 현금흐름의 차이에 의해 계산한다. 즉, 투자안을 채택할 경우와 채택하지 않을 경우의 기업 전체의 미래 현금흐름을 예측하고, 양자의 차이를 투자안의 현금흐름으로 인식한다.

예를 들어, 투자안 A가 있다고 하자. 이 투자안 A를 순수하게 독립적으로 투자할 경우 어떤 기간에 예상되는 매출수익이 4,000만원이다. 그러나 어떤 회사가 투자안 A를 채택할 경우 기존 제품의 매출에도 유리한 효과를 미칠 것으로 판단된다 하자. 만일 이 회사가 투자안 A를 채택하지 않을 경우 기존 자산으로부터 얻어지는 동일 기간의 매출수익은 1억2,000만원이지만, 투자안 A를 채택한다면 기존 자산 및 투자안 A로부터 얻게 될 매출수익은 1억7,000만원으로 증가할 것이라고 예상된다 하자. 이 경우, 투자안 A의 현금유입은 독립투자로서의 매출액인 4,000만원이 아니라 투자안 A로 인한 기업의 현금흐름의 증가분, 즉 증분현금흐름인 5,000만원이다.

2) 납세후 기준

투자안의 현금흐름은 납세후 기준(after-tax basis)으로 추정되어야 한다. 투자안의 현금흐름은 투자안의 채택이 기업소유자(주주)에게 얼마만큼의 이득을 가져다 줄 것인가를 나타내는 것이므로, 법인세지급 후의 현금흐름으로 추정되어야 한다. 따라서 투자안의 채택에 따른 법인세의 증가분은 현금유출로 인식되어야 한다.

여기에서 특히 유의하여야 할 점은 감가상각비와 같은 비현금비용이 갖는 법인세절약효과(tax shield)이다. 감가상각비는 현금의 지출을 수반하지 않는 비용이므로 현금유출에 포함되지 않는다. 그러나 감가상각비 등의 비현금비용은 법인세 계산에서 손금으로 인정받아 법인세를 보다 적게 부담하도록 하여 주며, 따라서 법인세절약효과를 갖는다.

예시

납세후 기준의 현금흐름을 보다 명확하게 이해하기 위하여 다음과 같은 경우를 생각해 보기로 하자.

- 최초투자액(설비구입액) I_0 =1억원
- 연간 매출액 증가 S_t =8천만원
- 연간 현금지출 운영비 증가 E_t =4천만원
- 감가상각: 5년간에 걸쳐 정액법에 의해 상각. 잔존가액은 0.

  ∴ 연간 감가상각비 증가액은 D_t =1억원÷5년 =2천만원.
- 법인세율 T_C =25%

위의 예에서 현금유입은 매기 8천만원이므로 다음과 같이 정리될 수 있다(단위: 만원).

	제0기	제1기	제2기	제3기	제4기	제5기
현금유입		8,000	8,000	8,000	8,000	8,000

현금유출은 세 가지 항목이다. 첫 번째의 것은 제0기에 발생하는 최초투자액 1억원이고, 두 번째의 것은 매기의 운영비용 4천만원이다. 세 번째의 것은 이 투자로 인한 법인세 증가분이다. 그러나 이 법인세는 위의 자료에 주어지지 않았으므로 별도로 계산해 볼 필요가 있다.

법인세=(납세전 이익)×(법인세율)
=(매출액−운영비−감가상각비)×(법인세율)
=(8천만원−4천만원−2천만원)×(0.25)
=500만원

따라서 현금유출은 다음과 같이 정리된다(단위: 만원).

	제0기	제1기	제2기	제3기	제4기	제5기
최초투자액	10,000					
운영비		4,000	4,000	4,000	4,000	4,000
법인세		500	500	500	500	500
현금유출 합계	10,000	4,500	4,500	4,500	4,500	4,500

투자안의 순현금흐름은 현금유입에서 현금유출을 뺀 것이므로 [표 7-1]과 같이 계산된다.

▶▶ 표 7-1 현금흐름표

(단위: 만원)

	제0기	제1기	제2기	제3기	제4기	제5기
현금유입		8,000	8,000	8,000	8,000	8,000
현금유출						
최초투자액	10,000					
운영비		4,000	4,000	4,000	4,000	4,000
법인세		500	500	500	500	500
현금유출 합계	10,000	4,500	4,500	4,500	4,500	4,500
순현금흐름	−10,000	3,500	3,500	3,500	3,500	3,500

위의 예는 제1기 이후의 순현금흐름을 계산하는 데 매우 중요한 시사점을 주고 있다. 즉, 감가상각비와 같은 비현금비용은 그 자체가 현금흐름을 구성하는 항목은 아니지만 법인세절약효과를 갖기 때문에 현금흐름의 증가를 가져다준다는 점이다. 이를 보다 분명하게 이해하기 위하여 다음의 현금흐름 계산공식을 살펴보기로 하자.

어떤 t기의 순현금흐름(C_t)은 t기의 현금유입(CI_t)에서 현금유출(CO_t)을 뺀 값이다. 이 중에서 현금유입은 매출액과 같고($\mathrm{CI}_t = S_t$) 현금유출은 현금지출운영비와 법인세의 합계와 같으므로 ($\mathrm{CO}_t = E_t + \mathrm{TAX}_t$), 순현금흐름은 다음 식으로 나타내진다.

$$C_t = \mathrm{CI}_t - \mathrm{CO}_t = S_t - (E_t + \mathrm{TAX}_t) \tag{7-2}$$

이 식에서 법인세(TAX_t)는 납세전이익($= S_t - E_t - D_t$)에 법인세율(T_C)을 곱한 것과 같다. 이를 위의 법인세 항에 대입하면 순현금흐름은 다음과 같이 얻어진다.

$$\begin{aligned} C_t &= S_t - \{E_t + (S_t - E_t - D_t)T_C\} \\ &= (S_t - E_t) - (S_t - E_t)T_C + D_t T_C \\ &= (S_t - E_t)(1 - T_C) + D_t T_C \end{aligned} \tag{7-3}$$

식(7-3)은 순현금흐름 계산과 관련하여 매우 중요한 의미를 담고 있다. 위 식의 첫 번째 항인 $(S_t - E_t)(1\text{-}T_C)$ 부분은 '만일 현금흐름을 기준으로 법인세를 부과한다면' 그 경우의 법인세지급후 현금흐름이라고 할 수 있다. 그러나 실제로는 감가상각비를 차감한 후의 납세전이익을 기준으로 법인세를 부과하기 때문에, 감가상각비의 법인세절약효과가 발생하며 그 부분이 식(7-3)의 두 번째 항인 D_tT_C 부분이다. 그리고 위 식에서 알 수 있는 바와 같이 이 법인세절약효과는 현금흐름을 계산할 때 현금유입과 동일하게 취급될 수 있다.

위 식에서 법인세율이 높아지면 법인세절약효과(D_tT_C 부분)는 증가하겠지만 $(S_t-E_t)(1-T_C)$ 부분이 더 큰 폭으로 감소할 것이기 때문에 순현금흐름도 감소한다. 따라서 기업들은 투자안의 현금흐름을 증가시키기 위해서 법인세율 인하를 바란다.

법인세절약효과를 증가시키는 좋은 방법은 감가상각비를 가급적 더 많이 조기에 인식하는 것이다. 감가상각비의 크기는 감가상각 방법에 따라 달라진다. 일반적으로 정액법보다는 정률법이 조기에 많은 금액을 감가상각비로 처리하도록 하여 준다. 따라서 정률법이 감가상각비의 법인세절약효과를 조기에 실현하여 더 큰 투자가치를 얻어낼 수 있도록 하여주기 때문에 더 유리한 방법이라고 할 수 있다.[2]

이러한 법인세절약효과는 감가상각비 이외의 다른 비현금비용 항목에 의해서도 발생한다. 반대로 비현금수익 항목은 법인세증가효과를 갖는다. 따라서 법인세 계산에서 손금(損金) 또는 익금(益金)으로 인정되는 각종의 비현금비용 및 비현금수익이 갖는 법인세절약효과와 법인세증가효과를 충분히 고려하여 현금흐름을 계산하여야 한다.

예시

법인세율이 25%일 경우, 위의 예시 자료를 가지고 식(7-3)에 의하여 순현금흐름을 계산하면 다음과 같다.

$$C_t=(S_t-E_t)(1-T_C)+D_tT_C$$
$$=(8{,}000\text{만원}-4{,}000\text{만원})(1-0.25)+(2{,}000\text{만원})(0.25)=3{,}500\text{만원}$$

그러나 법인세율이 35%로 상승하였다고 하자. 이 경우의 순현금흐름은 다음과 같이 3,300만원으로 감소한다.

$$C_t=(8{,}000\text{만원}-4{,}000\text{만원})(1-0.35)+(2{,}000\text{만원})(0.35)=3{,}300\text{만원}$$

3) 현금흐름 추정에서의 주의사항

투자안의 현금흐름을 추정하기 위해서는 앞에서 설명한 두 가지 기준을 충실히 따르는 것으로 충분하다. 그러나 실무적으로 특히 주의하여야 할 몇 가지 사항이 있다. 그것들을 열거하면 다음과 같다.

① 이자비용은 현금흐름에 포함하지 않는다. 대부분의 경우, 거액의 투자액을 기업의 여유자금이나

2 특정 산업을 육성하거나 특정한 종류의 설비투자를 촉진할 목적으로 정상적 감가상각비보다 더 많은 감가상각이 가능하도록 허용하는 것으로서 특별상각이라는 것도 있다. 이 특별상각도 조기에 감가상각비를 인식함으로써 감가상각의 법인세절약효과를 조기에 실현할 수 있도록 함으로써 투자가치를 증가시켜 투자를 촉진하기 위한 방법이다.

신주발행만으로 조달하지 않고 많은 부분을 은행차입금이나 회사채와 같은 부채로 조달한다. 투자액의 일부를 부채로 조달하는 경우 당연히 이자를 부담하여야 하며, 이 이자비용은 현금으로 지급하여야 한다. 따라서 이자비용을 투자안의 현금유출에 포함시켜야 한다고 잘못 생각할 수도 있다. 이자비용을 투자안의 현금흐름에 포함하는 것은 왜 잘못된 것일까? 그 답은 이자비용을 중복 계산하는 잘못을 범하고 있다는 점에 있다. 즉, 투자가치를 구하기 위하여 현재가치를 계산할 때 사용하는 할인율 속에는 이미 이자비용이 포함되어 있다. 그럼에도 불구하고, 또다시 현금흐름에서 이자비용을 차감하는 것은 결과적으로 이자비용을 이중으로 고려하는 결과를 가져다준다.

② 순운전자본(net working capital)의 증감을 고려한다. 순운전자본은 유동자산에서 유동부채를 뺀 값으로 정의된다. 어떤 투자안의 채택으로 유동부채보다 유동자산이 더 많이 증가한다면 그 차이인 순운전자본의 증가분만큼 추가적으로 자금을 조달하여야 한다. 따라서 순운전자본의 증가가 필요한 경우 이는 추가적인 현금유출로 고려되어야 하고, 투자의 종료와 함께 순운전자본의 회수가 이루어지면 이는 현금유입으로 고려되어야 한다. 주의할 것은 순운전자본의 증감은 회계적 수익 또는 비용이 아니기 때문에 법인세 부담에 아무런 영향을 미치지 않는다는 점이다.

③ 기회비용을 고려하여야 한다. 어떤 투자안을 실행하기 위해서는 기업이 이미 보유하고 있는 자산이나 자원의 용도가 제한되어야 하는 경우가 흔히 있다. 예를 들어, 투자안을 실행하기 위해서는 이미 보유하고 있는 토지나 건물을 사용해야 한다거나, 기존의 기계나 차량을 전용해야 하는 경우가 그런 경우이다. 예를 들어, 어떤 회사가 수년 전에 이미 확보해 두었던 유휴부지에 새로운 공장을 건설하기로 하였다 하자. 공장건설의 투자안과 관련하여 그 부지의 구입비용이 추가로 지출되는 것은 아니지만, 그 부지가 다른 용도로 사용될 수 있는 기회를 잃어버리게 된다. 이런 경우 이 투자안을 실행함으로써 그 부지를 다른 용도로 사용하거나 매각할 경우 얻게 될 경제적 가치를 상실하게 되며, 이 상실된 가치가 이 공장부지의 기회비용(opportunity cost)이다. 그리고 이 기회비용의 크기는 공장부지를 부동산시장에서 매각하여 받게 될 가격이다. 따라서 투자안 채택과 관련하여 공장부지 구입비용을 지출하지 않는다 하더라도, 부지의 시장가격을 투자안의 최초투자액에 포함시켜야 한다.

④ 매몰원가는 무시한다. 매몰원가(sunk cost)는 이미 지출되어 회수불가능한 비용이다. 예를 들어, 신제품 개발을 위한 연구개발비로 이미 3억원을 사용하였다고 하자. 이제 그 결과로 개발된 신제품을 제조 · 판매하는 것이 바람직할 것인지에 대하여 채택 여부를 결정하려 하고 있다. 이미 지출된 3억원의 연구개발비는 이 신제품 투자안과 관련되어 지출된 것이지만 투자안의 채택 여부에 관계없이 이미 지출된 회수불가능한 비용이다. 이와 같은 매몰원가는 투자안의 현금흐름에 포함되지 않는다.

⑤ 부수적 효과를 고려하여야 한다. 어떤 투자안의 채택이 그 투자안과 직접적 관련이 없는 기존자산이나 다른 투자안의 현금흐름에 영향을 미치는 경우가 있다. 이런 부수적 효과 역시 그 투

자안의 현금흐름에 포함되어야 한다. 예를 들어, 당구장에 무료 전자오락기를 설치하는 경우를 생각해 보기로 하자. 이 전자오락기는 무료로 운영되기 때문에 그 자체로서는 당구장 주인의 부(富)를 감소시키는 투자이다. 그러나 이 전자오락기를 설치함으로써 당구장 손님들을 더 오랫동안, 더 많은 당구를 즐길 수 있도록 한다면 당구장 수입이 증가하여 당구장 주인의 부는 증가할 것이다. 따라서 전자오락기 설치의 투자안을 검토할 경우에는 그것이 가져다 줄 부수적 효과까지 고려하여야 한다. 경우에 따라서는 투자안 자체의 효과보다 이 부수적 효과가 더 큰 경우도 얼마든지 있을 수 있다.

⑥ 세제상의 우대조치를 고려하여야 한다. 정부의 경제정책의 일부는 특정 산업의 실물투자, 특히 설비투자를 촉진함으로써 고용 및 국민소득의 증가를 가져오기 위해 실행되고 있으며, 그 중요한 수단이 투자세액공제제도이다. 이것은 특정 산업의 설비투자를 촉진할 목적으로 투자액의 일정 비율을 당해 연도의 법인세에서 공제해주는 제도이다. 또 수도권 인구를 분산하고 지방경제를 활성화할 목적으로 지방공단으로 이전하는 업체에 대하여 법인세의 일부를 공제해 주는 제도도 있다. 이런 투자세액공제제도를 활용하면 투자안의 법인세절약효과가 크게 증가된다.

제3절 투자가치의 평가

투자결정의 여러 절차 중에서 가장 중요한 단계는 투자안의 경제적 가치를 평가하는 과정이다. 투자는 미래의 경제적 이득을 위하여 경제적 희생(또는 투자지출)을 행하는 것이므로, 어떤 투자안의 경제적 가치는 '미래의 경제적 이득의 가치'가 '경제적 희생의 가치'보다 얼마나 더 큰가에 따라 결정된다. 만일 어떤 투자로부터 얻어지는 미래 이득의 가치가 투자지출보다 크다면, 그 투자안의 채택으로 기업가치가 증가할 것이므로 그 투자안은 채택되어야 한다.

투자가치평가에서 가장 중요한 문제는 어떤 기준으로 투자가치를 평가할 것인가의 문제이다. 만일 그릇된 기준으로 투자가치를 평가할 경우, 기업가치의 감소를 가져오는 투자안을 채택하거나 기업가치의 증가를 가져오는 투자안을 기각하게 됨으로써, 기업가치를 감소시킬 뿐만 아니라 경제 전반적인 자본의 최적배분을 저해하게 된다. 즉, 그릇된 평가기준을 사용하여 채택되지 않아야 할 투자안을 채택하게 되면 자본의 낭비를 가져올 것이며, 채택되어야 할 투자안을 기각하게 되면 사회 전체의 부(富)가 증가할 기회를 상실하게 된다.

투자결정의 실무에서 널리 사용되고 있는 투자가치 평가기준들로서 다음과 같은 것들이 있다.[3]

3 투자가치 평가기준을 최초로 제시한 책으로서 Friedrich & Vera Lutz, *The Theory of Investment of the Firm*(Princeton University Press, 1951)과 Joel Dean, *Capital Budgeting: Top-Management Policy on Plant, Equipment, and Product*

회계적 이익률(accouting rate of return)
회수기간(payback period)
순현재가치(net present value: NPV)
수익성지수(profitability index: PI)
내부수익률(internal rate of return: IRR)

위의 기준들 중에서 회계적 이익률과 회수기간을 제외한 다른 세 가지 기준을 현금흐름할인법(discounted cash flow method: DCF)이라고 부른다. 현금흐름할인법에 속하는 세 가지 기준은 현금흐름을 할인함으로써 화폐의 시간가치를 고려할 수 있기 때문에 비교적 합리적인 투자가치 평가기준인 것으로 받아들여지고 있다.[4]

참고 **투자의 현금흐름 민감성**

그릇된 자본예산결정으로 인해 기업의 주주, 채권자, 그리고 수많은 임직원이 커다란 피해를 입었던 사례는 너무나도 많다. 경영자가 잘못된 자본예산결정을 내리게 될 함정도 매우 다양하다. 그중 학자들이 특히 경계하는 것이 "투자의 현금흐름 민감성(sensitivity of investment to cash flow)"이라고 부르는 현상이다. 이것은 회사가 과다한 현금을 보유하고 있거나 예상 밖의 큰 현금흐름이 얻어졌을 때 기업의 투자지출이 증가하는 현상을 말한다. 법적 소송에 승소하여 거액을 횡재했을 때, 예상 밖의 특수경기로 큰 이익이 얻어졌을 때 또는 주가가 고평가되어 신주발행이 용이할 때 경영자들은 흔히 대형 M&A나 투자안 실행을 서두르는 경향을 보인다. 그러나 주의할 것은 횡재, 특수경기, 주식의 과대평가 등이 어떤 투자안의 투자가치를 결정하는 요인이 아니라는 점이다. 투자안의 채택 여부는 합리적인 현금흐름 예측과 투자가치평가에 기초하여야 한다는 점은 두말할 나위가 없다.

Development (Columbia University Press, 1951)가 있다.

4 J. R. Graham & R. H. Campbell, "The Theory and Practice of Corporate Finance: Evidence from the Field," *Journal of Financial Economics 60* (2001)에서 미국 392개 회사의 재무담당임원(CFO)을 대상으로 조사한 바에 의하면, 투자결정할 때 언제나 또는 거의 언제나 사용하는 투자가치 평가기준으로서 IRR이 75.6%, NPV가 74.9%, 회수기간이 56.7%, 회계적 이익률이 30.3%, 할인회수기간이 29.5%, 수익성지수가 11.9%를 차지하였다(언제나와 거의 언제나에 복수응답할 수 있기 때문에 합계가 100%를 초과한다). 이 조사결과에 의하면, 실무적으로 IRR과 NPV가 가장 중요한 투자결정기준임을 알 수 있다.

7.3.1 회계적 이익률

1) 정의와 계산 방법

회계적 이익률(accounting rate of return)은 어떤 투자안의 회계적 방법으로 측정된 평균이익을 평균투자액으로 나눈 값이다. 여기에서 회계적인 평균이익은 매기의 감가상각비와 법인세를 차감한 후의 이익을 평균한 것이며 평균투자액은 투자의 장부가치를 평균한 것이다.

회계적 이익률

$$\text{회계적 이익률} = \frac{\text{회계적 평균이익}}{\text{장부상 평균투자액}} \quad (7\text{–}4)$$

예시

어떤 의류회사가 새로운 운동복 제조설비를 설치하려 한다 하자. 이 설비를 구입 · 설치하는 데 드는 비용은 8,000만원이며 5년의 수명을 갖는 것으로 예상된다 하자(잔존가치는 0원). 이 회사는 모든 설비를 정액법으로 감가상각하고 있으며 법인세율은 30%이다. 이 운동복 제조공정을 설치할 경우 예상되는 매기의 매출액, 현금지출 운영비용, 법인세, 순이익 등이 [표 7-2]와 같다고 하자.

▶▶ 표 7-2 투자안의 회계적 이익

(단위: 만원)

	제1기	제2기	제3기	제4기	제5기
매출액	4,000	7,600	8,700	5,000	5,000
(−)운영비용	−2,000	-3,500	−4,000	−2,500	−2,500
영입이익	2,000	4,100	3,700	2,500	2,500
(−)감가상각비	−1,600	−1,600	−1,600	−1,600	−1,600
납세전 이익	400	2,500	2,100	900	900
(−)법인세 등	−120	−750	−630	−270	−270
순이익	280	1,750	1,470	630	630

[표 7-2]에서 5년의 투자수명에 걸쳐 얻어지는 회계적 순이익의 평균은 다음과 같이 952만원으로 계산된다.

$$\text{회계적 평균순이익} = \frac{280\text{만} + 1{,}750\text{만} + 1{,}470\text{만} + 630\text{만} + 630\text{만}}{5} = 952\text{만원}$$

이 설비의 장부가치는 제0기에 8,000만원이나 감가상각 때문에 기간이 지남에 따라 감소하므로, 제5기 말에는 0원이 된다. 따라서 투자수명의 전기간에 걸친 장부상 평균투자액은 (8,000만+6,400만+4,800만+3,200만+1,600만원+0)÷6=4,000만원이다.

위에서 계산한 회계적 평균순이익을 장부상 평균투자액으로 나누면, 회계적 이익률은 다음과 같이 23.8%로 계산된다.

$$\text{회계적 이익률} = \frac{952\text{만}}{4{,}000\text{만원}} = 0.238$$

2) 결정규칙

어떤 투자안의 회계적 이익률이 미리 정해진 목표이익률보다 높으면 채택하고 목표이익률보다 낮으면 기각한다. 투자안의 우선순위는 회계적 이익률이 높은 것부터 정해진다.

채택여부: 투자안의 회계적 이익률 ≥ 목표이익률이면 채택
투자안의 회계적 이익률 < 목표이익률이면 기각
우선순위: 투자안의 회계적 이익률의 크기에 따라 결정

만일 이 회사가 20%의 목표이익률을 기준으로 채택 여부를 결정한다면 예시에서 다룬 투자안은 23.8%의 회계적 이익률을 갖고 있으므로 채택된다.

3) 장 · 단점

회계적 이익률은 회계자료를 그대로 이용할 수 있다는 장점을 갖고 있지만, 다른 어떤 평가기준보다도 많은 결함을 가지고 있기 때문에 실무적으로도 널리 사용되지 않는 방법이다. 회계적 이익률이 지니고 있는 결함으로서 다음과 같은 것들이 있다.

① 화폐의 시간가치를 고려하지 않고 있다. 회계적 이익률의 계산에서는 가까운 미래의 회계적 이익 1원과 먼 미래의 회계적 이익 1원이 동일한 가치를 갖는 것으로 간주되기 때문에 화폐의 시간가치가 무시되고 있다.

② 채택 여부를 결정하는 기준인 목표이익률이 자의적으로 정해지고 있다. 만일 목표이익률을 20%로 정한 경우, 23.80%의 회계적 이익률을 갖는 투자안은 채택되어야 한다. 그러나 목표이익률을 25%로 정한 경우에는 반대로 기각되어야 한다. 목표이익률이 객관적 기준에 의하지 않고 자의적으로 결정되는 한, 투자안의 채택 여부도 사실상 자의적 기준에 의하여 결정된다.

③ 회계적 이익에 기초하여 투자가치의 평가가 이루어지고 있다. 회계적 이익률은 객관적인 기준으로 측정되는 현금흐름을 사용하지 않고 자의성이 큰 회계적 이익을 사용하고 있다. 회계적 이익은 투자에 따른 경제적 거래의 실제 내용이 무엇인가에 의해서만 정해지지 않고, 여러 가지 가능한 회계처리 방법 중에서 어떤 방법을 택하였는가에 의해서도 영향을 받는다. 결국, 어떤 회계처리 방법에 의해 회계적 이익을 산출하는가에 따라 투자안의 채택 여부가 좌우된다.

7.3.2 회수기간

1) 정의와 계산 방법

흔히 많은 사람들은 어떤 사업을 시작할 때 투자원금을 얼마나 빨리 회수할 수 있을 것인가에 깊은 관심을 갖는다. 예를 들어, 사람들은 투자원금을 5년에 회수하는 투자보다 2년 내에 회수할 수 있는 투자가 더 바람직한 것으로 생각한다. 이런 판단기준이 회수기간(payback period)이다.

회수기간은 투자안의 현금흐름에 의하여 최초투자액을 완전히 회수하는 데 소요되는 기간으로 정의된다. 이 회수기간은 직관적으로 매우 이해하기 쉽기 때문에 보조적인 투자가치 평가기준으로서 널리 적용되고 있다.

예시

[표 7-2]에서 예로 든 투자안의 현금흐름은 [표 7-3]과 같다. 이 [표 7-2]에서 최초투자액 8,000만원 중 제2기 말까지 5,230만원(=1,880만+3,350만)이 회수되고 나머지 2,770만원은 제3기 중에 모두 회수된다. 따라서 이 투자안의 회수기간은 다음과 같이 약 2년 9개월로 계산된다.

$$회수기간 = 2 + \frac{2{,}770원}{3{,}770원} = 2.7347년(약\ 2년\ 9개월)$$

▶▶ 표 7-3 투자안의 현금흐름

(단위: 만원)

	제0기	제1기	제2기	제3기	제4기	제5기
최초투자액	−8,000					
매출액		4,000	7,600	8,700	5,000	5,000
(−)운영비용		−2,000	−3,500	−4,000	−2,500	−2,500
납세전 현금흐름		2,000	4,100	3,700	2,500	2,500
(−)법인세 등		−120	−750	−630	−270	−270
순현금흐름	−8,000	1,880	3,350	3,070	2,230	2,230

2) 결정규칙

투자안의 회수기간이 허용 가능한 목표회수기간보다 짧으면 채택하고 더 길면 기각한다. 투자안의 우선순위는 회수기간이 짧은 순서로 한다.

채택여부: 투자안의 회수기간 ≤ 목표회수기간이면 채택.
투자안의 회수기간 > 목표회수기간이면 기각.
우선순위: 투자안의 회수기간이 짧은 것부터.

만일 목표회수기간이 3년으로 정해져 있다면 [표 7-3]의 투자안은 채택되어야 한다.

3) 장점

회수기간은 투자결정을 위한 주된 평가기준으로 사용되는 경우는 많지 않고 주로 보조적인 평가기준으로 자주 사용된다. 그 이유는 회수기간이 다음과 같은 몇 가지 실무적인 장점을 갖고 있으나, 단점도 갖고 있기 때문이다.

① **매우 이해하기 쉽다.** 회수기간은 단순히 최초투자액이 회수되는 기간만을 의미하기 때문에 그 의미를 누구나 쉽게 이해할 수 있다.

② **현금흐름을 이용하여 계산한다.** 따라서 회계적 이익이 갖는 자의성을 벗어나서 비교적 객관적인 투자가치 평가가 가능하다.

③ **기업의 유동성을 고려하고 있다.** 유동성(liquidity)이란 단기채무의 지급능력을 의미한다. 기업이 거액의 최초투자액을 지출하게 되면 급격한 유동성의 감소가 발생하며 심각한 경우에는 유동성 위기(liquidity crisis)에 몰릴 수도 있다. 따라서 거액의 투자지출을 실행한 후에는 가능한 한 빠른 기간에 유동성을 회복하는 것이 중요한 과제가 되며, 가능한 한 짧은 회수기간을 갖는 투자안을 채택함으로써 기업의 이러한 요구를 반영할 수 있다.

④ **특수한 종류의 위험을 고려한다.** 어떤 종류의 위험은 투자기간의 길이와 밀접한 관련을 갖는다. 예를 들어, 정치적 변화가 심한 국가에 해외직접투자를 행하는 경우, 투자기간이 긴 투자안은 재산몰수 또는 수용의 위험에 노출될 가능성이 더 크다. 이런 경우에는 회수기간이 짧은 투자안을 택함으로써 재산몰수 또는 수용의 위험을 줄일 수 있다.

4) 단점

회수기간이 투자가치 평가기준으로서 위와 같은 장점이 있음에도 불구하고 주된 평가기준으로 널리 사용되지 못하는 이유는 다음과 같은 중요한 결함을 지니고 있기 때문이다.

① 화폐의 시간가치를 반영하지 못하고 있다. 회수기간을 계산할 때 매기의 현금흐름은 동일한 가치를 갖고 있는 것으로 간주되고 있으므로 화폐의 시간가치가 투자가치의 평가에 반영되지 못한다. 위의 계산 예에서 보면 회수기간을 계산함에 있어 제1기의 1원이나 제2기의 1원이 동일한 가치를 갖는 것으로 간주되고 있다.

② 투자안의 위험도가 적절하게 반영하지 못하고 있다. 동일한 기대현금흐름을 갖는 투자안이라 하더라도, 현금흐름의 변동성이 큰 투자안의 투자가치는 더 낮게 평가되어야 한다. 그러나 회수기간은 기대현금흐름만을 고려하여 계산되기 때문에 투자안의 현금흐름이 갖는 위험도를 적절하게 반영하지 못한다.

③ 회수기간 이후의 현금흐름을 무시하고 있다. 회수기간 이후에 아무리 많은 현금흐름이 얻어진다 하더라도 그것은 회수기간에 아무런 영향을 미치지 못한다. 투자안에 따라서는 초기에 현금흐름이 거의 얻어지지 않지만 상당한 시간이 지난 후에야 커다란 현금흐름이 얻어질 수 있다. 이런 투자안은 충분히 유리한 투자안인데도 불구하고, 회수기간으로 투자가치를 평가하면 기각되는 경우가 많다.

④ 목표회수기간이 자의적으로 결정된다. 목표회수기간을 얼마로 정하는가에 따라 투자결정의 결론이 달라질 수 있지만, 이 목표회수기간을 결정하는 합리적 기준은 존재하지 않는다.

⑤ 회수기간은 기업가치의 증가를 나타내 주지 못한다. 회수기간은 글자 그대로 투자액을 회수하는 '기간'을 나타내 줄 따름이지, 어떤 투자로 기업가치가 얼마만큼 증가할 것인가를 나타내 주지 않는다. 회수기간이 빠른 투자안이라고 해서 기업가치의 증가에 크게 공헌하는 것이 아니며 경우에 따라서는 오히려 기업가치의 하락을 가져올 수도 있다.

참고 **할인회수기간**

회수기간이 갖는 한 가지 단점은 화폐의 시간가치와 위험도를 고려하지 못한다는 것이다. 이 문제를 부분적으로나마 해결하기 위해 사용되는 기준이 할인회수기간(discounted payback period)이다. 이 기준은 위험도를 반영한 할인율을 사용하여 현금흐름의 현재가치를 구하고, 이 현금흐름의 현재가치에 의해 최초투자액을 완전히 회수하는 데 소요되는 기간이다. [표 7-3]의 투자안에서 적절한 할인율이 12%라고 한다면, 제1기부터 5기까지 순현금흐름의 현재가치는 다음과 같이 계산된다(단위: 만원).

	제1기	제2기	제3기	제4기	제5기
순현금흐름	1,880	3,350	3,070	2,230	2,230
현재가치	1,679	2,671	2,185	1,471	1,265

최초투자액 8,000만원은 제4기까지의 할인현금흐름 8,006만원에 의해 모두 회수된다. 따라서 할인회수기간은 약 4년이다.

7.3.3 순현재가치

1) 정의

현금흐름할인법에 속하는 투자가치 평가기준으로서 순현재가치, 내부수익률 및 수익성지수의 세 가지가 있다. 이 중에서 순현재가치는 이론적으로는 여러 가지 투자가치 평가기준 중에서 가장 타당한 것으로 받아들여지고 있다. 순현재가치(純現在價置, net present value: NPV)는 현금유입의 현재가치에서 현금유출의 현재가치를 뺀 값으로 정의된다.

순현재가치

$$\mathrm{NPV}=\sum_{t=0}^{T}\frac{\mathrm{CI}_t}{(1+k)^t}-\sum_{t=0}^{T}\frac{\mathrm{CO}_t}{(1+k)^t} \tag{7-5a}$$

단, CI_t는 t기의 현금유입, CO_t는 t기의 현금유출이며, t는 현금흐름이 발생하는 시기로서 $t=0, 1, 2, \cdots, T$를 나타낸다. k는 투자안의 자본비용, 즉 투자안으로부터 얻어져야 할 최소의 기대수익률이다.

위의 순현재가치 공식은 순현재가치가 어떤 경제적 의미를 갖고 있는가를 잘 말해 주고 있다. 현금유입의 현재가치는 투자안의 경제적 이득의 가치를 나타내고 현금유출의 현재가치는 경제적 희생의 가치를 나타내 준다. 따라서 양자의 차이로 계산되는 순현재가치는 투자로 인하여 기업가치가 얼마만큼 증가할 것인가를 나타내 준다.

식(7-5a)에서 매기의 순현금흐름은 현금유입에서 현금유출을 뺀 것($C_t=\mathrm{CI}_t-\mathrm{CO}_t$)과 같고, 많은 경우 투자개시 기간인 0기의 현금흐름은 최초투자액이므로, 순현재가치는 다음 식과 같이 나타낼 수도 있다.

$$\mathrm{NPV}=\sum_{t=1}^{T}\frac{C_t}{(1+k)^t}-I_0 \tag{7-5b}$$

단, C_t는 t기의 순현금흐름, I_0는 0기에 발생하는 최초투자액이다.

식(7-5b)에서 매기의 순현금흐름과 최초투자액은 투자안의 현금흐름분석 결과로부터 얻어진다. 식(7-5a)와 (7-5b)에서 k는 투자안의 자본비용(cost of capital)이다. 투자안의 자본비용은 투자안으로부터 얻어져야 할 최저의 기대수익률로서 투자안의 위험도를 반영하여 결정된다. 만일 투자안의 현금흐름이 커다란 위험을 갖고 있다면, 기업의 채권자와 주주들은 높은 위험프리미엄을 요구하게 될 것이므로 높은 자본비용이 할인율로 사용된다.

| 예시 |

[표 7-3]에 주어진 투자안의 순현재가치를 계산하여 보기로 하자. 설명의 편의상, 투자안의 위험도를 적절하게 반영하는 자본비용은 12%인 것으로 가정한다.

$$\begin{aligned} NPV &= \frac{1{,}880\text{만}}{1+0.12} + \frac{3{,}350\text{만}}{(1+0.12)^2} + \frac{3{,}070\text{만}}{(1+0.12)^3} + \frac{2{,}230\text{만}}{(1+0.12)^4} + \frac{2{,}230\text{만}}{(1+0.12)^5} - 8{,}000\text{만} \\ &= 1{,}216.90\text{만원} \end{aligned}$$

그림 7-3 할인율과 순현재가치의 관계

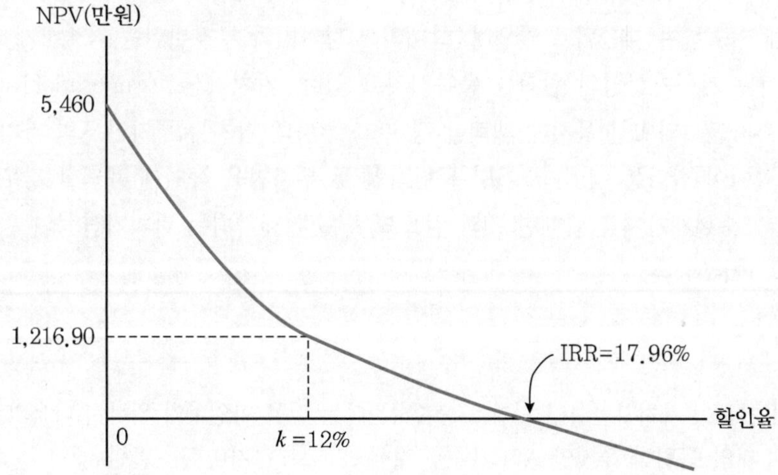

투자안의 자본비용, 즉 할인율의 크기는 분석자가 임의로 결정하는 것이 아니라, 시장이자율과 투자안의 위험도를 고려하여 결정되어야 한다. 투자안의 자본비용을 결정하는 구체적인 방법에 대해서는 제8장에서 설명하게 될 것이다.

위에서 예로 든 투자안의 경우, 위험도가 더 크기 때문에 12%보다 높은 자본비용으로 할인하여야 한다면, 이 투자안의 순현재가치는 감소한다. 이는 순현재가치의 계산공식으로부터 알 수 있는 바와 같이 할인율이 커지면 순현금흐름의 현재가치가 감소하여, 순현재가치도 [그림 7-3]에서와 같이 감소하기 때문이다.

2) 결정규칙

투자안의 채택으로 기업가치가 증가하면 그 투자안은 채택되어야 하고, 기업가치가 감소하면 기각되어야 한다. 따라서 투자안의 순현재가치가 0보다 크면 채택하고 0보다 적으면 기각한다. [표 7-3]의 투자안의 순현재가치는 1,030.4만원으로서 0보다 크기 때문에 채택되어야 한다. 여러 개의 상호 배타적 투자안의 우선순위를 결정하고자 할 경우에도 각 투자안이 기업가치에 얼마나 많이 공헌하느냐에 따라 우선순위가 정해져야 할 것이므로 순현재가치가 큰 순서로 투자의 우선순위를 정한다.

채택여부: 투자안의 NPV $\geq$ 0이면 채택.
투자안의 NPV $<$ 0이면 기각.
우선순위: 투자안의 NPV가 큰 것부터.

3) 장점

순현재가치는 투자안의 채택으로 인한 기업가치의 증가를 명확하게 나타내 주고 있고, 투자안과 관련된 현금흐름에 기초하여 계산되고 있으며, 화폐의 시간가치와 투자위험을 적절하게 고려하고 있다.

또 순현재가치는 가치가산성의 원칙을 충족시키고 있다. 가치가산성(value additivity)의 원칙이란 어떤 독립적인 투자안 A와 B를 동시에 채택할 경우 그 투자의 가치는 투자안 A의 가치와 투자안 B의 가치의 합계와 같아야 한다는 것이다. 어떤 독립적인 두 투자안을 동시에 채택할 경우의 순현재가치는 개별 투자안의 순현재가치를 합계한 것과 같으므로, 순현재가치는 가치가산성의 원칙을 충족시키는 투자가치 평가기준이다.

예시

순현재가치 기준이 가치가산성의 원칙을 충족시킨다는 것을 확인하기 위하여 다음과 같은 현금흐름을 갖는 두 개의 독립적 투자안 A와 B를 고려해 보기로 하자(단위: 만원).

	제0년도	제1년도	제2년도
투자안 A	−1,000	500	1,500
투자안 B	−1,000	1,500	−500

이 두 투자안의 자본비용이 10%로 동일하다면, 투자안 A의 순현재가치는 694만원, 투자안 B의 순현재가치는 −50만원으로 계산된다. 그리고 두 투자안에 동시에 투자했을 때의 순현재가치는 다음과 같이 644만원으로 계산된다.

$$NPV_{(A+B)} = \frac{500+1,500}{1+0.1} + \frac{1,500-500}{(1+0.1)^2} - (1,000+1,000) = 644\text{만원}$$

두 투자안에 동시에 투자했을 때의 순현재가치 644만원은 A의 순현재가치 694만원과 B의 순현재가치 −50만원의 합계와 같다. 이것은 순현재가치 기준이 가치가산성의 원칙을 만족시키고 있다는 것을 보여주는 예이다.

4) 단점

순현재가치의 단점으로서 순현재가치가 투자규모의 차이를 충분히 고려하지 못하고 있다는 점이 지적되고 있다. 이 투자규모의 차이에 관한 예는 최초투자액이 1,000만원이고 순현재가치가 100만원인 투자안 X와 최초투자액이 2,000만원이고 순현재가치가 140만원인 투자안 Y 중에서 어떤 투자안이 더 유리한 투자안인가를 결정하는 경우를 들 수 있다.

순현재가치에 의하여 투자의 우선순위를 정한다면 당연히 보다 큰 순현재가치를 갖는 투자안 Y를 채택하여야 한다. 그러나 투자안 X에 중복투자가 가능할 경우에는 결론이 달라진다. 투자안 X에 두 번 중복투자한다면 최초투자액은 1,000만원이 되고 순현재가치는 200만원으로 된다. 이처럼 투자안 X에 중복투자하면 Y와 동일한 최초투자액으로 Y보다 큰 순현재가치가 얻어진다. 따라서 중복투자가 허용될 경우 투자규모에 비하여 순현재가치가 상대적으로 큰 투자안에 우선적으로 투자하여야 한다.

참고 엑셀을 이용한 NPV의 계산

엑셀의 [수식−재무] 메뉴에는 함수 NPV가 있다. 그러나 필자는 이 기능을 사용하지 않고, 다소 불편하지만 제3장의 현재가치를 계산하는 방법을 사용한다(이때 0기의 기간과 0기의 현금흐름인 −8,000을 써넣는 것을 잊지 않도록 한다). 그 이유는 NPV 기능을 사용할 경우, 현금흐름의 첫 번째 셀에 들어가는 −8,000의 현금흐름이 0기의 현금으로 간주되지 않고 1기의 현금흐름으로 간주되어 잘못된 결과를 가져다주기 때문이다.

5) 조정현재가치

기업이 투자를 시행하면 투자안 자체로부터 얻은 이득이나 희생 뿐 아니라 부수적인 이득 또는 희생이 발생할 수 있다. 예를 들어, 어떤 투자에 필요한 자본의 일부를 차입으로 조달하는 경우, 기업이 지급하는 이자는 손비로 인정되어 납부해야 할 세금을 줄여주는 효과가 있다. 이 예에서, 투자안의 조정현재가치(adjusted present value: APV)는 투자안의 기본 순현재가치와 절약된 세금의 현재가치의 합계로 계산된다. 즉, 조정현재가치법은 현재가치의 가치가산성을 이용하여, 투자의 기본 순현재가치와 부채 사용에 따른 부수적 효과를 별도로 계산하여 합하는 방법이다.

부채 사용에 따른 부수효과는 제9장에서 보게 되는 것처럼 절세효과, 부채증권의 발행비용, 재무적 곤경의 비용, 대리인비용 등이 있다. 이런 부수효과들을 모두 고려하여 자본비용을 정확히 계산하기 어려울 때, 조정현재가치법은 매우 유용할 수 있다. 조정현재가치법은 투자안을 위한 자금조달에서 부채조달금액이 일정하게 유지될 때 편리하다. (대조적으로, 제8장에서 보게 되는 가중평균자본비용을 이용한 순현재가치법은 자금조달에서 부채가 차지하는 비율이 일정하게 유지될 때 편리하다.)

7.3.4 내부수익률

1) 정의

내부수익률(internal rate of return: IRR)은 투자안의 현금유입 현재가치와 현금유출 현재가치를 일치시키는 할인율을 말한다. 이 정의는 순현금흐름의 현재가치와 최초투자액을 일치시키는 할인율 또는 순현재가치를 0으로 만드는 할인율과 같은 뜻이며, 다음 식에서의 할인율 R이 내부수익률이다.

내부수익률

$$\sum_{t=0}^{T}\frac{\text{CI}_t}{(1+R)^t}=\sum_{t=0}^{T}\frac{\text{CO}_t}{(1+R)^t} \tag{7–6a}$$

단, R은 투자안의 내부수익률.

현금유입에서 현금유출을 뺀 값이 순현금흐름이므로 식(7-6a)를 정리하면 다음 식이 얻어진다(제1기 이후 우변의 각 항을 좌변으로 옮겨 정리하면 된다).

$$\sum_{t=1}^{T}\frac{C_t}{(1+R)^t}=I_0 \tag{7–6b}$$

이 식에서 내부수익률 R은 제1기 이후에 얻어지게 될 순현금흐름의 현재가치와 최초투자액을 일치시키는 할인율이다. 이 식에서 우변의 최초투자액 I_0를 우변으로 옮기면 다음과 같이 정리된다.

$$\sum_{t=1}^{T} \frac{C_t}{(1+R)^t} - I_0 = 0 \tag{7-6c}$$

위의 식에서 내부수익률은 순현재가치를 0으로 만드는 할인율과 같으므로 앞의 [그림 7-3]에서 순현재가치 곡선이 횡축과 만나는 점이 내부수익률이다.

내부수익률의 계산공식은 순현재가치의 계산공식과 비슷하지만 공식의 의미는 크게 다르다. 순현재가치의 계산공식에서는 투자안의 위험도를 반영하는 할인율 k와 현금흐름 자료를 사용하여 투자안의 순현재가치를 계산한다. 그러나 위의 내부수익률의 계산공식에서는 최초투자액과 현금흐름 자료로부터 할인율인 투자안의 내부수익률을 계산한다.

예시

[표 7-3]에 주어진 투자안의 내부수익률은 다음과 같이 17.96%로 구해진다.

$$\frac{1{,}880\text{만}}{1+R} + \frac{3{,}350\text{만}}{(1+R)^2} + \frac{3{,}070\text{만}}{(1+R)^3} + \frac{2{,}230\text{만}}{(1+R)^4} + \frac{2{,}230\text{만}}{(1+R)^5} = 8{,}000\text{만} \quad \rightarrow R = 0.1796$$

내부수익률이 지니고 있는 경제적 의미는 어떤 투자안의 복리수익률을 나타내 준다는 것이다. 이 점을 이해하기 위하여, 내부수익률 계산공식의 두 번째 식의 양변에 $(1+R)^T$을 곱하면 다음의 식이 얻어진다.

$$C_1(1+R)^{T-1} + \cdots + C_T(1+R)^0 = I_0(1+R)^T$$

이 식의 좌변은, 매기의 순현금흐름을 투자안의 내부수익률로 복리투자하여 얻게 될 T기 말의 미래가치이다. 우변은 최초투자액을 복리투자하여 얻게 될 T기 말의 미래가치이며 그 크기는 좌변과 같다. 따라서 내부수익률의 공식은 제1기 이후의 현금흐름을 R(=투자안의 내부수익률)의 복리수익률로 투자하여 얻게 될 미래가치가 최초투자액의 미래가치와 동일하다는 것을 의미한다. 즉, 최초투자액이나 현금흐름이 앞으로 R의 재투자수익률로 재투자될 수 있다고 암묵적으로 가정하고 있다.

2) 결정규칙

어떤 투자안의 채택 여부는 투자안의 내부수익률과 그 투자로부터 얻어져야 할 최소의 요구수익률인 자본비용 k를 비교하여 결정된다. 만일 투자안의 내부수익률이 자본비용 k보다 크면 그 투자안은 채택되어야 하며, 내부수익률이 자본비용 k보다 작으면 기각되어야 한다. 따라서 자본비용 k는 투자안의 채택 여부를 결정하는 절사율(cut-off rate 또는 hurdle rate)의 의미를 갖는다.

투자안들의 우선순위는 내부수익률이 큰 순서로 결정된다.

채택여부: 투자안의 IRR $\geq$ k이면 채택.
투자안의 IRR $<$ k이면 기각.
우선순위: 투자안의 IRR이 큰 것부터.

투자안의 위험을 반영한 적절한 자본비용이 12%라면, [표 7-3]의 투자안의 내부수익률인 17.96%는 자본비용인 12%보다 크기 때문에 이 투자안은 채택되어야 한다.

3) 장점

내부수익률은 다음과 같은 장점을 갖고 있다.

① 현금흐름을 할인하여 계산하므로 화폐의 시간가치를 고려하고 있다.

② 위험이 큰 투자에 대해서는 보다 높은 절사율(=자본비용 k)을 적용하기 때문에 내부수익률 역시 투자안의 위험을 고려하여 투자결정을 할 수 있도록 하여 준다.

③ 내부수익률은 '수익률'이라는 친숙한 척도로 투자가치를 평가하여 주고 있다. 이 점 역시 내부수익률이 갖는 장점이면서 실무에서 널리 사용되도록 만드는 중요한 이유이다.

4) 단점

내부수익률이 지닌 중요한 단점들은 다음과 같은 것들이다.

① 재투자수익률을 불합리하게 가정하고 있다. 재투자수익률이란 투자안을 채택하여 얻게 될 현금흐름을 다른 용도에 사용할 때 예상되는 수익률이다. 내부수익률의 계산공식에서는 앞으로 얻게 될 현금흐름을 그 투자안에서 계산된 내부수익률 그 자체로 재투자될 것을 가정하고 있다. 이것은 유리한 투자안에서 얻어진 현금흐름은 앞으로도 계속하여 높은 재투자수익률로 재투자되고 불리한 투자안에서 얻어진 현금흐름은 계속하여 낮은 재투자수익률로 재투자될 것이라는 것을 의미한다. 이런 가정은 합리적이라고 할 수 없다.

② 복수의 내부수익률이 얻어질 수도 있으며 그런 경우 어느 것이 타당한 내부수익률인지 판단하기 어렵다. 때로는 내부수익률이 구해지지 않는 경우도 있다.

③ 가치가산성의 원칙을 만족시키지 못한다. 서로 독립적인 두 투자안을 동시에 투자할 경우의 내부수익률은 개별 투자안의 내부수익률을 투자액으로 가중평균한 것과 같지 않다.

예시

다음과 같은 현금흐름을 갖는 두 개의 독립적 투자안 A와 B를 고려해 보자.

	제0년도	제1년도	제2년도
투자안 A	−1,000만	500만	1,500만
투자안 B	−1,000만	1,500만	−500만
투자안 A+B	−2,000만	2,000만	1,000만

투자안 A와 B의 내부수익률은 각각 50%와 0%로 구해진다. 그러나 A와 B에 동시에 투자했을 경우의 내부수익률은 37%로서 두 투자안의 내부수익률을 가중평균한 것과 상당히 다른 값이다.

5) 순현재가치와 내부수익률의 비교

순현재가치와 내부수익률은 모두가 현금흐름의 할인에 의하여 투자가치를 평가하고자 하는 방법으로서, 이론적으로나 실무적으로 가장 중요한 평가기준이라고 할 수 있다. 그러나 투자안들의 우선순위를 결정하고자 할 때, 순현재가치와 내부수익률이 동일한 우선순위를 가져다주지 않는 경우가 때때로 발생한다. 이처럼 내부수익률과 순현재가치가 서로 다른 결론을 가져다주는 경우에는 어떤 기준에 의하여 투자의 우선순위를 정하여야 하는가? 물론 이에 대한 해답은 '순현재가치'이다. 왜냐하면 투자결정의 목적은 기업가치를 극대화하는 데 있으며, 더 큰 순현재가치를 갖고 있는 투자안이 더 큰 기업가치의 증가를 가져다 줄 것이기 때문이다.

예시

다음과 같은 현금흐름을 갖는 두 개의 독립적 투자안 C와 D를 고려해 보자.

	제0년도	제1년도	제2년도	제3년도	내부수익률
투자안 C	−1,000	400만	500만	600만	22%
투자안 D	−1,000	1,000만	400만		31%

투자안 C와 D의 내부수익률은 각각 22%와 31%이며, 따라서 D가 우월한 투자안으로 나타난다. 그러나 순현재가치에 의할 경우, C와 D의 우선순위는 [그림 7-4]와 같이 할인율에 따라 다름을 알 수 있다.

그림 7-4 순현재가치에 의한 우선순위

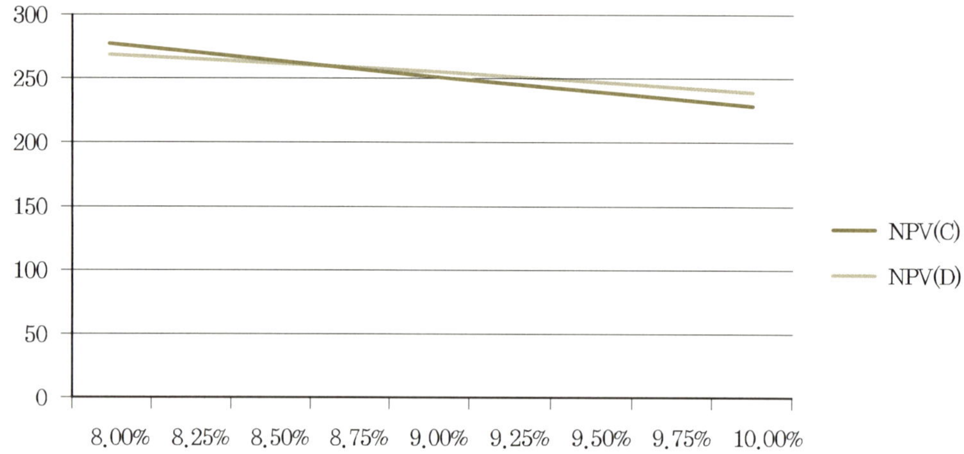

이 그림에서 투자안 C와 D의 NPV곡선은 할인율=8.75%에서 교차한다. 할인율이 8.75%보다 작을 때에는 투자안 C의 순현재가치가 투자안 D보다 크고, 할인율이 8.75%보다 클 때에는 투자안 C의 순현재가치가 투자안 D보다 작다는 것을 알 수 있다. 즉, 할인율이 8.75%보다 클 때 투자안 C와 D 사이의 우선순위는 순현재가치에 기초하거나 또는 내부수익률에 기초하거나 동일하고, 할인율이 8.75%보다 작을 때에는 그렇지 않다. 이때 두 투자안의 NPV곡선이 교차하는 점은 피셔 포인트(Fisher's point)라고 불린다.

6) 수정내부수익률

수정내부수익률(modified internal rate of return: MIRR)은 내부수익률법에서 현금흐름이 내부수익률과 같은 수익률로 재투자된다는 가정과 내부수익률은 두 개 이상의 해를 가질 수 있다는 문제를 해소하기 위해 고안된 척도이다.

수정내부수익률

$$MIRR = \sqrt[T]{\frac{\text{미래가치(양의 현금흐름, 재투자수익률)}}{-\text{현재가치(음의 현금흐름, 자본비용)}}} - 1 \quad (7\text{–}7)$$

단, T는 투자기간.

예시

다음과 같은 현금흐름을 갖는 투자안 G를 고려해 보자. 재투자수익률은 6%, 자본비용은 5%라고 가정하라.

	제0년도	제1년도	제2년도	제3년도
투자안 G	−2,000만	−1,000만	2,000만	2,000만

미래가치(양의 현금흐름, 재투자수익률) = 2,000(1.06) + 2,000 = 4,120

현재가치(음의 현금흐름, 자본비용) = −2,000 − 1,000/1.05 = −2,952

따라서, 수정내부수익률은 $\text{MIRR} = \sqrt[3]{\dfrac{4,120}{2,952}} - 1 = 11.75\%$ 이다.

제4절 투자결정의 몇 가지 문제들

7.4.1 인플레이션의 고려

인플레이션은 기업활동의 거의 모든 영역에 대하여 커다란 영향을 미치고 있다. 기업의 투자결정에서도 예외가 아니다. 흔히 인플레이션을 고려하지 않았을 경우 채택되는 투자안이 인플레이션을 고려하면 기각되기도 한다. 또 인플레이션을 고려하면 투자안의 우선순위가 바뀌기도 한다. 따라서 기업은 예상인플레이션을 적절하게 고려하여 잘못된 투자결정을 방지해야 한다.

투자안의 현금흐름의 모든 구성요소에 대한 물가상승률이 동일한 경우에는 명목현금흐름(nominal cash flow)을 명목자본비용(nominal cost of capital)으로 할인하여 계산된 순현재가치와 실질현금흐름(real cash flow)을 실질자본비용(real cost of capital)으로 할인하여 계산한 순현재가치는 동일한 값을 갖는다.[5]

그러나 현금흐름을 구성하는 각 요소의 물가상승률이 서로 다른 경우에는 문제가 위와 같이 단순하게 해결되지 않는다. 그런 경우에는 현금흐름의 각 요소별로 개별 물가수준(specific price level) 변동을 반영하여 명목현금흐름을 계산한 다음, 이 명목현금흐름을 명목자본비용으로 할인하여 순현재가치를 구하여야 한다. 특히 주의할 점은 감가상각의 법인세절약효과에 대해서는 물가수준 변동을 반영해 주어서는 안된다는 점이다. 왜냐하면 인플레이션의 진행에도 불구하고 감가상각비는 인플레

---

5 명목현금흐름(nominal cash flow)은 매기의 경상가격(current price)으로 평가된 현금흐름이다. 실질현금흐름(real cash flow)은 기준 시점의 불변가격(constant price)으로 평가된 현금흐름으로서, 어떤 기간의 명목현금흐름을 기준 시점의 구매력으로 평가된 값이다. 명목자본비용은 인플레이션에 대한 대가까지 포함된 자본비용이고 실질자본비용은 인플레이션이 수정된 자본비용이다.

이션의 영향을 받지 않는 장부상의 취득원가에 기초하여 계산되기 때문이다.

7.4.2 자본할당과 수익성지수

흔히 기업이 복수의 유리한 투자안들을 갖고 있으나 여러 가지 제약조건으로 인하여 일부만을 채택하여야 하는 경우가 있다. 그 제약조건으로 자금의 제약조건, 노동력의 제약조건, 원재료 공급의 제약조건 등을 들 수 있다. 이처럼 제약조건이 주어져 있는 경우에는 개별 투자안의 NPV가 양(+)이라고 해서 모두 채택될 수 있는 것은 아니고, 제약조건을 만족시키는 몇 가지 투자안에 투자자금을 나누어 투자하여야 하므로, 이런 투자결정의 문제를 자본할당(capital rationing)문제라고 부른다.

자본할당문제에 대한 최적해는 제약조건을 만족시키면서도 순현재가치의 합계가 극대화되는 투자안들의 조합을 선택함으로써 얻어진다. 고려하는 투자안의 수가 작고 제약조건의 수도 작은 경우에는 투자안의 조합을 다양하게 만들어 보고 제약조건을 만족시키면서 순현재가치의 합계가 가장 큰 투자안의 조합을 선택한다. 그러나 투자안과 제약조건의 수가 큰 경우에는 특수한 형태의 선형계획(linear programming)을 사용하여 최적해를 구한다.

수익성지수(profitability index: PI)는 특수한 자본할당 상황에서 순현재가치가 투자규모의 차이를 충분히 고려하지 못한다는 단점을 보완할 수 있는 투자가치 평가기준이다. 수익성지수는 투자안으로부터 얻어지게 될 미래의 순현금흐름의 현재가치를 최초투자액으로 나누어 구한다. 흔히 수익성지수를 편익/비용 비율(benefit/cost ratio: B/C ratio)이라고도 한다. 즉, 수익성지수는 투자로부터 얻어지는 편익(benefit, 순현금흐름의 현재가치)을 비용(cost, 최초투자액)으로 나눈 비율로서 구한다.

수익성지수

$$PI = \sum_{t=1}^{T} \frac{C_t}{(1+k)^t} \div I_0 \qquad (7\text{–}8)$$

수익성지수는 순현금흐름의 현재가치를 최초투자액으로 나누어 구하고, 순현재가치는 순현금흐름의 현재가치에서 최초투자액을 빼서 구하므로, 수익성지수는 순현재가치를 최초투자액으로 나눈 값에 1을 더함으로써 계산될 수 있다. 즉, 수익성지수는 순현금흐름의 현재가치가 최초투자액에 비해 몇 배나 큰지를 구하고자 하는 것이다. 따라서 순현재가치가 지니고 있는 특성을 그대로 유지하면서 순현재가치를 상대적 척도로 바꾼 것이 수익성지수라고 할 수 있다.

예시

순현재가치의 계산 예로 사용하였던 [표 7-3]의 투자안의 수익성지수는 다음과 같이 계산된다.

$$\text{PI} = \left[\frac{1{,}880\text{만}}{1+0.12} + \frac{3{,}350\text{만}}{(1+0.12)^2} + \frac{3{,}070\text{만}}{(1+0.12)^3} + \frac{2{,}230\text{만}}{(1+0.12)^4} + \frac{2{,}230\text{만}}{(1+0.12)^5}\right] \div 8{,}000\text{만}$$
$$= 1.1521$$

투자안의 채택 여부를 결정하는 경우, 수익성지수가 1보다 큰 투자안은 채택되고 1보다 작은 투자안은 기각된다. 위의 투자안의 수익성지수는 1.1521이므로 채택되어야 한다.

수익성지수는 투자의 우선순위를 결정하는 경우에 주로 사용된다. 수익성지수가 최초투자액에 대한 순현재가치의 상대적 크기를 나타내고 있기 때문에, 투자규모가 차이를 갖는 투자안들의 우선순위를 결정하고자 하는 경우에는 수익성지수가 적절한 평가기준일 수 있다.

그러나 어떤 학자들은 투자규모의 차이가 존재하는 경우에도 순현재가치를 적용하여야 한다고 주장한다. 그들에 의하면 어떤 투자안이 중복투자될 수 있는 경우에는 수익성지수에 의한 우선순위의 결정이 타당하다고 본다. 그러나 중복투자가 허용되지 않는 경우에는 투자로 인해 기업가치가 얼마나 증가할 것인가가 중요한 것이지 투자의 상대적 가치가 중요한 것은 아니므로, 결과적으로 기업가치의 증가를 더 크게 가져오는 투자가 더 높은 우선순위를 가져야 한다. 따라서 투자규모의 차이가 존재하는 경우에도 순현재가치에 의하여 투자가치를 평가하는 것이 타당하다고 할 수 있다.

7.4.3 투자기간의 고려와 등가연간연금

자본예산 과정에서 (+)의 순현재가치를 가진 복수의 투자안들이 존재하고 이들 가운데 일부만 채택될 수 있을 때, 각 투자안의 투자기간을 고려해야 할 필요가 생길 수 있다. 예를 들어, 어떤 투자안의 순현재가치가 다른 투자안보다 크나 투자에 소요되는 기간도 더 길다면, 두 투자안 가운데 어느 것을 선택해야 할지는 분명하지 않다.

이때, 투자안의 순현재가치를 (투자안과 동일한 투자기간과 할인율을 가진) 연금의 현재가치계수로 나눈 비율인 등가연간연금(equivalent annual annuity)이 판단의 기준이 될 수 있다. 말하자면, 등가연간연금은 투자안의 순현재가치와 동일한 현재가치를 갖는 가상적인 정상연금의 연간 연간흐름이다. 등가연간연금은 투자안의 연 평균 현금흐름을 측정함으로써, 투자기간이 다른 투자안들을 동일한 조건 하에서 비교할 수 있도록 해준다. 당연히, 등가연간연금이 더 큰 투자안이 다른 투자안에 비해 우월한 선택이 된다.

등가연간연금

$$EAA = \frac{NPV}{PVAF(T,k)} \tag{7–9}$$

단, PVAF는 연금의 현재가치계수, T는 투자기간, k는 할인율이다.

| 예시 |

다음과 같은 현금흐름을 갖는 상호배타적 투자안 E와 F를 고려해 보자. 할인율은 9%를 가정한다.

	제0년도	제1년도	제2년도	제3년도	제4년도	NPV	EAA
투자안 E	−150	50	53	60	70	36.40	12.87
투자안 F	−200	82	88	112		35.78	18.73

투자안 E의 순현재가치는 F보다 크나 등가연간연금은 더 작으므로, 투자안 F가 우월한 선택이다. 이 점은 두 투자안을 동일한 기간 동안 여러 번 실행할 수 있다고 가정하고 평가해보면 명백해진다. 예를 들어, 12년 동안 투자안 E를 3회 반복적으로 실행하면 그 순현재가치는 92이고, 투자안 F를 12년 동안 4회 반복적으로 실행하면 그 순현재가치는 134이다.

7.4.4 실물옵션

앞에서 본 자본예산접근법들은 종종 투자안 채택 이후 기업이 상황 변화에 맞추어 계획을 조정할 수 있는 여지를 갖고 있다는 사실을 고려하지 않는다. 이는 결국 투자가치의 과소평가를 초래할 수 있다.

투자안의 사후적 조정가능성은 일종의 옵션으로 간주될 수 있다. 예를 들어, 신제품 개발의 예를 생각해 보자. 어떤 기업이 신제품 개발에 착수하여 성공하면, 그 다음 단계로서 그 신제품을 상품화할 것인지 여부를 결정하게 된다. 이때 신제품 개발에 성공한다는 것은 신제품을 상품화할 수 있는 콜옵션을 취득한 것과 동일한 의미를 갖는다. 이와 같이 실물자산의 가치를 증대할 수 있는 기회를 실물옵션(real option)이라고 한다. 실물옵션의 가치는 제6장에서 설명된 옵션의 가치평가 방법을 구체적인 상황에 맞추어 응용함으로써 평가할 수 있다.

실물옵션의 종류는 매우 다양하지만, 기업에서 제기되는 투자안에 내재되어 있는 실물옵션의 대부분은 확장옵션, 연기옵션 및 처분옵션의 어느 하나에 해당된다.

① **확장옵션**(option to expand)은 현재 어떤 투자안을 채택할 경우 다음 단계의 추가적인 투자기회를 기대할 수 있는 투자안이다. 예를 들어, 1단계로 소규모로 시제품을 생산 및 판매해본 다음, 그 성과에 따라 2단계로 제품을 대량으로 생산하여 판매하고자 하는 경우, 1단계의 시제품 생산

계획의 NPV만으로 투자안 채택 여부를 결정하지 않고, 2단계 대량생산 투자안 채택의 가능성을 일종의 콜옵션으로 고려하여 그것의 옵션가치를 추가하여 1단계 시제품 생산계획의 채택 여부를 결정할 필요가 있다. 새로운 연구개발(R&D) 투자, 신제품 생산계획, 광물자원 탐사계획, 소규모 해외투자 등은 확장옵션이 내재되어 있는 투자기회의 예들이다.

② 연기옵션(option to delay)은 미래에 더 큰 현금흐름이 얻어지거나 더 유리한 상황이 발생할 때까지 투자안의 채택을 연기할 수 있는 실물옵션이다. 예를 들어, 미개발 상태의 광산을 취득하는 투자안의 경우, 현재 그 광산을 개발하여 광물을 채굴할 경우 (−)의 NPV를 갖고 있다 하더라도, 앞으로 광물가격이 상승하면 (+)의 NPV를 갖는 투자안으로 바꾸어질 수 있다. 따라서 광산 개발을 일단 연기한 다음 미래에 광산을 개발할 수 있는 콜옵션의 가치도 함께 고려하여 광산의 취득 여부를 결정하여야 한다. 이미 개발되어 있지만 아직 상품화하지 않은 신기술, 아직 개발하지 않은 상태의 토지, 매장량을 확인하고 적절한 시기에 채굴하고자 하는 광산 등은 모두 연기옵션이 내재되어 있는 투자기회의 예이다.

③ 처분옵션(option to abandon)은 현재 어떤 투자안을 채택하더라도 미래에 그 투자의 계속적인 실행을 포기하고 설비, 토지 및 기술 등을 처분할 수 있는 재량권을 의미한다. 예를 들어, 우리가 승용차를 구입하는 의사결정을 내릴 때, 수명이 종료할 때까지 사용할 경우의 가치뿐만 아니라 그 이전에 중고차로 처분할 때의 가치도 함께 고려하여 구입 여부를 결정한다. 이때 투자안의 처분가능성은 풋옵션으로서의 성격을 갖는다.

7.4.5 리스의 결정

많은 기업이나 개인들은 승용차, 사무용 기계, 의료설비 등을 구매하는 대신 리스(lease)하여 이용하고 있다. 리스는 약정된 리스료를 지급하고 자산의 사용권을 취득하는 것으로서, 크게 운용리스(operating lease)와 금융리스(financial lease)로 구분된다.

운용리스는 리스이용자가 사용권을 갖고 리스회사가 소유권을 갖기 때문에, 리스회사가 설비의 유지, 수선, 보험 등의 서비스도 제공한다. 따라서 리스료에는 관리비용이 포함되어 있다. 일반적으로 운용리스의 경우, 리스기간이 비교적 단기이고 리스이용자가 리스기간 만료 전에 계약을 취소할 수 있는 권리를 갖는 경우가 많다. 금융리스의 경우에는 설비 유지 등 관리는 리스이용자가 직접 해야 한다. 일반적으로 금융리스의 기간은 설비의 경제적 수명과 동일하고 만료 전에 계약을 취소할 수 없기 때문에, 리스료는 주로 설비의 가격과 이자에 의해 결정된다. 따라서 금융리스는 사실상 할부구매와 유사하나, 리스기간 동안에 소유권이 유보되는 등 약간의 차이를 갖고 있다.

따라서 운용리스의 결정은 'lease vs. buy'의 의사결정 문제이다. 즉, 운용리스를 이용하고자 할 경우의 의사결정 문제는 특정 설비를 구입할 것인지 또는 리스할 것인지의 선택 문제이다. 분석자는 리스의 현재가치와 구입의 현재가치를 비교하여 현재가치가 큰 것을 선택하여야 한다. 이때 명심하여야 할 점은 리스의 "전액차입(全額借入)효과"이다. 즉, 리스는 기업이 자기자본을 사용하지 않고 오직 부채로 투자자금을 조달하여 설비를 구입하고 이용하는 것과 동일한 경제적 효과를 갖고 있다는 점이다. 따라서 리스 또는 구입의 현재가치를 계산할 때 사용하는 할인율은 부채의 자본비용이다. 부채의 자본비용은 법인세지급 후 기준의 이자율로서 (1－법인세율)×(차입이자율)에 의해 구해진다(부채의 자본비용에 대해서는 다음 제8장에서 다시 구체적으로 다루게 될 것이다).

리스이용자의 입장에서 볼 때, 구입의 현재가치는 최초투자액을 전액 차입하여 설비를 구입 및 사용할 경우의 현금흐름의 현재가치이다. 자산의 구입가액을 차입하여 구입하는 경우 차입액에 대한 이자와 수선유지비를 지급하여야 하고 설비의 감가상각비를 비용으로 계상할 수 있다. 따라서 차입하여 구입하는 경우의 현금흐름은 다음과 같다.

① 자산의 구입가액을 차입에 의하여 조달하므로 차입액과 자산구입액은 서로 상쇄되어 구입시점에는 현금흐름이 발생하지 않는다.

② 비현금비용인 감가상각비가 손금처리되므로 감가상각의 법인세절약효과가 현금유입으로 얻어진다.

③ 자산의 구입가액에 상당하는 부채를 차입하게 되므로 지급이자를 부담한다. 이 지급이자 역시 손금처리되므로 법인세지급 후 기준의 지급이자인 (1－법인세율)×(설비구입가)×(이자율)만큼의 현금유출이 발생한다.

④ 자산구입액을 차입하여 리스계약 만료시기에 원금을 상환하게 되므로 계약만료시기에 자산구입액만큼의 현금유출이 발생한다.

⑤ 만일 계약만료시기에 자산이 중고품 가격으로 처분될 수 있다면, 이 처분가치는 현금유입으로 간주되어야 한다.

⑥ 구입의 경우에는 수선유지비를 자산 이용자가 부담하여야 하므로 법인세지급 후 기준의 수선유지비가 현금유출로 발생한다.

위의 현금흐름 항목에서 자산의 이용에 따른 매출액이나 운영비용의 증가는 제외되어 있다. 그 이유는 "리스"가 "차입에 의한 구입"보다 경제적으로 어느 정도 유리한가를 측정하고자 하는 데 목적이 있으므로 두 가지 대안에서 공통적으로 발생하는 현금흐름 항목은 고려할 필요가 없기 때문이다.

리스의 현재가치는 리스이용자가 계약기간 말까지 매기 지급하는 리스료의 현재가치이다. 리스료 역시 손금 처리되므로 법인세절약효과를 갖는다. 따라서 리스를 이용할 경우 법인세지급 후 순현금흐름은 리스료에서 법인세절약효과(＝리스료×법인세율)를 뺀 값이다.

위와 같이 계산된 리스의 현재가치에서 구입의 현재가치를 뺀 값이 리스의 상대적 유리성을 나타내는 값으로서, 흔히 리스의 순이득(net advantage of lease: NAL)이라고 한다. 리스의 경제성평가와 관련하여, 현금흐름의 현재가치를 계산할 때 할인율로서 법인세지급후 기준의 이자율을 사용한다는 점을 다시 강조해 두고자 한다.

|예시|

운용리스의 가치를 평가하는 예를 보기로 하자. 어떤 회사가 내용연수 5년, 잔존가치가 0이고, 현재의 구입원가(설치비 포함)가 10억원인 공기정화시설을 운영리스 방식에 의해 설치하고자 한다 하자. 이 회사가 리스회사에게 지급해야 할 리스료는 매년 4억원이다. 만일 이 회사가 은행 등으로부터 구입대금을 차입하여 이 자산을 구입할 경우 7% 정도의 연간 이자율을 부담하여야 한다 하자. 법인세율은 25%이며, 정액법에 의해 감가상각되고 잔존가치는 0이라 하자. 이 설비의 유지, 수선, 보험 등에 드는 비용은 매년 3억원으로 예상되며, 이 비용은 리스회사가 부담할 것이다. 이러한 조건의 운용리스에 대한 현금흐름은 다음 [표 7-4]와 같이 추정된다.

▶▶ 표 7-4 운용리스의 현금흐름

(단위: 100만원, 법인세지급후 기준)

	제0기	제1기	제2기	제3기	제4기	제5기
운용리스의 경우						
리스료		−300	−300	−300	−300	−300
차입에 의한 구입의 경우						
차입액	1,000					
차입액 상환						−1,000
자산구입액	−1,000					
납세후 지급이자		−52.5	−52.5	−52.5	−52.5	−52.5
감가상각의 법인세절약		50	50	50	50	50
수선, 유지, 보험료		−225	−225	−225	−225	−225
구입의 순현금흐름	0	−127.5	−127.5	−127.5	−127.5	−1,127.5

[표 7-4]에서 리스의 현금흐름은 다음 계산과 같이 12억8,992만원의 현재가치를 갖는다.

$$\mathrm{PV(lease)} = \sum_{t=1}^{5} \frac{-300}{(1+0.0525)^t} = -1,289.92\text{백만원}$$

그리고 차입에 의한 구입의 현금흐름 현재가치는 13억2,248만원이다.

$$\mathrm{PV(buy)} = \sum_{t=1}^{4} \frac{-127.5}{(1+0.525)^t} + \frac{-1,127.5}{(1+0.0525)^5} = -1,322.48\text{백만원}$$

위의 계산결과로부터 리스의 순이득(NAL)은 3,256만원으로 얻어지므로 구입보다는 리스가 더 유리하다고 판단된다.

$$\mathrm{NAL} = -1,289.92\text{백만원} - (-1,322.48\text{백만원}) = 32.56\text{백만원}$$

한편, 금융리스는 'lease vs. borrow'의 의사결정 문제로 다루어져야 한다. 대부분의 금융리스는 세법상 할부구매로 간주된다. 즉, 금융리스는 부채를 조달하여 설비를 구입하는 것과 경제적 성격이 동일하므로, 리스이용자가 설비의 유지 및 수선비용을 부담하고 감가상각의 법인세절약효과도 리스이용자에게 귀속된다. 따라서 금융리스의 의사결정 문제는 "금융리스"라는 방식에 의해 설비구입자금을 조달하는 것이 유리한지 또는 차입자(리스이용자) 자신의 차입능력과 신용에 의해 설비구입자금을 "차입"하여 조달하는 것이 유리한지를 비교하는 문제, 즉 어떤 자금조달 방법이 더 유리한지를 판단하는 문제이다.

금융리스에서 "리스"의 현금흐름을 계산할 때 주의할 점은, 세법상 금융리스의 리스료에는 원금의 분할상환액과 이자지급액이 포함되어 있는 것으로 간주되기 때문에, 리스료가 원금상환 부분과 지급이자 부분으로 나누어지고 이 중 지급이자 부분만이 손금처리될 수 있으므로 법인세절약효과를 갖는다는 점이다.

리스의 순현금흐름은 매기 지급하는 리스료에서 지급이자 부분의 법인세절약효과를 뺀 값이다. 차입의 현금흐름은 매기 지급하는 이자와 그것의 법인세절약효과, 그리고 최종 기간의 원금상환액이다. 최초 기간에 발생하는 차입금과 설비구입액은 서로 상쇄된다. 설비의 수선유지비, 보험료 등의 비용과 감가상각의 법인세절약효과 등은 "리스"와 "차입"의 두 대안에 모두 공통적으로 존재하는 것으로서 두 대안의 유리성을 평가하기 위해 현재가치를 계산할 때에는 별도로 고려할 필요가 없다.

이 경우에도 현재가치 계산을 위한 할인율로서 법인세지급후 기준의 부채의 자본비용이 사용된다.

어떤 자산이 금융리스로 사용되는 경우 지급이자 부분과 감가상각의 법인세절약효과가 리스이용자에게 귀속되고 수선유지 등의 비용도 리스이용자가 부담하여야 하기 때문에, 동일한 자산을 금융리스로 이용할 경우의 리스료는 운용리스의 경우와 다르게 책정된다. 즉, 리스료의 현재가치가 설비의 구입원가를 충당할 수 있는 수준에서 리스료가 결정된다.

예시

리스회사가 위의 운용리스에서 예로 든 것과 동일한 설비를 금융리스로 이용할 경우 매기 2억 5,046만원의 리스료를 지급하는 조건으로 리스를 제공하겠다는 제안을 제시해왔다. 만일 리스이용자가 직접 자금을 차입하여 설비를 구입하는 경우 연리 7%의 이자율로 차입할 수 있다 하자.

먼저 이 금융리스에 내재되어 있는 실효이자율이 어느 정도인지를 계산할 필요가 있다. 이를 위해 리스료의 현재가치가 구입원가인 10억원과 일치하도록 하는 이자율, 즉 내부수익률을 구하면 8%가 얻어진다. 이것은 금융리스에 내재되어 있는 실효이자율이 8%라는 것, 즉 리스이용자가 리스회사로부터 원금 10억원을 5년 분할상환, 연리 8%의 조건으로 차입하였다는 것을 의미한다.

금융리스에서는 지급이자의 법인세절약효과를 고려하여야 하기 때문에, [표 7-5]에서와 같이 리스료를 지급이자 부분과 원금상환 부분으로 구분할 필요가 있다. 지급이자 부분은 채무의 기초잔액에 실효이자율을 곱하여 계산하고 원금상환 부분은 리스료에서 지급이자 부분을 뺀 값으로 구해진다([표 7-5]의 4행과 5행). 마지막 기의 원금상환액은 기초잔액과 같도록 한다.

▶▶ 표 7-5 리스료를 이자와 원금상환 부분으로 나누기

(단위: 100만원)

연도	제1기	제2기	제3기	제4기	제5기
리스료	250.46	250.46	250.46	250.46	250.46
기초잔액	1,000.00	829.54	645.44	446.62	231.89
지급이자	80.00	66.36	51.64	35.73	18.55
원금상환	170.46	184.10	198.82	214.73	231.89
기말잔액	829.54	645.44	446.62	231.89	0.00

▶▶ 표 7-6 금융리스의 현금흐름

(단위: 100만원, 법인세지급후 기준)

연도	제0기	제1기	제2기	제3기	제4기	제5기
금융리스						
리스료		−250.46	−250.46	−250.46	−250.46	−250.46
지급이자의 법인세절약		20.00	16.59	12.91	8.93	4.64
리스의 순현금흐름	0	−230.46	−233.87	-237.55	−241.53	−245.82
차입						
차입액	1,000					
자산구입액	−1,000					
차입액 상환						−1,000.00
지급이자		−70.00	−70.00	−70.00	−70.00	−70.00
지급이자의 법인세절약		17.50	17.50	17.50	17.50	17.50
차입의 순현금흐름	0	−52.50	−52.50	−52.50	−52.50	−1,052.50

금융리스와 차입의 현금흐름은 [표 7-6]에 주어져 있다. 금융리스의 현금흐름은 매기 지급되는 리스료와 지급이자 부분의 법인세절약효과만 존재한다. 차입의 경우 제0기의 차입한 자금은 곧바로 자산구입에 지출되므로 서로 상쇄되고 제5기에 차입액 상환이 이루어진다. 이 경우에도 지급이자와 그것의 법인세절약효과가 제1기부터 제5기까지 발생한다.

금융리스의 순현재가치는 매기의 순현금흐름을 납세후 부채의 자본비용으로 할인하여 구한다. 이 예에서 금융리스에 적용되는 실효이자율은 8%이므로 법인세지급후 기준의 이자율은 6%(=8%×(1−0.25))이다. 따라서 금융리스의 순현재가치는 다음과 같다.

$$\text{PV(lease)} = \frac{-230.46}{1+0.06} + \cdots + \frac{-245.82}{(1+0.06)^5} = -1{,}000.02\text{백만원}$$

그리고 차입의 순현재가치를 구할 때 적용하는 할인율은 법인세지급후 기준의 차입이자율인 5.25%(=7%×(1−0.25))이다. 따라서 금융리스의 순현재가치는 다음과 같이 구해진다.

$$PV(borrow)=\frac{-52.50}{1+0.0525}+\cdots+\frac{-1,052.5}{(1+0.0525)^5}=-1,000\text{백만원}$$

위의 계산결과로부터 리스의 순이득(NAL)은 다음과 같이 −2만원으로 얻어지므로 차입보다 리스가 약간 불리하다고 판단된다.

NAL = −1,000.02백만 − (−1,000백만) = −2만원

참고 **BTL과 BTO**

사회기반시설(철도, 항만, 도로, 수도, 통신, 학교, 환경, 휴양림 시설 등)은 전통적으로 정부예산에 의해 건설되고 정부 또는 국영기업이 운영하는 것을 원칙으로 해 왔다. 그러나 최근에는 이런 사회기반시설에 민간이 투자하고 운영하는 이른바 '민자사업(민간투자사업의 줄임말)'이 광범하게 이용되고 있다.

민자사업이 등장하게 된 배경은 공공재에 대한 수요가 크게 증가하고 있는데도 불구하고 정부의 재원은 한정되어 있다는 데에 있다. 민자사업은 정부의 역할을 일정한 한도 내에서 민간사업자에게 이전함과 동시에 사업의 수익과 위험도 배분해주는 것이기 때문에 투자대상과 투자방식이 "사회기반시설에 대한 민간투자법(민자법)"에 의해 비교적 엄격하게 규정되어 있다.

민자법에서는 BTO, BTL, BOT, BOO의 네 가지 투자방식을 허용하고 있으며, 이 중 BTO(build-transfer-operate) 방식이 가장 활발하게 이용되고 있다.[6] BTO는 기반시설의 완공 후 시설의 소유권을 국가기관에 이전하는 대신 사업자가 일정 기간(대체로 20~30년 정도) 동안 시설의 운영권을 보유하는 투자방식이다. BTO 방식의 경우, 사업자가 시설이용자로부터 이용료를 받아 투자액과 이익을 실현해야 하므로, 사업자는 시설이용료를 징수하여 투자액을 회수할 수 있어야 하고 또 높은 수준의 운영 노하우를 갖고 있어야 한다. BTO 방식의 대표적인 예가 인천공항고속도로이다. 이 고속도로는 민간사업자가 1994년부터 5년간에 걸쳐 1조 5천억원의 투자액을 투입하여 완공하고, 이와 동시에 소유권을 정부에 이전하고 30년에 걸친 운영권을 취득하였다.

BTO의 사업자는 시설의 건설과 운영에 따른 다양한 위험에 노출되어 있다. 장기적 운영을 전제로 하는 민자사업의 성격 때문에 사업자는 미래의 시설이용 수요 감소의 위험을 부담해야 한다. 따라서 정부는 민간사업자의 참여를 촉진하기 위해 최소운영수입 보장제도를 시행하고 있다.

BTL(build-transfer-lease)는 주로 시설이용료에 의해 투자액을 회수할 수 없는 기반시설의 건설에 적용되는 투자방식으로서, ① 기반시설의 완공(build)과 동시에 시설의 소유권을 정부에 이전(transfer)하고 ② 사업자가 일정 기간 동안 시설의 운영권을 보유함과 동시에 ③ 시설을 정부에 임대(lease)하

6 BOT(build-own-transfer)는 기반시설의 완공 후 일정 기간 동안 사업자가 시설의 소유권과 운영권을 보유하고 그 기간이 지나면 시설의 소유·운영권을 정부 또는 지방자치단체에 이전하는 방식이다. BOO(build-own-operate)는 민간사업자가 기반시설을 완공함과 동시에 시설의 소유권과 운영권을 넘겨받게 되는 투자방식이다.

여 리스료 및 운영비를 수취하는 투자방식이다. BTL은 정부로부터의 미리 약정된 리스료 및 운영비를 받아 투자비를 회수하는 방식이므로 시설이용 수요 변동의 위험에 따른 최소운영수입 보장이 불필요하다.

BTO와 BTL은 정부의 재정 부담을 줄일 수 있다는 이득이 있지만, 시설운영에 따른 도덕적 해이의 가능성이 크다. 사업자가 수요개발과 시설개선의 노력을 게을리 하더라도 BTO 방식에서는 최소운영수입이 보장되기 때문에, 그리고 BTL 방식에서는 리스료 및 운영비가 보장되어 있으므로 도덕적 해이가 발생할 수 있다. 따라서 BTO와 BTL의 성공 여부는 사업자의 도덕적 해이를 방지할 수 있는 수단을 어떻게 설계하느냐에 달려 있다.

7.4.6 국제자본예산

최근 우리나라의 많은 기업들이 해외에 새로운 생산거점을 확보하거나 국내의 생산활동을 해외에 이전하는 문제에 많은 관심을 갖고 있다. 이와 같이 해외에서의 생산 및 판매활동을 행하기 위하여 외국에 자본을 투자하는 것을 해외직접투자(foreign direct investment)라고 한다.

일반적으로 해외직접투자는 장기에 걸친 현금흐름을 기대하고 거액의 자본지출을 행한다는 점에서 자본예산결정의 대상이 된다. 그러나 국내투자와는 달리 해외투자의 경우, 현금흐름의 크기와 위험도가 환율변동의 영향을 받으며, 국내투자와는 다른 자본비용을 가질 수 있다는 특징을 갖는다. 따라서 해외투자안의 평가는 국내투자안의 평가보다 실무적으로 어렵게 다루어진다.

해외투자안의 경제적 가치도 순현재가치에 의하여 평가된다. 즉, 미래의 현금흐름을 추정하고 이를 적절한 자본비용으로 할인하여 순현재가치를 계산하고 이 순현재가치를 기준으로 투자안의 채택 여부 또는 우선순위를 결정하여야 한다. 해외투자안의 경우에도 순현재가치를 기준으로 채택 여부 또는 우선순위를 결정하여야 한다는 점은 국내투자의 경우와 동일하다.

그러나 해외투자안의 경우, 현금흐름은 현지통화로 얻어지지만 순현재가치는 자국통화로 평가되어야 한다. 예를 들어, 우리나라 기업이 미국에 투자할 경우 현금흐름은 미국의 달러로 얻어지나 그 투자안의 순현재가치는 우리나라의 원화로 평가되어야 한다. 이 경우 달러로 얻어진 현금흐름으로부터 원화로 평가된 순현재가치를 구하기 위해서는 다음의 세 단계를 밟아야 한다.

① 미래 현금흐름을 달러로 추정한다.

② 달러로 추정된 현금흐름을 원화로 환산한다.

③ 원화로 환산된 미래 현금흐름을 원화기준의 자본비용으로 할인하여 순현재가치를 계산한다.

위의 순현재가치 계산 과정에서 첫 번째로 문제되는 것은 미래의 환율을 어떻게 예측할 것인가의 문제이다. 만일 현금흐름이 얻어지는 시기가 가까운 미래라면 외환시장의 선물환율을 가지고 미래 현물환율의 기대치로 이용할 수 있다. 그러나 보다 먼 미래의 현금흐름에 적용할 수 있는 선물환율을 외환시장에서 얻어낼 수 없다. 왜냐하면 투자안의 현금흐름은 비교적 먼 미래에 얻어지지만 선물시장에서는 인도시기가 비교적 짧은 외화선물만이 거래되고 있기 때문이다. 따라서 제6장의 6.5.2에서 설명한 구매력평가설에 따라 두 나라의 물가상승률 차이에 기초하여 환율을 예측하거나, 이자율평가설에 따라 두 나라의 이자율 차이를 이용하여 선물환율을 구하고 이를 미래환율의 예측치로 사용할 수도 있다.

흔히 해외 자회사에서 얻어진 현금흐름 중 일부만이 배당이나 기술사용료(royalties)의 형태로 모회사에 송금되며 나머지는 현지에서 재투자된다. 국가에 따라서는 조기에 현금흐름이 발생하더라도 투자개시 후 일정 기간 동안 송금을 제한하는 경우도 있다. 이런 경우에는 송금 가능한 시기에 현금흐름이 얻어지는 것으로 간주하고 투자안의 순현재가치를 계산하여야 한다.

제5절 현금흐름의 불확실성과 민감도분석

일반적으로 민감도분석(sensitivity analysis)은 투입요소의 변동이 산출에 대하여 어느 정도의 영향을 미치는가를 분석하는 것이다. 기업의 투자결정에서도 여러 가지 현금흐름 결정요인의 변동이 투자가치의 크기에 어떤 영향을 미치는가, 투자가치가 어떤 요인에 의하여 특히 민감하게 영향 받는가 등을 분석하는 민감도분석이 필요하다.

투자결정에서 민감도분석은 크게 세 단계로 이루어진다. 첫 번째 단계는 현금흐름이나 투자가치에 영향을 미치는 특정 요인에 대한 낙관치, 기대치, 비관치를 추정하고 이에 기초하여 순현금흐름을 계산하는 단계이다. 예를 들어, 신제품의 매출수량에 대한 낙관적인 예측치, 기대치, 비관적인 예측치를 예상하고 각각의 예측결과에 기초하여 순현금흐름을 계산한다. 또 원재료가격이나 시장점유율 등과 같이 현금흐름을 결정하는 다른 중요한 요인에 대해서도 낙관치, 기대치, 비관치 등을 예측하고 순현금흐름을 계산한다.

두 번째 단계는 현금흐름의 주요 결정요인의 변동이 투자안의 투자가치(NPV나 IRR)에 어떤 영향을 미치는가를 분석하는 단계이다. 위의 예에서 신제품의 매출수량이 낙관치대로 실현될 경우의 NPV, 기대치대로 실현될 경우의 NPV 및 비관치대로 실현될 경우의 NPV를 계산한다. 또 다른 요인들에 대해서도 낙관치, 기대치 및 비관치가 실현될 경우의 NPV를 계산한다.

세 번째 단계는 투자가치가 어떤 요인의 변동에 특히 민감하게 반응하는가를 평가하는 단계이다. 만일 매출수량의 변동에 대하여 NPV가 매우 민감하게 변동한다면, 매출수량을 더 정확하게 예측할 수 있도록 추가적인 노력을 기울일 필요가 있으며, 경우에 따라서는 매출수량의 변동성을 줄이기 위해 특별한 조치를 취해야만 할 수도 있다.

예시

민감도분석을 구체적으로 설명하기 위하여 다음 자료를 사용하기로 하자.

	기대치(억원)	비 고
a. 최초투자액	150	
b. 연간매출액	100	=100만톤×1만원/톤
c. 고정비	20	
d. 변동비	50	단위당 변동비는 톤당 5천원
e. 감가상각비	15	내용연수 10년, 정액법
f. 납세전이익	15	=b−(c+d+e)
g. 법인세	4.5	법인세율 30%
h. 순현금흐름	25.5	=b−(c+d+g)
i. 자본비용	10%	
j. NPV	6.69	

이 자료에서 기대치를 기준으로 계산된 순현재가치는 6.69억원이다. 그러나 다른 요소는 비교적 확실하게 예측할 수 있지만, 시장점유율, 변동비 및 자본비용의 세 가지 요소에 대한 예측치는 상당히 큰 불확실성을 갖고 있기 때문에 각각의 비관치와 낙관치가 NPV에 미치는 영향을 추가적으로 계산한 것이 [표 7-7]이다.

▶▶ 표 7-7 민감도분석의 간단한 예

항 목	시장점유율		변동비		자본비용	
	비관치 (15%)	낙관치 (25%)	비관치 (6,000원)	낙관치 (4,000원)	비관치 (12%)	낙관치 (8%)
a. 최초투자액	150	150	150	150	150	150
b. 연간매출액	75	125	100	100	100	100
c. 고정비	20	20	20	20	20	20
d. 변동비	37.5	62.5	60	40	50	50
e. 감가상각비	15	15	15	15	15	15
f. 납세전이익	2.5	27.5	5	25	15	15
g. 법인세	0.75	8.25	1.5	7.5	4.5	4.5
h. 순현금흐름	16.75	34.25	18.5	32.5	25.5	25.5
i. 자본비용	0.1	0.1	0.1	0.1	0.12	0.08
j. NPV	−47.08	60.45	−36.33	49.70	−5.92	21.11

[표 7-7]을 보면 시장점유율과 변동비를 어떻게 예측하느냐에 따라 NPV가 매우 크게 달라질 수 있으며, 따라서 이 두 가지 변수에 대하여 더욱 치밀한 분석이 필요하다는 것을 알 수 있다. 또 현금흐름의 불확실성으로 인한 투자위험이 너무 크다고 판단될 경우에는, 비록 현금흐름의 기대치에 기초한 NPV가 6.69억원으로 (+)값이지만, 투자안이 채택되지 못할 수도 있다.

민감도분석이 가져다주는 이득의 하나는 현금흐름 결정요인의 변동성이 투자가치에 어느 정도의 영향을 미치게 될 것인가를 알려 줌으로써 의사결정자가 적절한 조치를 취할 수 있도록 하여 준다는 점이다. 위의 예에서 시장점유율이 비관치대로 발생할 가능성이 충분히 존재하고 그때의 NPV가 너무 큰 (−)값이기 때문에 기업이 부담할 수 있는 투자위험의 한계를 벗어났다고 판단된다면, 그 투자안은 기각되어야 한다.

민감도분석이 지닌 또 하나의 이득은 투자가치가 어떤 요인에 대해 특히 민감한가를 식별할 수 있도록 하여 준다. 만일 어떤 투자안의 순현재가치가 시장점유율과 재료비에 대하여 특히 민감하다는 것을 알게 되면, 이 두 요인에 관해 더 정확하고 충분한 자료를 수집하고 이에 기초하여 투자가치를 다시 평가해 볼 필요가 있다.

제6절 자본예산결정에서의 대리인문제와 행태과학적 문제

제7장의 설명을 마치기 전에 "(+)의 NPV는 왜 얻어지는가?"라는 질문에 대해 생각해 보기로 하자.

경제학 교과서에 흔히 가정하듯 자본시장이 충분히 경쟁적이라면 (+)의 NPV를 갖는 투자안은 존재할 수 없다. 만일 어떤 종류의 투자안으로부터 (+)의 NPV가 예상된다면, 많은 기업들이 경쟁적으로 그 투자안에 투자하려 할 것이다. 그 결과 투자안의 실행에 필요한 설비, 인력, 원자재 등의 가격이 상승하여 최초투자액이 더 많이 소요될 것이고 미래 현금흐름은 더 적게 얻어질 것이다. 그 결과 그 투자안의 NPV는 0으로 될 것이다. 실제 이런 현상은 우리의 주위에서도 흔히 찾아볼 수 있다. 한때 어떤 사업의 투자가치가 매우 크다고 알려져 많은 사람들이 그 사업에 투자하지만, 얼마 되지 않아 과잉투자가 이루어져 투자안의 매력이 크게 떨어지는 경우를 흔히 볼 수 있다.

따라서 우리가 어떤 투자안의 NPV를 계산하여 (+)의 값을 얻게 될 경우, 그것이 혹시 잘못된 수치가 아닌지, 현실적으로 자기 회사에게 (+)의 NPV를 갖는 투자안이 과연 이용 가능한 것인지, 동일한 투자안을 다른 회사가 채택해도 (+)의 NPV가 얻어질 것인지 등과 같은 의문을 제기하고 이에 대해 답을 구할 필요가 있다. 이런 의문에 대해 확신할만한 답이 주어졌을 때 우리는 (+)의 NPV를 믿고 그 투자안을 채택할 수 있다.

(+)의 NPV는 합리적인 이유 때문에 얻어질 수도 있고 비합리적인 이유 때문에 얻어질 수도 있다. 만일 (+)의 NPV가 특정 사업기회에 대해 갖고 있는 어떤 회사의 경쟁우위 때문에 얻어졌다면, 그것은 합리적 이유 때문에 얻어진 (+)의 NPV라고 할 수 있다.

경쟁우위가 아닌 다른 비합리적인 이유로 (+)의 NPV가 만들어질 수 있다. 비합리적인 이유로 (+)의 NPV가 얻어질 수 있는 경우로서 대리인문제와 여러 가지 행태적 이유를 들 수 있다. 따라서 어떤 투자안의 NPV가 (+)로 계산된다면, 그것이 진정으로 합리적 이유로 정당화될 수 있는 것인지, 또는 그것이 비합리적인 이유로 조작된 것이 아닌지 면밀하게 검토해 볼 필요가 있다.

7.6.1 (+)의 NPV의 합리적 이유

어떤 투자안의 NPV가 특정 회사가 갖고 있는 경쟁우위 때문에 (+)의 값을 갖는다면 그것은 채택되어도 좋다. 경쟁우위(competitive advantage)는 특정 사업 부문에서의 독점 또는 시장지배적 위치, 사업 부문의 높은 진입장벽, 다른 회사가 흉내 내기 어려운 기술이나 노하우, 효율적인 유통채널이나 경영조직, 우수한 고객 네트워크, 우수한 리더십과 기업지배구조, 높은 수준의 사회적 평판과 신뢰 등을 갖고 있을 때 얻어진다. 따라서 어떤 투자안의 경제성을 평가한 결과 (+)의 NPV가 얻어졌다면, 그것이 구체적으로 어떤 성격의 경쟁우위 때문에 얻어졌는지를 충분히 검토해야 하며, 그 경쟁우위가 어느 정도 지속될 수 있는지도 분석해 보아야 한다.

경제학에서는 어떤 자산의 투자수익이 기회비용을 초과한 부분을 경제적 지대(economic rent)라고 한다. 농지의 지대는 비옥도나 입지의 유리성을 반영하여 결정된다. 이와 마찬가지로 경쟁적 시장에서 투자안의 경제적 지대는 어떤 회사의 투자안이 다른 회사에 비해 경쟁우위를 확보하고 있을 때에만 얻어진다. 따라서 NPV는 이 경제적 지대의 크기를 계량적으로 측정한 값이라고 할 수 있다.

7.6.2 자본예산결정에서의 대리인문제

(+)의 NPV는 투자결정 과정에 참여한 사람들의 대리인문제 때문에 조작된 가짜 NPV일 수도 있다. 기업의 투자결정은 다수의 구성원이 관여하는 절차를 통해 이루어지며 경우에 따라서는 고도의 정치적 의도가 개입되기도 한다. 따라서 CEO뿐만 아니라 CFO 또는 다른 임원들 그리고 하위에 있는 다른 경영진과 직원에 이르기까지 (+)의 NPV를 갖는 진짜 우수한 투자안을 채택하고 실행할 수 있도록 하는 적절한 유인(incentive) 또는 보상(compensation)이 주어져야만 한다.

만일 임직원에게 적절한 유인이 제공되지 않는다면 그들은 자본예산결정 과정에서 어떻게 행동할

까? 이 경우 그들은 사적 이익을 추구하는 형태로 자본예산결정을 내릴 것이며, 다음 다섯 가지 행동이 예상될 수 있다.[7]

① **노력의 감소**: 진짜 가치있는 투자안을 탐색하고 실행하는 과정은 고도의 노력과 긴장을 요구하는 과정이다. 따라서 적절한 유인이 주어지지 않는 한 임직원들은 자본예산결정에서 자신의 최선의 전문성과 노력을 투입하려 하지 않을 것이다.

② **낭비적 소비**: 합리적 투자결정에 대한 적절한 유인이 주어지지 않는다면 기업의 임직원들은 회사가 아닌 개인을 위한 지출의 형태로 그 대가를 받고자 한다. 이런 비용을 경제학에서는 사적 편익(private benefit) 또는 경영자 지대(managerial rent)라고 부른다.

③ **왕국구축(empire building)**: 일반적으로 경영자들은 작은 조직보다는 큰 조직을 운영하기를 원하기 때문에, 단순히 큰 조직을 만들기 위해 불리한 투자안을 채택하거나 실패한 투자를 은폐하려는 경향을 보인다.

④ **참호파기(entrenching)**: 합리적 자본예산결정에 대한 적절한 유인이 주어지지 않으면, 경영자는 금전적 보상 대신 직위 안정이라는 대가를 추구한다. 이런 경우 경영자들은 주주부를 증가시키지 않더라도, 자기만 다룰 수 있으므로 자신의 직위유지에 도움이 되는 투자안을 채택하려는 경향을 보인다.

왕국구축과 참호파기는 과잉투자(overinvestment), 즉 NPV가 0 이하인 투자안까지 채택하는 현상의 전형적 증상이다. 풍부한 현금을 갖고 있지만 투자기회가 제한되어 있는 기업에서 과잉투자에의 유혹이 특히 크며, 이런 문제를 재무학에서는 잉여현금흐름(free cash flow) 문제라고 한다.

⑤ **위험회피**: 경영자에게 적절한 유인이 주어지지 않을 경우, 투자안이 성공적 결과를 가져다줄 때 경영자는 성과배분에 참여할 수 없지만 투자가 실패하면 경영자는 직위를 내놓아야 하는 위험에 처하게 된다.[8] 따라서 경영자의 입장에서 볼 때 NPV가 큰 투자안이 매력적인 것이 아니라 위험이 적은 투자안이 더 매력적인 것으로 볼 수 있다.

사적 편익을 위해 경영자가 (－)의 NPV를 갖는 투자안을 채택하려는 의도를 관철하고자 할 경우, 그들은 비정상적이고 불합리한 자본예산결정 과정을 밟게 된다. 즉, 현금흐름의 크기를 조작하거나 할인율을 의도적으로 낮게 설정하는 방법이 사용되기도 하고 감시 불가능한 사적 조직을 통해 의사결정의 절차를 진행할 수도 있다. 따라서 경영자의 대리인문제를 방지하는 일차적 수단은 효과적인 감시수단을 확보하는 것이다.

자본예산결정에서의 대리인문제를 방지하기 위한 보다 근본적인 방법은 경영자에게 적절한 유인,

---

7 R. A. Brealey, S. C. Myers & F. Allen, *Principles of Corporate Finance*, 9th ed.(2008, McGraw-Hill), pp.328~329.

8 반대로 현재 경영자의 직위가 매우 불안한 상황인 경우 매우 위험이 큰 단기적 투자안을 채택하려는 경향을 보인다. 경영자는 성과가 단기에 얻어지는 고위험 투자안을 채택함으로써, 가능성은 적지만 성공할 때 직위를 유지할 수 있는 가능성을 확보하고자 한다. 이 경우에도 (－) NPV를 갖는 투자안에 투자하게 되는 과잉투자 문제가 발생한다.

즉 경영자보상(managerial compensation)을 제공하는 것이다. 경영자보상은 대체로 경영 성과를 기준으로 지급된다(이에 대해서는 제14장에서 구체적으로 다룰 것이다). 그러나 사회통념이나 경영자의 요구 또는 경영 성과 측정의 곤란 등의 이유 때문에 명료하고 단순한 기준인 기업규모를 경영자보상의 기준으로 채택하는 경우가 많다. 이런 경우에도 경영자는 기업규모를 증가시키기 위해 실제로는 (−)의 NPV를 갖는 투자안이나 M&A를 마치 (+)의 값을 갖는 것처럼 조작하여 투자안을 승인할 수 있다. 따라서 자본예산결정 절차는 외부의 경쟁기업에 대해서 엄격하게 비밀을 유지해야 하지만 기업 내부적으로는 투명하고 공정한 절차를 통해 이루어져야만 한다.

7.6.3 자본예산결정에서의 행태적 문제

경영자의 행태적 문제 때문에 주주부를 감소시키는 (−) NPV 투자안이 채택되는 경우도 흔히 발생한다. 제1장의 [표 1-1]에 열거된 행태론적 경향은 모두 투자결정에 영향을 미칠 수 있지만, 그 중에서도 경영자의 과잉낙관과 자기 과신 편향은 투자안의 현금흐름과 NPV를 과대 추정하도록 하는 데 특히 중요한 역할을 한다. 또 확실한 손실의 회피라는 틀짓기 때문에 이미 실패한 투자를 중단하지 않고 오히려 더 많은 돈을 투입하는 경향도 보인다.[9]

참고 모토롤라의 이리디움 사례[10]

모토롤라는 1980년대와 90년대에 걸쳐 세계 최대의 이동통신회사이었다. 회사가 한창 번영하고 있던 1987년경에 모토롤라의 전자기사 몇 사람은 인공위성을 이용하여 전세계 어느 곳에서나 먼 거리의 다른 사람과 통화할 수 있는 범세계 이동통신망을 구축하자는 혁신적인 아이디어를 내놓았다. 이 아이디어는 곧바로 당시 CEO이었던 갤빈(Robert Galvin) 회장과 다른 두 임원 앞에서 보고되었다. 최초의 투자계획 보고에 소요된 시간은 대략 2시간 정도에 불과했다.

나중에 갤빈 회장은 당시의 의사결정에 대해 "더 검토해 볼 것도 없이, 우리 세 사람은 이 투자계획을 앉은 자리에서 곧바로 승인하였다"라고 회고하였다. 그들은 현금흐름 예측도 요구하지 않았고, 따라서 NPV나 IRR 같은 것도 계산해 볼 필요가 없었다. 바꾸어 말하면, 모토롤라의 이사진은 엄격한 재무분석 대신 주관적 판단에 의존하였던 것이다.

---

9 이 부분은 H. Sheffrin, *Behavioral Corporate Finance* (McGraw-Hill, 2007), Ch. 3. 조담 번역, 행태과학으로 본 재무관리(2012, 청람), 제3장을 요약한 것이다.

10 H. Wolinsky, "Iridium Failure Brought Motorola Back Down to Earth," *Chicago Sun Times* (Sep. 25, 2003). H. Sheffrin, *Behavioral Corporate Finance* (McGraw-Hill, 2007), Ch. 3, 조담 번역, 행태과학으로 본 재무관리(2012, 청람)에서 재인용.

모토롤라는 이 투자계획을 진행하기 위한 계열회사로 이리디움(Iridium)이라는 별도의 회사를 설립하였다. 이리디움은 소규모 단기투자가 아니었다. 그것은 수익이 얻어지기까지 11년 이상에 걸쳐 50억 달러를 투자해야 하는 거대한 프로젝트이었다. 마침내 1998년 11월, 이리디움은 전세계의 고객들에게 통화서비스를 제공할 수 있게 되었다. 그러나 이 이리디움 프로젝트가 상업적 실패라는 사실을 확인하는 데에 그리 긴 시간이 필요하지 않았다. 이듬해 1년도 못되어 이리디움은 파산보호신청을 냈으며, 그 결과 경영권이 다른 업체로 넘어갔다.

1) 자기 과신

자기 과신(overconfidence)은 자신이 평균보다 더 낫다고 판단하는 편향이다. [참고]에 소개한 모토롤라의 이리디움 사례는 극단적으로 자기 과신에 찬 투자결정의 예로서, CEO가 투자안의 성공을 확신한 나머지 정상적인 자본예산결정 절차를 완전히 무시하였던 대표적 사례이다. 이 사례는 이동통신 분야에서 모토롤라회사의 성공적 경험, 기술과 자본에 대한 자신감, 무선이동통신산업에 대한 친숙성 등의 이유 때문에 자기 과신이 발생하였다는 것을 보여주고 있다.

경영자들이 투자결정에서 자기 과신을 보이는 심리적 이유로서 흔히 두 가지가 지적되고 있다. 그 하나는 통제력 인식(perceived control)이라는 것으로서, 자신의 통제력을 더 크게 인식할수록 위험을 더 적게 인식하는 경향을 말한다. 일반적으로 전문지식을 갖고 있다고 자부하는 전문가와 엔지니어들에게서 흔히 발견되는 현상이다. 다른 하나는 가용성(availability) 휴리스틱 때문이다. 가용성 휴리스틱은 의사결정을 내릴 때 이미 알고 있거나 친숙한 정보를 더 중시하려는 경향이다. 투자결정에서 가용성 휴리스틱이 작용할 경우, 자신이 잘 알고 있는 위험요인만을 고려하고 자신이 인식하지 못하거나 경험하지 못한 위험을 과소평가하려는 경향을 보인다.

2) 과잉낙관

과잉낙관(excessive optimism)은 유리한 결과가 얻어질 확률을 과대추정하고 불리한 결과가 얻어질 확률을 과소추정하려는 편향을 말한다. 많은 CEO들은 기업의 투자결정에서 투자안의 현금흐름을 가능한 한 낙관적으로 추정하거나 투자안에 내재된 위험을 과소평가한다. 또 투자위험을 인식하는 경우에도 자신의 능력과 노력에 의해 그 위험의 많은 부분을 극복할 수 있다고 생각한다.

과잉낙관의 유명한 사례는 채널터널(Channel Tunnel) 프로젝트이다. 이 터널은 유로터널이라는 회사가 도버해협을 관통하기 위해 1986년 착공하여 1994년 개통한 해저터널이다. 이 터널의 개통 후 실제 통행량은 계획입안자들이 예측한 것의 1/5에 불과하였으며 2005년의 유로터널 주가는 1987년의 5% 수준으로 하락하였다.

경영자들이 과잉낙관의 경향을 보이는 사례는 매우 흔하다. 운송기반시설에 관한 연구결과에 의하면 운송기반시설의 실제비용은 추정비용보다 평균 28% 정도 과다지출되었으며 10개 중 9개의 투자안에서 비용이 과소추정되었으며, 1년 이상 소요된 대형 전산시스템 프로젝트의 42%만이 예산 범위 내에서 이루어졌고 37%만이 예정기간 내에 완성되었다고 한다. 또 제약회사의 R&D 투자의 실제비용은 예측치의 2.25배에 달한다고 한다.

3) 확실한 손실의 회피

어떤 투자안이 채택되어 실행중에 있다 하더라도 그 투자안을 계속하여 진행할 것인지 또는 중단할 것인지에 대해 사후적 검토가 지속적으로 이루어져야 한다. 어떤 투자안이 성공적으로 진행되고 있다는 객관적 증거가 존재한다면 계속 진행의 결론이 쉽게 얻어질 수 있다. 그러나 실패한 투자안의 중단에 관한 의사결정이 필요한 경우 많은 경영자들은 확실한 손실의 회피(aversion to a sure loss)라는 틀짓기에 매몰되어, 현금흐름분석과 NPV 계산과 같은 객관적 판단기준을 적용하지 않고 자신의 주관적 판단을 개입하여 실패한 투자안을 중단하지 않으려는 경향을 보인다.

개인투자자들의 증권투자 행태에서 흔히 나타나는 현상으로서, 새로운 정보가 주어졌을 때 주가가 많이 하락한 패자주식(loser)을 계속 보유하려는 경향이 존재된다. 이것은 확실한 손실의 실현을 회피함으로써 자신의 의사결정의 오류를 인정하지 않으려는 심리적 경향이 반영된 것이다.

기업의 경우 확실한 손실의 회피가 매우 중대한 결과를 가져오는 경우도 있다. 즉, 실패한 투자를 중단하지 않고 실패를 만회할 목적으로 자금을 추가적으로 투입하려는 행태가 흔히 나타난다(이런 행태를 흔히 '깨진 항아리에 물 붓기(good money after bad money)' 또는 '투입확대(escalation of commitment)'라고 부른다). 이런 행태가 반복되면 투자지출이 예상보다 훨씬 큰 규모로 증가하게 되어 더 이상 감당할 수 없는 상태에서 투자가 종료되는 경우가 많다. 실제 투자지출이 예정액보다 큰 경우 또는 완성기간이 예상을 초과한 경우, 경영자가 확실한 손실을 회피하기 위해 실패한 투자안을 중단하지 않고 '깨진 항아리에 물 붓는' 것이 아닌지 의심해 보아야 한다.

제7장 연습문제

[선다형]

01 자본예산(capital budgeting)에 관한 설명으로서 옳지 않은 것은?

① 자본예산은 장기의 효과와 거액의 자본지출을 수반하는 의사결정을 의미한다.
② 자본예산은 설비, 기계, 부동산과 같은 주요 유형고정자산의 취득에 관한 의사결정만을 의미한다.
③ 자본예산결정의 최종적 권한과 책임은 주로 최고경영층에 귀속된다.
④ 투자안의 경제성평가에서 특히 중요시되는 것은 투자위험과 화폐의 시간가치를 고려하여 투자가치를 평가하는 것이다.
⑤ 자본예산의 의사결정은 투자안의 제기, 기술적 타당성분석과 시장분석, 현금흐름분석, 경제성분석 등의 순서로 진행된다.

02 투자목적에 따라 투자안을 분류할 경우 투자의 종류에 속하지 않는 것은?

① 설비대체투자 ② 제품개량투자
③ 신제품투자 ④ 전략적 투자
⑤ 전제투자

03 투자안들의 현금흐름 의존관계에 따라 투자안을 분류할 경우 투자의 종류에 속하지 않는 것은?

① 독립적 투자 ② 보완적 투자
③ 전제투자 ④ 상호배타적 투자
⑤ 전략적 투자

04 현금흐름측정의 기본원칙이 아닌 것은?

① 투자안의 현금흐름은 증분현금흐름기준에 따라 측정된다.
② 감가상각비는 현금흐름에 포함된다.
③ 이자비용과 배당금은 현금유출에 포함시키면 안 된다.
④ 현금흐름은 인플레이션을 반영하여 측정되어야 한다.
⑤ 현금흐름은 법인세지급후 기준으로 측정된다.

05 투자결정에서 투자안의 증분현금흐름만을 갖고 투자가치를 평가하여야 한다고 한다. 이와 관련하여 올바른 설명은 무엇인가?

① 식별하기가 가장 쉽기 때문에 증분현금흐름을 사용한다.
② 가치가법성의 원칙이 성립하지 않을 때 증분현금흐름을 사용한다.
③ 증분현금흐름은 기업자산 전체의 미래 현금흐름이 어느 정도 달라질 것인지를 나타낸다.
④ 증분현금흐름은 미래에 일어날 수 있는 예상 밖의 변동을 반영해 준다.
⑤ 증분현금흐름만이 추정재무제표로부터 일관성 있게 추정될 수 있다.

06 화폐의 시간가치를 고려한 투자분석 방법은?

① 내부수익률과 순현가
② 순현가와 회수기간
③ 순현가와 회계적 이익률
④ 내부수익률과 평균이익률
⑤ 회수기간과 회계적 이익률

07 투자안의 경제성을 평가하기 위하여 사용하는 기준으로서 회계적 이익률의 장점이라고 할 수 있는 것은?

① 회계적 이익률은 현금흐름에 기초하지 않고 회계적 이익에 기초하여 계산된다.
② 기업이 미리 설정한 목표이익률과 비교하여 채택 여부를 결정한다.
③ 예산편성을 위해 작성한 회계장부의 자료를 그대로 이용하기 때문에 적용과 이해가 쉽다.
④ 회계적 이익률법은 기업의 감가상각 방법에 따라 이익률을 달리 산출할 수 있다.
⑤ 투자자들이 회계적 이익에 기초하여 주식가치를 평가한다.

08 회수기간을 적절하게 설명한 것이 아닌 것은?

① 투자안의 최초투자액이 현금흐름에 의하여 완전히 회수되는 데 소요되는 기간을 뜻한다.
② 어떤 연도의 현금흐름은 연중 균등하게 이루어진다고 가정하고 회수기간을 계산한다.
③ 매년의 현금흐름이 일정하지 않을 경우, 매년의 현금흐름을 누계하여 회수기간을 계산한다.
④ 어떤 투자안의 채택 여부를 결정하고자 할 경우, 계산된 회수기간이 미리 설정된 목표회수기간보다 짧으면 투자안을 기각한다.
⑤ 회수기간이 짧다는 사실이 반드시 기업소유자의 부가 많이 증가한다는 것을 의미하지 않는다.

09 투자가치평가에서 고려하여야 할 여러 가지 원칙을 가장 잘 만족시키고 있는 평가기준은?

① 내부수익률
② 회수기간
③ 회계적 이익률
④ 순현재가치
⑤ 수익성지수

10 순현재가치의 계산과 관련하여 바르게 설명한 것은?

① 기업의 미래의 모든 현금흐름을 합계하여 구한다.
② 미래 현금흐름의 현재가치에서 최초투자액을 빼서 구한다.
③ IRR의 계산 방법과 동일하다.
④ 미래 현금흐름의 추정치만으로 순현재가치가 곧바로 계산될 수 있다.
⑤ 투자안의 채택과 관련하여 발생하는 모든 수익에서 모든 비용을 뺀 값이다.

11 다음 중에서 수익성지수(PI)가 유용하게 사용될 수 있는 경우는?

① 할인율이 추정될 수 없을 때
② 투자수명이 다른 투자안들의 우선순위를 정하고자 할 때
③ 투자규모가 다른 투자안들의 경제적 효율성을 비교하고자 할 때
④ 투자가치가 수익률의 형태로 측정되어야만 할 때
⑤ NPV가 계산될 수 없을 때

12 내부수익률(IRR)에 대한 설명으로 올바른 것은?

① 기업의 이해관계자들이 원하는 기대수익률
② 기업 내부에서 임의로 정한 기대수익률
③ 투자로부터 기대되는 현금흐름의 복리평균수익률
④ 투자로부터 기대되는 현금흐름의 단순평균수익률
⑤ 일정 기간 내에 얻어지리라고 예상되는 기대수익률

13 NPV와 IRR을 비교한 설명으로 잘못된 것은?

① NPV와 IRR은 투자안의 현금흐름을 할인계산 한다.
② 다른 값의 자본비용을 적용하면 NPV는 달라지지만 IRR은 그렇지 않다.
③ 우선순위 결정에서는 NPV와 IRR에 의한 투자평가가 동일한 결론을 가져다 줄 수도 있고 서로 다른 결과를 가져다 줄 수도 있다.
④ 개별 투자안의 투자결정에서 IRR이 자본비용보다 클 경우, NPV와 IRR에 의한 투자결정은 서로 다른 결론을 가져다준다.
⑤ 현금흐름의 패턴에 관계없이 NPV는 언제나 하나의 값이 얻어지지만, IRR은 여러 가지로 계산될 수도 있다.

14 최초투자액이 10억원이고, 제1년도 말에 4억원, 제2년도 말에 4억원, 제3년도 말에 5억원의 현금흐름이 얻어지는 투자안의 순현재가치는(적절한 할인율은 14%)?

① −380만원 ② 2,100만원 ③ 7,100만원
④ 9억 7,900만원 ⑤ 10억 7,100만원

15 어떤 투자안의 최초투자액이 700만원이다. 이 최초투자액은 3년간에 걸쳐 정액법에 의하여 감가상각되고 잔존가액은 100만원이다. 다음 3년간 감가상각전의 순이익은 각각 400만원, 425만원 및 500만원이다. 회계적 이익률은 얼마인가?

① −79.17% ② 45.83% ③ 60.42%
④ 80.56% ⑤ 120.83%

16 어떤 투자안의 최초투자액이 200만원이고, 그 이후 매년 100만원의 현금흐름이 4년에 걸쳐 얻어진다. 이 투자안의 내부수익률은?

① 0% ② 10% ③ 28.2%
④ 34.9% ⑤ 200%

17 수익성지수를 이용하여 다음 다섯 개의 상호배타적 투자안 중에서 하나를 선택하고자 한다. 어떤 투자안을 선택하여야 하는가?

투자안	최초투자액	NPV
A	100백만원	30백만원
B	10백만원	5백만원
C	60백만원	15백만원
D	5백만원	3백만원
E	105백만원	−5백만원

① 투자안 A ② 투자안 B ③ 투자안 C
④ 투자안 D ⑤ 투자안 E

18 다른 조건은 일정하고 어떤 요인에 대한 예상이 달라질 경우 그것이 투자안의 NPV에 미치는 영향을 분석하기 위한 기법은?

① 시나리오분석 ② 손익분기분석
③ 전략적 옵션의 분석 ④ 시뮬레이션
⑤ 민감도분석

19 다음 중 투자안의 가치가 증가하도록 하는 것은?

① 투자세액공제제도의 철폐
② 중고설비를 거래하는 시장의 활성화
③ 미래의 경기변동폭의 확대
④ 기업 간의 기술경쟁
⑤ 기업 간의 과당경쟁을 제한하는 정부규제의 완화

[서술형]

01 자본예산의 절차를 설명하시오.

02 경제적 의존관계에 따라 투자안의 종류를 구분하시오.

03 일반적으로 투자안의 투자가치를 평가할 때 투자자금조달에 따른 부채의 지급이자는 현금흐름에 포함되지 않아야 한다고 한다. 그 이유를 설명하시오.

04 투자가치를 평가하는 기준으로서 순현재가치와 내부수익률을 설명하고 어떤 기준이 더 합리적인지 설명하시오.

05 투자결정의 실무에서는 민감도분석을 매우 중요시하고 있다. 민감도분석의 절차와 효용을 설명하시오.

06 투자안으로서 운영리스와 금융리스의 가치를 평가할 때 어떤 차이가 있는지 설명하시오.

07 실물옵션의 의미를 설명하고 실물옵션의 세 가지 유형의 예를 하나씩 들어보시오.

08 어떤 신제품의 생산 및 판매로 매년 200억원의 매출액이 예상되지만, 이로 인해 기존 제품의 연간매출액이 40억원 정도 감소할 것으로 예상된다. 이 회사의 법인세율이 40%라면, 이 신제품 생산의 연간 순현금흐름은 얼마인가?

09 신공장 건설 투자안의 최초투자액은 10억원이고, 제1년도와 2년도에 매년 20억원의 매출액과 12억원의 현금지출비용이 발생할 것으로 예상되며, 최초투자액은 2년에 걸쳐 정액법에 의해 감가상각된다(잔존가치는 0). 법인세율은 30%이다. 이 투자안의 매 년도의 연간 순현금흐름은 얼마인가?

10 어떤 투자안의 최초투자액이 10억원이고 제1년도의 순현금흐름은 6억원, 제2년도의 순현금흐름은 7억원이다. 이 투자안의 자본비용이 10%라면, 이 투자안의 순현재가치, 수익성지수 및 내부수익률은 어느 정도인가?

11 어떤 회사가 시가가 10억원인 기계를 구입하는 투자안을 검토하고 있다. 이 기계를 사용할 경우 향후 5년간에 걸쳐 매년 8억원의 매출액 증가와 매년 4억원의 현금지출 운영비용 증가가 예상된다. 이 기계의 내용년수는 5년이며 정액법에 의해 감가상각되고(5년후 잔존가치는 0), 이 회사의 법인세율은 25%이다. 이 투자안의 순현

금흐름을 구하고 회계적 이익률, 회수기간, 순현재가치 및 수익성지수를 구하시오(단, 투자안의 자본비용은 10%이다).

12 어떤 회사가 신제품 생산공정을 설치하고자 하는 투자안을 검토하고 있다. 이 공정의 기계장치는 10억원의 취득원가(설치비용 포함)를 필요로 하고 있으며 이 취득원가는 5년간에 걸쳐 정액법으로 감가상각된다. 이 공정을 설치할 경우 앞으로 5년간에 걸쳐 매년 10억원의 매출액 증가가 예상되며, 매년 5억원의 현금지출 운영비용이 소요될 것으로 추정된다. 이 회사의 법인세율은 30%이다.

(1) 이 투자안의 제0년도부터 제5년도까지의 순현금흐름을 구하시오.

(2) 투자안의 자본비용이 17%일 경우 이 투자안의 회수기간, 순현재가치 및 내부수익률을 계산하시오.

(3) 현금지출 운영비용은 매출액 증가액에 비례하여 발생한다 하자. 연간 매출액 증가액의 낙관치가 12억원, 비관치가 8억원이다. 매출액 증가에 대한 NPV의 민감도분석을 행하시오.

13 세 투자안의 현금흐름이 다음과 같으며, 세 투자안 모두 투자안의 자본비용은 12%이다.(단위 : 만원)

투자안	제0기	제1기	제2기	제3기	제4기
A	−5,000	1,000	1,000	3,000	0
B	−1,000	0	1,000	2,000	3,000
C	−5,000	1,000	1,000	3,000	5,000

(1) 각 투자안의 회수기간을 구하시오.

(2) 허용 가능한 회수기간이 2년인 경우 어떤 투자안을 채택하겠는가?

(3) 각 투자안의 우선순위를 내부수익률에 의하여 결정하시오.

(4) 각 투자안의 순현재가치를 구하고, 투자의 우선순위를 구하시오.

14 어떤 회사가 50억원의 시가로 평가되는 상업용 토지를 보유하고 있다. 이 회사는 이 토지에 오피스빌딩을 신축하여 매각하거나 주차빌딩을 신축하여 운영하는 두 투자안을 고려하고 있다. 오피스 빌딩 투자안은 초기투자액(건축비)은 100억원이며 1년 후 240억원에 매각될 수 있을 것으로 예상되고 있다. 또 주차빌딩을 건설할 경우 평당 70만원을 투자하면 1년 후부터 영속적으로 매년 평당 100만원의 순현금흐름이 발생한다. 두 투자안의 할인율이 10%로 동일하다면, 두 투자안의 NPV가 같아지기 위해서는 주차장을 몇 평 규모로 신축해야 하는가?

15 모토롤라의 이리디움 프로젝트는 공학적으로 참신한 아이디어임에도 불구하고 상업적으로는 참담한 실패로 끝났다. 그 이유가 무엇인지 설명하시오.

[선다형문제 정답과 풀이]

01 ② ▸ 자본예산의 대상에는 회계적으로 표시되는 고정자산의 취득뿐만 아니라 중요 기술진의 확보, 광고캠페인,

R&D 지출 등과 같은 무형적 자원의 취득까지도 포함된다. **02** ⑤ **03** ⑤ **04** ② **05** ③ **06** ① **07** ③ **08** ④ **09** ④ **10** ② **11** ③ **12** ③ **13** ④ **14** ① ▸ $NPV=\frac{4억}{1.14}+\frac{4억}{1.14^2}+\frac{5억}{1.14^3}-10억=-0.0385$ **15** ④ ▸ 연간 감가상각비 $=(700-100)/3=200$만원, 연평균이익 $=[(400-200)+(425-200)+(500-200)]/3=241.7$만원, 연평균투자액 $=(700-100)/2=300$만원, 회계적 이익률 $=241.7/300=80.56\%$ **16** ④ ▸ $\sum_{t=1}^{4}\frac{100}{(1+IRR)^t}-200=0 \rightarrow IRR=34.9\%$ **17** ④ ▸ $PI_A=(30+100)/100=1.3$, $PI_B(5+10)/10=1.5$, $PI_C=(15+60)/60=1.25$, $PI_D=(3+5)/5=1.6$, $PI_E=(-5+105)/105=0.9523$ **18** ⑤ ▸ 시나리오분석: 경영환경 또는 여건의 변화가 투자가치에 미치는 영향을 분석하는 것. 민감도분석: 어떤 하나의 변수가 달라질 경우 투자가치가 어떻게 달라지는가를 분석하는 것. **19** ②

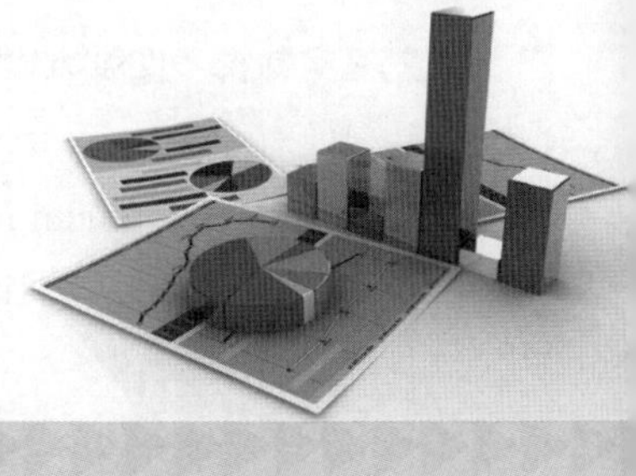

제 8 장 자본비용의 개념과 측정

제1절 자본비용의 의의

8.1.1 자본비용의 정의

재무관리를 공부해보지 않은 사람들도 사업을 할 때에는 투자액으로부터 최소한 어느 정도의 이익이 얻어져야 하는지에 대해 나름대로 판단을 갖고 시작한다. 이것은 사람들이 투자결정을 내릴 때 어떤 투자로부터 얻어져야 할 최소의 기대수익률을 고려하고 있다는 것을 의미하며, 이 최소의 기대수익률이라는 개념이 이 장에서 설명하는 자본비용에 해당된다.

투자란 미래 소득을 위해 금전이나 실물을 지출하는 것이므로, 어떤 투자가 정당화될 수 있기 위해서는 미래 소득이 어떤 최소의 기준치 이상으로 얻어져야 한다. 앞 장의 자본예산결정에서 기업가치와 주주부를 증가시키기 위해서는 순현재가치가 0보다 큰 투자안을 채택하여야 하고, 투자안의 순현재가치는 미래의 현금흐름을 투자안의 자본비용, 즉 투자안의 위험도에 알맞은 할인율로 할인하여 계산된다고 설명한 바 있다. 그것은 투자로부터 얻게 될 기대수익률이 투자안의 자본비용 이상이 되어야 그 투자안이 채택될 수 있다는 것을 의미한다.

다른 종류의 재무관리활동에서도 자본비용의 측정은 매우 중요한 의미를 갖는다. 예를 들어, 자본조달 방법을 선택하거나 사업부의 성과를 평가할 때에도 자본비용을 중요한 기준으로 사용한다. 그리고 기업의 현재 사업을 계속 유지하기 위해서 어느 정도의 이익이 얻어져야 하는지, 또는 어떤 회사의 현재 주가가 적절한 수준인지를 판단하고자 할 때에도 자본비용을 측정하여야 한다.

이 장에서는 자본비용, 즉 투자로부터 얻어져야 할 최소의 기대수익률의 올바른 의미가 무엇이고 어떻게 측정할 것인지를 설명하고자 한다.

1) 자본비용의 정의

자본비용(cost of capital)은 어떤 자산으로부터 얻어져야 할 최소의 기대수익률 또는 최저의 요구수익률(minimum required rate of return)로 정의된다. 이 정의는 어떤 자산으로부터 실제로 얻어지리라고 예상되는 기대수익률이 자본비용보다 낮다면 그 자산에 투자하는 것이 정당화될 수 없다는 것을 의미한다.

자본비용은 기회비용(opportunity cost)의 성격을 갖는다. 여기에서 기회비용은 동일한 크기의 투자액을 자본시장에서 동일한 위험도를 갖고 있는 자산에 투자할 경우 얻어지리라고 예상되는 기대수익률이다. 예를 들어, 어떤 벤처사업가가 A라는 신기술에 투자하고자 하고, 그 신기술과 동일한 정도의 위험을 갖고 있는 a주식이 증권시장에서 20%의 기대수익률을 가져다 줄 것으로 예상된다 하자. 이 사업가는 동일한 위험도를 갖는 다른 투자기회(a주식)를 포기하고 A기술에 투자하면, 20%의 기회비용을 부담하게 된다. 바로 이 기회비용이 이 사업가가 A기술의 투자에 대하여 요구하는 자본비용이다. 그리고 이 벤처사업가는 A기술에 투자하여 20% 또는 그 이상의 기대수익률을 얻어야만 한다는 것을 의미한다.

만일 어떤 회사의 자산으로부터 자본비용보다 낮은 기대수익률이 얻어질 것으로 예상된다면, 그 기업의 주식가치는 현재의 수준보다 하락하게 될 것이다. 왜냐하면 그 회사의 주식으로부터 얻게 될 기대수익률이 투자자가 요구하는 기대수익률보다 낮다면, 투자자들은 주식을 팔고자 할 것이고 그 결과 주가가 하락하고 주주부는 감소할 것이기 때문이다. 그런 의미에서, 기업의 자본비용은 주주부를 유지하는 데 필요한 최소의 기대수익률이라는 의미도 갖고 있다.

자본비용을 이해할 때 주의할 점은 자본비용이 명시적 비용(explicit cost)뿐만 아니라 암시적 비용(implicit cost)도 포함한다는 사실이다. 예를 들어, 자기자본의 자본비용을 생각해 보기로 하자. 주주가 제공한 자기자본에 대하여 기업은 현금배당을 지급하며, 이 현금배당은 자기자본에 대한 명시적 비용이라고 할 수 있다. 그러나 많은 기업은 자기자본에 대하여 전혀 배당을 지급하지 않고 배당 가능한 이익 모두를 내부유보하여 재투자하기도 한다. 이런 경우 배당을 지급하지 않으므로 자기자본에 대한 명시적 비용은 0이다. 그렇다고 해서 자기자본의 자본비용이 0이라고 할 수는 없다. 왜냐하면 주주들은 내부 재투자의 결과로 주가가 올라갈 것으로 기대하고 있으며, 이를 위해서는 재투자된 자본의 기대수익률이 투자자들이 요구하는 최소의 기대수익률보다 높아야 하기 때문이다.

위에서 자본비용을 어떤 자산에 대해 요구되는 최저의 기대수익률로 정의하였다. 실무적으로 자본비용의 개념은 그렇게 단순하게 이해되고 측정될 수 있는 것만은 아니다. 그 이유는 자산의 범주가 여러 가지로 정의될 수 있을 뿐만 아니라, 어떤 자산을 취득하기 위하여 조달된 자본의 원천 역시 여러 가지이기 때문이다.

2) 기업의 총자본비용과 투자안의 자본비용

흔히 자본비용을 측정하고자 하는 자산의 범위에 따라 기업의 총자본비용, 사업부의 자본비용, 투자안의 자본비용 등으로 구분한다. 이들 중 특히 중요한 것은 기업의 총자본비용과 투자안의 자본비용이다. 기업의 총자본비용(overall cost of capital of the firm)은 기업의 자산 전체로부터 얻어져야 할 최소의 기대수익률이다. 기업자산 전체의 가치, 즉 기업가치는 기업의 미래 기대소득을 이 총자본비용으로 할인하여 구해진 현재가치이다. 따라서 적절한 총자본비용을 측정하는 과제는 기업가치의 결정에 있어 매우 중요한 의미를 갖는다.

사업부의 자본비용(cost of capital of a division)은 기업의 일부를 구성하는 특정 사업 부문의 자산으로부터 얻어져야 할 최소의 기대수익률이다. 사업부의 자본비용은 사업부의 성과를 평가할 때 최저기준으로 사용한다.

투자안의 자본비용(cost of capital of a project)은 어떤 투자안으로부터 얻어져야 할 최소의 기대수익률로서, 그 투자안의 미래 현금흐름을 할인하여 현재가치를 계산하는 데 할인율로 사용된다. 따라서 적절한 투자안의 자본비용을 측정하는 과제는 자본예산결정에서 특히 중요한 의미를 갖는다.

3) 원천별 자본비용과 가중평균자본비용

기업자산 전체이든 개별 투자안이든 필요한 투자액은 부채, 우선주, 자기자본으로 구분되는 자본조달원천으로부터 조달된다. 원천별 자본비용(component cost of capital)은 각 자본조달원천의 청구권자들이 요구하는 최소의 기대수익률을 말한다. 부채로 조달된 부분에 대해 얻어져야 할 요구수익률이 부채의 자본비용(cost of debt)이며, 자기자본으로 조달된 부분에 대하여 얻어져야 할 요구수익률이 자기자본비용(cost of equity)이다.

가중평균자본비용(weighted average cost of capital: WACC)은 각 원천별 자본비용을 각 원천의 구성비율에 의하여 가중평균한 자본비용이다. 예를 들어, 1억원의 투자자금을 7천만원의 부채와 3천만원의 자기자본으로 조달하였다고 하면, 1억원의 투자자금 전체로부터 얻어져야 할 자본비용은 부채의 자본비용에 0.3, 자기자본비용에 0.7의 가중치를 주어 가중평균한 것이다.

실무에서는 기업이나 투자안의 자본비용은 가중평균자본비용에 의해 계산한다. 왜냐하면 기업자산 전체나 특정한 투자안은 어떤 하나의 자본조달원천으로 조달되는 것이 아니라 여러 가지 자본조달원천을 동시에 이용하기 때문이다.

8.1.2 자본비용의 이용

자본비용은 기업에 조달된 자본에 대하여 자본의 제공자들, 즉 채권자와 주주들이 요구하는 최소의 기대수익률이다. 따라서 자본비용은 기업자산에 투자된 자본의 기회비용이다. 그런 의미에서 자본비용은 다음과 같이 기업의 재무결정에서 매우 중요한 기준으로 사용된다.

① 자본비용은 어떤 투자안을 정당화하기 위한 절사율(cut-off rate 또는 hurdle rate)로 이용된다.

즉, 순현재가치에 의하여 투자안을 평가할 경우, 미래의 순현금흐름을 그 투자안의 자본비용으로 할인하여 투자안의 순현재가치를 계산한다. 그리고 내부수익률로 투자안의 가치를 평가할 경우 그 투자안의 내부수익률이 자본비용보다 높을 경우에만 그 투자안은 채택될 수 있다. 투자안의 자본비용에 대해서는 이 장의 마지막 부분에서 상세하게 설명하게 될 것이다.

② **자본비용은 기업의 최적자본구조를 선택하기 위한 기준으로 이용될 수 있다.** 최적자본구조는 기업가치를 극대화하는 자본구조를 의미한다. 기업가치는 기업 전체의 미래 기대소득흐름을 총자본비용으로 할인하여 구해진 현재가치이므로, 총자본비용이 낮을수록 기업가치는 높게 평가된다. 따라서 자본구조의 여러 가지 대안을 검토할 경우, 총자본비용을 최소화하는 자본구조를 선택하여 기업가치를 극대화하여야 한다. 이 점에 대해서는 제9장에서 상세하게 설명할 것이다.

③ **자본비용은 기업 전체 또는 사업부의 성과평가 기준으로 사용될 수 있다.** 기업 전체 또는 특정 사업부의 경영성과가 양호한 것인지 여부를 판단하고자 할 경우, 그 판단은 기업자산을 이용하여 얻어진 경영성과를 투자된 자본의 기회비용인 자본비용과 비교하여 내려져야 한다. 따라서 자본비용은 기업의 경영성과를 평가하는 중요한 기준이다.

④ **자본비용은 공익기업의 제품가격 결정기준으로 사용된다.** 전력, 수도, 통신, 가스회사와 같은 공익기업은 대체로 독점기업이므로 정부의 엄격한 규제를 받는다. 특히 공익기업의 제품가격은 대부분 정부의 허가대상이며 중요한 사회적 관심사이다. 이때 흔히 제시되는 제품가격의 산정기준은 제품의 생산원가에 적정이윤을 가산한 것이다. 여기에서 적정이윤의 크기는 기업의 투자액에 자본비용을 곱한 값으로 계산된다.

제2절 기업의 자본비용: 총자본비용

이미 설명한 바와 같이, 자본비용은 자산의 범위에 따라 기업 전체, 사업부 또는 투자안의 자본비용으로 구분하여 측정된다. 그러나 기업 전체, 사업부 또는 투자안의 자본비용이 서로 다른 방법으로 측정되는 것은 아니다. 개별 투자안들이 모여 사업부를 이루고 사업부들이 모여 기업 전체를 구성하기 때문에 자산의 범위를 어떻게 구분하든 자본비용을 측정하는 방법은 기본적으로 동일하다. 따라서 여기에서는 총자본비용의 측정 방법만을 주로 설명하기로 한다.

8.2.1 총자본비용의 뜻

기업의 총자본비용(overall cost of capital)은 기업자산 전체로부터 얻어져야 할 최소의 기대수익률이다. 총자본비용은 기업의 경영위험, 부채의 법인세절약효과, 그리고 다른 몇 가지 요인에 의해 결정된다. 경영위험(business risk)이 큰 기업의 청구권자들(채권자와 주주들)은 더 많은 위험프리미엄을 요구할 것이며, 따라서 총자본비용도 더 커야 한다.

총자본비용을 결정하는 또 다른 요인은 부채의 법인세절약효과이다. 부채에 대한 지급이자는 법인세 계산에서 손금(損金)으로 처리된다. 따라서 부채를 많이 사용할수록 법인세절약효과가 증가하며, 그 결과 기업의 총자본비용은 낮아진다. 만일 어떤 기업이 100% 자기자본만으로 조달되었다면, 이 기업의 총자본비용은 부채의 법인세절약효과에 의해서는 영향받지 않는다.

이 밖에 기업의 채무불이행 또는 재무적 곤경의 가능성, 대리인문제 등도 총자본비용의 크기에 영향을 미치는 것으로 알려져 있다.

8.2.2 총자본비용의 예시

기업의 총자본비용을 보다 명확하게 이해하기 위하여, [표 8-1]과 같은 간단한 예를 보기로 하자. K회사가 부채 40억원과 자기자본 60억원, 총자산 100억원으로 이루어져 있다. 이 회사의 부채는 영속적으로 이용 가능하며 이자율은 7%이고 주주들이 요구하는 기대수익률은 15%이라고 하자. 이 경우 K회사의 자산 전체로부터 얻어져야 할 최소의 기대수익률, 즉 총자본비용은 어느 수준이어야 할 것인지를 생각해 보기로 하자.

▶▶ 표 8-1 K회사의 재무상태(시장가치 기준)

(단위: 억원)

총자산	1,000	부채	400	($i = 7\%$)
		자기자본	600	($k_e = 15\%$)

1) 법인세가 없다면

법인세가 존재하지 않는다고 가정하고, 이 회사의 자산 전체로부터 어느 정도의 기대수익률이 얻어져야만 채권자들에게 지급이자 28억원(=400억원×0.07)을 지급한 다음 주주들이 요구하는 요구수익률 15%를 만족시킬 수 있는지를 생각해 보기로 하자. 즉,

기대영업이익	?	
−지급이자	28억원	(=400억원×0.07)
기대순이익	90억원	(=600억원×0.15)

위의 계산에서 118억원의 기대영업이익이 얻어져야만 채권자들에게 7%의 이자를 지급하고 주주들이 요구하는 15%의 요구수익률을 만족시킬 수 있다는 것을 알 수 있다. 따라서 이 회사의 총자본비용은 11.8%이다. 만일 11.8% 미만의 기대수익률이 얻어질 것으로 예상된다면, 부채에 대한 이자를 지급한 후 주주가 요구하는 최저의 기대수익률(=자기자본비용) 15%를 만족시킬 수 없게 되므로 주가는 하락할 것이고, 그 결과 주주의 부(富)가 감소하게 된다.

2) 법인세를 고려하면

법인세를 부담해야 한다면, 기업의 총자본비용을 계산하는 것은 위의 경우와 같이 단순하지 않다. 여기에서는 편의상 법인세율을 30%로 가정하자.[1] 이 회사의 자산 전체로부터 얻어져야 할 최소의 기대수익률은 채권자 및 주주의 요구수익률을 만족시켜 주는 수준에서 결정된다. 법인세가 존재하는 경우에도, 이 회사는 채권자들에게 매년 28억원(=400억원×0.07)의 지급이자와 90억원(=600억원×0.15)의 기대순이익흐름을 주주에게 가져다주어야 채권자와 주주의 요구수익률을 만족시킬 수 있다. 따라서 다음의 관계가 성립하여야 한다.

기대영업이익	?
−지급이자	28억원
납세전 이익	?
법인세	?
기대순이익	90억원

자산 전체로부터 얻어져야 할 기대소득인 기대영업이익을 $E(O)$로 나타내면 이 $E(O)$는 다음과 같이 결정된다.

$$[E(O)-28\text{억원}](1-0.3)=90\text{억원} \qquad \therefore \quad E(O)=156.6\text{억원}$$

이 회사가 156.6억원의 기대영업이익을 자산 전체로부터 얻어낸다면, 이중 28억원을 지급이자로

1 우리나라의 국세인 법인세율은 2018년 현재 과세표준 2억원 이하의 금액에 대해 10%, 2억원 초과 200억원 이하의 금액에 대해서는 20%, 200억원 초과 3,000억원 이하의 금액에 대해서는 22%, 3,000억원 초과 금액에 대해서는 25%이다. 추가로, 법인세의 10%에 해당하는 금액이 지방세인 주민세로서 부과된다.

채권자에게 지급하고 38.6억원(=(156.6억원-28억원)×0.3)을 법인세로 지급한 후, 주주에게 90억원의 기대순이익을 제공할 수 있게 된다. 즉, 법인세지급전 기준으로 자산 전체로부터 얻어져야 할 최소의 기대수익률은 15.66%(=156.6억÷100억)이다.

그러나 우리는 이 15.66%를 기업의 총자본비용이라고 하지 않는다. 일반적으로 기업의 자본비용은 기업의 자산가치 총액(=기업가치)에 대하여 어느 정도의 '법인세지급후 기대영업이익(=$(1-T_C)E(O)$)'이 얻어져야 할 것인지를 기준으로 측정한다. 이처럼 법인세지급전이 아닌 법인세지급후 기대영업이익을 기준으로 총자본비용을 측정하는 이유는 법인세지급후의 소득을 중시하는 주주의 입장에서 기업의 총자본을 측정하기 때문이다. 즉, 기업의 총자본비용 k_o는 다음과 같이 계산한다.

총자본비용

$$k_o = \frac{(1-T_C)\,E(O)}{V} \tag{8-1}$$

단, k_o는 총자본비용, $E(O)$는 기대영업이익, V는 기업가치를 나타낸다.

위의 예에서 채권자와 주주들의 요구수익률을 만족시키기 위한 기대영업이익이 156.6억원이었으므로 이 회사의 총자본비용은 위의 식(8-1)의 정의에 따라 다음과 같이 10.96%로 계산된다.[2]

$$k_o = \frac{(1-0.3)\,(156.6\text{억})}{1{,}000\text{억}} = 10.96\%$$

이 총자본비용 10.96%는 법인세지급후 기준으로 계산한 원천별 자본비용의 가중평균과 같다. 이 점은 다음과 같은 계산을 통하여 쉽게 알 수 있다.

부채를 사용한 기업의 주주의 입장에서 볼 때 이자지급액은 법인세 계산에서 손금으로 계산되므로 법인세절약효과를 갖는다. 따라서 부채의 자본비용은 다음과 같이 계산된다.

부채의 자본비용=(1-0.3)×0.07=4.9%

또 자기자본의 자본비용은 15%이다. 위의 부채의 자본비용과 자기자본의 자본비용을 각각의 구성비 0.4와 0.6으로 가중평균한 값은 다음과 같이 10.96%로 계산된다.

가중평균자본비용=0.4×0.049+0.6×0.15=10.96%

3) 두 가지 중요한 점

앞의 예는 총자본비용에 대하여 다음과 같은 두 가지 중요한 점을 보여 주고 있다.

---

2 이해를 돕기 위해 소득 및 지급이자를 법인세지급후 기준으로 바꾸어 정리해 보기로 하자. 법인세지급후 소득을 중시하는 주주의 입장에서 볼 때, 법인세지급후 지급이자는 28억×(1-0.3)=19.6억원이다. 주주가 얻어야 할 최소의 기대순이익은 90억원이므로 자산 전체로부터 얻어야 할 최소의 기대영업이익은 109.6억원(=19.6억+90억)이다.

① 기업의 총자본비용은 청구권자들이 요구하는 요구수익률을 만족시키기 위해서 어느 정도의 법인세지급후 기대영업이익이 얻어져야 할 것인가를 나타낸다. 따라서 총자본비용은 식(8-1)에서와 같이 법인세지급후 기대영업이익을 기업가치로 나눈 값으로 정의된다.
② 기업의 총자본비용은 원천별 자본비용을 가중평균하여 계산한 가중평균자본비용과 같다. 이때 가중치는 각 자본조달원천의 구성비와 같다.

제3절 원천별 자본비용과 가중평균자본비용

앞 절에서 기업의 총자본비용이 각 자본조달원천별 자본비용을 가중평균하여 계산된 가중평균자본비용(weighted average cost of capital: WACC)과 같다는 것을 설명하였다. 현실적으로 기업자산의 총자본비용을 직접 측정할 수 있는 간편한 방법이 없기 때문에, 가중평균자본비용은 실무적으로 상당히 유용하게 이용된다. 즉, 총자본비용을 구하기 위해서 먼저 부채, 우선주, 자기자본 등의 원천별 자본비용을 측정하고, 다음으로 원천별 자본비용을 가중평균하여 가중평균자본비용을 구하는 과정을 밟는다.

오늘날 기업에서 이용하는 자본조달원천은 매우 다양하므로, 원천별 자본비용 및 가중평균자본비용을 계산하는 과정은 결코 단순하지 않다. 여기에서는 설명의 편의상, 기업의 주된 자본조달원천인 부채, 우선주 및 자기자본의 원천별 자본비용을 계산하는 방법만을 설명하기로 한다.

8.3.1 부채의 자본비용(타인자본비용)

부채는 만기일까지 약정된 시기에 일정한 이자를 지급하고 만기일에 원금을 상환하여야 하는 자본조달원천이다. 부채의 자본비용을 계산할 때, 특히 중요한 것은 부채의 지급이자 및 할인료의 법인세절약효과를 고려하여야 한다는 점이다. 부채에 대한 이자지급액과 할인료가 법인세 계산에서 손금으로 처리되기 때문에, 기업의 주주가 부담한 지급이자(또는 할인료)는 실제로 지급된 지급이자에서 이자의 법인세절약효과를 차감한 값이다. 이러한 부채의 법인세절약효과 때문에 부채의 자본비용은 이자율보다 낮다.

예시

어떤 회사가 50억원의 부채(이자율 7%)를 사용하고 있고 법인세율이 30%라고 하자. 이 회사는 매년 3억5,000만원의 지급이자를 부담하여야 하지만, 이 지급이자가 법인세 계산에서 손금으로 처리되기 때문에 매년 1억500만원(=3억5,000만원×0.3)의 법인세절약효과가 얻어진다. 따라서 이 회사의 주주들이 부담하는 법인세지급 후의 지급이자는 2억4,500만원(=3억5,000만원×(1−0.3))으로서 부채 50억원의 4.9%의 이자율에 해당된다. 즉, 주주의 입장에서 볼 때 50억원의 부채에 대한 이자율은 법인세지급전의 7%가 아니라 법인세지급후 기준의 4.9%(=7%×(1−0.3))이다.

기업들은 만기와 지급이자 등의 차입조건이 다른 다양한 종류의 부채를 사용하고 있기 때문에, 부채의 자본비용을 계산하는 방법도 부채의 특성에 따라 달라진다. 먼저 가장 단순한 형태의 부채라고 할 수 있는 영속부채의 자본비용을 구해보기로 하자. 영속부채는 만기가 없이 약정된 이자를 영속적으로 지급하는 부채로서, 실제로는 존재하지 않는 종류의 부채이다. 그러나 금융기관으로부터 차입된 부채의 많은 것들은 만기가 1년 정도로 짧지만 약정된 이자를 제대로 지급하면 계속하여 차환될 수 있다. 이런 종류의 부채는 사실상 영속부채라고 할 수 있다. 이러한 영속부채의 자본비용은 다음과 같이 이자율에 (1−법인세율)을 곱하여 구해진다.

영속부채의 자본비용

$$k_i = (1 - T_C)i \qquad (8\text{–}2)$$

단, k_i는 부채의 자본비용, T_C는 법인세율, i는 차입이자율이다.

예시

30%의 법인세율을 부담하고 있는 어떤 회사의 부채의 일부를 연리 7%인 은행차입금으로 조달하고 있다. 이 차입금은 1년 만기이지만 이자를 연체 없이 제때에 지급하면 원금상환을 계속 연장해주는 조건이다. 이 차입금은 사실상 만기가 없는 영속부채로 간주될 수 있으므로, 자본비용은 4.9%(=(1−0.3)×(0.07))로 계산된다.

일반적인 경우로서, 차환조건이 없이 만기가 T년 후로 정해져 있는 차입금의 자본비용을 고려해 보자. 원금이 F이고 이자율이 i인 차입금의 경우, 매년의 법인세지급후 이자지급액은 $(1-T_C)\times i \times F$이고 만기상환액은 원금 F와 같다. 이 차입금의 자본비용은 법인세지급후 지급이자 및 원금상환액의 현재가치와 현재의 원금을 일치시키는 내부수익률로 계산된다. 따라서 다음 식에서 k_i가 부채의 자본비용이다.

만기가 있는 부채의 자본비용

$$F=\sum_{t=1}^{T}\frac{(1-T_C)iF}{(1+k_i)^t}+\frac{F}{(1+k_i)^T} \tag{8–3}$$

단, F는 부채의 원금이다.

예시

이자율이 연리 8%이고 만기가 3년 후이며 원금이 1억원인 은행차입금의 자본비용은 다음과 같이 5.6%이다.

$$1억=\sum_{t=1}^{3}\frac{(1-0.3)(0.08)(1억)}{(1+k_i)^t}+\frac{1억}{(1+k_i)^3} \quad \rightarrow \quad k_i=5.6\%$$

이 예에서 확인할 수 있는 바와 같이 원금과 만기가 정해져 있는 부채의 자본비용은 영속부채의 경우와 마찬가지로 이자율에 (1 − 법인세율)을 곱한 것과 같다.

참고 회사채의 자본비용

회사채의 시장가치가 액면가와 다른 경우는 매우 흔하다. 이런 경우 회사채의 자본비용은 다소 복잡한 공식을 사용하여 계산된다. 액면가가 F이고 표면금리가 i인 T년 만기 회사채가 현재 B의 시장가격으로 거래되고 있다 하자. 그리고 이 회사채를 발행할 때 액면가와 거의 동일한 발행가격으로 발행되었기 때문에, 회사채발행차손이 발생하지 않았다고 가정하자(실제로 발행가격과 액면가가 거의 같아지도록 이표이율을 결정하는 것이 실무적 관행이다). 이러한 회사채의 자본비용은 현재의 시장가치와 법인세지급 후 이자비용 및 만기상환액의 현재가치를 일치시키는 내부수익률과 같다. 따라서 회사채의 자본비용은 다음 식의 할인율인 k_i와 같다.

$$B=\sum_{t=1}^{T}\frac{(1-T_C)iF}{(1+k_i)^t}+\frac{F}{(1+k_i)^T} \tag{8–4}$$

이 식은 좌변이 액면가 F 대신 채권가격 B로 바뀌어 있다는 점을 제외하면 차입금의 자본비용을 나타낸 식(8-3)과 동일하다.[3]

3 채권을 발행할 때 할인발행 또는 할증발행이 이루어졌다면 위의 공식은 더 복잡한 형태로 수정되어야 한다. 예컨대, 발행가격(B^*)이 액면가(F)보다 낮은 경우, 즉 할인발행이 이루어졌을 경우에는 양자의 차액인 $F-B^*$가 사채발행차금으로 인식되고 이 사채발행차금은 만기까지의 기간에 걸쳐 상각처리된다. 그리고 매년의 사채발행차금 상각액은 법인세 계산에서 손금으로 인정된다. 매년의 사채발행차금 상각액에 (1 − 법인세율)을 곱한 금액을 식(8-4)의 첫 번째 항의 분자에서 빼 주어야 한다.

참고 전환사채의 자본비용

상당히 많은 회사에서 전환사채가 발행되고 있다. 전환사채(convertible bond)는 보통주로의 전환권이 부여되어 있는 회사채이다. 전환사채의 예로서, 액면가가 100만원인 전환사채(5년만기, 이표이율 5%)에 대해 10주의 보통주로 전환할 수 있는 권리가 주어져 있고 이 전환권이 회사채 발행 후 6개월이 경과한 시점부터 만기 이전 6개월 전까지 행사될 수 있는 경우를 들 수 있다.

전환사채의 가치(CV)는 일반사채로서의 가치(B)에 전환권의 가치(C)를 합계한 것으로 볼 수 있다(즉, $\mathrm{CV} = B + C$). 일반사채로서의 가치는 전환권이 없는 회사채로서의 가치이므로, 미래의 이표이자와 원금을 발행회사의 다른 회사채의 만기수익률로 할인한 현재가치로 구해질 수 있다(또는 신용등급이 같은 다른 회사의 회사채의 만기수익률로 할인할 수도 있다). 그리고 전환권의 가치는 전환사채의 시장가격에서 일반사채로서의 가치를 뺀 값(즉, $C = \mathrm{CV} - B$)으로 구해진다.

전환사채의 가치가 일반사채의 가치와 전환권의 가치로 이루어져 있으므로, 전환사채의 자본비용(k_{CV})은 다음 식에서와 같이 일반사채 부분의 자본비용(k_i)과 전환권의 자본비용(k_C)을 가치의 상대적 비중에 의해 가중평균한 것과 같다.[4]

$$k_{\mathrm{CV}} = \frac{B}{\mathrm{CV}} \times k_i + \frac{C}{\mathrm{CV}} \times k_C \tag{8-5}$$

이 식에서 일반사채의 자본비용은 식(8-4)에 의해진다. 그러나 전환권의 자본비용은 그리 간단하게 구해지지 않는다. 전환권의 가치는 보통주 가치의 변동과 직접적 관련을 갖고 변동하는 것이므로 전환권의 자본비용 역시 CAPM을 이용하여 다음 식과 같이 구해질 수 있다.

$$k_C = R_f + [E(R_M) - R_f]\beta_C \tag{8-6}$$

이 식에서 β_C는 전환권의 베타계수로서 다음 식에 의해 구해진다.

$$\beta_C = \frac{S}{C} N(d_1)\beta_S \tag{8-7}$$

단, S는 회사가 발행한 보통주의 가치, C는 전환권의 가치, $N(d_1)$은 전환권이 행사될 확률로서 제6장 식(6-5)에 주어져 있다. β_S는 보통주의 베타계수이다.

예를 들어, 10주의 보통주로 전환할 수 있는 전환권의 가치가 60만원으로 평가되고 있고 보통주 1주당 12만원의 주가(따라서 보통주 가치는 12만×10 = 120만원)로 거래되고 있으며 주식의 베타계수는 1.1이고, 블랙 · 숄즈 OPM에 의해 행사가능성 $N(d_1)$이 0.9로 계산된다 하자. 이 경우 전환권의 베타계수는 1.98(=(120만/60만)×0.9×1.1)로 구해진다.

---

4 전환사채의 자본비용을 구하는 구체적 방법은 전환권의 구체적 내용에 따라 크게 달라진다. 여기에서는 T. E. Copeland, J. F. Weston & K. Shastri, *Financial Theory and Corporate Policy*, 4th ed.(Addison Wesley, 2005), pp.619~622의 방법을 소개하였다.

8.3.2 우선주의 자본비용

단순한 형태의 우선주(preferred stock)는 매기간 일정한 배당액을 우선적으로 지급하는 주식으로서 대부분의 경우 의결권이 주어져 있지 않다. 기업소유자인 보통주주의 입장에서 볼 때, 우선주는 주식이라는 명칭만 주어졌을 뿐이지 부채와 유사한 성격을 갖고 있다. 즉, 부채의 지급이자와 마찬가지로, 우선주배당이라는 고정재무비용을 부담하는 자본조달원천이 우선주이다. 그러나 우선주가 부채와 다른 중요한 점은 우선주배당이 법인세 계산에서 손금 처리되지 않으므로 법인세절약효과를 갖지 않고 발행회사가 우선주배당을 지급하지 못한다 하더라도 파산의 사유가 되지 않는다는 점이다. 따라서 우선주배당의 지급이 영속적으로 약속되어 있는 우선주의 자본비용(cost of preferred stock)은 다음과 같이 계산된다.

우선주의 자본비용

$$k_p = \frac{d_p}{P_p} \qquad (8\text{–}8)$$

단, k_p는 우선주의 자본비용, d_p는 1주당 우선주배당액, P_0는 우선주의 1주당 시장가치.

예를 들어, 어떤 회사가 발행한 우선주가 현재 1주당 9,800원의 주가로 거래되고 있고, 이 우선주에 대하여 매기 1,400원의 우선주배당을 지급하여야 한다면 이 우선주의 자본비용은 다음과 같이 14.29%로 계산된다.

$$k_p = \frac{1,400}{9,800} = 0.1429$$

우선주는 법인세절약효과를 갖고 있지 않기 때문에, 우선주의 자본비용은 일반적으로 부채의 자본비용보다 높다. 따라서 우선주는 기업의 자본조달원천으로서 부채나 보통주에 비해 널리 사용되고 있지 않다.

참고 우리나라의 우선주

우리나라에서 거래되고 있는 우선주의 많은 것들은 우선배당액이 확정되어 있지 않고, 보통주 배당률(=주당배당/액면가)에 1% 또는 그 이상을 추가하여 배당을 지급하는 조건의 우선주이다(그 대신 의결권이 없다). 이 경우 우선주의 자본비용은 자기자본비용을 구할 때 사용하는 식(8-10)에서 우선주에 알맞은 예상배당과 주가를 대입하여 구하거나 식(8-11)에 추가 배당에 해당하는 적절한 값을 가산하여 구할 수 있다.

또 우리나라에는 신형우선주라는 것도 가끔 찾아볼 수 있는데, 이것은 우선주에 전환권 등과 같은 옵션이 주어져 있는 우선주를 말한다. 신형우선주의 대표적인 형태는 일정 기간(보통 3~10년) 동안 최저배당률을 보장하고, 그 기간이 경과한 후 보통주로 전환할 수 있는 권리가 주어진 전환우선주이다. 이 신형우선주의 자본비용은 전환사채의 자본비용 계산 방법을 응용하여야 한다.

8.3.3 자기자본비용

자기자본(equity)은 기업소유자의 청구권을 말한다. 주식회사의 경우 자기자본은 주주의 청구권을 의미한다. 대차대조표(재무상태표)에서 자기자본은 자본금, 이익잉여금, 자본준비금과 같은 여러 항목으로 이루어져 있다. 그러나 중요한 의미를 갖는 것은 주주의 부(富)의 크기를 나타내는 자기자본의 시장가치이며, 이는 (발행주식 수)×(1주당 주가)로 계산된다.[5]

자기자본비용(cost of equity)은 기업소유자(주주)가 요구하는 최소의 기대수익률로서 경영위험 및 재무위험에 대한 대가를 반영한다. 자기자본비용을 계산하는 데 사용할 수 있는 이론적 모형으로서 일정성장모형과 자본자산가격결정모형(CAPM)의 두 가지가 가장 널리 알려져 있다. 여기에서는 이 두 가지 모형을 이용하여 자기자본비용을 추정하는 방법을 설명하기로 한다.

1) 일정성장모형의 이용

제4장에서 설명한 바 있는 일정성장모형에 의하면, 미래 배당이 일정한 성장률로 영속적으로 증가할 때 주식의 가치는 다음과 같이 평가된다.

$$P_0 = \frac{d_1}{k_e - g} \tag{8–9}$$

단, P_0는 현재의 주식가치, k_e는 주주들의 요구수익률인 자기자본비용이다. d_1은 당기(=제1기)의 기대주당 배당액이고 g는 주당배당의 성장률이다.

위의 식을 정리하면 자기자본비용은 다음과 같이 구해진다.

5 자기자본에 의해 추가자본을 조달하는 방법은 신주발행과 내부유보의 두 가지 방법이 있으나 양자의 자본비용이 달라야 할 아무런 이유가 없다. 다만 신주발행은 내부유보에 비해 발행비용 — 주식 인수수수료, 주권인쇄비 등 — 을 추가적으로 필요로 한다. 그러나 이 발행비용은 그 자본을 사용하게 될 투자안의 최초투자액에 포함시킨다.

일정성장모형에 의한 자기자본비용

$$k_e = \frac{d_1}{P_0} + g \tag{8-10}$$

일정성장모형을 이용하여 자기자본비용을 계산하는 방법은 그리 권장할 만한 방법이 아니다. 그 첫째 이유는 식(8-10)에 사용된 어떤 변수도 주식의 투자위험을 명시적으로 나타내주지 못한다는 점이다. 둘째로, 어떤 주식이 다른 주식에 비해 상대적으로 과대 또는 과소평가되어 있을 수 있으며, 그런 경우 그 주식의 자기자본비용 역시 과소 또는 과대 추정된다. 셋째, 어떤 시점의 주가가 일시적으로 과소 또는 과대평가되어 있을 수 있다. 주가는 계속적으로 변동하고 있으며, 어떤 시기에는 주가가 정상적 가격수준에서 크게 벗어나 이례적으로 높거나 낮은 수준에서 결정되어 있을 수 있다. 이런 경우에는 자기자본비용 역시 과도하게 낮거나 높게 추정된다. 네 번째 이유는 어떤 회사의 배당성장률과 기대주당배당을 추정할 수 있는 적절한 방법이 현실적으로 주어져 있지 않기 때문에 자의적으로 결정되는 경우가 많다. 그런 경우 분석자의 자의적 판단에 따라 자기자본비용이 달라질 수 있다.

2) CAPM의 이용

제5장에서 설명한 자본자산가격결정모형(CAPM)에 의하면, 균형 상태에서 주식의 기대수익률은 베타계수(체계적 위험)와 선형적 관계를 갖는다. 증권시장선에 의해 결정되는 기대수익률은 자본시장에서 투자자들이 요구하는 최소의 기대수익률을 의미하므로 자기자본비용과 동일한 개념이다. 따라서 자기자본비용은 다음 식과 같이 증권시장선을 이용하여 구해질 수 있다.

CAPM에 의한 자기자본비용

$$k_e = R_f + [E(R_M) - R_f]\beta \tag{8-11}$$

CAPM에 의하여 자기자본비용을 계산하는 것이 위의 일정성장모형을 이용하는 것보다 나은 방법이다. 왜냐하면 일정성장모형은 특정한 하나의 주식의 가격이 어떻게 결정될 것인지를 설명하는 모형이지만, CAPM은 자본시장의 모든 위험자산의 균형가격이 어떻게 결정될 것인지를 설명하는 모형이기 때문이다. 그리고 일정성장모형을 사용할 경우, 특정 주식의 주가나 일시적으로 과대 또는 과소평가되어 있거나 예상배당이 잘못 추정되면 자기자본비용도 잘못 추정될 수 있다. 그러나 CAPM에서는 주가와 예상배당 추정치가 불필요하고 주식의 베타계수만 잘 추정되면 된다.

식(8-11)은 베타계수가 용이하게 추정될 수 있는 상장회사에서는 큰 문제없이 사용될 수 있다. 그러나 주식이 자본시장에서 거래되고 있지 않은 비상장회사에서는 이 식이 사용될 수 없다. 따라서 비상장회사의 자기자본비용을 계산하기 위해서는 그 회사와 유사한 사업을 하고 있는 상장회사의 자기자본비용을 이용한다. 이 경우 두 회사의 사업내용은 유사하지만 부채비율이 다르면 자기자본비용도 다르게 구해진다. 따라서 유사한 회사의 자기자본비용을 이용할 때에는 부채비율의 차이가 미치는 영향을 적절하게 수정하여 주어야 한다.

3) 비상장회사의 자기자본비용

상장회사의 경우 주식의 베타계수가 얻어지면 CAPM을 이용하여 자기자본비용을 쉽게 계산할 수 있으며, 주식의 베타계수도 그 주식과 주가지수의 과거수익률 자료를 이용하여 쉽게 구할 수 있다. 그러나 비상장회사의 경우 주식수익률 자료를 구할 수 없으므로 베타계수를 구할 수 없다. 이런 경우 비상장회사의 베타계수와 자기자본비용을 구하기 위해서는, 비상장회사와 동일한 사업을 하면서 베타계수를 용이하게 구할 수 있는 상장회사를 대용회사(proxy company)로 선택하고 이 대용회사의 베타계수를 이용하여 비상장회사의 베타계수를 우회적으로 구하는 방법이 사용된다.

회사의 경영위험(business risk)만을 반영한 베타계수를 자산베타(asset beta)라고 부른다. 어떤 두 회사가 동일한 사업을 한다는 것은 두 회사의 경영위험이 거의 동일하다는 것을 의미하므로, 두 회사의 자산베타도 동일한 크기이어야 한다.

두 회사의 경영위험이 동일하다 하더라도 부채비율(=부채가치/자기자본가치)이 다르면 주식의 체계적 위험(베타계수)도 다르다. 즉, 부채비율이 높으면 재무위험(financial risk)이 더 크기 때문에 주식의 베타계수도 더 큰 값을 갖는다. 이와 같이 경영위험과 재무위험을 모두 반영하는 베타계수를 편의상 주식베타(equity beta)라고 부르기로 하자.

대용회사의 주식베타를 사용하여 어떤 회사의 자기자본의 베타를 구하고자 할 때 필요한 것은 두 회사의 부채비율의 차이가 베타계수에 미치는 영향을 적절하게 수정하여 주어야 한다는 점이다. 이를 위해 흔히 사용하는 공식이 하마다(R. Hamada)의 공식이다.[6] 하마다의 공식은 경영위험을 비롯한 다른 모든 조건이 동일한 경우, 어떤 회사가 부채를 사용했을 때의 주식베타와 전혀 부채를 사용하지 않을 때의 자산베타 사이에 어떤 관계가 있는지를 나타내는 식으로서 다음과 같다.

6 Robert Hamada, "Portfolio Analysis, Market Equilibrium and Corporation Finance," *Journal of Finance* (March, 1969), pp.13~31.

하마다의 공식

$$\beta_{주식} = \beta_{자산}\left[1+(1-T_C)\frac{B}{S}\right] \tag{8–12a}$$

$$\beta_{자산} = \frac{\beta_{주식}}{1+(1-T_C)\dfrac{B}{S}} \tag{8–12b}$$

단, $\beta_{자산}$는 부채를 사용하지 않을 경우의 베타계수인 자산베타이고 $\beta_{주식}$는 부채사용기업의 주식 베타계수이다. T_C는 법인세율, B는 부채가치, S는 자기자본가치이다. 따라서 B/S는 부채비율(=총부채÷자기자본)을 나타낸다.

식(8-12a)는 자산베타가 $\beta_{자산}$이고 부채비율이 B/S인 부채사용기업에서 주식베타($\beta_{주식}$)가 어떻게 결정되는지를 보여주고 있다. 이 식에 의하면 어떤 두 회사의 경영위험이 동일하다면(즉, $\beta_{자산}$이 같다면), 부채비율이 클수록 주식베타도 증가한다. 또 식(8-12b)는 시장자료를 이용하여 어떤 회사의 주식베타를 구하면, 이를 이용하여 자산베타를 어떻게 구할 것인지를 말해주고 있다.

하마다의 공식을 이용하여 비상장회사 주식의 베타계수를 구하려면, 먼저 사업내용이 유사한 상장회사의 베타계수와 부채비율 자료를 구하고 식(8-12b)에 의해 $\beta_{자산}$을 계산한다. 그 다음 식(8-12a)에 $\beta_{자산}$과 비상장회사의 부채비율을 대입하여 주식의 베타계수를 구하여야 한다.

예시

어떤 비상장회사 A의 부채비율이 150%이고, 이 회사와 사업내용이 동일한 다른 상장회사 B의 주식베타가 1.3이고 부채비율은 200%라고 하자. 두 회사의 법인세율은 30%이다. 식(8-12b)을 사용하여 B회사의 자산베타는 다음과 같이 0.5417로 계산된다.

$$\beta_{자산} = \frac{1.3}{1+(1-0.3)\times 2} = 0.5417$$

이 0.5417의 베타계수는 경영위험만을 반영한 자산베타이다. A회사와 B회사는 동일한 경영위험을 갖고 있으므로, A회사의 자산베타도 0.5417이어야 한다. 따라서 A회사 주식의 베타계수는 식(8-12a)를 사용하여 다음과 같이 1.1104로 계산된다.

$$\beta_{주식A} = 0.5417\times[1+(1-0.3)1.5] = 1.1104$$

A회사의 주식베타가 구해지면, A회사의 자기자본비용은 CAPM을 사용하여 쉽게 구해질 수 있다.

8.3.4 가중평균자본비용

부채의 자본비용, 우선주의 자본비용, 자기자본비용 등과 같은 원천별 자본비용이 측정되면 기업의 총자본비용은 쉽게 얻어질 수 있다. 즉, 이들 원천별 자본비용을 각 자본조달원천의 구성비로 가중평균하여 계산된 가중평균자본비용(weighted average cost of capital: WACC)이 구하고자 하는 기업의 총자본비용이다.

1) 가중평균자본비용의 계산

일반적으로 가중평균자본비용은 다음과 같이 계산된다.

> 가중평균자본비용(WACC)
>
> WACC = (부채 구성비)(부채의 자본비용)
> + (우선주 구성비)(우선주자본비용)
> + (자기자본 구성비)(자기자본비용) (8–13)

예시

어떤 회사의 총자산이 부채 50%, 우선주 15%, 자기자본 35%로 이루어져 있고, 각 원천별 자본비용이 각각 4.5%, 9.5%, 12.18%라면 이 회사의 가중평균자본비용은 다음과 같이 7.938%로 계산된다.

$$WACC = (0.5)(0.045) + (0.15)(0.095) + (0.35)(0.1218) = 0.07938$$

2) 적절한 가중치

식(8-13)에 주어진 가중평균자본비용의 계산 방법은 언뜻 보기에 매우 단순한 것처럼 보인다. 그러나 현실적으로 원천별 자본비용이 구해졌다 하더라도, 적절한 가중평균자본비용을 계산하는 것이 그리 쉬운 일은 아니다. 특히 문제되는 것은 식(8-13)에서 각 자본조달원천의 구성비를 어떻게 구하느냐 하는 문제이다. 일반적으로 시장가치 또는 장부가치를 기준으로 가중치를 구한다.

예시

어떤 회사의 자본구조와 원천별 자본비용이 [표 8-2]와 같이 은행차입금, 회사채, 우선주, 자기자본으로 이루어져 있다 하자.

▶▶ 표 8-2 자본구조의 원천별 구성비

	원천별 자본비용	자본구조		가중치	
		장부가치	시장가치	장부가치	시장가치
은행차입금	4.50%	18억원	18억원	0.36	0.3000
회사채	5.10%	12억원	11억원	0.24	0.1833
우선주	9.29%	5억원	6억원	0.10	0.1000
자기자본	13.71%	15억원	25억원	0.30	0.4167
합계		50억원	60억원	1	1

[표 8-2]의 자료에서와 같이 자본구조의 장부가치에 의한 구성비와 시장가치에 의한 구성비가 서로 다른 경우, 가중평균자본비용 역시 서로 다르게 계산된다. 먼저 장부가치를 기준으로 한 가중평균자본비용을 구하면 다음과 같이 7.886%로 구해진다.

$$WACC = 0.36 \times 0.045 + 0.24 \times 0.051 + 0.1 \times 0.0929 + 0.3 \times 0.1371 = 0.07886$$

그리고 시장가치를 기준으로 한 가중평균자본비용은 다음과 같이 8.927%로 계산된다.

$$WACC = 0.3 \times 0.045 + 0.1833 \times 0.051 + 0.1 \times 0.0929 + 0.4167 \times 0.1371 = 0.08927$$

위의 두 계산결과는 상당한 차이를 보이고 있다. 장부가치를 기준으로 한 WACC는 7.886%이지만, 시장가치를 기준으로 한 WACC는 8.927%로서 앞의 것보다 1.041% 정도 높은 수준이다.

위의 예에서 살펴본 바와 같이 시장가치와 장부가치 중 어느 것을 기준으로 하느냐에 따라 가중평균자본비용이 다르게 얻어지므로, 우리는 어떤 기준이 더 적절한가를 판단하여야 한다. 이론적으로는 당연히 시장가치를 기준으로 하는 것이 더 합리적이다. 왜냐하면 장부가치는 역사적 원가에 기초한 가치로서 의사결정 시점의 청구권의 가치를 반영한 것이 아니지만, 시장가치는 의사결정 시점에 자본시장에서 평가된 가치를 나타내고 있기 때문이다. 그러나 시장가치는 자본시장의 경기변동에 따라 그 크기가 크게 달라지기 때문에, 어떤 수준의 시장가치가 정상적인 균형가치인지 판단하기가 어렵다는 문제점을 안고 있다.

모딜리아니와 밀러(F. Modigliani & M. H. Miller)는 목표자본구조(target capital structure)를 기준으로 하는 것이 바람직하다고 주장하고 있다. 즉, 목표자본구조에 상응하는 부채, 우선주, 자기자본 등의 구성비를 가중치로 하여 가중평균자본비용을 계산하는 것이 바람직하다는 것이다. 이 주장은 매우 설득력 있는 주장이다. 왜냐하면 자본비용은 '미래에' 얻어져야 할 최소의 기대수익률이므로, 현재 어떻게 자본이 조달되고 있는가보다는 '미래에' 어떤 원천으로부터 어느 정도의 자본이 조달되어야 할 것인지가 더 중요한 의미를 갖고 있기 때문이다. 따라서 미래의 자본조달원천의 구성을 나타내는 목표자본구조를 기준으로 가중평균자본비용을 계산하는 것이 더 타당하다고 할 수 있다.

이상의 주장을 요약한다면 가장 적절한 가중치는 목표자본구조를 기준으로 하는 것이다. 그러나 목표자본구조가 얻어질 수 없는 경우라면 시장가치를 기준으로 하는 것이 차선의 방법이다. 시장가치마저도 얻어질 수 없거나 시장가치의 변동이 매우 큰 경우에는 장부가치를 기준으로 삼을 수밖에 없다.

제4절 투자안의 자본비용

8.4.1 투자안의 자본비용

지금까지는 주로 기업자산 전체에 대한 최소의 기대수익률인 총자본비용을 어떻게 측정할 것인가를 중심으로 설명하였다. 그러나 이렇게 측정된 기업자산의 총자본비용을 그대로 개별 투자안의 자본비용으로 이용해서는 안 된다. 왜냐하면 기존 자산과 새로운 투자안의 위험도가 다를 수 있기 때문이다.

[그림 8-1]에서 기존 자산의 위험도를 반영하고 있는 기업의 총자본비용이 WACC로 측정된다 하자. 만일 새로운 투자안에 대해서도 WACC의 자본비용을 적용하여 투자결정을 내리게 되면, 위험이 큰 투자안들 중의 어떤 것들(× 표시)은 기각되어야 하는데도 불구하고 채택되는 잘못된 결과를 가져다준다. 또 WACC을 자본비용으로 사용함으로써 위험이 작은 투자안들 중의 어떤 것들(○ 표시)은 채택되어야 하는데도 불구하고 기각되는 결과를 가져오게 된다.

그림 8-1 WACC와 SML

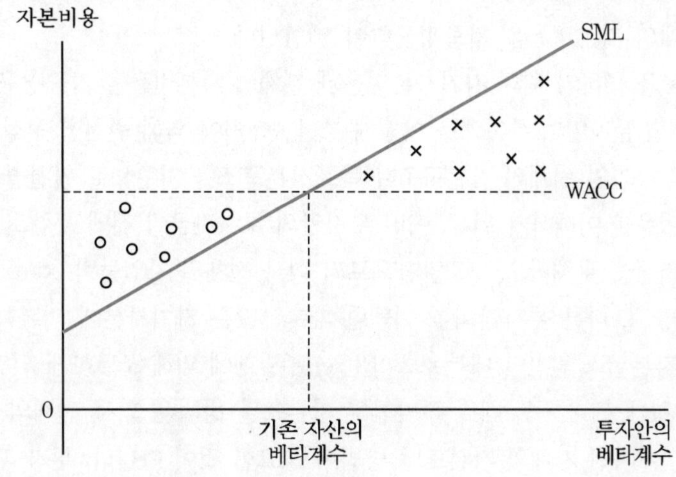

따라서 기존 자산의 위험을 반영하고 있는 WACC를 자본비용으로 사용하여 새로운 투자안의 NPV를 평가할 경우, 투자안의 경영위험과 기존 자산의 경영위험이 일치하는 예외적인 경우만을 제외하고 다른 모든 경우에 투자안의 가치가 잘못 평가된다. 즉, 위험이 작은 투자안들(○표시)은 너무 높은 자본비용으로 현금흐름을 할인하여 NPV가 계산되기 때문에 진정한 NPV보다 과소평가되어 잘못 기각되고, 위험이 큰 투자안들(×표시)은 반대로 너무 낮은 자본비용으로 현금흐름을 할인하여 NPV가 계산되기 때문에 진정한 NPV보다 과대평가되어 잘못 채택된다. 그 결과 고위험 투자안들이 위험에 비해 NPV가 낮은데도 불구하고 충분한 NPV를 갖는 것처럼 잘못 계산됨으로써 더 많이 채택되는 경향을 갖게 된다. 어떤 회사에서 이런 경향이 장기적으로 반복되면, 투자위험에 비해 낮은 NPV를 갖는 투자가 누적되어 기업 전체적으로 경영위험은 증가하고 현금흐름은 작아지는 매우 좋지 못한 결과를 가져올 수 있다.

따라서 투자안의 경영위험을 적절하게 반영할 수 있도록 투자안의 자본비용을 추정하여 이용하여야 한다. 그러면 구체적으로 투자안의 자본비용을 어떻게 추정하여야 할 것인가? 그 해답은 투자안을 하나의 조그만 기업(mini-firm)으로 간주하는 것이다. 즉, 기업 전체의 총자본비용을 구하는 것과 동일한 절차에 따라 투자안의 자본비용을 구하되, 다만 투자안의 위험도를 적절하게 반영해 주어야 한다. 즉, 투자안에 투입된 자기자본 부분과 부채 부분의 원천별 자본비용을 구하고 이를 가중평균하여 투자안의 자본비용을 구한다.

투자안의 자기자본 부분의 자본비용을 계산할 때에는 위에서 설명한 비상장회사 주식의 베타계수를 구하는 것과 동일한 방법을 사용한다. 즉, ① 투자안과 사업내용이 유사한 상장회사(즉, 대용회사)의 주식베타를 구하고 ② 식(8-12b)의 하마다 공식을 이용하여 대용회사의 부채비율을 고려한 후의 경영위험만을 반영한 자산베타($\beta_{자산}$)를 구한 다음 ③ 식(8-12a)에 적절한 부채비율을 대입하여 투자안의 자기자본 부분의 주식베타($\beta_{주식}$)를 구한다. 여기에서 적절한 부채비율이란 투자안을 채택한 후의 기업의 부채비율을 의미한다. 그리고 이렇게 구한 베타계수를 증권시장선(SML)의 공식에 대입하면 투자안의 자기자본비용이 계산된다. 마지막 단계로서, 우리가 구하고자 하는 투자안의 자본비용은 자기자본비용과 부채의 자본비용을 가중평균하여 계산된다.

투자안의 자본비용을 구하기 위해 자기자본비용과 부채의 자본비용을 가중평균할 때, 특히 유의할 필요가 있는 점은 개별 투자안의 투자액을 어떻게 조달했는지에 의해 원천별 구성비를 결정하는 것이 아니라 투자안 채택 후 기업 전체의 자본구조나 목표자본구조를 기준으로 원천별 구성비를 결정해야 한다는 점이다. 그 이유를 이해하기 위해, 어떤 투자안의 투자자금이 전액 부채로 조달되었다고 가정하자. 이 경우 투자자금을 부채만으로 조달함으로써 회사 전체의 차입능력(borrowing capacity)은 그만큼 감소하게 된다. 즉, 다른 투자기회를 선택할 때 더 많은 자기자본에 의존하여야 한다. 반대로 투자액 모두를 자기자본 조달원천인 내부유보 또는 신주발행에 의해 조달하게 되면 회사 전체의 차입능력은 그만큼 증가하게 된다. 즉, 개별 투자안의 자본조달 방법은 회사 전체의 차입능력에 영향을 미치게 되므로, 개별 투자안 자체의 자본조달 방법이 중요한 것이 아니라, 투자 후 회사 전체의 자본구조가 어떻게 달라질 것인지가 중시되어야 한다.

따라서 일단 조달된 자금은 커다란 풀을 이루어 개별 투자안에 배분되는 것으로 이해하고, 투자안의 자기자본비용과 부채의 자본비용을 계산한 다음, 투자 후 회사 전체의 자본구조 구성비를 가중치로 사용하여 가중평균자본비용을 계산하여야 한다. 비록 어떤 개별 투자안의 투자액 전액이 부채(또는 자기자본)만으로 조달되었다 하더라도 부채(또는 자기자본)의 자본비용이 그대로 투자안의 자본비용이라고 생각해서는 안 된다.

8.4.2 공공투자의 자본비용

공익을 목적으로 하는 도로, 철도, 항만, 공항, 전기, 통신, 수도 등에 대한 투자는 경제성장과 분배 및 복지를 유지하는 데 필수적인 요소이다. 이러한 공공투자도 정부예산을 재정으로 하기 때문에 예산의 효율적 배분을 전제로 이루어져야 한다. 따라서 공공투자의 경우에도 순현재가치나 수익성지수를 기준으로 경제적 가치를 평가하여 투자 여부가 결정된다.

일반적으로 권력과 재량권의 확대를 추구하는 관리부서의 공무원들은 제안된 투자안이 채택되어 실행되기를 희망한다. 경우에 따라서는 의도적으로 투자안의 현금흐름을 과대추정하거나 할인율을 과소추정하기도 한다. 현금흐름은 경제성장 전망치와 시설이용 인구를 과다추정하거나 부작용을 무시하는 등의 방법으로 과대추정된다.

공공투자의 NPV를 증가시키는 더 쉬운 방법은 할인율, 즉 자본비용을 낮게 적용하는 방법이다. 여기에서는 공공투자의 자본비용을 말하기 전에 공공투자의 성격을 확실히 해 둘 필요가 있다. 첫째, 공공투자의 투자액은 공돈이 아니다. 공공투자의 투자액은 국민의 세금으로 조달된 돈이므로 국민이 요구하는 최소의 기대수익률 이상이 얻어져야만 한다. 둘째, 공공투자에도 경영위험이 있다. 대부분의 공공투자는 국민생활에 필요불가결한 재화 또는 서비스를 제공하기 위한 것이므로 일반적인 소비재에 비해 현금흐름의 변동성이 적지만 경기변동, 원재료와 제품의 가격변동과 같은 이유로 현금흐름의 변동성이 발생한다. 따라서 공공투자에도 분명히 경영위험이 존재하며 그 경영위험을 국민이 부담한다. 셋째, 공공투자에서는 부채의 법인세절약효과가 존재하지 않는다. 투자자금의 일부가 채권 또는 차입에 의해 조달되었다 하더라도 정부가 부담하는 이자비용에 대해서는 어떤 세금감면도 존재하지 않는다.

위의 세 가지 성격을 염두에 둔다면 공공투자의 자본비용은 비교적 쉽게 구할 수 있다. 즉, 국채이자율에 경영위험 프리미엄 및 대리인비용을 가산한 할인율이어야 한다. 구체적으로 경영위험이 어느 정도이어야 하는지는 하마다 공식에서 자산베타를 구하는 것과 동일한 방법으로 얻어질 수 있다. 공공투자의 경우 민간투자보다 더 큰 대리인비용이 발생한다고 말할 수 있다. 그 이유는 투자 성과에 따라 보수가 결정되는 유인합치계약을 공무원에게 강제하기 어렵고, 명백한 사유가 없는 한 투자 성과를 기준으로 사후적으로 페널티(감봉, 정직 또는 면직 등)를 주기 어렵기 때문이다.

흔히 공공투자의 투자주체가 정부이므로 정부의 자금조달비용인 국채(예컨대 5년만기 국고채) 수익률을 할인율로 사용하기도 한다. 국채수익률은 무위험자산의 명목이자율로서 경영위험 프리미엄과 대리인비용 등이 포함되어 있지 않다. 따라서 국채수익률을 할인율로 사용할 경우 공공투자안의 NPV나 수익성지수가 과대평가된다.

8.4.3 해외투자안의 자본비용

해외투자안의 경우에도 어느 정도의 자본비용을 적용하는가의 문제는 발생한다. 이 문제는 동일한 투자안을 국내에 투자할 경우와 해외에 투자할 경우에 서로 다른 자본비용을 가질 수 있는가의 여부에 관한 문제라고 할 수 있으며, 이 문제에 대한 해답은 ① 국제자본시장이 어느 정도 세분화되어 있는가와 ② 정치적 위험, 외환통제 및 세금이 어느 정도인가에 따라 달라질 수 있다.

흔히 해외투자안의 자본비용은 국내에서 동일한 투자안에 투자한 경우보다 낮아야 한다고 주장되고 있다. 그 이유는 국제금융시장이 세분화되어 있어 주주 개개인의 국제분산투자가 곤란한 경우, 기업의 해외투자를 통하여 주주들에게 추가적인 위험감소효과를 가져다 줄 수 있기 때문이다.

오늘날 국제금융시장이 급속도로 통합되어 가고 있긴 하지만, 아직도 어느 정도 세분화되어 있는 금융시장이라고 볼 수 있다. 그 이유는 해외증권투자가 자유화되어 있다 하더라도 외국증권에 관한 정보와 거래관행 및 규제에 관한 지식이 국내증권투자에 비해 크게 부족하기 때문이다. 이런 사정은 기업의 해외직접투자가 상당히 큰 폭의 위험감소효과를 주주들에게 가져다 줄 수 있다는 것을 의미하며, 따라서 국내투자보다 낮은 자본비용을 적용하여야 한다는 것을 말한다.

그러나 다른 한편으로 해외투자안의 자본비용이 국내투자안의 경우보다 높을 수도 있다. 그 이유는 해외투자는 국내투자에 존재하지 않는 정치적 위험(political risk)을 갖고 있기 때문이다. 정치적 위험이란 투자 후에 현지 정부의 외국자본에 대한 정책과 규제가 바뀌게 될 가능성을 의미한다. 정치적 위험의 예로서, 배당송금의 제한이 강화된다거나 일정 비율의 현지인 고용을 의무화한다거나, 극단적인 경우로서 투자자산이 몰수 또는 수용되는 경우를 들 수 있다. 이러한 정치적 위험의 크기를 평가하여 자본비용에 반영하기 위해서는 국제금융시장에서 특정 국가의 신용도를 어느 정도로 평가하고 있는가를 조사할 필요가 있다. 일반적으로 정치적 위험이 큰 나라에 대해서는 유로달러시장에서 높은 금리가 매겨지므로 이를 정치적 위험을 판단하는 지표로 사용할 수 있다.

위의 두 요인 이외에 해외투자안의 자본비용을 구할 때 고려하여야 할 것은 현지의 법인세율이다. 해외투자의 많은 경우 투자자금을 국내에서 조달하여 외화로 바꾸어 투자할 수도 있지만, 현지 금융기관에서 차입하여 투자자금의 일부를 조달할 수도 있다. 이 경우 현지조달 부채에 대한 자본비용은 현지에서의 법인세절약효과를 반영하여 주어야 한다.

제8장 연습문제

[선다형]

01 자본비용에 대한 설명으로 부적당한 것은?

① 자본의 사용에 따른 기회비용이다.

② 기업이 보유하고 있는 자산을 운용하여 얻을 수 있는 목표수익률이다.

③ 투자안을 정당화할 수 있는 최소의 요구수익률이라는 의미에서 절사율(cut-off rate 또는 hurdle rate)이라고도 부른다.

④ 흔히 가중평균자본비용을 의미하며, 이는 자본조달원천별 자본비용을 각 자본조달원천의 구성비를 가중치로 하여 가중평균한 값이다.

⑤ 가중평균자본비용을 구하기 위한 가중치는 객관적으로 관찰될 수 있는 장부가치를 기준으로 계산하여야 한다.

02 부채의 자본비용에 관한 설명으로서 옳지 않은 것은?

① 일반적으로 자기자본비용보다 계산하기 쉽다.

② 부채를 제공하는 채권자들이 요구하는 수익률에 기초하여 계산된다.

③ 금융시장에서 직접 또는 간접적으로 관찰될 수 있다.

④ 회사채의 자본비용은 회사채의 이표이율에 (1－법인세율)을 곱하여 구한다.

⑤ 흔히 부채의 이자율에 (1－법인세율)을 곱하여 구한다.

03 우선주의 자본비용에 대한 설명으로 잘못된 것은?

① 보통주주의 입장에서 볼 때 우선주는 타인자본으로 간주될 수 있다.

② 우선주의 자본비용은 기업이 발행한 우선주에 대해 투자자들이 요구하는 요구수익률이다.

③ 우선주의 자본비용은 우선주배당액을 우선주의 시장가치로 나누어 구할 수 있다.

④ 우선주배당은 법인세절약효과가 없으므로 우선주의 자본비용은 납세후 타인자본비용보다 일반적으로 높다.

⑤ 우선주 역시 확정소득증권이므로 부채의 자본비용과 같은 수준이어야 한다.

04 자기자본비용에 대한 설명으로 잘못된 것은?

① CAPM에 의해 산출되는 기대수익률은 균형상태에서 투자자가 그 주식에 대해 요구하는 최소의 요구수익률이다.

② 고든(M. J. Gordon)의 배당평가모형을 이용하여 보통주의 자본비용을 추정하는 방법이 전통적으로 많이 이용되어 왔다.
③ 고든은 현재의 주가는 미래배당을 일정한 할인율로 할인한 현재가치의 합계로 보고 있다.
④ 비상장기업은 CAPM을 이용할 수 없으므로 고든의 배당평가모형을 이용하여 자기자본비용을 측정한다.
⑤ 비상장기업의 자기자본비용은 대용기업(proxy company)의 베타계수를 이용하여 간접적인 방법으로 추정할 수도 있다.

05 자기자본비용을 계산하기 위하여 일정성장모형을 사용하는 방법이 지니고 있는 단점을 바르게 지적하지 못하고 있는 것은?

① 주당배당성장률이 큰 폭으로 변동할 경우 적합한 방법이 아니다.
② 자기자본비용이 당기의 예상배당만을 반영하여 계산된다.
③ 주식의 위험도를 명시적으로 고려하지 못한다.
④ 배당성장률을 잘못 추정할 경우 자기자본비용의 추정치가 큰 오차를 갖는다.
⑤ 현재의 주가가 균형가격이 아닌 경우 자기자본비용이 과소 또는 과대추정될 수 있다.

06 어떤 회사의 주당이익과 주당배당이 매년 5%씩 영속적으로 증가할 것으로 예상되고 있다. 이 회사는 전년도 말에 2,100원의 주당배당을 지급하였으며, 금년도 초의 주가가 38,620원에 결정되어 있다. 이 회사의 자기자본비용은 어느 정도인가?

① 6.00% ② 10.44% ③ 10.71%
④ 11.00% ⑤ 11.22%

07 어떤 회사의 우선주는 1주당 700원의 우선주배당을 영속적으로 지급하는 조건으로 발행되었다. 이 우선주는 1주당 5,000원의 발행가격으로 발행되었었지만, 현재는 4,200원의 주가로 거래되고 있다. 이 회사의 우선주의 자본비용은 어느 정도인가? 이 회사의 법인세율은 34%이다.

① 14% ② 16.67% ③ 9.24%
④ 11% ⑤ 답이 없다.

08 부채와 자기자본만으로 자본이 조달된 어떤 회사가 있다. 이 회사의 자기자본의 시장가치는 200억원이고 기업가치는 350억원이다. 자기자본비용이 18%이고 부채에 대하여 매기 12억원의 이자를 지급하여야 한다. 이 회사의 법인세율은 39%이다. 이 회사의 가중평균자본비용은 어느 정도인가?

① 11.4% ② 12.4% ③ 13.0%
④ 13.7% ⑤ 14.7%

09 투자안의 자본비용으로서 기존자산의 가중평균자본비용을 이용하고자 할 경우 충족되어야 할 전제조건이 아닌 것은?

① 원천별 자본비용이 정확히 측정되어야 한다.

② 투자자금은 기존의 자본구조와 동일한 구성비로 조달되거나 목표자본구조에 접근할 수 있는 방법으로 조달되어야 한다.

③ 새로운 투자안의 위험이 기존 영업활동의 경영위험과 일치해야 한다.

④ 새로운 투자안의 베타계수가 1이어야 한다.

⑤ 새로운 투자안의 현금흐름이 납세후 기준으로 측정되어야 한다.

[서술형]

01 기업의 총자본비용의 의미와 측정 방법을 설명하시오.

02 자기자본비용은 CAPM에 의해 구할 수도 있고 일정성장모형을 이용하여 구할 수도 있다. 어느 방법이 더 타당한 방법이라고 할 수 있는가?

03 기업의 총자본비용을 투자안의 자본비용으로 그대로 사용할 수 없는 이유를 설명하시오.

04 어떤 회사의 연간 기대영업이익은 180억원이고 법인세율은 25%이다. 이 회사의 부채는 500억원, 자기자본은 400억원으로 평가되고 있다. 이 회사의 총자본비용을 구하시오.

05 이자율이 12%인 만기가 무한인 은행차입금의 자본비용을 구하시오(법인세율은 30%).

06 원금 30억원, 5년 거치, 5년 분할상환, 연리 10% 조건의 부채의 자본비용을 구하시오(법인세율은 30%. 먼저 이 부채의 법인세지급후 현금흐름을 구하고 엑셀을 사용하여 법인세지급후 현금흐름의 내부수익률을 구하면 된다).

07 어떤 회사가 3년 만기, 연리 6%(분기 말 지급) 조건으로 100억원(액면가 기준)의 회사채를 발행하려고 계획하고 있다. 이 채권의 발행가격은 98억원 정도일 것으로 평가되고 있다. 이 회사의 법인세율은 30%이며, 사채발행 할인에 대해서는 3년에 걸쳐 균등상각하여 매연도 말에 손금처리된다. 이 회사채의 자본비용을 구하시오.(이 문제도 먼저 이 부채의 법인세지급후 현금흐름을 구하고 엑셀을 사용하여 법인세지급후 현금흐름의 내부수익률을 구하면 된다.)

08 어떤 회사의 부채와 자기자본의 시장가치는 각각 50억원이다. 이 회사의 부채는 매년 8%의 이자율을 부담하는 영속부채이다. 또 이 회사의 주식 베타계수는 1.2이며, 시장포트폴리오의 기대수익률은 14%, 무위험수익률은 6%이다. 이 회사의 법인세율이 25%이라면 이 회사의 총자본비용은?

09 어떤 회사가 시장가치기준으로 400억원의 부채와 600억원의 자기자본으로 이루어져 있다. 이 회사 부채의 평균 이자율은 9%이고 주식의 베타계수는 1.2이다. 무위험수익률은 6%이고 시장포트폴리오의 기대수익률은 14%이며, 법인세율은 25%이다. 이 회사의 가중평균자본비용을 구하시오.

10 어떤 회사의 자본구조와 자본조달조건이 다음과 같이 주어져 있다. 법인세율은 25%이다.

	장부가치	시장가치	비고
부채	40억원	40억원	평균 차입이자율 = 10%
우선주	5억원	6억원	우선주배당률 : 장부가치의 8%
자기자본	55억원	70억원	베타계수 = 1.2

* 시장포트폴리오의 기대수익률 = 13%, 무위험수익률 = 5%

(1) 각 자본조달원천의 원천별 자본비용을 구하시오.

(2) 장부가치를 가중치로 한 가중평균자본비용을 구하시오.

(3) 시장가치를 가중치로 한 가중평균자본비용을 구하시오.

(4) 이 회사의 경영진은 부채 40%, 우선주 0%, 자기자본 60%의 자본구조를 목표자본구조로 생각하고 있다. 이 목표자본구조에서의 가중평균자본비용을 구하시오.

(5) 가중평균자본비용의 계산을 위한 가중치는 무엇을 기준으로 하는 것이 바람직하다고 생각하는가?

11 어떤 회사의 주식 베타계수는 1.2이고 부채비율은 200%이다. 법인세율은 25%이다. 만일 이 회사가 부채비율을 100%로 변경한다면, 주식의 베타계수는 어느 정도가 되겠는가?

12 어떤 회사의 주식 베타계수는 1.3이다. 이 회사의 부채비율(B/S)은 150%이고 법인세율은 30%이다. 만일 하마다의 공식이 타당하다면, 이 회사의 경영위험만을 반영하는 베타계수는?

13 어떤 회사가 현재 시장가치기준으로 100억원의 부채와 100억원의 자기자본으로 이루어져 있다. 현재 이 회사 주식의 베타계수는 1.0이고 법인세율은 30%이다. 이 회사는 부채에 대해 무위험이자율 수준인 연리 5%의 이자를 지급하고 있고, 시장포트폴리오의 위험프리미엄은 7% 정도인 것으로 추정되고 있다.

(1) 이 회사의 기존 자산의 베타계수는 얼마인가?

(2) 이 회사의 부채의 자본비용, 자기자본비용 및 가중평균자본비용을 구하시오.

이 회사가 100억원의 투자액을 필요로 하는 새로운 투자안을 검토하고 있으며, 필요한 자본은 현재의 자본구조와 마찬가지로 50억원의 부채와 50억원의 신주발행에 의해 조달하고자 한다(신주발행 및 부채조달에 소요되는 조달비용(floatation costs)은 투자액에 포함되어 있음).[7] 이 투자안 자체의 경영위험만을 반영한 베타계수는 1.2로 추정되고, 이 투자안을 채택할 경우 추가 부채에 대해

7 새로운 투자안을 채택할 때 은행차입, 회사채와 신주발행 등의 절차에 소요되는 조달비용이 필요할 수 있다. 이 조달비용은 투자안의 최초투자액에 포함하여 투자가치를 평가하는 것이 타당하다. 또 염두에 두어야 할 점은 신주발행비용은 주식발행초과금의 차감항목이므로 법인세 계산에서 손금으로 처리되지 않는다는 점이다.

서 연리 6%의 이자를 지급해야 할 것으로 예상된다.

(3) 새로운 투자안에 사용된 자기자본조달 부분의 베타계수와 자기자본비용을 구하시오.

(4) 새로운 투자안에 사용된 부채조달 부분의 자본비용을 구하시오.

(5) 이 투자안의 가중평균자본비용을 구하시오.

14 어떤 회사가 태양광발전 설비 생산시설을 건설하는 투자안을 검토하고 있다. 이 회사의 현재의 시장가치기준 자본구조는 600억원의 부채와 400억원의 자기자본으로 이루어져 있다. 기존의 태양광발전 설비 제조업체의 자본구조는 300억원의 부채와 300억원의 자기자본으로 이루어져 있으며, 주식의 베타계수는 1.2이다. 법인세율은 25%이고 시장포트폴리오의 기대수익률은 13%이며 무위험이자율은 5%이다.

(1) 태양광발전 설비 투자안의 경영위험만을 반영한 베타계수는 얼마인가?

(2) 이 투자안의 자기자본조달 부분의 베타계수와 자기자본비용은?

(3) 이 회사의 평균 차입이자율이 8%이고 투자 후에도 부채와 자기자본의 구성비도 현재와 동일할 것으로 예상된다면 이 투자안의 자본비용은 어느 정도인가?

15 해외투자의 자본비용을 결정할 때 고려하여야 하는 요인들을 설명하시오.

[선다형문제 정답과 풀이]

01 ⑤ **02** ④ **03** ⑤ **04** ④ **05** ② **06** ③ ▸ 금기 말의 예상배당은 2,100(1+0.05)=2,205원이다. 따라서 이 주식의 자기자본비용은 $k_p=2{,}205/38{,}620+0.05=10.71\%$이다. **07** ② ▸ $k_p=700/4{,}200=16.67\%$ **08** ② ▸ 부채의 시장가치는 350억−200억=150억원이다. 그리고 부채의 자본비용은 (12억)(1−0.39)/150억=4.88%이다. 따라서 가중평균자본비용은 WACC=(4.88%)(150/350)+(18%)(200/350)=12.4%이다. **09** ④

제 9 장 자본구조의 이론과 현실

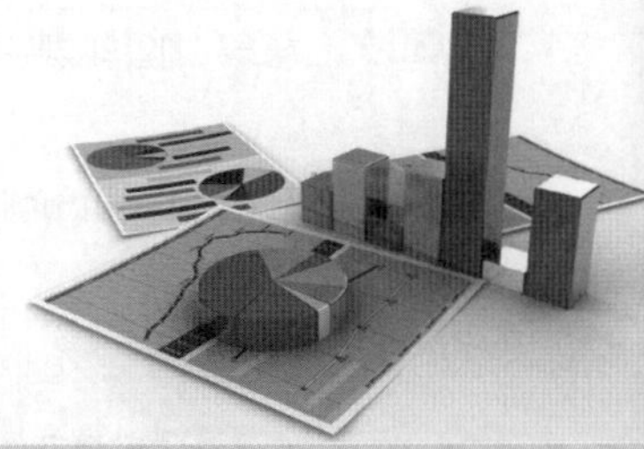

제1절 자본구조의 뜻과 중요성

9.1.1 자본구조의 뜻

어떤 회사의 경영 특성을 말할 때 반드시 검토되는 것 중의 하나는 그 회사의 자본구조, 즉 어느 정도의 부채를 사용하고 있는지에 관한 것이다. 일반적으로 회사의 자산이나 자기자본 규모에 비해 부채를 너무 많이 사용하면 미래가 불안한 회사 또는 위험이 큰 회사로 간주된다. 금융기관에서 어떤 회사에 대한 대출 여부를 결정할 때에도 자본구조는 가장 중요한 심사항목 중의 하나이다. 또 어떤 경영자는 자기 회사가 부채를 거의 사용하고 있지 않다는 것에 대해 큰 자부심을 보이기도 한다.

자본구조는 주주의 부에 대해 어떤 영향을 미칠 것인가, 기업이 부채를 전혀 사용하지 않는 것이 과연 가장 바람직한 정책일까, 아니면 어느 정도의 부채를 사용하는 것이 적절한가, 이런 문제들에 대한 의사결정이 자본구조 결정이다. 궁극적으로 자본구조 결정은 기업의 순현재가치를 극대화하는 자본구조를 찾는 것이며, 주로 자본비용(할인율)에 미치는 영향을 통해 기업가치에 영향을 준다. 예를 들어, 부채의 사용은 앞 장에서 본 법인세나 대리인비용 또는 이 장에서 알게 될 개인소득세, 재무적 곤경의 비용, 정보비대칭 등을 통해 자본비용에 영향을 미친다.

기업의 자본구조는 재무관리의 여러 가지 의사결정 중에서도 가장 다양한 요소를 고려해야 하는 의사결정이다. 자본구조 결정의 이런 특성을 반영하여 자본구조에 관한 이론 역시 기업재무의 여러 영역 중에서 가장 흥미롭게 전개되고 있는 분야에 속한다.

1) 자본구조

자본구조(capital structure)는 기업에서 부채와 자기자본의 구성을 의미하는 용어로서 재무구조 또는 레버리지(leverage)라는 용어와 유사한 의미로 사용된다.[1] 흔히 기업의 자본구조는 다음의 부채비

1 본래 레버리지(leverage, 지렛대효과)는 부채 이용에 의해 발생하는 손익의 확대효과를 의미한다(제12장 4절 참고).

율(debt ratio)에 의해 측정된다.

$$부채비율 = \frac{총부채}{자기자본} \quad (9\text{–}1)$$

부채비율은 기업이 사용하는 부채가 자기자본의 몇 배인지를 나타낸다. 예를 들어, 총자산이 100억원인 회사의 자본구조가 60억원의 부채와 40억원의 자기자본으로 이루어져 있다면 부채비율은 150%이다. 이 부채비율이 높으면 기업의 총자산 중에서 부채로 조달된 부분이 그만큼 높으며, 그 결과 매년 더 많은 이자비용을 부담해야 한다는 것을 나타낸다.

2) 자본구조의 중요성

기업은 자기자본의 수익률을 높이기 위해서 부채를 사용한다. 어떤 회사의 자산 투자수익률이 평균 15%일 것으로 예상되고 10%의 이자율로 부채를 이용할 수 있다고 하자. 일단 세금은 고려하지 않기로 하자. 만일 총자산 100억원 모두를 자기자본으로 조달한다면 주주들의 기대수익률은 15%일 것이다. 그러나 60억원을 부채로 조달하고 40억원만을 자기자본으로 조달한다면, 이 회사의 주주들은 기대영업이익 15억원(=100억×0.15) 중 6억원을 부채의 이자로 지급하고 나머지 9억원을 순이익으로 얻을 것이므로, 주주들의 기대수익률은 22.5%(=9억÷40억)로 증가한다. 이와 같이 부채이용으로 주주들의 투자수익률이 증가하는 현상을 유리한 레버리지라고 한다.

만일 부채사용으로 유리한 레버리지 효과만 발생한다면 어떤 기업이나 투자액의 거의 전부를 부채로 조달하려 할 것이다. 그러나 부채이용은 재무위험의 증가라는 대가를 수반하기 때문에 무한한 부채이용이 바람직한 것만은 아니다. 재무위험(financial risk)이란 부채의 사용으로 자기자본이익률의 변동성이 증가하고 기업의 파산가능성이 증가하는 위험을 말한다.

위의 예에서 이 회사의 실제 투자수익률이 예상과는 달리 5%에 지나지 않는다고 생각해 보자. 만약 부채를 전혀 사용하지 않으면, 주주들은 예상보다 낮은 5%의 수익률만을 얻지만 회사가 파산하지는 않는다. 그러나 연리 10%의 이자율 조건으로 60억원의 부채를 사용할 경우 영업이익이 5억원뿐이므로 고정적으로 지급해야 할 이자지급액 6억원을 지급하지 못하게 될 것이며, 결국 이 회사는 파산하게 될 것이다.

이와 같이 부채 이용은 한편으로 주주의 기대소득을 증가시킬 수 있지만 다른 한편으로 재무위험을 증가시킨다. 그런 의미에서 기업이 어느 정도의 부채를 사용할 것인가, 즉 어떤 자본구조를 가질 것인가의 문제는 주주의 소득 및 부(富)에 대해 매우 중요한 영향을 미친다.

그러나 기업의 자본구조, 또는 '부채의존도'를 나타내는 용어로도 흔히 사용된다.

참고 우리나라와 미국, 일본, 독일 제조업의 부채비율

1997년에 우리나라의 대외 단기채무 지급능력이 부족한 것이 직접적인 이유가 되어 국제통화기금(International Monetary Fund: IMF)로부터 구제금융을 받아야 될 정도로 심각한 외환위기가 발생한 바 있다. 이 외환위기가 발생한 근본적 이유가 무엇인지에 대해 많은 논의가 있었지만, 그중 하나로서 우리나라 기업들의 높은 부채비율도 지적되었다.

실제로 당시 우리나라의 제조업 평균 부채비율은 거의 400%에 가까웠으며 대기업의 경우 계열기업들이 서로 채무의 지급보증까지 해 주고 있는 상황이었다. 따라서 심각한 불경기나 금융권의 신용경색(credit crunch)이 발생하면 언제든지 도산할 수 있는 가능성을 갖고 있었다. 실제로 여러 중견기업에서 그런 사태가 발생하였으며, 1999년에는 대우그룹이 해체되는 상황까지 발생하였다.

정부는 1998년부터 30대 대기업에 대해 200%의 부채비율을 가이드라인으로 제시하고 이에 맞추어 재무구조개선의 노력을 하도록 하였다. 이런 노력의 결과 우리나라 기업들의 부채비율은 매우 큰 폭으로 낮아졌다. [그림 9-1]에 보인 바와 같이 2005년에는 제조업체 평균 부채비율이 100% 수준까지 낮아졌으며 이것은 미국이나 일본보다도 낮은 수준이다. 그 이후 부채비율이 다소 상승한 시기도 있었으나, 2013년부터 100%를 약간 하회하고 있다.

그림 9-1 각국 제조업의 부채비율

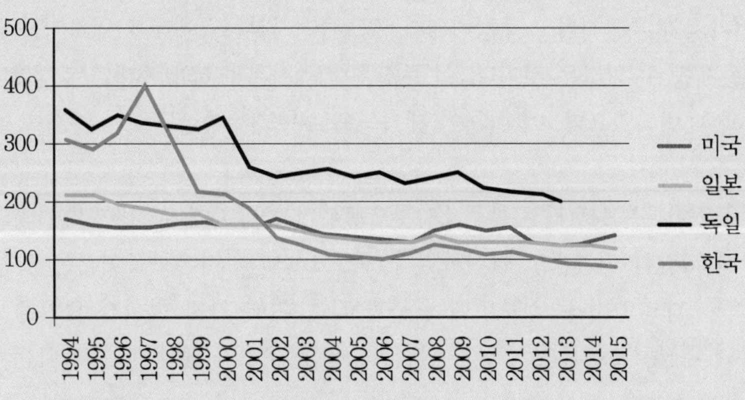

자료: 한국은행, 기업경영분석, 각 연도판.

[그림 9-1]에서 흥미있는 것은 독일 제조업의 부채비율이다. 독일 제조업의 부채비율은 1994년의 356.7%로부터 2013년의 201.8%로 서서히 하락하고 있지만, 다른 나라의 부채비율과 비교할 때 현저히 높은 수준을 유지하고 있다. 제2장에서 언급한대로 독일은 대표적인 은행중심 금융시스템을 갖고 있는 국가로서 기업에 대한 은행의 경영참가와 감시기능이 제도화되어 있는 국가이다. 일본도 1980년대까지 평균 부채비율이 250% 이상이었지만, 1990년대 이후 장기불황 속에서 점차 부채비율이 낮아졌다.

2) 자본구조이론

자본구조결정은 기업이 필요한 장기자본을 조달하기 위하여 자본조달원천을 어떻게 결합할 것인지에 관한 의사결정이다. 즉, 자본구조결정은 부채와 자기자본이 구성에 관한 의사결정으로서, 자본비용 극소화를 통해 기업가치 또는 주주의 부(富)를 극대화하는 최적자본구조를 선택하는 데 목적을 둔다.

자본구조이론은 기업가치를 극대화하는 최적자본구조가 존재할 수 있는지, 만약 존재한다면 어떤 구성인지를 주요 주제로 삼는다. 따라서, 자본구조에서 부채의존도가 증가하면 그것이 기업가치에 어떤 영향을 미칠 것인가를 분석한다. 1958년 모딜리아니와 밀러(F. Modigliani & M. H. Miller, 이하 MM으로 줄임)가 자본구조의 무관련이론을 주장한 이래, 기업의 자본구조결정은 재무관리이론의 가장 중요한 주제로 다루어져 왔다.[2]

MM의 논문이 발표되기 이전까지 기업의 경영자들이나 학자들이 일반적으로 갖고 있던 통념은 부채를 적절하게 이용하는 것이 주주에게 유리하다는 것이었다. 이 견해는 부채를 적절하게 이용함으로써 기업가치 및 자기자본가치를 극대화할 수 있고, 따라서 최적자본구조가 존재한다고 생각한다. 이런 견해는 MM의 자본구조이론과 구분될 수 있도록 전통적 자본구조이론으로 불리며, 솔로몬(E. Solomon)이나 듀란드(D. Durand) 등에 의하여 정리된 바 있다.[3]

그러나 MM은 그들의 1958년 논문에서, 완전시장의 가정 하에서 기업이 어떤 자본구조를 선택하더라도 그것은 기업가치와 무관하다고 주장하였다. 즉, 완전자본시장에서 기업가치를 극대화할 수 있는 최적자본구조는 존재할 수 없다는 것이다. 이 주장은 최적자본구조의 존재를 부정한다는 점에서 전통적 자본구조이론과 대립되었으며, 이 이론이 제기됨으로써 최적자본구조의 존재를 둘러싼 논쟁이 일어났다.

오늘날의 자본구조이론은 MM의 자본구조이론으로부터 출발하여 점차 여러 가지 현실적 요인들을 고려하면서 상당히 복잡한 이론으로 발전하였다. 즉, 오늘날의 자본구조이론은 법인세, 개인소득세, 재무적 곤경의 비용, 대리인비용, 정보비대칭 등과 같은 여러 가지 현실적 요인을 고려하게 되었으며, 그 결과 전통적 자본구조이론의 주장과 같이 최적자본구조가 존재할 수 있다는 결론에 접근하게 되었다.

---

2 F. Modigliani & M. H. Miller, "The Cost of Capital, Corporation Finance and the Theory of Investment," *American Economic Review* (June, 1958). 이 논문을 쓴 두 학자 중 모딜리아니는 1985년에 노벨경제학상을 받았고, 밀러는 마코위츠, 샤프와 함께 1990년에 노벨경제학상을 받았다. 모딜리아니와 밀러는 서로 다른 시기에 노벨상을 받았지만 그들의 수상 업적의 중요한 부분은 모두 자본구조이론에 관한 공헌이다.

3 최적자본구조가 존재한다고 주장하는 전통적 자본구조이론은 Ezra Solomon, "Leverage and the Cost of Capital," *Journal of Finance* (June 1963), pp.273~279와 David Durand, "The Cost of Capital, Corporation Finance and the Theory of Investment: Comment," *American Economic Review* (Sep. 1959), pp.639~655로 대표된다.

제2절 MM의 자본구조이론

9.2.1 MM(1958)의 자본구조 무관련이론

이미 언급한 바와 같이 모딜리아니와 밀러(Franco Modigliani & Merton H. Miller)는 1958년에 발표한 논문을 통하여, 법인세와 개인소득세 등이 없는 완전자본시장의 가정 하에서 기업가치 및 주주부는 기업의 자본구조와 무관하다고 주장하였으며, 이 주장은 다음에 설명하게 될 두 명제로 정리될 수 있다.[4] 이 MM(1958)의 주장은 흔히 자본구조의 무관련설(capital structure irrelevancy)이라고 불리며, 그동안 전통적으로 믿어 왔던 최적자본구조의 존재를 부정한 것으로서 당시의 학계에 매우 큰 충격을 주었다.

1) 명제 I (자본구조 무관련)

MM(1958)의 첫 번째 명제는 기업가치는 자본구조와 무관련하다는 것이다. 이를 이해하기 위해 먼저 기업가치가 어떻게 결정되는지를 생각해 보자. 이미 제4장에서 설명한대로 어떤 자산이든 그 자산의 가치는 그 자산의 미래 기대소득을 현재가치로 평가한 것과 같다. 기업가치(V)도 기업이 미래에 청구권자 전체(즉, 채권자와 주주)에게 제공하게 될 총소득을 총자본비용(k_o)으로 할인하여 평가한 현재가치이다.

법인세나 개인소득세가 없다고 가정하면, 기업이 청구권자 전체에게 제공하게 될 총소득흐름은 기대영업이익과 같다(즉, 영업이익이 얻어지면 기업은 먼저 부채에 대한 이자를 채권자에게 지급하여야 하며, 나머지가 순이익으로서 주주에게 귀속되는 소득이 된다). 그리고 총자본비용은 기업 자산으로부터 얻어져야 할 최소의 기대수익률로서 미래 영업이익의 위험도를 반영하여 결정된다. 따라서 기업가치는 다음과 같이 나타낼 수 있다.

---

4 F. Modigliani & M. H. Miller, "The Cost of Capital, Corporation Finance and the Theory of Investment," *American Economic Review* (June, 1958). MM이 자본구조 무관련이론을 주장하기 위하여 설정한 가정으로서 ① 완전자본시장(perfect capital markets), ② 동질적 위험등급(homogeneous risk class), ③ 무위험부채(riskless debt), ④ 정태적 기업과 동질적 예상(homogeneous expectations), ⑤ 법인세 및 개인소득세의 무시 등의 가정을 설정하였다. 동질적 위험등급의 가정은 기업들을 동일한 경영위험을 갖는 집단으로 구분할 수 있다는 가정이다. 정태적 기업의 가정은 기대영업이익과 경영위험이 매기 일정하다는 가정이다.

기업가치(MM(1958), 법인세 무시)

$$V = \frac{E(O)}{k_o} \tag{9–2}$$

단, V는 기업가치, $E(O)$는 기대영업이익, k_o는 총자본비용을 나타낸다.

기업 U와 L은 모든 점에서 같고 자본구조만 다르다고 하자. U회사는 전혀 부채를 사용하지 않는 회사이고 L회사는 부채를 사용하는 회사이다. 이 두 회사의 자본구조가 다르다고 해서 두 회사의 기업가치가 다를까? 이 두 회사는 보유하고 있는 자산도 동일하고 경영진의 능력도 동일하므로 미래에 얻게 될 기대영업이익도 동일할 것이며 그것의 위험도(경영위험)를 반영하고 있는 총자본비용도 동일할 것이다. 즉, 어떤 두 회사의 자본구조는 서로 다르지만 다른 모든 특성이 동일하다면, 식(9-2)에서 분자와 분모의 값은 두 회사 모두 동일할 것이기 때문에 기업가치 역시 동일한 크기로 평가되어야 한다. 따라서 두 회사는 비록 서로 다른 자본구조를 갖고 있다 할지라도 동일한 기업가치로 평가되어야 한다.

명제 Ⅰ(MM(1958), 법인세 무시)

$$V_L = V_U \tag{9–3}$$

단, V_L와 V_U는 L과 U회사의 기업가치이다.

그림 9-2 자본구조와 기업가치(MM, 1958)

이 MM(1958)의 명제 Ⅰ에 의하면 기업이 어떤 자본구조를 선택하든 기업가치는 달라지지 않으므로 최적자본구조는 존재하지 않는다. 이런 관계를 그림으로 그린 것이 [그림 9-2]이다. 이 그림에서 V_U는 부채를 전혀 사용하지 않는 기업의 가치이고, V_L은 부채를 사용하는 기업의 가치이다.

만일 자본구조만 다른 두 회사의 기업가치가 자본시장에서 서로 다르게 평가되어 있다면 어떤 일이 벌어질까? MM에 의하면, 투자자들은 두 회사의 증권을 이용하여 차익거래를 행하게 될 것이며, 두 회사의 기업가치가 같아질 때 차익거래의 기회가 해소되고 균형이 성립한다.

참고 차익거래에 의한 명제 Ⅰ의 증명

제4장에서 설명한대로 동일한 기대현금흐름과 위험도를 갖고 있는 두 자산이 서로 다른 가격으로 거래되고 있다면, 저평가되어 있는 자산을 매입하고 고평가되어 있는 자산을 매도하는 차익거래를 행함으로써 투자자는 0의 투자액과 0의 위험을 부담하고 (+)의 차익거래 이익을 얻어낼 수 있다. 이런 차익거래 기회가 존재하면, 저평가된 자산은 초과수요가 발생하여 가격이 상승할 것이고, 고평가된 자산에 대해서는 초과공급이 발생하여 가격이 하락할 것이다. 그 결과, 두 자산의 가격이 일치하는 수준에서 차익거래가 해소되고 균형(equilibrium)이 달성된다.

MM은 완전시장의 가정 하에서, 어떤 두 회사가 동일한 기대현금흐름과 경영위험을 갖고 있지만 자본구조가 다르기 때문에 서로 다른 기업가치로 평가된 경우, 차익거래가 해소되는 균형 상태에서 동일한 기업가치를 갖게 된다는 것을 증명하고 있다.

다른 모든 조건은 동일하고 자본구조만이 다른 두 기업 U(부채가 없는 순수자기자본기업)와 L(부채사용기업)이 있다 하자. 이 두 기업은 동일한 실체를 가지면서 자본구조만이 다른 기업이기 때문에, 미래에 동일한 영업이익을 얻게 될 것으로 예상된다. 즉, 다음과 같이 두 회사의 영업이익의 기대치와 위험도가 동일하다.

$$E(O_U) = E(O_L) \tag{9–4}$$

$$\mathrm{Var}(O_U) = \mathrm{Var}(O_L) \tag{9–5}$$

단, $E(O_U)$와 $E(O_L)$은 U와 L회사의 기대영업이익이고, $\mathrm{Var}(O_U)$와 $\mathrm{Var}(O_L)$는 U와 L회사의 영업이익의 분산, 즉 경영위험의 크기를 나타낸다.

U회사는 부채를 사용하지 않으므로 기업가치 V_U는 자기자본가치 S_U와 같으므로, 두 회사의 기업가치는 다음의 관계를 갖는다.

$$V_U = S_U \tag{9–6}$$

$$V_L = B_L + S_L \tag{9–7}$$

단, S_U와 S_L은 U와 L회사의 자기자본가치이고 B_L은 L회사의 부채가치이다.

만일 자본시장에서 두 회사의 기업가치가 서로 다르게 평가되고 있다면, 투자자들은 이를 이용하여 어떻게 차익거래를 할 수 있을까? 이를 위해 동일한 투자수익을 얻을 수 있는 두 가지 투자전략을 비교해보자. 투자전략 ①은 L회사 주식의 1%를 매입하는 투자전략이다. ①의 결과로서 투자자가 매기 얻게 될 소득은 L회사 순이익의 1%이다. 투자전략 ②는 U회사 주식의 1%를 매입함과 동시에 L회사 부채의 1%에 해당하는 금액을 차입하는 전략이다. L회사와 U회사의 영업이익이 동일하기 때문에 L회사의 순이익은 U회사 영업이익에서 L회사의 지급이자를 뺀 값과 같다. 따라서 ②의 전략으로부터 얻게 될 매기의 소득은 L회사 주식의 1%를 매입한 ①의 투자수익과 동일할 것이다.

이 두 가지 투자전략이 가져다줄 결과를 기호를 사용하여 나타내면 [표 9-1]과 같다. 즉, 전략 ①은 L회사 주식을 α비율만큼 매입하는 것으로서, 투자자는 αS_L의 투자액을 들여 $\alpha(O-iB_L)$ 만큼의 소득을 얻을 수 있다(단, i는 이자율). 전략 ②는 L회사 부채의 α만큼, 즉 αB_L만큼을 차입하고 자신의 투자자금을 추가하여 U회사의 주식을 α만큼 매입하는 것이다. 전략 ②의 투자액은 $\alpha V_U - \alpha B_L$이고 그로부터 얻게 될 투자소득은 $\alpha O - \alpha i B_L$, 즉 $\alpha(O-iB_L)$가 될 것이다.

▶▶ 표 9-1 차익거래를 위한 두 가지 투자수단

투자전략	투자액	투자소득
① L회사 주식을 α만큼 매입	αS_L	$\alpha(O-iB_L)$
② αB_L을 차입하고 U회사 주식을 α만큼 매입	$\alpha V_U - \alpha B_L$	$\alpha(O-iB_L)$

[표 9-1]에서 두 가지 투자수단은 동일한 투자수익을 가져다주고 있으므로, 차익거래가 없는 균형상태에서 두 투자전략은 동일한 가치, 즉 동일한 투자액으로 평가되어야 한다. 따라서 다음 식이 성립하여야 한다.

$$\alpha S_L = \alpha V_U - \alpha B_L$$
$$S_L + B_L = V_U$$
$$\therefore \ V_L = V_U \qquad (9\text{–}8)$$

즉, MM의 명제 I 에서와 같이 부채를 사용하든 그렇지 않든 기대영업이익과 경영위험이 동일한 두 회사의 기업가치는 동일하게 평가된다. 만일 자본시장에서 L의 기업가치가 U의 기업가치보다 높게 평가되고 있다면, 투자자들은 ①의 투자수단을 매도(L회사 주식을 α만큼 매도)하고, ②의 투자수단을 매입(αB_L만큼 차입하고 U회사 주식을 α만큼 매입)하는 차익거래가 이루어질 것이다. 그 결과, L회사 주식에 대해 초과공급이 나타나고(L회사 주가가 하락), U회사 주식에 대해서는 초과수요가 나타나게 될 것이다(U의 주가가 상승). 마침내 L회사 기업가치 V_L과 U회사 기업가치 V_U가 같아지는 수준에서 더 이상의 차익거래가 이루어지지 않고 균형이 성립하게 된다. 반대로 L의 기업가치가 U의 기업가치보다 낮게 평가되고 있다면, 위에서 설명한 것과 반대방향의 차익거래가 발생하여 균형을 회복하게 될 것이다.

2) 명제 Ⅱ(자기자본비용)

MM(1958)의 두 번째 명제는 자기자본비용이 부채비율의 증가함수라는 것이다. 만일 어떤 회사가 전혀 부채를 사용하고 있지 않다면 주주들이 요구하는 기대수익률은 기업의 자산 전체로부터 얻어져야 할 총자본비용과 같을 것이다. 그러나 그 회사가 부채를 사용하게 되면 주주들은 재무위험을 부담하게 된다. 따라서 기업의 부채비율이 증가할수록 주주들이 부담하는 재무위험이 증가하므로, 그들이 요구하는 최소의 기대수익률인 자기자본비용도 증가한다. 이런 관계를 식으로 나타내면 다음과 같다.[5]

자기자본비용(MM, 1958)

$$k_e = k_o + (k_o - i)\frac{B}{S} \tag{9–9}$$

단, k_e는 자기자본비용, k_o는 총자본비용, i는 부채의 이자율, B/S는 부채비율이다. B는 부채가치이고 S는 자기자본가치이다.

명제 Ⅱ를 나타내는 위의 식(9-9)에서 자기자본비용은 두 부분의 합계로 이루어져 있다. 첫 번째 부분은 k_o로서 무위험수익률과 경영위험 프리미엄을 반영하고 있는 기업의 총자본비용이다. 만일 어떤 회사가 전혀 부채를 사용하지 않는다면 주주들은 경영위험만을 부담하므로, 자기자본비용은 기업의 총자본비용인 k_o와 같다. 두 번째 부분은 재무위험 프리미엄을 나타내는 $(k_o - i)(B/S)$의 부분이다. 어떤 기업에서나 총자본비용보다 부채의 이자율이 낮을 때에만 부채를 사용하려 할 것이므로 $k_o - i$는 0보다 크다. 따라서 부채비율(B/S)이 증가하면 이 두 번째 항도 증가하므로 자기자본비용 k_e도 증가한다.

9.2.2 MM(1963)의 자본구조이론: 법인세를 고려하는 경우

MM의 자본구조 무관련이론이 1958년에 제기되자 이 이론의 현실성에 대하여 격렬한 논쟁이 일어났다. 특히 그들의 이론이 법인세의 영향을 무시하고 있다는 점에 비판의 초점이 모아졌으며, MM은 1963년에 법인세의 영향을 고려한 수정논문을 발표하였다. MM(1963)의 수정논문의 핵심적인 내용은 부채의 법인세절약효과를 고려할 때 가능한 한 많은 부채를 이용하는 것이 기업가치를 극대화시킨다

5 MM명제 Ⅱ는 명제 Ⅰ로부터 다음과 같이 도출될 수 있다. 식(9-2)의 명제 Ⅰ은 $V \times k_o = E(O)$으로 쓸 수 있고, 이 식은 $k_o(B+S) = iB + E(X) = iB + k_e S$와 같다(단, B는 부채가치, S는 자기자본가치이며, $E(X)$는 기대순이익으로서 $k_e S$와 같다). 이 식을 풀면 $k_o B + k_o S = iB + k_e S$가 얻어지며 이를 k_e에 관하여 정리하면 식(9-9)가 얻어진다.

는 주장이다.[6]

법인세를 고려할 경우의 MM이론은 부채의 법인세절약효과를 고려하고 있다는 점을 제외하면 기본적으로 앞 항에서의 설명과 동일한 논리에 기초하고 있다. 따라서 법인세를 고려할 경우의 MM이론을 이해하기 위해서는 부채의 법인세절약효과가 기업가치 및 자본비용에 어떤 영향을 미치고 있는지를 분석하면 된다.

1) 부채의 법인세절약효과

예를 들어, 어떤 두 회사 U와 L이 자본구조를 제외한 모든 점에서 동일하다 하자. 두 회사의 기대영업이익은 모두 연간 120억원으로 예상되며 경영위험도 동일하다. 두 회사 모두 25%의 법인세율을 부담한다 하자. U회사는 부채를 전혀 사용하지 않는 순수 자기자본기업이고 L회사는 이자율이 6%인 400억원의 부채를 사용하는 부채사용기업이다. 이 두 회사에서 예상되는 이익흐름은 [표 9-2]와 같이 계산된다.

[표 9-2]에서 법인세는 기대영업이익에서 지급이자를 뺀 납세전 이익에 법인세율을 곱하여 계산되고, 순이익은 납세전 이익에 (1−법인세율)을 곱하여 얻어진다. 그리고 채권자 및 주주의 총소득흐름은 채권자의 소득인 지급이자와 주주의 소득인 순이익을 합계한 것이다.

▶▶ 표 9-2 법인세와 이익흐름

(단위: 억원)

	기호	U회사	L회사
기대영업이익	$E(O)$	120	120
지급이자	$i \cdot B$	−	24
납세전 이익	$E(O)-iB$	120	96
법인세	$T_C[E(O)-iB]$	30	24
기대순이익	$(1-T_C)[E(O)-iB]$	90	72
채권자 및 주주의 총소득흐름	$iB+(1-T_C)[E(O)-iB]$ $=(1-T_C)E(O)-T_C iB$	90	96

[표 9-2]에서 부채를 사용하지 않은 U회사의 주주들은 납세후 기대영업이익인 90억원(=120억원×(1−0.25))의 기대소득을 얻게 된다. 그러나 부채를 사용한 L회사가 청구권자 전체, 즉 채권자와 주주에게 제공해 주는 매기의 기대소득은 U회사보다 6억원이 더 많은 96억원이다. 이 6억원의 차이는 두

6 F. Modigliani & M. H. Miller, "Corporate Income Taxes and the Cost of Capital," *American Economic Review* (June 1963).

회사의 법인세의 차이(=30억−24억)와 동일한 값이다. 이것은 L회사가 400억원의 부채를 사용함으로써 발생한 이자지급액 24억원이 손금으로 처리되어 그것의 25%만큼의 법인세를 더 적게 부담하게 되었기 때문이다. 즉, L회사는 부채를 이용함으로써 법인세절약효과를 얻었으며 그 결과 청구권자들(채권자와 주주)에게 더 많은 소득흐름을 제공해 준다.

이와 같이 부채를 이용할 경우 이자지급액이 손금처리되기 때문에 법인세를 더 적게 부담하는 효과, 즉 법인세절약효과(corporate-tax shield of debt)가 얻어진다. 그리고 부채를 사용한 기업의 청구권자들은 부채의 법인세절약효과로 얻어진 것만큼 더 큰 소득흐름과 기업가치를 얻게 된다.

참고 **각국의 법인세율**

2008년 세계금융위기 이후 계속되어 왔던 선진국의 경기침체로 각국 정부는 투자촉진을 통한 경기회복과 고용확대를 중요 정책목표로 설정하고 있다. 투자촉진을 위한 중요한 정책수단 중의 하나가 법인세율 인하이다. 법인세율을 인하하게 되면 투자안의 법인세지급후 현금흐름을 증가시키게 되므로 투자안의 NPV가 증가하는 효과를 가져다준다. 또 법인세율을 인하하게 되면 부채의 법인세절약효과가 감소하므로 부채이용의 유인이 줄어들어 기업의 재무위험과 파산가능성도 감소한다.

2013년 기준으로 우리나라의 법인세율은 과표가 2억원 이하일 때 11%(이하 주민세 포함, 주민세는 법인세율의 1/10임), 2억원 초과분에 대해서는 22%, 200억원 초과분에 대해서는 24.2%, 3,000억원 초과분에 대해서는 27.5%이다. 납세전 순이익이 2억원 이하인 경우는 중요치 않으므로 중규모 기업은 22%, 대기업은 24.2%, 초대기업은 27.5%의 고정세율을 부담한다고 보면 된다.

2017년 현재, 미국의 법인세는 연방세율 35% 및 주별로 다른 법인세율에 의해 부과되고 있고, 일본의 법인세율은 29.97%, 프랑스의 법인세율은 33.3%이다. 이 나라들은 모두 법인세율 인하를 추진하고 있고, 영국은 이미 법인세율을 19%로 낮춘 바 있다.

2) 기업가치

위의 예시를 사용하여 순수한 자기자본기업인 U와 부채사용기업인 L의 기업가치가 어떻게 다르게 평가되는가를 보기로 하자. 이미 지적한대로 기업가치는 부채가치와 자기자본가치의 합계로서, 기업이 채권자와 주주에게 제공하게 될 미래의 총소득의 현재가치로 평가된다. 그리고 이 기업가치에서 부채가치를 뺀 나머지가 주주의 몫인 자기자본가치가 된다.

부채를 사용하지 않은 U회사의 주주들은 매기 90억원의 기대순이익을 얻는다. 따라서 순수 자기자본기업 U의 기업가치는 이 90억원을 이 회사의 주주들이 요구하는 자기자본비용으로 할인하여 계산된다. 만일 U회사의 자기자본비용이 12%라면 이 회사의 기업가치는 다음과 같이 750억원으로 계산된

다.[7]

$$V_U = \frac{90억}{0.12} = 750억원$$

단, V_U는 부채를 사용하지 않은 순수 자기자본기업 U의 기업가치이다.

부채사용기업 L의 청구권자들은 U회사가 받는 매기 90억원보다 6억원이 더 많은 96억원을 받게 된다. 따라서 L회사의 기업가치는 U회사의 기업가치 750억원에 매기의 6억원을 현재가치로 평가한 금액을 합계한 것과 같아야 한다.

그러면 매기 얻게 될 지급이자의 법인세절약액 6억원에 대한 현재가치는 어떻게 평가되어야 할까? 여기에서 주목할 필요가 있는 사실은 이 지급이자의 법인세절약액의 크기가 지급이자에 정비례하기 때문에 지급이자의 위험도와 동일한 위험도를 갖는다는 사실이다. 이것은 지급이자의 법인세절약액의 현재가치를 구하기 위해 사용하는 할인율이 이자율과 같아야 한다는 것을 의미한다. 따라서 지급이자의 법인세절약액에 대한 현재가치 G는 다음과 같이 100억원으로 평가된다.

$$G = \frac{6억}{0.06} = 100억원$$

이 계산에서 지급이자의 법인세절약액에 대한 현재가치 G가 부채의 법인세절약효과이다. 이 부채의 법인세절약효과는 매기의 법인세절약액 $T_C iB$를 이자율 i로 나눈 것과 같으므로 다음 식으로 나타낼 수 있다.

부채의 법인세절약효과

$$G = \frac{T_C \cdot i \cdot B}{i} = T_C B \tag{9–10}$$

단, G는 부채의 법인세절약효과, i는 부채의 이자율, B는 부채가치를 나타낸다.

이 식에서 부채의 법인세절약효과는 단순히 부채가치에 법인세율을 곱한 것과 같다. 따라서 부채를 많이 사용할수록 부채의 법인세절약효과는 비례적으로 증가한다. [표 9-2]의 예에서 부채의 법인세절약효과(G)는 100억원(=400억×0.25)으로 계산된다.

부채사용기업 L의 기업가치는 순수 자기자본기업 U의 기업가치에 부채의 법인세절약효과 G를 더한 것과 같으므로 다음 식으로 나타낼 수 있다.

---

7 여기에서는 미래 기대소득흐름이 일정하게 유지되는 정태적 기업을 가정하고 있기 때문에 현재가치는 제3장에서 설명한 영속연금의 현재가치 공식을 사용하여 구해진다.

기업가치(MM(1963), 법인세 고려)

$$V_L = V_U + T_C B \quad (9\text{–}11)$$

단, V_L은 부채사용기업의 기업가치이고 V_U는 순수 자기자본기업의 기업가치이다.

그림 9-3 자본구조와 기업가치(MM, 1963)

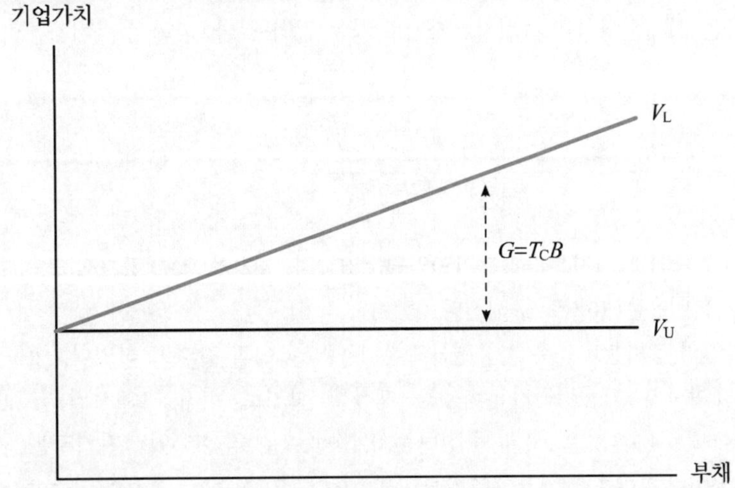

[표 9-2]의 예에서 부채를 사용하지 않을 경우의 기업가치가 750억원이고 부채의 법인세절약효과는 100억원이므로, 이 회사의 기업가치는 850억원(=750억+100억)이 된다.

기업가치를 나타내는 식(9-11)을 그림으로 보인 것이 [그림 9-3]이다. [그림 9-3]에서 부채를 더 많이 사용할수록 법인세절약효과가 더 크게 얻어지기 때문에 기업가치도 함께 증가한다. 따라서 법인세가 존재하는 경우 기업은 가능한 한 많은 부채를 사용하는 것이 유리하며, 극단적으로 99%를 부채로 조달하고 단 1%만을 자기자본으로 조달하는 상황과 같이 극한의 부채비율(extreme leverage)에서 기업가치를 극대화하는 최적자본구조가 실현된다.

참고 총자본비용과 자기자본비용

제8장의 식(8-1)에서 기업의 총자본비용 k_o는 법인세지급후 기준의 기대영업이익을 기업가치로 나눈 값으로 정의하였다. 이 식(8-1)에서 말하는 기업가치는 식(9-11)의 기업가치와 동일한 개념이다. 따라서 기업의 총자본비용 k_o는 다음과 같이 나타내진다.

$$k_o = \frac{(1-T_C)E(O)}{V_U + T_C B} \qquad (9\text{–}12)$$

[표 9-2]에서 L회사의 총자본비용은 법인세지급후 기대영업이익 (1−0.25) ×120억원을 기업가치 850억원으로 나눈 값이므로 10.59%로 구해진다. 식(9-12)에서 분자의 법인세지급후 기대영업이익(= $(1-T_C)E(O)$)은 부채 수준에 관계없이 일정하다. 그러나 분모의 기업가치(= $V_U + T_C B$)는 부채 수준 B의 증가에 따라 증가한다. 따라서 총자본비용 k_o는 부채 수준 B의 증가에 따라 감소한다.

자기자본비용은 기대순이익을 자기자본가치로 나눈 값과 같다. 따라서 자기자본비용은 다음 식에 의해 구해진다.

$$k_e = \frac{(1-T_C)[E(O)-iB]}{S} = \frac{(1-T_C)[E(O)-iB]}{V_L - B} \qquad (9\text{–}13)$$

[표 9-2]에서 L회사의 자기자본가치는 450억원(=850억−400억)으로 평가되고 기대순이익은 72억원이므로 자기자본비용은 16%로 구해진다.

제8장에서 기업의 총자본비용은 가중평균자본비용(WACC)과 같다고 하였다. 이를 확인하기 위하여 [표 9-2]의 L회사의 가중평균자본비용을 계산해 보기로 하자. L회사의 부채의 자본비용은 $k_i = (1-0.25) \times 6\% = 4.5\%$이고, 부채 구성비는 0.4706(=400억÷850억), 자기자본 구성비는 0.5294 =450억 ÷ 850억)이다. 따라서 가중평균자본비용(WACC)은 $0.4706 \times 0.045 + 0.5294 \times 0.16 = 10.59\%$로 계산된다.

참고 수정현재가치에 의한 투자안의 가치평가

MM(1963)의 자본구조이론의 핵심은 기업가치가 순수 자기자본기업으로서의 가치와 부채이용에 따른 세금효과라는 두 부분으로 이루어졌다는 주장이다. 투자안을 하나의 작은 기업으로 인식한다면, MM(1963)의 논리를 투자안에도 적용할 수 있으며, 이렇게 평가된 투자가치를 수정현가(adjusted present value: APV)라고 부른다.[8]

어떤 투자안의 수정현가(APV)는 기본NPV(base-case NPV)에 부채이용의 법인세절약효과를 더하고 조달비용(floating costs)를 차감하여 계산된다.[9] 기본 NPV는, 순수 자기자본기업의 기업가치를 계산

8 이 수정현재가치의 구체적인 방법에 대해서는 R. A. Brealey & S. C. Myers, *Principles of Corporate Finance*, 9th ed. pp.546~549를 참조.

9 고위험 투자안을 채택하면 재무적 곤경의 비용이 발생할 수 있고 또 투자 성과의 감시가 어려운 투자안을 채택하면 무시할 수 없는 크기의 대리인비용이 발생할 수 있다. 수정현가를 계산할 때 이런 요인도 고려하여야 한다는 것은

한 것과 마찬가지로, 투자안의 최초투자액을 자기자본만으로 조달할 경우의 NPV이다. 예를 들어, 최초투자액으로 20억원이 소요되고 순현금흐름이 매년 5억원씩 5년간에 걸쳐 얻어질 것으로 예상되는 투자안이 있다하자. 이 투자안의 경영위험만을 반영한 자본비용이 8%라고 하자.[10] 이 투자안의 기본NPV는 다음과 같이 -364.5만원으로 계산된다.

$$기본\ NPV = \sum_{t=1}^{5} \frac{5억}{(1+0.08)^t} - 20억 = -364.5만원$$

수정현가를 구하는 다음 단계는 부채의 법인세절약효과를 구하는 것이다. 여기에서 부채의 의미는 특정 투자안을 실행하면서 조달하는 부채의 크기를 의미하는 것이 아니고, 투자안을 채택할 경우 기업의 차입능력(debt capacity)이 얼마나 증가할 것인지를 의미한다. 예를 들어, 위의 투자안을 채택할 경우 회사의 차입능력이 10억원만큼 증가할 것으로 예상된다면, 이 10억원에 법인세율 25%를 곱하여 얻어진 2.5억원이 부채의 법인세절약효과의 크기이다.

마지막으로, 수정현가(APV)는 위의 기본NPV에 부채의 법인세절약효과를 더한 2억4,635.5만원이다.

$$APV = -364.5만 + 2.5억 = 2억4,635.5만원$$

이 예에서 기본NPV는 (−)값이지만 투자안 때문에 차입능력이 증가함으로써 발생하는 부채의 법인세절약효과가 상당히 큰 (+)값이므로 수정현가는 (+)값으로 평가된다.

위의 예에서는 조달비용을 무시하였지만 투자자금을 조달하기 위해 신주 또는 회사채를 발행할 예정이라면 증권인수 수수료, 인쇄비 등 여러 가지 발행비용이 소요된다. 이 발행비용은 투자안의 최초투자액의 조달과 관련되어 발생하므로 수정현가를 계산할 때 차감하여 주어야 한다.

동일한 투자안에 대해 위와 같이 계산된 수정현가와 제8장에서와 같이 투자안의 자본비용을 구하여 계산된 순현재가치는 서로 다른 값을 가질 수 있다. 그 차이는 투자안의 채택(즉, 새로운 자산의 취득)으로 얻어진 기업의 차입능력 증가가 투자안의 자본비용에 미치는 영향을 고려하는 방법의 차이에 기인한다.

매우 당연한 일이다. 재무적 곤경의 비용이나 대리인비용을 구체적 수치로 환산하는 것이 현실적으로 매우 어려운 일이긴 하지만 어느 정도 납득할만한 수준의 값을 반영해야만 한다.

10 경영위험만을 반영한 자본비용을 알지 못하는 경우, 대용기업의 베타계수에 제8장의 식(8-12b)를 적용하여 경영위험만을 반영한 베타계수를 구한 다음, CAPM을 사용하여 자본비용을 구하여야 한다.

제3절 여러 가지 현실적 요인들

제2절에서는 법인세를 고려한 경우 자본구조가 기업가치에 어떤 영향을 미치는가를 설명하고, 부채의 법인세절약효과 때문에 자기자본에 의한 자본조달보다는 부채에 의한 자본조달이 더 유리하다는 것을 설명하였다. 제2절에서 설명한 MM의 자본구조이론이 1963년에 제시된 이후 여러 가지 현실적 요인들을 고려한 자본구조이론들이 다양하게 제시되었다. 이 절에서는 먼저 개인소득세의 영향을 설명하고, 기업의 재무적 곤경이나 대리인문제 또는 정보비대칭의 문제 등이 자본구조에 어떤 영향을 미칠 수 있는가를 차례로 설명하기로 한다.

9.3.1 개인소득세

기업의 자본구조 결정에서 법인세와 함께 중요하게 고려하여야 할 세금으로서 개인소득세가 있다. 기업의 채권자들은 부채로부터의 소득(=이자소득)에 대한 개인소득세를 부담하여야 하고 주주들은 주식으로부터의 소득(=배당소득 및 자본이득)에 대한 개인소득세를 부담하여야 한다.

일반적으로 부채에 대한 개인소득세보다는 주식에 대한 개인소득세가 더 낮다. 부채에 대한 개인소득세는 이자소득세의 형태로 부과된다. 우리나라에서는 금융자산소득(즉, 이자소득과 배당소득의 합계)이 2천만원 미만인 경우 이자소득에 대하여 15.4%의 이자소득세가 부과되지만 그 이상일 경우 종합소득에 합산되어 과세되므로 이보다 높은 누진세율로 과세된다.[11]

주식에 대한 개인소득세는 배당소득세와 자본이득세의 두 가지 형태로 부과된다.[12] 우리나라 상장회사 주식의 경우 배당소득세율은 이자소득세율과 동일하지만, 주식투자소득 중 배당소득이 차지하는 비중이 그리 크지 않기 때문에 주주가 부담하는 배당소득세는 거의 무시할 정도의 수준이다. 또 우리나라에서는 상장주식의 양도로 발생한 자본이득에 대해서는 자본이득세를 과세하지 않고 있다. 따라서 주식의 개인소득세율은 부채에 대한 개인소득세율에 비해 매우 낮은 수준이라고 할 수 있다.

이처럼 부채의 개인소득세율이 주식의 개인소득세율보다 높은 경우, 투자자들은 동일한 소득을 부채의 이자 형태로 실현하기보다는 주식투자 소득의 형태로 실현하는 것이 유리하다. 따라서 동일한 소득을 가져다준다면, 주식(자기자본)의 가치가 부채의 가치보다 높게 평가된다. 이것은 개인소득세

11 일반적으로 개인소득세율은 소득이 많을수록 더 높은 세율이 부과되는 누진세율체계를 따르고 있다. 우리나라에서 연간 2천만원 이상의 금융소득(이자소득 및 배당소득)은 종합소득에 합산되어 과세되기 때문에 누진세율의 적용을 받는다. 그러나 2천만원 미만의 금융소득을 얻을 경우, 이자소득 및 배당소득에 대해 소득세로 14%, 주민세로 1.4%, 합계 15.4%가 원천징수된다.

12 자본이득(capital gain)은 자산가격의 상승으로 발생한 소득이다. 우리나라에서는 자산을 양도할 때 가격상승으로 발생한 양도소득에 대해 과세하므로 자본이득세라고 하지 않고 양도소득세라고 한다.

만을 고려하는 경우 자기자본에 의한 자본조달이 부채에 의한 자본조달보다 더 유리하다는 것을 의미한다. 그리고 법인세와 개인소득세를 모두 고려할 경우 부채이용의 법인세절약효과가 부채조달에 따른 높은 이자소득세 부담에 의해 부분적으로 상쇄될 수 있다. 그 결과, 부채이용의 세금절약효과(tax shield of debt)는 법인세만을 고려할 경우보다 작아진다.

참고 **개인소득세를 고려한 부채의 세금절약효과**

법인세율을 T_C, 주식투자 소득에 대한 개인소득세율을 T_S, 이자소득에 대한 개인소득세율을 T_P로 표기하기로 하자. 이 경우, 주주들이 얻게 될 납세후 투자소득은, 법인세를 지급한 후의 기대순이익에 다시 개인소득세를 지급하게 되기 때문에, $[E(O)-iB](1-T_C)(1-T_S)$으로 나타내진다. 그리고 채권자가 얻게 될 납세후 이자소득은 $iB(1-T_P)$이다.

기업의 청구권자들이 얻게 될 납세후 기대소득은 주주의 소득과 채권자의 소득을 합계한 것이기 때문에 $[E(O)-iB](1-T_C)(1-T_S)+iB(1-T_P)$과 같고, 이는 $E(O)(1-T_C)(1-T_S)+iB[(1-T_P)-(1-T_C)(1-T_S)]$로 정리된다. 이 식의 첫 번째 항인 $E(O)(1-T_C)(1-T_S)$의 부분은 부채를 사용하지 않은 순수자기자본기업의 주주들이 얻게 될 기대소득이고, 두 번째 항 $iB[(1-T_P)-(1-T_C)(1-T_S)]$은 부채사용기업에서 지급한 이자의 세금효과를 나타낸다. 부채의 세금절약효과는 이 두 번째 항을 채권자의 요구수익률인 $i(1-T_P)$로 나누어 계산된 현재가치이므로 다음 식과 같이 나타낼 수 있다.

$$G=\frac{iB[(1-T_P)-(1-T_C)(1-T_S)]}{i(1-T_P)} \qquad (9\text{–}14)$$
$$=B\left[1-\frac{(1-T_C)(1-T_S)}{(1-T_P)}\right]$$

이 식에서 주식투자 소득의 개인소득세율이 0이고 이자소득세율이 15%, 법인세율이 25%라면, $G=B[1-(1-0.25)/(1-0.15)]=0.1176B$가 된다. 그러나 이자소득세율이 30%로 된다면 이 값은 -0.0714B로 감소한다. 이처럼 개인소득세율을 고려할 경우의 부채의 세금절약효과는 각종 세율의 상대적인 크기에 따라 달라진다.

참고 밀러(1977)의 균형부채이론과 이에 대한 수정

밀러(1977)는 부채이자에 대한 개인소득세율이 누진적이고 주식투자소득에 대한 개인소득세율이 0인 경우, 부채의 법인세절약효과와 개인소득세 부담이 동일하게 되는 수준에서 사회 전체의 부채발행액이 결정되고, 원래의 MM명제 I에서와 같이 기업가치가 부채비율과 무관하게 된다고 주장한다.[13]

밀러 이론의 핵심은 부채의 개인소득세율이 법인세율과 같아지는 수준에서 사회 전체의 균형부채량(equilibrium debt)이 결정된다는 점에 있다. 즉, 주식의 개인소득세율이 0이고 부채의 개인소득세율이 누진세율일 때, 사회 전체적으로 부채발행액이 증가할수록 이자소득에 대한 개인소득세율도 증가한다. 개인소득세율이 법인세율보다 낮은 한, 지급이자의 법인세절약효과가 이자소득의 개인소득세 부담보다 크기 때문에, 부채발행액이 증가할수록 투자자 전체의 부는 증가한다. 그러나 사회 전체의 부채발행액이 너무 많아지면, 이자소득이 증가하여 부채의 개인소득세율이 법인세율보다 더 높게 된다. 이때에는 부채발행으로 얻어진 지급이자의 법인세절약효과보다 이자소득의 개인소득세 부담이 더 커지게 되는 결과가 된다. 이것은 사회 전체적인 부채총량이 증가할수록 투자자들의 부가 감소하게 된다는 것을 의미한다. 따라서 사회 전체적인 부채발행액은 부채의 법인세절약효과와 개인소득세 부담이 같아지는 수준, 즉 개인소득세율이 법인세율과 같아지는 수준까지 증가한다. 밀러는 개인소득세율이 법인세율과 같아지도록 하는 수준의 부채 수준을 균형부채량이라고 부르고, 균형부채의 수준에서 법인세율이 부채의 개인소득세율과 같아지기 때문에 부채의 세금효과가 0으로 된다고 주장하였다.

이상과 같은 밀러의 주장에 대하여 디안젤로와 마슐리스(H. DeAngelo & R. Masulis, 1980)는 비부채성 세금절약효과를 고려하여 수정을 가하고 있다. 그들에 의하면, 부채 이외의 다른 요인도 법인세 절약효과를 갖고 있기 때문에, 기업은 부채의 법인세절약효과가 가져다주는 이득을 충분히 얻어낼 수 없다고 본다.[14]

실제로 기업들은 부채이용의 법인세절약효과뿐만 아니라 감가상각의 법인세절약효과, 투자지출의 법인세공제, 기타 여러 가지 법인세감면제도를 활용하고 있으며, 이로 인한 세금절약효과를 비부채성 세금절약효과(non-debt tax shield)라고 부른다. 디안젤로와 마슐리스는 이러한 비부채성 세금절약효과가 충분히 커서 납세전 순이익이 (−)값을 갖게 되면, 아무리 부채의 지급이자가 크다 하더라

---

13 M. H. Miller, "Debt and Taxes," *Journal of Finance* (May 1977). 그는 주식투자소득에 대한 개인소득세율이 0이라고 가정하였지만 이 가정은 현실적인지는 각국의 조세제도에 따라 다르다. 그가 이렇게 가정한 이유는 1977년 당시에는 상장주식의 자본이득에 대해 세금이 사실상 부과되지 않고 있었고 배당소득세도 면세투자수단을 이용하여 회피될 수 있다고 보았기 때문이다. 그러나 1986년 미국의 세제개혁에 의해 주식의 자본이득과 배당소득에 대해 동일한 세금을 부담하게 되었다.

14 H. DeAngelo & R. Masulis, "Optimal Capital Structure under Corporate and Personal Taxation," *Journal of Financial Economics*, Vol, 8(March 1980).

도 이것을 손금처리하여 법인세절약효과를 얻어낼 수 없게 된다.

또 비부채성 세금절약효과가 없더라도, 어떤 회사가 적자를 본 경우에는 지급이자가 아무리 많더라도 법인세절약효과를 가져다주지 않는다. 법인세는 이자지급 후의 납세전 순이익에 대해 과세되는 것이기 때문에, 부채를 많이 사용하여 이자지급액이 많을수록 납세전 순이익이 (−)가 될 가능성이 크다. 따라서 평균적으로 볼 때, 부채가 증가할수록 실효(effective) 법인세율은 낮아지고 지급이자 1원당 법인세절약효과도 낮아질 것으로 볼 수 있다.

따라서 개별 기업 차원에서 볼 때, 부채를 적절하게 사용하면 그로부터 얻어지는 부채의 법인세절약효과가 부채의 개인소득세 부담보다 클 것이기 때문에 부채사용은 기업가치를 증가시킬 것이다. 그러나 부채를 너무 많이 사용하게 되면, 비부채성 세금절약효과나 적자가능성 때문에 부채의 법인세절약효과가 부채의 개인소득세 부담보다 작아지게 되므로, 부채이용은 기업가치를 감소시키게 될 것이다.

9.3.2 재무적 곤경의 비용

MM의 자본구조이론에서는 기업의 자본구조에 관계없이 일정한 이자율로 차입할 수 있다고 가정하였다. 그러나 현실적으로 부채비율이 일정 수준을 넘어서면 기업이 재무적 곤경에 빠질 가능성을 채권자들이 의식하기 때문에 부채에 대한 이자율은 크게 상승한다.

재무적 곤경(financial distress)은 기업이 채무를 변제하지 못하는 상황을 의미한다. 재무적 곤경은 기업이 실제로 채무를 변제하지 못하는 사태뿐만 아니라 채무불이행의 가능성이 현저한 상황까지도 포함한다.

기업이 재무적 곤경에 처하게 되면, 기업의 청구권자들은 여러 가지 재무적 곤경의 비용(costs of financial distress)을 부담하게 된다. 재무적 곤경의 비용은 직접비와 간접비로 구분된다. 직접비는 재무적 곤경의 사태진전과 직접적으로 관련하여 발생하는 비용으로서 변호사비용, 소송비용, 기타 관리비용과 같은 마찰의 조정비용을 들 수 있다. 1980년대 미국의 파산기업 사례를 분석한 연구에 의하면, 직접비가 파산 1년전 장부상 총자산가치의 3%, 자기자본 시장가치의 20%에 달하는 것으로 보고 있다.[15]

재무적 곤경의 직접비보다 더 큰 부담은 이로 인해 부수적으로 발생하는 간접비이다. 간접비에는 ① 근시안적 경영(과소투자)에 따른 기업가치 하락, ② 거래관계의 위축에 따른 손실, ③ 청산절차의 지연에 따른 자산가치의 하락 등이 포함된다.

15 이것은 1980~1986년 기간의 31개 파산기업 사례를 분석한 결과이다. L. A. Weiss, "Bankruptcy Resolution: Direct Costs and Violation of Priority of Claims," *Journal of Financial Economics* (Oct. 1990)를 참조할 것.

재무적 곤경에 수반되는 간접비 중 특히 문제되는 것은 첫 번째의 근시안적 경영 때문에 발생하는 과소투자(underinvestment)의 문제이다. 높은 부채비율 때문에 재무적 곤경의 가능성이 커지게 되면, 경영자는 (+)의 NPV를 갖는 투자안이라 하더라도 가까운 미래에 큰 현금흐름이 얻어질 것으로 예상되지 않는 한 그런 투자안을 채택하려 하지 않을 것이다. 또 R&D 지출, 설비의 수선 및 유지비용, 광고비, 교육훈련비 등과 같이 장기적 효과를 기대하는 지출도 가능한 한 줄이려 한다. 요약하면, 부채비율이 높기 때문에 재무적 곤경의 가능성이 크면, 경영자는 단기적 현금흐름을 중시하는 근시안적 경영에 집착할 수밖에 없기 때문에, 장기적으로 가치있는 투자기회를 채택하지 못하는 문제, 즉 과소투자의 문제가 발생하게 된다.

재무적 곤경이 실제로 발생할 때 재무적 곤경의 비용이 어느 정도로 발생할 것인지는 보유자산의 특성, 중고자산 시장과 M&A 시장의 발달, 재무적 곤경을 처리하는 제도의 효율성 등과 같은 여러 가지 요인의 영향을 받아 결정된다. 여기에서 특히 중요하게 고려되어야 할 요인은 회사가 보유하는 주요 자산의 특성이다. 어떤 회사의 자산이 기업고유자산(firm-specific asset), 즉 그 회사에서만 유용하게 사용되고 다른 업종이나 다른 기업에서는 유용하게 사용될 수 없는 자산으로 주로 이루어져 있다면, 그 회사가 재무적 곤경에 빠져 청산하게 될 때 기업고유자산의 청산가치는 매우 낮게 평가될 것이므로 재무적 곤경의 비용은 더 크게 발생할 것이다. 이와는 달리 다른 기업 또는 업종에서도 용도를 쉽게 발견할 수 있는 자산의 청산가치는 정상적 상태에서의 시장가치와 큰 차이를 보이지 않을 것이므로, 그런 자산의 비중이 큰 회사의 재무적 곤경의 비용은 보다 적을 것이다.

재무적 곤경의 비용이 정상적 기업가치에 비해 어느 정도의 크기일 것인지에 대해서 공통된 추정치가 존재하지 않는다. 그러나 재무적 곤경의 비용이 무시할 수 없을 정도의 크기라는 사실은, 재무적 곤경이 거의 분명해진 상황에서조차 채권자들이 회사의 파산보다는 상환연기 등의 방법을 통해 회사의 존속을 선호하는 경향을 보인다는 것으로부터 짐작할 수 있다.[16]

재무적 곤경의 비용을 고려할 때 중요한 것은 재무적 곤경의 확률이다. 왜냐하면, 기업가치에 반영되는 재무적 곤경의 비용은 재무적 곤경에 처하여 실제로 발생하는 비용이 아니라, 미래에 발생할 것으로 예상되는 재무적 곤경의 비용에 대한 현재가치이기 때문이다. 따라서 기업가치에 반영되는 재무적 곤경의 현재가치를 PVFD(present value of costs of financial distress)로 나타내면, 이 PVFD는 다음과 같이 계산된다.[17]

---

16 서양의 금융격언에 "1,000달러를 빌리면 은행가를 얻는 것이지만, 1,000만 달러를 빌리면 동업자를 얻는 것과 같다(Borrow $1,000 and you've got a banker. Borrow $10,000,000 and you've got a partner)"라는 말이 있다. 이것은 큰 돈을 빌려준 채권자는 사실상 동업자나 마찬가지라는 뜻이다. 즉, 큰 돈을 빌린 채무자가 채무불이행에 빠지게 되면 채무자뿐만 아니라 채권자도 큰 손실을 보게 되기 때문에, 채권자도 채무자와 사실상 동일한 이해관계를 갖게 된다는 뜻이다.

17 하나의 예로서, 유명한 석유회사인 텍사코(Texaco)가 재무적 곤경을 이유로 1987년 4월 10일 법원에 파산신청을 냈을 때의 주가반응을 통해 재무적 곤경의 비용의 크기를 어느 정도 추측할 수 있다. 당시 텍사코의 최대 채권자는 펜조일(Pennzoil)이라는 모터오일 제조회사이었다. 아래의 표는 파산신청을 전후하여 텍사코와 펜조일 양사의 주가가 어떻게 달라졌는지를 보여준다.

PVFD =(재무적 곤경이 실제로 발생할 경우의 비용에 대한 현재가치)
×(재무적 곤경이 발생할 확률) (9–15)

이 식에서 알 수 있는 바와 같이, 실제로 재무적 곤경이 발생할 경우 발생하는 비용이 상당히 크다 할지라도 재무적 곤경의 확률이 무시할 정도로 적다면 재무적 곤경으로 인한 기업가치의 하락은 그리 크지 않다. 그러나 재무적 곤경의 확률은 부채비율의 증가에 따라 증가할 것이므로, 부채의존도의 증가에 따라 재무적 곤경의 비용에 대한 현재가치(PVFD)도 증가하게 될 것이다.

그림 9-4 재무적 곤경의 비용과 기업가치

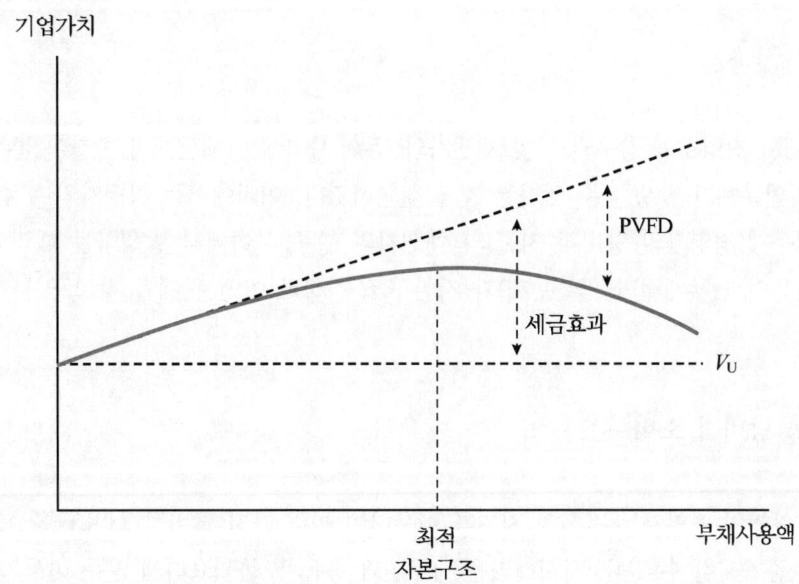

	텍사코	펜조일
1987년 4월 10일(금)	$31.875	$92.125
1987년 4월 13일(월)	$28.50	$77.00
차이	−$3.375	−$15.125

당시 텍사코와 펜조일의 발행주식총수는 각각 2억4,200만주와 4,150만주이었으므로, 텍사코와 펜조일의 주주의 부는 각각 8억1,700만 달러와 6억2,800만 달러만큼 감소하였다. 따라서 텍사코의 재무적 곤경으로 인한 자산가치 감소액은 최소한 그 합계인 14억4,500만 달러에 달한다고 볼 수 있다. 이 금액은 4월 10일 주가기준으로 양사의 자기자본 총액의 12.5%에 해당하는 것으로서, 자본시장의 투자자들이 재무적 곤경의 현재가치를 평가한 것이라고 할 수 있다.

재무적 곤경의 확률이 기업의 자본구조와 어떤 관계를 가지고 있는가에 대하여 충분한 자료가 주어지지 않고 있다. 그러나 부채비율의 증가에 따라 재무적 곤경의 확률은 체증적으로 증가하는 경향을 갖는 것으로 흔히 생각되고 있다. 부채비율의 증가에 따라 재무적 곤경의 확률이 체증적으로 증가한다면, 이는 PVFD 역시 부채비율의 증가에 따라 체증적으로 증가할 것이라는 것을 의미한다.

따라서 부채비율이 높은 기업에서는 재무적 곤경의 확률이 크기 때문에, 기업가치의 하락이 큰 폭으로 발생할 수 있다. 그러한 상황을 그린 것이 [그림 9-4]이다. [그림 9-4]에 의하면 부채이용의 세금효과와 재무적 곤경의 비용을 고려하면 최적자본구조가 존재할 수 있음을 보여 주고 있다. 즉, 재무적 곤경의 비용이 존재하기 때문에 기업가치는 극한의 부채비율이 아닌 어떤 수준의 최적자본구조에서 극대화된다.

9.3.3 대리인비용

이미 제1장에서 경영자와 청구권자 및 채권자와 주주 사이에 이해관계의 마찰이 존재하기 때문에 여러 가지 대리인문제가 발생할 수 있다는 것을 설명하였다. 여기에서는 경영자와 주주 사이에서 발생하는 대리인문제(경영자의 낭비적 지출)와 채권자와 주주 사이에서 발생하는 대리인문제(주주의 고위험투자의 유인과 부채걸림돌의 문제)가 자본구조 결정과 어떤 관계를 갖고 있는가를 다루기로 한다.

1) 경영자의 낭비적 소비

일반적으로 기업의 경영자는 자신의 지위를 이용하여 여러 가지 낭비적 소비(perks)를 즐김으로써 자신의 효용을 증가시킬 수 있다. 사치스러운 사무실과 승용차, 불필요하게 많은 비서, 과다한 여행경비 등이 그 예이다. 경영자의 낭비적 소비는 경영자 자신의 비용으로 충당되지 않고 주주들의 비용으로 충당되기 때문에 기업가치의 하락을 가져온다. 따라서 경영자의 낭비적 소비는 주주가 부담하는 대리인비용을 발생시킨다.

먼저 기업의 경영자가 자기자본의 모든 지분을 소유하고 있는 소유경영자라고 가정하자. 이 경우 그 경영자가 1,000만원의 가치에 해당하는 낭비적 소비를 지출하였다면, 이 지출은 그 자신의 부(富)를 1,000만원만큼 감소시킨다. 따라서 그는 낭비적 소비가 주는 만족과 자신의 부에 미치는 영향을 고려하여 낭비적 소비의 크기를 결정할 것이다.

이제 이 경영자가 25%의 지분만을 소유하고 나머지 75%를 외부자기자본(outside equity)에 의해 조달하였다 하자. 이 경우 경영자가 1,000만원의 낭비적 소비를 즐겼다면, 이 1,000만원의 지출로 인해 외부주주의 부가 750만원, 자신의 부가 250만원만큼 감소한다. 이 경영자는 앞의 경우와 마찬가지로 1,000만원의 낭비적 소비를 즐겼음에도 불구하고 자신의 부의 감소는 250만원에 지나지 않는다. 따라서 다른 제약이 없는 한, 경영자가 느끼는 낭비적 소비의 유인은 100%의 지분을 갖고 있는 경우보다 클 수밖에 없다.

극단적으로 경영자가 전혀 지분을 갖고 있지 않은 경우, 1,000만원의 낭비적 소비가 가져다주는 즐거움은 동일하지만, 그 부담은 외부주주에게 모두 전가되고 자신의 부(富)에 미치는 영향은 0이다. 따라서 경영자는 자신의 부의 감소가 없이 더 많은 낭비적 소비를 즐기려 할 것이므로 외부주주들이 부담하는 대리인비용은 크게 증가하게 된다.

이상의 설명에서 알 수 있는 바와 같이 경영자의 지분비율이 낮을수록, 그리고 외부주주의 지분비율이 높을수록 낭비적 소비의 유인은 증가하며 주주의 부는 감소한다. 따라서 낭비적 소비로 인한 주주의 부(富)의 감소는 자기자본의 대리인비용이라고 할 수 있다. 이 자기자본의 대리인비용은 외부주주로부터 조달된 자기자본이 클수록 그 크기는 증가한다.

2) 고위험 투자의 유인: 자산대체문제

채권자와 주주의 관계도 일종의 대리인 관계이다. 채권자는 부채를 제공하는 주인의 입장이고 주주는 그 부채를 관리하는 대리인이라고 할 수 있다. 채권자는 자신이 제공한 부채를 주주가 안전한 자산에 투자하여 만기에 원리금을 약정대로 상환해 주기를 원한다. 그러나 주주들은 유한책임을 지기 때문에, 부채비율이 높은 회사의 주주들은 고위험 투자를 선택하고자 하는 유인을 갖고 있다.

만일 어떤 회사의 투자액이 100% 자기자본만으로 이루어져 있다면, 이 회사가 투자하여 이익을 보든 손실을 보든 그 결과는 모두 주주들에게 귀속된다. 따라서 자기자본만으로 이루어진 회사에서는 어떤 투자안의 채택으로 인한 기업가치의 증가가 곧 주주부의 증가로 연결된다. 따라서 이런 회사의 주주들은 고위험 투자이든, 또는 저위험 투자이든 위험에 비해 높은 기대수익이 얻어지면 그 투자안을 채택하려 할 것이다.

어떤 회사의 부채비율이 매우 높은 경우(예컨대 95%의 부채와 5%의 자기자본으로 조달된 경우), 이 회사의 주주들이 어떤 투자결정을 내릴 것인지를 생각해 보자.

이 회사가 저위험 투자안을 NPV가 (+)라는 이유로 채택할 경우, 이 투자결정은 위험이 작기 때문에 부채의 원리금을 갚는 데에는 유리하지만 주주들에게 귀속되는 이익은 그리 크지 않을 것이다.

다른 경우로서, 이 회사가 (−)의 NPV를 갖는 고위험 투자안을 선택할 경우, 이런 선택은 채권자에게는 불리하지만 주주에게는 유리한 결과를 가져다 줄 수 있다. 왜냐하면 고위험 투자안이 성공할 경우 커다란 (+)의 현금흐름이 얻어지기 때문에, 부채의 원리금을 갚을 수 있을 뿐만 아니라 주주에게도 커다란 이익을 가져다준다. 반대로 이 투자안이 실패하면 매우 적은 현금흐름만 얻어지기 때문에, 채권자들은 부채의 원리금을 상환받지 못하게 되어 큰 손해를 보지만, 주주들은 유한책임을 지기 때문에 소액의 투자액만을 잃게 된다. 따라서 부채비율이 높은 회사의 주주의 입장에서 볼 때, 고위험

투자안을 채택함으로써 성공할 때의 큰 이득과 실패할 때의 작은 손실을 얻는 것이 최선의 선택이 될 것이다. 이와 같이 부채비율이 높은 회사의 주주들이 NPV가 큰 저위험 투자안 대신 NPV가 작거나 (−)인 고위험 투자안을 선택하려는 경향을 보이며, 이런 현상을 자산대체(asset substitution) 문제라고 한다.

채권자도 주주가 고위험 투자의 유인을 갖고 있다는 것을 잘 알고 있다. 따라서 채권자들은 부채비율이 높은 회사에 부채를 제공할 때에는 고위험 투자안을 채택하지 않도록 여러 가지 제약을 채무계약에 포함시킨다.[18] 예컨대, 투자대상의 제한, 추가적 부채이용의 제한, 배당정책의 상한선 설정, 은행의 임원파견 등과 같은 제약 등이 그런 것들이다. 이런 제약들 때문에 주주들에게 최선의 선택인 고위험 투자안을 포기하고 차선의 선택인 저위험 투자안을 채택하도록 강요된다. 결과적으로 주주들은 더 유리한 투자결정을 포기하여야 하는 데 따른 기회비용을 부담하게 되며, 이 기회비용이 부채이용에 따른 대리인비용이라고 할 수 있다. 또 기업이 더 많은 부채를 이용할수록 채권자가 요구하는 제약의 강도는 증가하므로, 이 부채의 대리인비용 역시 증가한다.

3) 부채걸림돌 문제: 기존 부채로 인한 과소투자

상당한 크기의 부채가 이미 존재하는 경우, 그 부채 때문에 좋은 투자기회를 포기해야 하는 경우가 있을 수 있다. 이 경우 주주들은 기존 부채의 존재 때문에 최선의 대안을 포기하는 데 따른 부채의 대리인비용이 발생한다.

예를 들어, 어떤 회사가 이미 많은 부채를 사용하고 있고 또 기존 자산도 어느 정도의 경영위험을 갖고 있다고 하자. 이제 이 회사가 위험이 적은 새로운 투자안을 개발하여 채택 여부를 검토한다고 하자. 기존 부채가 없는 경우라면, 투자안 자체의 위험이 작으므로 미래 현금흐름을 낮은 자본비용으로 할인하여 NPV를 계산할 것이다. 그리고 이렇게 구해진 NPV가 (+)이면, 이 투자안은 당연히 채택될 것이다.

그러나 기존 부채가 존재하는 경우 상황은 크게 달라질 수 있다. 일반적으로 기존 부채는 채무변제의 우선순위가 신규 부채보다 높다. 새로운 투자안의 현금흐름의 위험도가 낮더라도, 이를 포함한 기업의 모든 현금흐름은 우선적으로 기존 부채의 원리금을 상환하는 데 사용되어야 한다. 따라서 기존 부채가 존재하는 경우, 투자안 자체는 위험이 낮더라도 높은 자본비용으로 투자자금을 조달할 수 밖에 없으므로, 높은 자본비용으로 순현금흐름을 할인하여야 한다. 그 결과 투자안의 순현재가치가 (−)로 바뀌게 되어 투자를 포기하여야 하는 상황, 즉 과소투자(underinvestment)의 문제가 발생한다.

---

18 채무계약에 의한 제약조건은 부채의 신용등급이 낮을수록 복잡하고 엄격해진다. 예를 들어, 1992년 Continental Medical System이라는 회사는 선순위 회사채를 발행했는데 추가부채의 발행, 기업지배권 변동, 배당 및 자사주매입, 자산처분, 재산의 유지, 보험 등에 관한 상세한 제약조건이 채무계약에 포함되어 있으며 그 길이가 무려 100페이지에 달했다.

이와 같이 기존 부채의 존재 때문에 투자자금을 저렴하게 조달할 수 없게 되어 투자안 채택이 어려워지는 상황을 부채걸림돌(debt overhang) 문제라고 한다.[19]

프로젝트금융(project financing)은 부채걸림돌 문제를 해결하기 위한 하나의 방법이다. 즉, 기존 부채로 인한 걸림돌 때문에 (+)의 순현재가치를 갖는 투자안을 포기하지 않기 위하여, 그 투자안을 실행하는 별도의 기업을 만들어 기존 부채의 영향을 받지 않도록 하는 자금조달 방법으로 프로젝트금융이 이용될 수 있다.

부채걸림돌 문제를 해결하는 다른 방법은 채권자와 주주가 협조적 게임을 행하는 것이다. 만일 기존의 채권자들이 투자자금을 모아 낮은 이자율로 제공해 줌으로써 저위험 투자안이 채택되도록 협조하여 준다면, 채권자들은 부채의 채무불이행위험이 낮아지는 이득을 얻게 되고 주주들은 (+)의 순현재가치를 갖는 투자안을 채택함으로써 주주부가 증가되는 효과를 얻을 수 있게 된다. 그러나 우선순위가 낮은 채권자들은 이런 협조적 게임에 비교적 쉽게 합의하겠지만 우선순위가 높은 채권자들은 그렇지 않을 것이다. 따라서 기존 부채의 종류가 다양하고 그 우선순위의 차이가 클 경우 이런 협조적인 게임이 이루어지기가 쉽지 않다.

4) 대리인비용과 자본구조 결정

앞에서 설명한 바와 같이, 기업의 주주들이 부담하는 대리인비용은 자기자본의 대리인비용과 부채의 대리인비용이다. 자기자본의 대리인비용은 경영자의 낭비적 소비 때문에 발생하는 것으로서 외부자기자본에 의한 자본조달의 비중이 클수록 증가한다(즉, 부채의 비중이 클수록 감소한다). 그리고 부채의 대리인비용은 고위험 투자의 유인과 부채걸림돌 때문에 발생하는 것으로서 부채의 비중이 클수록 증가한다. 따라서 기업은 총대리인비용(=외부자기자본의 대리인비용+부채의 대리인비용)이 최소화되는 수준에서 자본구조를 결정한다.

이와 같은 자본구조와 대리인비용의 관계는 [그림 9-5]로 나타낼 수 있다. [그림 9-5]의 왼쪽은 필요한 자본의 100%를 외부자기자본으로 조달한 경우를 나타내고, 오른쪽은 필요한 자본의 거의 모두를 부채로 조달한 경우를 나타낸다. 자기자본의 대리인비용(AC_S)은 왼쪽으로 갈수록 더 커지고 부채의 대리인비용(AC_B)은 오른쪽으로 갈수록 더 커진다. 따라서 총대리인비용 TA_C는 부채의존도에 대하여 위로 오목한 함수관계로 나타내지며, B^*수준에서 최적자본구조가 결정된다.

19 이 문제를 처음 제기한 것은 S. Myers, "Interactions of Corporate Financing and Investment Decisions: Implications for Capital Budgeting," *Journal of Finance*, 29(1977), pp.1~25이다.

그림 9-5 대리인비용과 자본구조 결정

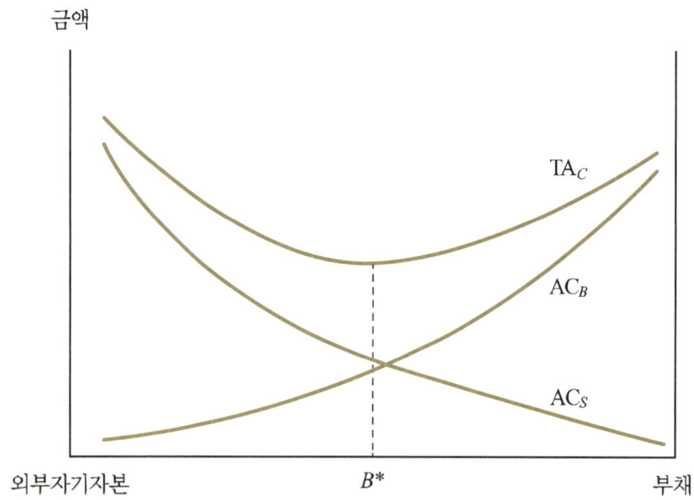

5) 대리인문제와 부채유형의 선택

주주와 채권자 사이에서 발생하는 대부분의 대리인문제는 주주들이 채권자의 부를 감소시킴으로써 자신의 부를 증가시키고자 하기 때문에 발생한다. 기업의 부채는 만기의 차이, 차입의 형태 등에 따라 다양한 종류가 존재하고, 또 주주들의 의사결정으로부터 받는 영향도 다르다. 그 결과, 기업이 어떤 종류의 부채를 사용하고 있는지에 따라 채권자와 주주 사이에 발생하는 대리인문제의 내용과 심각성도 달라질 수 있다.

일반적으로 장기부채에 크게 의존하고 있는 회사에서 대리인문제가 더 심각한 것으로 알려져 있다. 만일 어떤 회사의 부채가 새로운 투자의 투자자금을 조달하기 이전에 만기가 도래하는 단기부채로만 이루어져 있다면, 이 단기부채는 새로운 투자의 채택 여부에 아무런 영향을 미치지 않게 되므로 위에서 지적한 기존 부채라는 걸림돌(debt overhang) 때문에 발생하는 과소투자의 문제가 발생하지 않는다.

또 회사의 부채가 대부분 단기부채로 이루어져 있는 경우, 고위험 투자안을 채택하려는 유인도 줄어든다. 고위험 투자안의 투자성과가 충분히 나타나기 이전에 단기부채의 만기가 도래할 것이므로 주주는 기존 자산을 처분하여 부채를 상환하여야 한다. 그 결과 투자위험의 대부분이 주주의 부담으로 그대로 남게 되므로, 주주들은 구태여 고위험 투자안을 채택할 필요가 없다.

채권자의 입장에서 볼 때, 단기부채가 대리인문제를 감소시키는 데 공헌할 수 있지만, 그렇다고 해서 단기부채가 장기부채보다 언제나 유리한 것은 아니다. 특히 예상 밖의 이자율상승이 발생할 경우 단기부채에 크게 의존하고 있는 기업은 재무적 곤경에 더 쉽게 빠질 가능성이 있다. 따라서 단기부채에 크게 의존할 경우, 이자율변동의 위험을 제거하기 위해 선물(futures)이나 스왑(swap)과 같은 헤징수단을 이용하여야 한다. 이 점에 대해서는 제6장에서 설명하였다.

또 차입형태 역시 채권자와 주주 사이의 대리인문제에 영향을 미친다. 기업의 차입형태는 크게 공적 부채(publicly placed debt)와 사적 부채(privately placed debt)로 구분된다. 공적 부채는 회사채 등을 발행하여 불특정 다수의 채권자로부터 자금을 조달하는 것이고, 사적 부채는 은행 및 금융기관 차입금과 같이 소수의 채권자로부터 자금을 조달하는 부채이다. 사적 부채의 채권자들은 대출 후에도 기업(차입자)을 감시하고 재협상을 할 수 있기 때문에, 주주의 고위험 투자안 채택을 미리 방지하거나 저위험 투자안의 채택을 강제할 수 있다. 그러나 공적 부채의 채권자들은 채권발행 후 기업활동의 감시와 재협상에 큰 관심을 갖지 못하므로, 공적 부채가 많은 기업의 경우 채권자와 주주 사이의 대리인문제가 더 심각하게 발생할 수 있다.

사적 부채가 갖는 또 하나의 장점은 투자안에 숨겨진 비밀정보를 유지할 수 있다는 점이다. 투자자금을 공적 부채로 조달할 경우 투자안의 중요한 비밀이 공개되므로 경쟁력을 잃게 되어 투자가치가 하락할 수 있다.

9.3.4 정보비대칭

지금까지의 재무관리이론이 가정하고 있는 것은 경영자가 갖고 있는 모든 정보를 자본시장의 투자자들도 함께 갖고 있는 상황, 즉 정보의 보유에 있어 경영자와 투자자들이 대칭적 관계에 있는 상황이었다. 그러나 현실적으로 경영자는 기업의 미래 성과에 대하여 충분한 정보를 갖고 있지만 자본시장의 투자자(주주)들은 그렇지 못하기 때문에, 경영자와 투자자 사이에도 정보비대칭(information asymmetry)이 존재한다.

정보비대칭 하에서의 자본구조이론으로서 1977년에 제시된 로쓰의 신호이론과 1984년에 제시된 마이어즈와 마즐루프의 자본조달순위이론이 있다. 로쓰의 신호이론은 기업의 미래 성과에 대한 경영자의 정보를 투자자에게 알려주기 위한 신호로서 자본구조를 사용한다는 이론이다. 마이어즈와 마즐루프의 자본조달순위이론은 기업이 유리한 투자기회를 갖고 있을 경우 기존 주주들의 부를 지키기 위하여 투자자금을 신주발행에 의하여 조달하지 않고 내부자금이나 부채발행에 의하여 조달하려 한다는 이론이다.

1) 신호이론

로쓰(S. A. Ross)는 정보비대칭이 존재하는 상황에서 기업의 자본구조가 기업의 미래 성과에 대한 경영자의 정보를 투자자들에게 전달해 주기 위한 신호로 사용될 수 있다고 주장하고 있다.[20] 로쓰의

20 S. A. Ross, "The Determination of Financial Structure: The Incentive-Signalling Approach," *Bell Journal of Economics*

신호이론(signalling approach)을 설명하기 위하여, 먼저 기업의 미래 성과와 자본구조 사이에 어떤 관계가 있는가를 살펴보자. 기업의 미래 성과가 성공적이어서 부채의 원리금을 변제할 수 있는 충분한 현금흐름이 얻어질 것으로 예상된다면 기업은 부채로 자본을 조달할 수 있다. 그러나 기업의 미래 성과가 빈약하여 부채의 원리금을 상환할 만큼 충분한 현금흐름이 얻어지지 못할 것으로 예상되는 경우, 기업은 부채로 자본을 조달할 수 없다.

정보비대칭의 상황에서, 경영자는 미래의 기업 성과가 성공적일지 또는 그렇지 못할지에 대하여 충분한 정보를 가지고 있고 자본시장의 투자자들은 아무런 정보를 갖고 있지 않다고 하자. 이 경우 자본시장의 투자자들은 경영자가 제공해 주는 신호(signal)에 의하여 기업의 미래 성과를 예상하고 기업가치를 평가한다.

만일 어떤 회사의 전망이 성공적일 때에만 500억원 이상의 부채에 대한 원리금을 제대로 갚을 수 있다고 하자. 이 경우 500억원 이상의 부채는 이 회사의 '성공적' 미래 성과를 알려 주는 신호이고, 500억원 미만의 부채는 '빈약한' 미래 성과를 알려 주는 신호로 사용될 수 있다. 경영자의 입장에서 볼 때, 기업가치가 높게 평가될수록 경영자에게 주어지는 보수 역시 증가하므로, 성공적 기업 성과를 나타내 주는 신호(즉, 500억원보다 많은 부채를 사용하는 것)를 제공함으로써 기업가치가 높게 평가되도록 유도하려는 유인을 갖는다.

이 경우에 미래의 기업 성과가 성공적일 것이라고 예상하는 경영자는 500억원보다 많은 부채를 사용할 것이다. 이런 경영자는 결코 500억원보다 적은 부채를 사용하지 않는다. 왜냐하면 500억원보다 적은 부채를 사용함으로써 투자자들에게 빈약한 성과를 예상하도록 하는 신호를 제공하게 되면, 그것은 자본시장이 기업가치를 낮게 평가하도록 하여 경영자 자신의 보수를 낮추는 결과를 가져오기 때문이다.

반면에, 미래의 기업 성과가 빈약할 것으로 예상하는 경영자의 행동은 명백하지 않다. 정직한 경영자는 기업 성과가 빈약하더라도 부채를 갚을 수 있도록 500억원보다 적은 부채를 사용할 것이다. 그러나 정직하지 않은 경영자는 마치 미래의 기업 성과가 성공적일 것으로 예상하는 것처럼 500억원보다 많은 부채를 사용함으로써, 투자자들이 기업가치를 높게 평가하도록 유도하여 자신의 보수를 늘릴 수 있기 때문이다.

만약 경영자가 거짓 신호를 제공하여 투자자들이 기업의 미래 성과에 대하여 그릇된 예상을 갖고 기업가치를 지나치게 높게 평가하도록 한다면, 자본시장의 투자자들은 손실을 입는다. 따라서 투자자들은 기말에 경영자가 거짓 신호를 제공하였다는 것이 밝혀진다면, 이에 대하여 벌칙(penalty)을 부과하여 경영자의 보수를 낮추고자 할 것이다.21 거짓 신호에 대한 벌칙이 충분히 크다면 경영자는 그런 행위를 하려는 유혹에 빠지지 않을 것이다. 즉, 빈약한 성과를 예상하면서도 500억원보다 많은 부채

(Spring 1977), pp.23~40.

21 현실에서 그릇된 정보에 대한 벌금은 여러 가지 형태로 부과될 수 있다. 그 예로서 경영자의 당기의 보수를 깎거나 경영자의 평판이 나빠져서 미래의 보수가 낮아지는 것 등을 들 수 있다.

를 사용하는 경우는 배제될 수 있다. 더 일반적으로, '성공적'이라는 거짓 신호를 보내는 데 상당한 크기의 신호비용(signalling cost)이 존재한다면, 빈약한 기업은 신호비용을 부담하면서까지 굳이 거짓 신호를 보내지 않을 것이다.

따라서 위와 같이 거짓 신호를 보내는 데 충분한 크기의 비용이 발생한다면, 경영자는 성공적인 기업 성과를 예상하는 경우에는 많은 부채를 사용하고 빈약한 기업 성과를 예상하는 경우에는 적은 부채를 사용하여, 어느 경우에나 경영자가 갖고 있는 정보의 내용과 신호가 일치하게 된다. 이와 같이 정보의 내용과 신호가 언제나 일치하는 경우를 신호균형(signalling equilibrium)이라고 부른다. 그러나 거짓 신호를 보내는 데 충분한 비용이 발생하지 않는다면, 경영자는 투자자를 속여 자신의 보수를 증가시키려는 유인이 여전히 존재하며 신호균형이 달성되지 않는다.

[표 9-6]은 경영자가 가지고 있는 정보와 그가 제공하는 신호가 일치하는 신호균형이 달성되는 상황에서 경영자의 전략을 보여주고 있다.

▶▶ 표 9-6 신호균형

신호 / 경영자 예상	많은 부채	적은 부채
성공적 기업 성과	○	×
빈약한 기업 성과	×	○

결론적으로, 경영자보수가 기업가치에 의존하고 거짓 신호에 대하여 충분한 벌금이나 비용이 부과된다면, 경영자는 기업의 미래 성과에 대한 정보를 반영하여 자본구조를 결정함으로써 올바른 신호를 전달한다. 투자자들은 높은 부채비율을 성공적 기업 성과의 신호로 해석하여 높은 기업가치를 평가하고, 낮은 부채비율을 빈약한 기업 성과의 신호로 해석하여 낮은 기업가치를 평가한다. 따라서 자본구조가 신호로 이용되는 경우, 자본구조는 기업가치에 대하여 영향을 미치게 된다.

2) 자본조달순위이론

마이어즈와 마즐루프(Stewart C. Myers & Nicholas S. Majluf)는 기업이 보유하고 있는 유리한 투자기회에 관하여 경영자와 투자자(=주주)들 사이에 정보비대칭이 존재하는 경우, 기업은 일정한 우선순위에 따라 실제의 자본조달원천의 선택이 이루어진다고 주장한다. 이러한 마이어즈와 마즐루프의 이론을 자본조달순위이론(pecking order theory)이라고 부른다.[22]

22 S. C. Myers & N. S. Majluf, "Corporate Financing and Investment Decisions When Firms Have Information that Investors Do Not Have," *Journal of Financial Economics* (Jun. 1984). 및 S. C. Myers, "The Capital Structure Puzzle," *Journal of Finance* (July 1984), pp.575~592. 본래 pecking order는 힘이 센 새가 힘이 약한 새를 부리로 쪼고, 힘이 약한 새가 힘이 강한 새로부터 부리로 쪼임을 당하는 관계를 말한다. 여기에서는 기업이 여러 가지 자본조달원천

마이어즈와 마즐루프의 자본조달순위이론에서도 정보비대칭이 존재한다고 가정하고 있다. 즉, 경영자는 기업이 유리한 투자기회를 갖고 있다는 것을 알고 있고, 투자자(주주)들은 그 정보를 모르고 있으므로 자본시장의 주가는 유리한 투자기회에 관한 정보를 반영하고 있지 못하다.

이런 경우 기존 주주의 부(富)를 극대화하기 위해서는 필요한 투자자금을 신주발행으로 조달하기보다 내부금융 또는 부채에 의해 조달하는 것이 더 유리하다. 왜냐하면 신주를 발행할 경우 유리한 투자기회가 가져다 줄 기업가치 증가분을 구주주와 신주주가 함께 나누어 갖게 된다. 그러나 내부금융이나 부채로 조달할 경우에는 유리한 투자기회로부터 얻게 될 기업가치 증가분을 기존의 구주주가 모두 갖게 되기 때문이다. 그리고 내부금융과 부채 중에서는 내부금융이 더 큰 융통성과 더 적은 제약조건을 갖고 있고 더 적은 조달비용을 필요로 하기 때문에 부채보다는 내부금융이 선호된다.

이 자본조달순위이론에 의하면 목표자본구조는 존재할 수 없다. 왜냐하면 자기자본의 한 가지 형태인 내부자기자본(=내부금융)은 조달순위의 맨 앞에 있고, 자기자본의 다른 형태인 외부자기자본(=신주발행)은 조달순위의 맨 마지막에 있으므로 부채와 자기자본의 구성비를 결정한다는 것은 무의미한 일이기 때문이다.

우리나라에서는 구주주가 신주를 우선적으로 청약할 수 있는 권리, 즉 우선청약권(preemptive right)을 갖고 있다. 이 경우 투자자금을 신주발행에 의해 조달하고 이 신주를 구주주가 모두 인수할 경우 유리한 투자기회로부터 얻어지는 모든 기업가치 증가분이 구주주에게 귀속된다. 따라서 신주의 발행비용이 무시된다면, 위에서 설명한 자본조달순위이론에서 신주발행은 내부금융과 동일한 우선순위를 갖게 된다.

9.3.5 기타의 요인들

기업의 자본구조 결정요인으로서 지금까지 설명한 것 이외에도 다음과 같은 다양한 요인들이 고려되고 있다.

① **투자기회**: 이미 지적한 바와 같이 기존 부채의 존재는 투자안의 투자가치를 왜곡시킬 가능성을 갖고 있다. 따라서 풍부한 투자기회를 갖고 있는 기업들은 부채이용에 대해 보수적인 태도를 보이는 경향이 있다. 실증적 연구결과에 의하면, 연구개발(R&D) 지출이 많거나 PBR(=주가/주당장부가)이 높을수록 부채비율이 낮아지는 경향을 보인다.[23]

② **기업규모**: 일반적으로 채권자－주주 사이의 대리인문제는 대기업보다 소기업에서 더 심각하게

이용의 우선순위가 존재하고 있다는 것을 의미한다.

23 C. Smith & R. Watts, "The Investment Opportunity Set and Corporate Financing, Dividend and Compensation Policies," *Journal of Financial Economics*, 32(Dec. 1992), pp.263~92. 실증적 연구에서 R&D 투자지출이 크다는 것은 투자기회를 더 많이 개발하고 있다는 것을 나타내고, PBR이 높다는 것은 기존 자산 이외에 풍부한 미래 투자기회를 갖고 있다고 자본시장이 평가하고 있다는 것을 나타낸다.

발생한다. 그 이유는 소기업의 경영자는 대주주의 이익을 더 많이 반영하는 경향을 가지므로 채권자의 이익을 감소시키는 의사결정을 내릴 가능성이 더 크기 때문이다.

③ **경쟁전략의 신호로서의 자본구조**: 공격적 경쟁전략을 구사하겠다는 신호를 경쟁회사에게 전하기 위한 신호의 수단으로 높은 부채비율이 사용될 수 있다는 견해도 있다.[24] 어떤 회사가 부채비율을 증가시키면, 이것은 많은 원리금 부담 때문에 공격적 경쟁전략을 구사하지 않을 수 없다는 뜻을 경쟁회사에게 알려주는 것과 같다. 만일 경쟁회사가 이 신호에 대해 공격적 전략으로 맞대응하게 되면, 두 회사 모두 격심한 경쟁상태에 빠지게 되어 쌍방에게 치명적 결과를 가져다 줄 수 있다. 반대로 경쟁회사가 수세적 전략으로 대응하게 되면, 신호전달의 효과가 얻어져서 시장점유율 증가의 결과가 얻어질 것이다.[25]

④ **노사관계**: 자본구조가 노조와의 협상수단으로 사용될 수 있다는 견해도 있다. 부채비율이 높은 회사에서 노조의 과다한 임금인상 요구는 곧바로 재무적 곤경 및 정리해고로 이어질 수 있다. 따라서 불경기인데도 노조가 노사협상에서 무리한 요구를 할 경우, 사용자 측은 부채비율을 증가시킴으로써 노조의 양보를 얻어낼 수도 있다.[26]

⑤ **제품특성**: 일반적으로 자동차와 같은 내구소비재 소비자들은 지속적으로 제품의 수선 및 유지의 서비스를 받아야 하기 때문에, 제조회사의 장기적인 존속에 관심을 가지며, 따라서 부채비율이 낮은 회사를 선호한다.

제4절 자본구조정책의 실제

앞에서 설명한 바와 같이 다양하게 전개된 자본구조이론은 재무경제학 중에서도 가장 발전된 영역에 속한다. 그렇다고 해서 이런 이론들이 실제의 재무결정에 충분히 적용되고 있다고 할 수는 없다. 실제로 어떤 기업의 자본구조가 최적자본구조인지를 결정하고자 할 때 적절하게 적용할 수 있는 공식이나 지침을 갖고 있지 못하다. 다만 우리는 자본구조와 관련된 어떤 특정한 요인이 기업가치와 주주의 부에 대해 어떤 방향의 영향을 미칠 것인지에 관한 논리적 관련만을 알고 있을 따름이다. 바로 이런 점 때문에 자본구조에 관한 실증적 증거들이 어떤 공통된 특성을 보여주고 있는지를 이해함으로

24 J. A. Brander & T. R. Lewis, "Oligopoly and Financial Structure: Limited Liability Effect," *American Economic Review*, 76(1986), pp.956~70.

25 이와 관련된 실증적 연구로서 G. M. Phillips, "Increased Debt and Industry Product Markets," *Journal of Financial Economics*, 37(1995), pp.189~238.

26 E. Perroti & K. E. Spier, "Capital Structure as a Bargaining Tool; The Role of Leverage in Contract Renegotiation," *American Economic Review*, 83(1994), pp.1131~41.

써 실제의 자본구조결정에서 크게 참고할 수 있다.[27]

9.4.1 자본구조의 실증적 증거들

자본구조정책을 수립할 때 참고할 수 있는 실증적 증거들은 다음과 같은 것들이 있다.

첫째, 대부분의 주식회사들은 부채를 적게 사용하고 있다. 미국에서 비금융회사들의 부채비율(=총부채/자기자본, 장부가 기준)은 100% 또는 그 이하의 수준을 유지하고 있다.

둘째, 자본구조의 변경은 기업가치에 영향을 미치고 있다. 실증적 연구에 의하면, 자본구조 변경의 발표는 주가에 대해 상당히 큰 영향을 미친다.[28] 평균적으로 부채비율을 증가시키는 자본구조 변경은 주가를 큰 폭으로 상승시키지만, 부채비율을 감소시키는 자본구조 변경은 주가를 하락하도록 한다.

셋째, 산업별로 부채비율은 큰 차이를 보인다. 우리나라의 경우에도 부채비율은 업종별로 상당한 차이를 보인다. 예를 들어, 2011년 업종별 대기업의 부채비율을 보면, 음식료품제조업 88%, 의약품제조업 56%, 전자제품제조업 71%, 자동차 71%인데 비해 조선업 212%, 건설업 229%, 도소매업 193% 등이다.[29]

이미 지적한대로 어떤 개별 기업의 자본구조를 결정할 수 있는 특별한 공식은 존재하지 않는다. 그러나 각 기업들이 목표자본구조(target capital structure)를 갖고 있는 것처럼 행동하고 있다는 실증적 증거들은 여러 가지가 있다.[30] 이들을 요약하면, 다음과 같은 네 가지 요인이 목표자본구조를 결정할 때 특히 중요시된다고 볼 수 있다.

① 세금: 기업이 앞으로 (+)의 납세전 순이익을 예상한다면, 부채를 많이 사용할수록 기업이 내는 세금은 줄어들고 채권자가 내는 세금은 늘어난다. 평균적으로 법인세율이 부채의 개인소득세율보다 높으면, 부채이용은 기업가치를 증가시킨다고 볼 수 있다.

② 자산의 유형: 재무적 곤경에 빠지면 주주뿐만 아니라 채권자들도 커다란 비용을 치러야만 한다. 재무적 곤경의 비용의 크기는 기업자산의 유형과 밀접한 관련을 갖고 있다. 일반적으로 토지, 건물, 기타 유형자산을 많이 보유하고 있는 기업의 재무적 곤경의 비용은 상대적으로 작고, 연구개발 투자가 많은 기업의 재무적 곤경의 비용은 상대적으로 크다.

③ 경영위험: 부채비율이 일정할 때 경영위험, 즉 미래 영업이익의 변동성이 큰 회사가 재무적 곤경

---

27 이 부분은 S. A. Ross, R. W. Westerfield & J. Jaffe, *Corporate Finance*, 4th ed.(Irwin, 1996), pp.438~442를 참조하였다.

28 R. Masulis, "The Effects of Capital Structure Change on Security Prices: A Study of Exchange Offers," *Journal of Financial Economics*, 8(1980)와 K. Shah, "The Nature of Information Conveyed by Pure Capital Structure Changes," *Journal of Financial Economics*, 36(1994)를 참고할 수 있다.

29 한국은행, 기업경영분석(2008), ecos.bok.or.kr에서 발췌.

30 대표적인 것으로서 P. Marsh, "The Choice between Equity and Debt: An Empirical Study," *Journal of Finance* (Mar. 1981)과 R. A. Taggart, "A Model of Corporate Financing Decisions," *Journal of Finance* (Dec. 1977)가 있다.

에 빠질 확률은 그렇지 않은 회사보다 크다. 따라서 경영위험이 큰 회사는 낮은 부채비율을 유지하고자 한다. 예를 들어, 미국과 일본의 제약업에서 부채비율이 극단적으로 낮은 것은 연구개발의 성공가능성이 낮고 신약이 출현할 경우 영업이익이 큰 폭으로 변동하기 때문이다. 반대로, 전력 및 가스와 같은 공익기업(utilities)의 부채비율이 일반적으로 높은 것은 영업이익의 불확실성이 작기 때문이다.

④ 자본조달 우선순위(pecking order): 대부분의 회사들은 가능하면 내부금융에 의해 필요한 자금을 조달하려는 경향을 보인다. 비록 기업의 부채비율이 세금효과나 재무적 곤경의 비용을 고려한 최적부채비율보다 낮은 수준이라 하더라도, 부채보다 내부유보에 의한 자본조달을 선호하는 경우가 많다. 자본조달 우선순위를 중시하는 경향 때문에 다음 두 가지 현상이 나타난다. 첫째, 많은 회사들은 힘든 시기에 외부로부터 자본을 조달하는 것을 피하기 위해, 형편이 좋은 시기에 충분한 현금을 기업 내부에 쌓아 놓으려 한다. 이러한 현금보유를 흔히 재무슬랙(financial slack)이라고 부른다. 둘째, 자본조달 우선순위를 중시하게 되면, 목표자본구조는 고정된 것이 아니고 투자지출액과 유보이익의 변화에 따라 변동하게 된다.

참고 **자본조달결정에서 경영자들이 중요하게 생각하는 고려요인들**

지금까지의 설명은 주로 부채를 어느 정도 이용하는 것이 주주부에 도움이 될까라는 데 초점을 맞추었다. 그러나 자본구조 결정은 부채조달, 내부금융, 신주발행, 전환사채 발행 등을 동시에 고려하는 한층 복잡한 의사결정이며, 경우에 따라서는 현금배당과 자사주매입까지 고려해야만 할 때도 있다. CFO가 이런 복잡한 성격의 자본구조 결정을 실제로 담당하고 있으므로, 그들의 어떤 견해를 갖고 있는지 알아보는 것도 흥미있는 일이다.

미국재무경영자협회와 듀크대학은 미국 주요 기업의 CFO들이 자본구조에 관해 어떤 견해를 갖고 있는지 알기 위해 2003년 4,400개 기업을 대상으로 설문조사를 실시하여 392명으로부터 응답을 받았다. 먼저 신주발행을 결정하는 데 가장 중요한 요인이 무엇인지에 대해 대부분의 응답자들은 '최근의 주가상승'과 '높은 주가장부가치비율(PBR)'을 지적하였다. 이것은 CFO들도 주가가 고평가되어 있을 때 주식을 매도하려는 시기선택(market timing)전략을 구사하고 있다는 것을 의미한다.

또 신규 부채를 조달할 때 중요시하는 요인이 무엇인지에 대해서는 '재무적 유연성', 즉 신규투자안에 이용될 수 있는 충분한 내부자금을 확보하는 것으로 대다수가 답하고 있다.

적정한 크기의 부채를 어떻게 선택하는지에 대해서는 50%를 약간 넘는 CFO들이 '목표비율의 유지'를 중요하게 고려하고 있는 것으로 답하고 있다. 그리고 목표비율을 결정할 때에는 '신용등급'과 '이자의 손금처리로 인한 세금효과'가 중요한 요인이라고 답하고 '투자자들의 개인소득세'는 그리 중요한 것이 아니라고 답하고 있다. 신용등급은 재무적 곤경의 가능성을 나타내는 척도로 해석될 수 있고 이자의 손금처리로 인한 세금효과는 부채이용의 법인세절약효과를 의미한다.

이상의 응답결과를 종합하면, CFO들의 자본구조 결정에 대한 입장이 매우 복합적이라는 것을 알 수 있다. 그들은 한편으로 전통적 재무이론에서 강조하는 부채의 법인세절약효과와 재무적 곤경의 가능성 등을 중시하면서도, 다른 한편으로 자본조달순위이론에서 강조하는 재무적 유연성 역시 중시하고 있다.

9.4.2 해외투자를 위한 자본조달 방법

해외투자를 위한 자본조달은 환율변동, 국가간 물가상승률이나 이자율의 차이 등 다양한 위험요인들을 고려해야 한다. 일반적으로, 해외투자를 위한 자본조달 방법으로 ① 국내에서 조달하여 투자지역으로 송금하는 방법, ② 현지 금융시장에서 조달하는 방법, ③ 부채의 자본비용이 저렴한 제3국에서 차입하여 현지로 보내는 방법이 고려될 수 있다.

첫 번째의 방법대로 투자자금을 국내에서 조달하여 현지로 보내게 되면 환율변동의 위험을 부담하게 된다. 물론 외화선물을 이용함으로써 단기적인 외환거래에 따른 환위험을 헤징할 수는 있으나 장기적인 외환거래의 환위험을 헤징하기는 어렵다. 왜냐하면 현실적으로 1년 이상의 선물거래가 이용될 수 없기 때문에 장기의 현금흐름을 갖는 해외투자의 환위험을 선물거래에 의해 제거하는 것은 쉬운 일이 아니다.

현지 금융시장에서 투자자금을 조달하는 두 번째 방법은 장기의 환위험을 피할 수 있는 가장 쉬운 방법이다. 그러나 현지 금융시장에서 신용도가 충분히 인식되기 이전에 자본을 조달해야 하기 때문에, 상대적으로 높은 자본비용을 부담하여야 한다.

이자율이 저렴한 제3국에서 자본을 차입하는 세 번째 방법은 상대적으로 저렴한 자본비용을 갖고 있으나 환위험이 클 수 있다. 만일 제3국의 물가상승률이 낮기 때문에 저렴한 차입이자율로 투자자금을 차입할 수 있었다면, 앞으로 그 나라 통화는 낮은 물가상승률을 반영하여 큰 폭으로 평가절상될 가능성을 갖고 있으므로, 원리금 상환부담이 예상보다 더 커질 수 있다. 따라서 환위험을 고려한다면 세 번째 방법에 의한 자본조달의 자본비용은 그 나라의 이자율보다 높은 수준일 수 있다.

오늘날 해외투자를 위한 자금뿐만 아니라 국내 영업활동을 위한 자본까지도 국제금융시장에서 차입 또는 채권발행의 방식으로 조달하는 경우가 많아지고 있다. 우리나라의 대기업들이 해외채권시장에서 회사채를 발행한 경우가 그 대표적인 예이다. 국제금융시장에서 자본을 조달할 수 있는 방법은 ① 유로달러 차입, ② 해외채 발행, ③ 유로본드 발행, ④ 주식예탁증서(DR) 발행 등의 방법이 이용되고 있다.

제9장 연습문제

[선다형]

01 개인소득세나 법인세가 없는 경우의 MM명제를 적절하게 설명하고 있는 것은?

① 명제 Ⅰ에 의하면, 기업가치는 기업의 현금흐름이 주주와 채권자에게 어떻게 배분되는가에 의존한다.

② 명제 Ⅰ에 의하면, 기업은 WACC를 이용하여 최적자본구조를 찾아낼 수 있다.

③ 명제 Ⅱ에 의하면, 기업의 자본구조가 달라진다 하더라도 주주의 요구수익률은 일정하다.

④ 명제 Ⅱ에 의하면, 기업의 자기자본비용은 부채비율과 증가함수 관계를 갖는다.

⑤ 부채가 증가하면, 자기자본비용의 증가보다 부채의 자본비용의 감소가 더 크기 때문에 WACC는 감소한다.

02 이자의 법인세절약효과에 관한 설명으로서 올바른 것은?

① 지급이자가 큰 기업에 대하여 적용하는 법인세율의 인하효과이다.

② 법인세율이 높을수록 이자의 법인세절약효과는 증가한다.

③ 매년 부채사용액에 법인세율을 곱하여 얻어진 금액만큼 법인세절약효과가 발생한다.

④ 이표이율에 법인세율을 곱하여 얻어진 금액만큼 법인세절약효과가 발생한다.

⑤ 부채의 시장가치는 부채의 법인세절약효과만큼 증가한다.

03 기업이 재무적 곤경에 빠지게 될 때 예상되는 비용의 예가 아닌 것은?

① 더욱 불리한 조건의 자금조달 ② 주요 종업원의 이직

③ 고객들의 호기심 유발 ④ 수익성있는 장기투자계획의 포기

⑤ 운전자본의 조달을 위한 고정자산의 처분가능성

04 자본조달순위이론에서 유리한 투자기회를 갖고 있는 기업이 선호하는 자본조달원천의 우선순위를 적절하게 나열한 것은?

① 부채 - 신주발행 - 유보이익 ② 부채 - 유보이익 - 신주발행

③ 신주발행 - 유보이익 - 부채 ④ 신주발행 - 부채 - 유보이익

⑤ 유보이익 - 부채 - 신주발행

05 다음 중에서 현재의 주주들이 부채보다 자기자본에 의한 자본조달을 더 선호하도록 만드는 요인들만을 적절하

게 묶은 것은?

> A. 주식과 부채로부터의 소득에 대한 개인소득세율의 차이
> B. 법인세의 존재
> C. 정보비대칭 하에서 신호의 필요성
> D. 재무적 곤경의 비용

① A, B ② B, C ③ C, D
④ D, A ⑤ B, D

06 다음 요인들 중에서 기업이 더 많은 부채를 사용하도록 유인하는 요인은?

① 재무적 곤경의 비용 ② 부채의 법인세절약효과
③ 기관투자자들의 선별투자 ④ 채권자들이 부여하는 제한조항
⑤ 인플레이션

07 전혀 부채를 사용하고 있지 않은 어떤 회사의 납세후 기대순이익이 6,600만원이다. 이 회사의 자기자본비용이 15%이고, 법인세율이 34%라면, 이 회사의 기업가치는 어떻게 평가되는가?

① 1억원 ② 2억 2,667만원 ③ 4억 4,000만원
④ 6억 6,667만원 ⑤ 8억원

08 전혀 부채를 사용하고 있지 않은 U회사의 납세후 순이익은 6,600만원이고 자기자본비용은 15%이다. U회사와 동일한 자산으로 동일한 영업을 하고 있는 L회사는 5억원의 부채를 사용하고 있으며, 이 부채의 연간 이자율은 8%이다. 두 회사의 법인세율이 34%라면 L회사의 기업가치는 얼마로 평가되어야 하는가?

① 1억원 ② 2억 2,667만원 ③ 3억 9,667만원
④ 6억 1,000만원 ⑤ 7억 7,000억원

09 다음은 자본조달과 관련하여 발생하는 대리인문제를 설명하고 있다. 옳은 설명만을 묶은 것은?

> A. 경영자가 자기회사의 주식을 보다 많이 갖고 있을수록 개인회사의 성격이 강해지므로 경영자는 보다 많은 낭비적 소비(perk)를 즐기게 된다.
> B. 주주들의 입장에서 볼 때, 기업이 보다 많은 부채를 사용할수록 고위험 투자안을 선택하려는 유인이 증가한다.
> C. 우리나라의 많은 회사들의 지배권은 사실상 대주주에게 귀속되어 있으므로 대리인비용이 발생하지 않는다고 볼 수 있다.

① A ② B ③ C

④ A, B ⑤ B, C

[서술형]

01 MM(1958)의 자본구조이론을 요약하여 설명하시오.

02 법인세가 존재할 경우 부채이용이 기업가치를 증가시켜 주는 이유를 설명하시오.

03 대리인비용은 순수 자기자본기업보다는 부채사용기업에서, 개인기업에서보다는 공개기업에서 더 심각하게 문제될 것으로 생각된다. 그 이유를 설명하시오.

04 부채비율이 높은 회사의 주주들은 고위험 투자의 유인이 존재한다고 한다. 그 이유를 설명하시오.

05 부채비율이 높은 회사에서는 위험이 적고 NPV가 (+)인 투자안을 채택하지 않을 수 있다고 한다. 그 이유를 설명하시오.

06 기업의 경영자와 주주들 사이에 존재하는 정보비대칭의 구체적인 예를 들어 보시오.

07 기업고유자산을 많이 보유하고 있는 회사는 낮은 부채비율을 선호한다는 주장이 있다. 이 주장의 근거를 설명하시오.

08 주주와 채권자 사이의 대리인문제가 기업이 사용하는 부채유형과 어떤 관련을 갖는지 설명하시오.

09 경영자가 갖고 있는 미래의 기업 성과에 관한 정보를 알려주기 위한 신호의 수단으로 부채비율을 사용할 수 있다. 이러한 신호전달이 어떤 조건에서 유효하게 사용될 수 있는지 설명하시오.

10 자본조달순위이론(pecking order theory)을 설명하시오.

11 자본구조정책의 실제에서 발견되는 중요한 특징들을 설명하시오.

12 현재 어떤 회사의 부채는 100억원, 자기자본은 60억원으로 평가되고 있으며, 법인세율은 30%이다. MM(1963)이 타당하다면, 이 회사가 신주를 발행하여 50억원의 부채를 상환할 경우 이 회사의 기업가치는 얼마로 평가되겠는가?

13 시장가치로 표시된 어떤 회사의 재무상태표는 다음과 같다(단위 : 억원)

총자산	120	부채	40
		자기자본	80

법인세를 고려할 경우의 MM이론이 타당하며 부채의 만기가 영속적이고 법인세율이 40%라고 가정하자. 부채의

이자율은 10%이다.

(1) 이 회사의 기업가치 중에서 부채의 법인세절약효과에 기인한 부분은 얼마인가?

(2) 20억원의 부채를 추가적으로 조달하여 자사주매입에 이용한다면 주주들이 얻게 될 이득의 크기는?

14 기업 U와 L은 자본구조를 제외한 모든 점에서 동일하다. 기업 U는 부채를 전혀 사용하고 있지 않으며, 기업 L은 3억원의 부채(이자율 10%)를 사용하고 있다. 두 회사의 기대영업이익은 2억원이고, 법인세율은 40%이다. 그리고 기업 U의 자기자본비용은 16%이다. 기업 U와 L의 기업가치를 구하시오.

15 어떤 회사가 4억원의 부채와 6억원의 자기자본으로 이루어져 있다. 이 회사의 부채의 평균이자율이 8%, 자기자본비용이 12%, 법인세율이 25%이라면, 이 회사의 총자본비용은 얼마인가?

16 어떤 회사의 기대영업이익이 매년 2,000만원 정도 얻어질 것으로 예상되고 있고 법인세율은 25%이다. 부채를 전혀 사용하지 않을 경우 이 회사의 자기자본가치는 1억원으로 평가된다. 그러나 이 회사는 연리 10%의 조건으로 6,000만원의 부채를 사용하고 있다. 이 회사의 총자본비용은?

17 MM(1963)의 자본구조이론이 타당하다 하자. 자본구조가 자기자본만으로 이루어져 있는 회사의 기업가치가 100억원이고 자기자본비용은 20%이다. 이 회사가 50억원의 부채를 6%의 이자율로 조달하여 그 대금으로 자기 회사 주식을 매입하여 소각하기로 하였다. 법인세율은 30%이다. 이와 같이 자본구조를 변경할 경우;

(1) 새로운 기업가치는?

(2) 새로운 총자본비용은?

18 법인세를 고려한 MM(1963)의 자본구조이론이 타당하다 하자. U회사와 L회사는 자본구조를 제외한 모든 점에서 동일한 회사이다. 즉, 두 회사의 기대영업이익은 24억원이고 동일한 경영위험을 갖고 있지만, U회사는 부채를 사용하고 있지 않고 L회사는 100억원의 부채를 연리 6%의 이자율로 사용하고 있다. 법인세율은 25%이고 U회사의 총자본비용은 12%이다. L회사의 자기자본비용은?

[선다형문제 정답과 풀이]

01 ④ **02** ② **03** ③ **04** ⑤ **05** ④ **06** ② **07** ③ ▸ V_U =6,600만원/0.15=4억 4,000만원

08 ④ ▸ $V_L = V_U + T_c B$=4억4,000만원+(0.34)(5억원)=6억1,000만원 **09** ②

제 10 장 배당정책의 이론과 실제

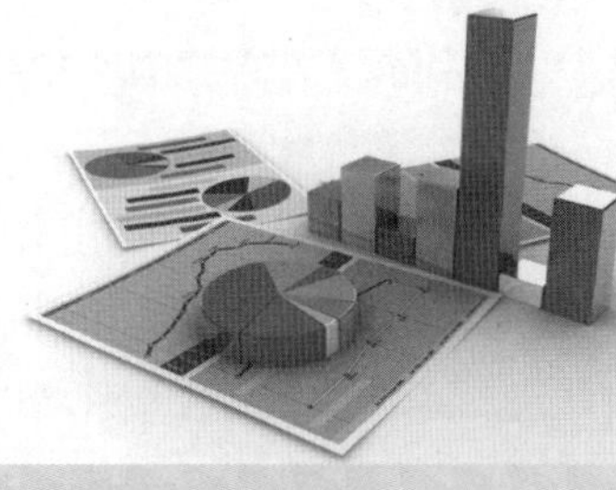

제1절 배당의 성격과 형태

10.1.1 잔여적 결정으로서의 배당정책

배당정책은 기업의 이익 중에서 얼마만큼을 주주에게 현금으로 나누어 줄 것인지에 관한 의사결정이다. 주주의 입장에서 단순하게 생각하면, 회사가 배당을 많이 줄수록 주주에게 유리할 것처럼 생각될 수 있다. 그러나 문제가 그렇게 단순하지만은 않다. 왜냐하면, 많은 배당을 지급하게 되면 주주에게 돌아갈 당장의 소득은 더 많아지겠지만, 기업의 내부재투자를 위한 내부유보가 작아져서 성장기회를 충분히 활용하지 못할 수 있기 때문이다.

흔히 기업의 배당정책은 자본조달결정이라는 큰 범위의 의사결정에 대한 잔여적 결정(residual decision)의 성격을 갖는 것으로 이해되고 있다. 예를 들어, 어떤 회사가 금년 말에 100억원의 투자지출을 필요로 한다고 하자. 이 기업이 소요자금의 40%를 부채로 조달하고 60%를 자기자본으로 조달한다는 자본구조정책을 가지고 있다면, 이 기업은 100억원의 투자액 중에서 60억원은 자기자본으로 조달해야 한다. 만일 금년 중에 얻어질 순이익이 50억원이라면, 이 50억원의 이익 모두를 주주에게 배당으로 나누어주게 되면 내부유보는 0이 되어 60억원을 신주발행에 의하여 조달하여야 한다. 만일 50억원의 이익 중에서 10억원만을 주주에게 배당하고 나머지 40억원을 내부유보한다면, 20억원의 신주만을 발행함으로써 본래 의도하던 60억원의 자기자본을 조달할 수 있다.

이 예에서 알 수 있는 바와 같이 기업이 순이익 중에서 많은 배당을 지급하면 내부유보가 적어지고 신주발행은 늘며, 반대로 적은 배당을 지급하면 내부유보가 많아지고 신주발행은 준다. 그런 의미에서 기업의 배당결정은 내부유보와 신주발행을 어느 정도로 할 것인지에 관한 의사결정과 연계되어 있으며, 따라서 자본조달결정에 대한 잔여적 의사결정의 성격을 갖는다.

이와 같이 배당정책이 잔여적 결정의 성격을 갖는다면, 기업이 어떤 배당정책을 택할 것인가는 주주들이 배당소득과 자본이득 중에서 어떤 것을 더 선호할 것인가에 의해 영향을 받는다. 기업의 투자정책이 정해져 있을 경우, 기업이 고배당정책을 택하면 주주의 배당소득(dividend income)은 그만큼 많아지게 된다. 그러나 많은 배당지출 때문에 내부유보가 적어지고 신주발행이 늘어나게 된다. 신주발행이 많아지면, 기업의 미래 현금흐름에 대한 기존 주주들의 몫이 적어지고, 그 결과 미래의 주가상승으로 얻게 될 자본이득(capital gain)이 감소한다. 결국, 배당의 증가는 자본이득의 감소를 가져오므로 투자자들이 배당소득과 자본이득 중에서 어느 것을 더 선호할 것인가에 의하여 기업의 배당정책이 결정된다고 할 수 있다.

10.1.2 배당의 형태와 지급절차

1) 배당의 형태

일반적으로 배당은 기업의 이익을 주주에게 현금으로 지급하는 현금배당(cash dividend)을 의미한다. 현금배당은 정기배당(regular dividend)과 추가배당(extra dividend) 및 특별배당(special dividend)으로 나누어진다. 정기배당은 매년 정기주주총회의 의결을 통하여 지급하는 현금배당이다. 추가배당은 정기배당 이외에 추가적으로 지급하는 현금배당으로서, 기업의 이익이 비정상적으로 많거나 여유현금흐름이 충분한 경우 지급된다. 특별배당은 정상적인 배당지급 시기 이외의 시기에 임시 주주총회의 결의를 거쳐 지급하는 배당이다.

비현금배당(non-cash dividend)으로서 주식배당과 자사주매입이 있다. 주식배당(stock dividend)은 현금배당 대신에 무상으로 주식을 나누어주는 것으로서, 이익배당 총액의 1/2 이하의 범위 내에서 액면가를 기준으로 배당할 수 있다.

현금배당의 효과를 거두기 위해서 기업은 자사주매입(stock repurchase)을 행하기도 한다. 자사주매입은 주주들로부터 시장가격보다 높은 가격으로 자기회사 주식을 매입하는 것이다. 기업은 자사주매입을 행함으로써 매입가격과 시장가격의 차액에 해당하는 금액을 주주에게 나누어 줄 수 있게 되며, 따라서 자사주매입은 배당의 형태를 취하지 않지만 현금배당과 동일한 효과를 거둘 수 있다.

2) 배당의 지급절차

우리나라에서 현금배당의 지급에 관한 의결은 주주총회에서 이루어진다. 그러나 주주총회에서 배당정책의 구체적 내용을 상세하게 검토할 수 없기 때문에, 대부분의 경우 배당정책의 실질적인 결정권은 이사회에 주어져 있다고 볼 수 있다. 주주총회는 이사회가 결정한 안건을 승인하거나 그 안건에 대해 약간의 수정을 가하는 수준에서 결의한다.

일반적으로 정기현금배당은 1년에 1회 지급된다. 이는 분기별로 배당이 지급되는 미국의 관행과 다르다. 우리나라에서는 회계기간의 기말 현재의 주주명부를 기준으로 배당을 지급한다. 따라서 투자자가 어떤 주식을 살 때 기말 현재의 주주명부에 포함되어 배당을 받을 수 있는 권리를 갖게 되면, 그 주가는 배당부주가(配當附, cum-dividend price)라고 불린다. 그리고 기말의 주주명부가 확정된 이후에 결정된 주가는 배당을 받을 수 있는 권리가 탈락된 주가이므로, 이를 배당락주가(配當落, ex-dividend price)라고 한다.[1]

회계기말에 배당수취의 권리가 결정된다고 해서, 그 시점에 배당지급액이 확정되는 것은 아니다. 우리나라에서 주당배당의 크기는 주주총회에서 재무제표의 승인과 함께 결의되기 때문에, 회계장부의 마감, 결산 서류의 작성 및 회계감사에 소요되는 2~3개월의 기간이 지난 후에 열리는 정기주주총회에서 실제의 배당지급액이 확정된다. 따라서 회계기말의 배당락주가는 실제의 배당지급액이 아닌 예상배당을 반영하여 결정된다.

3) 배당정책의 척도

기업의 현금배당의 크기를 나타내는 척도는 여러 가지가 사용되고 있다. 가장 대표적인 척도는 주당배당, 배당률, 배당성향 및 배당수익률이다.

주당배당(dividend per share: DPS)은 1주의 주식에 대하여 지급되는 현금배당의 크기를 나타낸다. 일반적으로 한 기업의 모든 주식에 대하여 동일한 주당배당이 주어지는 것이 일반적이나, 경우에 따라서는 서로 다른 부류의 주식에 대하여 다른 크기의 주당배당이 주어질 수도 있다. 예컨대, 대주주에 대해서는 더 낮은 배당을 지급하고 소액주주에 대해서는 더 높은 배당을 지급하는 경우도 있다.[2]

우리나라에서는 배당정책의 척도로서 배당률(=주당배당÷주당액면가)이 흔히 사용되고 있다. 주당액면가에 배당률을 곱하면 주당배당이 얻어지므로 배당률은 주당배당과 사실상 동일한 의미를 갖고 있다.

배당정책을 나타내는 가장 중요한 척도는 배당성향(dividend payout ratio)이다. 배당성향은 주당배당을 주당이익으로 나눈 값으로서 기업의 순이익 중에서 어느 정도가 배당으로 지급되고 있는지를 나타내는 것으로서, 장기적인 목표 배당정책을 설정할 때 특히 중시된다. 그리고 순이익 중에서 어느 정도를 내부유보하는지를 나타내는 척도가 내부유보율(retention ratio)이다. 기업의 이익 중에서 배당

1 예를 들어, 어떤 상장회사의 회계기말이 12월말이고 201x년의 최종거래일이 12월 29일이라고 하자. 어떤 주주가 201×년의 현금배당을 수취하기 위해 주식을 매수하고자 한다하자. 배당을 받으려면 201×년 회계기말(12월 29일)의 주주명부에 그의 주식이 등재되어 있어야 하므로 늦어도 12월 29일까지는 주식을 인도받아야 한다. 거래가 성립한 후 2일 후에 현금결제 및 주식인도가 이루어지므로 늦어도 12월 27일 폐장 시점까지는 주식을 매입하여야 주주명부에 포함되어 배당을 받을 수 있다. 따라서 12월 27일의 주가는 배당부주가이고 그 다음 날인 12월 28일의 주가는 배당락주가이다.

2 A. Brav, J. R. Graham, C. R. Harvey & R. Michaely, "Payout Policy in the 21st Century," *Journal of Financial Economics* 77(Sep. 2005), pp.483~527에 의하면, "배당결정을 내릴 때 무엇을 목표(target)로 사용하는가?(What do you target when you make your dividend decisions?)"라는 질문을 300명의 CFO에게 주고 응답을 조사한 결과, 50%에 약간 미달하는 응답자는 주당배당을 목표로 사용하고 있고 25% 정도는 배당성향을 목표로 사용한다고 답하고 있다.

으로 지급되고 난 나머지가 유보이익이므로, 내부유보율은 1에서 배당성향을 뺀 값과 같다.[3]

배당수익률(dividend yield)은 주당배당을 주가로 나눈 비율로서 배당으로부터 어느 정도의 투자수익이 얻어졌는지를 나타낼 때 사용되는 지표이다.

[그림 10-1]은 1996년부터 2012년까지 우리나라 제조업 대기업의 평균 배당성향과 유가증권시장 상장기업의 배당수익률의 추이를 보여주고 있다. 2000년 이후의 수치를 보면, 배당성향은 20% 내외의 수준에서 천천히 상승하는 추세를 보이고 있으며 배당수익률은 큰 폭의 변동을 보이면서 2000년대 초의 2% 내외 수준으로부터 2010년대 초의 1.5% 이하까지 점차 하락하는 추세를 보였다.

그림 10-1 우리나라 기업의 배당성향과 배당수익률

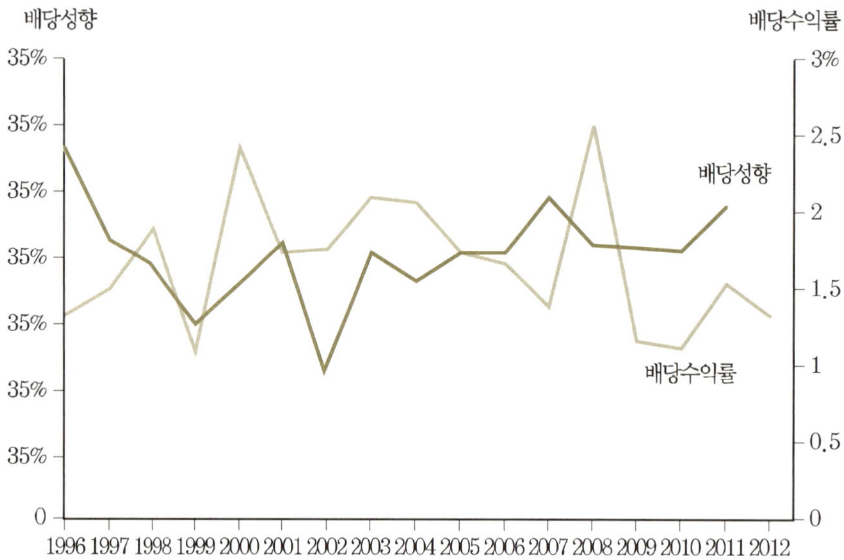

3 유보율(reserve ratio)이라는 지표도 사용되고 있다. 유보율은 (자본준비금+이익잉여금−사외유출금)을 자본금으로 나눈 것으로서 자본금으로 전환되지 않은 잉여금이 어느 정도인가를 나타낸다. 따라서 본문의 내부유보율과는 다른 의미를 갖고 있다. 유보율이 높으면 무상증자가 이루어질 가능성이 크다는 것으로 흔히 해석하고 있다.

제2절 배당정책의 결정요인

10.2.1 MM(1961)의 배당무관련이론

기업의 배당정책은 순이익 중 얼마만큼을 배당으로 지급하고 어느 정도를 내부유보할 것인가의 선택 문제이다. 내부유보는 기업에 재투자되어 미래의 순이익과 배당을 증가시키게 되어 주가의 상승을 가져올 것이므로 자본이득을 증가시킨다. 따라서 기업의 배당정책을 결정하는 중요한 요인은 주주들이 배당소득(dividend income)과 자본이득(capital gain) 중에서 어느 것을 더 선호할 것인가에 대한 태도이다. 밀러와 모딜리아니(MM으로 줄임)에 의하면, 세금과 거래비용이 없는 완전자본시장에서 주주들의 투자소득이 배당소득과 자본이득 중 어떤 형태로 얻어질 것인지에 대하여 무차별하다고 가정한다면, 기업의 배당정책은 주주들의 부(富)와 무관련하므로 주주의 부를 극대화하는 최적배당정책은 존재하지 않는다고 주장하고 있다.[4]

그들은 기업의 배당정책이란 ① 많은 배당을 지급한 대신 부족한 투자자금을 외부금융(=신주발행)에 의해 조달할 것인가 또는 ② 배당을 적게 함으로써 투자자금을 내부유보에 의해 조달할 것인가의 두 가지 대안 중 어느 것을 선택하는 것이 현재의 기존 주주들에게 더 유리한 것인지를 판단하는 문제라고 보고 있다.

고배당정책으로 많은 자금이 주주에게 지출되면 기존 주주들의 배당소득은 증가한다. 그러나 기업은 부족한 투자자금을 신주발행에 의해 조달하여야 하고, 신주발행이 이루어지면 발행주식 수가 그만큼 증가하게 된다. 그 결과 기업의 자기자본가치를 더 많은 주식 수로 나누게 되기 때문에 1주당 주식가치는 더 낮게 평가되고 구주의 자본이득은 감소한다. 따라서 기존 주주의 입장에서 볼 때 고배당정책으로 배당소득은 증가하지만 자본이득은 그만큼 감소하게 된다.

반대로 기업이 저배당정책을 택했다 하자. 저배당정책을 택하면 내부유보가 많아지므로 신주발행은 그만큼 적어진다. 그 결과 미래의 자기자본가치 중 구주주의 몫이 상대적으로 더 많아지기 때문에 기존 주주가 얻게 될 자본이득 역시 더 커지게 된다. 즉, 기존 주주의 입장에서 볼 때 저배당정책으로 배당소득은 감소하지만 자본이득은 그만큼 증가하여 기존 주주의 부는 달라지지 않게 된다.

---

4 Merton H. Miller & F. Modigliani, "Dividend Policy, Growth and the Valuation of Shares," *Journal of Business* (October 1961), pp.411~433. 이러한 MM의 주장은 당시의 일반적인 통념과 반대되는 주장이었다. 즉, 당시 대부분의 사람들은 기업이 배당을 많이 행할수록 주주들의 부는 증가할 것이라고 믿었다.
MM은 배당정책 무관련이론을 증명하기 위하여 다음의 몇 가지 가정을 세우고 있다. ① 자본시장은 합리적인 투자자로 이루어진 완전시장이다. ② 증권의 발행은 아무런 비용도 필요로 하지 않는다. ③ 세금은 무시한다. ④ 기업의 투자정책은 이미 주어져 있다.

예시

MM의 주장을 구체적으로 이해하기 위하여 어떤 회사의 주주들의 요구수익률(자기자본비용) k_e가 20%이고, 주식 수가 1,000주이며, 당기에 예상되는 순이익이 200만원이며 당기 말에 필요한 새로운 투자의 투자자금도 200만원이라고 하자. 당기 말에 전혀 배당을 지급하지 않을 경우(배당성향=0, 주당배당=0), 신투자의 투자자금 모두를 당기순이익에 의해 조달할 수 있으므로 새로이 외부로부터 자금을 조달할 필요가 없다. 만일 신투자의 NPV를 반영한 당기 말의 자기자본가치가 1,200만원으로 예상된다면, 현재의 주주가 갖는 현재의 자기자본가치 S_0는 다음과 같이 1,000만원으로 평가된다.

$$S_0 = \frac{1{,}200\text{만}}{1+0.2} = 1{,}000\text{만원}$$

다른 경우로서 당기 말에 순이익의 전액을 배당으로 지급하기로 한 경우(배당성향=100%, 주당배당=2,000원)를 검토해 보기로 하자. 이 경우 당기 말의 배당락 주가는 10,000원(=12,000원−2,000원)으로 될 것이다. 순이익 200만원 전액이 배당으로 지출되므로, 투자자금 200만원은 모두 신주발행으로 조달되어야 한다. 따라서 새로이 발행할 신주의 수는 200만원÷10,000원=200주가 된다.

그 결과 배당지급으로 인해 당기 말의 자기자본가치는 1,000만원으로 하락하겠지만 신주발행으로 인한 현금유입이 있기 때문에, 자기자본가치는 종전대로 1,200만원을 유지한다. 그러나 새로이 200주의 신주가 발행되었으므로 당기 말의 1주당 예상주가는, 배당을 지급하지 않았을 때의 12,000원이 아니라, 10,000원(=1,200만원÷1,200주)으로 결정된다. 따라서 현재의 주가는 기말의 주가 10,000원과 주당배당 2,000원의 합계인 12,000원의 현재가치이고, 현재의 주주의 자기자본가치는 다음의 계산에서와 같이 1,000만원으로 평가된다.

$$S_0 = \frac{(10{,}000+2{,}000)\times 1{,}000\text{주}}{1+0.2} = 1{,}000\text{만원}$$

만일 당기 말에 순이익의 50%를 배당으로 지급하기로 한다면 어떻게 될까? 이 경우 당기 말의 배당락 주가는 11,000원(=12,000원−1,000원)이다. 그리고 당기의 배당으로 100만원이 지출되었으므로, 순이익 200만원 중 100만원은 내부유보하여 재투자되고, 투자자금 200만원 중 100만원이 신주발행으로 조달된다. 따라서 새로이 발행할 신주의 수는 100만원÷11,000원=90.91주이다. 새로이 90.91주의 신주가 발행되었으므로 당기 말의 1주당 예상주가는 11,000원(=1,200만원÷1,090.91주)이다. 따라서 현재의 주가는 기말의 주가 11,000원과 주당배당 1,000원의 합계인 12,000원의 현재가치이고, 현재의 주주의 자기자본가치는 다음의 계산에서와 같이 1,000만원으로 평가된다.

$$S_0 = \frac{(10{,}000+2{,}000)\times 1{,}000\text{주}}{1+0.2} = 1{,}000\text{만원}$$

위의 예시에서 배당정책을 달리한다 하더라도 주주의 부는 달라지지 않는다는 것을 확인하였으며, 이것이 MM의 배당무관련이론이 주장하는 것이다. 이 예시는 기말에 배당소득이 증가하면 배당락주가가 하락하여 자본이득이 그만큼 적게 얻어지게 되고, 그 결과 현재의 주주의 부는 배당정책에 의해 달라지지 않는다는 것을 보여주고 있다.

이러한 MM의 주장에서 주목할 필요가 있는 점은 기말의 자기자본가치(또는 기업가치)를 일정한 값으로 가정하고 있는 것이다. 이는 배당정책이 달라진다 하더라도 투자정책(즉, 기존 자산 및 신투자안의 미래 현금흐름)과 자본구조정책(즉, 미래의 지급이자)이 달라져야 할 아무런 이유가 없다는 MM의 철학을 나타낸 것이다. 그리고 제9장의 MM(1958)의 자본구조 무관련이론과 이 장의 MM(1961)의 배당정책 무관련이론을 함께 고려한다면, 궁극적으로 기업가치나 주주의 부는 투자정책, 즉 기존 자산 및 미래 투자기회로부터 얻게 될 현금흐름의 크기와 위험도에 의해 결정되는 것이지, 자본구조정책이나 배당정책에 의해 영향 받는 것이 아니라는 것이 MM의 철학임을 알 수 있다.

참고 자가배당과 자가주식

자가배당(home-made dividend) 또는 자가주식(home-made stock)은 주주가 회사의 배당정책의 효과를 자신이 원하는 방향으로 직접 변화시킬 수 있음을 나타내는 용어들이다. 주주는 배당금이 너무 적다고 느끼면 보유하고 있는 주식의 일부를 매도하여 부족액을 보충할 수 있고, 반대로 배당금이 너무 많다고 느끼면 배당금의 일부로 주식을 매입함으로써 자신이 원하는 형태의 배당을 실현할 수 있기 때문이다. 완전자본시장에서 주주는 자가배당을 통해 비용을 부담하지 않으면서 배당을 완전히 조정할 수 있으므로, 결과적으로 배당정책은 기업가치에 영향을 주지 않는다.

10.2.2 배당정책에 영향을 미치는 현실적 요인

앞 절에서 설명한 MM(1961)의 배당이론은 주주의 부(富)가 기업의 배당정책과 무관련하며 최적배당정책이 존재하지 않는다고 주장하고 있다. 이러한 MM의 주장은 기업의 이익흐름이 배당과 내부유보로 어떻게 분할되는가에 대하여 투자자들이 무차별하다는 가정, 즉 배당소득과 자본이득에 대하여 무차별하다는 가정에 기초하고 있다.

그러나 투자자들이 배당소득과 자본이득에 대하여 무차별할 수 없도록 하는 여러 가지 현실적 요인이 존재하기 때문에 MM의 배당이론은 현실적으로 타당하지 않을 수도 있다. 즉, 배당소득과 자본이득에 대한 개인소득세의 차이, 거래비용이나 발행비용과 같은 자본시장의 불완전한 요소, 배당의 신호전달효과 등 때문에 투자자들이 배당소득과 자본이득에 대하여 무차별할 수 없으며, 따라서 주주의 부를 극대화하는 최적배당정책이 존재할 수 있다.

1) 배당소득과 자본이득의 차등과세

MM의 배당이론에서는 투자자들이 주식투자로부터 얻는 소득에 대하여 어떤 세금도 부담하지 않을 것으로 가정하고 있다. 그러나 실제로는 투자소득에 대하여 개인소득세가 부과되고 있으며, 투자소득이 배당소득의 형태인지 또는 자본이득의 형태인지에 따라 소득세율이 다르게 부과된다. 이처럼 배당소득과 자본이득에 대한 세율의 차이가 존재한다면, 투자자들은 배당소득과 자본이득에 대하여 무차별할 수 없게 된다.

현실에서는 자본이득보다 배당소득에 대해 더 높은 개인소득세율이 부과된다. 우리나라 상장기업 주식에 대한 투자소득 중, 배당소득에 대해서는 소득세가 부과되고 있으나, 주식거래로 얻어진 자본이득에 대해서는 세금이 부과되고 있지 않다. 따라서 동일한 금액의 소득이 얻어진다 하더라도 자본이득의 형태로 얻어지는 것이 주주들에게 더 큰 납세후 가처분소득을 가져다준다. 즉, 기업은 가급적 낮은 배당을 지급하고 내부유보를 크게 함으로써, 자본이득을 크게 하는 배당정책을 택하는 것이 주주들의 부(富)를 증가시킨다.[5]

2) 정보비대칭

정보비대칭 하에서 경영자가 가지고 있는 정보를 투자자들에게 전달해 주기 위한 수단으로 배당정책이 이용될 수 있다. 따라서 제9장의 자본구조결정에 적용한 신호이론이 배당정책에 대해서도 적용될 수 있다.

정보비대칭의 상황에서 경영자는 미래의 기업 성과가 성공적일지 또는 그렇지 못할지에 대하여 충분한 정보를 갖고 있고 자본시장의 투자자는 아무런 정보를 갖고 있지 못하다. 이런 경우 자본시장의 투자자들은 경영자가 제공해 주는 신호(signal)에 의하여 미래의 기업 성과를 예상하고 기업가치를 평가한다.

경영자의 보수가 주가에 연계되어 있고 경영자가 거짓 신호를 제공하여 주주를 속였다는 것이 판명될 경우 충분히 큰 벌칙(penalty)을 경영자에게 부과할 수 있다 하자. 이런 조건 하에서, 만일 경영자들이 고배당정책을 선택하면 투자자들은 풍부한 미래 현금흐름이 예상되는 상황인 '성공적' 전망을 알려 주는 신호로 해석할 것이고, 반대로 저배당정책을 선택하면 투자자들은 이것을 '빈약한' 전망을 알려 주는 신호로 해석할 것이다. 따라서 배당정책이 미래 성과를 알려주는 신호로 이용되는 경우, 배당정책은 주식가치에 대하여 영향을 미치게 된다.

---

5 Merton H. Miller & Myron S. Scholes, "Dividends and Taxes," *Journal of Financial Economics* (Dec. 1978), pp.333~364는 미국의 소득세제 하에서 배당소득세를 회피할 수 있는 방법이 존재하고 자본이득세는 사실상 0이기 때문에 투자자들은 배당소득과 자본이득에 대하여 무차별하고, 따라서 기업의 배당정책은 주주의 부와 무관련하다는 주장을 제시하고 있다. 그러나 우리나라에서는 배당소득세를 회피할 수 있는 적절한 수단이 존재하지 않으므로 이런 주장을 그대로 받아들이기는 어렵다.

또 제9장에서 설명한 자본조달순위이론(pecking order theory)도 배당정책과 관련된다. 자본조달순위이론에 의하면, 기업이 갖고 있는 유리한 투자기회의 가치를 현재의 주가가 적절하게 반영하고 있지 않을 경우, 경영자들은 외부금융보다는 내부금융에 의해 투자자금을 조달함으로써 주주들의 부를 증가시키고자 할 것이다. 따라서 유리한 투자기회를 보유하고 있는 기업에서는 가급적 많은 내부자금을 확보하기 위하여 가급적 적게 배당하고자 할 것이다. 즉, 정보비대칭 하에서 저배당정책은 유리한 투자기회의 존재를 알려주는 신호로 해석되어 주가의 상승을 가져다주게 된다.

위에서 설명한 신호이론과 자본조달순위이론은 배당정책에 관하여 서로 다른 시사점을 제시한다. 신호이론에서는 고배당정책이 미래의 성공적 전망을 알려주는 신호로 해석되어 주가의 상승을 가져다주지만, 자본조달순위이론에서는 저배당정책이 유리한 투자기회의 존재를 알려주는 신호로 해석되어 주가의 상승을 가져다줄 것이라고 보고 있다.

3) 대리인문제

기업이 어떤 배당정책을 택하느냐에 따라 경영자의 재량권에 의해 사용할 수 있는 자금의 크기가 달라진다. 만일 기업이 저배당정책을 택한다면 경영자의 재량권에 의해 사용할 수 있는 잉여현금흐름(free cash flow)의 양이 커지게 되며, 그 결과 경영자의 낭비적 소비나 방만한 투자지출과 같은 대리인비용이 더 크게 발생한다.

반대로 고배당정책을 택하면 기업의 내부유보가 적어지기 때문에 경영자의 재량권에 의해 지출되는 잉여현금흐름의 크기가 줄어들어 낭비적 지출이 억제된다. 그리고 내부유보된 자금이 적기 때문에 투자정책을 실행하기 위해서는 자본시장에서 자금을 조달하여야 하며 그때마다 금융기관의 심사를 받아야 한다. 따라서 투자정책의 실행이 경영자의 재량권에 의해서만 결정되는 것이 아니라, 자본시장의 감시를 더 많이 받으면서 결정되도록 하는 결과를 가져온다. 즉, 고배당정책은 경영자의 재량권에 의해 사용될 수 있는 내부유보자금을 적게 함으로써, 경영자의 낭비적 소비지출이나 방만한 투자지출을 억제하고 자본시장의 감시를 증가시키는 효과를 가져 올 수 있다.

4) 고객효과

자본시장의 모든 투자자들이 기업의 배당정책에 대하여 모두 동일한 태도를 가지고 있다고 할 수 없다. 은퇴한 개인이나 사회단체 등은 당기에 소비 가능한 소득을 원하기 때문에 내부유보보다는 현금배당을 더 선호한다. 반대로, 배당 이외의 다른 원천으로부터 충분한 소득을 얻어낼 수 있는 주주들은 세율이 높은 배당소득보다는 세율이 낮은 자본이득을 바라게 된다.[6]

---

6 미국의 경우 이러한 고객효과가 실제로 존재하는 것으로 보인다. W. Lewellen, K. L. Stanley, R. C. Lease and G. C. Schlarbaum, "Some Direct Evidence on the Dividend Clientele Phenomenon," *Journal of Finance*, 33(Dec. 1978)에

따라서 투자자들은 자신이 원하는 형태의 배당정책을 택하고 있는 기업의 주식에 투자하게 되며, 이러한 현상을 고객효과(clientelé effect)라고 부른다. 고객효과가 존재하면 기업이 어떤 배당정책을 택한다 하더라도 그 배당정책을 원하는 투자자들이 존재한다. 따라서 배당정책의 차이 때문에 그 회사의 주식가치가 달라져야 할 이유가 없으며, 배당정책은 주주의 부와 무관련하다.[7]

5) 불확실성의 해소

배당정책과 관련하여 흔히 주장되고 있는 견해의 하나는 '손 안에 든 새(a bird in the hand)'의 견해이다. 숲에 날아다니는 여러 마리 새보다 손안에 든 한 마리 새가 더 가치있다는 논법과 마찬가지로, 투자자들은 내부유보에 의해 얻게 될 자본이득보다는 당장 얻게 될 배당을 더 선호할 것이라는 견해가 '손 안에 든 새'의 견해이다.

이 견해에 의하면 저배당정책은 확실한 배당소득 대신에 내부유보로부터 기대되는 불확실한 자본이득을 가져다주는 것이므로 주가가 더 낮게 평가된다. 이를 비유적으로 표현하면, 저배당정책은 '손 안에 든 새' 대신에 '숲속의 새'를 약속하는 것이나 다름이 없으므로 투자자에게 불리하다. 따라서 투자자들은 확실한 '손 안에 든 새'를 가져다주는 고배당정책을 선호한다고 할 수 있다. 즉, 당기에 더 많은 배당을 지급하고 내부유보를 적게 하는 것은 내부유보로부터 기대되는 자본이득의 불확실성을 해소하는 효과를 갖고 있다.

6) 당기소득의 선호

투자자들이 배당과 자본이득에 대하여 무차별할 수 없도록 하는 또 하나의 이유는 당기소득(current income)을 선호하는 투자자들의 태도이다. 주식 투자자들이 당기소비를 위한 자금 마련의 방법으로 배당의 수취와 소유주식의 매각이라는 두 가지 방법을 고려할 수 있다. 즉, 내부유보로 실현된 자본이득을 소비 가능한 현금으로 바꾸기 위해서는 자본이득(주가상승) 부분에 해당하는 주식을 매각하여야 한다. 그러나 이와 같이 주식매각에 의하여 소득을 얻는 경우, 투자자들은 주가변동의 불확실성을 부담하여야 할 뿐만 아니라 소량의 주식을 매각하는 데 따른 불편함을 감수하여야 한다. 따라서 투자자들은 현금소득을 얻기 위해 자본이득을 위한 주식매각보다는 당기의 현금배당을 더 선

의하면, 개인투자자의 포트폴리오를 직접 관찰한 결과, 보유주식의 배당수익률이 낮은 투자자 집단은 한계개인소득세율이 높은 소득계층에 속하고 있다.

7 J. Graham & A. Kumar, "Dividend Preference of Retail Investors: Do Dividend Clienteles Exist?" *Working Paper*, Duke, 2003에 의하면, 투자자 연령과 관련된 고객효과도 존재한다고 볼 수 있다. 이들은 미국의 개인투자자 78,000명의 1991년부터 1996년까지 주식거래 기록을 관찰한 결과, 65세 이상 고령층은 저연령층보다 고배당 주식에 더 많이 투자하고 저연령층 중에서도 저소득층은 상대적으로 고배당 주식에 더 많이 투자하고 있다. H. Shefrin, *Behavioral Corporate Finance* (McGraw-Hill, 2006), pp.116~117에서 재인용.

호하게 된다.

참고 심리적 회계와 배당

행태재무학에서는 사람들에게 심리적 회계(mental accounting)이라는 것이 존재한다고 주장한다. 본래 심리적 회계란 돈을 별도의 계좌로 나누어 관리하는 것처럼 정보 역시 관리 가능한 몇 가지 범주로 구분하여 사용하는 현상을 의미한다. 투자자들이 당기의 소비를 위한 자금을 마련할 때 현금배당을 사용하는 것에 대해서는 거부감을 갖지 않지만 보유주식을 매각하는 것에 대해서는 거래비용이 없다 하더라도 상당한 거부감을 보인다. 이것은 심리적으로 보유주식이 미래 소득을 위한 자산이라는 범주에 속하는 것으로서 당기의 소득 및 지출과 구분되고 있기 때문이다.

7) 자본시장의 불완전성

앞에서 설명한 MM의 이론은 완전자본시장의 가정 하에서 도출된 것이다. 그러나 현실의 증권시장은 여러 가지 불완전성을 가지고 있다. 그 대표적인 것으로 신주발행비용과 거래비용을 들 수 있다.

신주발행비용이 무시할 수 없는 정도인 경우, 고배당에 따른 신주발행보다는 내부유보에 의하여 자본을 조달하는 것이 신주발행비용을 절약할 수 있기 때문에 주주들에게 더 유리하다. 그러나 증권의 거래비용이 상당히 큰 경우 투자자들은 자본이득보다는 배당을 더 선호한다. 왜냐하면 투자자들이 일정액의 소득을 실현하기 위하여, 소유주식의 일부를 매각하여 자본이득을 실현하기보다는 현금배당을 수취하는 것이 거래비용을 절약할 수 있도록 하여 준다.

이상으로 배당정책에 대해 영향을 미치는 여러 가지 요인들을 설명하였다. 배당의 신호효과, 대리인비용의 존재, 배당의 불확실성 해제효과, 투자자들의 당기소득 선호, 주식거래비용 등은 투자자들이 고배당정책을 선호하도록 하는 요인들이다. 그러나 높은 배당소득세율, 주가에 반영되지 않은 유리한 투자기회의 존재, 주식발행비용 등의 요인들은 투자자들이 저배당정책을 선호하도록 한다. 기업의 최적배당정책은 이 요인들 중 어떤 요인이 특히 중시되는가에 따라 달라진다.

10.2.3 배당정책의 관리적 고려사항

앞에서 MM의 배당이론을 설명하고 기업의 배당정책에 영향을 미치는 여러 요인을 지적하였다. 현실의 실무에서는 이런 요인들 이외에 관리적 필요에 따라 배당정책이 달라질 수 있다. 흔히 배당정책을 결정할 때 고려하는 관리적 요인들로서 다음과 같은 것들이 있다.

① **기업의 자금수요:** 기업의 배당지급액의 크기는 기업의 미래 자금수요에 대한 예상을 고려하여 결정된다. 예를 들어, 미래에 거액의 투자지출을 계획하고 있거나 재고 증가를 계획하고 있는 경우, 기업이 현재 다소의 여유자금을 갖고 있다 하더라도 배당지급액을 증가시킬 수 없게 된다.

② **유동성:** 배당결정에서 기업의 유동성(liquidity) 역시 중요한 고려사항이다. 배당의 지급은 기업의 현금유출의 중요한 일부를 구성하고 있으므로, 기업의 자금사정이나 유동성이 양호할수록 배당지급능력은 커진다. 왜냐하면 유동성이 큰 기업은 다소 많은 금액의 배당을 지급한다 하더라도 불확실성에 대비할 수 있는 자금사정의 융통성을 확보할 수 있기 때문이다.

③ **차입기회:** 기업이 현재의 유동성을 풍부하게 갖고 있어야만 자금사정의 융통성이 확보되는 것은 아니다. 기업이 원하는 시기에 원하는 금액을 빌릴 수 있다면, 그 경우에도 자금사정의 융통성은 확보될 수 있다. 따라서 기업의 차입기회가 클수록 자금사정의 융통성은 보다 커지며 현금배당의 지급능력 역시 증가한다.

④ **경쟁회사의 배당정책:** 동종 산업의 다른 회사들이 어떤 배당정책을 택하고 있는가도 배당정책에 영향을 미친다. 왜냐하면 동종 산업의 다른 회사들이 지급하는 것과 비슷한 배당 수준을 유지함으로써 주가의 상대적 수준을 유지할 수 있기 때문이다.

⑤ **지배권:** 거액의 현금배당을 지급하면, 수익성 있는 투자기회의 자본을 조달하기 위하여 신주를 발행하여야 한다. 이런 경우 새로운 외부주주를 받아들이게 됨으로써 기존의 기업지배권이 약화될 수 있다.

⑥ **주주들의 성격:** 기업의 주식이 소수의 주주에 의해 소유되고 있다면, 배당에 대한 주주들의 태도는 용이하게 파악된다. 예컨대 주주들이 고율납세층에 속해 있기 때문에 자본이득을 더 선호한다면 기업은 저배당정책을 택하게 된다. 그러나 기업의 주식이 다양한 성격을 갖는 다수의 투자자들에 의하여 분산소유되고 있다면 기업은 배당정책에 대한 주주들의 태도를 파악하기가 어렵다. 이런 경우에 기업이 주주들의 태도를 파악할 수 있는 유일한 방법은 배당정책에 대한 주가의 움직임을 관찰하는 것이다.

⑦ **채무계약 및 법규에 의한 제약:** 많은 채무계약은 채권자들의 채권을 보호하기 위하여 배당을 일정 수준으로 제한하고 있다. 또 채권자 보호를 위하여 상법에서도 이익의 배당에 대하여 제한을 가하고 있다.

제3절 안정배당정책

많은 기업들은 주당이익(EPS)의 변동에 따라 주당배당을 변동시키기보다는 안정된 수준에서 주당배당을 유지하는 것이 주주들의 부에 유리한 영향을 미칠 것으로 기대하고 있다. 즉, 기업의 이익이 크게 상승한 경우에도 미래의 주당이익이 지속적으로 증가할 것이라는 확신이 없는 한, 기업의 경영자들은 주당배당을 일정하게 유지하거나 적은 폭만큼만 증가시킨다. 반대로 기업의 이익이 크게 하락한 경우에도 주당배당을 크게 하락시키지 않고 안정된 수준에서 유지하거나 약간만을 낮추려 한다. 이와 같이 주당배당을 안정된 수준에서 유지하려는 배당정책을 안정배당정책(stable dividend policy)이라고 한다.

10.3.1 안정배당정책의 이유

기업이 안정배당정책을 택하는 이유로서 다음 세 가지를 들 수 있다. 첫 번째 이유는 많은 투자자들이 안정적인 현금배당소득을 바라고 있다는 것이다. 예를 들어, 안정된 현금소득을 필요로 하는 은퇴한 노령층이나 연금공단 등은 투자주식으로부터 안정적 현금배당이 얻어지기를 원한다. 물론 이런 투자자들이 주식의 일부를 매도하여 현금소득을 얻어낼 수 있지만, 이것은 번거로운 거래절차와 무시할 수 없을 정도의 거래비용을 필요로 하기 때문에 바람직한 현금소득의 실현 방법이 아닌 것으로 여겨지고 있다.

두 번째 이유로서, 기업의 경영자들은 불필요한 신호전달효과를 배제하기 위하여 안정배당정책을 택한다. 지속적이 아닌 일시적인 주당이익의 변동을 반영하여 주당배당을 변경하면, 이것은 기업의 미래 수익력이 지속적으로 상승 또는 하락할 것이라는 그릇된 신호를 투자자들에게 전달해 줄 가능성을 갖고 있다. 따라서 경영자들은 기업의 장기적인 미래 수익력이 달라질 것이라고 판단될 경우에만 배당정책을 변경하려 할 것이며, 그렇지 못한 경우에는 그릇된 신호의 전달을 방지하기 위하여 안정배당정책을 택하게 된다.

세 번째 이유는 기관투자자들은 펀드매니저(fund manager)의 행동을 제한하기 위하여 일종의 '투자제한종목 리스트'를 갖고 있을 수 있다는 점이다. 투자제한종목 리스트는 펀드매니저가 투자해서는 안되는 종목의 리스트로서, 대체로 주당배당의 변동성이 크거나 장기적인 감소추세를 보이고 있는 종목들을 포함한다. 만일 불안정한 배당정책 때문에 이 리스트에 포함되면, 이는 그 주식에 대한 수요를 감소시켜 주주의 부에 부정적인 영향을 미치게 된다.

10.3.2 배당의 부분조정모형

기업이 안정배당정책을 택한다고 해서 장기적으로 목표배당성향이 완전히 무시된다거나 주당배당이 전혀 변경되지 않는다는 것을 의미하는 것은 아니다. 린트너(John Lintner)에 의하면, 기업은 장기적인 목표배당성향을 갖고 있지만 배당의 안정성을 중시하기 때문에, 주당이익의 변동에 따라 곧바로 주당배당의 크기를 변경시키지 않고 주당이익 변동의 일부만을 반영하여 실제의 주당배당을 결정한다.[8] 이러한 배당정책은 흔히 배당의 부분조정모형이라고 불려진다.

하나의 예로서, 어떤 회사가 전기에 500원의 주당배당을 지급하였고 당기의 주당이익이 2,000원이고 장기적으로 40%의 배당성향을 유지하고자 한다 하자. 이 회사가 목표배당성향을 지키고자 할 경우 당기의 목표주당배당은 800원(=2,000원×0.4)이다. 이 800원의 목표주당배당은 전기의 실제배당액 500원과 큰 차이를 보이므로 이 차이의 일부만을 반영하여 당기의 주당배당을 결정하고자 하는 것이 배당의 부분조정모형이다.

이런 경우 목표배당액과 전기 실제배당액의 차이에 대해 미리 정해진 조정계수 정도만을 반영하여 새로운 주당배당을 결정한다. 예를 들어, 이 회사가 0.3의 조정계수를 갖고 있다면, 당기에 실제로 지급하게 될 주당배당은 다음과 같이 590원으로 결정된다.

배당의 부분조정모형

$$\text{실제배당} = \text{전기배당} + (\text{조정계수})(\text{목표배당} - \text{전기배당}) \tag{10-1}$$

위의 예에서 실제배당은 500+(0.3)(800−500)=590원으로 결정된다. 이 부분조정모형에서 기업의 배당정책은 배당성향과 조정계수라는 두 가지 값으로 표현된다. 배당성향이 결정되어야 목표배당이 계산될 수 있으며, 조정계수가 결정되어야 실제 배당액이 결정될 수 있다. 조정계수는 0과 1 사이의 값으로서, 1에 가까울수록 주당이익의 변동을 민감하게 반영하여 실제배당이 이루어지게 되고 0에 가까울수록 실제배당이 평활화(smoothing)되어 안정적으로 지급되게 된다.

참고 배당정책을 수립할 때 경영자들이 중요시하는 것들

배당의 부분조정모형을 제시한 린트너는 1950년대 후반에 배당정책에 대한 경영자의 생각을 처음으로 조사하였다. 그는 23개 회사의 재무담당 임원들과 직접 면담조사를 행한 결과, 기업들이 장기

8 J. Lintner, "Distribution of Incomes of Corporations among Dividends, Retained Earning and Taxes," *American Economic Review*, Vol. 56(May 1956), pp.97~113.

목표배당성향을 갖고 있지만 단기적으로는 배당을 평활화하려 하며 배당증가 후 감소로 다시 역전될 가능성을 우려하는 경향이 있다는 것을 발견하였다.

[그림 10-2]는 비교적 최근인 2004년에 300개 회사의 CFO를 대상으로 배당정책에 관한 설문 및 면접조사를 실시한 결과를 요약한 것이다.[9] 이 결과에는 다음 세 가지 특징이 나타나고 있다. 첫째, 경영자들은 일단 배당이 증가한 후 다시 배당감소로 역전되는 것을 매우 싫어한다. 둘째, 경영자들은 배당감소의 위험을 회피하기 위해 배당을 "평활화(smoothing)"한다. 따라서 장기적 이익흐름의 추세를 중시하고 일시적 이익의 변동은 중요시하지 않는다. 셋째, 경영자들은 배당액 그 자체보다 배당액의 변경에 더 큰 관심을 갖는다.

그림 10-2 배당정책에 관한 미국 주요 기업 CFO 설문조사결과

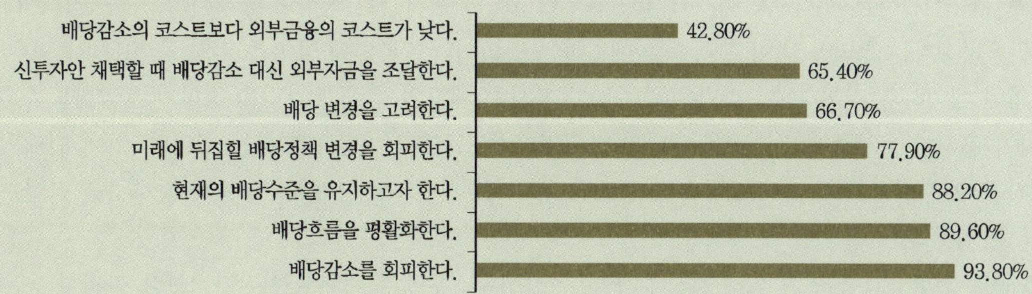

제4절 자사주매입과 주식배당

일반적으로 배당정책이란 현금배당에 관한 의사결정만을 나타내는 것으로 이해되고 있다. 그러나 자사주매입, 주식배당 등도 배당정책의 일환으로 고려될 수 있다. 여기에서는 자사주매입과 주식배당이 어떤 성격을 갖고 있으며 어떤 동기로 실시되고 있는지를 설명하기로 한다.

9 A. Brav, J. R. Graham, C. R. Harvey & R. Michaely, "Payout Policy in the 21st Century," *Journal of Financial Economics* 77(Sep. 2005), pp.483~527, R. A. Brealey, S. C. Myers & F. Allen, *Principles of Corporate Finance*, 9th ed. (McGraw-Hill, 2008), pp.446~447와 H. Shefrin, *Behavioral Corporate Finance*(McGraw-Hill, 2006), p. 120, 조담 역, 행태과학으로 본 재무관리(청람, 2012)에서 요약.

10.4.1 자사주매입

자사주매입(stock repurchase, stock buyback)은 자본시장에서 자사주의 일부를 매입하여 소각하거나 보유하는 것을 말한다. 자사주매입은 현금배당과 같이 주주들에게 현금을 배분해 주고자 하는 목적을 가질 수도 있지만, 주가의 급격한 하락을 방지하거나, 기업지배권의 안정을 도모하거나 또는 임직원의 스톡옵션 행사에 대비하기 위한 목적으로 이루어지기도 한다.

기업들이 자사주를 매입하는 방법은 네 가지가 있다. 첫 번째의 방법은 공개시장 재매입(open-market repurchase)으로서 가장 흔히 사용되고 있는 방법이다. 이 방법은 일반 투자자들이 주식을 매입하는 것과 마찬가지 방법으로 기업이 시장가격으로 자사주를 매입하는 방법이다. 이 경우에 주식 매도자는 매수자가 발행 기업임을 알지 못한다. 두 번째 방법은 공개매수(tender offer)이다. 이 공개매수는 매수하고자 하는 주식 수, 매수가격(tender price), 매수기간을 정하여 공시하고, 주주들로부터 매수에 응하겠다는 청약을 받아 자사주를 매입하는 방법이다. 세 번째 방법은 더치 옥션(Dutch auction)에 의해 매입하는 것이다. 이 방법은 주주들이 자사주 매도의 수량과 가격을 정하여 청약하도록 하고 회사가 공시한 자사주매입 수량에 해당되는 최저가격으로 자사주를 매입하는 것이다.[10] 네 번째 방법은 직접 재매입(direct repurchase)으로서 특정 주주로부터 회사가 원하는 수량의 자사주를 직접 매입하는 방법이다.

현금배당의 효과를 얻기 위해 자사주매입을 행하는 경우에는 대체로 시장가격보다 현저히 높은 매수가격을 제시하여 자사주를 매입하는 공개매수의 방법을 택한다. 이 경우 매수가격과 시장가격의 차이가 주주들에게 배분되는 배당에 해당하는 것으로써, 주주들이 현금배당이 아닌 자본이득의 형태로 소득을 실현하는 효과를 갖는다.

현금배당을 대신하고자 하는 목적을 가지고 자사주매입을 실시한다고 해서, 자사주매입이 주주의 부(富)에 대하여 현금배당과 반드시 동일한 효과를 갖는다고 할 수 없다. 자사주매입은 그것이 이루어지는 상황 또는 조건에 따라 다양한 형태의 효과가 예상될 수 있다. 이들을 정리하면 다음과 같다.

① **신호효과**: 자사주매입은 상황에 따라 투자자에게 다양한 형태의 신호를 전달해 준다. 주가하락 국면에는 주가가 저평가되었다는 것을 투자자에게 알려주기 위해 자사주매입을 실시한다. 또 이익 또는 현금흐름이 기대 이상으로 많이 얻어졌을 때 행하는 자사주매입은 수익성 있는 투자기회의 고갈을 알려주는 신호로 해석될 수도 있다.

② **부채이용의 세금절약효과**: 자사주매입의 재원이 부채를 통하여 조달되었다면, 이것은 기업의 부채 증가에 따른 세금절약효과의 증가를 가져온다. 따라서 자사주매입은 주주의 부(富)를 증가

---

10 예를 들어, 회사가 10주의 자사주를 매입하겠다고 공시하였고, A주주가 3주를 주당 13,500원, B주주가 4주를 주당 13,700원, C주주가 5주를 주당 13,800원, D주주가 4주를 주당 13,900원에 매도하겠다고 청약하였다 하자. 이 경우, 회사는 10주를 매입하는 데 요구되는 최저가격 13,800원에 A로부터 3주, B로부터 4주, C로부터 2주를 매입하는 방식이 더치 옥션(Dutch auction)이다.

시킨다.

③ 배당소득세의 회피: 자사주매입은 배당소득을 자본이득으로 대체하는 효과를 갖는다. 따라서 주주들이 배당소득세를 피하고 자본이득세만을 부담하도록 한다. 일반적으로 자본이득세는 배당소득세보다 낮기 때문에, 현금배당 대신에 자사주매입을 행하는 것은 주주부에 대하여 유리한 영향을 미치게 될 것이다. 그러나, 자사주매입에 따른 주주의 소득이 조세 당국에 의해 실질적인 배당을 의미하는 의제배당(擬制配當)으로 간주되면 배당소득세가 과세될 수 있다.

④ 채권자의 부(富)의 감소: 자사주매입이 갑작스럽게 이루어져서 기업자산의 축소를 가져온 경우, 이것은 부채에 대한 담보의 감소를 가져오기 때문에 부채의 시장가치가 감소하게 된다.

⑤ 주주들 사이의 부(富)의 이전: 자사주매입이 모든 주주들을 대상으로 공평하게 이루어지지 않고 일부 주주들만을 대상으로 이루어진 경우, 자사주매입에 참여하지 못한 주주들로부터 참여한 주주들에게 부의 이전이 이루어진다. 특히 매수가격이 시장가격에 비하여 현저히 높은 경우에 이러한 부의 이전은 매우 큰 폭으로 발생한다.

⑥ 대리인문제의 해소: 자사주매입이 대리인문제를 해소하기 위한 수단으로 사용되기도 한다. 기업내부에 과다한 잉여현금흐름(free cash flow)를 남겨 놓을 경우, 경영자는 자신의 보수를 증가시킬 목적으로 기업규모 확대를 위한 불리한 투자안을 채택하거나 주주의 희생으로 개인적 만족만을 가져다주는 낭비적 소비(perk)를 추구하고자 할 수도 있다. 이러한 대리인문제를 해소하기 위해서는 기업내부의 잉여현금흐름을 감소시켜 경영자의 재량권을 감소시킬 필요가 있으며, 이를 위해 자사주매입이 행해지기도 한다.

많은 경영자들은 자사주매입이 발행주식 수의 감소를 통해 주당이익(EPS)을 증가시키기 때문에 주주에게 좋은 뉴스를 전달해 준다고 믿고 있다. 그러나 이런 생각은 합리적인 생각이라고 할 수 없다. 자사주매입으로 인한 주당이익 증가는, 기업의 생산성이나 수익성의 향상에 의한 것이 아니고 단순한 주식 수의 감소로 인한 것이기 때문에 주주부의 증가가 발생하지 않는다.

참고 자사주매입의 효과

삼성전자는 2016년 11월 잉여현금흐름(free cash flow)의 50%를 주주에게 환원하기로 하고, 분기별 배당과 자사주매입을 실시하겠다고 선언했다. 자사주의 매입 · 소각은 전체 주식 수를 줄여 주가를 높이는 효과가 있기 때문이다. 회사는 2016년에 11조3,000억원 규모의 자사주를 매입했고, 2017년에는 9조3,000억원 규모의 자사주를 매입 · 소각하는 계획을 갖고 있다.

실제로, 삼성전자의 주가는 자사주매입과 실적 호조에 기인하여 2016년 11월 주당 160만원대에서 2017년 6월 230만원대로 상승했다. 이런 자사주매입은 이익을 주주에게 환원하는 효과를 가질 수 있으나, 한편으로 대주주의 지분율 및 지배력을 강화하는 효과도 있는 것으로 평가된다.

10.4.2 주식배당

주식배당(stock dividend)은 이익의 배당을 새로이 발행하는 주식으로 지급하는 것을 말한다(상법 제462조의 2의 ①). 주식배당은 당기 말의 미처분이익잉여금의 일부 또는 전부를 자본금으로 전입하고, 이 새로이 추가된 자본금을 근거로 새로이 주식을 발행하여 주주들에게 나누어주는 것이다. 이 주식배당은 이익잉여금을 자본금으로 전입하여 그만큼 발행주식 수를 증가시키는 회계적 절차에 지나지 않기 때문에, 그 자체로서는 현금배당과 같이 기업 성과를 주주에게 배분하는 것이라고 할 수 없다. 주식배당은 현금의 유입이나 유출 없이 발행주식수의 증가만을 가져오므로, 결과적으로 액면분할과 유사한 효과를 가져 온다. 따라서, 자본시장이 효율적이고 투자자들이 합리적이라면 주식배당 그 자체는 주주부에 영향을 미치지 않아야 한다.

그러나 현실적으로는 주식배당은 주주부에 대하여 다음과 같은 유리한 영향을 미칠 수 있는 것으로 알려져 있다. 첫째, 안정배당정책을 택하고 있는 대부분의 기업에서 주식배당은 발행주식 수의 증가를 가져오기 때문에 기업의 미래 현금흐름 및 배당의 증가를 알려주는 유리한 신호로 해석될 수 있다. 둘째, 충분한 이익이 실현되었음에도 불구하고 주식배당이 이루어진 경우, 주식배당은 기업 이익의 사외유출을 방지함으로써 유리한 투자기회의 투자재원을 마련한다는 신호로 해석될 수 있다. 즉, 기업의 성장잠재력(=유리한 투자기회의 존재)을 알려 주는 신호가 될 수 있다. 이 밖에, 현금소득을 필요로 하는 투자자들은 배당받은 신주를 팔아 현금을 마련하면 보유주식 수가 감소하는 심리적 불편을 피할 수 있다거나, 발행주식 수의 증가에 기인하여 주가가 더 낮은 수준으로 조정되면 주식의 매매가 더 용이해질 수 있다는 점 등이다.

주식배당의 몇 가지 불리한 효과 역시 간과되어서는 안 된다. 첫째, 주식배당은 기업이 현금배당을 행할 수 없을 정도로 어려운 상황이라는 것을 알려주는 신호로 해석될 수도 있다. 특히 주당현금배당이 감소하고 이를 보충하기 위한 수단으로 주식배당이 이용된다면, 주식배당은 주가의 하락을 가져올 수도 있다. 둘째, 주식배당은 세법상 의제배당으로 간주되어 배당소득세가 부과되므로(소득세법 제26조), 주주부가 배당소득세 만큼 감소된다. 특히, 안정배당정책을 택하는 기업의 주식배당은 미래의 현금배당을 증가시킴으로써 주주의 배당소득세 부담을 높일 수도 있다.

제10장 연습문제

[선다형]

01 배당정책의 내용을 잘못 설명한 것은?

① 기업의 당기순이익을 배당금과 유보이익으로 나누는 재무결정이다.
② 배당결정의 결과 기업 내부에 재투자되는 유보이익은 내부금융의 중요한 원천이 된다.
③ 투자자들은 어느 경우에나 고배당정책(高配當政策)을 선호한다.
④ 배당정책의 변화는 주주들에게 기업의 미래 성과에 대한 정보를 제공해 줄 수 있다.
⑤ 배당소득세율과 자본이득세율이 다를 경우 배당정책은 주가에 대하여 영향을 미칠 수 있다.

02 배당결정을 자본조달결정의 잔여적 결정으로 인식하고자 하는 배당이론을 배당의 잔여이론(residual theory of dividend)이라고 한다. 이 배당의 잔여이론에 대한 설명으로 잘못된 것은?

① 배당정책은 기업의 최적자본구조를 달성하기 위한 의사결정의 일부로 고려되어야 한다는 이론이다.
② 배당정책은 기업의 미래현금흐름에 대한 경영자의 정보를 투자자들에게 알려주는 신호로 사용될 수 있다는 이론이다.
③ MM의 배당이론은 배당의 잔여이론을 대표하는 이론이다.
④ 배당의 잔여이론에서는 배당정책이 기업의 자본예산결정에 대하여 영향을 미치지 않는다고 본다.
⑤ 배당의 잔여이론에서는 자기자본조달원천으로서 신주발행과 내부유보를 대체적인 관계에 있다고 본다.

03 배당에 관한 MM이론에 대한 설명 중 틀린 것은?

① 주주는 기업의 소유자이기 때문에 기업의 이익을 내부유보 하는 것과 배당으로 지급하는 것에 대하여 무차별하다.
② 현금배당을 지급한 후의 기업가치는 지급하기 전보다 작아진다.
③ 투자에 필요한 자금은 얼마든지 새로운 주식을 발행하여 조달할 수 있다는 가정이 필요하다.
④ 이익을 배당으로 지급하지 않고 기업에 내부유보 하는 것은 미래의 불확실성 때문에 주주의 부를 감소시킨다.
⑤ 투자자들은 현금배당 1원과 자본이득 1원을 동일하게 평가한다.

04 어떤 회사가 통상적으로 지급해오던 주당배당보다 많은 배당을 지급하기로 결정하자 그 회사 주식의 주가가

크게 상승하였다. 이러한 주가상승을 설명할 수 있는 가설로서 적절한 것은?

① 투자자들은 미래 기대배당에 관한 새로운 정보에 대하여 반응하고 있다.
② 투자자들은 배당의 변화에 대하여 언제나 유리한 방향으로 반응한다.
③ 예상 밖의 배당증가는 기업이 (+)의 NPV를 갖는 투자기회를 더 이상 이용할 수 없게 되었다는 것을 알려주는 신호이다.
④ 예상 밖의 배당증가는 경영자가 주가를 조작하고자 하는 의도를 보여 준다.
⑤ 안정배당정책을 추구하는 기업의 경우, 예상 밖의 배당증가는 주가에 영향을 미치지 않아야 한다.

05 다음 중 배당의 고객효과(clientele effect)를 가장 잘 설명하고 있는 것은?

① 투자자들은 일반적으로 그들이 수취하는 배당의 크기에 대하여 관심을 갖지 않는다.
② 투자자들은 일반적으로 배당을 지급하지 않는 회사의 주식을 선호한다.
③ 투자자들은 일반적으로 많은 배당을 지급하는 주식을 선호한다.
④ 투자자들은 일반적으로 그 자신의 요구에 부합하는 배당정책을 실시하는 주식을 선호한다.
⑤ 투자자들은 일반적으로 매기 일정한 배당을 지급하는 주식을 선호한다.

06 다음 중에서 주주들이 내부유보보다 배당을 더 선호하도록 하는 이유가 아닌 것은?

① 경영자의 낭비적 소비지출
② 배당의 정보효과
③ 확실한 현재소득의 선호
④ 주식거래비용
⑤ 기업의 유리한 투자기회에 대한 정보비대칭

07 다음은 투자자들이 안정배당정책을 선호하는 이유들이다. 옳지 않은 것은?

① 안정적 배당은 주식의 투자수익의 변동성을 줄여주기 때문에
② 많은 투자자들은 규칙적인 소득을 원하기 때문에
③ 일부 기관투자자들은 지속적인 배당소득을 가져다주는 주식만을 선호하기 때문에
④ 안정적 배당에 의하여 불필요한 신호효과를 배제할 수 있기 때문에
⑤ 안정적 배당은 기업의 이익이 변동성을 갖지 않는다는 것을 의미하기 때문에

08 기업이 안정배당정책을 추구하는 이유가 아닌 것은?

① 많은 투자자들이 안정적인 현금배당소득을 바라고 있다.
② 불필요한 신호효과를 배제할 필요가 있다.
③ 장기적으로 안정적 배당을 지급함으로써 기관투자자들의 투자제한종목 리스트에 포함되지 않도록 한다.

④ 배당은 부채의 이자와 마찬가지로 고정재무비용의 성격을 갖고 있다.
⑤ 주당배당의 커다란 변동은 주가의 변동성을 증가시킬 우려가 있다.'

09 주식배당으로부터 기대할 수 있는 유리한 효과가 아닌 것은?

① 주주들에게 기업의 미래 현금흐름에 대한 유리한 신호를 제공한다.
② 기업이익의 사외유출을 방지하여 투자자금을 용이하게 마련한다.
③ 배당받은 주식을 증권시장에서 매각할 경우, 주식배당은 현금배당과 동일한 효과를 갖는다.
④ 거래가 용이한 수준으로 주가가 조정될 수 있다.
⑤ 현금소득을 원하는 주주들에게 심리적 위안을 줄 수도 있다.

10 자사주매입에 관하여 바르게 설명하고 있는 것은?

① 자본시장의 불완전성이 없는 경우, 자사주매입과 현금배당은 본질적인 차이를 갖지 않는다.
② 자사주매입이 행해지는 유일한 목적은 세금을 회피하고자 하는 것이다.
③ 자사주매입은 현금배당을 안정화하기 위한 유용한 방법이 아니다.
④ 자사주매입은 주당이익의 감소를 가져온다.
⑤ 자본이득세율이 배당소득세율보다 낮은 경우, 투자자들은 자사주매입보다 추가현금배당을 보다 선호한다.

[서술형]

01 우리나라에서 배당이 지급되는 절차를 알아보시오.

02 MM의 배당정책 무관련이론을 설명하시오.

03 경영자의 대리인문제가 심각할 경우 어떤 배당정책이 주주의 부에 유리한가?

04 자본조달순위이론의 관점에서 배당정책을 설명하시오.

05 기업이 배당정책을 결정할 때 고려하는 주된 결정요인을 설명하시오.

06 주주들이 안정배당정책을 선호하는 이유를 설명하시오.

07 일반적으로 투자자들은 고배당정책을 선호한다. 그 이유를 설명하시오.

08 기업이 주식배당을 행하는 이유를 설명하시오.

09 기업이 자사주매입을 행하는 이유를 설명하시오.

10 삼성전자(주)의 지난 5년간의 주당이익, 주당배당, 배당성향, 12월 말 배당부주가 대비 배당수익률 등을 조사하고 삼성전자의 배당정책에 대한 당신의 의견을 정리하시오.

11 엘튼과 그루버(E. J. Elton & M. J. Gruber)는 배당락주가(ex-dividend price)와 배당부주가(cum-dividend price) 사이에 다음의 관계가 성립한다고 주장하였다.[11] 어떤 회사 주식의 금년 말 배당부주가가 주당 25,000원이다.

$$\frac{P_b - P_x}{d} = \frac{1-T_d}{1-T_g}$$

단, P_x는 배당락주가, P_b는 배당부주가, d는 주당배당, T_d는 배당소득세율, T_g는 자본이득세율을 나타낸다.

(1) 만일 $T_g = T_d = 0$이라면 주당 800원의 현금배당으로 주가는 얼마만큼 떨어지겠는가?

(2) 만일 T_g만이 0이고 T_d는 20%라면, 주당 800원의 현금배당으로 주가는 얼마만큼 떨어지겠는가?

(3) 위의 (1)과 (2)의 결과를 비교하여 위 식의 현실적 의미를 논평하시오.

12 어떤 회사의 전기 주당배당은 700원이었고 당기 말의 주당이익은 1,500원으로 예상된다. 이 회사가 40%의 배당성향을 목표로 하고 있고 40%의 조정계수를 사용하여 주당배당을 결정해 왔다. 이 회사의 당기 말 주당배당은 얼마로 예상되는가?

[선다형문제 정답과 풀이]

01 ③ **02** ② **03** ④ **04** ① **05** ④ ▸ 고객효과는 투자자들이 원하는 배당정책을 실시하는 주식을 선호한다는 이론이다. 예컨대, 면세투자자들은 고배당주식을 선호하고 고세율을 적용받는 투자자들은 저배당주식을 선호하는 현상이 고객효과이다. 고객효과가 존재하면 기업의 배당정책은 주주들의 구성에 따라 달라진다. **06** ⑤ ▸ 배당을 적게 하고 내부유보를 많이 하는 경우 경영자의 재량권 하에 있는 잉여현금흐름이 증가하여 경영자의 낭비적 소비지출이 많아지고 주주의 부가 감소한다. 따라서 ①의 경영자의 낭비적 소비지출은 주주들이 배당을 보다 선호하도록 하는 요인이다. 기업이 보유하고 있는 유리한 투자기회에 대한 정보비대칭이 존재할 경우, 투자자금을 내부유보에 의하여 조달하는 것이 주주의 부를 증가시킨다. 따라서 ⑤의 요인은 내부유보를 선호하도록 하는 요인이다. **07** ⑤ **08** ④ **09** ③ **10** ①

11 E. J. Elton & M. J. Gruber, "Marginal Stockholder's Tax Rates and the Clientele Effect," *Review of Economics and Statistics* (Feb. 1970), pp.68~74.

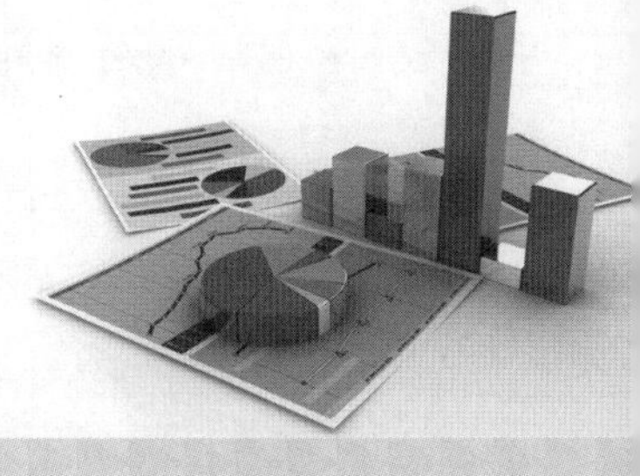

제 11 장 운전자본관리

제1절 운전자본관리의 개요

11.1.1 운전자본의 정의

운전자본(working capital)은 일반적으로 현금과 예금, 그리고 비교적 짧은 기간 안에 현금으로 전환될 수 있는 유가증권, 매출채권, 재고자산을 포함하는 유동자산과 동일한 의미로 사용되고 있다. 기업을 운영하는 과정에서는 불가피하게 원재료나 제품의 재고, 외상매출의 결과로 발생하는 매출채권, 그리고 다양한 업무 또는 거래를 원활하게 집행하기 위해서 필요한 현금을 보유하게 된다.

이런 이유 때문에, 운전자본의 크기는 매출액에 의해 가장 밀접하게 영향을 받는다. 운전자본은 매출액의 계절적 또는 순환적 변동에 관계없이 고정적으로 투자되는 운전자본(permanent working capital)과 매출액의 계절적이나 순환적 변동에 따라 증감하는 변동적 운전자본(temporary working capital)으로 구성된다.

또한 순운전자본(net working capital)은 유동자산에서 유동부채를 뺀 금액으로, 유동자산 중에서 유동부채가 아닌 장기자본으로 조달된 부분이다. 순운전자본은 단기채무인 유동부채의 상환에 사용될 수 있는 여유 유동자산으로 간주되므로, 기업의 단기채무지급능력 또는 유동성(liquidity)을 측정하는 지표로 빈번히 사용된다. 이런 경로를 통해, 운전자본관리는 유동자산과 유동부채의 관리를 포괄할 뿐 아니라 장기자본의 조달과 밀접하게 연계된다.

11.1.2 운전자본 보유의 필요성

기업에서 생산력을 주로 발휘하는 자산은 기계, 설비, 건물, 토지, 특허권 등과 같은 고정자산이다. 그러나 기업이 생산요소를 조달하여 투입한 후 제품이 생산될 때까지는 상당한 시간이 소요되고, 생산된 제품의 대금을 수금할 때까지 또 상당한 시간이 소요된다. 이 과정에서 기업은 거래에 필요한 현금 · 예금, 생산과 판매를 위한 재고자산과 매출채권을 보유하게 된다. 더욱이 기업의 미래 영업활동은 완전하게 예측될 수 없으므로, 적당한 수준의 여유현금이나 재고자산의 보유가 불가피하다. 거래비용, 재무적 곤경의 비용, 이자율 차등 등 실물시장과 금융시장의 불완전성도 유동자산 보유의 필요성을 높인다. 그러나 수익이 없거나 고정자산에 비해 상대적으로 낮은 유동자산의 보유는 그 만큼의 기회비용을 수반하기 때문에, 기업가치의 극대화를 위해서는 현금 · 예금, 매출채권, 또는 재고자산을 가급적 적게 보유해야 할 이유도 존재한다.

구체적으로, 기업은 다음과 같은 이유들을 복합적으로 고려하여 유동자산을 보유하게 된다.

① **시간적 지연**: 기업의 생산, 판매 및 수금 과정은 시간을 소요하므로, 기업은 재고자산, 매출채권, 현금 같은 운전자본을 보유하게 된다.

② **거래비용**: 기업은 현금이 필요한 상황에서 현금이 부족하면, 수익성 있는 활동을 포기하거나 유동성이 낮은 자산을 신속히 현금으로 전환해야 한다. 일반적으로 급히 현금을 마련하는 과정에서 높은 거래비용을 부담하므로, 이런 비용을 회피하기 위해 기업은 적당한 크기의 현금 또는 준현금(near-cash) 자산을 보유할 필요가 있다. 실제로 자산의 가치손실 없이 짧은 시간에 현금으로 전환될 수 있는 능력을 의미하는 유동성은 매우 중요한 고려사항이다. 예를 들어, 재무상태표(또는 대차대조표)는 각종 자산들을 '유동성(liquidity)'의 순서에 따라 분류한다.

③ **재무적 곤경의 회피**: 기업이 유동자산이 부족하여 채무를 상환하기 어려운 상황에 처하면 고금리 차입, 자산의 저가매각, 채무를 제대로 지급하지 못할 경우에 수반되는 법적 절차의 비용 등을 부담하게 된다. 유동자산은 채무지급에 쉽게 동원될 수 있기 때문에 재무적 곤경의 가능성을 낮춤으로써 기업가치 극대화에 기여할 수 있다.

④ **차입이자율의 차등**: 현실에서 외상판매가 광범위하게 이루어지는 이유의 하나는 판매자와 구매자 사이에 차입이자율의 차이가 있기 때문이다. 즉, 기업(판매자)이 고객(구매자)보다 낮은 이자율로 자금을 빌릴 수 있으면, 현금거래 가격에 이자에 해당하는 금액을 더한 가격에서 외상으로 제품을 팔 수 있다. 고객의 입장에서는 외상으로 구입할 때 현금거래보다 높은 가격을 지급하더라도, 직접 은행에서 자금을 빌려 현금으로 구입하는 것보다 유리하다. 결과적으로 기업은 낮은 이자율로 빌린 자금을 외상매출을 통해 고객에게 다시 빌려주는 편의를 제공함으로써, 매출액을 늘릴 수 있다. 따라서 차입이자율의 차등이 클수록, 외상매출은 증가할 것이다.

11.1.3 운전자본관리의 중요성

흔히 운전자본관리는 일상적 · 반복적으로 이루어지고 의사결정의 많은 부분이 하위 경영조직에 위임되어 있기 때문에, 그 중요성이 상대적으로 낮게 인식되어 왔다. 그러나 운전자본관리는 기업의 재무관리 담당자들이 가장 많은 시간을 할애하는 활동일 뿐 아니라, 매출액과 각종 운영비용 및 이자비용에 영향을 미침으로써 기업의 수익에 중요한 영향을 미친다. 또한 운전자본관리는 기업의 재무적 곤경 및 대손(貸損, loan loss) 위험에도 영향을 미친다. 특히 적지 않은 기업들이 이익을 실현하거나 예상하면서도 자금관리 등을 소홀히 하여 흑자도산(黑字倒産)에 몰리는 것은 대부분 평소에 운전자본관리를 잘못하였기 때문이다.

구체적으로 다음과 같은 이유 때문에 운전자본관리가 기업에서 더욱 중요시될 필요가 있다.

① 대체로 기업이 보유하는 총자산의 1/3 내지 1/2이 유동자산에 투자되어 있다. 따라서 기업자산의 효율적 이용을 위해서 유동자산에 대하여 충분한 주의를 기울여야 한다.

② 운전자본관리는 중소기업에서 특히 중요하다. 고정자산에 대한 투자지출은 리스나 할부구입 등을 통해 줄일 수 있으나, 현금, 매출채권 및 재고자산 투자는 회피할 수 없다. 그리고 중소기업은 금융시장에서 거액의 장기자본조달원천을 이용하는 데 한계가 있으므로, 매입채무나 단기차입금과 같은 유동부채에 크게 의존하지 않을 수 없다.

③ 매출액의 증가와 유동자산 투자액 사이에는 밀접한 관련성이 존재한다. 예를 들어, 어떤 회사의 평균수금기간이 40일이고 1일 평균 매출액이 1억원이라면 그 회사는 평균 40억원에 달하는 매출채권을 보유하게 된다. 만일 이 회사의 1일 평균 매출액이 2억원으로 증가하면 매출채권 투자액 역시 80억원으로 늘어나게 된다. 또 매출액의 증가는 현금잔고 및 재고자산의 크기에도 직접적인 영향을 미친다. 따라서 기업의 재무관리 담당자는 매출액의 변동이 예상될 경우, 그것이 유동자산 투자액에 미치게 될 영향과 소요자금을 예측하여 두어야 한다.

11.1.4 운전자본관리의 위험 · 수익 교환관계

현실적으로 기업의 미래 영업활동에 대한 완전한 예측은 불가능하기 때문에, 기업은 유동자산의 보유와 관련하여 위험 · 수익의 교환관계를 고려해야 한다. 많은 유동자산을 보유하는 보수적인 정책을 채택하면, 응급한 현금수요나 갑작스러운 제품수요에 안전하게 대응할 수 있게 되어 위험을 낮출 수 있으나 유동자산의 낮은 수익성 때문에 기회비용(opportunity cost)이 증가하여 기업의 수익률은 낮아진다. 대조적으로 공격적인 운전자본관리는 상대적으로 적은 유동자산을 보유함으로써 기업의 수익률을 높일 수 있으나, 응급한 현금수요나 갑작스러운 제품수요에 여유 있게 대응하기 어렵기 때문에 재무적 곤경이나 매출기회 상실의 위험에 더 많이 노출된다.

참고 우리나라 제조업의 유동자산 투자

한국은행의 기업경영분석에 의하면, 우리나라 제조업체 전체의 총자산 대비 유동자산 비중은 2000년의 36%로부터 천천히 증가하여 2000년대 중반 이후 42% 정도에서 유지되고 있다. 이러한 유동자산 투자 비중의 증가 추세는 주로 대기업의 유동자산 투자 비중 증가에 기인한다. 대기업의 유동자산 투자 비중은 2000년에 31% 수준에 지나지 않았으나 2015년에는 38%로서 이 기간 중에 7%포인트가 증가하였다. 이에 비해 중소기업은 2000년의 50%로부터 2000년대 중반까지 점차 증가하였으나 그 이후 다시 감소하여 2015년에는 48% 수준에 머무르고 있다.

대기업의 유동자산 증가 추세는 매출채권의 증가와 관련이 있다. 2000~2015년의 기간 중 제조업 대기업의 유동자산 투자 비중의 증가폭 7%p포인트 중 2%p포인트가 매출채권의 증가에 기인했다. 참고로, 대기업의 현금 비중은 2008년 세계금융위기를 전후하여 급격히 증가했다가 최근에 다시 안정세를 보이고 있다.

우리나라 제조업체의 운전자본관리에서 발견되는 또 하나의 특징은 중소기업의 유동자산 투자 비중이 대기업보다 크게 높다는 점이다. 2015년 말 현재 대기업은 총자산의 38%를 유동자산에 투자하였지만, 중소기업은 48%를 투자하였다. 유동자산의 유형별로 비교하면, 대기업 대 중소기업의 총자산 대비 비중은 현금성자산 13% : 15%, 매출채권 14% : 18%, 재고자산 8% : 12%로서 모든 유형의 유동자산에서 중소기업의 투자 비중이 높지만, 그 중에서도 매출채권의 투자 비중이 가장 높다. 그 이유는 중소기업에 속하는 많은 회사가 비교적 장기의 외상매출 조건으로 대기업에게 원자재 또는 중간부품을 납품하기 때문인 것으로 보인다.

그림 11-1 우리나라 제조업의 유동자산 구성비

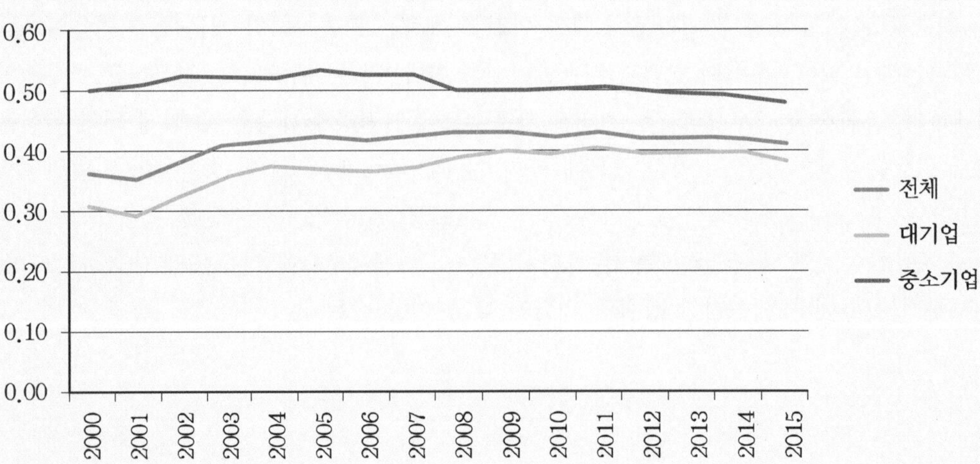

자료: 한국은행, 경제통계시스템(ecos.bok.or.kr).

제2절 현금 및 유가증권의 관리

현금관리(cash management)는 유동성이 낮은 자산을 현금화하는 데 소요되는 거래비용과 현금(요구불예금 포함)의 보유에 따른 기회비용의 합을 최소화하는 데 목적을 둔다. 최적의 현금잔고를 유지하고 적절한 현금의 수납과 지출 방법을 설계하여 적용하는 것이 중요한 과제이다.

현금관리와 밀접한 관련을 갖는 기능이 시장성유가증권관리이다. 여기에서 시장성유가증권은 기업어음(CP), 양도성예금증서(CD), 환매채(RP) 등과 같이 위험이 적고 유동성이 커서 짧은 시간 내에 가치손실 없이 현금으로 전환될 수 있는 금융자산을 의미한다.

11.2.1 현금보유의 동기

기업들이 상당한 크기의 현금을 보유하는 데는 몇 가지 동기가 존재한다. 최적의 현금잔고는 이런 이유들을 복합적으로 고려하여 결정된다.

① 거래적 동기: 기업은 일차적으로 원활한 거래활동을 유지하기 위하여 현금을 보유하며, 이를 거래적 동기(transactory motive)라고 한다. 현금 수입과 지출의 금액 및 시기가 정확히 일치하기 않기 때문에, 기업은 지출을 충당하기 위한 적절한 규모의 현금을 보유하고 있어야 한다.

② 예비적 동기: 기업은 예측할 수 없는 자금수요에 대비하여 현금을 보유하고자 하며, 이를 예비적 동기(precautionary motive)라고 한다. 미래의 자금수요에 대한 예측능력이 클수록, 은행관계가 원만하여 차입의 융통성이 클수록 예비적 동기는 약화된다. 예비적 동기로 인해 보유되는 현금은 여유자산의 성격을 갖는다.

③ 투기적 동기: 기업은 때로 투기적 이익을 얻을 목적으로 현금을 보유하며, 이를 투기적 동기(speculative motive)라고 한다. 예를 들어, 원자재가격의 급등이 예상될 경우, 미리 저렴한 가격으로 원자재를 매입해 둘 수 있다. 이런 기회를 이용하려면 평소 충분한 현금을 보유하고 있어야 한다.

11.2.2 최적현금잔고의 결정

현금관리에서 중요한 과제의 하나는 거래비용과 기회비용의 합계를 최소화하기 위한 적절한 현금잔고(cash balance)를 결정하는 것이다. 최적현금잔고를 결정하는 구체적인 방법은 현금의 보유동기,

현금잔고의 변동성 등에 의해서도 달라질 수 있다. 여기에서는 거래적 동기와 예비적 동기 때문에 현금의 보유가 이루어지는 것으로 전제하고, 최적현금잔고의 결정모형으로 흔히 소개되는 밀러 · 오어모형을 설명한다.

밀러와 오어(M. H. Miller & D. Orr)는 목표현금잔고(target cash balance), 현금잔고의 상한선과 하한선을 의미하는 통제한계(control limit)의 결정을 위한 모형을 제시하였다.[1]

이 모형은 현금흐름이 변동성을 갖는 것으로 가정한다. 구체적으로, 매일의 순현금흐름(=현금수입−현금지출)은 [그림 11-2]와 같이 0의 기대치를 갖는 정규분포에 의해 무작위적으로 변동한다고 가정한다. 이 경우에 기업이 무작위적인 현금잔고의 변동을 그대로 방치하면 현금잔고가 너무 많거나 너무 적어 기회비용이나 거래비용이 지나치게 클 수 있다. 이 모형은 또 유가증권을 매각하거나 구입할 때 거래횟수에 비례하여 거래비용이 발생한다고 가정한다.

이 모형에서 기업은 [그림 11-2]와 같이 현금잔고가 상한선인 H 수준까지 올라가면(a의 경우) $H-Z$ 만큼을 유가증권에 투자함으로써, 현금잔고가 목표현금잔고인 Z 수준으로 회복되도록 한다. 또 현금잔고가 하한선인 L 수준까지 내려가면(b의 경우) $Z-L$만큼의 유가증권을 매각하여 현금을 조달함으로써 현금잔고가 Z 수준으로 회복되도록 한다. 그러나 현금잔고가 H와 L 사이에서 변동하면 유가증권의 매입 또는 매각은 이루어지지 않는다.

그림 11-2 현금잔고의 변동: 밀러 · 오어모형

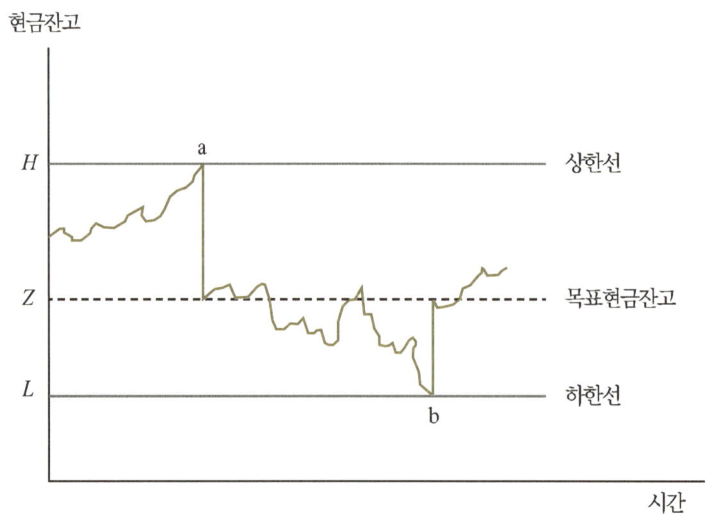

1 Merton H. Miller & Daniel Orr, "A Model of the Demand for Money by Firms," *Quarterly Journal of Economics* (Aug. 1966), pp.413~435. 여기에서 목표현금잔고(target cash balance)는 기업이 회복하고자 하는 현금잔고의 수준을 의미한다.

기업의 총비용(=거래비용+기회비용)을 최소화하는 현금잔고의 상한선 H와 목표수준 Z에 대해, 밀러와 오어는 다음과 같은 해를 제시했다(현금잔고의 하한선은 경영자에 의해 미리 정해져 있다고 가정한다).

목표현금잔고: $$Z = \left(\frac{3F\sigma^2}{4r}\right)^{1/3} + L \quad (11\text{-}1)$$

현금잔고의 상한선: $$H = 3\left(\frac{3F\sigma^2}{4r}\right)^{1/3} + L = 3Z - 2L \quad (11\text{-}2)$$

단, Z는 목표현금잔고, L은 현금잔고의 하한선, F는 1회의 유가증권 거래에 드는 거래비용, r은 유가증권 일간수익률, σ^2는 매일 매일의 순현금흐름의 분산, H는 현금잔고의 상한선을 나타낸다.

위의 두 식은 유가증권의 수익률이 높을수록 기업은 현금을 적게 보유하려 할 것이므로, 상한선 H와 목표현금잔고 Z를 낮게 설정할 것임을 시사한다. 또한 순현금흐름의 변동성(또는 분산$=\sigma^2$)이 클수록 현금잔고를 더 많이 확보하려 할 것이므로, H와 Z를 높게 설정할 것이다. 그리고 거래비용이 높으면 유가증권 거래의 빈도를 줄이고자 할 것이므로 H와 Z를 높게 설정할 것이다.

| 예시 |

어떤 회사의 현금잔고 하한선이 3억원으로 정해져 있고, 순현금흐름의 평균이 0, 표준편차가 3,000만원이라 하자. 그리고 1회의 유가증권 거래에 소요되는 거래비용은 10만원이고, 유가증권의 수익률이 연간 4%라고 하자. 이 연간 4%의 수익률은 0.011%(=4%÷365)의 일간수익률에 해당된다. 따라서 식(11-1)에 의해 목표현금잔고는 다음과 같이 3억8,497만원으로 계산된다.

$$Z = \left[\frac{(3)(10\text{만})(3{,}000\text{만})^2}{(4)(0.00011)}\right]^{1/3} + 30{,}000\text{만} = 3\text{억}8{,}497\text{만원}$$

그리고 식(11-2)에 의하여 현금잔고의 상한선은 다음과 같이 5억5,491만원으로 계산된다.

$$H = (3)(3\text{억}8{,}497\text{만}) - (2)(3\text{억}) = 5\text{억}5{,}491\text{만원}$$

이 회사의 현금잔고가 5억5,491만원 수준까지 올라가면, 1억6,994만원($=H-Z$)을 유가증권에 투자하여 현금잔고를 목표수준인 3억8,497만원까지 낮춘다. 그리고 현금잔고가 하한선인 3억원까지 내려가면 8,497만원($=Z-L$)의 유가증권을 매각하여 현금잔고를 목표수준인 3억8,497만원까지 올려놓는다.

밀러 · 오어모형의 장점은 현금잔고의 통제한계(control limit)를 설정함으로써, 유가증권의 매입 또는 매각의 신호를 모형 자체로부터 산출할 수 있다는 점이다. 그러나 경영자의 현금흐름 예측능력을 완전히 무시하고 있다는 문제점도 갖고 있다. 경영자는 현금흐름이 언제, 어느 정도의 크기로 발생할 것인지 부분적으로 예상 내지 통제할 수 있기 때문이다. 따라서 현금흐름의 변동 중 예측불가능한 부분을 따로 구분하고 이 부분에 대해 밀러 · 오어모형을 적용하여 현금관리를 수행하는 것이 좋다.

11.2.3 현금수납 및 지출관리

현금관리에서 또 하나의 과제는 현금수납 및 지출업무를 어떻게 관리할 것인가의 문제이다. 현금수납 및 지출의 관리는 다음과 같은 세 가지 목적을 달성하기 위하여 행해진다.

① 현금수납은 가급적 빨리 할 수 있도록 부동시간(floating time)을 줄이고 현금지출은 가급적 늦출 수 있도록 부동시간을 늘림으로써, 현금보유의 기회비용을 최소화한다.

② 현금의 수납, 송금, 지출 등에 소요되는 노력과 시간을 줄임으로써 현금취급비용(cash-handling cost)을 낮춘다.

③ 현금의 분실, 절도 등의 가능성을 낮춤으로써 현금취급의 안전성을 확보한다. 이를 위해 현금취급의 빈도와 금액을 줄일 수 있는 현금관리방식을 택하여야 한다.

타행환 공동망업무나 자금관리대행제도 등의 은행서비스는 이 세 가지 목적을 달성하는 데 크게 도움을 줄 수 있다. 타행환 공동망업무는 금융결제원의 전산센터와 참가은행의 전산센터를 상호 연결하여, 어느 은행 점포에서나 무통장입금 및 자기앞수표 조회업무를 즉시 온라인으로 처리해 주는 은행의 부수적인 서비스이다.

자금관리대행제도(cash management system: CMS)는 은행의 기업금융서비스 가운데 가장 발달한 것으로 기업이 자사의 자금상황을 어느 때든 쉽게 파악하여 자금을 정밀하고 효율적으로 관리할 수 있도록 돕는 것을 목적으로 하고 있다. 회사는 거래처로 하여금 모든 대금을 은행에 개설된 모계좌(母計座)에 입금하도록 하고, 컴퓨터를 이용하여 상시적으로 모니터한다. 회사는 현금의 수납과 지출을 즉시 파악하여 효과적으로 관리할 수 있을 뿐 아니라, 부수적으로 환율이나 이자율 동향 같은 은행정보를 수시로 얻을 수 있다.

11.2.4 유가증권관리

실무에서 현금관리와 유가증권관리는 매우 밀접한 관련을 갖고 상호 보완적으로 이루어진다. 왜냐하면 기업은 여유자금을 짧은 기간 동안 운용하고, 필요하면 언제라도 현금으로 전환하기 위해 시장성유가증권(marketable securities)을 보유하기 때문이다. 따라서 여기에서 의미하는 유가증권은 높은 시장성을 갖고 있는 단기금융자산을 의미한다.

1) 유가증권의 보유동기

시장성 단기유가증권은 기업의 고정자산, 주식이나 채권 같은 장기금융자산에 비하여 낮은 수익률을 갖는다. 그럼에도 불구하고 단기유가증권을 기업이 보유하는 것은 현금의 대체수단으로서의 역할과 일시적 투자로서의 역할을 동시에 해 주기 때문이다.

기업은 현금보유의 대체수단으로 유가증권을 보유할 동기를 갖고 있다. 특히 예비적 동기로 현금을 보유하는 경우, 현금의 보유기간이 길어질 수 있으므로 무시할 수 없는 기회비용을 부담하게 된다. 기업은 단기유가증권을 보유함으로써, 투자수익을 얻으면서 유동성을 확보할 수 있고, 은행관계를 원활하게 하는 부수적 효과도 거둘 수 있다.

유가증권은 일시적 투자수단으로도 사용된다. 예를 들어, 계절적 자금수요나 거액의 투자지출에 미리 장기자본을 조달하여 둔 경우, 기업은 실제로 자금수요가 발생할 때까지 여유자금을 단기유가증권에 투자하여 두어야 한다.

2) 유가증권의 선정기준

금융시장에서 거래되는 여러 가지 단기유가증권들은 만기, 수익률, 채무불이행위험, 이자율위험, 유동성 등에서 차이를 갖고 있다. 따라서 기업은 유가증권들의 특성을 고려하여 적절한 투자대상을 선정하여야 한다.

① 만기: 유가증권에 투자되는 자금은 주로 단기적 여유자금이므로, 투자기간은 짧게는 며칠, 길게는 수개월에 지나지 않는다. 따라서 기업은 현금이 필요한 시기에 맞추어 적절한 만기의 유가증권을 선별하여야 한다.

② 유동성: 어떤 자산이 시장에서 어느 정도 활발하게 거래되고 있는가를 시장성(marketability) 또는 유동성(liquidity)이라고 한다. 유가증권의 유동성이 클수록 신속하게 그리고 가치손실 없이 현금으로 전환될 수 있다. 따라서 기업은 현금이 필요할 때 쉽게 단기유가증권을 처분할 수 있도록, 유동성이 큰 유가증권을 선별하여 투자하여야 한다.

③ 수익률: 금융시장에서 거래되는 단기유가증권들은 만기, 시장성, 위험도 등에 따라 수익률의 차이를 갖는다. 일반적으로 유가증권의 만기가 길고, 유동성이 낮고, 신용위험이 클수록 수익률이 높다.

④ 신용위험: 신용위험(credit risk)은 채무자의 신용상태가 나빠질 가능성을 말한다. 즉, 유가증권 발행자의 신용등급이 하락하거나 또는 채무불이행이 실제로 발생할 가능성이 신용위험이다. 널리 거래되고 있는 단기금융자산으로서 통화안정증권이나 양도성예금증서(CD) 등은 거의 신용위험이 없다고 볼 수 있다. 그러나 기업체가 발행한 기업어음(commercial paper: CP)이나 전자단기사채 등은 무시할 수 없을 정도의 신용위험을 갖고 있다.

⑤ 이자율위험: 이자율의 변동 때문에 유가증권의 가격이 변동하게 될 위험을 이자율위험이라고 한다. 일반적으로 시장이자율이 상승하면 유가증권의 가격은 하락하고 시장이자율이 하락하면 유가증권의 가격은 상승한다. 다만 단기유가증권은 만기가 짧고 이자율 변동이 적기 때문에 일반적으로 이자율위험은 그리 크지 않다.

제3절 매출채권 및 매입채무의 관리

11.3.1 매출채권의 의의와 경제적 기능

1) 매출채권의 의의

기업이 제품이나 용역을 판매할 때, 대금의 회수 방법에 따라 현금판매와 신용판매(=외상판매)로 구분될 수 있다. 신용판매는 판매 후 일정 기간이 지난 후에 대금을 수금하기 때문에, 구매자에게 신용(credit)을 제공하는 것, 즉 판매대금을 수금기간 동안 대여해 주는 것과 마찬가지이며, 따라서 운전자본 투자의 일부를 구성한다. 재무상태표(또는 대차대조표)의 외상매출금(accounts receivable)과 받을어음(notes and bills receivable)은 신용판매로 발생한 유동자산을 표시하고 있으며, 이 두 계정이 매출채권(receivables)을 구성한다.

기업은 신용판매의 수량을 늘리고 수금기간을 길게 허용함으로써 매출액을 증가시킬 수 있다. 그러나 매출채권 투자의 기회비용, 거래상대방의 신용분석에 소요되는 비용, 대금의 회수가 계약대로 원활하게 이루어지지 않을 때 발생하는 대손(loan loss), 사후관리비용 등도 증가한다. 따라서 매출채권관리는 다양한 요인을 고려한 신용판매 여부 및 조건의 결정, 사후관리를 포함하는 복잡한 업무이다.

매출채권은 매출액이 크고 수금기간이 길수록 증가한다. 예를 들어, 1일평균 매출액이 100만원이고 평균수금기간이 45일이라면 평균매출채권은 4,500만원이 된다.

2) 신용판매의 경제적 기능

기업 간 거래는 일반적으로 신용거래로 이루어지고 현금거래는 오히려 예외적이다. 개인에 대한 매출의 경우에도, 내용연수가 긴 내구소비재는 빈번하게 신용판매의 조건으로 팔린다. 신용판매는 다음과 같은 네 가지 경제적 기능에 의해 설명될 수 있다.

① 금융비용의 절감: 외상매출 경우의 제품가격은 현금으로 구입할 경우의 대금과 수금기간 동안의

이자를 합한 금액을 충당해야 한다. 만일 금융시장이 완전하고 판매자와 구매자의 차입이자율이 동일하다면, 신용거래는 현금거래에 비해 어떤 득실도 가져다주지 않는다.

그러나 구매자의 경제적 규모가 판매자보다 작거나 구매자의 신용도에 대하여 은행이 충분한 정보를 갖고 있지 못하면, 구매자의 차입이자율이 판매자의 그것보다 높거나 구매자가 차입할 수 있는 금액이 제한될 수 있다. 이런 경우 구매자는 신용거래를 통해 간접적으로 낮은 이자율로 차입하는 효과를 얻을 수 있다. 즉, 판매자는 낮은 이자율로 자금을 차입하여 구매자에게 대출해 주는 셈이다.

② 제품에 대한 정보비대칭의 해소: 일반적으로 판매자는 상품의 품질과 성능에 대하여 정확한 정보를 갖고 있으나 구매자는 충분한 정보를 갖고 있지 못하다. 이런 정보비대칭 상황에서 구매자는 대금의 지급을 연기함으로써 상품에 대하여 충분한 정보를 얻을 수 있는 시간적 여유를 확보할 수 있다. 만일 상품의 품질과 성능이 필요한 수준 또는 약속된 수준에 미치지 못한다면, 결함의 보완이나 구매조건의 변경을 요구할 수 있다.

③ 제품판매의 계절성 감소: 신용판매는 제품판매의 계절성을 줄일 수 있다. 즉, 상품의 비수기에 신용판매를 확대함으로써 판매를 안정화하여 현금흐름의 변동성을 줄일 수 있다. 만일 제품을 생산하여 성수기까지 창고에 보관하면, 재고의 기회비용 및 보관비용을 부담하여야 한다. 따라서 신용판매는 재고보유 대신에 선택할 수 있는 유용한 대안이다.

④ 구매자의 지급능력에 관한 정보비대칭의 해소: 일반적으로, 구매자는 자신의 대금지급능력에 대하여 충분한 정보를 갖고 있으나, 판매자는 구매자의 지급능력에 대해 확신하지 못한다. 이런 정보비대칭 상황에서, 판매자가 구매자에게 인색한 신용판매조건을 적용하면, 실제 지급능력이 좋은 구매자는 외상매입의 대가가 너무 비싸다고 생각할 것이다. 결국 실제로 재무상태가 취약한 구매자들은 외상으로 상품을 사고, 지급능력이 우수한 구매자들은 현금으로 매입하는 일종의 신호균형이 달성될 수 있다.

3) 매출채권관리

기업의 매출채권관리는 다음의 세 가지 구성요소로 이루어져 있다.

① 판매조건의 설정: 기업은 상품의 판매조건을 설정해야 한다. 판매조건은 현금할인조건, 신용기간, 신용판매 수단 등을 포함한다.

② 신용분석: 신용판매를 실행할 때 대금을 제대로 갚을 고객과 그렇지 못할 고객을 구분하여야 한다. 이를 위해 기업은 고객이 대금상환 확률을 추정하고, 빈번히 등급화하여 구분한다.

③ 수금정책: 신용판매 후 대금의 원활한 회수를 위하여 적절한 수금정책이 수립되어야 한다.

11.3.2 판매조건의 결정

판매조건(terms of sale)은 상품을 판매할 때 적용하는 신용기간, 현금할인, 신용수단 등에 관한 조건을 말한다.[2] 신용조건의 예로서, 어떤 고객에게 '15일 이내 2%할인, 45일 이내 정가판매(2/15, net 45)'의 조건으로 상품을 팔았다면, 이것은 ① 구매자가 송장(invoice) 일자로부터 15일 이내에 결제하면 판매자는 약정가격의 2%를 할인하여 줄 것이고, ② 15일을 초과하여 45일 이내에 결제하는 경우에는 약정된 구매대금을 지급하여야 하며, ③ 만일 45일을 초과하도록 대금이 결제되지 않으면 연체이자를 부과함과 동시에 특별한 수금조치를 취하게 될 것임을 의미한다.

신용기간(credit period)은 구매자가 약정된 대금의 결제를 미룰 수 있는 기간이며, 위의 '15일 이내 2%할인, 45일 이내 정가판매(2/15, net 45)'의 판매조건에서 '45일 이내 정가판매(net 45)'의 부분을 가리킨다. 일반적으로 신용기간은 업계의 관행, 대손가능성, 거래규모 및 상품의 보존기간 등을 고려하여 결정된다.

현금할인(cash discount)에 관한 조건은 할인폭과 할인기간으로 이루어져 있다. 위의 판매조건에서 '15일 이내 2%할인(2/15)'의 부분이 현금할인 조건을 나타낸다. 대체로 시중의 자금사정이 좋지 않거나 이자율이 높은 시기에는 현금거래를 유도하기 위해 현금할인의 폭이 커지거나 할인기간이 짧아진다. 또 상품의 내구성이 짧을수록, 상품에 대한 수요가 많은 계절일수록, 그리고 구매자의 신용도가 낮을수록 현금할인 조건은 인색해진다.

신용수단(credit instrument)은 매출채권을 증명하는 수단을 말한다. 많은 경우 매출채권을 나타내는 신용수단은 '계정상의 채권(open account)'이다. 이것은 매출채권을 증명하는 문서를 별도로 작성하지 않고, 외상매출금계정 및 보조장부에 의해서만 매출채권을 나타내는 경우이다. 다른 많이 사용되는 수단은 약속어음이다. 약속어음은 매출채권의 존재에 대한 법률적 증거로 이용될 수 있기 때문에, 금액이 크고 신용기간이 길거나 수금이 어려울 때에 이용된다. 약속어음의 다른 장점은 신용기간이 끝나기 전에 약속어음을 할인하여 자금을 융통하는 수단으로 이용될 수 있다는 점이다. 따라서 판매자의 입장에서, 약속어음은 계정상의 채권보다 유리한 신용수단이다.

판매조건은 거래관행에 따라 달라질 수 있다. 예를 들어, 내용연수가 길거나 판매경쟁이 치열한 상품의 판매자들은 관대한 판매조건을 택하게 되어, 현금할인의 폭과 기간도 길고 신용기간도 길게 주는 경향이 있다. 또한 계절에 따라 판매조건이 달라질 수 있어서, 성수기에는 판매조건이 인색하고 비수기에는 관대한 경향이 있다.

---

2 실제 판매조건은 신용기간, 현금할인, 신용수단 이외에도 여러 가지 사항을 포함한다. 예를 들어, 수량할인(quantity discount, 대량구입에 대해 적용하는 할인), 상품의 인도장소 및 인도방법, 대금의 결제은행 및 결제수단, 품질보증 및 반품 등에 관한 사항들이 판매조건에 포함된다.

11.3.3 신용분석과 신용결정

기업은 모든 구매자에게 동일한 판매조건을 적용하지 않는다. 신용판매를 실행하기 위해서는 먼저 구매자에 관한 정보를 수집하여 신용도(creditworthiness), 즉 상품대금을 제때에 변제하여 줄 수 있을 것인지를 평가한 다음, 신용거래 요청의 승인 여부를 결정하는 것이 일반적이다.

신용구매자의 신용도평가를 위해 필요한 자료는 과거의 거래경험, 신용평가기관의 신용평가, 구매자의 주거래은행과 접촉, 그리고 구매자의 재무제표, 공장, 판매시설, 사무소 등의 방문 및 구매자에 대한 업계평판 등을 통하여 얻어질 수 있다.

자료가 얻어지면 이를 토대로 구매자의 신용도를 평가하여야 한다. 신용평가에서 전통적으로 중시되는 기준으로 다음과 같은 5C를 들 수 있다. 오늘날에는 보다 객관적인 평가를 위하여 신용평점이나 판별분석 등을 이용하기도 한다.

1) 신용분석의 5C

거래상대방이 대금을 충실하게 결제할 것인지에 대한 주관적인 판단을 위한 전통적 기준인 '신용의 5C(five C's of credit)'는 다음과 같다.

① Character(상환의지): 구매자가 채무를 변제하려는 적극적인 상환의지(willingness to pay)를 의미한다. 이를 확인하기 위해 과거의 거래경험, 다른 회사의 평판, 경영자의 성격, 언행 등을 검토할 필요가 있다.

② Capacity(상환능력): 채무자의 상환능력은 경영능력(management capacity)과 현금흐름능력(cash-flow capacity)의 두 측면으로 나누어 평가된다. 경영능력은 경영자의 분석능력, 판단능력 및 실천의지를 포함한다. 현금흐름능력은 구매자가 채무를 상환하기 위해 필요한 이익을 창출하고 충분한 유동성을 확보할 수 있는지를 의미한다. 현금흐름능력을 평가하기 위해서는 정상적 영업현금흐름에 비하여 매입채무가 너무 많지 않은지, 현금흐름의 계절적 변동이 너무 크지 않은지 등을 살펴보아야 한다.

③ Capital(재무상태): 거래상대방의 재무상태를 의미한다. 회사의 재무제표에서 채무지급능력을 나타내는 재무비율들이 유용한 자료로 활용된다.

④ Collateral(담보): 채무에 제공된 담보 및 거래상대방이 재무적 곤경에 빠졌을 때 처분되어 채무변제에 이용될 수 있는 자산 등에 의해 평가된다. 거래상대방이 보유하는 자산의 경제적 가치, 부채의 크기와 조건 및 담보의 우선순위 등을 검토하여야 한다.

⑤ Condition(경제상태): 경제상태는 경제 전반과 특정 산업의 경기 및 자금사정 등을 말한다. 만일 전체적 경제 또는 특정 산업이 침체하거나, 정부가 긴축적 통화정책을 시행하는 경우, 또는 계절적 요인으로 자금수요가 많을 때에는 매출채권의 대손가능성이 상승한다.

2) 신용평점시스템

현실적으로, 신용도 분석은 5C 및 다른 요소들을 종합적으로 반영하는 계량적 척도의 이용을 필요로 한다. 신용평점시스템(credit scoring system: CSS)은 신용구매자의 신용도를 점수로 나타낸다. 신용평점시스템은 중요하다고 판단되는 평가항목을 설정하고 각 항목별로 점수를 평가한 다음 이를 합계하여 구해진다. 어떤 구매자의 신용평점이 얻어지면, 미리 정해 놓은 기준평점과 비교하여 신용거래 여부를 결정한다. 은행 같은 금융기관들도 대출신청자의 신용도를 평가하기 위해서 신용평점시스템을 사용한다.

신용거래 결정을 위해 신용평점시스템을 이용하면 모든 거래상대방에 대하여 일관성 있는 판단기준을 적용할 수 있고, 특정한 요소를 과도하게 강조 또는 경시함으로써 발생하는 판단의 오류를 방지할 수 있다. 그러나 평가항목의 선정 및 점수 배정, 신용거래의 승인 여부를 결정하는 기준평점을 객관적으로 정하기 어렵다는 문제점은 여전히 존재한다. 또한 시간이 지나면서 낡은 자료를 빼고 새로운 자료를 추가하고, 거래환경의 변화에 따라 중요한 평가항목과 항목별 비중을 업데이트하는 등 신용평점시스템은 지속적으로 관리 및 개선되어야 한다.

참고 신용평가에 흔히 사용되는 판별분석

신용평가에 사용되는 평가항목과 항목별 점수를 결정하기 위하여 다양하고 세련된 통계기법이 활용되고 있다. 흔히 사용되는 통계기법은 판별분석(discriminant analysis)이라는 방법이다.[3] 이 방법은 신용도를 결정하는 중요한 평가항목들을 알아내고 각 평가항목의 중요도를 나타내는 가중치를 추정하여 신용점수를 계산하는 방법으로, 이렇게 계산된 신용점수가 일정한 값 이상이면 신용판매를 허용하고 그렇지 않으면 기각하는 결정을 내리게 된다.

판별분석의 예로서 알트만(E. Altman)이 기업의 파산 여부를 예측하기 위해 추정한 예를 보기로 하자. 그가 1946~1965년의 자료를 사용하여 추정한 결과에 의하면, 1년 후 기업의 파산 여부를 나타내는 Z값은 주요 재무비율과 다음의 관계를 갖는다.

$$Z = 3.3\left(\frac{\text{EBIT}}{\text{총자산}}\right) + 1.0\left(\frac{\text{매출액}}{\text{총자산}}\right) + 0.6\left(\frac{\text{자기자본의 시장가치}}{\text{장부상 부채}}\right) \quad (11\text{–}3)$$

$$+1.4\left(\frac{\text{이익잉여금}}{\text{총자산}}\right) + 1.2\left(\frac{\text{순운전자본}}{\text{총자산}}\right)$$

단, EBIT는 이자 및 법인세지급전 이익. 순이익에 지급이자와 법인세 등을 합계하여 구한다.

이 식은 기업의 파산 여부에 대해 5개의 평가요소가 중요한 영향을 미치는 것으로 식별하고 있고,

파산 여부가 알려진 다수의 표본자료를 이용하여 추정된 각 평가요소의 가중치를 보여주고 있다. 어떤 회사의 재무비율 값들을 식(11-3)에 대입하여 Z값을 계산하고 그 Z값이 일정한 값 이하이면 1년 후 파산으로 예측하고 그렇지 않으면 정상으로 예측한다.

참고 **개인의 신용평점시스템**

최근 거의 모든 은행들은 신용대출에 대해 신용평점시스템을 만들어 적용하고 있다. 구체적인 내용은 영업비밀로서 공개되지 않기 때문에 어떤 평가요소에 어느 정도의 가중치를 주는지는 알려져 있지 않다. 다음은 어떤 은행이 이미 거래관계를 갖고 있는 급여소득자에게 적용하는 신용평점 가중치의 예로서 신문에 공개된 내용을 정리한 것이다.[4]

▶▶ 표 11-1 신용평점요소별 가중치

항목	비중	구체적 내용
신상정보	15%	동거가족, 자택지역, 직업, 직무, 고용형태, 주거상황, 주택종류, 재직기간, 전직 유무 등.
여신정보	14%	소득 대비 부채비율, 최근 12개월 여신 총연체일수, 총대출금 대비 신용대출잔액 비율 등.
수신 및 부수거래	20%	최근 3개월 급여이체총액, 최근 12개월 수신평균잔액, 부수거래 이용 여부, 최근 6개월 보험료 이체금액, 최근 6개월 자동이체 이용액, 최근 6개월 할부금융 이체 여부 등.
신용카드정보	18%	최근 3개월 총청구액 대비 총결제액, 전월 총사용금액 대비 현금서비스 사용금액, 최근 3개월 평균 할부사용액, 최근 3개월 최장 연체일수, 최근 3개월 현금서비스 사용건수 등.
신용정보	33%	과거 신용불량 총건수, 최근 6개월 내 조회기관 수, 최근 6개월 내 할부금융 조회건수, 저축은행의 조회건수, 백화점 카드 수, 은행대출건수, 최근 1년 이내 신용카드 개설건수 등.

3 이 방법은 알트만(E. Altman)이 기업의 파산가능성을 예측하기 위해 처음 제시한 이래 기업파산예측이나 매출채권 대손예측에 널리 응용되고 있다. E. I. Altman, "Financial Ratios, Discriminant Analysis and the Prediction of Corporate Bankruptcy," *Journal of Finance*, 23(Sep. 1968), pp.589~609.

4 중앙일보(2005.9.26)에서 발췌.

3) 신용결정

판매조건과 신용판매 승인에 요구되는 고객의 조건이 정해져 있고, 잠재적 고객이 대금을 제대로 갚을 확률이 추정되었으면, 이제 고객의 외상구매 요청을 실제로 승인할 것인지 또는 거절할 것인지 결정해야 한다. 이 의사결정이 신용결정(credit decision)이다.

신용결정은 신용거래요청을 거절할 경우와 승인할 경우의 기대NPV를 비교하여 이루어진다. 신용거래요청이 단 1회의 거래만을 전제로 한다면, 신용결정은 비교적 단순하다. 신용거래요청을 거절하면 이익이나 손실이 없으므로 NPV는 0이다. 그러나 신용거래요청을 승인하면, 고객이 대금을 제대로 변제할 것인지에 따라 기대NPV는 달라진다. 예를 들어, 고객이 상품대금을 제대로 갚거나 그렇지 않으면 전혀 갚지 못하는 두 가지 경우만 있고, 판매자는 상품대금을 받지 못하는 경우 상품을 회수할 수 있다고 가정하자. 이 경우에 고객이 대금을 갚지 못할 경우 신용판매의 NPV는 (회수상품의 현재가치) − (판매 및 수금비용의 현재가치) − (매출원가)와 같다. 한편 고객이 대금을 제대로 갚는 경우에 신용판매의 NPV는 (판매대금의 현재가치) − (판매 및 수금비용의 현재가치) − (매출원가)이다. 따라서 고객이 판매대금을 갚을 확률과 갚지 못할 확률을 알면, 신용거래요청을 승인하는 경우의 기대NPV를 구할 수 있다. 그리고 이 기대NPV가 0보다 크면 신용판매를 승인한다.

그러나 신용거래는 빈번하게 후속(後續)거래를 통해 단골을 확보하기 위한 목적으로 전략적으로 결정되고, 실제로 후속거래를 전제로 이루어지기도 한다. 이 경우에 신용결정은 순차적 의사결정의 형태를 갖는다. 즉, 첫 번째 단계의 신용결정에서 고객의 신용거래요청을 거절하면, 그 고객과의 거래관계는 끊어진다. 그러나 첫 단계의 신용거래요청을 승인하면, 다음 단계의 주문을 기대할 수 있다. 고객과의 거래관계가 성공적으로 반복될수록, 상품대금을 제대로 갚을 확률의 추정치는 더 높게 업데이트된다. 따라서 후속거래가 예상되는 신용결정은 미래의 장기적 거래관계까지 고려하여 이루어져야 한다.[5]

고객들이 신용거래에 대하여 언제나 일관성 있는 태도를 보인다면, 신용분석 담당자는 신용제공 여부에 대하여 명쾌한 결정을 내릴 수 있다. 그러나 현실은 그렇게 단순하지 않다. 고객들 모두가 일률적이고 일관성 있는 것이 아니며, 신용결정의 상황도 정형화되어 있지 않다. 따라서 모든 고객, 모든 상황에 적용될 수 있는 신용결정의 방법은 존재할 수 없다. 그러나 일반적으로 적용될 수 있는 몇 가지 원칙으로서 다음과 같은 것들이 유용하다.

① NPV의 극대화: 흔히 매출채권관리자는 매출채권관리의 목적이 대손(bad debt)의 최소화에 있는 것으로 오해한다. 그러나 분명한 사실은 매출채권관리도 NPV를 극대화하는 노력의 일부라는 것이다. 따라서 신용판매를 확대하여 대손비용보다 큰 이득을 얻어낼 수 있다면 대손이 증가하더라도 신용판매를 확대하여야 한다.

---

5 이와 같이 반복적 거래를 전제로 한 신용결정 문제는 디시젼 트리(decision tree)를 사용하여 해가 구해질 수 있다. 디시젼 트리의 해법은 계량경영학이라는 영역에서 다루어지는 주제이므로 여기에서는 설명을 생략한다.

② 예외에 의한 관리: 관리의 일반적 원칙의 하나는 예외에 의한 관리(management by exceptions)이다. 이것은 정상적 현상보다는 예외적 현상에 더 많은 주의와 노력을 기울여야 한다는 것이다. 이 원칙을 신용결정에 적용한다면, 금액과 위험이 적고 반복적으로 발생하는 신용거래요청은 일정한 지침을 작성하여 하위관리자에게 위양하는 것이 바람직하다. 그리고 금액과 위험이 큰 신용거래요청에 대해서만 특별한 노력과 주의를 기울여 신용분석과 신용결정을 내려야 한다.

③ 장기적 안목: 신용결정은 동태적 과정이기 때문에, 장기적인 거래관계까지 고려하여 이루어져야 하고 당장의 매출과 이익에만 관심을 갖는 근시안적 태도는 바람직하지 않다.

11.3.4 수금정책과 매출채권통제

1) 수금정책

만일 모든 고객들이 제때에 정상적으로 상품대금을 결제하여 준다면, 기업은 수금정책을 따로 가질 필요가 없다. 그러나 현실적으로는 수금을 위한 체계적인 노력을 기울여야 비로소 만족스러운 수금이 이루어진다. 수금정책(collection policy)은 매출채권의 수금을 위한 체계적 방침 및 수단을 의미한다. 수금정책은 수금기간(collection period)을 가급적 짧게 함으로써 매출채권의 기회비용을 줄이고 대손 발생을 방지하는 데 목적을 둔다.

매출채권을 순조롭게 수금하기 위해서는 신용기간이 만료되기 전부터 고객들 하나 하나에 대하여 대금결제상황을 지속적으로 살펴야 한다. 이를 위해 실무적으로 흔히 사용하는 분석수단이 매출채권경과일수표(aging schedule)이다. 이 매출채권경과일수표는 특정 고객의 매출채권이 얼마만큼 지연되고 있는가를 일목요연하게 나타내 준다. [표 11-2]는 매출채권경과일수표의 한 예이다.

이 표에는 각 고객별로 신용기간 만료 전과 신용기간 만료 후 경과월수에 따라 매출채권의 금액이 정리된다. 만일 신용기간이 지난 매출채권이 특정한 고객에게 특히 많이 제공되어 있다면, 이것은 그 고객에 대하여 특별한 수금조치가 취해져야 할 뿐 아니라 앞으로의 신용거래 관계를 재검토하여야 한다는 것을 의미한다. 그리고 전체적으로도 신용기간 만료 후의 매출채권 비중이 증가한다면, 그것은 수금정책 및 신용정책에 대한 재검토가 필요하다는 것을 알려 주는 신호이다.

▶▶ 표 11-2 매출채권경과일수표(금액 기준)

고객성명	신용기간 만료 전	만료 후 1개월 이내	만료 후 2개월 이내	만료 후 2개월 초과	합계
김××					
이○○					
박＊＊					
정&&					
한##					
합계					

신용기간이 만료되지 않은 매출채권에 대해서는 고객의 재무상태에 대하여 깊은 주의를 기울이면서도, 직접적이고 강제적인 방법으로 결제를 독촉하지는 않는다. 그러나 일단 신용기간이 경과한 매출채권에 대해서는 경과일수에 따라 적절한 조치를 취할 필요가 있다. 예를 들어, ① 신용기간이 지났다는 것을 알려주는 독촉편지, ② 고객에게 직접 통화 및 방문, ③ 수금대행기관(collection agency)에게 수금의뢰, ④ 법적 조치 등과 같은 조치가 순차적으로 취해질 수 있다.

수금에 따른 비용과 대손위험을 회피하기 위해 팩토링을 이용할 수도 있다. 팩토링(factoring)은 판매자의 매출채권을 금융기관이 인수하는 것을 말한다. 금융기관과 판매자 사이에 팩토링계약이 이루어지면, 판매자는 상품을 외상으로 매출하고 즉시 상품대금을 금융기관으로부터 받으며, 금융기관은 구매자로부터 외상매출 대금을 일정 기간에 걸쳐 수금한다. 따라서 외상매출 대금의 회수에 따르는 모든 위험을 금융기관이 부담하게 되며, 신용조사 및 신용채권관리에 따르는 모든 업무가 금융기관에 의해 행해진다.

팩토링을 이용하기 위해서 금융기관과 판매자는 고객에게 적용하는 신용조건을 결정하고 매출채권을 인수할 때 적용하는 할인율도 합의한다. 팩토링에 적용하는 할인율은 대손에 대한 위험프리미엄까지도 포함하고 있기 때문에 시장이자율보다 높은 수준이며, 따라서 이 할인율은 신용기간이 길고 상품의 담보가치가 낮을수록 높아진다.

2) 매출채권통제

매출채권통제는 기업이 택하고 있는 매출채권정책이 바람직한 방향으로 이루어지고 있는지를 분석하는 활동이다. 매출채권 담당자의 입장에서 볼 때 이러한 분석은 매출채권정책의 실적이 본래의 목표와 어떤 차이를 보이고 있는지, 차이의 원인이 어디에 있는지를 알 수 있도록 해 준다. 그리고 투자자 및 은행의 입장에서 볼 때, 이러한 분석은 매출채권의 동향을 신속하게 파악하여 심각한 손실가능성에 대비할 수 있도록 해 준다.

매출채권 통제수단으로서 가장 단순한 것은 평균수금기간의 동향을 분석하는 것이다. 평균수금기간(days of sales outstanding 또는 average collection period: DSO)은 어떤 기업이 상품을 매출하여 그 대금을 수금하기까지 소요되는 기간을 말한다. 여기에서 매출은 외상판매뿐만 아니라 현금판매까지 포함한 모든 매출액을 의미한다. 예를 들어, 어떤 회사가 1일 평균 100만원을 매출하고 평균적으로 30일 후에 수금되고 있다면, 이 회사의 매출채권 평균잔액은 3,000만원이 될 것이다. 이것을 역으로 말하면, 어떤 회사의 매출채권 평균잔액이 3,000만원이고 1일 평균매출액이 100만원이라면, 매출채권의 평균수금기간은 30일이다. 따라서 평균수금기간(DSO)은 다음 식과 같이 매출채권 평균잔액을 1일 평균매출액으로 나누어 구한다.

평균수금기간

$$DSO = \frac{\text{매출채권 평균잔액}}{\text{1일 평균매출액}} \qquad (11-4)$$

이 식(11-4)는 매출액 전체의 평균수금기간을 나타낸다. 그러나 분석목적에 따라서는 매출액 전체가 아닌 신용판매된 부분만의 평균수금기간을 알고자 할 수도 있으며, 이 경우에는 식(11-4)의 분모에 1일평균 신용판매액을 사용하면 된다.

평균수금기간은 매출채권관리의 유효성을 나타내는 중요한 지표이다. 만일 평균수금기간이 길어지고 있다면, 그것은 신용기간이 길어지고 있으며 기회비용과 대손가능성이 증가할 우려가 있다는 것을 의미한다. 반대로 평균수금기간이 짧아지고 있다면, 그것은 신용기간이 짧아지고 있으므로 기회비용과 대손가능성이 감소한다는 것을 의미하지만 인색한 신용조건으로 인하여 매출액 감소를 우려해야 한다는 것을 의미한다.

매출채권을 분석하는 주된 목적의 하나는 고객들의 대금지급행태를 아는 것이다. 만일 고객들이 대금지급을 늦추게 되면, 매출채권 투자를 위한 추가적인 자금을 조달하여야 하며 이로 인해 자본비용이 발생한다. 또한 이것은 대손의 증가를 나타내 주는 신호일 수도 있다.

고객들의 지급행태의 변화를 측정하기 위한 수단으로 지급패턴 어프로치(payment pattern approach)가 사용된다. 지급패턴은 고객들이 상품대금을 지급하는 평균적인 경향 — 이것은 판매대금의 수금이 이루어지는 일반적인 경향과 동일한 뜻이다 — 을 의미한다. 지급패턴의 한 가지 예로서 어떤 달의 매출액이 같은 달에 30%, 1개월 후에 40%, 2개월 후에 20%, 3개월 후에 10%가 수금되는 경우를 들 수 있다. 만일 고객들의 지급패턴이 길어지고 있다면 그것은 매출채권의 질이 나빠지고 있다는 것, 즉 보다 많은 기회비용과 대손이 예상된다는 것을 의미한다.

11.3.5 매입채무의 관리

기업이 제품이나 용역을 신용으로 구매하면 매입채무가 발생한다. 매입채무(payables)는 재무상태표(또는 대차대조표)의 외상매입금(accounts payable)과 지급어음(notes and bills payable)으로 구성된다.

매입채무는 매출채권과는 정반대로 기업의 입장에서 중요한 단기자본조달원천이 된다. 예를 들어, 어떤 기업이 앞에서 매출채권을 설명할 때 사용되었던 판매조건 '15일 이내 2%할인, 45일 이내 정가판매(2/15, net 45)'을 판매자로부터 제시받았다고 해보자. 이 기업은 15일 이내에 대금을 지급하면 2%의 현금할인을 받을 수 있고, 대금을 15일~45일 기간에 지급하면 정가를 지급해야 한다. 당연히 기업은 추가적 비용이 발생하지 않는 한 대금지급을 최대한 미루는 것이 유리하다. 따라서, 이 기업이 외상매입을 결정하는 경우, 그것은 현금할인에 적용되는 가격에 의한 구매대금을 최장 30일간 2%의 이자를 지급하면서 차입하는 것과 동일한 결과를 갖는다.

구매대금의 지급은 판매자가 제시하는 신용조건을 고려하여 구매 기업의 입장에서 가장 유리한 방법으로 실행되어야 한다. 위 예에서 기업이 외상매입을 결정할 경우, 현금매입가격에 추가하여 부담하는 이자를 연율화(annualization)하면 단리로는 $12 \times \frac{0.02}{0.98} = 24.49\%$, 복리로는 $(1+\frac{0.02}{0.98})^{12} - 1 = 27.43\%$가 되어 무시할 수 없는 비용이 발생한다. 따라서 외상매입은 다른 단기자본조달원천의 비용이나 조달 가능한 금액에 비해 저렴하고, 편리할 때 이용되어야 한다.

평균매입채무신용기간(average payment period: APP)은 기업이 이용할 수 있는 신용매입 기회를 간단히 측정할 수 있는 척도로서 흔히 사용된다. 평균매입채무신용기간은 다음과 같이 매입채무 평균잔액을 1일 평균매출원가로 나누어 구한다.

평균매입채무신용기간

$$\text{평균매입채무신용기간} = \frac{\text{매입채무 평균잔액}}{\text{1일 평균매출원가}} \tag{11-5}$$

제4절 재고관리

기업은 완제품(finished goods) 및 그 원재료(raw materials), 공급자재(supplies), 재공품(work in progress)의 재고를 보유한다. 재고의 보유는 기업에게 편익과 비용을 가져온다. 편익은 원활한 생산과 판매활동을 지원하고, 예상되지 않았던 제품수요 증가나 원자재가격 상승 위험에 대비할 수 있으며, 성장을 위한 전략적 투자로 사용될 수 있다는 점이다. 또한 원자재 등의 대량구매는 단가를 낮춤으로써 비용을 절감할 수도 있다. 그러나 재고보유는 운전자본 투자를 필요로 하기 때문에 기회비용을 수반하고, 주문비용, 그리고 보관을 위한 설비, 보험 등의 비용을 발생시킨다. 따라서 재고관리는 편익과 비용을 고려하여, 경영에 지장을 주지 않는 범위 안에서 가급적 낮은 수준으로 재고를 유지하는 것이 바람직하다.

재고관리비용을 최소화하는 재고 수준의 선택을 위해 다음과 같은 단순화된 모형으로부터 유용한 시사점을 얻을 수 있다. 어떤 기업이 미리 정해진 물량의 원자재를 구입하고 재고가 소진되면 다시 같은 물량을 구매한다고 가정하자. 이 기업은 매일 1톤의 원자재를 사용하고, 한 번의 주문으로 구매되는 원자재의 물량은 x톤이라고 하자. 만약 $x=1$이면 기업은 매일 1톤의 원자재를 주문하고 당일 그 수량을 모두 사용하며, 다음날 1톤의 원자재를 다시 구매하게 된다. 이 경우에 재고의 평균 수준은 0.5톤이다. 만약 $x=2$이면 기업은 한 번의 주문으로 2톤의 원자재를 확보하여 이틀 동안 사용하고, 2일 간격으로 2톤의 원자재를 주문하며, 이 경우에 재고의 평균 수준은 1톤이다. 다시 말해, 1회 구입의 물량이 클수록 평균재고 수준이 크고, 구매 사이의 기간은 길어진다.

그림 11-3 재고자산의 변동

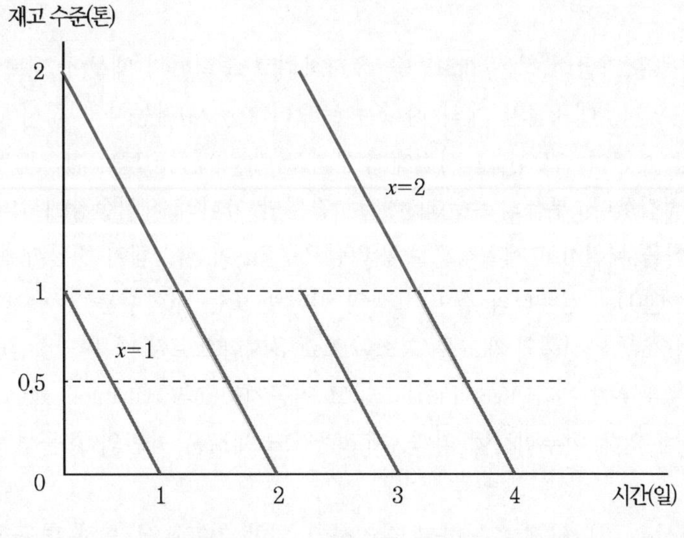

이제 적정재고 수준의 결정은 총비용을 최소화하는 x를 선택하는 문제로 정리될 수 있다. 재고관리와 관련된 비용은 구매 시에 지급하는 대금을 의미하는 획득비용(acquisition costs), 주문처리 과정의 비용을 의미하는 주문비용(order costs), 창고에서의 보관비용, 운전자본 투자의 기회비용 등을 포함한다.

1회당 구입물량 x가 클수록, 대량구매에 따른 할인혜택 때문에 획득비용이 감소하고, 주문의 전체적인 횟수가 줄기 때문에 주문비용도 감소한다. 다른 한편으로 1회당 구입물량 x가 클수록, 평균재고수준이 크기 때문에 더 넓은 창고를 마련해야 하므로 보관비용이 증가하고, 보험비용도 증가하며, 재고투자의 기회비용도 증가한다. 따라서 재고관리의 총비용은 다음 그림과 같이 특정한 1회당 주문규모에서 최소화되며, 이 점이 최적의 주문규모를 나타낸다.

그림 11-4 재고주문의 최적규모 결정

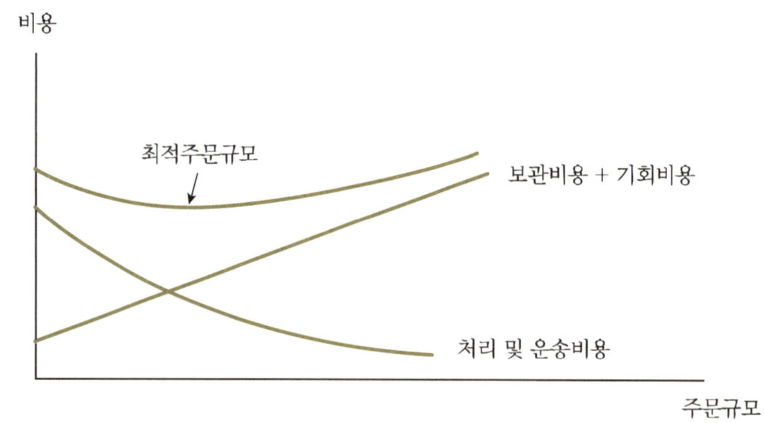

일반적으로 기업들은 가급적 적은 재고만을 유지하려고 노력하기 때문에 재고관리의 효율성은 지속적으로 상승하고 있다. 대표적인 예의 하나는 토요타(Toyota)자동차의 적시(just-in-time)재고관리 방식이다. 이 회사는 부품이 필요한 그 시점에 주문하고 바로 배달되도록 함으로써, 재고의 평균 수준을 낮추어 비용을 절감했다. 부품의 주문과 배달시간뿐만 아니라 작업현장에서의 지연이나 파업, 교통체증 등 관련 위험을 세밀하고 계획적으로 관리함으로써, 이 시스템이 원활하게 작동되도록 지원한다. 또 다른 사례는 델(Dell)컴퓨터와 같이 고객의 인터넷 또는 전화주문을 접수하면 바로 제품의 조립에 들어가는 방법으로, 완성품의 재고를 최소한으로 유지함으로써 비용을 절감한 경우이다. 최근에는 기업활동의 많은 부분이 온라인(on-line), 그리고 인공지능(artificial intelligence) 등이 도입된 지능화된 자동화시스템에 의해 이루어짐에 따라, 재고관리도 새로운 차원의 효율성 향상을 이룰 것으로 기대된다.

재고관리의 효율성을 간단하게 측정하고 관리하기 위한 지표로서 흔히 평균재고기간(average inventory period: AIP)이 사용된다. 평균재고기간은 기업이 원재료 등을 구매하여 판매할 때까지 소요되는 기간을 말한다. 여기에서 매출은 외상판매와 현금판매를 모두 포함한다. 예를 들어, 어떤 회사의 재고자산 잔고가 1,400만원이고 1일 평균매출원가가 70만원이면 재고자산의 반입과 반출에 소요되는 평균기간은 20일이 된다. 따라서 평균재고기간은 다음과 같이 재고자산 평균잔액을 1일 평균매출원가로 나누어 구한다.

평균재고기간

$$AIP = \frac{\text{재고자산 평균잔액}}{\text{1일 평균매출원가}} \qquad (11\text{–}6)$$

참고 **현금전환주기**

기업이 원재료나 완제품을 구입한 시점부터 재고로 보유하면서 판매하고 대금을 수금하는 데까지 소요되는 기간을 줄이면, 자산이용의 효율성을 높이고 운전자본조달비용을 낮추는 효과를 가져올 수 있다. 이런 기간은 흔히 현금전환주기(cash conversion cycle: CCC)에 의해 측정된다.

위에서 사용되었던 예들을 종합하여, 어떤 기업의 평균재고기간이 20일, 평균수금기간은 30일, 평균매입채무신용기간이 22일이라고 하면 현금전환주기는 다음과 같이 28일로 구해진다.

현금전환주기

$$\begin{aligned} CCC &= \text{평균재고기간} + \text{평균수금기간} - \text{평균매입채무신용기간} \qquad (11\text{–}7) \\ &= 20\text{일} + 30\text{일} - 22\text{일} \\ &= 28\text{일} \end{aligned}$$

현금전환주기는 앞에서 본 평균수금기간과 평균재고기간이 짧을수록, 그리고 매입채무의 신용기간이 길수록 낮게 유지될 수 있다.

제5절 단기자본의 조달

11.5.1 단기자본조달원천의 분류

단기와 장기자본조달의 구분은 흔히 만기(maturity)까지의 기간을 기준으로, 1년 이하이면 단기자본조달원천, 1년 이상이면 장기자본조달원천으로 간주된다. 기업이 실무에서 이용하는 단기자본조달원천은 매우 다양하며, 미지급금, 매입채무, 단기차입금 등으로 나누어질 수 있다. 이 중 미지급금과 매입채무는 생산 및 판매와 같은 영업활동에 수반되어 발생하는 것이므로 자생적 유동부채로 불리고,

단기차입금은 거래활동과 직접적 관련이 없이 관리적 판단에 의해 조달되는 것이므로 비자생적 유동부채로 불린다.

① **미지급금**: 기업에서 종업원에 대한 급여는 일급, 주급 또는 월급의 형태로 지급된다. 또 제세공과금 역시 월 또는 분기단위로 지출된다. 따라서 채무가 발생한 시점부터 실제로 지출될 때까지 상당한 시차가 존재할 수 있으며, 기업은 이 기간 동안 미지급금(accruals)의 형태로 자금을 보유하면서 이용할 수 있다.

미지급금은 영업규모가 클수록 증가한다. 또한 미지급금은 명시적인 이자비용을 수반하지 않기 때문에 기업은 가급적 오랫동안 미지급금을 이용하려 한다. 그러나, 지급을 미룰 수 있는 기간은 업계 또는 사회의 관행 및 법규에 의해 제약된다.

② **매입채무**: 기업이 외상으로 재화나 서비스를 매입할 경우, 이 부채는 매입채무(account payable)라고 불린다. 매입채무 역시 영업활동과 함께 자생적으로 발생하는 자본조달원천이다. 예를 들어, 어떤 회사가 하루 평균 100만원의 원재료를 30일 신용조건으로 조달하고 있다면, 3,000만원(=30일×100만원)의 부채를 납품업자로부터 차입하고 있는 셈이다. 만일 1일 평균매입액이 150만원으로 증가한다면 외상매입금은 4,500만원으로 증가할 것이다. 매입액이 증가하는 경우뿐 아니라 신용기간이 길어진 경우에도 외상매입금은 증가한다.

매입채무는 일반적으로 명시적 이자비용을 요구하지 않지만, 현금구매 또는 할인구매의 경우에 비하여 높은 가격을 치러야 한다. 따라서 상당히 높은 자본비용을 수반한다.

③ **단기차입금**: 단기차입금(short-term borrowings)은 은행으로부터의 단기차입금, 약속어음의 할인에 의한 차입 등을 말한다. 일반적으로 단기차입금은 대표적인 비자생적 자본조달원천이며, 기업은 필요한 자금을 금융기관에 요청하여 승낙을 받아야 한다. 만일 대부 요청이 거절되면, 기업은 원하는 사업기회를 포기해야 한다. 이런 이유 때문에 단기차입금과 같은 비자생적 자본원천은 같은 금액의 다른 단기자본에 비해 상대적인 중요도가 크다고 할 수 있다.

기업이 편리하게 사용할 수 있는 은행 단기차입수단으로 대출한도(credit line)가 있다. 이는 기업이 차입할 수 있는 최대한도의 금액을 정해놓고, 기업은 필요에 따라 수시로 이 최대한도 안에서 차입하거나 상환할 수 있는 대출계약이다.

④ **기업어음**: 기업어음(CP)은 주로 높은 신용을 갖고 있는 대기업이나 금융기관이 단기차입을 위해 발행하는 약속어음이다. 금융시장에서 거래 가능하며, 일반적으로 유동성이 높은 편이다. 담보 또는 무담보신용으로 발행되며, 발행절차가 간편하고 이자율이 은행의 대출금리보다 낮다는 장점을 갖고 있다.

최근에는 실물 종이 대신 전자적인 방법으로 발행되고 유통되는 전자단기사채(전단채)제도가 도입되어 기업어음을 대체하고 있다. 전단채는 기존의 기업어음에 비해 발행 및 유통절차가 간단하고 편리하다는 장점을 갖고 있다.

11.5.2 단기자본조달정책

대부분의 기업활동은 뚜렷한 계절적 변동과 순환적 변동의 요소를 갖고 있다. 그 결과 운전자본 소요금액 역시 계절적 및 순환적 변동을 보이게 된다. 따라서 기업의 단기자본조달정책은 이런 변동성에 대한 대응 및 관리 방법과 밀접한 관련을 갖고 있다.

흔히 기업의 단기자본조달정책은 유동자산의 고정적 부분과 변동적 부분을 어떻게 조달할 것인가에 따라 다음의 세 가지 형태로 나누어질 수 있다.

① **만기대응정책**: 만기대응정책(maturity matching policy)은 취득하고자 하는 자산의 만기와 동일한 만기를 갖는 부채로써 필요한 자본을 조달하는 방법이다. 예를 들어, 5년 동안 사용할 기계의 구입자금은 5년 만기의 장기부채로 조달하고, 판매 및 수금에 3개월이 소요되는 재고자산을 증가시키기 위해서는 3개월 만기의 단기부채로 자본을 조달하는 방법이다. 따라서, 고정자산 및 고정적 운전자본은 자기자본과 장기부채를 합한 장기자본으로 조달하고, 변동적 운전자본은 단기부채로 조달하고자 한다.

이 정책은 만기불일치에 따른 위험과 비용을 최소화한다는 점에서, 중도적 성격의 운전자본 관리정책이라고 할 수 있다. 그러나 실무적으로는 자산들의 수명이 불확실하고, 만기가 없는 보통주 자기자본 등과 같이 정확하게 원하는 만기를 갖는 부채를 찾기 쉽지 않기 때문에, 자산과 부채의 만기들을 일치시키는 데는 한계가 존재한다.

② **공격적 정책**: 공격적 단기자본조달정책은 변동적 유동자산뿐만 아니라 고정적 유동자산의 일부까지도 단기차입금과 같은 비자생적 유동부채로 조달하는 자본조달정책이다.[6] 단기차입금은 장기부채에 비해 금리부담이 적지만, 그 만기에 금융기관이 대출을 갱신하여 주지 않으면 기업이 유동성 부족에 처할 위험이 높아진다.

③ **방어적 정책**: 방어적 단기자본조달정책은 거의 모든 유동자산을 장기부채, 자기자본 및 자생적 유동부채로 조달하고, 비자생적 유동부채의 이용을 억제하려는 정책이다. 이 경우에 기업은 계절적, 순환적 요인 때문에 변동하는 자금수요에 맞추어 부채의 크기를 조절하기 어렵다. 따라서 자금수요가 적은 시기에는 여유자금이 발생하게 되고, 기업은 이 자금을 시장성유가증권에 투자하여 '유동성을 저장'하여 둔다. 그리고 자금수요가 많은 시기에는 유가증권을 매각하여 필요한 자금을 조달한다.

방어적 정책은 장기자본에 주로 의존하기 때문에, 공격적 정책에 비하여 더 높은 자본비용을 부담한다. 그러나 장기자본은 안정적으로 장기간 이용될 수 있고, 그 이자율이 단기적 이자율 변동에 의해 크게 영향 받지 않는다. 따라서 기업은 이자율변동의 위험이나 지급불능의 위험을 낮출 수 있다.

---

6 자생적 유동부채는 외상매입금, 미지급금 등과 같이 유동자산의 증감에 따라 밀접한 관련을 가지면서 발생하는 유동부채이고, 비자생적 유동부채는 단기차입금과 같이 유동자산의 증감과 직접적인 관련이 없이 발생하는 유동부채이다.

11.5.3 단기자본조달원천의 장 · 단점

위에서 설명한 단기자본조달정책은 단기부채에의 상대적 의존도, 특히 비자생적 유동부채에 어느 정도 의존할 것인가에 따라 구분된다. 공격적 정책은 유동자산의 많은 부분을 비자생적 유동부채로 조달하려는 정책이고, 방어적 정책은 유동자산의 대부분을 장기자본으로 조달하려는 정책이다. 이 두 가지 정책의 구분은 상대적이기 때문에, 어느 정도로 공격적 또는 방어적인 정책을 택할 것인가는 단기 및 장기자본의 특성을 고려하여 결정하여야 한다.

일반적으로 단기자본과 장기자본은 다음과 같은 몇 가지 점에서 차이를 갖는다.

① 자금조달에 소요되는 시간: 단기부채는 장기부채에 비하여 간단한 절차로 빠른 시간 내에 얻어질 수 있다. 따라서 응급한 자금은 단기자본조달원천으로부터 조달하여야 한다.

② 융통성: 계절적 또는 순환적인 이유로 필요한 자금을 장기부채로 조달하는 것은 그리 현명한 방법이 아니다. 왜냐하면, 장기부채는 상환기간의 융통성이 적고, 만기 이전에 조기상환하고자 하면 흔히 높은 페널티를 부담해야 하기 때문이다.

③ 자본비용: 대체로 장기자본의 이자율과 기타 조달비용이 단기자본의 그것들보다 높기 때문에, 장기자본의 자본비용이 단기자본의 자본비용을 상회한다.

④ 위험: 단기자본은 높은 위험을 수반한다. 단기자본은 만기가 짧기 때문에 빈번하게 시장이자율의 변동에 의해 차입비용이 영향을 받으며, 기업이 재무적으로 취약한 상태에 있을 때 단기부채의 차환이 이루어지지 않으면 재무적 곤경에 처할 가능성이 높기 때문이다.

제11장 연습문제

[선다형]

01 순운전자본의 정의를 옳게 설명한 것은?

① 유동자산 총액
② 유동부채에서 유동자산을 차감한 것
③ 총자산에서 총부채를 차감한 것
④ 유동자산에서 유동부채를 차감한 것
⑤ 유동자산에서 재고자산을 차감한 것

02 유동자산 투자와 관련하여 잘못 설명된 것은?

① 공격적 정책은 가급적 적은 유동자산을 보유하는 정책이다.
② 보수적인 정책을 취할 경우 기업자산의 기대수익률은 다른 정책을 취할 때보다 낮다.
③ 공격적 정책을 취할 경우에 기업의 위험도는 낮아진다.
④ 일반적으로 유동자산이 많을수록 기업의 유동성은 증가한다.
⑤ 순운전자본은 유동자산 중에서 장기자본에 의하여 조달된 부분을 의미한다.

03 유동자산의 증가가 기업의 위험과 수익에 미치는 영향을 바르게 나타낸 것은?

① 유동자산 증가 → 경영위험의 증가
② 유동자산 증가 → 총자산영업이익률 증가
③ 유동자산 증가 → 자산이용의 효율성의 증가
④ 유동자산 증가 → 기회비용 증가
⑤ 유동자산 증가 → 기업의 재무위험 증가

04 다음 중 보수적 운전자본관리를 추구하고 있는 조치들을 적절하게 묶은 것들은?

A. 외상판매의 조건을 완화하였다.
B. 외상매입금의 결제기간을 현재의 30일로부터 20일로 줄였다.
C. 재고자산의 양을 줄였다.
D. 유가증권 투자액의 규모를 줄였다.

① A
② A, B
③ A, B, C
④ B, C, D
⑤ A, B, C, D

05 다음 중에서 현금관리를 옳게 설명하고 있는 것은?

① 현금관리의 기본목표의 하나는 가급적 많은 현금을 보유하여 풍부한 유동성을 유지하는 것이다.
② 현금보유의 이득은 현금이 제공하는 유동성이다.
③ 기업의 현금보유량은 시장이자율이나 유가증권의 거래비용과 같은 기업 외적 요인과 무관하게 결정된다.
④ 현금지출과 수입이 안정적인 기업일수록 보다 많은 현금을 보유하고 있어야 한다.
⑤ 가장 바람직한 현금관리는 현금보유의 기회비용을 최소화하는 것이다.

06 현금관리를 위하여 밀러·오어모형을 적용하기 위하여 필요한 자료는?

A. 1일 현금흐름의 분산
B. 유가증권의 1회의 거래에 따른 고정비
C. 현금보유의 기회비용
D. 현금잔고의 상한선

① A, B ② B, C ③ A, B, C
④ B, C, D ⑤ A, B, C, D

07 기업이 보유하는 현금잔고의 결정요인에 관한 설명으로서 올바른 것은?

① 현금잔고와 기회비용 사이에는 아무런 관계가 없다.
② 현금흐름의 변동성이 클수록 기업이 보유하는 현금잔고는 감소한다.
③ 시장이자율이 상승하면 기업은 현금잔고를 줄이고자 할 것이다.
④ 기업이 현금수납에 소요되는 부동시간(floating time)이 단축되면 기업의 현금잔고 역시 감소하게 된다.
⑤ 기업의 현금잔고는 주주의 부와 무관하다.

08 어떤 제철회사가 만기가 임박한 지급어음의 결제를 위하여 많은 현금을 보유하고 있다. 이 경우 현금보유의 동기는 어떤 것인가?

① 투기적 동기 ② 거래적 동기 ③ 예비적 동기
④ 사적 이익의 동기 ⑤ 규제준수의 동기

09 어떤 회사가 여유현금을 단기적으로 운용하기 위하여 유가증권에 투자하고자 한다. 유가증권의 선택기준에 대한 설명으로 잘못된 것은?

① 투자대상을 선택하는 요건으로서 가장 중요한 것은 원리금의 안전성, 즉 원리금의 가치와 상환의

확실성이다.

② 유가증권의 투자소득의 위험도는 계약상의 조건에만 의존한다.

③ 일반적으로 시장성이 높은 유가증권은 시장성이 낮은 유가증권보다 낮은 수익률을 가져다준다.

④ 일반적으로 단기유가증권의 거래비용은 주식 또는 회사채보다 낮은 수준이다.

⑤ 단기유가증권의 수익률은 단기적인 자금수요를 민감하게 반영하여 결정된다.

10 신용기간에 관한 통상적인 설명으로서 올바른 것은?

① 구매자의 신용위험이 클수록 신용기간은 길어진다.

② 경쟁이 심할수록 신용기간은 짧아진다.

③ 제품에 대한 고객의 수요가 적을수록 신용기간은 짧아진다.

④ 제품의 내구성 또는 저장성이 낮을수록 신용기간은 짧아진다.

⑤ 고객의 거래규모가 클수록 신용기간은 짧아진다.

11 어떤 가구상은 현재 "30일 이내 정가판매(net 30)"의 판매조건을 시행하고 있다. 이 회사가 판매조건을 "10일 이내 2% 할인, 30일 이내 정가판매(2/10, net 30)"으로 변경하고자 검토하고 있다. 새로운 판매조건을 적용할 경우 예상되는 효과들을 적절하게 고른 것들은 무엇인가?

> A. 이 회사의 대손발생액이 줄어들 것이다.
> B. 이 회사의 평균수금기간이 단축될 것이다.
> C. 할인혜택을 받지 못하는 구매자들은 할인혜택을 받는 구매자들보다 높은 기회비용을 부담하게 된다.
> D. 이 회사의 판매량이 증가하게 될 것이다.

① A, C ② A, D ③ A, B, C

④ B, C, D ⑤ A, B, C, D

12 외상구매자의 신용도를 평가하기 위한 5C의 한 가지 요소로서, 채무를 적시에 변제할 수 있는 현금흐름 창출능력을 무엇이라고 하는가?

① Capacity ② Character ③ Capital

④ Collateral ⑤ Condition

13 다음 중 팩토링(factoring)의 설명으로 가장 적합한 것은?

① 외상매출금의 매각 ② 제품구입자금의 할부금융

③ 은행대출을 이용한 공장의 건설 ④ 외상매입금과 외상매출금의 상쇄

⑤ 구매자에 대한 금융리스 제공

14 다음 현금전환주기에 관한 설명으로 옳은 것은?

① 시장성 단기유가증권이 현금화되는 데 소요되는 기간이다.
② 제품의 판매 후 대금수취까지 소요되는 기간이다.
③ 평균재고기간, 평균수금기간, 평균매입채무신용기간을 모두 고려한 개념이다.
④ 기업의 청산 과정에서 채권자들이 현금을 회수하는 데 소요되는 기간이다.
⑤ 투자자산에서 소득이 발생할 때까지 소요되는 평균기간이다.

15 기업의 자본조달원천으로서 장기자본에 비해 단기자본이 갖는 장점으로서 옳지 않은 것은?

① 자금조달의 융통성이 크다.
② 신속하게 필요한 자금을 조달할 수 있다.
③ 자본조달에 수반되는 거래비용이 저렴하다.
④ 자본조달의 절차가 간단하다.
⑤ 자본비용이 매우 낮다.

16 운전자본의 자본조달원천이 갖추어야 할 요건이라고 할 수 없는 것은?

① 자본조달 및 상환조건의 탄력성이 높아야 한다.
② 지급이자 및 수수료 등과 같은 금융비용이 저렴하여야 한다.
③ 자본조달원천이 갖고 있는 위험이 낮아야 한다.
④ 자본조달 및 상환절차가 간단하여야 한다.
⑤ 충분한 담보 또는 보증이 주어져야 한다.

17 기업의 자금조달 방법에는 여러 가지가 있는데 다음 중 단기금융 방법에 속하지 않는 것은?

① 외상매입(trade credit)
② 기업어음(commercial paper)
③ 팩토링(factoring)
④ 회사채(bonds)
⑤ 은행인수어음(banker's acceptance)

[서술형]

01 차입자의 입장에서 볼 때 단기부채는 장기부채보다 더 큰 위험을 갖고 있다고 한다. 그 이유를 설명하시오.

02 기업이 유동자산을 보유하는 이유를 설명하시오.

03 현금관리를 위한 밀러·오어모형을 설명하시오.

04 신용도를 결정하는 5C가 무엇인지 설명하시오.

05 평균수금기간(DSO)의 의미와 한계를 설명하시오.

06 어떤 회사의 매출채권 잔액은 150억원이다. 이 회사의 연간매출액은 730억원이며 이 중 50%는 외상매출이고 나머지는 현금매출이다. 이 회사 매출의 평균수금기간은?

07 어떤 회사의 재고자산 잔액은 50억원이고, 연간 매출원가는 365억원이다. 이 회사의 평균재고기간은?

08 어떤 회사의 평균재고기간이 30일, 평균수금기간은 60일, 평균매입채무신용기간이 25일이다. 이 회사의 현금전환주기는?

09 단기자본조달정책의 세 가지 유형을 비교하시오.

[선다형문제 정답과 풀이]

01 ④ **02** ③ **03** ④ **04** ① ▸ 보수적 운전자본관리는 가급적 유동자산 투자액을 많게 함으로써 보다 적은 위험을 부담하고 그 대신 보다 낮은 기대수익률을 얻고자 하는 운전자본관리이다. 예시된 조치들 중에서 유동자산 투자액의 크기를 증가하도록 하는 조치는 A뿐이다. **05** ② **06** ③ **07** ③ **08** ② **09** ② **10** ④ **11** ⑤ **12** ① **13** ① **14** ③ **15** ⑤ ▸ 단기자본은 명시적 이자비용은 낮을 수 있으나 묵시적 비용까지 고려하면 결코 낮은 자본비용을 갖는다고 할 수 없다. 예컨대, 외상매입금은 명시적 이자비용을 거의 수반하지 않으나 현금할인가격과 비교하면 다른 장기자본조달원천보다 높은 자본비용을 수반할 수 있다. **16** ⑤ **17** ④ ▸ 은행인수어음(banker's acceptance: BA)은 기업이 발행한 환어음을 은행이 지급보증하거나 인수한 단기신용증서를 말한다.

제 12 장 재무분석과 재무계획

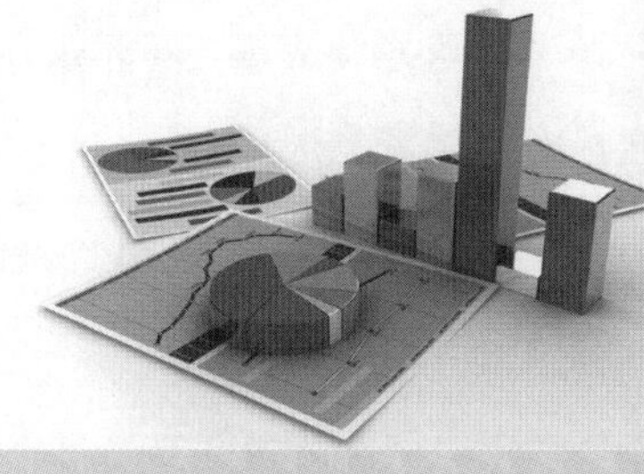

제1절 재무분석의 의의와 목적

재무분석(financial analysis)은 기업 또는 이해관계자들의 재무적 의사결정에 필요한 자료나 지표를 얻기 위한 정보수집 및 분석 과정이다. 여러 가지 회계자료, 주가나 거래량과 같은 시장자료, 기타 기업의 경영계획, 정부 및 각종 단체의 공공통계 등이 기초자료로 이용된다. 이렇게 수집된 자료에 대하여, 재무분석은 비율분석이나 손익분기분석 등과 같은 기법을 적용하여 의사결정에 유용한 수치나 지표를 얻어낸다. 어떤 분석기법으로 어떤 수치 또는 지표를 얻어낼 것인가는 이해관계자들의 의사결정 목적에 따라 달라진다.

예를 들어, 단기채권자들은 단기부채의 제공 또는 회수에 관한 의사결정을 해야 하며, 이를 위해 기업의 단기채무 지급능력, 즉 유동성(liquidity)에 관한 정보를 필요로 한다. 장기채권자들은 장기부채의 제공 또는 회수에 관한 의사결정을 내려야 하므로 기업의 장기부채 지급능력에 관한 정보를 필요로 한다. 주주 및 투자자들은 그들의 부를 극대화하는 포트폴리오를 선택하여야 한다. 그들의 부는 기업이 제공하는 미래 현금흐름의 크기와 위험에 의하여 결정되므로 기업의 수익력 및 위험에 대한 정보를 필요로 한다. 이 밖에 정부기관, 노동조합, 소비자단체 등은 나름대로의 목적에 따라 유용한 정보를 얻기 위하여 재무분석을 수행한다.

기업 경영자는 경영통제를 위한 중요한 수단으로서 재무분석을 이용한다. 즉, 경영정책 및 경영계획에서 설정한 목표와 실제의 경영 성과가 어느 정도 일치하는지를 분석하고 만약 차이가 있으면 어떤 이유 때문에 발생한 것인지를 파악하여야 한다. 따라서 경영자들은 기업이 단기 및 장기채무 지급능력을 적절하게 유지하고 있는가, 자산을 효율적으로 이용하고 있는가, 성장잠재력을 적절하게 이용하고 있는가, 주주의 부(富)가 극대화될 수 있는 경영정책을 집행하고 있는가 등에 관한 정보를 얻어내기 위해 재무분석을 이용한다.

재무분석은 매우 다양한 기법을 사용하고 있다. 이 장에서는 가장 널리 사용되고 있는 방법인 비율분석과 손익분기분석을 설명하기로 한다.

제2절 비율분석

기업의 여러 가지 재무분석 방법 중에서 가장 널리 사용되는 방법이 비율분석(ratio analysis)이다. 비율분석은 명료한 경제적 의미를 갖고 있는 재무비율(financial ratios)을 계산하여, 기업의 재무상태나 영업 성과를 판단하는 기법이다. 재무비율의 예로서 기업의 유동성을 나타내는 유동비율이나 자본구조를 나타내는 부채비율, 은행의 건전성을 나타내는 BIS기준 자기자본비율 등을 들 수 있다. 재무비율은 이해하기 쉽고 명료한 경제적 의미를 담고 있을 뿐만 아니라, 여러 가지 공공통계의 발달에 힘입어 국가별, 산업별 등 다양한 비교분석에 쉽게 이용될 수 있다.

12.2.1 재무비율의 체계

실무에서는 매우 다양한 재무비율들이 각자 고유의 경제적 의미를 갖고 이용되고 있다. 재무비율들을 체계화하고 그들 사이의 논리적 관련을 보다 분명하게 드러내기 위해, 경제적 의미를 기준으로 몇 가지 범주로 분류할 수 있다. 재무비율의 분류 및 체계화에도 재무관리의 여러 영역에서 일관성 있게 적용되었던 위험 · 수익의 교환관계(risk-return tradeoff)의 논리가 유용하게 적용될 수 있다. 즉, 재무비율들은 위험도를 나타내는 비율과 수익력을 나타내는 비율로 분류될 수 있다.

1) 위험도를 나타내는 재무비율

① 유동성비율(liquidity ratios): 기업의 단기채무 지급능력을 나타내는 재무비율들로서 유동비율과 당좌비율 등을 포함한다.

② 레버리지비율(leverage ratios): 기업의 부채의존도를 나타내는 재무비율들로서 부채비율, 이자보상비율, 자기자본비율 등을 포함한다.

③ 안정성비율(stability ratios): 경기변동에 대한 기업의 적응능력을 나타내는 재무비율들로서 비유동비율, 비유동장기적합률 등을 포함한다.

2) 수익력을 나타내는 재무비율

① 활동성비율(activity ratios): 자산 이용의 효율성을 나타내는 재무비율로서 총자산회전율이 대표적이다.

② 성장성비율(growth ratios): 기업이 갖고 있는 성장기회를 충분히 이용하고 있는가 또는 기업의 경쟁능력이 적절하게 유지되고 있는가를 나타내는 재무비율들로서 매출액증가율, 총자산증가율 등에 의해 측정된다.

③ 수익성비율(profitability ratios): 기업의 매출이나 투자로부터 어느 정도의 이익이 얻어졌는가를 나타내는 재무비율로서 매출액영업이익률, 매출액순이익률, 총자산영업이익률, 자기자본이익률 등을 포함한다.

12.2.2 주요 재무비율의 계산과 의미

1) 유동성비율

유동성(liquidity)은 단기채무 지급능력을 의미한다. 기업의 단기채무는 재무상태표에 유동부채로 표시되어 있다. 이 단기채무 상환을 위해 동원할 수 있는 자산은 현금 및 예금과 같은 지급용 자산, 그리고 지급용 자산으로 용이하게 전환될 수 있는 유동자산이다. 따라서 기업의 유동성을 평가하기 위해서는 유동부채에 비하여 유동자산을 어느 정도 보유하고 있는가를 분석하여야 하며, 이를 위해 흔히 유동비율과 당좌비율을 이용한다.

① **유동비율**: 유동비율(current ratio)은 유동자산의 유동부채에 대한 비율로서, 기업의 유동성을 측정하는 대표적 비율이다.

$$\text{유동비율} = \frac{\text{유동자산}}{\text{유동부채} } \qquad (12\text{–}1)$$

유동자산은 단기채무, 즉 유동부채를 지급하는 데 용이하게 동원할 수 있는 경제적 자원으로 간주되기 때문에, 이 유동비율이 높을수록 유동성이 높은 것으로 판단한다. 유동비율은 전통적으로 은행가들이 기업의 단기적 신용도를 평가할 때 중요시했기 때문에 은행가비율(banker's ratio)로도 불리며, 흔히 2:1의 원칙이 적용되어 왔다.

2:1의 원칙은 유동자산에 포함된 매출채권이나 재고자산은 현금으로의 전환기간이 길고 전환의 불확실성을 갖고 있기 때문에, 유동자산이 유동부채의 2배 이상이 되어야 건전한 신용도를 갖는 것으로 판단할 수 있다는 생각이다. 그러나 오늘날에는 2:1의 원칙은 크게 중요시되지 않는다. 왜냐하면 적절한 유동비율의 수준은 경기수준이나 업종에 따라 다를 수 있고, 수익성이 낮은 유동자산을 과다하게 보유하는 것이 바람직하다고 할 수 없으며, 유동비율 외에 현금예산이나 다른 자료를 이용하여 기업의 유동성을 평가할 수 있기 때문이다.

② 당좌비율: 재고자산이나 선급비용은 현금이나 예금으로의 전환이 비교적 어려운 자산이다. 따라서 유동자산에서 재고자산이나 선급비용을 제외한 당좌자산—현금 및 예금, 시장성 있는 유가증권, 매출채권—을 유동부채로 나누어 유동성을 측정할 수 있으며, 이를 당좌비율 또는 신속비율(quick ratio)이라고 한다.

$$\text{당좌비율} = \frac{\text{당좌자산}}{\text{유동부채}} \tag{12-2}$$

2) 레버리지비율

레버리지비율은 기업의 자본구조, 즉 부채의존도를 나타내는 재무비율들이다. 레버리지비율은 채권자들의 입장에서는 기업의 장기채무에 대한 원리금 지급능력과 채무불이행위험을 파악하기 위해 이용되며, 주주들의 입장에서는 재무위험을 나타내는 척도로 사용된다.

실무적으로 레버리지비율은 두 가지 방법으로 측정된다. 하나는 재무상태표(또는 대차대조표)의 항목들로써 자본구조를 측정하는 방법이고, 다른 하나는 손익계산서를 이용하여 측정하는 방법이다.

① 부채비율: 부채비율(debt ratio)은 기업의 총부채를 자기자본으로 나누어 계산되며, 자본구조를 나타내는 가장 중요한 비율이다.

$$\text{부채비율} = \frac{\text{총부채}}{\text{자기자본}} \tag{12-3}$$

채권자들의 입장에서 부채비율은 채무불이행위험을 나타내는 것으로 해석된다. 기업의 자기자본은 부채상환을 뒷받침해 줄 수 있는 완충자산으로 간주되기 때문에, 부채비율이 높다는 것은 부채에 비하여 완충자산이 적고 채무불이행위험이 크다는 것을 의미한다.

주주들의 입장에서 부채비율은 재무위험을 나타내는 재무비율로 해석된다. 기업의 부채가 증가할수록 이자부담이 증가할 것이며 그 결과 재무위험이 증가할 것이기 때문이다. 이 점에 대해서는 이미 제9장에서 구체적으로 설명하였으므로 여기에서는 설명을 줄이기로 한다.

② 이자보상비율: 부채비율과 같이 재무상태표의 항목들에 의해 측정된 레버리지비율은 특정 시점의 자본구조만을 나타내기 때문에 부채의 원리금 상환능력을 적절하게 측정하지 못한다는 단점을 갖고 있다. 따라서 기업의 영업이익이 고정적 재무비용 — 지급이자, 우선주배당, 임차료 등과 같이 자본조달의 대가로 고정적으로 지출되는 비용 — 의 몇 배인가를 계산하여 부채의 위험도를 측정하려 시도할 수 있다. 기업의 원리금 상환능력을 측정하기 위한 보조적인 재무비율로

서 이자보상비율이 빈번히 사용된다. 이자보상비율(times interest earned)은 이자 및 법인세지급 전 이익(EBIT)이 지급이자(할인료 포함)의 몇 배인가를 나타낸다.

$$\text{이자보상비율} = \frac{\text{이자 및 법인세 지급전 이익}}{\text{지급이자}} = \frac{\text{순이익} + \text{법인세} + \text{지급이자}}{\text{지급이자}} \quad (12\text{–}4)$$

이자보상비율에 담겨 있는 기본적인 견해는 이자지급에 사용될 수 있는 이익흐름은 EBIT이므로, EBIT가 지급이자의 몇 배인가를 계산함으로써 부채의 안전도를 분석할 수 있다는 것이다.

③ 자기자본비율: 부채비율과 유사한 의미를 갖는 비율로서 자기자본비율이 있다. 이 비율은 총자산 중에서 자기자본으로 조달된 부분의 크기를 측정한다.

$$\text{자기자본비율} = \frac{\text{자기자본}}{\text{총자산}} \quad (12\text{–}5)$$

자기자본비율은 특히 금융기관의 건전성을 규제할 때 중요시된다. 은행 등의 금융기관에 대해서는 위의 식에서 총자산 대신 위험가중(risk-weighted)자산이 사용된다. 위험가중자산이란 자산의 종류별로 각각 다른 위험도를 적용하여 계산된 자산의 크기이다. 예를 들어, 채무불이행 위험이 거의 없는 국가의 국채에 대해서는 원금의 0%를 위험가중자산으로 산정하고, 신용등급이 B+ 등급인 기업에 대한 대출은 원금의 150%를 위험가중자산으로 산정하는 등의 방법으로 개별 자산의 위험가중자산을 계산하고 이들을 합계하여 금융기관의 위험가중자산 총액을 계산한다. 이와 같이 자산의 위험도를 반영하여 위험가중자산을 구하면, 위험도가 큰 자산에 많은 금액을 투자한 은행은 위 식의 분모가 크고 그 결과 자기자본비율은 낮게 평가된다.

1988년 이후 국제결제은행(Bank for International Settlements: BIS)의 은행감독위원회는 은행의 위험가중 자기자본비율이 8% 이상일 것을 요구하였으며, 이 기준을 BIS기준이라고 한다.[1] 우리나라에서는 1998년 금융위기 때 BIS 자기자본비율을 적용하여 5개의 부실은행을 선정하고 이들을 다른 은행에 통폐합시킨 바 있으며, 그 이후에도 다수의 은행 및 상호저축은행에 대해 이 BIS기준을 적용하여 영업정지 또는 감자(減資) 등과 같은 적기시정조치를 취해 왔다.

---

1 바젤 I에서는 주로 금융기관의 신용위험(대출자산의 채무불이행위험)에 대비하기 위한 자기자본비율을 규제하는 데 목적을 두었다. 그 이후 1996년 수정안에서는 시장위험(금융자산의 시장가격 변동의 위험)에 대비하기 위한 필요 자기자본의 산정기준이 추가되었다. 2008년부터 시행된 바젤 II에서는 신용위험 및 시장위험뿐만 아니라 운영위험 등 다른 종류의 위험에 대한 필요자기자본의 산정기준이 포함되었고 감독기관의 심사기준, 공시 등 시장규율에 관한 방법 등도 체계화되었다.

3) 안정성비율

안정성비율은 경기변동에 대한 기업의 장기적인 대응능력을 측정하고자 하는 재무비율들이다. 일반적으로 기업의 안정성은 비유동자산 투자액과 장기자본 조달액을 대비함으로써 분석된다. 비유동자산 투자액이 장기적이고 안정적인 자본조달원천으로 조달되었다면, 경기가 침체되어 탄력적인 자산운용이 어렵다 하더라도 기업의 위험도는 그리 크지 않을 것으로 볼 수 있기 때문이다.

① 비유동비율: 비유동비율(non-current ratio)은 주요 안정성비율로서 비유동자산이 자기자본에 비해 어느 정도 보유되고 있는가를 측정한다.

$$비유동비율 = \frac{비유동자산 + 투자자산}{자기자본} \qquad (12\text{–}6)$$

전통적으로 비유동비율은 낮을수록 선호되고, 100% 이하일 때에 양호한 것으로 판단되어 왔다. 이는 비유동자산은 원칙적으로 자기자본에 의해 조달되어야 한다는 사고방식에 기초한 것이다. 그러나 설비투자가 거대화되고 있는 오늘날의 대기업에 있어 자기자본만으로 비유동자산을 취득한다는 것은 사실상 불가능하기 때문에 이러한 사고방식이 반드시 타당하다고 볼 수 없다.

② 비유동장기적합률: 비유동장기적합률(non-current assets to long-term capital ratio)은 비유동자산을 장기자본으로 나누어 계산된다.

$$비유동장기적합률 = \frac{비유동자산 + 투자자산}{비유동부채 + 자기자본} \qquad (12\text{–}7)$$

이 비율 역시 100% 이하일 때 양호한 것으로 해석되어 왔으며, 낮을수록 선호된다. 이러한 해석은 비유동자산의 취득에 필요한 모든 자금을 자기자본 또는 비교적 안정성이 큰 장기부채로 조달하는 것이 바람직하다는 판단에 기초한 것이다. 그러나 비유동자산을 장기자본만으로 조달해야 한다는 것은 논리적 타당성을 결여하고 있을 뿐만 아니라 사실상 불가능한 경우가 많다.

4) 활동성비율

활동성비율은 기업이 자산을 어느 정도 효율적으로 이용하는가를 측정하는 재무비율로서, 일반적으로 매출액을 각 자산항목으로 나눈 회전율(turnover)로 나타낸다. 이와 같이 어떤 자산의 회전율로 써 이용효율을 측정하는 것은 암묵적으로 매출액과 해당 자산항목 사이에 균형관계가 존재한다는 것을 전제한다.

① **총자산회전율**: 총자산회전율(total assets turnover)은 대표적인 활동성비율이며, 기업이 보유하는 자산 전체가 1년 동안에 몇 회전되었는가를 측정한다. 이 비율이 높을수록 기업이 자산을 효율적으로 이용한 것으로 해석된다.

$$\text{총자산회전율} = \frac{\text{매출액}}{\text{총자산}} \qquad (12\text{–}8)$$

② **재고자산회전율**: 재고자산회전율(inventory turnover)은 매출액을 평균 재고자산 규모로 나눈 비율로서, 재고자산이 1년 동안에 몇 회전되었는가를 측정한다.

$$\text{재고자산회전율} = \frac{\text{매출액}}{\text{재고자산}} \qquad (12\text{–}9)$$

이 비율이 높을수록 기업이 재고자산을 효율적으로 이용한 것으로 해석된다. 때로, 재고자산 회전율은 매출액 대신 매출원가를 재고자산으로 나눈 비율로 측정되기도 한다.

5) 성장성비율

경제 전반이나 특정 산업 내에서 기업의 경쟁적 지위가 적절하게 유지되고 있는가를 측정하기 위하여 여러 가지 성장성비율이 사용된다. 일반적으로 기업의 성장성은 일정 기간에 실현된 재무항목의 증가율로 측정된다. 기업의 성장성을 나타내는 재무비율은 여러 가지가 있으나 그 중에서 가장 중요시되는 것들은 매출액증가율과 총자산증가율 등이다.

① **매출액증가율**: 매출액증가율은 어떤 기간 중에 매출액이 어느 정도 증가하였는가를 나타낸다.

$$\text{매출액증가율} = \frac{\text{당기 매출액} - \text{전기 매출액}}{\text{전기 매출액}} \qquad (12\text{–}10)$$

매출액증가율을 분석할 때에는 물가상승률과 경쟁기업 또는 산업 전반의 매출액증가율과 비교하여야 한다. 명목적인 매출액증가율이 물가상승률보다 낮으면 오히려 (−)의 실질매출액증가율을 보이고 있다고 판단할 수 있다. 그리고 매출액증가율이 경쟁기업이나 동종 산업 전반의 매출액증가율보다 낮다면, 이것은 시장점유율이 오히려 하락하고 있음을 나타내며 매출액증가가 제품수요의 전반적 상승추세에 기인한 것이지 그 기업의 성공적 영업활동에 기인한 것이 아님을 의미한다.

② 총자산증가율: 총자산증가율은 일정 기간 동안에 기업의 자산규모가 어느 정도 증가하였는가를 나타낸다.

$$\text{총자산증가율} = \frac{\text{당기말 총자산} - \text{전기말 총자산}}{\text{전기말 총자산}} \qquad (12\text{–}11)$$

총자산증가율이 높다는 것은 투자활동이 적극적으로 이루어져 기업규모가 빠른 속도로 증가하고 있다는 것을 의미한다. 그러나 자산재평가가 이루어진 경우에는 새로운 자산의 취득이 없이도 재무상태표의 자산규모는 증가하게 되므로 주의하여야 한다.

6) 수익성비율

수익성은 기업활동으로부터 어느 정도의 이익이 얻어졌는가를 의미한다. 실무적으로 기업의 수익성은 매출액에 대한 수익성과 투자자본에 대한 수익성의 두 가지 측면으로 나누어 측정된다.

① 매출액총이익률, 매출액영업이익률 및 매출액순이익률: 이 세 가지 비율은 매출액으로부터 각종 비용을 차감한 후의 이익이 어느 정도인가를 나타내 주는 비율로서, 흔히 말하는 이폭(margin)과 동일한 의미를 갖는다.

매출액총이익률(gross margin on sales)은 제품의 생산 또는 구입에 소요된 비용인 매출원가를 차감한 후의 이익인 매출총이익과 매출액을 대비하여 계산한다.

$$\text{매출액총이익률} = \frac{\text{매출총이익}}{\text{매출액}} \qquad (12\text{–}12)$$

매출액영업이익률(operating margin on sales)은 영업이익을 매출액으로 나누어 계산한다.

$$\text{매출액영업이익률} = \frac{\text{영업이익}}{\text{매출액}} \qquad (12\text{–}13)$$

매출액순이익률(net margin on sales)은 기업활동의 모든 과정에 소요된 비용을 매출액에서 차감한 후의 순이익을 매출액으로 나누어 계산한다.

$$\text{매출액순이익률} = \frac{\text{순이익}}{\text{매출액}} \qquad (12\text{–}14)$$

② 총자산영업이익률, 총자산순이익률 및 자기자본순이익률: 투자자본으로부터 어느 정도의 이익이 얻어졌는가를 알기 위해 흔히 이용하는 재무비율이 총자산영업이익률, 총자산순이익률 및 자기자본순이익률 등이다.

총자산영업이익률(operating income to total assets)은 자산의 운용결과로 획득한 영업이익을 총자산으로 나누어 계산하는 재무비율로서, 기업자산의 수익력을 적절하게 나타내는 것으로 간주되고 있다.

$$\text{총자산영업이익률} = \frac{\text{영업이익}}{\text{총자산}} \qquad (12\text{–}15)$$

이 총자산영업이익률은 기업이 보유하고 있는 여러 가지 자산의 평균 수익률을 나타낸다. 즉, 총자산영업이익률은 기업자산 전체의 투자이익률(return on assets: ROA)을 의미한다.

총자산순이익률(net income to total assets)은 기업의 최종적 성과인 순이익을 기업의 총자산에 대비하여 계산한다.

$$\text{총자산순이익률} = \frac{\text{순이익}}{\text{총자산}} \qquad (12\text{–}16)$$

이 총자산순이익률은 기업의 총자산에 대한 수익성을 나타내는 비율로서 흔히 사용하고 있으나 논리적으로는 적절한 수익성비율이라고 할 수 없다. 왜냐하면 분자인 순이익은 기업소유자의 지분(자기자본)에 귀속되는 이익이나, 분모인 총자산은 채권자와 기업소유자가 제공한 자본의 총계를 표시하고 있기 때문이다.

자기자본순이익률(return on equity: ROE)은 기업자산 중에서 자기자본에 의하여 투자된 부분의 수익성을 나타낸다. 이 비율은 보통주주에게 귀속되는 납세후 순이익을 자기자본으로 나누어 계산한다.

$$\text{자기자본순이익률} = \frac{\text{순이익}}{\text{자기자본}} \tag{12-17}$$

자기자본순이익률은 기업의 총자산투자이익률(ROA), 평균이자율, 부채비율, 법인세율 등에 의하여 결정된다. 더 구체적으로 특별이익, 특별손실, 지급이자 이외의 영업외비용과 영업외수익이 순이익에 거의 영향을 미치지 않는다면, 자기자본이익률은 이 변수들과 다음과 같은 관계를 갖고 있다.[2]

$$\text{ROE} = (1 - T_C)\left[\text{ROA} + (\text{ROA} - i)\frac{B}{S}\right] \tag{12-18}$$

단, ROE는 자기자본순이익률, ROA는 총자산투자이익률(return on assets), i는 부채의 평균이자율, T_C는 법인세율, B/S는 부채비율을 나타낸다.

즉, ROA가 높을수록, 부채의 이자율과 법인세율이 낮을수록, 그리고 부채비율이 높을수록 기업의 자기자본순이익률은 높아진다. 식(12-18)에 의하면, ROA가 이자율보다 높은 경우, 부채를 많이 사용할수록 자기자본순이익률은 증가한다. 그러나 부채비율이 너무 높으면 채무불이행위험이 커지고 기업의 차입능력에도 한계가 있기 때문에, 기업들은 자기자본순이익률을 높이기 위하여 무한히 많은 부채를 사용할 수는 없다.

12.2.3 재무비율의 비교분석

재무비율에는 절대적 또는 이상적인 기준이 존재하지 않으므로, 위의 계산공식으로 계산된 재무비율의 값만으로 기업의 재무상태나 영업 성과를 판단할 수 없다. 예를 들어, 어떤 기업의 유동비율이 120%로 측정되었다고 해서 그것만으로 유동성이 양호한 것인지 또는 미흡한 것인지 단언하기 어렵다. 따라서 어떤 기업의 재무비율에 대한 해석을 분명히 하기 위하여 다른 기간의 재무비율이나 표준비율 또는 산업평균비율과 비교하곤 한다.

---

2 이 식은 다음과 같이 얻어진다(단, TA는 총자산).

$$\begin{aligned}\text{자기자본순이익률} &= \text{순이익}/\text{자기자본} = \frac{(1-T_C)(\text{ROA}\cdot\text{TA} - iB)}{S} \\ &= \frac{(1-T_C)[\text{ROA}(B+S) - iB]}{S} \\ &= (1-T_C)\left[\text{ROA} + (\text{ROA}-i)\frac{B}{S}\right]\end{aligned}$$

참고 우리나라 기업 재무비율의 산업별 비교 및 추세

기업들의 재무비율은 국가, 산업별 특성 및 고유 요인 등의 영향을 받아 상당히 다른 양상을 보인다. 여기에서는 한국은행의 기업경영분석에 보고된 우리나라 제조업, 건설업, 도매 및 소매업 기업들의 주요 재무비율의 최근 추세를 살펴본다. 일부 재무상태 및 영업활동의 산업별 특성이 드러난다.

구체적으로, 우리나라 기업들의 유동비율은 최근 수년간 증가추세에 있다는 것을 알 수 있다. 한편 부채비율은 제9장에서 언급된 재무구조 개선 노력의 결과로서 지속적으로 하락하고 있다. 산업별로는 도·소매업의 부채비율이 외상매매의 관행 때문에 가장 높고, 건설업은 많은 양의 부동산을 필요로 하고 이런 부동산을 담보로 제공하여 자금을 차입할 수 있으므로 상대적으로 높은 부채비율을 갖고 있으며, 제조업의 부채비율이 가장 낮은 편에 속한다. 비유동장기적합률은 많은 비유동자산을 사용하는 제조업에서 가장 높고, 총자산회전율은 상품매매가 빈번한 도·소매업에서 가장 높다. 매출액증가율, 총자산세전이익률, 자기자본순이익률은 최근의 장기불황을 반영하여 각 산업에서 대체로 하락하는 추세를 보였다.

▶▶ 표 12-1 우리나라 기업의 주요 재무비율

		2011년	2012년	2013년	2014년	2015년
유동비율	제조업	116.73	124.36	131.91	132.60	135.18
	건설업	166.18	163.64	166.46	175.33	169.62
	도·소매업	118.19	120.76	122.05	123.70	128.19
부채비율	제조업	109.19	101.04	92.93	89.24	85.52
	건설업	154.69	146.97	136.78	136.46	144.74
	도·소매업	189.90	177.72	172.79	166.28	152.29
비유동장기적합률	제조업	90.28	87.53	84.96	84.88	84.68
	건설업	54.17	57.95	58.83	56.08	56.57
	도·소매업	84.51	83.69	83.18	81.75	80.52
총자산회전율	제조업	1.16	1.13	1.07	1.01	0.94
	건설업	0.98	0.97	1.01	1.01	1.05
	도·소매업	1.97	1.86	1.80	1.77	1.68
매출액증가율	제조업	13.55	4.21	0.51	−1.59	−2.99
	건설업	3.00	3.20	5.29	4.16	5.50
	도·소매업	15.07	4.24	2.71	3.35	2.66
총자산 세전이익률	제조업	6.01	5.91	5.02	4.27	4.80
	건설업	9.76	9.61	7.26	6.37	2.21
	도·소매업	0.93	−0.09	−0.17	1.73	4.16
자기자본 순이익률	제조업	0.97	−1.61	−1.23	2.60	7.04
	건설업	6.50	4.85	3.73	4.70	3.70
	도·소매업	14.56	10.28	6.96	9.35	7.60

자료: 한국은행, 경제통계시스템(ecos.bok.or.kr).

기간비교(inter-period comparison)는 몇 개 기간에 걸쳐 재무비율을 비교함으로써 기업의 재무상태나 재무 성과의 추세를 파악하고자 하는 방법이다. 예를 들어, 어떤 회사의 과거 수년간의 부채비율을 관찰한 결과 점차 하락하는 경향을 보이고 있다면 그 기업의 부채의존도는 점차 하락하는 것으로 판단할 수 있다.

전통적으로 사용되어 왔던 기간비교는 비교적 짧은 기간의 자료만을 사용하였기 때문에 자료처리가 용이하고 직관적 해석이 가능하다는 장점을 갖고 있으나 추세의 유의성에 대한 통계적 검증이 어렵다는 단점을 갖고 있다. 따라서 추세의 유의성을 검증하기 위해, 장기의 자료에 대하여 시계열분석을 수행할 필요가 있다.

실무적으로 가장 널리 사용되는 방법은 산업평균비율(industrial average ratio)과 비교하는 것이다. 산업평균비율은 어떤 산업에 속한 기업들의 재무비율을 평균한 것으로서 한국은행 경제통계시스템(ecos.bok.or.kr) 등에서 쉽게 구할 수 있다.

제3절 손익분기분석

12.3.1 손익분기분석의 개요

1) 손익분기분석

일반적으로 매출이나 생산량이 증가하면 비용과 수익도 증가하며, 따라서 목표이익의 달성에 필요한 조업 수준을 알기 위해서는 비용과 수익의 움직임을 분석할 필요가 있다. 손익분기분석(break-even analysis)은 매출액 또는 판매량과 비용 및 이익 사이의 관계를 분석하는 기법이다.

수익은 판매량과 가격을 곱함으로써 비교적 용이하게 산정된다. 그러나 판매량의 변화에 따라 비용이 어떻게 달라지는가는 용이하게 파악되지 않는다. 일반적으로 총비용은 판매량의 변화에 따라 변동하는 변동비와 판매량과 관계없이 일정하게 발생하는 고정비로 구분될 수 있다. 각 판매량에 대응하는 변동비와 고정비가 추정되면, 어떤 판매량에서 얻어질 수 있는 이익, 특히 총비용과 총수익이 일치하여 이익이 0이 되는 판매량인 손익분기점(beak-even point: BEP)이 추정될 수 있다. 따라서 손익분기분석은 손익분기점뿐 아니라, 목표이익의 달성에 필요한 판매량을 파악하는 데에도 이용된다.

손익분기분석은 기본적으로 단기적이고 정태적인 분석 방법이다. 손익분기분석에서는 생산요소가격, 기업규모, 기술, 능률, 제품가격 등의 동태적 변화가 없이 일정하다고 가정하기 때문이다.

2) 손익분기도

손익분기분석의 논리와 내용을 이용하는 데 있어서 편리한 수단은 손익분기도(break-even chart)이다. 손익분기도는 판매량과 총비용(변동비 및 고정비), 총수익, 이익 등의 관계를 도표로서 나타낸 것으로서 [그림 12-1]과 같은 형태를 지닌다. 이 손익분기도의 횡축은 판매량을 나타낸다(횡축이 판매량 대신 매출액으로 표시될 수도 있다).

일반적으로 손익분기분석은 총수익을 판매량의 증가에 따라 선형적으로 증가하는 함수인 것으로 가정한다. 이는 제품의 단위당 가격은 판매량에 관계없이 일정하다고 가정하는 것이다. 이때 총수익은 (판매량)×(단위당 가격)이고 총수익선의 기울기는 단위당 가격과 같다. 횡축이 매출액인 경우에는, 총수익과 매출액은 동일하므로 총수익선은 손익분기도표에서 45° 직선이 된다.

총비용도 판매량의 증가에 따라 선형적으로 증가하는 함수로 가정된다. 총비용 중에서 고정비는 판매량의 변화에 관계없이 일정하고, 변동비는 판매량의 증가에 따라 일정한 비율로 증가한다. 이 경우에 총비용선은 손익분기도에서 직선으로 그려진다.

이익은 총수익에서 총비용을 차감한 부분으로서, [그림 12-1]에서 빗금친 부분의 높이이다. 총비용선과 총수익선이 교차하는 판매량 수준 Q^*는 비용과 수익이 일치하여 이익이 0이 되는 판매량으로서 손익분기점(BEP)이라고 부른다. 이 손익분기점을 초과하는 판매량 수준이 이익영역이고 손익분기점 아래쪽의 판매량 수준이 손실영역이다.

그림 12-1 손익분기도

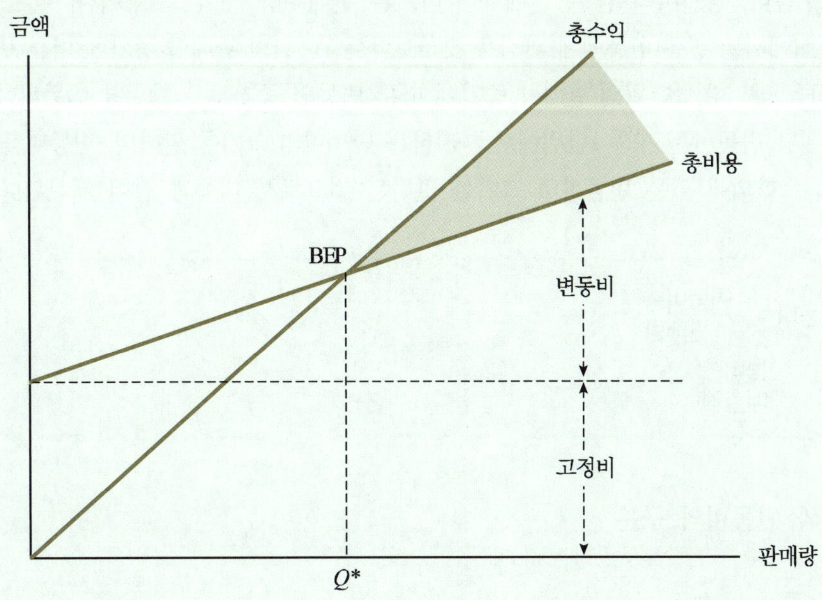

12.3.2 고정비와 변동비

앞에서 언급한 것처럼 손익분기분석은 단기적 분석이다. 공장, 기계, 관리자와 같은 생산요소들의 수량이 변동하는 데에는 시간이 소요되기 때문에 이들은 단기적으로 고정적 생산요소로 간주될 수 있으나, 장기적으로 모든 생산요소 — 건물, 기계, 관리능력, 기술, 노하우, 노동력, 원재료 등 — 의 투입량은 가변적이기 때문이다.

1) 고정비

고정비(fixed cost)는 판매량의 변동에 관계없이 일정하게 발생하는 비용으로서 제조원가의 일부, 감가상각비, 지급이자 등이 고정비이다. 고정비는 주어진 최대생산능력 내에서는 일정하게 발생하지만, 최대생산능력 자체의 변동이 일어나면 고정비의 크기도 달라진다. 예를 들어, 최대생산능력을 증가시키기 위하여 공장규모를 늘리면 이에 따라 감가상각비도 증가한다. 고정비의 또 다른 성격은 시간의 길이에 따라 결정된다는 점이다. 예를 들어, 고정비의 성격을 갖는 비용인 이자지급액은 시간이 길어질수록 증가하는 것이지, 판매량에 따라 달라지는 것은 아니다.

2) 변동비

변동비(variable cost)는 판매량의 변동에 따라 변동하는 일체의 비용들을 가리키며 직접노무비, 직접재료비, 소모품비, 광열비의 일부, 판매량에 따르는 판매수당 등이 그 예이다.

손익분기분석에서는 변동비 총액에 관심을 갖기보다는 1단위의 판매량 증가에 따른 변동비 증가분에 더 큰 관심을 갖는다. 1단위의 판매량 증가에 따른 변동비 증가분은 단위당 변동비나 변동비율로 측정된다. 단위당 변동비는 제품 1단위에서 차지하는 변동비의 크기를 말하며, 변동비율(變動費率)은 매출액 1원에 포함되어 있는 변동비의 크기를 말하는 것으로서 다음과 같이 계산된다.

$$\text{단위당 변동비} = \frac{\text{변동비총액}}{\text{판매량} } \qquad (12\text{-}19)$$

$$\text{변동비율} = \frac{\text{변동비총액}}{\text{매출액} } \qquad (12\text{-}20)$$

3) 고정비와 변동비의 구분

총비용을 고정비와 변동비로 구분하는 방법으로서 통계적 방법과 회계적 방법이 있다.

① **통계적 방법**: 통계적 방법은 과거의 관찰자료로부터 판매량과 비용 사이의 관계를 회귀분석을 통하여 추정하는 방법이다. 이 방법은 과거의 관찰자료가 충분하고 회귀분석의 조건에 적합하면, 다른 어떤 방법보다도 신뢰할만한 결과를 얻을 수 있다.

② **회계적 방법**: 회계적 방법은 경험과 조사를 통하여 각종의 비용계정을 고정비와 변동비로 분류하는 방법이다. 일반적으로 회계적 방법은 통계적 방법을 이용할 수 없을 때 사용된다. 회계적 방법에 의하여 고정비와 변동비를 분해하기 위해서는 i) 여러 수준의 판매량에 대한 경험이 있을 것, ii) 상세한 계정구분이 동일기준에 의해 장기간 지속되어 있을 것, iii) 임률, 재료가격, 공장규모, 기술수준 등이 비교적 일정할 것 등의 전제조건이 충족되어야 한다. 실제로 회계적 방법을 적용할 때 특정 비용항목이 고정비인지 또는 변동비인지를 판단하는 것은 그리 용이하지 않다. 따라서 과거 몇 개 기간의 자료를 가지고 산포도(scatter diagram)를 그려봄으로써 더 분명한 판단을 내릴 수 있다.[3]

어떤 방법을 사용하더라도 특히 주의하여야 할 점은 물가 수준의 변동을 반영해야 한다는 것이다. 일반적으로 당기의 물가를 기준으로 모든 비용자료를 통일시킬 수 있다.

12.3.3 손익분기점과 이익계획

1) 손익분기점

손익분기점(BEP)이란 총비용과 총수익이 일치하여 이익이 0이 되는 판매량 또는 매출액의 수준을 의미한다. 손익분기도인 [그림 12-1]에 의하면 총비용선과 총수익선이 교차하는 점에서 손익분기점이 형성되며 그때의 판매량은 Q^*로 표시되어 있다. 즉, Q^*만큼의 판매량을 실현하면 총비용과 총수익이 일치하여 이익이 0이 된다. 그리고 Q^*보다 낮은 판매량의 수준에서는 손실이 발생하며 Q^*보다 높은 판매량의 수준에서는 이익이 얻어질 것임을 알 수 있다. 손익분기점은 다음 공식에 의하여 계산된다.[4]

---

3 한국은행 경제통계시스템(ecos.bok.or.kr)의 기업경영분석 자료에는 변동비 대 매출액비율의 평균치가 주어져 있는데, 이 자료는 회계적 방법에 의해 구해진 것이다. 개별 기업의 기술적 특성이 다르기 때문에 변동비를 추정할 때 이 자료를 그대로 사용해서는 안 된다.

4 손익분기점의 공식을 도출하기 위하여 Q를 판매량, TC를 총비용, TR을 총수익이라 하자. 손익분기점에서의 판매량 Q^*에서의 총수익 TR은 $\text{TR} = pQ^*$로 정의된다. 그리고 Q^*에서의 총비용 TC는 고정비 F와 변동비 vQ^*의 합계이므로 $\text{TC} = F + vQ^*$로 나타낼 수 있다. 손익분기점 Q^*에서는 총비용 TC와 총수익 TR이 일치하므로 Q^*를 구하기 위해서는 위의 두 식을 등식으로 놓고 Q^*에 대하여 정리하면 위의 손익분기점의 공식이 얻어진다.

손익분기점(판매량)

$$Q^* = \frac{F}{p-v} \tag{12-21}$$

단, Q^*는 손익분기점에서의 판매량, F는 고정비, v는 단위당 변동비, p는 제품 1단위당 판매가격이다.

실무에서는 식(12-21)과 함께 손익분기점에서의 매출액을 구하는 공식도 자주 사용한다. 손익분기점에서의 매출액 S^*는 위의 식(12-21)의 좌변에 제품단가 p를 곱하고 우변의 분모를 p로 나누어 얻어질 수 있다.

손익분기점(매출액)

$$S^* = \frac{F}{1-\frac{v}{p}} = \frac{F}{1-\frac{V}{S^*}} \tag{12-22}$$

단, S^* 는 손익분기점에서의 매출액, V는 변동비 총액이다.

위의 식(12-21)에서 분모인 $(p-v)$는 제품의 단위당 가격에서 단위당 변동비를 뺀 것으로서 단위당 공헌이익(unit contribution margin) 또는 한계이익이라고 부른다. 이 단위당 공헌이익은 제품 1단위를 추가적으로 매출하여 고정비의 충당이나 이익의 증가에 공헌할 수 있는 부분의 크기를 나타낸다. 그리고 제품 1단위당 가격에 대한 공헌이익의 비율을 공헌이익률(contribution margin ratio)이라고 부르며 다음과 같이 표시할 수 있다.

$$\text{공헌이익률} = \frac{p-v}{p} = 1 - \frac{v}{p} = 1 - \text{변동비율} \tag{12-23}$$

단기적으로 볼 때, 이 단위당 공헌이익 또는 공헌이익률이 (+)의 값을 갖고 있다면, 생산 및 판매를 유지 또는 증가시킴으로써 고정비 부담을 줄이거나 이익을 증가시키는 것이 더 유리하다. 그러나 장기적으로는 단위당 공헌이익이나 공헌이익률이 0보다 크다 할지라도, 판매량이 손익분기점 이상의 수준을 유지하지 않은 한 손실의 누적을 가져오므로 기업의 장기적인 존속이 불가능하게 된다.

예시

어떤 회사의 제품가격이 톤당 25만원이고 고정비는 10억원이며 단위당 변동비가 20만원이라고 하면, 이 제품의 단위당 공헌이익과 공헌이익률은 다음과 같이 계산된다.

단위당 공헌이익 $= p - v = 250{,}000 - 200{,}000 = 50{,}000$원

$$\text{공헌이익률} = \frac{25\text{만} - 20\text{만}}{25\text{만}} = 0.2$$

그리고 이 회사의 손익분기점(판매량)은 다음과 같이 계산된다.

$$Q^* = \frac{10\text{억}}{25\text{만} - 20\text{만}} = 2\text{만톤}$$

이상으로 손익분기점을 계산하는 공식과 예시를 보았다. 실무적으로 손익분기점은 영업활동의 목표 수준을 결정하는 데 매우 유용한 개념이긴 하지만, 일단 계산된 손익분기점은 경영환경의 변화에 따라 언제나 달라질 수 있다는 점을 염두에 두고 이용될 필요가 있다. 경영정책이나 경제여건이 변동하여 고정비, 단위당 변동비 또는 제품가격이 변동하면 손익분기점은 달라진다. 즉, 고정비가 증가하면 손익분기점도 상승하며, 단위당 변동비가 증가하거나 제품가격이 하락하는 경우에도 손익분기점은 상승한다.

2) 이익계획

이익계획(profit planning)은 목표이익을 설정하고 이 목표이익을 달성하는 데 필요한 판매량이나 매출액의 수준을 예정하는 것이다. 즉, 목표이익(π)을 달성하기 위해서는 어느 정도의 판매량(Q')과 예상수익(TR′) 및 허용비용(TC′)을 달성하여야 하는가를 예정하는 것이 이익계획이다.

어떤 기업이 π만큼의 목표이익을 달성하고자 한다면, 그것은 예정수익 TR′와 허용비용 TC′의 차이가 π만큼 되어야 한다는 것을 의미하며, 따라서 목표이익은 다음과 같이 정의된다.

$$\begin{aligned} \text{목표이익} &= \text{예상수익} - \text{허용비용} \\ \pi &= TR' - TC' \end{aligned} \tag{12-24}$$

그리고 목표이익 π 를 달성하기 위한 판매량 Q'은 다음 식에 의하여 구해진다.5

5 목표이익을 나타내는 식(12-24)에서 TR′은 목표이익을 달성하는 데 필요한 판매량 Q'에서의 총수익이므로 $TR' = pQ'$이다. 그리고 TC′는 Q'에서의 총비용을 나타내는 $TC' = F + vQ'$으로 표시할 수 있다. 이를 식(12-24)에 대입하여 정리하면 다음과 같다.
$\pi = TR' - TC' = pQ' - (F + vQ')$
이를 Q'에 대해 정리하면 목표이익을 달성하기 위한 판매량이 식(12-25)와 같이 구해진다.

목표이익을 달성하기 위한 판매량

$$Q = \frac{F+\pi}{p-v} \tag{12-25}$$

이 식(12-25)는 목표이익을 달성하는 데 필요한 판매량의 수준을 알려 주는 이익계획의 공식이다. 식(12-25)는 분자에 고정비와 목표이익의 합계가 표시된다는 점을 제외한다면 손익분기점의 공식인 식(12-21)과 동일하다. 따라서 식(12-25)는 제품 1단위당 공헌이익에 의하여 고정비 F를 완전히 충당할 수 있을 뿐만 아니라, π 만큼의 목표이익을 실현시켜 줄 수 있는 판매량 Q을 나타낸다고 할 수 있다.

식(12-25)에 의해 Q이 계산되면, 예정수익 TR′과 허용비용 TC′ 역시 용이하게 계산할 수 있다. 물론 고정비나 변동비가 달라지는 경우에 대해서도 이 식을 적용할 수 있다.

예시

손익분기점을 계산할 때 사용하였던 예를 가지고 목표이익을 달성하기 위한 판매량 및 예정수익과 허용비용을 계산해 보기로 하자. 이 회사가 5억원의 목표이익을 설정하였다면, 이를 달성하는 데 필요한 판매량 Q은 다음과 같이 계산된다.

$$Q = \frac{10억 + 5억}{25만 - 20만} = 3만톤$$

이 3만톤이 5억원의 이익을 달성하기 위해 달성해야 할 목표판매량이라고 할 수 있으며, 이를 유지하는 데 필요한 예정수익과 허용비용은 다음과 같이 계산된다.

예정수익　TR′ = (25만)(3만톤) = 75억원

허용비용　TC′ = 10억 + (3만)(20만) = 70억원

제4절 레버리지분석

앞 절의 손익분기분석은 어떤 비용이 고정비이고 어떤 비용이 변동비인지 정해져 있다고 가정하고, 목표이익을 달성하기 위해 요구되는 매출액이나 판매량 등을 분석한다. 그러나, 장기적으로 기업은 어느 정도 자유롭게 고정비와 변동비의 구성을 선택할 수 있는 여지를 갖고 있다. 예를 들어, 인건비를 절감하기 위해 공장설비의 자동화에 노력한 기업은 직접노무비 같은 변동비 비중이 낮고 고정비

비중이 높은 비용구조를 갖고 있을 것이다. 기업의 비용구조가 다르면 위에서 본 것처럼 손익분기점, 더 일반적으로 매출액이나 판매량과 이익의 관계도 다르다.

구체적으로, 총비용에서 고정비가 차지하는 비중이 높을수록 손익분기점은 증가하고 매출액이나 판매량이 변동할 때 이익이 변동하는 정도가 크다. 다시 말해 투자된 고정비 비중이 높고 변동비 비중이 낮은 기업은 매출이 호조이면 상대적으로 높은 이익을 거둘 수 있으나, 매출이 저조하면 이익도 낮다.

12.4.1 영업레버리지

영업레버리지는 매출액 또는 판매량의 변화가 있을 때 이에 대응한 영업이익의 변화 정도를 나타내는 지표이다. 영업레버리지는 전형적으로 고정자산을 많이 사용하고 따라서 고정비 비중이 높은 생산기술을 채택한 기업에서 높다.

예를 들어, [표 12-2]와 같이 어떤 기업 A의 제품 단위당 판매가격이 현재 3원이라고 하자. 총수익은 판매단가 3원과 판매량 Q_A를 곱한 금액 $TR_A = 3Q_A$이다. 또한 금리 같은 금융비용을 제외하면 고정비는 100원, 제품 1단위당 변동비는 2원이라고 하자. 따라서 총비용은 $TC_A = 100 + 2Q_A$이고, 영업이익은 $OI_A = Q_A - 100$이다. 현재 판매량이 200개이면, 이 기업의 영업이익은 100원이다. 만약 판매량이 200개에서 50%증가하여 300개가 되면, 영업이익은 100원에서 100% 증가한 금액인 200원이 된다.

이제 위 기업과 똑같은 제품을 생산하나 더 자동화된 기술을 채택하여, 고정비는 200원으로 더 높고 제품의 단위당 변동비는 1원으로 더 낮은 기업 B가 있다고 가정하자. B의 총수익은 A와 마찬가지로 $TR_B = 3Q_B$라고 하자. 이 기업의 총비용은 $TC_B = 300 + Q_B$이므로 영업이익은 $OI_B = 2Q_B - 300$이다. 판매량이 200개이면, B의 영업이익은 A와 마찬가지로 100원이다. 그러나 만약 판매량이 200개에서 50% 증가하여 300개가 되면, B의 영업이익은 100원에서 200% 증가한 금액인 300원이 된다.

다시 말해, 매출액 또는 판매량이 변할 때, 고정적 생산비용의 비중이 높은 기업 B의 영업이익 변화 정도가 고정적 생산비용 비중인 낮은 기업 A의 영업이익 변화 정도보다 크다. 매출액 또는 판매량의 변화에 대응하여 영업이익이 변화하는 정도를 측정한 지표를 영업레버리지도(degree of operating leverage: DOL)라고 하고, 이는 다음 식(12-26)과 같이 매출액 또는 판매량이 1% 변화할 때 영업이익이 몇 % 변화하는지를 나타내는 비율로 측정된다.

> 영업레버리지도(DOL)
>
> $$DOL = \frac{\text{영업이익 변화율}}{\text{매출액 또는 판매량 변화율}} \tag{12-26}$$

위의 예에서 기업 A의 영업레버리지도는 $\mathrm{DOL}_A = \frac{100\%}{50\%} = 2$, 기업 B의 영업레버리지도는 $\mathrm{DOL}_B = \frac{200\%}{50\%} = 4$임을 알 수 있다.

▶▶ 표 12-2 영업레버리지

기업	A		B	
총비용	$\mathrm{TC} = 100 + 2Q$		$\mathrm{TC} = 300 + Q$	
판매량	200개	300개	200개	300개
매출액	600원	900원	600원	900원
영업이익	100원	200원	100원	300원
영업레버리지도	2		4	

12.4.2 재무레버리지

기업 손익의 레버리지효과는 재무활동에서도 나타날 수 있다. 즉, 만약 차입금에 대한 이자 같은 고정적인 재무비용이 존재하면, 기업의 영업이익이 변화할 때 순이익은 더 큰 비율로 변화한다(단순화를 위해 특별손익이나 법인세는 무시한다). 예를 들어, 위의 예에서 기업 A는 차입금을 사용하고 있고 그 이자로 매년 50원을 지출한다고 하자. [표 12-3]은 A의 영업이익이 100원으로부터 200원으로 100% 증가할 때, 순이익은 50원으로부터 150원으로 200% 증가함을 보여준다.

▶▶ 표 12-3 재무레버리지

기업	A	
영업이익	100원	200원
재무비용	50원	50원
순이익	50원	150원
재무레버리지도	2	

다시 말해, 기업의 영업이익이 변할 때, 고정적 재무비용의 비중이 높을수록 순이익의 변화 정도가 크다. 영업이익의 변화에 대응하여 순이익이 변화하는 정도를 측정한 지표를 재무레버리지도(degree of financial leverage: DFL)라고 하고, 이는 다음 식(12-27)과 같이 영업이익이 1% 변화할 때 순이익이 몇 % 변화하는지 나타내는 비율로 측정된다.

재무레버리지도(DFL)

$$DFL = \frac{\text{순이익 변화율}}{\text{영업이익 변화율}} \tag{12-27}$$

이 예에서 기업 A의 재무레버리지도는 $DFL_A = \frac{200\%}{100\%} = 2$임을 알 수 있다.

12.4.3 결합레버리지

앞 항들에서 본 것처럼 고정비가 존재하면 기업의 매출액이나 판매량 같은 실적 변화는 영업레버리지 및 재무레버리지 효과를 통해 더 큰 비율로 순이익을 변화시킨다. 결합레버리지도(degree of combined leverage: DCL)는 영업레버리지와 재무레버리지의 결합된 효과를 측정하는 지표이며, 다음과 같이 계산된다.

결합레버리지도(DCL)

$$\begin{aligned} DCL &= \frac{\text{순이익 변화율}}{\text{매출액 또는 판매량 변화율}} \\ &= \frac{\text{영업이익 변화율}}{\text{매출액 또는 판매량 변화율}} \times \frac{\text{순이익 변화율}}{\text{영업이익 변화율}} \\ &= DOL \times DFL \end{aligned} \tag{12-28}$$

위의 예에서 기업 A의 결합레버리지도는 $DCL_A = 2 \times 2 = 4$이다.

제5절 재무계획

12.5.1 재무계획의 의의와 내용

재무관리자가 다루어야 할 중요한 일의 하나는 기업의 여러 가지 경영정책과 의사결정이 미래의 영업 성과와 재무상태에 대하여 어떤 영향을 미칠 것인가를 예측하고, 미래의 예상된 상황에 알맞은 재무적 조치를 계획하는 것이다.

예를 들어, 시장점유율 확대를 목적으로 외상판매의 기준을 완화하기로 하였다고 하자. 이러한 매출채권정책의 변화는 한편으로 예상매출액의 변화, 각종 비용부담의 변화, 유동자산 및 유동부채의 변화를 가져옴으로써 기업의 이익 및 재무상태의 변화를 초래할 것이다. 다른 한편으로 매출채권의 지급패턴과 원자재 구입대금의 지출일정의 변화를 가져와 매기의 현금흐름 및 현금잔고의 변동을 가져 올 것이며, 그 결과 기간별로 조달하여야 할 자금소요액의 크기가 달라질 것이다. 따라서 기업은 매출채권정책을 실행하기 이전에 그 정책이 미래의 영업 성과, 재무상태 및 자금소요액에 대하여 어떤 영향을 미치게 될 것인가를 예측하고 필요한 조치를 계획하여야 한다.

재무계획(financial planning)은 미래의 영업 성과와 재무상태를 예측하고 필요한 재무적 조치를 예정하는 활동을 의미한다. 위에서 든 간단한 예와 같이 하나의 의사결정은 상호 연관을 갖는 경로를 거쳐 궁극적으로 기업의 이익, 재무상태 및 자금소요액에 영향을 미치게 된다. 따라서 재무계획의 중요한 효용의 하나는 의사결정의 결과를 예측하고 필요한 조치를 마련해 둘 수 있다는 점이다.

재무계획이 가져다주는 또 하나의 중요한 효용은 현실적인 기업목표를 제시함으로써 경영자의 성과평가를 가능하게 만든다는 것이다. 재무계획은 기업목표 및 경영활동의 결과를 현금예산, 추정손익계산서, 추정재무상태표, 자금계획 등과 같은 형태로 구체화하여 준다. 따라서 재무계획에서 예정된 결과와 실적의 차이가 있는 경우 그 이유를 분명하게 파악하고, 경영자의 성과평가가 용이하게 이루어지도록 해준다.

재무계획의 절차 및 계획기간에 관해서는 어떤 정형적인 틀이 존재하는 것은 아니며, 각 기업의 현실적 필요에 따라 융통성 있게 달라질 수 있다. 그러나 재무계획에 적용하는 몇 가지 실무적인 기준은 존재한다.

실무적 기준의 하나는 재무계획이 비교적 단기에 한정된다는 점이다. 재무계획이 실용성 있는 것이 되려면, 주요 재무항목에 대한 구체적이고 비교적 정확한 예측치가 반영되어야 하기 때문에 계획기간은 상대적으로 단기일 수밖에 없다.

또 하나의 기준으로서 재무계획은 매출액 예측으로부터 출발한다는 점이다. 즉, 많은 재무항목은 단기적으로 매출액과 일정한 관계를 갖고 변동하므로, 재무계획은 매출액을 예측하고 이에 기초하여 주요 재무항목의 값을 예측함으로써 시작된다. 이와 같이 매출액과 주요 재무항목의 값을 예측하는 과정을 재무예측(financial forecasting)이라고 한다.

일반적으로 재무계획은 재무예측을 기초로 현금예산과 추정재무제표를 작성하는 과정으로 이루어져 있다. 즉, 재무예측의 결과를 가지고 기간별로 현금수입과 현금지출을 예측하고 현금잔고 및 부족자금의 크기를 분석해낼 수 있으며, 그 결과를 현금예산(cash budget)으로 구체화시킬 수 있다. 그리고 미래에 예상되는 각 재무항목의 값을 손익계산서 및 재무상태표 등의 추정재무제표(pro forma financial statements)로 정리함으로써 미래의 영업 성과와 재무상태를 예측할 수 있다.

12.5.2 재무예측

재무계획을 수립하는 첫 번째 단계는 미래의 매출액 동향과 주요 재무항목의 크기를 예측하는 재무예측(financial forecasting)이다. 매출액예측은 마케팅 부문의 전문성을 필요로 하는 작업이므로 여기에서는 일반적인 절차와 주의사항만을 언급하기로 한다. 미래의 주요 재무항목에 대한 예측은 매출액예측에 기초하여 매출액백분율법이나 다른 통계적 방법을 이용하여 이루어진다.

1) 매출액예측

일반적으로 매출액예측은 지난 수년간의 각 품목별 매출액 동향을 검토하고 매출액에 영향을 미치게 될 여러 가지 요인들을 고려하여 미래 일정 기간의 매출액을 예측한다. 더 구체적으로 매출액예측은 다음과 같은 과정을 통해 이루어진다.

① 각 제품별로 지난 수년간의 매출액 자료로부터 매출액 증가추세를 파악하고, 이 증가추세가 앞으로도 계속될 것으로 가정할 경우의 잠정적 매출액 예측치를 얻어낸다.

② 각 제품별 매출액의 과거 자료로부터 계절성(seasonality)을 분석하여 월별 또는 분기별 매출액 분포를 파악한다.

③ 각 제품별 시장의 미래 상태를 예측한다. 특정 제품의 전체 시장규모는 흔히 총소비지출 또는 국내총생산(GDP) 등과 같은 거시경제변수와 밀접한 관련을 갖고 결정되므로, 이런 거시경제변수를 이용한 회귀분석을 수행하고 이 결과에 기초하여 시장규모를 예측하는 것이 일반적이다.

④ 각 제품별로 자사의 시장점유율을 예측한다. 이때에 자사 및 경쟁회사의 생산능력과 신제품 및 제품개량의 가능성을 고려하여야 한다.

⑤ 광고캠페인, 할인판매, 신용매출조건 등이 각 제품의 매출액에 미치는 영향을 예측한다.

⑥ 최근의 주문적체, 신규주문 또는 주문취소 등의 동향을 검토한다.

⑦ 위의 ①에서 얻어진 잠정적 예측치에 ③~⑥의 고려사항을 반영하여 제품별 매출액 예측치와 회사 전체의 매출액 예측치를 구한다. 그리고 ②의 계절성을 반영하여 매출액의 월별 또는 분기별 매출액을 예측한다.

매출액 예측치가 실제로부터 크게 벗어나면 이것은 기업의 운영에 심각한 영향을 미치게 된다. 만일 매출액을 너무 비관적으로 예측할 경우 과잉수요로 인한 주문적체, 출고 및 서비스의 지연, 고객들의 불만 등을 가져와 결과적으로 시장점유율의 하락과 수익성의 하락을 가져오게 된다. 반대로 매출액을 너무 낙관적으로 예측할 경우, 기계와 설비, 재고자산, 노동력 등을 너무 많이 확보하게 되어 과잉투자에 따른 기회비용 증가, 노무비 증가, 감가상각비 및 보관비용 증가 등을 가져오며, 이로 인해 기업의 수익성이 하락하게 된다.

2) 재무제표 각 항목의 예측

현금예산이나 추정재무제표를 작성하기 위해서는 매출액 예측치뿐만 아니라 각 재무항목의 예측치 역시 필요하다. 일반적으로 각 재무항목의 예측치는 매출액 예측치에 기초하여 얻어진다. 재무제표 각 항목이 매출액과 어떤 관계를 갖고 변동하는가는 예측기간이 장기인지 또는 단기인지에 따라 달라질 수 있다. 장기적으로 거의 모든 재무항목은 매출액과 밀접한 관계를 가지고 변동한다. 그러나 단기적으로는 비유동자산이나 장기자본은 매출액 변동과 무관하게 일정한 수준에서 유지할 것으로 가정할 수 있으며, 유동자산 또는 유동부채의 각 항목은 매출액과 밀접한 관련을 가지고 변동할 것으로 볼 수 있다.

재무항목의 크기를 예측하기 위하여 실무에서 사용하고 있는 방법은 여러 가지가 있으며, 어떤 방법을 사용할 것인가는 예측기간의 장 · 단과 재무항목의 성격에 따라 달라진다. 가장 간단한 방법으로서 매출액백분율법이 사용되고 있으며, 기초자료가 충분한 경우 회귀분석이나 시계열분석 등의 통계적 방법이 사용된다. 또 재무항목에 따라 특수한 예측 방법이 사용될 수 있으며, 그 대표적인 예로 현금수입과 매출채권의 크기를 예측하기 위하여 제11장에서 설명한 지급패턴 어프로치가 사용될 수 있다.

① 매출액백분율법: 매출액백분율법(percentage-of-sales method)은 재무항목의 예측치를 매출액 예측치에 일정한 백분율을 곱하여 얻고자 하는 방법이다. 예를 들어, 과거 자료로부터 현금 · 예금, 외상매출 및 재고자산이 각각 매출액의 5%, 15% 및 20% 수준이라는 것을 구해냈다면, 다음 해의 매출액 예측치에 이와 동일한 비율을 곱하여 다음 해의 각 항목의 예측치를 구할 수 있다. 이 방법은 재무항목의 크기를 예측하기 위한 가장 단순한 방법으로서, ① 특정한 재무항목의 크기는 매출액에 비례하여 변동하며, ② 특정 재무항목의 현재의 크기는 매출액과 관련하여 최적 수준에서 유지되고 있다는 전제로부터 출발한다.

매출액백분율법은 이 두 가지 전제에 기초하기 때문에 단기예측에만 적용될 수 있는 방법이다. 단기적으로도, 이 두 가지 전제가 적용되지 않는 재무항목에 대해서는 매출액백분율법을 적용하여 예측할 수 없다. 예를 들어, 재무상태표에서 유동자산 및 유동부채의 일부 항목은 매출액백분율법을 이용하여 예측할 수 있다. 그러나 투자자산 및 비유동자산의 각 항목의 대부분은 자본예산에 의하여 그 크기가 결정되고, 고정부채 및 자기자본의 각 항목은 자본구조결정에 의하여 결정되는 것이므로, 매출액백분율법을 적용하여 예측하는 것은 올바른 방법이라고 할 수 없다.

매출액백분율법은 위와 같이 매우 제한된 전제 위에서만 이용될 수 있지만 현실적으로 여러 기간에 걸친 재무자료가 이용될 수 없는 경우 재무항목의 예측 방법으로서 사실상 유일한 방법인 경우가 많다. 예를 들어, 기업의 연륜이 매우 짧거나 최근에 생산제품, 생산 방법, 자본조달, 매출채권관리, 재고관리 등의 경영정책이 크게 달라진 경우에는 충분한 정도의 과거 자료를 이용할 수 없기 때문에 재무항목의 예측 방법으로서 매출액백분율법을 이용할 수밖에 없다.

② 회귀분석: 재무항목의 값을 예측하기 위하여 사용할 수 있는 두 번째 방법으로서 특정 재무항목을 매출액에 관하여 회귀분석하는 방법이다. 예를 들어, 재고자산의 예측치를 얻기 위해서는, 먼저 과거 자료를 이용하여 재고자산과 연간 매출액 사이의 회귀식을 추정한 다음, 추정된 회귀식에 매출액 예측치를 대입하여 재고자산의 예측치를 얻어낼 수 있다. 회귀분석을 하기 위해서는 비교적 장기에 걸친 자료가 입수되어야 하고, 과거의 회귀관계가 미래에도 유지될 수 있을 정도로 기업의 비용구조 또는 자산구조가 안정적이어야 한다.

12.5.3 현금예산

1) 단기재무계획

기업의 단기적인 재무계획은 수개월 정도의 단기간 동안에 어느 정도의 현금유입과 유출이 발생할 것인가를 예측하고, 이 예측 결과에 기초하여 현금 및 준현금 잔고의 변동과 자금소요량을 예정하는 활동이다. 이러한 단기재무계획의 결과는 현금예산과 추정재무제표의 형태로 정리될 수 있기 때문에, 단기재무계획을 수립하는 절차는 단기현금예산 및 추정재무제표를 작성하는 과정을 살펴봄으로써 비교적 쉽게 이해될 수 있다.

단기재무계획을 수립하는 주된 목적은 미래의 현금잔고 및 현금소요량을 예측함으로써 여유자금의 투자규모 및 시기를 결정하거나, 부족자금의 조달원천을 결정하는 데 있다. 나아가서 가까운 미래에 발생할 수 있는 재무적 곤경의 가능성을 예측하고 이에 대비하기 위해서도 단기재무계획은 운전자본 관리에서 매우 중요하게 다루어진다.

대부분의 기업에서 단기재무계획을 수립하는 과정은 현금예산 또는 추정재무제표를 작성하는 과정을 통하여 이루어진다. 즉, 기업의 재고정책, 매출채권정책, 소요인력, 생산능력의 변화 등에 대한 일정한 가정 위에서 미래의 매출액예측을 행하고, 매출액의 시기별 변동에 따라 발생하는 현금수입 및 현금지출의 크기를 정리하여 시기별 현금잔고 및 자금소요량을 정리한 것이 현금예산이다.

2) 현금예산

현금예산(cash budget)은 미래 일정 기간 동안에 발생하게 될 현금수입 및 지출에 대한 예상 및 소요자금에 대한 예측을 정리해 놓은 것이다. 현금관리는 현금의 수입과 지출을 예측하고, 적절한 시기와 규모로 운전자본을 조달하며, 여유현금을 보유하는 계획을 포함한다. 현금수입 및 지출의 각 항목은 기업의 영업활동이 매출액과 어떤 관계를 갖고 이루어지는가에 대한 가정과 매출액에 대한 미래 일정 기간 동안의 예측치에 기초하여 얻어진다. 현금예산의 기간단위는 주, 월, 분기, 또는 반기 등 어느 것이라도 좋으나, 단기재무계획이 단기적인 재무상태 변동을 예측하는 데 목적을 두고 있으므로 주 또는 월 단위가 적절하다. 왜냐하면 현금예산 작성을 위해 적용된 여러 가지 가정은 기간이 길어질수록 현실과 맞지 않게 될 것이기 때문이다.

현금예산의 구체적인 내용과 작성 방법은 [표 12-4]의 현금예산표를 보면 알 수 있다. 현금예산표는 현금수입과 지출 및 순현금흐름의 항목별 금액을 일정별로 정리한 표이다. [표 12-4]의 현금예산표는 매우 단순화된 것으로서 실제로는 다양하고 구체적인 현금수입과 지출항목으로 이루어져 있다.

현금예산표는 크게 현금수입과 현금지출, 현금잔고 등의 항목으로 이루어져 있다. 현금수입항목에는 현금판매수입, 외상판매의 수금액, 기타 현금수입이 월(또는 주) 단위로 표시된다. 현금판매수입과 외상판매수금액 등은 매월의 예상 매출액에 지급패턴의 분석결과를 적용하여 예측된다. 현금지출의 각 항목에는 현금지출이 수반되는 각종 비용과 자본지출 및 투자, 부채의 원리금 등이 표시된다.

▶▶ 표 12-4 현금예산표

(단위: 백만원)

	1월	2월	3월	4월	5월	6월
현금수입						
현금판매						
신용판매 수금						
차입금						
신주발행						
기타 현금수입						
현금지출						
매출원가						
판매비와 관리비						
지급이자 등						
자본지출과 투자						
법인세						
현금배당						
기타 현금지출						
순현금흐름						
현금잔고						
최소현금잔고						
과부족자금						

매월의 현금수입에서 현금지출을 뺀 값이 그 달의 순현금흐름이 되며, 전월 말의 현금잔고에 이 순현금흐름을 더한 값이 당월 말의 현금잔고 예측치가 된다.

참고

현금예산표 예시

아래 [표 12-5]는 공공적 목적을 가진 어떤 기금의 월별 현금예산표를 재구성한 것이다. 여기에서 이 기관은 매월 말 기준으로 최소한 100백만원의 최소현금을 유지하는 방침을 갖고 있고, 만약 현금부족이 발생하면 1개월 만기의 단기차입으로 조달하며, 단기차입금의 월간 이자율은 1%라고 가정한다. 또한 월말에 최소현금잔고를 초과하는 과부족자금이 발생하면 전액 단기금융자산에 투자하는 것으로 가정한다.

이 기관은 1월 초에 200백만원의 현금을 보유하고 있고, 전월로부터 이월된 차입금잔액은 없다. 1월의 현금수입은 555백만원, 현금지출은 331백만원이므로, 순현금흐름은 224백만원이다. 기말 현금잔고 224백만원이 최소현금잔고 100백만원을 초과하므로, 신규차입 없이 1월을 마치면서 현금 224백만원을 2월로 이월한다. 2월 이후에도 동일한 원칙에 의해 현금을 관리한다.

▶▶ 표 12-5 월별 현금예산표의 예시

(단위: 백만원)

	1월	2월	3월	4월	…
기초 현금잔고	200	224	100	383.65	
현금수입(a)	555	739	2,350	1,505	
현금지출(b)	−331	−998	−1,930	−1,025	
순현금흐름(a+b)	224	−259	420	480	
차입금	0	135	0	0	
차입금 이자	0	0	−1.35	0	
차입금 상환	0	0	−135	0	
기말 현금잔고(c)	224	100	383.65	783.65	
최소현금잔고(d)	−100	−100	−100	−100	
과부족자금(c+d)	114	0	283.65	683.65	
기초 차입금 잔고	0	0	135	0	
차입금 변동	0	135	−135	0	
기말 차입금 잔고	0	135	0	0	

대부분의 기업에서는 응급한 현금수요에 대비하여 최소현금잔고를 정해 놓는다. 만일 당월 말의 현금잔고 예측치가 최소현금잔고 수준에 미달하면 부족자금을 외부 자본조달원천으로부터 조달하여야 한다. 이때 어떤 자본조달원천을 선택하여야 할 것인가는 자금부족이 어느 정도 장기간 지속될 것인가에 따라 달라진다. 또 당월 말의 현금잔고 예측치가 최소현금잔고를 초과하면 그 여유자금을 적절한 단기금융자산에 투자한다.

이런 현금예산은 기업의 자금관리에서 매우 중요한 수단으로, 다음과 같은 재무결정에 도움을 줄 수 있다.

① 현금예산에서 예측된 미래의 부족자금의 크기를 파악해 둠으로써 적절한 수준의 대출한도(line of credit) 설정을 위한 교섭의 근거를 만들어 둘 수 있다. 대출한도는 거래은행이 설정하는 것이지만, 기업 측은 현금예산을 신용평가의 기초자료로 제공함으로써 대출한도 설정을 위한 믿을 만한 근거를 제공해 줄 수 있다.

② 현금예산을 작성함으로써 여유자금 투자와 부족자금 차입의 만기를 결정할 수 있다.

③ 기업의 배당정책을 결정하는 중요한 요인의 하나는 현금상태이다. 즉, 배당지급 시기의 현금잔고가 충분하지 못할 경우, 배당지급은 기업의 유동성을 악화시키게 되므로 배당지급액을 줄이거나 배당지급 시기를 연기하는 조치를 취하도록 하여야 한다.

④ 매출채권의 지급패턴은 현금예산의 순현금흐름, 현금잔고 예측치 및 과부족자금 등에 중요한 영향을 미친다. 그리고 이 지급패턴은 기업이 어떤 매출채권정책을 택하는가에 따라 달라진다. 즉, 현금예산을 통해 매출채권정책 및 지급패턴이 기업의 현금상태에 어떠한 영향을 미치는가를 알 수 있으므로, 현금예산을 통해 적절한 매출채권정책의 지침을 얻어낼 수 있다.

⑤ 현금예산표를 작성함으로써 매입채무정책의 결정에 도움을 줄 수 있다. 예를 들어, 원재료에 대한 대금지급을 1개월 더 연장하면 재료비의 단가 상승을 감수한 대신 어떤 시기의 부족자금의 크기를 줄일 수도 있다.

⑥ 현금예산의 가장 중요한 효용은 기업의 유동성위기(liquidity crisis)를 알려주는 조기경보장치로서의 역할을 하여준다는 점이다. 유동성위기는 단기채무를 갚지 못하는 상황을 의미한다. 현금예산을 작성함으로써 부족자금이 심각한 수준에 이르는 시기를 알 수 있으므로, 유동성위기의 가능성을 미리 예측할 수 있고 이에 대비하는 여러 가지 조치를 마련해 둘 수 있다.

3) 자금계획

재무관리자들이 해야 할 중요한 일의 하나는 매기의 부족자금을 어떻게 조달하고 여유자금을 어떤 자산에 투자할 것인가를 계획하는 것이며, 이를 자금계획이라고 흔히 부른다. 자금계획을 수립하기 위해서는 이자율, 만기, 이용조건 등과 같은 금융상품의 특성에 관한 자료와 함께 현금예산을 필수적으로 이용하게 되므로, 위에서 설명한 현금예산은 자금계획의 전제조건이라고 할 수 있다.

자금계획의 일차적인 목적은 매기 자금의 원천과 운용이 일치하도록 하는 것이다. 즉, 다음의 방정식을 만족시키도록 여유자금의 투자 및 부족자금의 조달이 이루어져야 한다.

자금의 운용		자금의 원천
투자 + 차입금 상환	=	신규차입 + 투자회수 + 순현금흐름

위의 식에서 투자는 여유자금을 단기유가증권에 투자하는 것을 말하며, 투자회수는 유가증권 투자로부터의 회수액을 가리킨다. 신규차입과 차입금 상환은 부족자금을 조달하기 위한 차입금 조달액과 원리금 상환액이다. 마지막 항의 순현금흐름은 기업의 영업활동을 통해 얻어진 순현금흐름을 의미한다.

자금계획에서 고려할 수 있는 신규차입과 투자의 대안은 금융시장의 여건에 따라 달라진다. 그러나 금융시장의 여건이 일정하게 주어져 있다 하더라도 부족자금의 조달 방법과 여유자금 투자수단이 다양하게 주어질 수 있으므로, 고려할 수 있는 대안도 매우 다양하게 주어진다. 따라서 자금계획에서는 일정 기간 동안에 기업이 부족자금 조달과 관련하여 부담하여야 할 이자비용을 최소화하는 대안을 선택하여야 한다.

12.5.4 추정재무제표

추정재무제표(pro-forma financial statements)는 미래 일정 기간에 걸친 기업의 영업활동을 예측하여 작성된 미래의 손익계산서와 재무상태표이다. 현금예산의 경우와 마찬가지로 추정재무제표 역시 매출액에 대한 예측치와 몇 가지 영업활동에 관한 가정에 기초하여 작성된다. 앞에서 설명한 현금예산은 미래의 현금흐름 및 과부족자금의 크기를 예측하는 데 주된 목적이 있으며, 미래의 수익성과 재무상태에 관한 정보를 제공해 주지 않는다. 그러나 추정재무제표는 현금예산에서 얻어낼 수 없는 미래의 수익성 및 재무상태에 대한 정보를 얻어내기 위해 작성된다. 따라서 현금예산과 추정재무제표는 서로 보완적으로 이용될 수 있다.

현금예산과 추정재무제표는 서로 다른 목적으로 작성되기 때문에 작성빈도 역시 상당히 다르다. 일반적으로 현금예산은 현금잔고 및 과부족자금의 변동을 예측하고자 작성되는 것이기 때문에 일별, 주별, 월별 또는 분기별로 작성된다. 그러나 추정재무제표는 일정 기간 중에 얻어진 수익성이나 재무상태의 변동을 파악하고자 하는 것이므로 현금예산과 같은 빈도로 작성되지 않고 월별, 분기별 또는 연도별로 작성된다.

추정재무제표는 장기 및 단기재무결정의 효과를 분석하기 위해 작성된다. 자본예산, 자본구조결정 및 배당정책 등과 같은 장기재무결정의 효과를 분석하기 위해서는 5년 내지 10년에 걸친 연도별 추정재무제표를 작성한다. 단기투자 및 차입의 만기와 이자율변동이나 매출채권 및 매입채무정책의 변경이 가져다 줄 효과를 분석하기 위해서는 월별 또는 분기별 추정재무제표가 작성된다.

의사결정을 장기와 단기로 구분하는 것은 추정재무제표 작성에 중요한 의미를 갖는다. 왜냐하면 장기와 단기의 구분에 따라 추정재무제표를 작성할 때 필요한 정보의 종류와 범위가 정해지기 때문이다. 예를 들어, 단기재무결정의 결과를 분석하기 위하여 추정재무제표를 작성할 경우, 각종 기계장치 및 설비, 토지 및 건물, 장기부채, 유보이익 그리고 자기자본, 장기부채에 대한 이자지급액 등은 이미 주어진 것으로 간주되고, 나머지 단기적으로 변화가 예상되는 항목은 재무예측에서 설명한 바 있는 매출액백분율법이나 회귀분석을 통하여 얻어진다. 그러나 장기간에 걸친 재무상태의 변화를 알기 위해 추정재무제표를 작성할 때는 예정되어 있는 자본예산과 자본구조정책의 변화 등에 관한 자료를 고려하여야 한다.

제12장 연습문제

[선다형]

01 재무분석에 대한 설명으로 잘못된 것은?

① 재무분석은 재무제표나 그 밖의 필요한 자료를 이용하여 재무상태와 경영 성과를 판단하는 방법이다.
② 재무분석에서 얻어진 정보는 미래의 자금수요를 계획하는 데 도움을 준다.
③ 재무분석의 대표적 기법은 재무예측기법이다.
④ 흔히 경영 성과는 자본수익성을 의미하고, 재무상태는 재무유동성과 자본구성을 의미한다.
⑤ 재무분석의 방법은 분석목적에 따라 달라질 수 있다.

02 어떤 회사가 향후의 여러 가지 사업전망을 개발·분석·비교하기 위하여 재무분석을 행하고자 한다. 이를 위하여 특히 잘 이해하고 있어야 하는 것은?

① 영업활동과 이자율변동 사이의 상호작용
② 기업이 이용할 수 있는 사업기회와 그 실현가능성
③ 앞으로의 경제상태
④ 과거의 자본예산결정의 타당성
⑤ 경영자의 신뢰도

03 매출액백분율법을 사용할 때 미리 확실히 해 두어야 할 것은?

① 모든 대차대조표 항목과 손익계산서 항목들이 매출액과 동일한 비율로 변동한다.
② 매출액의 여러 수준별로 발생하는 총비용의 크기를 미리 정해 놓는다.
③ 대차대조표 및 손익계산서의 각 항목 중에서 매출액과 비례적으로 변동하는 항목들을 따로 구분해 놓는다.
④ 총자산의 크기를 기준으로 매출액을 예측하므로 먼저 총자산의 크기를 예측해 두어야 한다.
⑤ 매출액증가율과 순이익증가율 사이에 밀접한 상관관계가 존재하는지를 확인한다.

04 다음 재무비율들 중에서 가장 단기적인 지급능력을 측정해주는 것은?

① 당좌비율 ② 재고자산회전율 ③ 유동비율
④ 자본회전율 ⑤ 비유동장기적합률

05 다음 중 기업의 유동성을 개선하여 주는 조치는?

① 신주를 발행하여 회사채를 상환함으로써 부채비율을 낮추고 이자부담을 경감시킨다.
② 장기차입금을 조달하여 신제품개발 프로젝트에 투자한다.
③ 증권시장을 통하여 조달된 자금으로 생산규모를 확대한다.
④ 체화(滯貨)된 재고자산을 외상판매의 조건으로 판매한다.
⑤ R&D 투자를 늘린다.

06 다음 중에서 유동비율에 관하여 올바르게 설명하고 있는 것은?

A. 유동자산과 유동부채의 시장가치는 장부가치로부터 크게 벗어나지 않으므로 유동비율은 장부가치를 기준으로 계산하여도 좋다.
B. 유동비율은 유동부채를 유동자산으로 나누어 계산한다.
C. 재고자산을 갖고 있는 회사에서 유동비율은 언제나 당좌비율보다 작다.
D. 유동비율은 기업의 단기채무의 지급능력을 나타내 준다.

① A만 맞다. ② B만 맞다.
③ C만 맞다. ④ A와 D만 맞다.
⑤ C와 D만 맞다.

07 다른 모든 조건은 그대로이고 어떤 회사가 재고자산을 현금으로 판매하였다면 다음 중 어떤 일이 발생하는가?

① 당좌비율 하락 ② 유동비율 상승
③ 유동비율 하락 ④ 유동비율 불변
⑤ 유동비율 및 당좌비율 불변

08 매출액순이익률이 10%, 자기자본순이익률이 20%이고 부채비율이 150%라면 총자산회전율은?

① 0.80회 ② 1.01회 ③ 2.00회
④ 2.13회 ⑤ 3.72회

09 레버리지비율의 의의는?

① 자산의 효율적인 이용도를 측정한다.
② 주주가 부담하는 재무위험을 나타낸다.
③ 생산활동에 사용되는 물적·인적자원의 비율을 측정한다.
④ 투자자산과 판매에 의한 경영 성과를 측정한다.
⑤ 단기채무의 지급능력을 나타낸다.

10 순익분기분석에 관하여 잘못 설명한 것은?

① 일반적으로 고정비 부담이 클수록 높은 BEP를 갖는다.
② 공헌이익 총액이 고정비보다 적으면 손실이 발생한다.
③ 고정비는 매출액 증가에 관계없이 일정하게 발생하는 비용이다.
④ 손익분기분석은 기업의 이익계획을 수립하기 위한 중요한 수단이다.
⑤ 손익분기점은 기업이 채용하고 있는 생산기술과 무관하게 결정된다.

11 손익분기분석의 가장 직접적인 용도라고 할 수 있는 것은?

① 인력계획 ② 원가관리 ③ 이익계획
④ 운전자본관리 ⑤ 자본예산

12 연간 고정비가 10억원, 단위당 변동비가 500원, 단위당 판매가격이 1,000원인 회사의 손익분기점에서의 매출액은 얼마인가?

① 10억원 ② 15억원 ③ 20억원
④ 25억원 ⑤ 30억원

13 영업레버리지분석에 대한 설명으로 잘못된 것은?

① 기업이 생산 및 판매활동에서 부담하는 고정비가 많고 변동비가 적을 경우 높은 영업레버리지도를 갖는다.
② 매출액의 변동이 영업이익의 변동에 대하여 어느 정도의 영향을 미치게 될 것인가는 영업레버리지도에 의하여 측정된다.
③ 영업이익을 0으로 하는 매출액 수준에서 영업레버리지도는 0이다.
④ 영업레버리지도는 판매량의 수준에 따라 변한다.
⑤ 영업레버리지도는 매출액의 변화율에 대한 영업이익의 변화율의 비율로 정의된다.

14 다음 중 영업레버리지도(DOL)를 바르게 정의한 식은 무엇인가?

① $\frac{\text{순이익 변화율}}{\text{매출액 변화율}}$ ② $\frac{\text{순이익 변화율}}{\text{영업이익 변화율}}$

③ $\frac{\text{영업이익 변화율}}{\text{매출액 변화율}}$ ④ $\frac{\text{주당이익 변화율}}{\text{영업이익 변화율}}$

⑤ $\frac{\text{주당이익 변화율}}{\text{매출액 변화율}}$

15 재무레버리지가 발생하도록 하는 주된 원인은 무엇인가?

① 매출원가 ② 인건비 ③ 지급이자
④ 감가상각비 ⑤ R&D 지출

16 재무레버리지를 바르게 설명한 것이 아닌 것은?

① 부채이용으로 인한 손익확대효과를 의미한다.
② 재무레버리지도의 증가는 파산가능성의 증가를 의미한다.
③ 일반적으로 자본집약적인 회사일수록 재무레버리지가 크다.
④ 일반적으로 재무레버리지가 클수록 자기자본이익률의 기대값 및 분산 역시 크다.
⑤ 더 많은 부채를 이용할수록 재무레버리지는 더욱 커진다.

17 결합레버리지도에 대한 설명으로 잘못된 것은?

① 영업레버리지도와 재무레버리지도의 곱과 같다.
② 결합레버리지도는 매출액 변화율에 대한 순이익 변화율의 비율로 정의된다.
③ 매출액이 손익분기점과 같으면 결합레버리지도는 0이다.
④ 레버리지는 손익의 확대효과를 뜻한다.
⑤ 고정비나 지급이자를 더 크게 부담하는 기업은 더 큰 결합레버리지도를 갖는다.

18 재무예측에 대한 설명으로 잘못된 것은?

① 재무예측이란 재무계획의 일환으로 기업의 소요자금을 예측하는 과정이다.
② 장기적으로 볼 때 매출액은 성장추세를 나타내는 것이 보통이며, 이 성장과 더불어 유동자산과 고정자산도 증가하는 경향을 갖는다.
③ 영구적 유동자산과 고정자산에 필요한 자금은 장기적인 자금조달원천으로부터 조달된다.
④ 매출액을 기준으로 재무예측을 행할 때 불규칙적이고 변동적인 유동자산의 예측은 비교적 쉽게 이루어진다.
⑤ 재무예측의 결과는 추정재무제표 작성을 위한 기초자료로 사용된다.

19 다음은 재무계획을 통하여 얻을 수 있는 이점을 나열한 것이다. 올바른 것들을 모두 묶은 것은?

A. 미래의 사업전망을 생각하고 예측하도록 하여 준다.
B. 여러 가지 사업목표들이 서로 일관성을 갖고 있는지를 확실히 해 준다.
C. 주요 목표들을 설정하고 그 우선순위를 정해 놓는다.
D. 미래의 추가자금 수요를 예측한다.

① A, B　　② A, D　　③ B, C, D
④ B, D　　⑤ A, B, C, D

20 현금예산을 이용한 의사결정에 대한 설명으로 잘못된 것은?

① 적정현금잔고가 주어진 경우에는 현금예산은 필요하지 않다.
② 현금예산은 주별, 월별 또는 분기별로 작성할 수 있다.
③ 단기적으로 현금흐름이 불규칙하게 발생하면 기간단위를 길게 설정하여 현금예산을 세우는 것이 좋다.
④ 미래의 현금흐름을 정확하게 예측할수록 현금예산의 유용성은 높아진다.
⑤ 현금예산은 미래의 부족자금과 여유자금의 크기를 예측하는 데 유용하다.

21 현금예산에서 현금수입과 지출에 대한 내용으로 부적당한 것은?

① 보다 정확한 현금예산을 작성하기 위해서는 매출액을 보다 정확하게 예측할 수 있어야 한다.
② 매출액의 모두가 곧바로 현금화되는 것으로 가정하여 현금수입을 예측한다.
③ 현금지출을 예측할 때 매입시기와 실제 현금지급시기의 시간적 간격을 고려하여야 한다.
④ 정상적인 영업활동으로 인한 현금지출 이외에도 기업의 현금상태에 영향을 미치는 자본적 지출과 배당지출도 고려해야 한다.
⑤ 현금수입을 정확하게 예측하기 위해서는 구매자들의 지급패턴을 정확하게 분석하는 것이 중요하다.

[서술형]

01 주요 재무비율의 계산식과 의미를 설명하시오.

02 재무예측을 위한 방법으로서 실무에서는 흔히 매출액백분율법을 사용한다. 그 이유를 설명하시오. 그리고 매출액백분율법을 사용할 때 어떤 점에 특히 유의하여야 할 것인가를 알아보시오.

03 현금예산을 작성함으로써 어떤 이득을 얻어낼 수 있는지 설명하시오.

04 다음은 어떤 회사의 재무상태표(대차대조표)와 손익계산서이다.

(1) 다음의 재무자료를 가지고 20×2년부터 20×4년까지 3개년의 유동비율, 부채비율, 비유동장기적합률, 총자산회전율, 매출액증가율, 총자산증가율, 매출액영업이익률, 총자산영업이익률, 자기자본순이익률을 계산하시오.
(2) 20×4년의 유동비율, 부채비율, 비유동장기적합률, 총자산회전율, 매출액증가율 및 총자산영업이익률을 산업평균비율과 비교하고 이 회사의 영업 성과와 재무상태에 대하여 논평하시오.

대 차 대 조 표

(단위: 백만원)

항목	20×1	20×2	20×3	20×4
유동자산	194,141	234,050	264,765	300,184
당좌자산	125,735	148,713	183,202	211,362
재고자산	54,971	66,250	70,643	79,172
투자자산	46,915	89,662	91,040	92,939
비유동자산	259,572	403,410	489,630	501,749
무형자산	413	1,170	2,826	3,088
자산총계	501,041	728,292	848,261	897,959
유동부채	224,504	380,969	449,355	480,944
비유동부채	131,093	176,156	212,117	212,116
부채총계	355,597	557,125	661,472	693,110
자본금	23,627	23,002	23,002	23,002
자본준비금	37,765	37,765	37,765	37,765
이익잉여금	84,052	110,399	126,021	144,082
자본총계	144,819	171,167	186,789	204,849

손 익 계 산 서

(단위: 백만원)

항목	20×1	20×2	20×3	20×4
매출액	524,381	623,171	701,551	843,869
매출원가	368,110	429,561	495,247	607,955
매출총이익	156,271	193,610	206,304	235,914
판매비와 관리비	92,422	121,900	130,681	158,889
영업이익	63,849	71,710	75,623	77,025
영업외수익	18,319	21,223	20,897	31,193
영업외비용	36,670	46,434	68,950	74,750
이자비용	25,466	36,432	53,968	62,661
경상이익	45,498	46,499	27,570	33,468
특별이익	949	1,118	3,133	1,396
특별손실	2,415	3,607	589	1,124
법인세차감전순이익	44,032	44,010	30,114	33,740
법인세비용	16,276	14,481	11,271	12,343
당기순이익	27,756	29,529	18,843	21,397
* 감가상각비	34,640	46,947	59,959	68,936

* 20×4년의 산업평균비율은 다음과 같다.

유동비율	68.98%	부채비율(%)	399.86%
비유동장기적합률	123.78%	총자산회전율(회)	0.73회
매출액증가율	7.82%	총자산영업이익률(%)	5.03%

05 총자산영업이익률은 매출액영업이익률과 총자산회전율의 곱과 같다. 매출액영업이익률이 5%, 7.5%, 10%, 12.5% 또는 15%일 때, 10%의 총자산영업이익률을 달성하기 위해 필요한 총자산회전율을 구하시오.

06 A회사의 전년도 자기자본순이익률(ROE)은 6%로서 업계 평균인 10%에 비해 낮다. 이 회사의 매출액순이익률과 총자산회전율은 업계 평균과 동일한 2% 및 2.0회의 수준이다. 이 회사는 다른 재무비율의 변화 없이 자본구조만을 변경시켜 자기자본순이익률을 업계 평균수준으로 끌어올리고자 한다. 이 목표를 달성하기 위한 적절한 부채비율은 어느 정도인가?

07 어떤 회사가 생산하는 제품의 단가는 1,000원이고 단위당 변동비는 400원이다. 이 회사는 연간 9,000만원의 고정비를 부담하고 있다.

(1) 이 회사의 단위당 공헌이익과 공헌이익률을 구하시오.

(2) 이 회사의 손익분기점을 구하시오.

(3) 이 회사가 1,000만원의 목표이익을 달성하기 위해서는 어느 정도의 매출액을 달성하여야 하는가?

08 어떤 회사의 매출액이 300억원에서 500억원으로 증가했을 때, 영업이익은 100억원에서 250억원으로 증가했고, 순이익은 50억원에서 200억원으로 증가했다.

(1) 이 회사의 영업레버리지도를 구하시오.

(2) 이 회사는 영업비용과 이자비용 외 다른 수익의 재무레버리지도를 구하시오.

(3) 이 회사의 결합레버리지도를 구하시오.

[선다형문제 정답과 풀이]

01 ③ **02** ② **03** ③ **04** ① **05** ④ **06** ④ **07** ④ **08** ① **09** ② **10** ⑤ **11** ③ **12** ③ ▸ 손익분기점에서의 매출액은 다음 공식에 의하여 구해질 수 있다. $\text{BEP}=\dfrac{F}{1-\dfrac{v}{p}}=\dfrac{10\text{억}}{1-(500/1{,}000)}=20\text{억원}$ **13** ③ **14** ③ **15** ③ **16** ③ ▸ 더 자본집약적이라는 것은 노동에 비하여 기계 및 설비투자가 많다는 것을 의미한다. 따라서 자본집약적인 회사는 일반적으로 더 많은 고정비를 수반한다. **17** ③ **18** ④ **19** ⑤ **20** ① **21** ②

제4부

기업의 구조조정과 지배구조

○ 제13장 구조조정과 M&A
○ 제14장 경영자행동과 기업지배구조

제 13 장 구조조정과 M&A

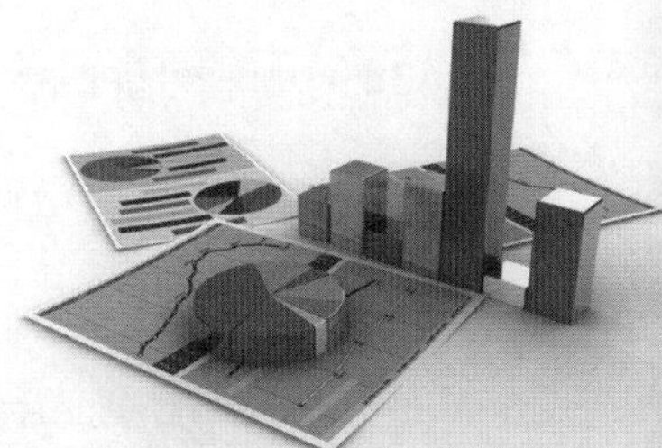

제1절 기업의 구조조정

오늘날 널리 사용되고 있는 용어의 하나는 구조조정(restructuring)이다. 기업뿐 아니라 금융산업이나 공공부문 등 많은 영역에서 구조조정이 강조되고 있다. 구조조정이라는 용어는 현대 사회와 기업의 역동적이면서도 불안한 상황을 가장 잘 표현하는 말이라고 할 수 있을 것이다.

기업의 구조조정은 M&A 또는 매각으로부터 대규모 인력감축에 이르기까지 매우 다양한 내용을 포함하고 있기 때문에 간단하게 정의하기 어렵다. 따라서 구조조정을 한마디로 정의하기보다, 구조조정의 다양한 내용을 정리함으로써 귀납적으로 그 의미를 이해하려는 시도가 도움이 될 수 있다.

13.1.1 기업확장

기업확장(expansion)은 합병, 주식취득, 자산취득, 합작투자 등과 같이 기업규모 또는 사업범위의 확대를 가져오는 구조조정을 말하는 것으로서, 흔히 M&A라고 부르는 활동들은 대부분 이 범위에 속한다. 기업이 확장적 구조조정을 결정하는 이유로서 흔히 규모 또는 범위의 경제 실현, 위험분산효과의 달성 등이 제시된다.

규모의 경제(economies of scale)는 일반적으로 생산 과정에서 투입규모가 증가함에 따라 평균비용이 하락하는 현상으로 정의된다. 규모의 경제는 제12장에서 본 것처럼, 생산량이 증가할 때 생산비의 일부인 변동비는 비례적으로 증가하나 다른 일부인 고정비는 일정하기 때문에 제품 단위당 고정비가 감소하고 따라서 단위당 생산비가 감소하는 데 기인한다. 범위의 경제(economies of scope)는 기업의 사업범위가 넓어짐에 따라 평균비용이 하락하는 현상을 말한다. 범위의 경제는 기업 내 사업부문들이 설비와 같은 물적 생산요소, 정보기술, 고객 및 투자자 관계 등 투입요소를 공유함으로써 비용을 절감하는 데에서 발생할 수 있다. 또는 사업범위를 확대함으로써 새로운 사업 부문으로 진입하고 특별한 기술을 습득하거나 고객의 신뢰를 얻는 데에 기인할 수도 있다.

그러나 규모나 범위의 확대는 오히려 경제적 비효율을 초래할 수도 있다. 규모의 비경제(diseconomies of scale)는 기업의 규모가 확대되면서 관리조직의 비대화, 변동적 생산요소의 과밀한 투입(congestion) 등으로 오히려 평균비용이 상승하는 현상을 말한다. 범위의 비경제(diseconomies of scope)는 기업이 다양한 사업을 영위하기 때문에 요구되는 조정 · 관리비용의 증가, 핵심역량을 확보할 수 있는 기회의 상실 등에 기인해서 오히려 효율성이 하락하는 현상이다.

또한 기업의 확장적 구조조정이 수익성이나 효율성의 개선보다 더 많은 인원, 조직, 예산을 통제함으로써 자신의 보수나 명예를 높이고자 하는 경영자의 개인적 동기에서 추진되는 경우에는 오히려 기업가치를 훼손하는 결과가 되기도 한다. 경영자가 기업가치 또는 주주부를 늘리는 것보다 개인적 이익을 추구하는 행태는 경영자주의(managerialism)로 불린다.

13.1.2 매각처분

매각처분(sell-off)은 기업 자산의 일부를 매각처분하는 것으로서, 기본적으로 ① 기업분할과 ② 투자환수의 두 가지 종류가 있다.

기업분할(spin-off)은 어떤 기업의 자산 및 영업활동의 일부를 따로 떼어 내어 별도의 새로운 회사를 만들고 기존의 주주들이 지분비율에 따라 새 회사의 주식을 나누어 갖는 것을 말한다. 사업 부문을 분할하여 회사를 신설하는 방법은 인적분할과 물적분할을 포함한다. 인적분할(人的分割)은 자산의 일부를 분리하여 새 회사를 만들고 기존의 주주들이 지분율에 따라 새 회사의 주식을 나누어 갖는 것으로서 지분소유의 관점에서 수평적인 형태의 분할이다. 한편 물적분할(物的分割)은 기존의 회사가 새로 설립된 회사의 주식을 모두 소유하는 형태이며, 지분소유의 관점에서 수직적인 형태의 분할이다.

기업분할의 변형으로서 주주분할과 지주회사분할이 있다. 주주분할(split-off)은 기업분할로 만들어진 새 회사의 주식을 일부 주주집단에게 모두 주고 모회사(母會社)의 주식을 포기하도록 하는 것이다. 그리고 지주회사분할(split-up)은 여러 개의 자회사를 지배하고 있는 지주회사가 산하의 자회사(子會社)들을 독립회사들로 분할하면서 기존 지주회사의 주주들도 분할하여, 주주들은 각각 하나의 독립회사의 주식만을 소유하게 되는 것을 말한다. 따라서 지주회사분할이 이루어지면 지주회사의 주주들은 각기 서로 다른 회사의 주주로 나누어지고 종전의 지주회사는 소멸하게 된다.

투자환수(divestiture)는 기업이 현금 또는 다른 자산을 받고 외부의 제3자에게 회사 자산 및 영업활동의 일부를 매각하는 것을 말한다. 이는 이미 존재하는 자회사 또는 일부 사업 부문을 분할하여 자회사를 신설하고 이 자회사의 주식을 처분하는 방식을 포함한다. 투자환수는 자산을 처분하는 기업의 입장에서는 투자자본의 회수를 의미하지만, 그 자산을 매수한 기업의 입장에서는 자산취득이 된다.

투자환수의 특수한 형태로서 지분매각(equity carve-out)이 있다. 이는 회사 자산의 일부를 따로 떼어 내어 새로운 회사를 설립하고, 새 회사의 경영권을 행사할 수 있는 수준의 지분을 유지하면서 나머지 일부 지분을 제3자에게 매각하는 것을 말한다.

13.1.3 지배권 및 소유구조의 변경

구조조정을 위한 세 번째 종류의 활동은 기업의 지배권(control) 및 소유구조(ownership structure)를 변경시키기 위한 활동들이다. 그 한 가지는 주식매집(buy-back)이다. 이 주식매집은 일부의 주주들이 지배권을 확보할 목적으로 다량의 주식을 사모으는 것을 말한다. 이 주식매집과 관련하여 주식매집중지협정(standstill agreement)이 맺어지기도 한다. 이 협정은 주식매집을 추진하는 주주에게 지배권의 일부를 나누어주는 대신 더 이상 주식을 사모으지 않겠다는 협정을 맺는 것이다.

소유구조변경을 가져오는 다른 방법은 교환제의(exchange offer)이다. 이 교환제의는 기업이 발행한 한 종류의 증권을 다른 종류의 증권으로 교환할 것을 제의하는 것이다. 교환제의의 예로서 기업이 신주를 발행하여 회사채나 우선주와 교환하거나, 반대로 회사채나 우선주를 발행하여 보통주와 교환해 주는 경우가 있을 수 있다. 이러한 교환제의는 기업이 발행한 청구권의 구성, 즉 자본구조를 변경시키는 효과를 가져다준다.

소유구조를 변경하기 위하여 이용하는 또 다른 방법은 자사주매입(stock repurchase)이다. 자사주매입에 의해 사들인 주식의 비율이 상당히 큰 경우에는 주주에게 현금을 분배한다는 의미를 넘어서서 기업의 소유구조 및 지배구조에 대하여 중요한 영향을 미칠 수 있다.

개인기업화(going private)도 소유구조 변경의 한 가지 형태이다. 개인기업화는 경영자나 대주주가 주식을 매집함으로써 사실상의 개인기업으로 소유구조를 변경하는 것을 말한다. 개인기업화가 이루어지면 다수의 주주로 이루어져 있던 공개기업이 사실상의 개인기업으로 바뀌기 때문에 소유구조와 지배구조 모두가 대단히 크게 달라진다. 흔히 경영자들이 개인기업화를 추진하기 위하여 LBO(leveraged buy-out)라는 방법을 사용하기도 한다. 이 LBO는 '부채에 의한 기업인수'라고 할 수 있는 것으로서, 인수자가 거액의 자금을 차입하여 대상기업을 인수한 후 그 기업의 이익이나 자산매각대금으로 차입금을 상환하는 인수방식이다.

소유구조의 변동 없이 지배권을 획득하기 위한 수단으로서 일부의 주주집단이 위임장투쟁을 벌이기도 한다. 이에 대해서는 다음에 다시 구체적으로 설명하기로 한다.

또 소유구조와 지배권의 변경을 방지하기 위해 정관 개정이 시도될 수도 있다. 그 방법으로 ① 합병의 승인에 절대다수(예컨대 의결권 총수의 3/4 이상)의 찬성이 필요하도록 만들거나, ② 지배권의 이동에 장기의 기간이 소요되도록 이사진의 임기를 분산시켜 놓거나, ③ 황금낙하산(golden parachute) — 즉, 지배권의 이동으로 현재의 경영진이 퇴진하게 될 경우 그들에게 정상적인 퇴직금 이외에 거액의 추가적 보상을 지급하도록 규정한 것—을 마련하여 두기도 한다.

오늘날 기업의 구조조정을 위해 새로운 방법이 끊임없이 개발되고 있으며, 이렇게 다양한 형태로 전개되는 구조조정에 대한 사회적 평가도 매우 다양하다. 즉, 구조조정과 관련하여, 구조조정이 국민경제에 대하여 과연 어떤 의미를 갖는가, 경영자가 선의의 경제활동이 아닌 재무적 조작에만 노력을 기울이고 있지 아니한가, 실물투자에 투입되어야 할 경제적 자원이 '기업'을 사고파는 데 낭비되고 있지 않은가 등의 의문과 비판이 제기되고 있다. 그러나 기업의 구조조정이 활발하게 일어남으로써 벤처기업 투자가 활발해지고 경영자의 대리인문제를 예방할 수 있다는 장점도 있다.

제2절 M&A의 의의와 동기

13.2.1 M&A의 의의

기업의 성장은 기업규모의 확대라는 단순한 의미 이상의 중요한 의미를 갖고 있다. 즉, 성장은 기업의 질적 변화—새로운 제품, 새로운 시장, 새로운 조직 등—를 추구함으로써 비로소 달성될 수 있는 자연스럽고도 정상적인 과정이다. 기업의 성장을 달성하기 위해 추구되는 방법은 여러 가지이다. 그 중 한 가지 중요한 수단으로 이용되는 것이 기업인수, 기업합병, 자산취득, 주식취득 등과 같은 외적 성장(external growth)의 방법이다.

이러한 외적 성장의 여러 가지 방법을 흔히 M&A라고 부른다. M&A는 'merger & acquisition'의 줄임말로서 기업 전체 또는 일부를 합병 또는 인수하거나 취득하는 것을 뜻한다. 우리나라에서는 이 M&A를 영어 그대로 사용하거나 '인수 · 합병(引受 · 合併)'으로 번역하여 사용하기도 한다.

M&A는 형태에 따라 수평적, 수직적, 다각화 인수 · 합병으로 분류된다. 수평적(horizontal) 인수 · 합병은 같은 산업에 속하는 기업들의 결합을 말하며, 주로 규모 및 범위의 경제 실현, 시장지배력 확대, 경영합리화 등을 이유로 행해진다. 예를 들어, 자동차회사가 시장지배력을 확대하고 규모의 경제효과를 얻기 위해 다른 자동차회사를 인수할 수 있다. 수직적(vertical) 인수 · 합병은 가치사슬의 전후에 위치하는 기업들의 결합으로, 예를 들어 자동차회사가 생산단계의 앞쪽에 있는 철강회사를 계열회사로 편입하거나 또는 생산된 자동차의 판매를 담당하는 회사를 설립하거나 인수하는 것을 들 수 있다. 주로 효율성 제고, 경쟁력 강화 등을 목적으로 한다. 다각화(diversification) 인수 · 합병은 특별한 관련이 없는 산업에 속한 기업을 합병 또는 계열회사로 편입하는 행위로서, 주로 위험분산 또는 범위의 경제 실현을 목적으로 이루어진다.

재무관리의 관점에서 볼 때, 기업의 M&A는 대규모의 자본예산결정이다. 따라서 M&A에 대한 의사결정에도 기업의 자본예산결정에서 적용하였던 순현재가치(NPV)나 내부수익률(IRR)의 기준을 사용할 수 있다. 그러나 M&A는 다음과 같은 몇 가지 특징을 안고 있기 때문에 그렇게 단순하지 않다.

① M&A의 효과는 투자가치를 평가할 때 흔히 사용하는 NPV나 IRR만으로 충분히 평가되지 않는다. M&A에는 NPV나 IRR으로 평가할 수 없는 다른 종류의 이득과 비용이 다양하게 존재한다. 그 예로서 경제적으로 평가할 수 없는 성장기회, 합병으로 인하여 발생하는 조직 내부의 갈등 등을 들 수 있다.

② 어떤 기업이 다른 기업에게 인수되는 과정에는 매우 복잡한 회계, 세무, 법률적 문제가 얽혀 있다. 따라서 NPV나 IRR에 의하여 채택되는 M&A라 하더라도 다른 요인 때문에 채택될 수 없는 경우가 얼마든지 있다.

③ M&A가 주주의 기업지배 수단의 한 가지로 사용된다. 예를 들어, 경영자와 주주들 사이의 마찰 때문에 M&A가 일어나기도 한다. 즉, 주주들과 불편한 관계에 있는 경영자들을 제거하기 위한 수단으로 주주들은 자기 회사를 다른 기업에 넘겨 버리는 경우도 있다.

④ 일반적으로 M&A의 경제적 가치를 분석할 때, 기업가치에 초점을 맞추어 분석하는 것만으로는 부족하다. M&A가 기업가치뿐만 아니라 부채 및 자기자본가치의 상대적 크기에 미치는 영향에 대해서도 분석하여야 한다.

⑤ M&A가 경제적 득실에 기초하여 우호적인 거래관계를 통해서만 이루어지는 것은 아니다. 때로는 경제외적인 목적을 위하여 M&A가 이루어지기도 한다. 다른 기업을 인수하기 위하여 적대적이고 공격적인 수단이 사용되기도 하며, 이를 막아내기 위하여 여러 가지 방어전략이 사용되기도 한다.

13.2.2 M&A의 유형

M&A는 어떤 기업이 다른 기업의 전체 또는 일부를 취득하는 것으로서 대체로 ① 흡수합병과 신설합병, ② 주식취득 및 ③ 자산취득의 어느 한 가지 방식에 의해 이루어진다.

1) 합병

흡수합병(merger)은 어떤 기업이 다른 기업을 흡수하는 경우를 가리킨다. 이때 흡수하는 회사를 합병회사(acquiring firm), 흡수당하는 회사를 피합병회사(acquired firm)라고 부른다. 흡수합병이 이루어지면 합병회사는 회사의 명칭과 실체를 유지하고서 피합병회사의 모든 자산과 채무를 인수받게 되고, 피합병회사는 독립적인 기업실체로서 더 이상 존속하지 않는다.

이와 유사한 경우로서 신설합병(consolidation)이 있다. 신설합병은 둘 또는 그 이상의 기업들이 새로운 하나의 기업으로 결합하는 것을 말한다. 따라서 신설합병에서는 합병회사 또는 피합병회사의 구분이 무의미하며, 기존의 몇 개 회사가 법인격을 상실하고 하나의 새로운 회사로 결합한다.

흡수합병과 신설합병은 합병 당사회사들 사이의 법률적 관계에 있어 차이를 보이지만 경제적으로는 여러 회사들의 자산 및 채무가 하나로 합쳐진다는 점에서 동일한 성격을 갖고 있다. 따라서 일반적으로 넓은 의미에서 합병(merger)이라는 말은 신설합병과 흡수합병 모두를 포괄하여 가리키는 말로 사용된다.

다른 기업을 취득하는 수단으로 합병이라는 수단이 이용되는 이유는 법률적 절차가 비교적 간편하고 다른 수단보다 적은 비용을 소유하기 때문이다. 즉, 합병이 이루어지면 개별 자산의 소유권을 일일이 인도할 필요없이 주주총회의 합병결의만으로 피합병회사의 모든 자산과 채무가 합병회사 또는 신설회사에게 인도된다.

2) 주식취득

다른 기업을 취득하는 또 한 가지 방법은 주식취득(acquisition of shares)이다. 주식취득은 현금이나 증권을 지급하고 대상기업(target firm)의 의결권부주식을 매입함으로써 대상기업의 지배권을 장악하는 것이다. 주식취득은 주주나 경영자들 사이의 협상에 의해 이루어지기도 하지만 증권시장에서의 공개매수(tender offer)에 의해 이루어지기도 한다. 이 공개매수는 대상기업의 주주들에게 주식을 매입하겠다는 뜻을 공시 또는 우편으로 제시하는 것이다.

다른 기업을 취득하기 위해 합병과 주식취득의 어떤 방법을 사용할 것인가는 다음 항목들을 고려하여 선택한다.

① 주식취득은 주주총회의 승인을 필요로 하지 않는다. 따라서 대상기업의 주주들이 공개매수의 제안에 응하지 않으면 그 기업을 취득할 수 없다.

② 주식취득은 대상기업의 경영자 또는 임원들을 우회하여 곧바로 주주들과 거래할 수 있다.

③ 대상기업 경영자가 주식취득에 대해 저항적인 태도를 갖고 있을 때에는 적대적인 방법들을 구사하여 주식취득이 이루어지기도 하며, 이런 경우 주식취득은 합병보다 많은 대가를 치러야만 가능할 수도 있다.

④ 경우에 따라서는 소수의 주주들 때문에 원하는 지분비율의 주식취득이 불가능하게 될 수도 있다.

⑤ 주식취득에 성공한다 하더라도 대상기업을 완전히 합병하기 위해서는 형식적 절차로서 합병의 절차를 거쳐야 한다.

3) 자산취득

다른 기업을 취득하는 또 다른 방법은 자산취득(acquisition of assets)이다. 자산취득은 대상기업의 모든 자산 또는 핵심적인 자산을 사들이는 것이다. 이 자산취득은 소액주주의 저항을 회피하기 위한 방법으로 사용될 수 있지만, 개별 자산의 소유권을 이전하는 데 따른 경비와 번거로움을 무시할 수 없다.

4) 기업인수

M&A와 관련하여 흔히 사용되는 용어의 하나가 기업인수(takeover)라는 용어이다. 기업인수는 어떤 기업이나 주주집단이 다른 기업 또는 주주집단으로부터 기업의 지배권을 취득 또는 인수하는 것을 가리키는 용어로 사용되고 있다. 기업인수는 지배권의 취득 또는 인수를 의미하기 때문에, 기업취득(acquisition)뿐만 아니라 위임장투쟁을 통한 지배권의 획득과 개인기업화까지도 포함한다.

위임장투쟁(proxy contest)은 일부의 주주집단이 주주총회에서 자신의 의사를 관철하기 위하여 다른 주주들의 의결권을 위임받아 대리행사하는 것을 의미한다. 이 위임장투쟁은 흔히 이사회의 지배권을 장악할 목적으로 신임 이사를 선출할 때 사용될 수 있다.

개인기업화(going private)는 공개기업의 대부분의 주식을 소수의 주주가 사들임으로써 사실상의 개인기업으로 만드는 것을 말한다. 이 경우 회사 주식의 대부분을 소수의 주주가 장악하게 되기 때문에, 그 회사의 주식은 증권거래소에서 더 이상 거래되지 못하고 상장폐지된다.

5) P&A

P&A(purchase & assumption)는 전체 자산 및 부채 중에서 양질의 자산과 부채만을 따로 떼어내어 인수하는 방법으로서 자산부채이전이라고도 한다. P&A는 부실금융기관을 정리할 때 흔히 사용된다. 어떤 금융기관이 부실화되어 있을 때 부실대출과 고위험 투자자산을 제외한 양질의 자산, 자기자본 및 후순위부채를 제외한 대부분의 예금만을 다른 건실한 금융기관에 이전시키는 방법이 P&A이다. 이때 대부분의 자기자본은 감자(減資)되며 부실대출과 고위험 투자자산은 전문적인 부실자산 처리기관—이를 흔히 배드뱅크(bad bank)라고 부른다—에게 싼 값으로 매각된다. 우리나라에서는 1998년 부실대출이 많은 5개 시중은행을 정리할 때 P&A가 사용된 바 있다.

13.2.3 M&A의 동기

M&A는 기업의 성장을 위하여 가장 중요한 수단으로 이용되어 왔으며 그 동기 역시 다양한 것으로 알려지고 있다. 다음은 M&A의 동기로 제시되고 있는 것들로서 구체적으로 어떤 동기가 보다 중요한 것인지는 M&A의 사례에 따라 달라진다.

1) 시너지

M&A의 동기로서 제일 먼저 들 수 있는 것은 시너지(synergy, 상승효과)이다. 시너지는 흔히 '2+2=4'가 아니라 '2+2 → 5'가 얻어지는 효과로 비유되고 있다. 즉, 시너지는 다음 식(13-1)에서와 같이 합병 후의 기업의 가치가 합병 전의 개별 기업가치의 합계보다 클 때 얻어진다.

시너지

$$V_{A+B} > V_A + V_B \tag{13-1}$$

단, V_A와 V_B는 합병전 기업 A와 B의 가치이고 V_{A+B}는 A와 B가 합병한 후의 가치이다.

합병을 통해 시너지가 기대될 수 있다면, 그 시너지는 과연 어떤 이유 때문에 얻어지는 것일까? 이에 대하여 대체로 다음 세 가지의 설명이 주어질 수 있다.

① 영업시너지: 영업시너지(operating synergy)는 생산, 판매, 일반관리 등과 같은 영업활동에서 발생하는 시너지를 의미한다. 영업시너지가 얻어질 수 있는 이유의 하나는 규모의 경제성(economies of scale)이다. 동종 산업에 속하는 기업들의 합병을 의미하는 수평적 통합(horizontal integration)은 규모의 경제성을 추구하여 이루어지는 경우가 많다. 예를 들어, 동종 산업에 속하는 두 기업이 합병함으로써 중복되는 본사관리조직을 통합하거나, 광고매체를 더욱 효과적으로 이용할 수 있게 되거나, 또는 고정비 부담이 줄어들게 되는 경우, 이것은 합병으로 규모의 경제성이 발휘되어 영업시너지가 얻어진 예라고 할 수 있다.

영업시너지는 수직적 통합(vertical integration)에 의해서도 얻어진다. 즉, 생산 과정의 앞 단계 또는 다음 단계에 있는 기업을 합병함으로써 불필요한 거래비용을 줄일 수 있다. 예를 들어, 건설회사가 레미콘회사를 인수함으로써 레미콘을 보다 저렴하고 안정적으로 공급할 수 있게 되었다면, 이것은 수직적 통합으로 영업시너지가 얻어진 경우이다.

② 재무시너지: 재무시너지(financial synergy)는 합병으로 인하여 현금흐름의 변동성(=위험)이 감소할 경우 얻어질 수 있다. 만일 어느 두 기업의 현금흐름의 상관계수가 1보다 작다면, 이 두 개의 기업을 합병한 후의 현금흐름은 더 적은 위험도를 갖게 될 것이며 파산확률도 적어질 것이다. 이와 같이 합병에 의해 파산확률이 낮아지는 효과를 합병의 공동보험효과(coinsurance effect)라고 부른다. 합병의 공동보험효과는 자본비용의 하락 및 기업가치의 상승을 가져오고, 이로 인해 차입능력의 증가 및 부채이용의 법인세절약효과의 증가를 가져온다.

재무시너지의 또 다른 원천으로서 자본조달에 따른 마찰적 비용의 절약이 있다. 기업합병으로 인해 기업규모가 증가하면 자본조달규모 역시 증대된다. 자본조달의 규모가 증가하면 이에 따른 발행비용 및 거래비용의 부담이 줄어들게 되어 일종의 재무시너지가 얻어질 수 있다.

합병으로 인하여 성장기회를 이용할 수 있는 경우에도 재무시너지가 얻어진다. 어떤 기업이 충분한 여유자금을 갖고 있지만 좋은 투자기회를 갖고 있지 못한 경우, 그 회사는 좋은 투자기회를 갖고 있으면서도 여유자금을 갖고 있지 못하는 다른 기업을 합병함으로써 재무시너지를 얻어낼 수 있다.[1]

③ **전략적 재배치**: 기업들은 경영능력 또는 경영자원을 재배치하고자 하는 전략적 목적을 달성하기 위하여 다른 기업을 인수하거나 합병하기도 한다. 어떤 기업이 규모의 경제성을 살려 경영능력을 이용해야 할 필요가 있거나 경영능력의 여유가 존재할 경우 또는 특정한 종류의 경영능력을 보충하여야 할 필요가 있는 경우, 이러한 전략적 목적을 달성하기 위하여 M&A를 시도할 수도 있다.

이러한 전략적 목적을 달성하는 방법으로 내부적 성장(internal growth)의 방법을 택할 수 있기 때문에, M&A가 언제나 바람직한 것만은 아니다. 왜냐하면 신제품 및 신시장의 개발에 의해 경영능력의 여유를 충분히 활용할 수 있으며 내부교육 및 훈련에 의해 필요한 경영능력을 보충할 수도 있다. 그러나 경영환경의 변화가 빨라서 이에 신속하게 적응할 필요가 있는 경우에는, 경영능력의 재배치를 위해서 내부적 성장보다 M&A의 방법이 더 효과적인 경우가 많다.

2) 기업가치의 저평가

어떤 기업의 시장가치가 저평가되어 있다면 그런 기업을 인수함으로써 자본이득을 얻을 수 있기 때문에 M&A의 좋은 표적이 된다. 일반적으로 기업가치가 저평가되기 위해서는 정보비대칭이 존재하여야 한다. 즉, 자본시장의 대부분의 투자자들은 기업의 미래수익력에 대하여 충분한 정보를 갖고 있지 못하기 때문에 기업가치를 저평가하고 있어야 하고, 그 기업을 인수하고자 하는 자는 충분한 정보를 갖고 더 높게 기업가치를 평가하고 있어야 한다. 이런 경우에는 기업의 합병 또는 공개매수 그 자체가 기업의 미래수익력에 대한 신호를 일반 투자자들에게 전달해 주는 수단이 되며, 그 결과 그 기업의 시장가치가 상승하여 자본이득이 얻어진다.

기업가치가 저평가되는 경우로서 다음의 두 가지 상황을 생각해 볼 수 있다.

① **근시안적 평가**: 자본시장의 투자자들, 특히 기관투자자들은 기업의 단기적 성과만을 중요시하고 장기적 투자계획의 가치를 과소평가하는 경향이 있다. 이처럼 증권시장의 투자자들의 근시안적 태도 때문에 기업가치가 저평가되어 있는 경우, 풍부한 자금능력을 갖고 있는 투자자나 다른 기업은 저평가된 기업을 인수함으로써 자본이득을 얻어낼 수 있다.

---

1 J. Fred Weston, Kwang S. Chung & Susan E. Hoag, *Mergers, Restructuring, and Corporate Control* (Prentice-Hall, 1990), p.251에는 1988년에 Philip Morris가 Kraft Foods를 합병하였던 사례를 들고 있다. Phillip Morris는 담배산업에서 많은 돈을 벌었지만 금연운동으로 사업이 위축되어 가고 있었다. 그러나 식품산업에서는 신제품 개발에 의한 사업확장의 기회가 충분히 있었다. 따라서 Phillip Morris는 풍부한 투자기회를 갖고 있는 Kraft Foods를 인수하여 식품산업에 진출하였다.

② 대체원가보다 낮은 시장가치: 기업의 시장가치가 그 기업의 자산을 재취득하기 위해 지급하여야 하는 대체원가(replacement cost)보다 낮다면, 대체원가를 치루고 그 기업을 새로이 설립하기보다는 시장가치를 지급하고 인수하는 것이 유리하다. 따라서 인수 대상기업을 물색할 때, 어떤 회사 주식의 1주당 대체원가에 대한 시장가치(주가)의 비율이 중요한 의미를 지니며 이 비율을 q비율이라고 한다.

q비율

$$q = \frac{\text{주식의 시장가치}}{\text{주식의 대체원가} } \quad (13\text{–}2)$$

일반적으로 q비율은 어떤 기업의 시장가치가 어느 정도 저평가되어 있는가를 의미한다. 즉, 어떤 회사의 q비율이 1보다 낮다면 그 회사의 시장가치는 저평가되어 있다는 것을 의미하며, 다른 기업에 의한 합병의 표적이 될 가능성이 크다는 것을 의미한다.

3) 대리인문제

이미 제1장에서 설명한 바와 같이 지분이 전혀 없거나 적은 비율만을 갖고 있는 경영자는 가급적 적은 노력을 기울이고 많은 낭비적 소비를 즐기려는 유인을 갖고 있다. 그러나 주식이 다수의 투자자들에 의해 분산소유되고 있는 기업에서 주주들은 기업의 운영에 무관심하게 되며 경영자들의 행동을 감시하기 위해 노력과 비용을 들이려 하지 않는다.

이런 경우 주주들은 M&A를 통하여 대리인문제를 해소할 수 있다. 즉, 경영자들의 비능률, 낭비, 게으름 등이 무시할 수 없는 수준이라고 판단되지만 경영자들의 행동을 감시할만한 노력과 경비를 지출하려는 의사가 없는 경우, 주주들은 다른 기업의 기업인수 제의에 응함으로써 경영자들을 응징할 수 있다.

따라서 활발한 M&A 시장은 경영자의 대리인문제와 안주(entrenchment)를 방지할 수 있는 중요한 시장규율(market discipline)의 수단으로 간주되고 있다. M&A의 가능성이 존재하면, 경영자들은 자신의 지위를 유지하기 위해서 기업인수 공격에 대비해야 한다. 따라서, 경영자들은 낭비적 소비를 줄이고 주주를 위해 더 많은 노력을 기울임으로써, 기업인수의 공격을 받지 않을 정도로 높은 주가를 유지하려 할 것이다.

4) 경영자주의

M&A의 동기로서 경영자주의(managerialism)가 언급되기도 한다. 본래 경영자주의란 오늘날의 대

기업들이 주주가 아닌 전문경영자에 의하여 지배되고 있다는 주장을 말하며, 이 주장은 기업의 중요한 의사결정이 경영자 자신의 이해관계에 따라 좌우된다는 것을 의미한다.

경영자주의에 의하면, 경영자의 보수가 기업규모와 (+)의 관계를 갖고 있으므로 경영자들은 기업규모를 증가시키고자 하는 유인을 갖고 있으며 그 수단으로 M&A를 이용한다. 즉, 경영자들은 경제적 가치가 낮다 하더라도 다른 기업을 인수 또는 합병함으로써 기업규모를 증가시키고, 그 결과 자신의 보수를 크게 하려 한다는 것이다. 이것은 주주부(富)의 감소를 대가로 경영자의 부를 증가시키는 대리인문제의 일종으로서, M&A가 대리인문제를 해결하는 수단으로 이용되는 것이 아니라 새로운 대리인문제를 발생시키는 경우라고 할 수 있다.

5) 다른 동기들

위에서 설명한 동기 이외에 다음과 같은 동기 때문에 M&A가 이루어지는 경우도 있다.

① **시장지배력**: 어떤 기업의 시장점유율이 상당히 높은 수준이라면, 그 기업은 시장지배력을 갖게 되어 독점이윤을 얻을 수 있다. 또 소수의 기업이 시장을 점유하고 있는 경우에도 이들 사이에 담합(tacit collusion)이 가능하여 사실상의 독점이윤이 얻어진다. 또 시장점유율의 확대를 통하여 시장지배력과 독점이윤을 얻기 위해 M&A가 이루어질 수 있다. 특히 동일 산업 내의 수평적 결합의 많은 경우는 시장점유율의 확대 및 시장지배력의 장악만을 목적으로 이루어진다. 우리나라의 공정거래법에서는 시장지배력 확대를 위한 M&A를 금지하고 있다.

② **세금의 절약**: M&A를 이용하여 세금을 절약하는 방법이 몇 가지 있다. 그 하나는 주주들이 배당소득세 대신 자본이득세를 부담하도록 만들기 위한 수단으로 M&A를 이용하는 것이다. 예를 들어, 충분한 여유자금을 가지고 있는 회사가 그 자금을 배당으로 지급하지 않고 소규모 성장기업을 인수함으로써 자기회사 주식의 시장가격이 상승하도록 할 수 있다. 즉, M&A를 이용하여 주주들에게 배당소득 대신 자본이득을 가져다주게 된다.

상속세를 회피하기 위한 수단으로 M&A가 불법적으로 이용되고 있다는 주장도 있다. 예를 들어, 아들이 소유한 회사를 시세보다 현저히 높은 가격을 치르고 아버지가 인수하거나, 아버지가 소유한 회사를 시세보다 현저히 낮은 대가를 치르고 아들이 인수함으로써 정상적인 재산상속에 따른 상속세를 회피한다.

③ **다각화**: M&A를 통하여 경영다각화를 달성할 수 있다는 주장도 있다. 자본시장에서 주주들이 분산투자에 의해 비체계적 위험을 충분히 제거할 수 없는 경우, 기업은 M&A를 통해 업종을 다각화하여 주주들이 부담하는 비체계적 위험을 줄일 수 있다. 그러나 자본시장에서 주주들이 충분한 분산투자를 행할 수 있다면 그들은 체계적 위험만을 부담할 것이므로 M&A를 통한 경영다각화가 주주들에게 위험감소의 이득을 가져다주지 못한다.

또 많은 부채를 사용하고 있는 기업에서 M&A를 통한 위험의 감소는 주주의 부를 증가시킨다고 볼 수만은 없다. 왜냐하면 부채사용 기업에서 자기자본은 일종의 콜옵션으로 간주될 수 있으므로, 기업가치의 변동성이 감소할수록 자기자본의 가치도 감소할 것이기 때문이다.

13.2.4 M&A의 성과

M&A가 실제로 주주들에게 어느 정도의 이득을 가져다주는가에 대해 많은 실증적 연구가 이루어져 왔다. 대부분의 연구들은 M&A 공표가 공격기업(bidder firm)과 대상기업(target firm)의 주가에 미치는 영향을 측정함으로써 M&A의 성과를 평가하고자 하였다.[2] 이 연구들의 종합적 결론은 공격기업과 대상기업 주주 전체의 부가 M&A에 의해 증가하였으며, M&A가 시너지를 얻기 위해 이루어진다는 주장을 대체로 지지해 주는 것으로 보인다.

M&A는 대체로 공격기업보다는 대상기업의 주주들에게 더 큰 부의 증가를 가져다준다. 비교적 최근에 미국에서 이루어진 실증적 연구에서 1973~1998년 기간 중 이루어진 3,688개 M&A 사례를 관찰한 결과, M&A 공표 20일 전부터 M&A 거래 완료일까지 사이에 대상기업의 주주들은 23.8%의 투자수익을 얻었지만 공격기업의 주주들은 −3.8%의 투자수익을 얻었으며, 전체적으로 1.9%의 투자수익이 발생했다.[3] 또 하나의 대상기업을 합병하기 위해 복수의 공격기업이 경쟁할 때, 대상기업 주주들의 투자수익은 증가하고 공격기업 주주들의 투자수익은 작아진다.

제3절 M&A의 방법

어떤 기업이 다른 기업을 인수 또는 합병하고자 하는 경우 먼저 대상기업을 선정한 다음 어떤 방법으로 인수 또는 합병할 것인가를 선택하여야 한다. M&A의 여러 가지 방법들 중에서도 흔히 사용되는 것들은 ① 해당 회사들의 경영자나 대주주가 협상에 의하여 합병을 추진하는 방법, ② 공개매수에 의해 대상기업의 주식을 취득하는 방법, ③ LBO에 의한 방법, ④ 지주회사를 설립하는 방법, ⑤ 합작투자(joint venture)에 의한 방법 등이다.

---

2 J. F. Weston, M. L. Mitchell & J. H. Mulherin, *Takeovers, Restructuring, an Corporate Governance*, 4th ed. (Prentice-Hall, 2004), Ch. 8, Empirical Tests of M&A Performance에 다수의 실증적 연구들의 결론이 요약되어 있다.

3 G. Andrade, M. Mitchell & E. Stafford, "New Evidence and Perspectives on Mergers," *Journal of Economic Perspectives*, 15(Spring, 2001), pp.103~120.

13.3.1 대상기업의 선정과 협상의 진행 방법

1) 대상기업의 선정

어떤 회사가 다른 회사를 인수 또는 합병하기 위해서는 먼저 적절한 대상기업을 선정하고 M&A를 위한 전략을 설계하여야 한다. 흔히 M&A의 대상으로 다음과 같은 기업들이 주목을 받는다.

① 동일 업종의 다른 기업에 비하여 주가이익비율(PER)이 낮고 1주당 장부가치가 높은 회사.
② 부동산과 같은 보유자산의 가격상승이 주가에 제대로 반영이 되어 있지 않아 저평가되어 있는 기업.
③ 경영진이 무능하거나 보수적이어서 경영 성과가 좋지 않은 기업으로서 경영진을 개편하여 효율적인 경영을 시도한다면 실적이 호전될 수 있는 기업.
④ 부채비율이 낮아서 차입능력의 여유가 큰 기업.
⑤ 풍부한 투자기회를 갖고 있으면서도 자금부족으로 투자하지 못하고 있는 기업.
⑥ 자기회사가 갖고 있지 않으면서도 반드시 필요한 경제적 자원—예를 들어, 우수한 경영진이나 특별한 생산기술 또는 특허권—을 갖고 있는 기업.
⑦ 주식의 분산이 잘되어 있어 대주주의 지분이 적은 기업.
⑧ 풍부한 현금흐름이 기대되는 기업.

2) 협상의 진행 방법

기업의 M&A에서 공개매수와 함께 가장 널리 사용되고 있는 방법은 합병 관련 회사의 경영자 또는 대주주가 직접 협상을 하고 협상결과에 대하여 주주총회의 승인을 받는 방법이다. 이 방법은 쌍방의 경영자 또는 대주주가 충분할 정도의 지배권을 장악하고 있는 경우에 사용될 수 있다.

협상에 의한 기업인수는 당사회사 쌍방이 합병 또는 기업인수의 필요성에 합의하고 있는 경우에 가능하므로 우호적 기업인수(friendly takeover)라고 할 수 있다. 이와 같이 쌍방이 합병의 필요성에 합의하고 있다 하더라도 더 유리한 합병 또는 인수조건을 끌어내기 위하여 협상에 들어가기 전에 대상기업 주식의 상당한 부분을 미리 확보하여 두는 것이 좋다.

경우에 따라서는 우호적인 방법으로 기업인수 협상을 진행할 수 없는 경우가 있으며 이런 경우를 적대적 기업인수(hostile takeover)라고 한다. 이런 경우에는 공격자 측에서 대상기업의 경영자나 대주주를 협상테이블로 끌어내기 위하여 강압적 방법이 사용되기도 한다. 예를 들어, 새벽의 기습이나 곰의 포옹과 같은 방법이 사용될 수 있다. 새벽의 기습(dawn raid)은 일시에 상당량의 주식을 매입해 놓고 기업인수의 의사를 대상기업 경영자에게 전달하는 방법이며, 곰의 포옹(bear's hug)은 곰이 몰래 껴안는 것처럼 공포분위기와 함께 기업인수의 의사를 대상기업에게 전달하는 방법이다. 곰의 포옹의 경우 인수의사는 여유 있게 대처할 수 없도록 주말과 같은 시간에 제대로 격식을 갖추어 전달된다.

13.3.2 현금지급 vs 주식교환

M&A에 관한 협상에서 가장 중요하게 다루어지는 사항은 인수 또는 합병할 때 지급하여야 할 합병대가의 크기와 지급 방법이다. 합병대가의 지급 방법으로서 현금지급과 주식교환 중의 하나 또는 절충적 방법이 사용되며, 미국의 경우 현금지급방식이 더 자주 사용되는 것으로 알려져 있다.

현금지급방식은 합병회사가 피합병회사의 모든 자산과 부채를 인수하고 약정된 대금을 현금으로 지급하는 것으로서, 피합병회사의 순자산(=자산−부채)을 현금으로 매입한 것과 같다. 주식교환방식은 합병회사가 신주를 발행하여 피합병회사의 주식과 교환하여 주는 방식으로서, 피합병회사의 주주들은 합병 후에 합병회사의 주주로 바뀌게 된다.

현금지급과 주식교환 중 어떤 방식을 택할 것인가의 선택 문제는 다음과 같은 여러 가지 요인을 고려하여 결정된다.

① **합병의 NPV**: 합병대가의 지급 방법을 결정할 때 가장 중요한 요인은 두 방법 중 어느 것이 더 큰 NPV를 가져다주는가에 따라 결정된다. 합병회사 주주의 입장에서 볼 때, 합병의 NPV는 합병으로 얻어지는 시너지에서 그 대가로 지급하는 프리미엄을 뺀 값이다. 피합병회사의 주주의 입장에서는 합병프리미엄, 즉 합병의 대가로 받게 될 현금 또는 주식의 가치에서 합병 전 주식가치를 뺀 값이다.

② **합병 전 주가의 과대평가 여부**: 합병가능성이 합병 전에 자본시장에 알려지는 것이 흔한 일이기 때문에, 합병으로 예상되는 시너지의 일부가 합병 전의 주가에 반영될 수 있다.[4] 이런 경우 시너지가 반영되지 않은 합병 전의 진정한 주식가치를 평가하여 NPV를 구하여야 하지만, 이것이 그리 단순한 일이 아니다.

③ **세금**: 합병차익은 익금으로 간주되어 과세된다. 흔히 현금지급에 의한 합병이 주식교환보다 더 많은 법인세를 내도록 하는 것으로 알려져 있지만, 구체적인 상황과 세법을 고려하여 각 방법에 따른 법인세 부담의 현재가치를 비교하여야 한다.

④ **합병 후 추가이득의 가능성**: 실제 합병이 이루어지면, 합병의 의사결정에서 고려된 시너지 이외에 추가적인 이득이 발생할 수도 있다. 현금지급의 경우 피합병회사 주주는 고정액을 받게 되므로 합병 후 발생할 수도 있는 추가이득을 얻지 못하고 모두가 합병회사 주주들의 몫이 된다.

---

4 [표 13-1]의 예에서, A주식의 합병 전 주가가 50,000원이지만 이 중에는 합병 시너지가 일부 반영되어 있다고 하자. 즉, 투자자들이 합병의 성공가능성이 60%로 보고 있고 합병 후 주가가 52,000원이 될 것이라고 예상한다 하자. 이 경우 위험프리미엄을 무시하면, 50,000=0.6×52,000+0.4×(합병 전 진정한 주가)로 놓을 수 있으므로, 합병 전 진정한 주가는 47,000원으로 계산된다. 즉, 합병 전의 실제주가 50,000원에는 합병가능성의 가치가 3,000원만큼 포함되어 있다.

그러나 주식교환의 경우 피합병회사의 주주는 합병 후 추가이득에 대해 합병회사의 주주들과 동등한 자격으로 참여하게 된다.

⑤ 기업의 잉여현금흐름과 지배권 등: 합병회사가 풍부한 잉여현금흐름을 갖고 있으면 현금지급방식을 택할 가능성이 크다. 또 합병회사의 지배구조가 취약할 때에도 주식교환 방식은 지배권의 불확실성을 증가시키기 때문에 합병회사 주주는 현금지급방식을 선호하게 된다.

예시

A회사가 B회사를 흡수합병한다고 가정하고 A회사 주주의 입장에서 합병의 NPV를 계산해 보자. 합병 전 A회사의 발행주식 총수는 250주이며 주당 50,000원에 거래되고 있고 B회사의 발행주식 총수는 200주이고 주당 20,000원에 거래되고 있다(이 두 회사의 주가는 두 회사가 별도로 존속했을 경우의 가치만을 반영하고 있는 것으로 가정한다). 따라서 합병 전 두 회사의 자기자본가치는 각각 1,250만원과 400만원으로 평가된다. A회사의 경영진은 이 합병이 이루어질 경우 150만원 정도의 시너지가 발생할 것으로 예상하고 있다.

지금까지의 협상 과정에서 두 회사는, 현금지급방식을 택할 경우 A회사는 B회사 주주들에게 500만원을 지급하여야 하고, 주식교환방식을 택할 경우 B회사 주식 1주당 0.5주의 A회사 주식을 교부하는 것에 의견의 접근을 보고 있다. 이제 두 회사의 경영진은 두 가지 대안을 놓고 각자의 주주들에게 어느 것이 유리한지를 판단해야 할 때이다. 이상의 상황을 정리하면 [표 13-1]과 같다. 여기에서는 설명의 편의상, A회사 주주의 입장에서 합병의 NPV를 계산해 보기로 한다.

▶▶ 표 13-1 합병대가 지급 방법과 주주의 부

	합병 전		합병 후 A회사	
	A회사	B회사	현금지급 (500만원)	주식교환 (0.5:1)
자기자본가치(만원)	1,250	400	1,300	1,800
주식 수(주)	250	200	250	350
주가(원)	50,000	20,000	52,000	51,429

1) 현금지급의 경우: 먼저 A회사는 B회사 주주에게 500만원의 현금을 지급하고 B회사 주식을 취득하였으므로, 합병을 통해 얻게 될 150만원(=1,800만−(1,250만+400만))의 시너지를 얻기 위해 100만원(=500만−400만)의 프리미엄을 제공한 것과 동일하다. 따라서 현금지급방식을 통한 합병의 NPV는 (시너지)−(프리미엄)=150만−100만=50만원으로 계산된다. 피합병회사인 B회사 주주의 입장에서 보면, 합병 전 400만원 가치의 주식을 500만원의 가격으로 매도하였으므로 합병의 NPV는 500만−400만=100만원이다.

2) 주식교환의 경우: B회사 주식 1주에 대해 A회사 주식 0.5주를 교환해주는 경우, B회사 주주에게 100주의 A회사 주식을 교부하게 되므로 B회사 주주들이 갖는 합병 후 A회사의 지분비율은 28.57%(=100주÷350주)이다. 이것은 A회사 주주가 주식교환에 의해 B회사 주주들에게 약 514만원(=1,800만×0.2857)의 대가를 지급한다는 것을 의미한다. 즉, B회사 주주에게 지급한 프리미엄은 114만원(=514만−400만)이다. 따라서 A회사 주주의 입장에서 볼 때, 주식교환방식을 통한 합병의 NPV는 (시너지)−(프리미엄)=150만−114만=36만원으로 계산된다.

위의 계산 결과를 비교해 보면, A회사 주주는 현금지급방식을 택함으로써 더 많은 합병의 NPV를 얻어낼 수 있다. 이 예시에서 현금지급과 주식교환의 상대적 유리성은 현금지급액과 교부 주식의 가치의 차이에 의존함을 알 수 있다. 즉, 어떤 방식을 택하든 합병의 이득(=시너지)은 동일하므로, 합병의 비용이 더 적게 드는 방법이 더 유리하다.

13.3.3 주식교환비율의 결정

M&A에서 현금지급방식이 더 자주 이용되고 있지만, 주식교환방식도 중요한 대안으로 고려된다. 예를 들어, A회사가 B회사를 흡수합병하면서, A회사가 B회사의 주주들에게 B회사 주식 대신에 A회사 주식을 교환하여 주는 것이다. 이 경우 주식의 교환비율을 어떻게 결정할 것인가가 협상 과정에서 가장 중요하게 다루어진다. 교환비율은 B회사 주식 1주에 대하여 교환하여 주는 A회사 주식의 수를 나타낸다. 만일 이 교환비율이 너무 높으면 기존의 A회사 주주들은 손해를 보고 B회사 주주들에게 너무 많은 이익을 가져다 줄 수도 있다. 반대로 이 교환비율이 너무 낮으면 기존의 A회사 주주들만이 이익을 보고 B회사 주주들에게 너무 많은 손실을 줄 수도 있다. 따라서 두 회사의 주주 모두가 만족할 수 있는 교환비율이 결정되어야 한다.

두 회사의 주주 모두가 만족할 수 있도록 교환비율이 결정되어야 한다는 것은 합병 후의 주주의 부(富)가 합병 전의 부의 크기와 같거나 더 커야 한다는 것을 의미한다. 즉, 두 회사의 어느 쪽 주주라 할지라도 합병에 의하여 부의 감소가 없도록 교환비율이 결정되어야 한다.

일반적으로 상장회사를 합병할 때 주식교환비율을 결정하는 가장 중요한 기준은 두 회사 주식의 평균주가이다. 즉, 합병 전 수개월 동안의 두 회사의 평균주가를 계산하고 그에 따라 교환비율을 결정한다. 그러나 어느 한 회사라도 상장되어 있지 않으면 자산가치를 실사하거나 제4장에서 설명한 방법에 의해 주식가치를 새로이 평가하여야 한다.

참고 주식교환비율의 결정

두 개의 상장회사가 합병하게 될 때, 주주의 부는 증권시장이 그 합병을 어떻게 평가하는가에 따라 달라진다. 만일 증권시장이 두 회사의 합병을 성공적인 것으로 평가한다면 합병 후 높은 주가가 실현될 것이고, 그 결과 높은 주가이익비율(PER)이 얻어질 것이다. 따라서 협상 과정에서는 합병 후 증권시장이 주가와 PER을 어떻게 평가할 것인가를 예상하고 이에 기초하여 주식교환비율을 결정한다.

합병 후의 PER에 대한 예상에 따라 주식교환비율이 어떻게 달라질 수 있는가를 설명하기 위하여 다음의 예를 보도록 하자. A회사가 B회사를 주식교환에 의해 흡수합병하기로 한다고 하고, A회사가 B회사 주식 1주에 대해 교부하는 주식 수를 교환비율 E라고 하자. 두 회사의 합병 전의 자료는 [표 13-2]와 같다.

▶▶ 표 13-2 합병 전의 두 회사의 자료

	순이익(X)	주식 수(N)	EPS	주가(P)	PER
A회사	15만원	100주	1,500원	18,000원	12배
B회사	5만원	50주	1,000원	8,000원	8배

A회사가 B회사를 합병한 후의 기업을 편의상 (A+B)회사로 나타낸다면, 합병에 의하여 특별한 시너지가 발생하지 않는 한, 이 (A+B)회사의 순이익은 합병 전 순이익의 합계인 20만원이 될 것이다. 그리고 B회사 1주에 대한 교환비율을 E로 나타내면, 합병 후 (A+B)회사의 주식 수는 합병 전 A회사의 주식 수와 합병을 위해 B회사 주주에게 새로이 교환된 주식 수의 합계인 $100+(E\times50)$주이다. 따라서 합병 후 (A+B)회사의 주당이익 $EPS_{(A+B)}$은 다음과 같이 계산된다.

$$EPS_{(A+B)} = \frac{20만원}{100+50E} \tag{13-3}$$

합병 후의 주가는 이 $EPS_{(A+B)}$에 합병 후의 PER를 곱한 것과 같다. 따라서 합병 후의 PER이 어떻게 예상되느냐에 따라 합병 후의 주주들의 부가 다르게 판단되며, 그들이 원하는 교환비율도 다르게 결정된다. 이제 합병 후의 PER이 12로 높게 형성되는 경우와 10으로 낮게 형성되는 경우를 예로 들어 교환비율(E)이 어떤 범위에서 결정될 것인지를 살펴보기로 하자.

① 합병 후 PER이 12배일 것으로 예상: 투자자들이 이 합병을 매우 성공적인 것이라고 평가한다면, 합병 후 (A+B)회사 주식의 가치는 상대적으로 높게 평가될 것이며 따라서 높은 PER을 갖게 될 것이다. 예를 들어, 합병이 이루어지고 난 후 주식시장에서 (A+B)회사의 주식이 12배의 PER로 평가될 것으로 예상된다 하자. 이 경우 합병 후 (A+B)의 주가는 다음과 같이 결정될 것이다.

$$(A+B)\text{회사의 주가} = EPS_{(A+B)} \times PER = \frac{20\text{만원}}{100+50E} \times 12 \qquad (13\text{–}4)$$

합병 전에 A회사 주식 1주를 소유하였던 주주들은 합병 후에도 (A+B)회사 주식 1주를 갖는다. 따라서 합병으로 A회사 주주의 부(富)가 유지되거나 증가하려면, 합병 후 (A+B)회사의 주가가 합병 전의 A회사의 주가보다 높아야 한다. 즉, 다음의 조건이 충족되어야 한다.

$$\frac{20\text{만원}}{100+50E} \times 12 \geq 18{,}000\text{원}$$

따라서 $E \leq 0.6667$이다. 즉, A회사 주주는 B회사 주식 1주에 대하여 0.6667주 이하의 A회사 주식을 교환하여 주기를 바란다.

다른 한편으로 B회사 주주의 입장에서 교환비율을 결정하여 보자. 합병 전에 B회사 주식 1주를 소유하였던 주주들은 합병 후에 (A+B)회사 주식을 E주만큼 소유하게 된다. 따라서 합병으로 B회사 주주의 부가 유지되거나 증가하려면, 합병 후 (A+B)회사의 주가에 E를 곱한 값($=P_{(A+B)} \times E$)이 합병 전의 B회사의 주가보다 높아야 한다.

$$\frac{20\text{만원}}{100+50E} \times 12 \times E \geq 8{,}000\text{원}$$

따라서 $E \geq 0.4$이다. 즉, B회사 주주는 B회사 주식 1주에 대하여 0.4주 이상의 A회사 주식을 교환 받기를 바란다.

위의 결과로부터 합병으로 A회사와 B회사의 주주 모두의 부(富)를 유지하거나 증가시키기 위해서는 교환비율이 0.4와 0.6667 사이에서 결정되어야 한다.

② 합병 후 PER이 10배일 것으로 예상: 주식시장의 투자자들이 이 합병을 성공적이 아닌 것이라고 평가한다면, 합병 후 (A+B)회사 주식의 가치는 상대적으로 낮게 평가될 것이며, 따라서 낮은 PER을 갖게 될 것이다. 예를 들어, (A+B)회사의 주식이 10배의 PER로 평가될 것으로 예상된다 하자. 이 경우 (A+B)회사의 주가는 다음과 같이 결정될 것이다.

$$(A+B)\text{회사의 주가} = \frac{20\text{만원}}{100+50E} \times 10$$

위와 마찬가지로 합병으로 A회사 주주의 부가 유지되거나 증가하려면, 합병 후 (A+B)회사의 주가가 합병 전의 A회사의 주가보다 높아야 한다.

$$\frac{20\text{만원}}{100+50E} \times 10 \geq 18{,}000\text{원}$$

따라서 $E \leq 0.2222$이다. 즉, A회사 주주는 B회사 주식 1주에 대하여 0.2222주 이하의 A회사 주식을 교환하여 주기를 바란다.

다른 한편으로 B회사 주주의 입장에서 교환비율을 결정하여 보자. 합병으로 B회사 주주의 부가 유지되거나 증가하려면, 합병 후 (A+B)회사의 주가에 E를 곱한 값($=P_{(A+B)}\times E$)이 합병 전의 B회사의 주가 이상의 수준이 되어야 한다.

$$\frac{20\text{만원}}{100+50E}\times 10\times E \geq 8{,}000\text{원}$$

따라서 $E \geq 0.5$이다. 즉, B회사 주주는 B회사 주식 1주에 대하여 0.5주 이상의 A회사 주식을 교환받기를 바란다.

이상의 결과로부터 A회사 주주는 교환비율이 0.2222 이하이기를 바라고 B회사 주주는 0.5 이상이기를 바라기 때문에 서로 타협할 여지가 없으며, 주식교환에 의한 합병이 불가능하게 된다.

그림 13-1 주식교환비율의 결정

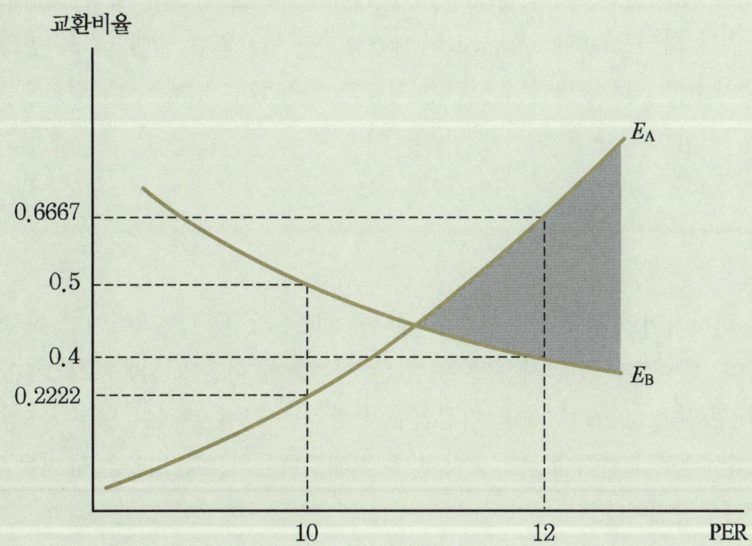

③ 합병이 이루어지려면: 위의 분석에서 합병 후 PER에 대한 예상에 따라 주주들이 바라는 교환비율이 달라진다는 것을 알 수 있다. 합병 후 예상되는 PER과 두 회사의 주주들이 바라는 주식교환비율 사이의 관계는 [그림 13-1]과 같이 나타내진다.

[그림 13-1]에서 E_A는 A회사 주주들이 바라는 교환비율의 상한선을 나타내고 E_B는 B회사 주주들이 바라는 교환비율의 하한선을 나타낸다. 따라서 교환비율은 빗금 친 영역에서 결정된다. 그리고 합병 후의 PER이 어떤 값으로 예상될 경우에도, 교환비율은 유일한 값으로 주어지는 것이 아니라 협상에 의하여 구체적인 값이 결정되어야 한다. 예를 들어, PER이 12로 예상될 경우 교환비율은 0.6667과 0.4 사이의 어떤 값으로 정해질 것이며, 구체적인 값은 협상에 의해 결정된다.

13.3.4 공개매수

1) 의미

공개매수(tender offer)는 주식시장에서 주식을 매수하겠다는 의사를 대상기업의 주주들에게 직접 제의하는 것이다. 즉, 대상기업의 주주들에게 일정 기간에 일정한 대가(현금 또는 주식)를 지급하고 주식을 매수하겠다는 의사를 공개매수설명서로 작성하여 공시하고, 대상기업의 주주들이 이에 응해주면 그 공개매수는 성공한다.

흔히 협상에 의해 원만한 기업인수가 이루어지지 않을 경우 공개매수의 방법을 택하게 되므로, 공개매수의 많은 것들은 적대적 기업인수라고 할 수 있다. 적대적인 상황에서 공개매수가 이루어질 경우 공격자 측은 매우 강력한 공격수단을 강구하게 된다. 예를 들어, 매우 높은 웃돈(premium)을 붙여 매수하거나 '토요일밤 특별프로(Saturday Night Special)' — 토요일밤 특별프로를 방영하듯 주말에 갑자기 공개매수 제의를 함으로써 방어의 시간적 여유를 주지 않는 방법 — 와 같은 방법을 사용하기도 한다.

2) 방어수단

다른 한편으로 대상기업의 경영자나 대주주들은 공개매수의 공격을 막아내기 위하여 여러 가지 방어수단을 강구한다. 방어수단으로 사용될 수 있는 것들로서 다음과 같은 것들이 있다.

① 자본구조 재구성(recapitalization): 기업인수의 공격을 막기 위하여 일부 소액주주들의 주식을 현금 또는 회사채로 교환하여 줌으로써 기존 지배주주들의 지분비율을 높이는 방향으로 자본구조를 변경하는 방법이다.

② 왕관의 보석(crown jewel): 왕관의 보석에 해당되는 핵심적인 자산을 매각처분함으로써 기업인수의 공격으로부터 피하는 방법이다.

③ 독약 칠하기(poison pills): 특정 상황이 벌어질 때(예: 공개매수에 의한 기업인수의 공격)에만 행사할 수 있는 특별한 옵션(예컨대 자기회사 또는 합병회사 주식을 매우 저렴한 가격으로 매수할 수 있는 콜옵션)을 주주들에게 주는 방법이다. 이와 같이 자기회사 주식에 독약을 칠해 놓으면 기업인수의 공격으로부터 벗어날 수 있다.

④ 정관의 개정: M&A 거래에 대한 승인은 절대다수(super-majority)의 승인을 요하도록 하거나, 이사진의 임기를 분산시켜 M&A 후 한꺼번에 경영진을 경질시키지 못하도록 정관을 개정하는 방법이다.

⑤ 백기사(white knight): 공개매수에 의해 적대적 인수의 공격을 받을 때, 현 경영진에게 우호적인 제3자에게 재빨리 기업을 넘겨 버림으로써 경영자의 지위를 유지하는 방법이다. 이와 유사한

개념으로서 백기사보다 낮은 지방명사를 뜻하는 화이트 스콰이어(white squire)라는 것이 있다. 화이트 스콰이어는 공개매수의 공격을 받을 때, 현 경영진에게 우호적인 제3자에게 신주를 발행하여 넘겨줌으로써 공개매수의 시도가 좌절되도록 하는 방법을 말한다.

⑥ **그린메일(greenmail)**: 주식매집을 중지할 것을 조건으로 주식매수자의 지분을 시장가격보다 높은 가격으로 사들이는 것이다. 그린메일은 블랙메일(blackmail, 협박)이라는 말에 대비하여 만들어진 용어이다.

3) 승자의 저주

어떤 자산에 대해 다수의 응찰자를 상대로 경매에 붙일 때, 낙찰자는 그 자산의 진정한 가치보다 높은 가격으로 매수하는 경우가 많다. 이 경우 낙찰가격과 공정가격의 차이는 낙찰자가 경쟁에 이기기 위해 치른 대가로서, 이는 '승자의 저주(winner's curse)'라고 불린다. 경우에 따라서는 너무 비싼 '승자의 저주'를 대가로 치름으로써 경쟁에서 이기지 않은 것만 못한 결과를 가져 올 수도 있다.

공개매수에 성공하는 경우에도 승자의 저주가 발생할 수 있다. 즉, 공개매수를 성공시킬 목적으로 너무 큰 웃돈을 붙여 주식을 매수할 경우 승자의 저주가 발생할 수 있다. 만일 자본시장이 효율적이라면 주식의 시장가격은 이미 그 주식의 진정한 가치를 반영하고 있으므로, 공개매수에서 붙여 준 웃돈(=매수가격−시장가격)은 승자의 자만심 때문에 공개매수에서 성공한 대가로 치르는 승자의 저주이다.

참고 국내 금융기관의 인수 · 합병

우리나라에서는 1997년 외환 · 금융위기 이후의 금융기관 구조조정 과정에서 여러 건의 M&A가 있었으며, 그 후속작업은 최근까지 이루어졌다. 예를 들어, 2015년 9월 하나은행과 외환은행의 합병을 통한 KEB하나은행의 출범, 부실은행에 투입되었던 공적자금 회수를 위한 2016년 11월의 우리은행 민영화 등이다. 이 밖에 재벌기업이 재무적 곤경에 처해 계열 금융회사를 매각하는 사례도 있었다. 이때 매각되는 금융회사는 은행이 아닌 금융기관들인데, 이는 산업자본이 은행을 지배하지 못하도록 하는 규제 때문에 재벌은 은행을 소유하고 있지 않기 때문이다. 비은행 금융회사를 인수하는 기업은 은행을 모태로 하는 금융지주회사인 경우가 많다. 이런 금융지주회사들은 비은행 부문을 강화함으로써 은행업에 치우친 수익구조를 다변화하고 계열사들 사이의 시너지를 만들어내려는 의도로 M&A에 나서곤 한다.

여기에서는 최근에 있었던 비교적 큰 규모의 금융기관 M&A로서 KB금융그룹의 현대증권 인수 사례를 살펴보자. KB금융지주회사는 기존에 비교적 소규모인 KB투자증권을 자회사로 갖고 있었으나, 대형 금융투자사인 현대증권을 인수함으로써 시장에서의 경쟁력과 지배력을 확대하고, 기업금융 및 자산운용 능력을 확충하여 계열사들 사이의 시너지효과를 얻고자 하였다.

이를 위해, KB금융지주는 2016년 5월 상장회사인 현대증권의 지분 22.56%를 인수하여 자회사로 편입하였다. 이후에 KB금융지주는 현대증권의 기존 주주들의 지분을 전부 인수하는 대가로 자사의 신주를 발행하여 지급하는 주식교환을 실시하여 현대증권을 완전자회사로 만들고 상장폐지하였다. 2016년 12월에는 기존 자회사인 KB투자증권을 현대증권에 합병시키고, 새로운 합병법인의 이름을 KB증권으로 정하였다.

13.3.5 LBO

기업인수의 방법으로 사용하는 또 다른 방법은 LBO(leveraged buyout)로서 차입에 의한 기업인수 또는 자산취득을 말한다. 본래 LBO는 소기업의 창업 대주주가 그의 사망 또는 은퇴 후에도 회사의 존속을 보장하기 위해 외부주주의 지분을 줄이거나, 회사의 소유구조를 단순화하여 처분이 용이하도록 하기 위해 오래전부터 사용되어 왔던 방법이다. 그러나 최근에 이루어진 LBO의 대부분은 대기업을 인수하기 위해 사용되고 있다.

LBO는 인수자가 대상기업의 자산을 담보로 자산가격의 대부분을 차입하여 대상기업을 인수한 다음, 대상기업의 운영으로 얻어지는 현금흐름으로 차입금을 상환하는 방식이다. 이 LBO에서 차입금으로 조달하는 대금의 비중은 70% 내지 90%에 달한다고 한다. 따라서 이 LBO가 통상적인 기업인수 방법과 구별되는 점은 인수자금의 대부분을 차입금에 의해 조달한다는 점이다.

LBO에 의한 기업인수는 일부 주주집단이나 다른 기업에 의해 시도될 수도 있지만 현재의 경영진에 의해 시도될 수도 있다. 특히 정보비대칭이 존재하고 주식의 시장가격이 저평가되어 있는 경우에는, 경영자가 분산소유되어 있는 주식을 인수함으로써 '개인기업화(going private)'하기 위한 방법으로 LBO를 시도하는 경우가 있다.

LBO는 인수자금의 대부분을 차입하여 조달하기 때문에 인수자는 ① 비교적 적은 자기자본만으로 기업인수를 시도할 수 있으며, ② 부채이용에 따른 레버리지효과 — 적은 자기자본으로 커다란 큰 자본이득을 얻어내는 효과 — 를 얻어낼 수 있다는 매력을 갖고 있다. 그러나 기업인수 후의 기업가치가 인수가격보다 낮게 평가될 경우에는 레버리지효과 때문에 자본손실도 더 크게 확대된다. 따라서 LBO에 의한 기업인수는 인수자가 매우 큰 위험을 부담하는 인수 방법이다.

LBO에 의해 기업을 인수할 때 인수대상 기업의 주주에게 지급하는 웃돈(premium)은 LBO 발표 1, 2개월 전의 주가의 40% 이상에 달한다. 이렇게 큰 웃돈이 주어질 수 있는 원천으로서 다음 몇 가지가 지적되고 있다.[5] 첫째, 많은 부채를 이용하기 때문에 커다란 법인세절약효과가 발생한다. 둘째, 주식

5 J. F. Weston, M. L. Mitchel & J. H. Mulherin, *Takeovers, Restructuring and Corporate Governance*, 4th ed.

소유가 소수의 주주에게 집중하게 되어 대리인문제가 감소하게 되고 경영자의 인센티브가 개선된다. 셋째, 과다한 부채이용 때문에 신용도가 하락하게 되어 기존 채권자와 우선주주들로부터 주주에게 부(富)가 이전되는 효과가 발생한다. 넷째, 정보비대칭 때문에 주가가 저평가되어 있을 경우, 우월한 정보를 갖고 있는 주주집단이나 경영자가 주식매집을 행함으로써 정보비대칭이 해소되고 주가가 상승한다. 다섯째, 기업경영에 관심을 갖는 소수의 주주나 경영자에게 주식이 집중됨으로써 경영의 효율성이 개선될 수 있다.

13.3.6 합작투자와 전략적 제휴

1) 합작투자

합작투자(joint venture)는 특정한 사업목적을 위해 두 개 또는 그 이상의 기업들이 자본, 설비, 기술 등을 제공하여 새로운 기업을 설립하는 것을 의미한다. 합작투자는 유효기간이 계약에 의해 미리 정해져 있는 경우가 일반적이기 때문에 기업 간 장기계약이라고 할 수 있다.

합작투자의 한 예로서 세계적 전자회사인 네덜란드의 필립스(Philips)와 미국의 유명한 가전제품회사인 월풀(Whirlpool) 사이의 합작계약을 들 수 있다. 1980년대 후반, 필립스는 연간 15.5억 달러 매출 규모인 가전사업에서 철수하기로 결정하였다. 당시 이 회사는 5개국 10개 공장에서 생산되는 9개 브랜드의 가전사업을 매각하고자 했다. 이 가전사업부는 여러 해 동안 실적이 부진했지만 뛰어난 디자인 및 제조기술을 갖고 있었다.

다른 한편 월풀은 미국 이외의 다른 나라에 진출하고자 노력해 왔다. 그러나 막대한 신규투자액과 판매망 형성과 같은 문제 때문에 해외진출이 지연되어 왔다. 1989년 필립스는 월풀이 가전사업 부문의 지분 53%를 3억8,100만 달러에 인수하고 3년 이내에 나머지 47%를 매입할 수 있는 옵션을 갖기로 하는 합작투자를 제안하고, 두 회사는 이에 합의하였다. 이 합작투자는 3년 동안 필립스-월풀의 브랜드를 달고 있을 뿐만 아니라, 월풀이 필립스로부터 해외마케팅 기법을 습득할 수 있는 여러 조건을 포함하고 있었다.

이 예는 합작투자가 어떤 동기에서 이루어질 수 있는가에 대한 중요한 사례를 보여주고 있다. 합작투자의 주된 동기는 위험회피, 지식취득, 신시장진출인 것으로 알려져 있으며,[6] 이 중 가장 중요한 동기는 지식취득인 것으로 알려져 있다. 기업활동과 관련된 생산기술과 판매 노하우 등은 대부분 실천에 의한 교육(teaching by doing)과 실천에 의한 학습(learning by doing)에 의해서만 전달되는 경우

(Prentice-Hall, 2004), Ch. 16, pp.418~424.

6 S. V. Berg, J. Duncan & P. Friedman, *Joint Venture Strategies and Corporate Innovation* (Oegeschlager, Gunn and Hain, 1982).

가 많다. 이런 경우 합작투자가 경영 관련 지식을 전달하는 데 유용한 방식이 될 수 있다.

합작투자는 어떤 사업에 독립적으로 진출할 때보다 작은 투자액을 부담하기 때문에 투자위험의 부담이 적어진다. 이러한 위험회피 동기 때문에 광산개발이나 유전탐사 등과 같은 모험산업에 합작투자가 많이 채택되고 있다.

새로운 시장에 진출하고자 할 때에도 진입장벽을 극복하고 시장개척의 비용부담을 줄이기 위해 합작투자가 흔히 사용된다. 마이크로소프트가 1990년대 후반 이후 온라인 게임 시장에 진출하기 위해 기존 컴퓨터게임 회사들과 여러 차례에 걸쳐 합작투자를 했던 것이 그 예이다. 또 해외직접투자(foreign direct investment)의 경우 현지 회사와의 합작투자가 활발하게 이루어지고 있는 것도 동일한 동기 때문이라고 할 수 있다.

합작투자는 투자자들에게 좋은 뉴스(good news)로 받아들여지고 있다. 몇 가지 실증적 연구결과에 의하면, 합작투자 발표는 하루 전과 당일 중에 해당 기업의 주가가 시장 평균보다 1.67% 내지 2.45% 정도 더 크게 상승하도록 한다고 알려져 있다.[7] 그러나 장기적으로는 많은 합작투자가 기대 이하의 성과를 가져다준다. 1986년 비즈니스위크는 맥킨지 경영자문회사의 조사결과를 인용하여 합작투자의 70% 가량이 본래 기대했던 것만 못하다고 보도하였다. 또 많은 합작투자는 사업 개시 이전 또는 초기에 결렬되는 경우가 많다는 조사도 있다.[8]

합작투자가 실패하는 중요한 이유는 원하던 기술이 개발되지 못하거나, 사업목적 달성 방법의 합의에 이르지 못하거나, 전문지식을 갖고 있는 경영자가 합작투자 상대방과 전문지식을 공유하는 것을 거부하거나 또는 지배권의 마찰이 발생하는 등의 이유 때문이다.

2) 전략적 제휴

전략적 제휴(strategic alliance)는 특정 형태의 협력적 관계를 형성하기 위해 둘 또는 그 이상의 회사들이 맺는 공식적 · 비공식적 의사결정 또는 협약을 의미한다. 오늘날 급격한 기술 변화, 시장의 세계화, 규제완화 등의 환경 변화는 산업 간의 경계와 기업활동의 범위를 매우 애매하게 만들었다. 이런 상황에서 환경 변화에 용이하게 적응하고 반독점규제의 제한을 회피할 수 있는 수단으로 흔히 전략적 제휴가 빈번하게 이루어지고 있다.

전략적 제휴의 예는 매우 다양하다. AT&T, 루슨트(Lucent) 및 모토롤라(Motorola)는 인터넷에 음성으로 접속할 수 있는 시스템의 공동연구를 위한 전략적 제휴를 1999년에 계약하였다(월스트리트 저널, 1999년 3월 2일자). 또 미국의 인터넷 업체인 AOL은 광범위한 전략적 제휴의 일환으로 위성통신

7 J. R. Woolridge & C. C. Snow, "Stock Market Reaction to Strategic Investment Decisions," *Strategic Management Journal*, 11(June 1990), pp.33~363 및 S. Johnson & M. B. Houston, "A Reexamination of the Motives and Gains in Joint Ventures," *Journal of Management Studies*, 36(Jan, 1990), pp.87~107.

8 J. F. Weston, M. L. Mitchel & J. H. Mulherin, 앞의 책, p.362.

시스템을 이용한 초고속 인터넷 서비스를 제공하기 위해 휴즈 일렉트로닉스(Hughes Electronics)와 계약을 맺었다(뉴욕 타임즈, 1999년 6월 22일자). 이외에도 전략적 제휴의 예는 무수히 많다.[9]

흔히 기업인수, 합작투자 및 전략적 제휴를 묶어 전략적 투자(strategic investment)라고 한다. 이 세 가지 대안 중 어떤 것을 택할 것인가의 문제는 고도의 전략적 판단을 필요로 하기 때문에, 이들이 갖고 있는 특징을 충분히 이해해 둘 필요가 있다. [표 13-3]은 그 특징을 요약하고 있다.

▶▶ 표 13-3 기업인수, 합작투자 및 전략적 제휴의 특징

기업인수	합작투자	전략적 제휴
• 100% 지배권이 가능. • 기업 간 합의가 불필요. • 융통성이 적다. • 자원의 투입이 크다. • 보다 큰 위험. • 필요 이상으로 많은 것을 취득해야 할 수도 있다. • 기업문화의 갈등이 클 수 있다. • 정보시스템의 결합 및 조화가 필요. • 빠르고 효과적인 통합작업이 필요. • 비용절약 가능성이 크다. • 중간단계로 지분투자가 선행되기도 한다. • 국경을 넘을 수 있다. • 이미 발생한 전략적 선택의 오류를 시정하는데 사용될 수 있다.	• 두 회사의 사업 부문이 겹쳐진다. • 명백한 투자기회를 이용할 수 있다. • 일반적으로 두 회사만 관련된다. • 위험부담이 제한된다. • 단일제품의 공동생산이 가능하다. • 고위 경영진 사이의 소통이 필요하다. • 합병에서 발생하는 위험을 회피할 수 있다. • 흔히 국경을 넘는다. • 많이 얻고 적게 주려고 하기 때문에, 긴장관계가 형성될 수 있다.	• 여러 회사들의 복합적 시스템을 형성하고자 할 때 유용. • 기업 간 경계가 모호. • 기업들이 자사의 핵심능력에 집중할 수 있도록 해준다. • 참여회사의 공헌도와 이득을 측정하기 어렵다. • 다른 회사의 사람들과 함께 일할 수 있는 기회를 준다. • 초기에 비교적 적은 자원을 투입한다. • 제휴의 지속기간이 제한되어 있다. • 고위 간부가 적극적으로 경영에 참여해야 한다. • 처음 계획하지 않았던 방향으로 발전할 수도 있다. • 장기적으로 새로운 지식과 변화에 적응해야 한다. • 국경을 넘고자 할 때 특히 유용하다. • 정부가 금지하는 합병이나 국경을 넘는 합병에 대한 대안으로 유용.

9 J. Bleeke & D. Earnst, "Is Your Strategic Alliance Really a Sale," *Harvard Business Review*, 73(Jan.-Feb. 1995), pp.97~105에서는 흔히 이루어지고 있는 전략적 제휴의 유형을 다음 다섯 가지로 나누고 있다. ① 경쟁사 간의 담합: 두 개의 강력한 경쟁회사들이 핵심 사업 부문에서 전략적 제휴를 맺음으로써 경쟁에 따른 긴장관계를 해소하고 불필요한 비용을 제거한다. ② 약자들의 담합: 두 개의 약한 회사들이 힘을 합한다. 이 경우 약한 회사가 더 약해지면 제휴관계는 깨진다. ③ 위장된 기업인수: 사실상 강한 회사가 약한 회사를 인수할 목적으로 일시적으로 약한 회사와 강한 회사가 전략적 제휴를 맺는다. 이 경우 조만간 약한 회사는 강한 회사에 인수된다. ④ 합병의 전단계: 상호 보완 관계를 갖는 두 개의 강한 기업들이 합병을 염두에 두고 전략적 제휴를 맺는다. 최초의 제휴 목적이 성공적으로 달성되면 두 회사는 합병으로 진행한다. ⑤ 상호 보완적 제휴: 상호 보완적 관계를 갖는 두 회사가 제휴한다.

참고 우리나라에서의 M&A의 장애요인

오늘날 세계적 대기업의 대부분이 유기적 성장(organic growth, 회사 자체 역량에 의한 성장)에만 의존하지 않고 M&A를 중요한 성장전략으로 활용하고 있다. 그러나 우리나라 기업들은 M&A에 의한 성장의 필요성은 인식하고 있으면서도 그 활용도는 다른 나라에 비해 상대적으로 낮은 것으로 알려져 있다.

삼성경제연구소는 우리나라에서 M&A의 장애요인이 무엇인지에 대해 288명의 경영자를 대상으로 설문조사한 결과, ① 인수·합병을 위한 전문인력 및 경험 부족(48%), ② 보수적 조직문화 및 종업원의 저항(41%), ③ M&A에 대한 경영진의 방어적 태도(33%), ④ 법률절차상의 복잡성 및 규제(27%), ⑤ 피인수기업에 대한 정보 부족(19%), ⑥ 금융기관의 인수자금 시장 관련 역량 부족(16%) 등과 같은 장애요인들이 중요한 것으로 나타났다(괄호 안은 총응답자에 대한 비율).[10]

이 조사결과를 보면, 우리나라 경영자들은 내부역량에 대한 자신감 부족(위의 ①, ②, ③에 해당)을 M&A 활성화의 장애요인으로 지적하고 있다. 이처럼 M&A에 대해 경영자들의 소극적 태도를 보이게 된 데에는 그 동안 정부가 M&A를 산업합리화나 부실기업 처리를 위한 정책수단으로 사용해 왔던 역사적 경험과 대형 매물을 무리하게 인수한 일부 회사들이 유동성위기에 빠졌던 사례(예: 금호의 대우건설 인수 등) 등에 그 이유가 있다고 할 수 있다.

제4절 재무적 곤경의 처리

13.4.1 재무적 곤경의 의미와 처리 방법

재무적 곤경(financial distress)은 기업의 채무이행에 필요한 현금흐름이 얻어지지 못하기 때문에 어떤 시정조치를 취해야만 하는 상황을 말한다. 재무적 곤경은 경제적 부실, 경제적 지급불능 또는 기술적 지급불능 등과 같은 다양한 개념을 포함하고 있다.

경제적 부실(economic failure)은 수익성의 현저한 저하로 기업의 정상적 경영활동이 지장을 받거나 순조로운 부채상환이 어려운 상태이다. 경제적 부실과 함께 현저한 배당감소, 공장폐쇄, 적자, 정리해고, 회사 대표의 사직, 주가폭락 등이 흔히 나타난다.

경제적 지급불능(economic insolvency)은 비록 채무불이행은 발생하지 않았다 하더라도 기업의 부

10 삼성경제연구소의 SERICEO 경영자 회원을 대상으로 설문조사한 결과임. 복수응답 허용.

그림 13-2 재무적 곤경의 처리절차

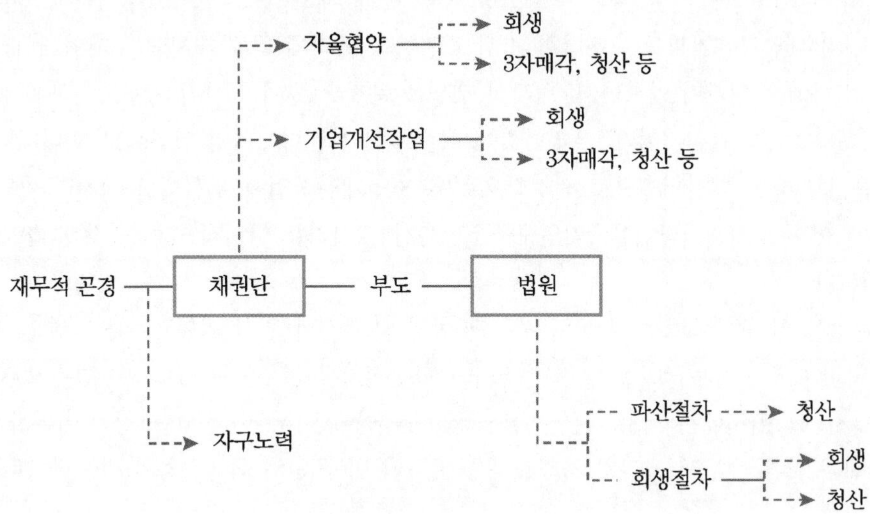

채가 자산가치를 초과하여 순자산이 (−)인 상태를 말한다. 경제적 지급불능은 그 원인이 일시적인 유동성 부족에 있는 것이 아니라 자산가치의 하락이나 장기적인 결손의 누적 등에 있는 경우가 많다.

기술적 지급불능(technical insolvency)은 기업의 유동성 부족으로 만기가 도래한 채무를 상환할 수 없는 경우로서, 곧바로 추가적인 자금을 조달할 수 있는 경우 정상적인 상황으로 되돌아 갈 수 있지만 그렇지 못하면 파산의 직접적인 원인이 될 수 있다.

일반적으로 재무적 곤경을 처리하기 위해 사용되는 방법들은 재건형 절차와 청산형 절차로 나누어진다. 재건형 절차에는 채권단 자율협약, 기업개선작업(workout, 워크아웃), 법정에서의 회생절차 등이 포함되며, 청산형 절차로서 파산선고에 의한 청산이 있다. 이런 다양한 방법들을 체계화한 것이 [그림 13-2]이다.

일반적으로 어떤 회사가 기술적 지급불능에 빠지기 전에 회사 자체의 자구노력이 먼저 행해진다. 자구노력은 회사 자체의 노력에 의해 응급한 채무를 해결하는 것이다. 자구노력을 위해 ① 적자 사업부문의 폐쇄와 대량의 정리해고, ② 자본적 지출과 R&D 지출의 축소, ③ 기업의 주요 자산을 처분하여 그 대금으로 긴급한 채무를 상환하는 것, ④ 다른 회사와 합병함으로써 채무를 승계하도록 하는 것, ⑤ 새로운 증권을 발행하여 채무변제대금을 조달, ⑥ 일부 채권자에게 부채변제 대신 자산의 일부를 이전하여 주는 방법 등이 사용된다.

회사의 자구노력에도 불구하고 만기가 도래한 채무를 상환할 수 없는 상태에 이르면, 이제 구조조정은 기업, 채권자, 법원의 협의 하에 이루어지거나 기업 외부의 관계자들에 의해 주도될 수 있다. 이런 구조조정 방법은 채권단 자율협약, 기업개선작업(workout), 법적 절차(법정관리)를 포함한다.

채권단 자율협약은 기업의 회생가능성이 상대적으로 높아서 채무상환 유예와 긴급자금 지원 등으로 시간적 여유를 주면 갱생할 수 있다고 판단될 때, 해당 기업과 채권은행들이 자율적으로 체결하는 협약이다. 기업은 자산매각 및 사업 구조조정 등을 통해 재무구조 개선을 추진하게 된다.

다음으로, 비은행 금융기관들을 포함한 전체 채권단의 합의에 의해 개시되는 기업개선작업(워크아웃)은 법적 절차에 들어가지 않으면서, 회사의 갱생을 목적으로 여러 가지 자구노력과 함께 채무변제의 우선순위를 재조정하는 것이다. 우리나라에서는 1998년 재벌개혁의 일환으로 30대재벌에 속하는 55개 기업을 워크아웃 대상기업으로 선정함으로써, 기업개선작업이 부실회사의 처리 방법으로 주목받게 되었다. 이후 기업개선작업은 〈기업구조조정촉진법〉이라는 한시적 효력을 갖는 법에 법적 근거를 두게 되었다.

재무적 곤경을 처리하는 법적 절차는 〈채무자 회생 및 파산에 관한 법률〉(이하 회생 및 파산법으로 부른다)에 따라 이루어지는 것으로서, 회생절차와 파산절차로 이루어져 있다. 이 법은 2006년부터 시행된 것으로서, 그 이전에는 서로 다른 법률의 적용을 받아 이루어졌던 회사정리(이른바 법정관리), 화의 및 파산과 같은 재무적 곤경의 처리절차를 하나의 법에 의해 회생절차와 파산절차로 정리한 것이다.

13.4.2 채권단 자율협약과 기업개선작업

채권단 자율협약은 채권은행들과 기업이 자율적으로 협약을 맺어, 은행들은 부채상환을 유예하고 추가적으로 자금을 지원하며 해당 기업은 여러 가지 자구노력을 함으로써 기업을 회생시키려는 절차이다. 법에 의해 정해진 절차가 없으므로, 빠르고 유연한 구조조정 추진이 가능하다.

기업개선작업(워크아웃)은 회생가능성은 있으나 일시적인 유동성 부족으로 재무적 곤경에 처한 기업의 도산을 막고, 채권금융기관 중심으로 구조조정하여 회생시키는 절차이다. 기업개선작업은 부실회사의 대주주 및 경영자와 채권단(債權團)의 협상에 의하여 진행되며, 기존의 재무적 청구권을 새로운 청구권으로 교환하는 일을 포함한다. 기업개선작업이 진행되면 부실경영의 책임을 묻기 위해 기존 대주주의 주식은 모두 소각되고 소액주주의 주식도 전부 또는 많은 부분이 소각되는 것이 일반적이다. 부채지급의 우선순위도 바뀌게 되어 후순위부채(junior debt)의 일부는 자기자본으로, 선순위부채(senior debt)는 후순위부채로 대체된다.

일반적으로 워크아웃은 간편한 절차와 저렴한 비용 때문에 부실회사의 처리 방법으로서 법적 회생절차나 파산절차보다 효율적인 것으로 알려져 있다. 워크아웃이 활발하게 이용되고 있는 미국에서는 채무지급불능에 빠진 기업들의 절반 이상이 워크아웃을 이용하고 있다. 그리고 워크아웃에 관한 실증적 연구들은 ① 워크아웃으로 갱생한 기업들의 주가상승이 회사정리에 의해 갱생한 기업보다 크고, ② 워크아웃의 직접비가 회사정리의 10% 정도에 지나지 않으며, ③ 회사가 워크아웃의 절차를 이용하든 회사정리를 이용하든 최고경영자의 보수는 감소하게 되며, 경우에 따라서는 직책을 잃기도 한다

는 사실을 밝히고 있다.[11]

그러나 부실회사의 자본구조가 복잡할 경우, 채권자들의 합의를 도출할 수 없기 때문에 현실적으로 워크아웃을 진행할 수 없게 된다. 또 주주와 채권자들이 재무적 곤경의 상황, 즉 회사의 채무지급불능의 상태가 일시적인 것인지 또는 지속적인 것인지에 대하여 불완전한 정보를 갖고 있는 경우에는 워크아웃의 진행이 어려워진다. 이런 경우 주주들은 지급불능이 일시적인 것으로 주장하고 워크아웃의 진행을 바라게 되며, 채권자들은 지급불능이 지속적인 것으로 판단하고 파산 또는 회사정리의 절차를 고집하게 된다.

13.4.3 회생절차와 파산절차

1) 회생절차

회생 및 파산법에서 회생절차는 종래의 회사정리(법정관리)와 화의를 절충한 것이다. 회생절차는 재정적 궁핍으로 파탄에 직면하였으나 경제적으로 갱생의 가치가 있는 기업에 대하여 법원이 채권자와 주주 등 이해관계자들의 이해를 조정하고 사업을 정리·재건하기 위한 제도로서, 이 법에 따라 절차가 진행된다. 10% 이상의 지분을 갖고 있는 주주 또는 회사자본의 10% 이상의 채권을 갖고 있는 채권자는 채무의 지급불능이나 파산의 염려가 있을 때 회생절차의 개시를 법원에 신청할 수 있다. 회생절차를 신청할 때에는 모든 채권과 채무를 동결시키는 회사재산보전처분도 동시에 신청한다.

법원은 회생절차 개시신청이 접수되면, 법원에 설치된 관리위원회와 채권자협의회의 동의 여부를 확인하고 회사의 공익적 가치와 제3자의 인수가능성 등을 판단하여 회사보전처분결정을 내린다. 일단 회사보전처분결정이 내려지면 모든 채권자의 권리행사가 중지된다. 또 법원은 회생절차 개시의 승인 여부를 심사하여 충분한 사유를 갖추었다고 판단되면 회생절차 개시결정을 내린다.

회생절차 개시결정을 내림과 동시에 법원은 관리위원회와 채권자협의회의 의견을 들어 적합한 관리인을 선임한다. 법원은, 해당 회사의 책임자가 재정적 파탄에 대해 중요한 책임을 져야하는 경우를 제외하고, 원칙적으로 해당 회사의 책임자를 관리인으로 선임하여야 한다. 해당 회사의 책임자를 관리인으로 선임하는 것은 회사경영의 전문성과 계속성을 살림으로써 회사의 재건이라는 목적을 더 효과적으로 달성하기 위한 제도이다.

관리인은 회사의 법원이 정한 기한(최대 4개월) 내에 회생계획안을 작성하여 제출하여야 한다. 회

11 Stuart Gilson, "Managing Default: Some Evidence on How Firms Choose Between Workouts and Bankruptcy," *Journal of Applied Corporate Finance* (Summer 1991)와 Stuart C. Gilson, Kose John & Larry N. P. Lang, "Troubled Debt Restructuring: An Empirical Study of Private Reorganization of Firms in Defaults," *Journal of Financial Economics*, Vol. 27(1990).

생계획안은 회사의 채권자와 주주의 권리의 전부 또는 일부의 변경, 채무변제자금의 조달 방법, 영업이나 재산의 양도, 출자 및 임대, 정관의 변경, 자본의 감소, 신주나 사채의 발행 등과 같이 부실회사의 회생에 관련되는 구체적인 내용을 정한 것으로서, 사전에 이해관계자들의 이해를 충분히 조정하여 작성된다. 회생계획의 핵심은 채권자와 주주의 권리변경에 관한 것으로서, 경영에 책임있는 구주주의 주식소각에 관한 내용, 채권자의 권리변경과 채무변제자금의 조달 방법에 관한 내용 등이 이에 해당된다. 회생계획안은 원칙적으로 채권자집단의 의결권 총액의 2/3 이상의 동의와 주주집단의 의결권 총수의 1/2 이상의 동의가 있어야 확정된다.

회생절차는 부실기업의 재건을 도모할 수 있다는 점에서 그 사회적 가치가 충분히 인정된다. 그러나 실제의 제도운용에서는 다음과 같은 정보비대칭과 도덕적 해이의 문제점들이 있을 수 있다.

첫째, 부실회사의 갱생가능성에 대하여 회생절차를 신청한 회사와 법원 사이에 심각한 정보비대칭이 존재하기 때문에, 법원의 회생절차 개시결정이 오류를 범할 가능성이 있다. 일반적으로 회생절차를 신청한 회사는 회사의 갱생가능성에 대하여 충분한 정보를 갖고 있지만 법원은 그렇지 못하다. 이런 상황에서 회사는 회생절차 개시결정을 받아내고자 로비능력이 강한 변호사를 고용하고 고가의 성공사례비를 지급하게 된다. 또 기업내용에 대하여 비교적 많은 정보를 갖고 있는 채권은행들도 법원에 충분한 정보를 제공하지 않을 수 있다. 왜냐하면 채권은행의 담당자 입장에서 볼 때, 거래기업이 파산해서 당장 손실이 발생하는 것보다는 갱생의 가능성이 없더라도 회생절차를 거쳐 장기간이 지난 후에 손실이 확정되도록 하는 것이 자신의 책임을 가볍게 하는 데 유리하다고 판단할 수 있기 때문이다.

둘째, 회생절차가 부실경영의 책임을 지고 있는 구주주와 경영자의 도덕적 해이를 가져올 수 있다. 회생절차를 신청하게 되면 채권자들의 모든 채권에 대해 원금과 이자가 유예된다. 또 회생절차 개시결정이 내려지고 회생계획안이 인가되면 회사는 장기간 동안 채무변제가 연기되는 특혜를 누릴 수 있게 된다. 따라서 회생절차는 자구노력을 회피하거나 재건의 가능성이 없는 기업이 이런 혜택을 누리기 위한 도덕적 해이의 수단으로 악용될 소지가 많다

2) 파산에 의한 청산

기업의 재무적 곤경을 처리하기 위해 사용되는 청산형 절차는 파산에 의한 청산(liquidation by bankruptcy)이다.[12] 파산절차는 고의가 아닌 채무불이행과 고의적인 채무변제 거부를 구분하고 채권자들이 채무변제에 충당할 수 있는 채무자의 자산을 우선순위에 따라 공정하게 분배받을 수 있게 하는 데 목적을 두고 있다. 그러나 채권자들의 이해관계가 상충되고 따라서 동일체로서 행동을 함께 할 수 없기 때문에, 파산절차는 해당 회사의 재산을 파산관계 전문가인 파산관리인이 관리하도록 하

12 파산에 의한 청산은 회생 및 파산법의 파산절차에 따른 기업자산의 매각 및 매각대금의 분배절차로서, 미국의 1978년 연방파산법(Federal Bankruptcy Reform Act)의 제7장의 bankruptcy liquidation에 해당된다.

도록 하고 있다.

파산에 의한 청산이 이루어지기 위해서는 먼저 법원의 파산선고가 있어야 한다. 채권자 또는 해당 회사의 이사가 파산신청을 접수하면, 법원은 회사가 채무를 지급할 수 없는지와 회사의 부채총액이 자산총액을 초과하는지를 판단하여 파산선고를 내린다. 파산선고가 내려지면, 법원은 파산절차를 집행하는 파산관리인을 선임한다. 또 파산선고가 내려짐과 동시에 해당 회사의 모든 재산은 '파산재단'에 소속되며, 파산관리인이 파산재단을 관리 및 처분하는 권한을 행사한다. 즉, 파산관리인은 회사 재산 및 채무를 조사하고 이를 우선순위 규칙에 따라 채권자들에게 배당한다.

13.4.4 재건형 절차와 청산형 절차의 선택 문제

어떤 회사가 재무적 곤경에 빠질 때 채권자들은 기업개선작업이나 법적 회생절차와 같은 재건형 절차를 선택할 것인지 또는 파산 및 청산과 같은 청산형 절차를 선택할 것인지를 결정하여야 한다. 이런 의사결정에서 고려해야 할 요인으로서 해당 회사의 자산과 부채의 특성이 특히 중요하다.

일반적으로 해당 회사의 자산 중 기업고유자산(firm-specific asset)의 비중이 클수록, 채권자들은 재건형 절차를 택한다. 기업고유자산은 해당 회사의 영업활동을 위해서는 중요하게 사용되는 자산이지만 다른 회사 또는 업종에서는 큰 쓸모가 없는 자산이다. 예를 들어, 어떤 광산의 철도는 그 광산에서만 쓸모가 있지 다른 회사에서는 고철 덩어리에 불과하므로 기업고유자산의 전형적인 예라고 할 수 있다. 어떤 회사가 보유하고 있는 특허권이나 고유기술 등은 건물 또는 토지에 비해 기업고유자산의 특성이 강하다고 할 수 있다. 일반적으로 기업고유자산은 그 자체의 유통시장이 제대로 형성되어 있지 않기 때문에 청산가치가 크게 낮다. 따라서 기업고유자산의 비중이 큰 회사의 채권자들은 청산보다는 재건형 절차를 선호하게 된다. 이와 마찬가지 이유로, 풍부한 성장기회를 갖고 있는 회사나 시장의 평판이 좋은 회사의 경우도, 시장기회나 평판의 청산가치는 거의 0에 가깝기 때문에, 채권자들은 재건형 절차를 선호한다. 반대로 청산가치가 큰 도심지의 빌딩이나 토지의 비중이 큰 회사의 경우 채권자들은 청산을 선택할 가능성이 크다.

재무적 곤경에 빠진 회사의 부채의 특성도 중요한 고려요인이다. 부채는 크게 공적 부채와 사적 부채로 구분된다. 공적 부채(publicly placed debt)란 회사채와 같이 채권자가 불특정다수로 이루어져 있는 부채이다. 공적 부채의 채권자들은 감시비용을 부담하려 하지 않기 때문에 채무자의 미래 전망과 지급능력에 대해 충분한 정보를 갖고 있지 못하다. 사적 부채(privately placed debt)는 은행차입금과 같이 채권자가 하나 또는 소수인 부채이다. 은행과 같은 사적 부채의 채권자들은 채무자를 지속적으로 감시할 수 있는 수단을 갖고 있으므로 채무자의 신용상태에 대해 더 많은 정보를 갖고 있고, 채무자의 신용도를 반영하여 부채의 조건과 연장 여부를 재협상할 수 있는 위치에 있다.

공적 부채의 채권자들은 부실기업의 미래 전망에 대하여 충분한 정보를 갖지 못한 상태에서 해당 회사의 재무적 곤경을 처리해야 할뿐 아니라, 일단 재건형 절차를 선택한다 하더라도 그 이후 추가적 감시가 곤란하다. 즉, 공적 부채의 채권자들은 제2장에서 설명한 역선택의 문제를 안게 되며, 그 결과 해당 회사의 존속 및 재건보다는 청산을 선택하게 된다. 그러나 비교적 충분한 정보를 갖는 사적 부채의 채권자들은 정보의 내용에 따라 해당 회사의 재건 또는 청산 여부를 결정하게 된다. 즉, 공적 부채의 비중이 클수록 청산형 절차를 선택할 가능성이 크다. 또 은행차입금과 같은 사적부채의 비중이 크면 분식회계를 위해 재건형 절차를 선택할 가능성이 커진다. 은행 담당자들은 실제 재건의 가능성이 크지 않다 하더라도 재건형 절차를 택함으로써 회수불능액의 대손처리를 연기함으로써 자신의 책임을 애매하게 만들려 한다.

기업규모도 재무적 곤경의 처리절차에 중요한 영향을 미친다. 기업규모가 크면, 회사가 청산될 경우 다수의 종업원이 일자리를 잃게 되고 많은 납품회사들이 연쇄도산하게 되므로 청산을 막기 위한 사회적 압력이 증가하게 된다. 또 기업규모가 클수록 부채규모도 크고 그 구성도 복잡해지기 때문에, 채권자들이 부실처리의 방법에 대해 일치된 의견을 모으기 어려워진다.

제13장 연습문제

[선다형]

01 기업의 인수·합병과 관련된 설명으로 옳지 않은 것은?

① 기업합병은 당사 회사의 법률적 관계에 따라 흡수합병과 신설합병으로 구분된다.
② 기업의 인수 · 합병은 내적성장의 한 방법이다.
③ 수직적 합병은 원재료의 배급 및 유통상의 비용 절감, 기술상의 합리화 달성, 제품과 요소시장에서의 안정성 확보 등을 주요 목적으로 한다.
④ 다각화 합병은 위험의 분산, 인적 자원의 효율적 활용 등을 주요 목적으로 한다.
⑤ 투자 자산에서 소득이 발생할 때까지 소요되는 평균기간이다.

02 M&A로부터 재무시너지(financial synergy)를 기대할 수 있도록 하는 요인에 해당하는 것은?

① 보다 효율적인 마케팅
② 경영진의 보다 적절한 배치
③ 공동보험효과
④ 보다 안정적인 원료의 공급
⑤ 연구개발인력의 공동이용

03 다음 중에서 기업합병의 표적을 선택할 때 중요시하여야 할 내용이 아닌 것은?

① 투자자들이 단기적 손실에만 주목하고 장기적 성장기회를 간과하여 주가가 낮게 평가되고 있는 회사
② 장부상 자산총액이 대체원가보다 현저히 낮은 회사
③ 유리한 투자기회를 많이 갖고 있으면서도 자금부족으로 투자하지 못하고 있는 회사
④ 자산가치에 비하여 부채의존도가 매우 낮은 회사
⑤ 영업이익흐름이 자기회사의 영업이익흐름과 음(−)의 상관계수를 갖고 있는 회사

04 다음 중에서 올바른 설명은?

① 기업합병에서 피합병회사의 기업가치를 평가할 때 시장가치는 거의 이용되지 않는다.
② 기업합병의 NPV를 평가할 때에도 합병에 의하여 얻어지는 증분현금흐름만 고려하여야 한다.
③ 기업합병의 NPV를 계산할 때 적용하는 자본비용은 합병회사의 가중평균자본비용을 사용하여야 한다.
④ 기업합병의 NPV를 계산할 때 합병절차의 진행에 따른 거래비용은 현금흐름의 추정에서 제외된다.
⑤ 합병이 이루어질 경우, 일반적으로 피합병회사의 경영자가 얻는 이득은 합병회사의 경영자가 얻는

이득보다 크다.

05 어떤 회사가 다른 회사를 현금인수에 의하여 인수하고자 검토하고 있다. 이 의사결정과 관련하여 잘못된 설명은?

① 이러한 의사결정은 기대현금흐름의 현재가치를 평가하여 채택 여부를 결정하는 자본예산결정의 문제로 취급할 수 있다.
② 이러한 의사결정은 합병 이후 기업지배권의 변동에 미치는 영향까지 고려하여 이루어져야 하므로, NPV에 의하여 채택 여부를 결정해서는 안 된다.
③ 이러한 의사결정을 자본예산결정과 같은 방법으로 다루고자 할 경우에는 미래현금흐름의 추정과 위험도의 평가에 특히 유의하여야 한다.
④ 기업인수와 관련된 순현금흐름은 기업인수로 얻어지게 될 증분현금흐름만을 포함하여야 한다.
⑤ 기업인수와 관련된 최초투자액은 현금으로 지급한 인수대금뿐만 아니라 인수절차의 진행에 따른 간접경비까지도 포함하여야 한다.

06 공개매수(tender offer)에 대한 설명으로 잘못된 것은?

① 대상회사의 경영자가 합병을 반대할 경우 공개매수의 방법이 사용될 수 있다.
② 대상회사의 주주들에게 직접적으로 주식매수의 의사를 제시하는 것을 말한다.
③ 공개매수의 청약방법으로서 흔히 주식교환의 방법이 사용된다.
④ 공개매수에서 제시하는 매수가격은 일반적으로 시장가격보다 상당히 높다.
⑤ 동일한 회사를 대상으로 여러 인수자들이 공개매수 경쟁을 벌이게 되면 승자의 저주가 발생할 가능성이 크다.

07 공개기업의 경영자가 자기회사를 사실상 개인기업으로 만들기 위하여 흔히 사용하는 방법은?

① 위임장투쟁(proxy fighting)
② 자산취득(acquisition of assets)
③ LBO(leveraged buy-out)
④ 공개매수(tender offer)
⑤ 자사주매입(stock repurchase)

[서술형]

01 기업의 구조조정(restructuring)의 여러 가지 양상을 설명하시오.

02 M&A가 이루어지는 이유들을 설명하시오.

03 적대적 기업인수의 경우 가능한 공격전략들과 방어전략들에 대하여 설명하시오.

04 합병의 대상으로 어떤 기업이 좋은지 알아보시오.

05 합병의 대가를 지급하는 방법으로서 현금지급과 주식교환의 어느 한 가지 방법을 선택하고자 할 때 고려하여야 할 요인들이 무엇인지 설명하시오.

06 기업의 성장전략으로서 전략적 제휴가 큰 관심을 끌고 있다. 그 이유를 설명하시오.

07 우리나라에서도 기업개선작업(워크아웃)에 대한 관심이 높아지고 있다. 기업개선작업이 갖고 있는 장점과 단점을 정리해 보시오.

08 부실기업 처리 방법으로서 회생절차와 파산절차가 어떤 차이를 갖고 있는지 설명하시오.

09 부실기업을 처리하기 위해 재건형 절차를 택해야 할지, 또는 청산형 절차를 택해야 할지를 선택하고자 할 때 채권자들이 고려하여야 할 사항들을 설명하시오.

10 다음의 자료가 주어져 있다.

	A회사	B회사
자기자본가치	800만원	400만원
주식 수	400주	400주
주가	2만원	1만원

B회사 주식 1주에 대해 A회사 주식 0.6주를 교환해 주는 방법으로 A회사가 B회사를 흡수합병하고자 한다. 400만원의 영업시너지가 예상될 때, A회사 주주의 입장에서 본 합병의 NPV는 얼마인가?

11 A와 B회사의 합병전 자료는 다음과 같다.

	순이익	주식 수	주가
A회사	15만원	100주	18,000원
B회사	5만원	50주	8,000원

A회사가 B회사 주식 1주를 0.5주의 A회사 주식으로 교환해주는 방식으로 흡수합병하고자 한다. 이러한 합병거래가 A회사 주주에게 유리한 것이 되려면 합병 후 PER이 최소 얼마 이상이 되어야 하는가?

[선다형문제 정답과 풀이]

01 ② ▸ 인수 · 합병은 외적성장 수단이다. **02** ③ ▸ 합병의 공동보험효과(coinsurance effect)는 합병에 의해 현금흐름의 변동성이 적어짐으로써 기업의 파산확률이 낮아지는 효과로서, 재무시너지가 얻어지는 중요한 요인의 하나이다. 공동

보험효과는 자본비용의 하락과 기업가치의 상승, 차입능력의 증가 및 부채이용의 법인세절약효과의 증가를 가져온다. **03** ② ▸ ①은 투자자들의 근시안적 평가로 기업가치가 저평가되어 있는 회사이고, ③은 합병에 의하여 유리한 투자기회를 제공해 줄 수 있는 회사이다. ④는 부채의존도가 낮으므로 차입능력의 여유가 큰 회사로서 합병 후 부채이용의 법인세절약효과를 크게 기대할 수 있는 회사이다. ⑤는 합병에 의하여 공동보험효과를 가져다 줄 수 있는 회사이다. 또 자산(또는 자기자본)의 시장가치가 대체원가에 비하여 낮게 평가되어 있는 회사도 합병의 표적으로 된다. ②에서와 같이 자산의 장부가치가 낮다는 사실 만으로 합병의 표적이 되지 않는다. **04** ② **05** ② **06** ③ **07** ③

제 **14** 장

경영자행동과 기업지배구조

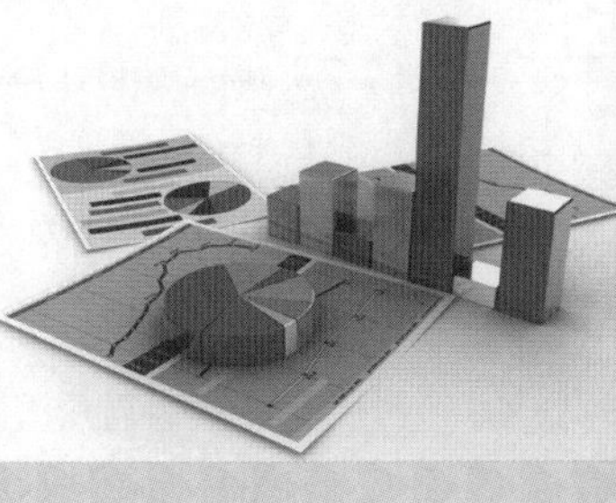

지금까지 대부분의 설명에서는 기업의 재무결정이 기업가치 및 주주부(富)에 어떤 영향을 미치는가를 이해하기 위하여, 경영자는 주주를 위하여 일하고 또 주주는 기업의 경영활동에 대해 경영자만큼 잘 알고 있는 것으로 가정하였다. 그러나 실제로는 그렇지 않다. 어떤 경영자들은 주주보다 종업원이나 다른 이해관계자(stakeholder)가 우선적으로 배려되어야 한다고 생각하기도 한다.[1] 또한 대부분의 주주들은 기업에서 어떤 의사결정이 어떻게 이루어지고 있는지에 대해 충분한 지식을 갖고 있지 않으며, 경우에 따라서는 기업의 의사결정에 관한 정보가 의도적으로 은폐되기도 한다.

이런 현실이 주는 중요한 시사점은 경영자들이 주주부를 극대화하지 않는 투자정책과 자본조달정책을 선택할 수도 있다는 점이다. 예를 들어, 경영자들은 주주부가 아닌 기업규모 증가나 임직원의 이익을 위해 (−)의 NPV를 갖는 투자안을 선택할 수도 있고, 주주의 이익에 부합하지 않는 자본조달 방법을 선택할 수도 있다. 이 장에서는 경영자와 주주부 사이의 관계를 다루고자 한다. 즉, 경영자가 실제로 누구를 위하여 일하는지, 왜 주주가 경영자를 통제하기 어려운지, 경영자를 통제하기 위해 기업지배구조가 어떻게 구성되어야 하는지 등이 설명될 것이다.

제1절 경영자의 위치와 주주의 부

14.1.1 경영자의 위치와 대리인문제

오늘날 대부분의 대기업은 경영에 참여하지 않는 다수의 주주에 의해 소유되어 있고, 주식을 갖고 있지 않거나 약간만 갖고 있는 전문경영자가 기업경영을 담당하고 있다. 이미 제1장에서 설명한 바와 같이, 경영자는 주주의 이익을 위해 고용되어 있는 대리인이지만, 실제로는 주주의 이익보다는 경영

1 주주(shareholder, stockholder)라는 용어에 대비되어 stakeholder(이해관계자)라는 용어가 흔히 사용되고 있다. stakeholder는 기업에 대해 재무적 또는 비재무적 청구권을 갖고 있는 다양한 이해관계집단을 가리키는 말로서, 주주뿐만 아니라 채권자, 정부, 종업원, 소비자, 지역사회 등까지 포함한다.

자 자신의 사적(私的) 이익과 다른 이해관계자의 이익을 위해 노력을 기울일 수도 있으며, 그 결과로 여러 가지 형태의 대리인문제가 발생할 수 있다.

현실의 경영의사결정에서 대리인문제가 발생하는 상황은 매우 다양하게 존재한다. 예를 들어, 경영자는 대량해고를 수반하는 구조조정을 통해 주주부를 증가시킬 것인지 또는 구조조정을 미룸으로써 종업원들의 이익을 보호할 것인지 둘 중 하나를 선택해야만 할 때가 있다. 이처럼 주주부와 사적 이익(또는 다른 이해관계자의 이익)이 마찰을 일으킬 경우, 경영자가 어떤 선택을 할 것인지에 대해 매우 다양한 요인이 영향을 미친다.

주주의 부와 경영자의 사적 이익이 충돌하는 의사결정에서 경영자의 행동을 결정하는 요인으로서 경영자의 소유지분, 경영자의 근속기간 등이 중요하다.[2] 또 주주 이외의 이해관계자들과의 사적 관계, 경영자 보상시스템의 내용, 경영자의 행태과학적 편향, 임기 등 매우 다양한 요인들이 경영자 행동에 영향을 미치는 것으로 알려져 있다.

경영자는 소유 주식이 적을수록 주주의 이익보다 자신의 사적(私的) 이익에 더 큰 관심을 갖게 된다. 1%의 지분만을 갖고 있는 경영자가 1억원을 개인적으로 소비하면, 1억원 소비의 즐거움은 모두 자신의 것이지만 그 대가로 치른 자신의 부의 감소는 100만원에 지나지 않고, 나머지 9,900만원은 다른 주주들이 부담하게 된다. 그러나 그 경영자가 50%의 지분을 갖고 있으면 1억원의 소비로 인한 자기 자신의 부의 감소는 5천만원으로 늘어나며, 100%의 지분을 갖는 극단적인 경우에는 1억원의 소비로 자신의 부는 1억원만큼 감소하게 된다. 따라서 경영자의 소유주식이 적을수록 경영자 자신의 사적 이익을 취하기 위해 행동하게 될 유인이 커지게 된다.

또 경영자의 재직기간이 길수록 경영자는 주주보다는 종업원과 고객에 더 큰 비중을 두고 의사결정을 내릴 가능성이 크다. 이것은 CEO가 일상적 업무에서 주주와 접촉하는 기회보다 직원이나 고객과 접촉하는 기회가 훨씬 더 많으며, 누구나 더 자주 접촉하는 사람에게 더 많은 관심을 보이게 되는 것이 일반적 정서이기 때문이다.

현실의 많은 경영자들은 자신이 투자자(주주 및 채권자), 고객과 납품업자, 그리고 종업원을 대표하고 있으며, 주주는 이러한 여러 이해관계자의 일부일 따름이라고 생각한다.[3] 이런 경우 경영자들은 주주의 이익보다는 다른 이해관계자의 이익을 위해 의사결정을 내리는 것이 정당하다고 생각하는 경향을 보인다.

경영자 보상시스템도 경영자의 의사결정에 중요한 영향을 미친다. 경영자의 보수가 단기 성과에 따라 결정되는 경우 자신의 성과보수를 위해 장기적인 주주부를 희생시킬 가능성이 크다. 또 성과측정의 척도가 잘못 설계되어 있거나 애매한 경우에도 경영자는 자신의 이익을 위해 성과를 분식하거나 주주부를 희생시키는 의사결정을 할 수 있다.

---

2 M. Grinblatt & S. Titman, *Financial Markets and Corporate Strategy* (McGraw-Hill, 1998), pp.607~708.

3 G. Donaldson & J. Lorsch, *Decision Making at the Top: The Shaping of Strategic Decision* (Basic Books, 1983)

14.1.2 주주의 경영자 통제

법적으로 경영자는 주주총회에서 주주들이 선임한다. 만일 경영자가 주주들의 이익을 위해 노력하지 않는다면, 주주들은 기존 경영자를 해임하고 새로운 경영자로 교체할 수 있다. 그러나 주식소유가 광범하게 분산되어 있는 경우 경영자의 해임이 그리 쉬운 일은 아니다.

경영에 참가하지 않는 외부주주(outside shareholders)가 경영진을 교체하려 할 때 사용할 수 있는 방법이 위임장투쟁(proxy fighting)이다. 위임장투쟁은 일부의 주주가 다수의 주주들로부터 주주총회에서의 의결권을 위임받아 경영자의 해임을 결의하는 것이다. 그러나 위임장투쟁을 추진하기 위해서는 주도적 주주가 상당한 양의 주식을 매집하여야 하고 다수의 주주들을 설득하여야 하기 때문에, 그 자체로서 커다란 비용을 수반할 뿐만 아니라 실패할 가능성도 상당히 크다. 따라서 위임장투쟁에는 무임승차자(free rider)문제가 발생한다. 즉, 주주들은 경영진 교체가 주주집단 모두의 부를 증가하도록 한다는 것을 알고 있다 하더라도, 자기 자신이 비용을 들여 위임장투쟁을 주도하려 하지 않고 다른 주주가 주도할 경우 이에 편승함으로써 그 이득만을 얻고자 한다. 즉, 모든 외부주주들이 무임승차하려 하기 때문에, 결국 어느 누구도 위임장투쟁을 주도하지 않게 된다.

주주부를 극대화하도록 경영자를 통제할 수 있는 단순한 방법은 어떤 투자자가 특정 회사의 주식에 집중투자함으로써 대주주의 위치를 확보하는 것이다. 이 경우 그 대주주는 경영자를 통제하기 위해 비체계적 위험의 감소와 같은 분산투자의 이득을 희생하여야만 한다. 여기에서 주목할 필요가 있는 점은, 대주주가 어떤 회사의 주식에 집중투자하여 경영자를 적절하게 통제함으로써 주가상승을 가져왔다면, 대주주는 집중투자에 따른 많은 비용을 자신이 모두 부담하지만 경영자 통제로 얻게 된 주가상승의 이득은 다른 모든 투자자들과 함께 나누어 갖게 된다. 즉, 집중투자에 수반되는 비용과 편익이 균형을 이루지 않기 때문에 대부분의 투자자는 대주주의 위치를 포기하고 분산투자를 선택한다.[4]

대규모 기관투자자는 어느 정도 분산투자를 하면서도 경영자를 통제할 수 있을 정도의 지분을 유지할 수도 있다. 예를 들어, 10조원의 자산을 운용하는 자산운용회사는 100개의 주식 각각에 1,000억원을 투자할 수 있으며, 이 정도의 투자규모는 많은 상장회사의 경영자를 충분히 통제할 수 있는 규모이다. 예외적으로 일부 투자회사들은 직접 경영에 참여하거나 경영자를 통제함으로써 높은 자본이득을 얻고자 하는 경우도 있다. 그러나 기관투자자들이 실제로 경영자를 감시(monitor)하고 통제하기 위해 주주로서의 권리를 적극적으로 행사하는 경우는 매우 드물다. 그 이유는 대부분의 기관투자자가 단일 주식종목에의 투자비율을 일정 수준, 예컨대 5% 이내에 한정하도록 스스로 규제하고 있거나 또는 법적 규제를 받고 있기 때문이다.

---

4 하나의 예로서 Ross Perot는 1980년대 중반에 GM의 최대주주로서 이사가 되었다. 그러나 거의 모든 정책에 대해 이사회 회장인 Rodger Smith와 충돌하였으며 그의 표현대로 GM의 '제도화된 관료주의'를 비판하였으나 크게 실효를 거두지 못하자, 마침내 모든 주식을 팔고 GM에서 손을 떼었다.

참고 **옥시덴탈 석유회사의 해머 회장**

옥시덴탈 석유회사(Occidental Petroleum Inc.)의 설립자이자 경영자이었던 해머(A. Hammer) 회장은 1990년 92세의 나이로 사망하기 전 10여년 동안 주주의 이익을 무시하는 경영행동을 보인 것으로 유명하다. 하나의 예로서, 그는 자신의 미술수집품을 전시하기 위하여 주주들의 비난과 반대를 무릅쓰고 1억2,000만 달러를 들여 미술관을 건립하였다. 이런 행동의 결과, 이 회사의 주가는 매우 낮게 평가되었다.

1989년 11월 10일, 해머가 병원 중환자실에 입원하게 되었다는 소식이 알려지자 옥시덴탈의 주가는 28달러에서 31달러로 상승하였으며, 이것은 이 회사의 시가총액으로 3억 달러 증가를 의미한다. 이 일화에서 중요한 점은, 주주들이 해머에 대해 많은 불만을 갖고 있고 해머의 지분도 0.5% 미만에 지나지 않았기 때문에 CEO의 직위를 쉽게 빼앗을 수 있을 것 같은데도, 실제로는 해머가 사망하기까지 그를 CEO의 직위에서 몰아내지 못하였다는 사실이다.

14.1.3 경영자 지분과 주주부

지금까지는 경영자의 지분이 없거나 매우 적은 경우, 경영자의 대리인문제가 주주들에 의해 통제되지 못하는 이유를 설명하였다. 현실에서는 상당히 많은 기업의 경영자들은 발행주식의 많은 부분을 소유하면서 기업을 경영하고 있으며, 우리는 이런 경영자들은 소유경영자(owner manager)라고 한다. 소유경영자의 대부분은 회사의 창업자나 가족인 경우가 많으며, 마이크로소프트의 빌 게이츠(Bill Gates), 월마트의 월튼(Walton) 가문, 우리나라의 대기업 총수들이 그 예이다.

소유경영자가 분산투자의 이득을 포기하면서 자기회사 주식을 대량으로 보유하는 이유의 하나는 회사의 주가에 미치는 영향 때문이다. 회사의 소유경영자가 높은 지분을 유지함으로써 회사의 미래 전망에 대한 경영자의 낙관적 확신과 주식가치 극대화를 위한 노력을 외부주주들에게 보여줄 수 있고, 그 결과로서 높은 주가가 유지될 수 있다.

소유경영자의 지분비율은 경영자 감시의 용이성과 관련되어 있다는 견해도 있다. 즉, 경영자 행동의 감시가 어려운 회사, 예컨대 언론 및 방송사와 같은 회사에서는 높은 지분을 갖고 있는 대주주가 스스로 CEO가 되어 직접 회사를 경영하게 된다. 반대로 경영자의 성과와 행동을 비교적 쉽게 감시할 수 있는 산업에서는 경영자의 지분비율이 낮다는 연구도 있다.[5]

단순하게 생각한다면, 경영자의 지분비율이 높을수록 주식가치 극대화를 위해 더 많은 노력을 쏟게 되어 대리인문제가 적어질 것이기 때문에 주가는 더 높게 결정되어야 한다. 이와 관련하여 경영자

5 H. Demsetz & K. Lehn, "The Structure of Corporate Ownership," *Journal of Political Economy*, 93(1985), pp.1155~77.

지분비율과 PBR(=주가/주당장부가)의 관계를 추정한 실증적 연구가 이루어진 바 있다.[6] 이 연구에 의하면, 경영자 지분비율이 5% 이하의 수준에서만 경영자 지분비율과 PBR 사이에 (+)의 관계가 있다. 이것은 경영자 지분비율이 5% 이상을 넘으면 경영자가 견고한 지위에 안주(entrenchment)하여 주식가치 극대화보다는 자신의 관심사를 추구하는 데 더 많은 노력을 기울일 수 있다는 것을 의미한다.

제2절 경영자 지배와 재무결정

경영자는 기업에 대한 지배권을 행사함으로써 여러 가지 형태의 편익을 얻어낼 수 있다. 이 편익에는 경제적 보수뿐만 아니라 기업 자원의 개인적 사용, 보이지 않는 명예 등도 포함된다. 따라서 기업에서 소유와 경영이 분리되고 주주들이 경영자를 충분히 통제하지 못할 때, 경영자는 주주의 이익보다 자기 자신의 이익을 위해 의사결정을 내릴 가능성이 커진다. 여기에서는 이런 맥락에서 경영자가 투자결정과 자본조달결정을 어떻게 왜곡시킬 수 있는지에 대해 살펴보기로 한다.[7]

14.2.1 투자결정

주주들의 통제가 약화되면 경영자는 자신의 지위를 연장 또는 강화하고 자신의 편익을 증가시킬 수 있는 방향으로 투자결정을 내리려는 몇 가지 경향을 보인다. 첫째, 경영자로서의 재직기간을 연장하기 위해 자신의 전문성에 맞는 투자를 선택하려 한다. 경영자가 자신의 전문성을 충분히 발휘할 수 있는 투자안으로서 취소불가능한 대규모 투자안을 채택하게 되면, 주주들은 회사경영에 대해 불만을 갖더라도 경영자를 교체할 수 없게 된다. 1980년대에 유가가 크게 하락하고 있었는데도 석유회사 경영자들은 대형 탐사작업을 개시하였던 것이 이런 의도의 예이다. 또 경영자들이 자신의 개인적 연고가 개입된 장기계약 또는 거래관계를 선호하는 것도 동일한 이유 때문이다.

둘째, 경영자들은 단기적 성과가 큰 투자를 선호한다. 장기적 성과보다는 단기적 성과가 큰 투자안을 선택함으로써, 경영자는 자신의 직위를 더 쉽게 유지할 수 있다. 투자안의 투자가치 평가기준 중 회수기간(payback period)이 여러 가지 단점을 갖고 있음에도 불구하고 여전히 많은 기업에서 사용되고 있는 것은 경영자가 장기 성과보다는 단기 성과를 더 선호하는 경향을 갖기 때문인 것으로 볼 수

---

6 R. Mork, A. Shleifer & R. Vishny, "Management Ownership and Market Valuation: An Empirical Analysis," *Journal of Financial Economics*, 20(1988), pp.293~316.

7 Grinblatt & Titman의 앞의 책, pp.613~619를 많이 참고하였다.

도 있다.

셋째, 경영자들은 직위상실의 위험을 최소화하도록 투자결정을 내린다. 기업이 파산하게 되면 경영자는 자신의 직책을 잃게 된다.[8] 따라서 경영자들은 파산가능성을 감소시키기 위해 배당을 감소시켜 가급적 많이 내부유보하고 그 자금으로 기업규모를 증가시키기 위한 투자를 행하려 한다. 이런 이유 때문에, 경영자들은 주주의 입장에서 볼 때 (−)의 NPV를 갖는 투자안까지 채택하려 할 수 있다.

또 주주들은 분산투자에 의해 비체계적 위험을 제거할 수 있기 때문에 투자안의 체계적 위험만을 부담한다. 그러나 경영자들은 투자안의 체계적 위험뿐만 아니라 비체계적 위험까지 부담하여야 한다. 그 결과 경영자들은 주주들이 원하는 것보다 낮은 수준의 위험을 갖는 투자안을 선택하려는 경향을 보인다.

경영자가 자신의 이익만을 위해 투자결정을 내리는 경향을 방지하기 위해 주주는 경영자를 선임하기 전에 경영자의 재량권을 제거해버릴 수도 있다. 예를 들어, 전문경영자를 맞아들이기 전에 경영자가 앞으로 투자결정에서의 재량권을 행사하지 못하도록 여유자금을 고정자산에 투자해 놓을 수도 있다. 그러나 이와 같이 경영자의 재량권을 축소하는 의사결정은 경영자의 전문성과 융통성을 발휘하지 못하도록 함으로써 기업 성과의 불확실성을 증가시키는 결과를 가져올 수도 있다. 따라서 경영자의 재량권을 어느 정도로 제한할 것인가의 문제는 경영자와 주주의 이익이 어느 정도 일치하고 있는가와 경영환경이 어느 정도 불확실한가를 고려하여 결정되어야 한다.

참고 소니의 크로마트론 컬러 TV 사례[9]

소니(SONY)는 공동창업자의 하나인 마사루 이부카의 지휘 아래 1961년에 크로마트론이라는 화상튜브를 기반으로 하는 컬러 TV 수상기 개발을 시작했다. 1964년에 원본제품을 개발한 후, 저비용의 대량생산공정을 개발하지 못한 상태에서 대량생산계획을 발표하고 제품조립을 위한 설비투자에 착수했다. 그러나 생산된 화상튜브 1,000개당 단지 2~3개 정도만 제대로 된 품질을 갖고 있었으며, 생산원가는 소매가격의 2배에 달하였다. 다른 공동창업자인 아키오 모리타의 반대에도 불구하고 이부카는 크로마트론 TV의 생산을 계속하도록 고집하다가 결국 회사가 파산위기에 직면한 1966년 11월에 중단하는데 동의했다.

---

8 미국에서 파산된 회사의 CEO의 43%, 이사의 46%만이 파산 이후에도 자신의 직책을 유지하였다는 자료가 있다. S. Gilson, "Bankruptcy, Boards, Banks and Blockholders: Evidence on Changes in Corporate Ownership and Control When Firms Default," *Journal of Financial Economics*, 27 (1990), pp.355~388.

9 H. Wolinsky, "Iridium Failure Brought Motorola Back Down to Earth," *Chicago Sun Times* (Sep. 25, 2003). H. Sheffrin, *Behavioral Corporate Finance* (McGraw-Hill, 2007), Ch. 3, 조담 번역, 행태과학으로 본 재무관리(2012, 청람)에서 재인용.

14.2.2 자본구조결정

실증적 연구결과에 의하면, 어떤 회사에서 ① 경영진 보수 중 성과급의 비중이 높을수록, ② 경영자의 지분비율이 낮을수록, ③ 이사회 내에서 투자은행 대표의 비율이 높을수록, ④ 개인 대주주의 지분비율이 높을수록 부채비율이 증가하는 경향을 보인다.[10] 이것은 주가에 관심을 갖는 개인 대주주의 지배권이 강할수록 부채를 많이 사용하고, 반대로 주주로부터 독립적인 경영자의 지배권이 강할수록 부채를 적게 사용한다는 것을 의미한다.

경영자가 낮은 부채비율을 선호하는 이유의 하나는 낮은 부채비율이 파산가능성을 감소시키고, 그 결과 자신의 직위를 유지할 수 있는 가능성이 커지기 때문이다. 경영자가 낮은 수준의 부채를 이용하려는 경향을 보이는 다른 이유는, 낮은 부채비율을 유지함으로써 경영자의 재량권을 증가시키고자 하기 때문이다. 부채비율이 낮으면, 부채걸림돌(debt overhang)의 문제가 없기 때문에 새로운 투자를 위한 추가적 자본조달이 용이해질 것이므로, 경영자는 새로운 투자를 채택할 수 있는 재량권을 확보할 수 있다. 주주의 경영자 통제가 약할 경우, 경영자는 이 재량권을 주주에게 (+)의 NPV를 가져다 주는 투자안보다는 자신 또는 다른 이해관계자의 이익을 증가시키는 투자안을 선택하는 데 사용하게 될 것이다.

경영자 재량권의 문제는 기업이 사적 부채를 이용하도록 할 경우 어느 정도 완화될 수 있다. 회사채와 같이 다수의 투자자에게 분산소유되어 있는 공적 부채(publicly placed debt)의 채권자들은 일단 회사채에 투자하게 되면 경영자의 행동을 감시(monitor)할 수 있는 수단을 갖고 있지 못하다. 그러나 은행과 같은 사적 부채(privately placed debt)의 채권자는 지속적으로 경영자를 감시할 수 있을 뿐만 아니라 추가자금을 조달할 때 재협상(renegotiation)의 기회를 갖고 있다. 따라서 경영자의 행동을 감시하는 데에는 사적 부채(은행차입금)에 의해 투자자금을 조달하는 것이 공적 부채보다 유리한 수단이다. 그러나 은행의 감시역할은 은행 자신을 위한 것이지 외부주주를 위한 것이 아니기 때문에, 사적 부채는 기업경영을 과도하게 보수적으로 만들 가능성을 갖고 있다.

사적 부채가 갖는 또 다른 이점은 투자안에 숨겨진 비밀정보를 유지할 수 있다는 점이다. 투자자금을 공적 부채로 조달할 경우 투자안의 중요한 비밀이 노출되므로 경쟁력을 잃게 되어 투자가치가 하락할 수 있다.

---

10 H. Mehran, "Executive Compensation Structure, Ownership, and Firm Performance," *Journal of Financial Economics*, 38(1995), pp.163~84.

제3절 경영자 보상

경영자의 대리인문제를 해소하기 위해 경영자의 의사결정과 행동을 적절하게 감시(monitoring)하는 것도 매우 중요하지만 현실적으로 완벽한 감시가 불가능하기 때문에, 경영자가 주주부 극대화를 위해 자발적 노력을 기울일 수 있도록 적절한 유인(incentive)을 제공하는 것도 매우 중요하다. 경영자에게 제공되는 유인은 명예나 권력과 같은 비금전적 보상의 형태를 취할 수도 있지만, 보다 지속적이고 직접적이며 강력한 유인을 제공하기 위해서는 금전적 형태로 제공되는 보상시스템을 적절하게 설계하는 것이 매우 중요하다.

기업지배구조에 관한 많은 전문가들은 합리적 경영자 보상시스템을 설계하는 것이 대리인문제를 통제하고 경영자에게 강력한 동기를 부여하는 가장 현실적이고 유효한 수단이라고 보고 있다. 실제로 대부분의 대기업에서는 독립적인 사외이사만으로 평가보상위원회를 설치하고, 경영자 보상시스템의 설계, 보상계약 체결, 성과평가 등의 업무를 독립적으로 수행할 수 있도록 하고 있다.

14.3.1 보상계약 설계의 기본원칙

일반적으로 경영자의 보상시스템은 경영자의 선임 전에 대략적인 보상 내용이 제시되고 선임 직후에 보상계약의 구체적 내용이 확정된다. 경영자 보상계약에는 어떤 표준적인 기준과 내용이 정해져 있지 않고 개별 기업의 사정에 따라 크게 달라질 수 있다. 그러나 경영자 보상계약의 구체적 내용은 다음 세 가지 원칙을 지키도록 설계되어야 한다.[11]

① 참여(participation)의 원칙: 경영자에게 지급하는 보상의 크기는 그의 참여를 이끌어낼 수 있을 정도 또는 그 이상이어야 한다. 즉, 경영자 보상의 크기는 경영자가 갖고 있는 차선(the second best)의 기회로부터 받을 수 있는 보상보다 커야 한다. 이 원칙에 의하면, 유능한 경영자를 회사경영에 참여하도록 하기 위해서는 그가 다른 회사에서 받을 수 있는 최고 금액 또는 그보다 많은 금액을 제공해야 할 것이다.

② 유인합치의 원칙: 경영자의 이해관계와 주주의 이해관계가 일치하도록 경영자 보상이 설계되어야 한다. 이 원칙은 경영자가 자신의 보상을 극대화하도록 노력할 때 주주부도 극대화될 수 있도록 보상시스템이 설계되어야 한다는 것을 의미한다. 경영자의 노력이 경영자의 보수만을 증가시키고 주주부의 증가를 가져오지 못한다면 그러한 보상시스템은 잘못된 것이라고 할 수 있다. 유인합치의 원칙에서 특히 강조되는 것은 성공에 따른 보너스(=당근)와 실패에 따른 패널

11 H. Shefrin, *Behavioral Corporate Finance: Decisions that Create Value* (McGraw-Hill, 2007), 조담 역, 행태과학으로 본 재무관리(청람, 2012), 제8장, 274쪽.

티(=채찍)가 주주의 이익을 위해 경영자가 행동할 수 있도록 충분히 크고도 명료하게 설계되어야 한다는 점이다.

③ 과다지급 금지의 원칙: 경영자에 대한 보상이 너무 커서는 안 된다. 경영자에 대한 보상의 크기는 주주부에 대한 경영자의 공헌도보다 적어야 한다. 과다지급 금지의 원칙이 지켜지기 위해서는 경영 성과 중 어느 정도가 경영자의 공헌에 의한 것인지가 개관적으로 측정될 수 있어야 한다.[12]

14.3.2 경영자 보상의 결정기준

어떤 기준을 사용하여 경영자 보상의 크기를 결정할 것인지에 따라 투입기준 보상(input-based compensation)과 성과기준 보상(performance-based compensation, 산출기준 보상)으로 크게 구분할 수 있다. 투입기준 보상은 경영자가 투입한 노력의 크기에 따라 보상의 크기를 결정하는 것으로서, 경영자의 근무시간의 길이에 따라 보수를 지급하는 것이 그 예이다. 일반적으로 경영자에 대한 투입기준 보상방식은 투입된 노력의 크기와 질을 측정하기 어렵기 때문에 실제로는 거의 사용되지 않는다.

실제로 널리 사용되는 보상방식은 성과기준 보상이다. 성과기준 보상은 경영자의 노력으로 달성된 경영 성과에 따라 보상의 크기가 결정되는 보상방식이다. 흔히 사용되는 성과지표는 주가, 매출액, 순이익, 고객만족도, 또는 특별히 설계된 다른 기준 등이다. 실제로 어떤 성과지표를 사용할 것인가를 결정할 때에는 다음 사항들이 고려되어야 한다.

첫째, 성과지표가 기업의 전략적 목표(장기목표 및 단기목표)와 밀접하게 관련되어 있어야 한다. 예를 들어, 회사가 이동통신 사업 부문에서의 경쟁우위를 전략적 목표로 설정하고 있다면, 그 사업 부문의 신제품 개발실적, 시장점유율 및 영업이익 등과 같은 성과지표에 더 큰 가중치를 부여하여 경영성과를 평가할 필요가 있다.

둘째, 성과지표는 명료하게 측정 또는 관찰 가능한 변수로 나타낼 수 있어야 한다. 예를 들어, 고객만족을 중요한 경영목표로 설정하고 있는 회사에서는 고객만족을 측정할 수 있는 계량적 지표를 개발하여 경영자 보상을 위한 성과지표로 사용할 수 있다. 고객만족을 측정하는 지표로서 고객의 재구매비율, 판매상품의 반품률 등과 같은 척도들로 구성된 종합평점을 만들어 사용할 수 있다.

셋째, 성과지표는 경영자의 노력에 의해 통제될 수 있는 변수이어야 한다. 예컨대, 마케팅활동에 대한 정부규제가 강한 산업에서, 매출액은 경영자의 노력에 의해 통제되지 못하므로 성과지표로 적절

12 기업의 경영 성과는 다수의 임직원의 공동생산에 의한 것이기 때문에 경영 성과 중 어느 정도가 경영자의 공헌에 의한 것인지 측정하기가 매우 어렵다. 따라서 최고경영자 또는 고위 임원들이 실제 공헌도보다 훨씬 더 많은 보상을 받아갈 가능성이 언제나 존재한다. 최근 강하게 일어나고 있는 대기업 CEO의 과다 보수에 대한 사회적 비판은 과다지급 금지의 원칙이 매우 중요하다는 것을 말해주고 있다.

하지 않다.

성과기준 보상에서도 경영자 보상의 총액이 경영 성과에 의해 모두 결정되는 것은 아니며, 대부분의 경우 경영 성과와 무관하게 결정되는 고정지급액(fixed pay)과 경영 성과에 따라 달라지는 변동지급액(variable pay, 스톡옵션 등 장기인센티브를 포함)으로 구분된다. 우리나라, 일본, 타이완, 홍콩 등 동아시아 지역에서는 고정지급액 부분이 변동지급액보다 큰 것으로 알려져 있고, 성과기준 보상이 특히 강조되고 있는 미국 대기업에서도 변동지급액 부분이 경영자 보상의 40% 정도를 구성하고 있는 것으로 알려져 있다.[13] 이처럼 고정지급액의 비중이 큰 것은 경영 성과 변동의 상당한 부분이 경영자가 통제할 수 없는 요인에 기인하는 것에도 이유가 있지만, 경영자가 안정적 소득을 강하게 요구하기 때문이기도 하다.

주주의 입장에서 볼 때, 경영자 보상을 결정할 때 주주부 또는 주가를 중요한 기준으로 고려되기를 바란다. 그러나 실제로는 다소 다른 결과가 관찰된다. 미국의 7,000개 이상의 기업을 표본으로 한 연구결과에 의하면,[14] CEO 보상은 기업의 주주부나 회계적 이익과 통계적으로 유의한 관계를 갖지만, 경제적으로는 중요한 관련을 갖고 있다고 보기 어렵다. 즉, 다른 조건이 일정할 때, 주주부가 1,000달러 증가할 때 CEO 보상은 0.74센트만 증가하며 회계적 이익이 1,000달러 증가할 때 CEO 보상은 17.7센트만 증가한다. 이 연구에 의하면, CEO의 보수를 결정하는 가장 중요한 요인은 매출액으로서, CEO 보상의 증가율은 매출액 증가율의 30% 정도에 달했다. 이 연구결과는 성과기준 보상이 일반화되어

참고 자기귀속의 오류

자기귀속의 오류(self-attribution error)란, 좋은 결과는 자신의 업적으로 돌리고 나쁜 결과는 불운이나 다른 사람의 탓으로 돌리려는 행태이다. 경영자 보상정책을 결정하는 이사회는 경영자가 자기귀속의 편향을 갖고 있다는 것을 반드시 염두에 두어야 한다. 경영자의 이기심과 자기귀속의 편향이 결합하게 되면, 경영자는 나쁜 실적으로 낮은 보상이 주어지는 것에 대해 강하게 저항하고 자신의 노력이 아닌 외적 요인 때문에 얻어진 좋은 실적에 대해서는 높은 보상을 얻고자 한다. 자기귀속의 오류를 방지하기 위해서는 첫째로 이사회 내의 평가보상위원회가 철저하게 독립적으로 운영됨으로써 경영자가 성과 평가에 영향을 미치지 못하도록 해야 하고, 둘째로는 경쟁기업 또는 산업의 평균적 성과를 고려하여 경영실적을 평가해야 한다.

---

13 이에 대해 명료한 수치자료를 얻기가 힘들다. R. A. Brealey, S. C. Myers & F. Allen, *Principles of Corporate Finance*, 9th ed. (McGraw-Hill, 2008), p.332는 각국 대기업의 경영자 보상을 고정지급액과 변동지급액으로 나누어 표시된 막대 그래프를 보여주고 있다.

14 M. Jensen & K. Murphy, "Performance Pay and Top Management Incentives," *Journal of Political Economy*, Vol. 98, 1990, pp.225~264. T. E. Copeland, J. F. Weston & K. Shastri, *Financial Theory and Corporate Policy*, 4th ed. (Addison Wesley, 2005), pp.489~450에서 재인용.

있는 미국에서도 경영자 보상이 주주부의 증가보다는 기업규모의 증가를 기준으로 결정되고 있다는 것을 의미한다.

14.3.3 경영자 보상의 형태

보상형태로서는 현금보상, 스톡옵션, 스톡그랜트 등 여러 가지가 있다. 이 중 보상형태로서 가장 자주 사용되고 있는 것은 현금보상이다. 현금보상은 경영자에게 단기적으로 가장 강한 인센티브를 제공할 수 있는 형태이지만 장기 성과나 퇴임 후의 성과를 반영할 수 없다는 문제를 갖고 있다.

유인합치의 원칙을 중시하는 경영자 보상시스템의 대표적 방식이 스톡옵션과 스톡그랜트이다.

스톡옵션(stock option)은 임직원에게 약정된 가격(=행사가격)으로 일정 수량의 자기회사 주식을 매입할 수 있는 권리를 부여하는 것이다. 만일 주가가 행사가격 이상으로 상승하면 경영자는 옵션을 행사하여 1주당 주가와 행사가격의 차이만큼의 이득을 얻게 된다. 따라서 스톡옵션을 갖고 있는 경영자는 주가상승을 위해 노력하게 되며, 자연스럽게 경영자의 인센티브와 주주의 인센티브가 일치하게 된다.

경영자 및 임원들에게 부여하는 스톡옵션의 수량은 주주총회의 승인을 받지만 구체적인 행사조건은 보상계약에 의해 매우 상세하게 규정된다. 일반적으로 스톡옵션의 행사가격은 임기개시 시점의 자기회사 주가와 임기 중의 경쟁회사 주가 상승률 등을 고려하여 결정된다. 스톡옵션의 행사기간은 대체로 임기종료 시점부터 3년 내지 5년 정도로 설정된다.

스톡옵션이 경영자와 주주의 인센티브가 합치하도록 하는 데에 공헌한다는 점은 분명한 것으로 보인다. 그렇다고 해서 주주에게 반드시 좋은 결과만을 가져다주느냐에 대해서는 많은 비판도 존재한다. 예컨대 세계적으로 가장 뛰어난 펀드 매니저의 한 사람인 워렌 버핏(Warren Buffet)은 경영자에게 부여된 스톡옵션에 대해 '그것이 이론적으로 적절한 것이라 할지라도 실제에 있어서는 동기부여수단으로서 변덕스럽고 비효율적인 것이며 주주들에게 매우 비싼 비용을 부담시키는 것'이라고 주장하고 있다.

스톡옵션에 대한 첫 번째 비판은, 스톡옵션이 경영자에게 사실상의 공짜점심을 주는 것이라는 비판이다. 현실적으로 주가가 경영자의 성과와 관계없이 시장 추세에 따라 결정되는 경우가 많기 때문에, 경영자의 공헌에 관계없이 주가가 상승할 경우 경영자는 스톡옵션을 행사함으로써 공짜점심을 즐기게 되며 주주는 그만큼 손실을 부담하게 된다. 따라서 주식시장의 커다란 변동성을 고려할 때 스톡옵션이 경영자의 최선의 노력을 이끌어내는 적절한 수단이라고 할 수 없다.

두 번째 비판은, 스톡옵션이 경영자의 위험추구 행위를 증가시킨다는 비판이다. 스톡옵션을 보유한 경영자는 성공적 성과와 이로 인한 주가상승이 실현되었을 때에는 커다란 소득을 얻지만 실패로 인한 주가하락이 발생할 경우 손실을 부담하지 않기 때문에 가급적 위험이 큰 경영정책을 채택하려 한다.

2008년 세계금융위기가 발생했을 때 많은 학자들은 그 원인의 하나로서 금융회사 경영자들의 위험추구 행위를 지적한 바 있는데, 위험추구 행위의 가장 큰 이유는 경영자가 거액의 스톡옵션을 보유하고 있기 때문이다.

스톡그랜트(stock grant)는 임직원에게 정해진 수량의 주식을 부여하는 것이다. 일반적으로 스톡그랜트의 수량은 매기 달성된 경영 성과에 따라 결정되지만, 일정 기간 동안(예컨대 주식이 부여된 후 3년 또는 임기종료 후 1년) 주식의 처분이 제한되는 조건으로 부여된다. 경영자가 스톡그랜트를 통해 주식을 보유하게 되면 외부주주와 동일한 이해관계를 갖게 되므로, 스톡옵션에서 나타나는 위험추구 행위가 상당히 완화될 수 있다. 또 스톡그랜트의 수량이 경영 성과와 직접 연관되기 때문에 스톡옵션보다 더 강한 동기부여 효과를 갖는 것으로 알려져 있다.

제4절 기업지배구조

14.4.1 기업지배구조의 의미

기업지배구조는 최근 수년간 자본시장과 기업경영과 관련된 이슈 중 가장 많은 주목을 받고 있는 용어이다. 우리나라에서는 1997년 외환위기 이후 재벌에 대한 사회적 관심이 높아지면서, 재벌의 대주주 및 경영자의 행동을 감시할 수 있는 기업 내부통제시스템을 어떻게 설계할 것인가에 대한 논의와 함께 기업지배구조가 관심을 끌게 되었다. 2001년 미국 최대 에너지기업이던 엔론(Enron)사 경영자의 전횡과 회계부정이 증권거래위원회(SEC)에 의해 발각되고, 그 이후 다른 대기업에서도 많은 회계부정이 저질러져 주주의 이익을 침해한 사건이 발생하였다. 이런 사건들은 금융시장이 가장 잘 발달되어 있다고 인정되던 미국에서도 경영자 행동의 감시가 주주 이익을 보호하는 데 매우 중요한 과제라는 것을 보여주는 사례가 되었으며, 좋은 기업지배구조를 어떻게 만들 것인지가 금융시장과 학계의 주요 관심사로 등장하였다.

OECD에서는 "기업지배구조(corporate governance)란 기업이 지휘 · 통제되는 시스템을 의미하는 것으로서, 기업지배구조에 의해 이사회, 경영진, 주주, 기타 이해관계자와 같은 기업 참여자들 사이의 의무와 권리가 배분되고, 기업활동에 관한 의사결정 규칙과 절차 등이 결정되며, 기업목표가 설정되고, 목표달성 및 성과 감시의 수단이 제시된다"라고 정의하고 있다.[15]

이 정의는 기업지배구조를 넓게 정의한 것으로서, 경영자, 주주, 기타 이해관계자 사이의 상호관계, 경영자가 추구하여야 할 기업목표와 달성수단, 경영자 행동과 성과의 감시 메커니즘 등을 포함하는 것으로 정의되고 있다. 그러나 좁은 의미에서의 기업지배구조는 소유와 경영의 분리에 따른 경영자의

15 OECD, *Principles of Corporate Governance*, 1998.

대리인문제를 어떻게 해소할 것인가와 관련되어 있다. 즉, 좁은 뜻의 기업지배구조는 경영자가 주주의 이익을 위해 노력하도록 적절한 유인을 제공하고 경영자의 행동 및 성과를 감시하는 메커니즘을 의미한다.

이미 언급한대로 우리나라에서 기업지배구조의 문제는 나름대로의 역사적 배경을 갖고 있다. 즉, 우리나라의 재벌은 창업자와 그 가족 또는 상속인이 내부주주(inside shareholders)로서 기업을 지배하고 있고, 이들이 외부주주, 특히 소액주주들의 이익을 해치는 행동을 할 수 있다는 가능성 때문에 재벌의 내부주주를 어떻게 견제할 것인가에 기업지배구조에 관한 논의의 초점이 맞춰지고 있다.

기업지배구조에 관한 논의의 배경이 무엇이든, 기업지배구조는 기업경영의 효율성과 투명성을 확보하는 것을 목표로 한다. 여기에서 효율성은 주주부를 극대화하기 위해 노력하도록 경영자에게 적절한 유인(incentive)을 제공할 수 있는 기업지배구조가 설계되어야 한다는 것을 의미하고, 투명성(transparency)은 기업경영에 관한 주요 내용을 주주 및 이해관계자가 거짓 없이 명료하게 알 수 있는 제도적 장치가 만들어져야 한다는 것을 의미한다.

14.4.2 기업지배구조의 구성

1) 내부지배구조

흔히 기업지배구조는 크게 내부지배구조와 외부지배구조로 나누어진다.[16] 내부지배구조는 경영자의 행동을 효과적으로 감시하고 규율하기 위해 기업 내부에 설정된 여러 가지 장치들로서, ① 소유구조, ② 이사회, ③ 경영자 보상체계 등으로 이루어져 있다. 소유구조, 즉 회사의 주식을 누가 어느 정도 소유하고 있는가에 따라 경영자의 대리인문제가 크게 달라진다. 일반적으로 경영자 자신이 적절한 주식지분을 갖고 있거나 적극적으로 경영자를 감시할 수 있는 대주주가 존재할 때 경영자의 대리인문제가 크게 감소되는 것으로 알려져 있다.

이사회(board of directors)의 구성 역시 경영자의 대리인문제에 크게 영향을 미친다. 이사회는 경영자의 의사결정을 승인하고 감시하며, 동시에 경영자에 대해 보상과 징계를 행할 수 있는 법적 권한을 갖는다. 따라서 이사회는 경영자를 가장 가깝게 감시할 수 있는 제도적 장치이다. 이사회의 이사는 '주주 전체'를 대변하므로, 특정 주주집단의 이익만을 대변하지 않아야 한다. 따라서 이사회를 구성하는 이사는 독립성과 전문성을 갖춘 인물이어야 한다.

내부지배구조를 구성하는 또 하나의 중요한 요소는 경영자 보상체계이다. 앞 절에서 설명한 바와 같이, 경영자 보상체계는 경영자가 주주부 또는 기업의 전략적 목표 달성을 위해 노력하도록 직접적 유인을 제공하는 장치이다. 경영자의 유인과 주주의 유인이 합치하도록 보상체계가 설계되어 있을

16 김용열 · 조창현 · 조명현 공저, 『선진경제도약을 위한 기업지배구조 개혁』(을유문화사, 2000), 제2장.

때 경영자 보상체계는 기업지배구조의 다른 요소보다 직접적이고 일상적인 감시장치로서의 역할을 할 수 있다.

2) 외부지배구조

경영자의 행동을 감시하고 규율할 수 있는 외부지배구조로서 경영자 노동시장, 금융시장, M&A 시장 및 관련 법규 등을 들 수 있다. 경영자 노동시장은 경영자를 선발하고 채용하는 과정이 이루어지는 추상적 시장이다. 우수한 경영 성과를 달성한 경영자는 경영자 노동시장에서 좋은 평판(reputation)을 얻게 되기 때문에 더 좋은 보수의 새로운 기회를 만들 수 있다. 반대로 경영 성과가 빈약하거나 심각한 대리인문제를 야기한 경영자는 경영자 노동시장에서 평판과 보수가 하락하게 될 것이다. 따라서 경쟁적인 경영자 노동시장은 경영자의 대리인문제를 해소하는 데 커다란 도움을 준다.

금융시장도 주식과 채권가격의 변동을 통해, 경영자의 행동이 주주 및 채권자의 이익과 일치하도록 경영자를 통제하는 역할을 한다. 주가, 채권가격 및 신용등급은 그 자체가 경영 성과를 나타내는 척도일 뿐만 아니라 경영자 노동시장에서 경영자의 평판 및 보수를 결정하는 요인으로 중요하게 고려된다. 따라서 경영자들은 주주 및 채권자의 이익을 위해 의사결정함으로써 주가, 채권가격 또는 신용등급 등이 상승하도록 노력하게 된다.

은행은 대출자로서 경영자에 대한 감시자로서의 역할을 수행한다. 은행과 기업의 거래관계는 흔히 관계금융(relational banking)과 재협상(renegotiation)의 특징을 갖는다. 즉, 은행은 특정 회사에 대해 반복적인 거래관계를 형성하기 때문에 회사의 경영 성과와 신용상태에 대하여 충분한 정보를 갖고서 경영자 행동을 감시할 수 있다. 또 은행대출은 회사채보다 만기가 짧기 때문에, 은행과 기업은 추가적 대출 조건에 대해 반복적으로 재협상하게 되며, 이 재협상 과정을 통해 은행은 경영자의 대리인문제를 해소시키는 역할을 하게 된다.

모든 경우에 은행이 기업의 감시자로서의 역할을 제대로 수행할 수 있는 것은 아니다. 은행은 충분한 경영정보를 얻기 어려운 사업—예를 들어, IT와 같은 신기술 사업—에 대해 감시 역할을 제대로 수행할 수 없는 것으로 간주되고 있으며, 은행이 정치적 압력이나 연고관계 때문에 불법 대출을 행하는 경우도 있다. 또 기업의 자본조달이 은행에 과도하게 의존할 경우, 은행의 부실 또는 경기침체 때문에 기업들이 유리한 투자기회를 포기하여야만 하는 경우도 있을 수 있다.

경영지배권을 거래하는 M&A 시장도 경영자의 대리인문제를 해소하는 데 중요한 역할을 한다. 대리인문제가 심각하기 때문에 기업가치가 저평가되고 있는 회사는 M&A 공격의 주요 대상이 된다. 공격회사가 M&A에 성공하면 대상회사의 대리인문제를 제거하여 기업가치를 증가시키고자 할 것이기 때문에, 대리인문제를 야기한 경영자는 직위를 상실하게 된다. 따라서 적대적 M&A가 활발하게 이루어지는 경제체제에서는 경영자가 자신의 직위를 보전하기 위해 대리인문제를 최소화하고자 노력하게 된다.

기업 외부에서 주어진 여러 가지 법규와 제약도 경영자의 대리인문제를 해소하는 데 도움을 줄 수 있다. 상법 및 관련 법규에 정해져 있는 여러 가지 주주의 권리—특히 의결권과 각종 소액주주권—는 주주가 경영자를 감시 및 통제하기 위한 수단이다.

14.4.3 기업지배구조의 국가별 비교

기업지배구조는 국가 또는 개별 기업의 역사적 · 문화적 배경에 따라 다양한 형태를 보이고 있지만, 명확하게 대비되는 형태로서 영미형 지배구조와 독일형 지배구조로 나누어 볼 수 있다.[17] 일본이나 다른 유럽국가의 기업지배구조는 독일형에 가깝다.

영미형 기업지배구조는 철저하게 주주중심이라고 할 수 있다. 즉, 기업의 목표는 주주의 부를 극대화하는 것이며, 이사회는 주주의 부를 보호하기 위해 경영자를 감시, 규율하는 기구이고, 종업원의 경영참가는 철저하게 차단되어 있다. 영국과 미국은 제2장에서 본 것처럼 시장중심 금융시스템을 갖고 있기 때문에 외부금융은 주로 자본시장, 즉 직접금융시장을 통해 이루어진다. 그리고 대부분의 주식은 경영에 직접 참가하지 않는 외부주주(outsiders)에 의해 분산소유되고 있다. 기업경영에 대한 투자자의 감시가 충분히 이루어질 수 없기 때문에, 아래와 같이 사외이사제도, 적대적 기업인수 같은 시장규율이 발달되어 있다.

영미형 기업지배구조의 중요한 특징은 단일이사회제도—하나의 회사에 하나의 이사회만 설치되어 있는 제도—로서 경영정책을 수립하고 집행하는 집행이사(executive director)와 집행이사의 활동을 감시, 견제하는 사외이사(outside or non-executive director)로 이루어져 있다. 일반적으로 집행이사보다 사외이사의 수가 더 많다. 주주들의 소유권과 의결권이 분산되어 있기 때문에 주주의 힘이 비교적 약하다고 할 수 있으나, 이사회와 집행이사의 권한은 매우 강하다.

영미형 기업지배구조의 또 하나의 특징은 M&A가 매우 활발하게 이루어지고 있다는 점이다. 영미형에서 M&A는 경영자의 대리인문제를 해소하는 데 있어 시장규율(market discipline) 수단으로 크게 공헌하고 있다.

독일형 기업지배구조는 이해관계자중심이라고 할 수 있다. 즉, 기업의 목표가 주주뿐만 아니라 다른 이해관계자, 특히 은행 및 종업원의 이익도 극대화하는 데 두고 있다. 독일은 은행중심 금융시스템을 갖고 있기 때문에, 주로 은행이 기업활동에 대한 감시를 담당하고 자본시장 또는 증권시장을 통한 감시는 비교적 약하게 이루어진다.

독일 금융시장의 특징 중의 하나는 주거래은행(Hausbank, 하우스방크) 제도로서, 주거래은행이 기업이 필요로 하는 자금을 대출 및 주식인수를 통해 조달해 준다. 다수의 독일 대기업들의 주식은 주로 비금융회사, 은행, 보험회사 등으로 이루어진 소수의 대주주에게 집중되어 있으며, 기업과 은행이

17 "유럽 기업지배구조의 현황과 전망," 이슈 페이퍼(삼성경제연구소, 2003.12).

상호출자(cross shareholding)에 의해 광범위한 지분네트워크를 형성하여 안정적인 지배관계를 형성하고 있다. 기업들 사이에서도 상호출자관계가 형성되어 있으며, 상대방 회사의 감독이사회에 참여하는 교차이사제도(interlocking directorship)가 보편화되어 있다.

독일형 기업지배구조의 중요한 특징은 2원적 이사회제도를 갖고 있다는 점이다. 즉, 독일 기업들은 이사회를 경영이사회(Vorstand, management board)와 감독이사회(Aufsichtsrat, supervisory board)로 분리하여 운영하도록 되어있다.[18] 경영이사회는 집행이사로 이루어진 정책결정기구이다. 감독이사회는 전임(前任) 이사, 은행 대표, 투자자 대표 및 종업원 대표로 이루어져 있으며, 경영이사회 및 경영진을 감시, 통제하는 역할과 함께 장기 전략이나 중요 결정(기업인수 및 처분, 공장폐쇄 등)을 사전에 승인하고 사후에 보고 받는 자문기능도 행한다. 최근 이러한 2원적 이사회제도의 문제점이 크게 부각되고 있다. 1990년대 중반 이후, 독일의 다수의 세계적 대기업—예를 들어 메르세데스-벤츠 등—에서 CEO의 방만한 경영으로 부실이 커졌으나 감독이사회가 경영진을 제대로 감시·견제하지 못하였다는 것이 지적되고 있고, 다른 여러 사례에서도 감독이사회와 경영진의 유착관계로 인한 감독부실과 감독이사의 자질부족 등이 문제되고 있다.

독일에서 M&A 시장은 활발하지 않다. 자본시장을 통한 기업감시의 대표적인 수단이 적대적 기업인수에 의한 M&A이다. 은행중심 금융시스템을 갖고 있는 독일에서 적대적 기업인수는 제도적으로 허용되어 있지만, 기존 경영권을 보호하기 위한 여러 가지 제도적 장치와 M&A를 배척하는 사회적

▶▶ 표 14-1 영미형과 독일형 기업지배구조의 비교

		영미형 지배구조	독일형 지배구조
소유구조		아웃사이더 시스템	인사이더 시스템
경영목표		주주부의 극대화	이해관계자의 이익극대화
이해관계자	주주이익 중시	매우 강함	약함
	종업원 경영참가	매우 약함	매우 강함
은행의 역할		매우 약함	매우 강함
이사회 조직		단일이사회	이원적 이사회
주식시장 발달 정도		매우 발달	약간 발달
경영권시장	우호적 M&A	매우 활발	비교적 활발
	적대적 M&A	매우 활발	매우 약함
기업소유자(지배주주)		개인, 기관투자자	은행, 기업
해당 국가		미국, 영국 등	독일, 네덜란드

18 공동결정법(Mitbestimmungsgesetz)에 의해, 종업원 500인 이상인 경우 이사회는 경영이사회와 감독이사회로 분리, 운영되어야 한다. 500~1,999명을 고용하는 기업은 감독이사회 이사의 1/3을 종업원 대표로 충원하여야 하고, 2,000명 이상인 경우 1/2이 종업원 대표, 1/2이 주주 대표로 충원되어야 한다.

정서 때문에 적대적 M&A는 거의 이루어지지 못하고 있다.

일본의 기업지배구조는 단일이사회제도를 갖고 있다는 점을 제외하면 독일형 기업지배구조에 매우 가깝다. 즉, 일본에서도 기업의 자본조달에서 주거래은행의 역할이 매우 크고, 은행과 기업 간 상호출자, 계열회사 간 상호출자 등이 광범하게 행해지고 있다. 이처럼 상호 출자로 연결되어 있는 은행 및 대기업 집단을 게이리츠(系列, keiritsu)라고 한다. 적대적 M&A는 제도적으로 허용되어 있으나, 그리 활발하게 이루어지고 있지는 않다.

우리나라에서는 다수의 대기업들이 재벌(財閥)이라는 특징을 갖는다. 재벌이란, 우리나라 대기업의 경우와 같이 모기업을 중심으로 수직적 지배관계를 갖는 다수의 계열회사들로 이루어져 있으며, 모기업 또는 핵심 계열회사가 창업자 또는 그의 상속자에 의해 지배되고 있는 기업지배구조를 의미한다. 일본의 게이리츠는 은행 및 계열사 간 상호출자 네트워크인데 반하여, 우리나라 재벌은 개인 대주주—주로 창업자 또는 그의 상속자이다—에 지배되고 있는 모기업과 계열기업의 수직적 지배구조라는 특징을 보이고 있다. 또 우리나라의 은행은 비은행 대기업에 대해 대출을 행하지만 출자하지는 않는다는 점이 일본 또는 미국과 다르다.

재벌구조는 하나의 재벌이 여러 업종에 걸친 계열회사로 이루어져 있기 때문에 재벌 전체로서 분산투자효과를 얻을 수 있고, 대주주의 강력한 리더십이 발휘될 수 있다는 장점을 갖는다. 그러나 대주주를 견제할 수 있는 장치가 없으므로 대주주의 독단과 전횡이 이루어질 가능성이 많다. 그 결과 내부 대주주와 외부주주의 이해관계의 마찰 때문에 발생하는 대리인문제가 심각하게 나타날 수 있다.

1997년 외환위기 이후 우리나라의 기업지배구조에 여러 가지 변화가 이루어지고 있다. 내부 대주주의 독단을 견제하고 감시하기 위하여 상장회사는 반드시 사외이사(outside director)를 선임하도록 하고 있고, 외부 소액주주가 내부 대주주 및 경영자를 감시 및 통제할 수 있도록 하기 위하여 집중투표제와 집단소송제가 도입되었다. 그러나 이런 노력에도 불구하고 대주주 지배라는 특징은 쉽게 사라질 것으로 보이지 않는다.

세계적으로 볼 때, 기업지배구조를 개선하려는 다양한 노력이 이루어지고 있으며, 이 과정에서 영미형 기업지배구조가 글로벌 스탠더드로 채택되는 경향을 보이고 있다. 그 대표적인 것으로서, OECD가 1999년 5월 발표한 "기업지배구조원칙(Principles of Corporate Governance)"은 주주중심의 영미식 지배구조를 채택할 것을 권고하고 있고, 일본과 유럽에서도 주주권리 강화, 사외이사제도 도입, 적대적 M&A 허용 등과 같은 조치들이 도입되고 있다.

한편, 재벌의 지배구조는 총수가 주식이 없거나 매우 적은 전문경영자가 결정하기 어려운 대규모의 투자결정을 하거나, 제한된 임기 동안 재임하는 전문경영자보다 장기적인 관점에서 경영을 할 수 있다는 점에서 장점을 가진 것으로 간주되기도 한다.

참고 **재벌의 지배구조**

우리나라에서 재벌(財閥)은 총수라고 불리는 대주주 경영자와 가족이 지배하는 다수의 기업으로 이루어진 '대규모 기업집단'을 의미한다. 일반적으로 총수는 창업자 또는 그 자손이므로 회사 안에서 강력한 비공식적인 네트워크를 갖고 있고, 재벌 내 일부 계열사가 다른 계열사들의 주식을 소유하고 있기 때문에 총수가 통제하는 의결권의 비율이 높아서, 총수는 회사 안에서 거의 절대적인 권한을 행사하고 있다.

재벌의 지배구조는 주로 대리인문제의 관점에서 비판받을 수 있다. 즉, 총수가 모든 계열사들의 지분을 각각 100% 소유하고 있지 않으므로 발생할 수 있는 대리인비용, 그리고 각 계열사의 총수 소유 지분율이 서로 다르기 때문에 총수의 지분율이 낮은 회사로부터 총수 지분율이 높은 회사로 부당하게 부(富)가 이전될 가능성 등이다. 예를 들어, 총수 및 가족이 회사로부터 지나치게 많은 급여를 받거나, 개인적 지출을 회사의 비용으로 충당하거나, 가족의 소유 지분율이 높은 회사에 '일감 몰아주기' 또는 상속세 회피를 위한 일탈행위들이다. 재벌의 대리인문제는 궁극적으로 일반 주주에게는 불공정한 경영과실의 분배, 그리고 납세자들에게는 불공평한 과세부담으로 귀결된다.

14.4.4 주주행동주의, 집중투표제 및 대표소송제

1) 주주행동주의

일반적으로 소액주주는 배당소득과 자본이득만을 목적으로 하기 때문에 기업활동 및 경영자행동을 감시 또는 통제하는 데 적극적인 역할을 하지 않는다. 즉, 소액주주는 커다란 감시비용을 치루고 경영자행동을 감시한다 하더라도 그 성과는 다른 다수의 주주들과 나누어 갖기 때문에, 경영자행동을 감시하는 데 있어 무임승차자(free rider)로 행동한다. 다수의 소액주주에게 주식이 분산되어 있는 기업에서, 경영자가 대리인문제를 야기하는 것은 다수의 주주들의 무임승차, 즉 기업경영에 대한 무관심 때문이라고 할 수 있다.

주주행동주의(shareholder activism)는 주주들이 기업경영에 대해 적극적인 관심을 갖고 경영자행동을 감시 및 통제하여야 한다는 철학과 사회운동을 말한다. 일반적으로 주주행동주의에는 주주의 요구를 기업경영에 반영하기 위한 노력의 일환으로 경영진과의 대화, 경영진에게 편지쓰기 운동, 주주총회 참석, 주주제안권 행사 등이 이루어진다.

현실에서 주주행동주의는 다양한 목표를 갖고 전개되고 있다. 전형적인 것은 경영자의 대리인문제를 해소함으로써 주주의 부를 극대화하는 것을 목표로 한다. 좋은 지배구조를 형성하기 위한 여러 가지 노력들은 대부분 소액주주의 부를 극대화하려는 목표를 갖고 있다.

최근에는 주주행동주의가 "투자의 사회적 책임(socially responsible investing)"을 실천하는 것을 목표로 전개되기도 한다. 오늘날 기업들은 환경 문제나 빈곤 문제에 대한 사회적 책임의 중요한 부분을 담당해야 하는데도 기업들이 그 책임을 소홀히 하고 있다는 비판을 받고 있다. 따라서 기업들이 더 적극적으로 사회적 책임을 이행하도록 만들기 위해서는 주주들이 기업 및 경영진에게 영향력을 행사하여야 한다는 것이 투자의 사회적 책임의 논리이다.

투자의 사회적 책임을 강조한 주주행동주의로서 1970년대 미국 소비자운동을 주도했던 네이더(Ralph Nader)가 GM의 사회적 책임을 추궁하는 주주제안권을 행사한 예가 있다. 또 1980년대에는 남아프리카의 인종차별에 반대하기 위하여 남아프리카와 거래하는 기업에 대해 소액주주운동이 벌어지기도 했다.[19] 최근의 주주행동주의는 대량의 주식을 보유하고 있는 기관투자자가 '월스트리트 룰'—주식과 경영자가 싫으면 주식을 팔아치운다는 생각—을 버리고, 주식을 장기적으로 보유하면서 적극적으로 의결권을 행사하거나 기업경영에 영향력을 행사하고, 그 결과 주주의 부를 장기적으로 극대화하려는 방향으로 전개되고 있다. 캘리포니아 공직자퇴직연금(CalPERS)이나 교원보험 및 대학퇴직자연금(TIFF-CREF) 등의 기관투자자가 이러한 주주행동주의를 실천하고 있는 대표적인 예이다.

2) 집중투표제

일반적으로 주주총회에서 이사 선임을 결의할 때에는 개별 이사후보자 각각에 대하여 찬반을 결의한다. 이 방법에 의하면, 모든 이사가 대주주 또는 지배주주의 의사에 따라 선임될 가능성이 크므로, 이사회를 통해 대주주의 전횡을 견제할 수 없게 된다.

집중투표제(cumulative voting system)는 동일한 주주총회에서 2인 이상의 이사를 선임하고자 할 때, 각 주주는 선임할 이사의 수와 동일한 수의 의결권을 갖고(예: 3명의 이사를 선임하고자 하면 1주당 3개의 의결권을 준다), 그 의결권을 이사후보자 1인 또는 소수에게 집중투표할 수 있도록 허용하여 최다 득표자부터 순차적으로 이사로 선임하는 방식이다. 집중투표제에서는 소액주주들이 단결하여 특정 후보에게 의결권을 몰아주면 대주주의 지지 없이도 그 후보가 이사로 선임될 수 있다. 이 집중투표제는 소액주주들이 원하는 이사를 용이하게 선임할 수 있도록 함으로써 소액주주의 간접적인 경영참여를 지원할 목적으로 1998년의 상법 개정에서 도입되었다.

3) 집단소송제

현대의 대량생산, 대량소비사회에서는 소비자 문제나 공해 문제와 관련하여 다수의 동일한 소송수요가 발생하고 있다. 예를 들어, 상품 품질의 결함이나 부당한 가격표시 등으로 인한 다수 소비자의

19 "주주행동주의의 전개와 과제," 삼성경제연구소 CEO 리포트(1999.3.17).

피해나 공장폐수, 분진, 악취, 소음 등으로 인한 집단민원 등이 빈번하게 제기되고 있다.

일반적인 민사소송제도는 당사자주의에 의한 개별적 분쟁해결을 원칙으로 하기 때문에 위와 같은 문제를 해결하기 어렵다. 즉, 다수의 동일한 소액소송이 개별적으로 제기되면 소송비용이 과다하여 소송을 포기하는 경향이 초래되고, 법원 역시 소송 건수가 너무 많아 처리능력을 벗어나게 된다.

이러한 민사소송제도의 문제점을 해결하기 위해 도입된 제도가 집단소송(class action)제도로서, 피해자 중 한 사람이 소송에 승소하면 다른 모든 피해자에게도 그 효력이 미치도록 하는 제도이다.

우리나라에서의 집단소송제도는 기업이 주가조작, 허위공시, 분식회계 등으로 주주들에게 피해를 끼쳤을 경우에 적용된다. 즉, 피해를 본 소액주주 가운데 한 명이 해당 기업을 상대로 소송을 제기하여 승소하면, 동일한 피해를 본 다른 투자자들도 별도의 소송 없이 피해를 보상받을 수 있다. 우리나라에서 집단소송제는 2005년 1월 자산총액 2조원 이상인 상장법인을 대상으로 우선 시행된 뒤, 2007년 1월부터는 다른 모든 상장법인으로 확대 적용되었다. 이 제도가 도입됨으로써 기업경영의 투명성이 높아지는 효과가 있을 것으로 기대된다. 그러나 집단소송의 대상인 주가조작, 허위공시, 분식회계 등의 개념이 애매하기 때문에 경영적 판단에 기초한 의사결정과 명확하게 구분되지 않을 수도 있다. 그 경우, 경영자는 소송의 우려 때문에 주주부를 극대화하는 의사결정을 포기해야만 할 수도 있다.

제14장 연습문제

[선다형]

01 기업의 대리인문제에 대한 설명으로 옳지 않은 것은?

① 소유와 경영이 일치하는 경우에는 대리인문제가 발생하지 않는다.

② 소유와 경영이 분리되어 있는 경우 외부주주는 대리인(agent), 경영자나 내부주주는 주체(principal)라 할 수 있다.

③ 경영자가 주주부 극대화로부터 벗어난 행위를 하는 것을 의미한다.

④ 대리인비용은 감시비용, 확증비용, 잔여손실을 포함한다.

⑤ 스톡옵션 같은 성과연계보상은 대리인문제를 완화하는 수단으로 간주된다.

02 경영자가 기업가치 또는 주주부보다 자신의 사적 이익을 우선시하여 기업을 운영하는 행태인 경영자주의(managerialism)에 관한 설명으로 적당하지 않은 것은?

① 경영자는 자신이 통제하는 자원이나 인원을 확대하려 한다.

② 현실에서 경영자의 보수는 기업의 이익뿐 아니라 규모에 의해서도 영향을 받는다.

③ 경영자는 자신의 지위 유지를 위해 단기적인 기업 성과에 집중하는 경향이 있다.

④ 경영자는 일반적으로 부채비율을 높이려 한다.

⑤ 경영자는 명예, 특권 같은 비현금적 보상을 선호한다.

03 대리인비용에 대한 설명으로 옳지 않은 것은?

① 경영에 직접 참여하지 않는 외부주주의 지분율이 높을수록 경영자의 낭비적 소비의 가능성이 상승한다.

② 주주들은 부채로 자본을 조달하여 위험이 낮은 투자안에 투자함으로써 자신들의 부를 증대시킬 수 있다.

③ 대리인비용은 궁극적으로 주주들이 부담하게 된다.

④ 대리인문제는 지배구조보다는 자본구조를 통해 통제하는 것이 효율적이다.

⑤ 기업공시제도는 일반 주주를 보호하는 수단이다.

04 전문경영인과 주주 사이의 대리인문제를 해소하기 위한 현실적 장치가 아닌 것은?

① 은행 등 채권자의 발언권 확대 ② 경영자에 대한 교체 압력

③ 스톡옵션 등의 경영자 보상시스템 ④ 주주총회에서 주주 의결권 확대
⑤ 집단소송제도의 도입

05 경영자에 대한 성과기준 보상에서 고려되어야 할 점은?

① 기업의 전략적 목표와의 연관성
② 성과지표는 명료하게 측정 또는 관찰될 수 있어야 한다.
③ 경영자가 투입한 노력의 정도에 의해 결정된다.
④ 성과지표는 경영자의 노력에 의해 통제될 수 있어야 한다.
⑤ 경영자는 자신의 지위 유지를 위해 단기적인 기업 성과에 집중하는 경향이 있다.

06 기업지배구조에 관한 설명으로 적당하지 않은 것은?

① 기업이 지휘·통제되는 시스템을 의미한다.
② 이해관계자들의 상호관계, 기업목표와 달성수단, 경영자에 대한 감시 및 성과평가 메커니즘을 포함한다.
③ 기업 외부에서 경영자를 감시 또는 규율하는 장치를 포함한다.
④ 금융시장인 금융기관도 경영자를 감시하는 역할을 수행한다.
⑤ 일반적으로 인수·합병의 가능성은 경영자를 태만하게 만든다.

07 기업지배구조의 국가별 특성에 관한 설명으로 적당하지 않은 것은?

① 독일형 기업지배구조는 사외이사에게 경영자에 대한 감시 임무를 맡기고 있다.
② 영미형 기업지배구조는 단일이사회제도를 채택하고 있다.
③ 일본의 기업지배구조에서는 주거래은행의 역할이 중요하다.
④ 우리나라의 재벌구조는 개인 대주주를 중심으로 한다는 특징을 갖고 있다.
⑤ 영미형 지배구조는 주주중심적인 특성을 갖고 있다.

[서술형]

01 경영에 참여하지 않는 외부주주가 경영자를 통제하기 위해 어떤 방법을 사용할 수 있는가?

02 경영자의 지배권이 투자결정과 자본조달결정을 어떻게 왜곡시킬 수 있는지 설명하시오.

03 기업지배구조의 의미와 구성을 설명하시오.

04 영미형과 독일형 기업지배구조가 어떻게 다른지 비교하시오.

05 주주행동주의란 무엇인가?

06 집중투표제란 무엇인가?

07 집단소송제란 무엇인가?

08 다음의 경영자 보상시스템이 경영자와 주주의 이해관계에 대해 어떤 영향을 미치게 될지 설명하시오.

(1) 고정급

(2) 기업의 순이익에 비례하는 상여금

(3) 고정급과 매월 일정 수량의 주식을 지급

(4) 임기 종료시점부터 일정 기간 동안 행사할 수 있는 스톡옵션을 부여

[선다형문제 정답과 풀이]

01 ② **02** ④ **03** ② ▸ 주주는 채권자에 비해 높은 위험을 가진 투자안을 선호한다. **04** ① ▸ 채권 금융기관의 발언권 확대는 주주 또는 경영자로부터 채권자를 보호하기 위한 수단이다. **05** ③ ▸ 경영자의 노력은 투입기준 보상의 주요 요소이다. **06** ⑤ ▸ 인수 · 합병시장은 경영자를 규율하는 외부지배구조의 일부이다. **07** ① ▸ 사외이사가 경영자를 감시하는 제도는 영미형 기업지배구조의 특징이다.

부록

○ [부표 1] 미래가치계수

○ [부표 2] 현재가치계수

○ [부표 3] 연금의 현재가치계수

[부표 1] 미래가치계수

현재 1원의 t기후 미래가치 $=(1+i)^t$

t	2%	4%	6%	7%	8%	9%	10%	11%	12%	13%	14%
1	1.0200	1.0400	1.0600	1.0700	1.0800	1.0900	1.1000	1.1100	1.1200	1.1300	1.1400
2	1.0404	1.0816	1.1236	1.1449	1.1664	1.1881	1.2100	1.2321	1.2544	1.2769	1.2996
3	1.0612	1.1249	1.1910	1.2250	1.2597	1.2950	1.3310	1.3676	1.4049	1.4429	1.4815
4	1.0824	1.1699	1.2625	1.3108	1.3605	1.4116	1.4641	1.5181	1.5735	1.6305	1.6890
5	1.1041	1.2167	1.3382	1.4026	1.4693	1.5386	1.6105	1.6851	1.7623	1.8424	1.9254
6	1.1262	1.2653	1.4185	1.5007	1.5869	1.6771	1.7716	1.8704	1.9738	2.0820	2.1950
7	1.1487	1.3159	1.5036	1.6058	1.7138	1.8280	1.9487	2.0762	2.2107	2.3526	2.5023
8	1.1717	1.3686	1.5938	1.7182	1.8509	1.9926	2.1436	2.3045	2.4760	2.6584	2.8526
9	1.1951	1.4233	1.6895	1.8385	1.9990	2.1719	2.3579	2.5580	2.7731	3.0040	3.2519
10	1.2190	1.4802	1.7908	1.9672	2.1589	2.3674	2.5937	2.8394	3.1058	3.3946	3.7072
11	1.2434	1.5395	1.8983	2.1049	2.3316	2.5804	2.8531	3.1518	3.4785	3.8359	4.2262
12	1.2682	1.6010	2.0122	2.2522	2.5182	2.8127	3.1384	3.4985	3.8960	4.3345	4.8179
13	1.2936	1.6651	2.1329	2.4098	2.7196	3.0658	3.4523	3.8833	4.3635	4.8980	5.4924
14	1.3195	1.7317	2.2609	2.5785	2.9372	3.3417	3.7975	4.3104	4.8871	5.5348	6.2613
15	1.3459	1.8009	2.3966	2.7590	3.1722	3.6425	4.1772	4.7846	5.4736	6.2543	7.1379
16	1.3728	1.8730	2.5404	2.9522	3.4259	3.9703	4.5950	5.3109	6.1304	7.0673	8.1372
17	1.4002	1.9479	2.6928	3.1588	3.7000	4.3276	5.0545	5.8951	6.8660	7.9861	9.2765
18	1.4282	2.0258	2.8543	3.3799	3.9960	4.7171	5.5599	6.5436	7.6900	9.0243	10.575
19	1.4568	2.1068	3.0256	3.6165	4.3157	5.1417	6.1159	7.2633	8.6128	10.197	12.056
20	1.4859	2.1911	3.2071	3.8697	4.6610	5.6044	6.7275	8.0623	9.6463	11.523	13.743
25	1.6406	2.6658	4.2919	5.4274	6.8485	8.6231	10.835	13.585	17.000	21.231	26.462
30	1.8114	3.2434	5.7435	7.6123	10.063	13.268	17.449	22.892	29.960	39.116	50.950

t	15%	16%	17%	18%	19%	20%	22%	24%	26%	28%	30%
1	1.1500	1.1600	1.1700	1.1800	1.1900	1.2000	1.2200	1.2400	1.2600	1.2800	1.3000
2	1.3225	1.3456	1.3689	1.3924	1.4161	1.4400	1.4884	1.5376	1.5876	1.6384	1.6900
3	1.5209	1.5609	1.6016	1.6430	1.6852	1.7280	1.8158	1.9066	2.0004	2.0972	2.1970
4	1.7490	1.8106	1.8739	1.9388	2.0053	2.0736	2.2153	2.3642	2.5205	2.6844	2.8561
5	2.0114	2.1003	2.1924	2.2878	2.3864	2.4883	2.7027	2.9316	3.1758	3.4360	3.7129
6	2.3131	2.4364	2.5652	2.6996	2.8398	2.9860	3.2973	3.6352	4.0015	4.3980	4.8268
7	2.6600	2.8262	3.0012	3.1855	3.3793	3.5832	4.0227	4.5077	5.0419	5.6295	6.2749
8	3.0590	3.2784	3.5115	3.7589	4.0214	4.2998	4.9077	5.5895	6.3528	7.2058	8.1573
9	3.5179	3.8030	4.1084	4.4355	4.7854	5.1598	5.9874	6.9310	8.0045	9.2234	10.604
10	4.0456	4.4114	4.8068	5.2338	5.6947	6.1917	7.3046	8.5944	10.086	11.806	13.786
11	4.6524	5.1173	5.6240	6.1759	6.7767	7.4301	8.9117	10.657	12.708	15.112	17.922
12	5.3503	5.9360	6.5801	7.2876	8.0642	8.9161	10.872	13.215	16.012	19.343	23.298
13	6.1528	6.8858	7.6987	8.5994	9.5964	10.699	13.264	16.386	20.175	24.759	30.288
14	7.0757	7.9875	9.0075	10.147	11.420	12.839	16.182	20.319	25.421	31.691	39.374
15	8.1371	9.2655	10.539	11.974	13.590	15.407	19.742	25.196	32.030	40.565	51.186
16	9.3576	10.748	12.330	14.129	16.172	18.488	24.086	31.243	40.358	51.923	66.542
17	10.761	12.468	14.426	16.672	19.244	22.186	29.384	38.741	50.851	66.461	86.504
18	12.375	14.463	16.879	19.673	22.901	26.623	35.849	48.039	64.072	85.071	112.46
19	14.232	16.777	19.748	23.214	27.252	31.948	43.736	59.568	80.731	108.89	146.19
20	16.367	19.461	23.106	27.393	32.429	38.338	53.358	73.864	101.72	139.38	190.05
25	32.919	40.874	50.658	62.669	77.388	95.396	144.21	216.54	323.05	478.90	705.64
30	66.212	85.850	111.06	143.37	184.68	237.38	389.76	634.82	1025.9	1645.5	2620.0

[부표 2] 현재가치계수

t 기후 1원의 현재가치 $= \dfrac{1}{(1+i)^t}$

t	1%	2%	3%	4%	5%	6%	7%	8%	9%	10%	t
1	.99010	.98039	.97007	.96154	.95238	.94340	.93458	.92593	.91743	.90909	1
2	.98030	.96117	.94260	.92456	.90703	.89000	.87344	.85734	.84168	.82645	2
3	.97059	.94232	.91514	.88900	.86384	.83962	.81630	.79383	.77218	.75131	3
4	.96098	.92385	.88849	.85480	.82270	.79209	.76290	.73503	.70843	.68301	4
5	.95147	.90573	.86261	.82193	.78353	.74726	.71299	.68058	.64993	.62092	5
6	.94204	.88797	.83748	.79031	.74622	.70496	.66634	.60317	.59627	.56447	6
7	.93272	.87056	.81309	.75992	.71068	.66506	.62275	.58349	.54703	.51316	7
8	.92348	.85349	.78941	.73069	.67684	.62741	.58201	.54027	.50187	.46651	8
9	.91434	.83675	.76642	.70259	.64461	.59190	.54393	.50025	.46043	.42410	9
10	.90529	.82035	.74409	.67556	.61391	.55839	.50835	.46319	.42241	.38554	10
11	.89632	.80426	.72242	.64958	.58468	.52679	.47509	.42888	.38753	.35049	11
12	.88745	.78849	.70138	.62460	.55684	.49697	.44401	.39711	.35553	.31863	12
13	.87866	.77303	.68095	.60057	.53032	.46884	.41496	.36770	.32618	.28966	13
14	.86996	.75787	.66112	.57747	.50507	.44230	.38782	.34046	.29925	.26333	14
15	.86135	.74301	.64186	.55526	.48102	.41726	.36245	.31524	.27454	.23939	15
16	.85282	.72845	.62317	.53391	.45811	.39365	.33873	.29189	.25187	.21763	16
17	.84438	.71416	.60502	.51337	.43630	.37136	.31657	.27027	.23107	.19784	17
18	.83602	.70016	.58739	.49363	.41552	.35034	.29586	.25025	.21199	.17986	18
19	.82774	.68643	.57029	.47464	.39573	.33051	.27651	.23171	.19449	.16351	19
20	.81954	.67297	.55367	.45639	.37689	.31180	.25842	.21455	.17843	.14864	20
21	.81143	.65978	.53755	.43883	.35894	.29415	.24151	.19866	.16370	.13513	21
22	.80340	.64684	.52189	.42195	.34185	.27750	.22571	.18394	.15018	.12285	22
23	.79544	.63416	.50669	.40573	.32557	.26180	.21095	.17031	.13778	.11168	23
24	.78757	.62172	.49193	.39012	.31007	.24698	.19715	.15770	.12640	.10153	24
25	.77977	.60953	.47760	.37512	.29530	.23300	.18425	.14602	.11597	.09230	25

t	11%	12%	13%	14%	15%	16%	17%	18%	19%	20%	t
1	.90090	.89286	.88496	.87719	.86957	.86207	.85470	.84746	.84034	.83333	1
2	.81162	.79719	.78315	.76947	.75614	.74316	.73051	.71818	.70616	.69444	2
3	.73119	.71178	.69305	.67497	.65752	.64066	.62437	.60863	.59342	.57870	3
4	.65873	.63552	.61332	.59208	.57175	.55229	.53365	.51579	.49867	.48225	4
5	.59345	.56743	.54276	.51937	.49718	.47611	.45611	.43711	.41905	.40118	5
6	.53464	.50663	.48032	.45559	.43233	.41044	.38984	.37043	.35214	.33490	6
7	.48166	.45235	.42506	.39964	.37594	.35383	.33320	.31392	.29592	.27908	7
8	.43393	.40388	.37616	.35056	.32690	.30503	.28478	.26604	.24867	.23257	8
9	.39092	.36061	.33288	.30751	.28426	.26295	.24340	.22546	.20897	.19381	9
10	.35218	.32197	.29459	.26974	.24718	.22668	.20804	.19106	.17560	.16151	10
11	.31728	.28748	.26070	.23662	.21494	.19542	.17781	.16192	.14756	.13459	11
12	.28584	.25667	.23071	.20756	.18691	.16846	.15197	.13722	.12400	.11216	12
13	.25751	.22917	.20416	.18207	.16253	.14523	.12989	.11629	.10420	.09346	13
14	.23199	.20462	.18068	.15971	.14133	.12520	.11102	.09855	.08757	.07789	14
15	.20900	.18270	.15989	.14010	.12289	.10893	.09489	.08352	.07359	.06491	15
16	.18829	.16312	.14150	.12289	.10686	.09304	.08110	.07078	.06184	.05409	16
17	.16963	.14564	.12522	.10780	.09293	.08021	.06932	.05998	.05196	.04507	17
18	.15282	.13004	.11081	.09456	.08080	.06914	.05925	.05083	.04367	.03756	18
19	.13768	.11611	.09806	.08295	.07026	.05961	.05064	.04308	.03669	.03130	19
20	.12403	.10637	.08678	.07276	.06110	.05139	.04328	.03651	.03084	.02608	20
21	.11174	.09256	.07680	.06383	.05313	.04430	.03699	.03094	.02591	.02174	21
22	.10067	.08264	.06796	.05599	.04620	.03819	.03162	.02622	.02178	.01811	22
23	.09069	.07379	.06014	.04911	.04017	.03292	.02702	.02222	.01830	.01509	23
24	.08170	.06588	.05322	.04308	.03493	.02838	.02310	.01883	.01538	.01258	24
25	.07361	.05882	.04710	.03779	.03038	.02447	.01974	.01596	.01292	.01048	25

[부표 2] 현재가치계수(계속)

t	21%	22%	23%	24%	25%	26%	27%	28%	29%	30%	t
1	.82645	.81967	.81301	.80645	.80000	.79365	.78740	.78125	.77519	.76923	1
2	.68301	.67186	.66098	.65036	.64000	.62988	.62000	.61035	.60093	.59172	2
3	.56447	.55071	.53738	.52449	.51200	.49991	.48819	.47684	.46583	.45517	3
4	.46651	.45140	.43690	.42297	.40906	.39675	.38440	.37253	.36111	.35013	4
5	.38554	.37000	.35520	.34411	.32768	.31488	.30268	.29104	.27993	.26933	5
6	.31863	.30328	.28878	.27509	.26214	.24991	.23833	.22737	.21700	.20718	6
7	.26333	.24859	.23478	.22184	.20972	.19834	.18766	.17764	.16822	.15937	7
8	.21763	.20376	.19088	.17891	.16777	.15741	.14776	.13878	.13040	.12259	8
9	.17986	.16702	.15519	.14428	.13422	.12493	.11635	.10842	.10109	.09430	9
10	.14864	.13690	.12617	.11635	.10737	.09915	.09161	.08470	.07836	.07254	10
11	.12285	.11221	.10258	.09383	.08590	.07869	.07214	.06617	.06075	.05580	11
12	.10153	.09198	.08339	.07567	.06872	.06245	.05680	.05170	.04709	.04292	12
13	.08391	.07539	.06780	.06103	.05498	.04957	.04472	.04039	.03650	.03302	13
14	.06934	.06180	.05512	.04921	.04398	.03934	.03522	.03155	.02830	.02540	14
15	.05731	.05065	.04481	.03969	.03518	.03122	.02773	.02465	.02194	.01954	15
16	.04736	.04152	.03643	.03201	.02815	.02478	.02183	.01926	.01700	.01503	16
17	.03914	.03403	.02962	.02581	.02252	.01967	.01719	.01505	.01318	.01156	17
18	.03235	.02789	.02408	.02082	.01801	.01561	.01354	.01175	.01022	.00889	18
19	.02673	.02286	.01958	.01679	.01441	.01239	.01066	.00918	.00792	.00684	19
20	.02209	.01874	.01592	.01354	.01153	.00983	.00839	.00717	.00614	.00526	20
21	.01826	.01536	.01294	.01902	.00922	.00780	.00661	.00561	.00476	.00405	21
22	.01509	.01259	.01052	.00880	.00738	.00619	.00520	.00438	.00369	.00311	22
23	.01247	.01032	.00855	.00710	.00590	.00491	.00410	.00342	.00286	.00239	23
24	.01031	.00846	.00695	.00573	.00472	.00390	.00323	.00267	.00222	.00184	24
25	.00852	.00693	.00565	.00462	.00378	.00310	.00254	.00239	.00172	.00142	25

t	31%	32%	33%	34%	35%	36%	37%	38%	39%	40%	t
1	.76336	.75758	.75188	.74627	.74074	.73529	.72993	.72464	.71942	.71429	1
2	.58272	.57392	.56532	.55692	.54870	.45066	.53279	.52510	.51757	.51020	2
3	.44482	.43479	.42505	.41561	.40644	.39745	.38890	.38051	.37235	.36443	3
4	.33956	.32939	.31959	.31016	.30107	.29231	.28387	.27573	.26788	.26031	4
5	.25920	.24953	.24029	.23146	.22301	.21493	.20720	.19980	.19272	.18593	5
6	.19787	.18904	.18067	.17273	.16520	.15804	.15124	.14479	.13865	.13281	6
7	.15104	.14321	.13584	.12890	.12237	.11621	.11040	.10492	.09975	.09486	7
8	.11530	.10849	.10214	.09620	.09064	.08545	.08058	.07603	.07176	.06776	8
9	.08802	.08219	.07680	.07179	.06714	.06283	.05882	.05509	.05163	.04840	9
10	.06719	.06227	.05774	.05357	.04973	.04620	.04293	.03992	.03714	.03457	10
11	.05129	.04717	.04341	.03998	.03684	.03997	.03134	.02893	.02672	.02469	11
12	.03915	.03574	.03264	.02984	.02729	.02498	.02887	.02096	.01922	.01764	12
13	.02989	.02707	.02454	.02227	.02021	.01837	.01670	.01519	.01383	.01260	13
14	.02281	.02051	.01845	.01662	.01497	.01350	.01219	.01101	.00995	.00900	14
15	.01742	.01554	.01387	.01240	.01109	.00993	.00890	.00789	.00716	.00643	15
16	.01329	.01177	.01043	.00925	.00822	.00730	.00649	.00578	.00515	.00459	16
17	.01015	.00892	.00784	.00691	.00609	.00537	.00474	.00419	.00370	.00328	17
18	.00775	.00676	.00590	.00515	.00451	.00395	.00346	.00304	.00267	.00234	18
19	.00591	.00512	.00443	.00385	.00334	.00290	.00253	.00220	.00192	.00167	19
20	.00451	.00388	.00333	.00287	.00247	.00213	.00184	.00159	.00138	.00120	20
21	.00345	.00294	.00251	.00214	.00183	.00157	.00135	.00115	.00099	.00085	21
22	.00263	.00223	.00188	.00160	.00136	.00115	.00098	.00084	.00071	.00061	22
23	.00201	.00169	.00142	.00119	.00101	.00085	.00072	.00061	.00051	.00044	23
24	.00153	.00128	.00107	.00089	.00074	.00062	.00052	.00044	.00037	.00031	24
25	.00117	.00097	.00080	.00066	.00055	.00046	.00038	.00032	.00027	.00022	25

[부표 3] 연금의 현재가치계수

T기까지 매기 1원이 얻어지는 연금의 현재가치$=\dfrac{(1+i)^T-1}{i(1+i)^T}$

T	1%	2%	3%	4%	5%	6%	7%	8%	9%	10%	T
1	.9901	.9804	.9709	.9615	.9524	.9434	.9346	.9259	.9174	.9091	1
2	1.9704	1.9416	1.9135	1.8861	1.8594	1.8334	1.8080	1.7833	1.7591	1.7355	2
3	2.9410	2.8839	2.8286	2.7751	2.7232	2.6730	2.6243	2.5771	2.5313	2.4868	3
4	3.9020	3.8077	3.7171	3.6299	3.5459	3.4651	3.3872	3.3121	3.2397	3.1699	4
5	4.8535	4.7134	4.5797	4.4518	4.3295	4.2123	4.1002	3.9927	3.8896	3.7908	5
6	5.7955	5.6014	5.4172	5.2421	5.0757	4.9173	4.7665	4.6229	4.4859	4.3553	6
7	6.7282	6.4720	6.2302	6.0020	5.7863	5.5824	5.3893	5.2064	5.0329	4.8684	7
8	7.6517	7.3254	7.0196	6.7327	6.4632	6.2098	5.9713	5.7466	5.5348	5.3349	8
9	8.5661	8.1622	7.7861	7.4353	7.1078	6.8017	6.5152	6.2469	5.9852	5.7590	9
10	9.4714	8.9825	8.5302	8.1109	7.7217	7.3601	7.0236	6.7101	6.4176	6.1446	10
11	10.3677	9.7868	9.2526	8.7604	8.3064	7.8868	7.4987	7.1389	6.8052	6.4951	11
12	11.2552	10.5753	9.9539	9.3850	8.8632	8.3838	7.9428	7.5361	7.1607	6.8137	12
13	12.1338	11.3483	10.6349	9.9856	9.3935	8.8527	8.3576	7.9038	7.4869	7.1034	13
14	13.0038	12.1062	11.2960	10.5631	9.8956	9.2950	8.7454	8.2442	7.7861	7.3667	14
15	13.8651	12.8492	11.9379	11.1183	10.3796	9.7122	9.1079	8.5595	8.0607	7.6061	15
16	14.7180	13.5777	12.5610	11.6522	10.8377	10.1059	9.4466	8.8514	8.3125	7.8237	16
17	15.5624	14.2918	13.1660	12.1656	11.2740	10.4772	9.7632	9.1216	8.5436	8.0215	17
18	16.3984	14.9920	13.7534	12.6592	11.6895	10.8276	10.0591	9.3719	8.7556	8.2014	18
19	17.2261	15.6784	14.3237	13.1339	12.0853	11.1581	10.3356	9.6036	8.9501	8.3649	19
20	18.0457	16.3514	14.8774	13.5903	12.4622	11.4699	10.5940	9.8181	9.1285	8.5136	20
21	18.8571	17.0111	15.4149	14.0291	12.8211	11.7640	10.8355	10.0168	9.2922	8.6487	21
22	19.6605	17.6580	15.9368	14.4511	13.1630	12.0416	11.0612	10.2007	9.4424	8.7715	22
23	20.4559	18.2921	16.4435	14.8568	13.4885	12.3033	11.2722	10.3710	9.5802	8.8832	23
24	21.2435	18.9139	16.9355	15.2469	13.7986	12.5503	11.4693	10.5287	9.7066	8.9847	24
25	22.0233	19.5234	17.4131	15.6220	14.0939	12.7833	11.6536	10.6748	9.8226	9.0770	25

T	11%	12%	13%	14%	15%	16%	17%	18%	19%	20%	T
1	.9009	.8929	.8850	.8772	.8696	.8621	.8547	.8475	.8403	.8333	1
2	1.7125	1.6901	1.6681	1.6467	1.6257	1.6052	1.5852	1.5656	1.5465	1.5278	2
3	2.4437	2.4018	2.3612	2.3216	2.2832	2.2459	2.2096	2.1743	2.1399	2.1065	3
4	3.1024	3.0373	2.9745	2.9137	2.8550	2.7982	2.7432	2.6901	2.6386	2.5887	4
5	3.6959	3.6048	3.5172	3.4331	3.3522	3.2743	3.1993	3.1272	3.0576	2.9906	5
6	4.2305	4.1114	3.9976	3.8887	3.7845	3.6847	3.5892	3.4976	3.4098	3.3255	6
7	4.7122	4.5638	4.4226	4.2883	4.1604	4.0386	3.9224	3.8115	3.7057	3.6046	7
8	5.1461	4.9676	4.7988	4.6389	4.4873	4.3436	4.2072	4.0776	3.9544	3.8372	8
9	5.5370	5.3282	5.1317	4.9464	4.7716	4.6065	4.4506	4.3030	4.1633	4.0310	9
10	5.8892	5.6502	5.4262	5.2161	5.0188	4.8332	4.6586	4.4941	4.3389	4.1925	10
11	6.2065	5.9377	5.6869	5.4527	5.2337	5.0286	4.8364	4.6560	4.4865	4.3271	11
12	6.4924	6.1944	5.9176	5.6603	5.4206	5.1971	4.9884	4.7932	4.6105	4.4392	12
13	6.7499	6.4235	6.1218	5.8424	5.5831	5.3423	5.1183	4.9095	4.7147	4.5327	13
14	6.9819	6.6282	6.3025	6.0021	5.7245	5.4675	5.2293	5.0081	4.8023	4.6106	14
15	7.1909	6.8109	6.4624	6.1422	5.8474	5.5755	5.3242	5.0916	4.8759	4.6755	15
16	7.3792	6.9740	6.6039	6.2651	5.9542	5.6685	5.4053	5.1624	4.9377	4.7296	16
17	7.5488	7.1196	6.7291	6.3729	6.0472	5.7487	5.4746	5.2223	4.9897	4.7746	17
18	7.7016	7.2497	6.8399	6.4674	6.1280	5.8178	5.5339	5.2732	5.0333	4.8122	18
19	7.8393	7.3658	6.9380	6.5504	6.1982	5.8775	5.5845	5.3162	5.0700	4.8435	19
20	7.9633	7.4694	7.0248	6.6231	6.2593	5.9288	5.6278	5.3527	5.1009	4.8696	20
21	8.0751	7.5620	7.1016	6.6870	6.3125	5.9731	5.6648	5.3837	5.1268	4.8913	21
22	8.1757	7.6446	7.1695	6.7429	6.3587	6.0113	5.6964	5.4099	5.1486	4.9094	22
23	8.2664	7.7184	7.2297	6.7921	6.3988	6.0442	5.7234	5.4321	5.1668	4.9245	23
24	8.3481	7.7843	7.2829	6.8351	6.4338	6.0726	5.7465	5.4509	5.1822	4.9371	24
25	8.4217	7.8431	7.3300	6.8729	6.4641	6.0971	5.7662	5.4669	5.1951	4.9476	25

[부표 3] 연금의 현재가치계수(계속)

T	21%	22%	23%	24%	25%	26%	27%	28%	29%	30%	T
1	.8264	.8197	.8130	.8065	.8000	.7937	.7874	.7813	.7752	.7692	1
2	1.5095	1.4915	1.4740	1.4568	1.4400	1.4235	1.4074	1.3916	1.3761	1.3609	2
3	2.0739	2.0422	2.0114	4.9813	4.9520	1.9234	1.8956	1.8684	1.8420	1.8161	3
4	2.5404	2.4936	2.4483	2.4043	2.3616	2.3202	2.2800	2.2410	2.2031	2.1662	4
5	2.9260	2.8636	2.8035	2.7454	2.6893	2.6351	2.5827	2.5320	2.4830	2.4356	5
6	3.2446	3.1669	3.0923	3.0205	2.9514	2.8850	2.8210	2.7594	2.7000	2.6427	6
7	3.5079	3.4155	3.3270	3.2423	3.1611	3.0833	3.0087	2.9370	2.8682	2.8021	7
8	3.7256	3.6193	3.5179	3.4212	3.3289	3.2407	3.1564	3.0758	2.9986	2.9247	8
9	3.9054	3.7863	3.6731	3.5655	3.4631	3.3657	3.2728	3.1842	3.0997	3.0190	9
10	4.0541	3.9232	3.7993	3.6819	3.5705	3.4648	3.3644	3.2689	3.1781	3.0915	10
11	4.1769	4.0354	3.9018	3.7757	3.6564	3.5435	3.4365	3.3351	3.2388	3.1473	11
12	4.2785	4.1274	3.9852	3.8514	3.7251	3.6060	3.4933	3.3868	3.2859	3.1903	12
13	4.3624	4.2028	4.0530	3.9124	3.7801	3.6555	3.6381	3.4272	3.3224	3.2233	13
14	4.4317	4.2646	4.1082	3.9616	3.8241	3.6949	3.5733	3.4587	3.3507	3.2487	14
15	4.4890	4.3152	4.1530	4.0013	3.8593	3.7261	3.6110	3.4834	3.3726	3.2682	15
16	4.5364	4.3567	4.1894	4.0333	3.8874	3.7509	3.6228	3.5026	3.3896	3.2832	16
17	4.5755	4.3908	4.2190	4.0591	3.9099	3.7705	3.6400	3.5177	3.4028	3.2948	17
18	4.6079	4.4187	4.2431	4.0799	3.9279	3.7861	3.6536	3.5294	3.4130	3.3037	18
19	4.6346	4.4415	4.2627	4.0967	3.9424	3.7985	3.6642	3.5386	3.4210	3.3105	19
20	4.6567	4.4603	4.2786	4.1103	3.9539	3.8083	3.6726	3.5458	3.4271	3.3158	20
21	4.6750	4.4756	4.2916	4.1212	3.9631	3.8161	3.6792	3.5514	3.4319	3.3198	21
22	4.6900	4.4882	4.3021	4.1300	3.9705	3.8223	3.6844	3.5558	3.4356	3.3230	22
23	4.7025	4.4985	4.3106	4.1371	3.9764	3.8273	3.6885	3.5592	3.4384	3.3254	23
24	4.7128	4.5070	4.3176	4.1428	3.9811	3.8312	3.6918	3.5619	3.4406	3.3272	24
25	4.7213	4.5139	4.3232	4.1474	3.9849	3.8342	3.6943	3.5640	3.4423	3.3286	25

T	31%	32%	33%	34%	35%	36%	37%	38%	39%	40%	T
1	.7634	.7576	.7519	.7463	.7407	.7353	.7299	.7246	.7194	.7143	1
2	1.3461	1.3315	1.3172	1.3032	1.2894	1.2760	1.2627	1.2497	1.2370	1.2245	2
3	1.7909	1.7663	1.7423	1.7188	1.6959	1.6735	1.6516	1.6302	1.6093	1.5889	3
4	2.1305	2.0957	2.0618	2.0290	1.9969	1.9658	1.9355	1.9060	1.8772	1.8492	4
5	2.3897	2.3452	2.3021	2.2604	2.2200	2.1807	2.1427	2.1058	2.0699	2.0352	5
6	2.5875	2.5342	2.4828	2.4331	2.3852	2.3388	2.2939	2.2506	2.2086	2.1680	6
7	2.7386	2.6775	2.6187	2.5620	2.5075	2.4550	2.4043	2.3555	2.3083	2.2628	7
8	2.8539	2.7860	2.7208	2.6582	2.5982	2.5404	2.4849	2.4315	2.3801	2.3306	8
9	2.9419	2.8681	2.7976	2.7300	2.6653	2.6033	2.5437	2.4866	2.4317	2.3790	9
10	3.0091	2.9304	2.8553	2.7836	2.7150	2.6495	2.5867	2.5265	2.4689	2.4136	10
11	3.0604	2.9776	2.8987	2.8236	2.7519	2.6834	2.6180	2.5555	2.4956	2.4383	11
12	3.0995	3.0133	2.9314	2.8534	2.7792	2.7084	2.6409	2.5764	2.5148	2.4559	12
13	3.1294	3.0404	2.9559	2.8757	2.7994	2.7268	2.6576	2.5916	2.5286	2.4685	13
14	3.1522	3.0609	2.9744	2.8923	2.8144	2.7403	2.6698	2.6026	2.5386	2.4775	14
15	3.1696	3.0764	2.9883	2.9047	2.8255	2.7502	2.6787	2.6106	2.5457	2.4839	15
16	3.1829	3.0882	2.9987	2.9140	2.8337	2.7575	2.6852	2.6164	2.5509	2.4885	16
17	3.1931	3.9071	3.0065	2.9209	2.8396	2.7629	3.6899	2.6206	2.5546	2.4918	17
18	3.2008	3.1039	3.0124	2.9260	2.8443	2.7668	2.6934	2.6236	2.5573	2.4941	18
19	3.2067	3.1090	3.0169	2.9299	2.8476	2.7697	2.6959	2.6258	2.5592	2.4958	19
20	3.2112	3.1129	3.0202	2.9327	2.8501	2.7728	2.6977	2.6274	2.5606	2.4970	20
21	3.2147	3.1158	3.0227	2.9349	2.8519	2.7734	2.6991	2.6285	2.5616	2.4979	21
22	3.2173	3.1180	3.0246	2.9365	2.8533	2.7746	2.7000	2.6294	2.5623	2.4985	22
23	3.2193	3.1197	3.0260	2.9377	2.8543	2.7754	2.7008	2.6300	2.5628	2.4989	23
24	3.2209	3.1210	3.0271	2.9386	2.8550	2.7760	2.7013	2.6304	2.5632	2.4992	24
25	3.2220	3.1220	3.0279	2.9392	2.8556	2.7765	2.7017	2.6307	2.5634	2.4994	25

찾아보기

(ㄱ)
가격변동성 / 196
가격위험(price risk) / 172
가계재무(personal finance) / 5
가산금리 / 77
가용성(availability) 휴리스틱 / 27, 268
가중평균자본비용(weighted average cost of capital: WACC) / 279, 284, 293
가치가산성(value additivity) / 244
가치주(value stock) / 114
가치중심경영(value-oriented management) / 11
간접금융시장 / 40
감가상각비 / 230
감독이사회(Aufsichtsrat, supervisory board) / 488
감시(monitoring) / 23
감시비용(monitoring cost) / 22
감정(affect) 휴리스틱 / 27
개인기업화(going private) / 439, 443, 458
개인분산투자(homemade diversification) / 177
개인소득세 / 320
거래노출(transaction exposure) / 208
거래비용(transactions cost) / 42, 181
거래적 동기(transactory motive) / 369
거시건전성 규제(macroprudential regulation) / 57
건전성(soundness) / 54
건전성규제(prudential regulation) / 35, 54
게이리츠(系列, keiritsu) / 489
결제수단 / 34
겸업주의(兼業主義) / 44
경과이자(accrued interest) / 99
경기변동 / 102
경상수익률(current yield) / 101
경영공시 / 55
경영관리능력(management) / 57
경영능력(management capacity) / 377
경영다각화 / 447
경영실태평가 / 57
경영실태평가항목 / 57
경영위험(business risk) / 14, 291
경영이사회(Vorstand, management board) / 488
경영자 보상 / 267, 480
경영자시장(management market) / 24
경영자의 보수 / 474
경영자주의(managerialism) / 438, 446
경영자 지대(managerial rent) / 266
경쟁우위(competitive advantage) / 265
경제성평가(economic evaluation) / 224
경제적 노출(economic exposure) / 208
경제적 부실(economic failure) / 462
경제적 지급불능(economic insolvency) / 462
경제적 지대(economic rent) / 265
계약생산(contract manufacturing) / 204
계정상의 채권(open account) / 376
고객효과(clientelé effect) / 352
고든모형 / 109
고수익채권(high-yield bond) / 102
고위험 투자의 유인 / 327
고정비(fixed cost) / 410
고정지급액(fixed pay) / 482
곰의 포옹(bear's hug) / 449
공개된 정보(public information) / 161
공개매수(tender offer) / 358, 456
공개시장 재매입(open-market repurchase) / 358
공격기업(bidder firm) / 448
공공투자의 자본비용 / 297
공동결정법(Mitbestimmungsgesetz) / 488
공동보험효과(coinsurance effect) / 444
공동부담비율(copayment) / 182

공분산(covariance) / 135
공적 부채(publicly placed debt) / 331, 467, 479
공헌이익률(contribution margin ratio) / 412
과다지급 금지의 원칙 / 481
과소투자(underinvestment) / 324, 328
과잉낙관(excessive optimism) / 26, 268
과잉투자(overinvestment) / 266
관계금융(relational banking) / 486
관리계약(management contract) / 204
교차이사제도(interlocking directorship) / 488
교차헤징(cross hedging) / 189
교환제의(exchange offer) / 439
구매력평가설(purchasing power parity theory) / 206
구조조정(restructuring) / 437
국고채(Korea Treasury Bond: KTB) / 95
국제결제은행(Bank for International Settlements: BIS) / 52, 401
국제결제은행(BIS)기준 자기자본비율규제 / 54
국제보험감독자협의회(International Association of Insurance Supervisors: IAIS) / 52
국제연금감독자기구(International Organisation of Pension Supervisors: IOPS) / 52
국제은행감독자회의(International Conference of Banking Supervisors: ICBS) / 52
국제재무관리(international financial management) / 204
국제증권감독기구(International Organization of Securities Commissions: IOSCO) / 52
국제통화기금(International Monetary Fund: IMF) / 307
국제회계감독기구(International Forum of Independent Audit Regulators: IFIAR) / 52
규모의 경제(economies of scale) / 437
규모의 비경제(diseconomies of scale) / 438
규모효과(size effect) / 162
균형부채량(equilibrium debt) / 322
균형부채이론 / 322
그린메일(greenmail) / 457
극한의 부채비율(extreme leverage) / 317
근시안적 평가 / 445
금리스왑(interest rate swap) / 202
금리 캡(interest-rate cap) / 201
금리 플로어(interest-rate floor) / 201
금융감독기관 / 50
금융감독원(Financial Supervisory Service, www.fss.or.kr) / 51
금융겸업화 / 54
금융공학(financial engineering) / 44
금융공황(financial panic) / 35, 53
금융규제 / 49
금융기관의 기능 / 42
금융리스(financial lease) / 255
금융시스템(financial system) / 33
금융시장(financial markets) / 39
금융안정위원회(Financial Stability Board: FSB) / 52
금융안정포럼(Financial Stability Forum: FSF) / 52
금융위원회(Financial Services Commission, www.fsc.go.kr) / 50
금융자산(financial asset) / 5
금융자산위험(financial-asset risk) / 172
금융중개기관(financial intermediary) / 40
금융통화위원회 / 51
금융혁신(financial innovation) / 43
기간비교(inter-period comparison) / 408
기대수익률(expected rate of return) / 13, 127
기대인플레이션(expected inflation) / 106
기대인플레이션율(expected inflation rate) / 82
기본NPV(base-case NPV) / 318
기본가치(fundamental value) / 92
기본요인(fundamentals) / 93
기술적 지급불능(technical insolvency) / 463
기술적 타당성분석(technical feasibility analysis) / 223
기업(firm) / 5
기업가치(value of the firm) / 10, 17, 315
기업가치 극대화 / 7, 19
기업가치평가모형 / 114

기업개선작업(workout) / 463
기업경영의 감시 / 34
기업고유자산(firm-specific asset) / 324, 467
기업구조조정촉진법 / 464
기업 규모(Size) / 160
기업분산투자(corporate diversification) / 177
기업분할(spin-off) / 438
기업어음(commercial paper: CP) / 40, 98, 373
기업인수(takeover) / 443
기업재무(corporate finance) / 4
기업지배구조(corporate governance) / 6, 484
기업지배구조원칙 / 489
기업확장(expansion) / 437
기준금리(reference rate) / 77
기초자산(underlying asset) / 40, 192
기회비용(opportunity cost) / 234, 278, 367
깨진 항아리에 물 붓기(good money after bad money) / 269

(ㄴ)

납세전 이자율(before-tax interest rate) / 84
납세후 기준(after-tax basis) / 230
납세후 이자율(after-tax interest rate) / 84
낭비적 소비(perks) / 22, 326
내구소비재위험(consumer-durable asset risk) / 172
내부수익률(internal rate of return: IRR) / 78, 246
내부유보율(retention ratio) / 109, 345
내부자(insider) / 161
내부적 성장(internal growth) / 445
내부주주(inside shareholders) / 485
내부지배구조 / 485

(ㄷ)

다각화(diversification) / 440
다우 · 존스 산업평균(Dow-Jones Industrial Average) / 117
단기금융시장 / 39
단기유가증권 / 373
단기재무계획 / 421
단기차입금(short-term borrowings) / 388
단기채권 / 98
단독투자(sole venture) / 205
단위당 공헌이익(unit contribution margin) / 412
단일가격의 법칙(law of one price) / 91
담합(tacit collusion) / 447
당기소득(current income) / 352
당좌비율 / 400
대리인(agent) / 21
대리인문제 / 21, 351, 446, 473
대리인비용(agency cost) / 22, 326
대상기업(target firm) / 448
대손(貸損, loan loss) / 366, 374
대용회사(proxy company) / 291
대체원가(replacement cost) / 445
대체투자(replacement) / 225, 227
대출한도(line of credit) / 424
대표성(representativeness) 휴리스틱 / 27, 158
더치 옥션(Dutch auction) / 358
도덕적 해이(moral hazard) / 48, 181
독립적 투자(independent investment) / 227
독약 칠하기(poison pills) / 456
동인도회사(East India Co.) / 15
동질적 예상(homogeneous expectations) / 145, 309
동질적 위험등급(homogeneous risk class) / 309
등가연간연금(equivalent annual annuity) / 253
등급하락위험(degrading risk) / 173

(ㄹ)

라이센싱(licensing) / 204
런던은행간금리(London interbank offered rate) / 202
레몬(lemon) / 46
레몬문제 / 46
레버리지(leverage) / 305
레버리지비율(leverage ratios) / 398

로쓰(S. A. Ross) / 331
리스(lease) / 255
리스의 순이득(net advantage of lease: NAL) / 256

(ㅁ)
마르첼라(marcella) / 36
마코위츠(H. Markowitz) / 126, 153
마코위츠 프런티어(Markowitz frontier) / 144
만기(maturity) / 95, 197, 387
만기대응정책(maturity matching policy) / 389
만기수익률(yield to maturity: YTM) / 99
만기일(maturity) / 192
매각처분(sell-off) / 438
매도포지션(short position) / 188
매몰원가(sunk cost) / 234
매수포지션(long position) / 188
매입채무(account payable) / 384, 388
매입헤징(long hedging) / 188
매출액백분율법(percentage-of-sales method) / 420
매출액순이익률(net margin on sales) / 405
매출액영업이익률(operating margin on sales) / 404
매출액증가율 / 403
매출액총이익률(gross margin on sales) / 404
매출채권 / 374
매출채권경과일수표(aging schedule) / 381
매출채권통제 / 382
면역전략(immunization) / 105
면책금액(deductible) / 49, 182
면책조항(免責條項, exclusion) / 182
명목가치(nominal value) / 80
명목이자율(nominal rate of interest) / 81
명목자본비용(nominal cost of capital) / 251
명목현금흐름(nominal cash flow) / 251
명시적 비용(explicit cost) / 278
명제 Ⅱ / 313
모딜리아니와 밀러(F. Modigliani & M. H. Miller) / 308
목표자본구조(target capital structure) / 294, 336
목표현금잔고(target cash balance) / 370
무위험수익률(risk-free rate of return) / 12, 64
무위험이자율 / 12, 64, 197
무위험자산(riskless asset) / 64, 144
무이표채권(zero-coupon bond) / 95
무임승차자(free rider) / 475, 490
무차익거래조건(no-arbitrage condition) / 92
무한책임(unlimited liability) / 16
물가연동국고채(treasury inflation-protected securities: TIPS) / 106
미국 연방준비제도(Federal Reserve System: FRS) / 84
미국형 옵션(American option) / 193
미래가치(future value: FV) / 64
미래가치계수(future value factor: FVF) / 65
미지급금(accruals) / 388
민간신용평가회사(credit bureau: CB) / 48
민감도분석(sensitivity analysis) / 262

(ㅂ)
바젤 II / 56
바젤 III / 56
바젤은행감독위원회(Basel Committee on Banking Supervision: BCBS) / 52
반기(semiannual) 이자율 / 96
받을어음(notes and bills receivable) / 374
발행시장(primary market) / 40
방코(banco) / 36
배당(dividend) / 6
배당락주가(配當落株價) / 108, 345
배당률 / 345
배당부주가(配當附, cum-dividend price) / 345
배당성향(dividend payout ratio) / 345
배당소득(dividend income) / 107, 343
배당소득세 / 320
배당수익률(dividend yield) / 346
배당의 부분조정모형 / 356
배당정책(dividend policy) / 6, 347

배당할인모형(dividend discount model: DDM) / 108
배드뱅크(bad bank) / 443
백기사(white knight) / 456
벌칙(penalty) / 332
범위의 경제(economies of scope) / 437
범위의 비경제(diseconomies of scope) / 438
법인격 / 20
법인세절약효과(tax shield) / 230, 251, 281
법정관리 / 465
베타계수(beta coefficient) / 151, 158
변동금리채권 / 98
변동비(variable cost) / 410
변동비율(變動費率) / 410
변동성(variability 또는 volatility) / 125
변동소득증권(variable income securities) / 106
변동지급액(variable pay) / 482
보상한도(cap) / 182
보완투자(complementary investments) / 226
보통주(common stock) / 16, 107
보험(insurance) / 178, 181
보험시장(insurance market) / 40
복리계산(compounding) / 64
부(富, wealth) / 4
부(富, wealth)의 극대화 / 9
부실대출(bad debt) / 35
부채(debt) / 5, 16, 18
부채가치(value of debt) / 10, 18
부채걸림돌(debt overhang) / 329, 479
부채비율(debt ratio) / 306, 313, 400
부채의 법인세절약효과 / 314
부채의 자본비용 / 284
부채이용의 세금절약효과(tax shield of debt) / 321
분산(分散, variance) / 125, 129
분산가능위험(diversifiable risk) / 152
분산불가능위험(undiversifiable risk) / 152
분산투자(diversification) / 132, 177
불편기대가설(unbiased expectations hypothesis) / 104
불확실성(uncertainty) / 12
블랙 · 숄즈 옵션가격결정모형(Black-Scholes Option Pricing Model: BS OPM) / 196, 198
블랙메일(blackmail) / 457
비교우위(comparative advantage) / 203
비기대인플레이션(unexpected inflation) / 106
비기대인플레이션율(unexpected inflation rate) / 82
비상장회사의 자기자본비용 / 291
비유동비율(non-current ratio) / 402
비유동장기적합률(non-current assets to long-term capital ratio) / 402
비율분석(ratio analysis) / 398
비은행 예금취급기관(non-bank depository institution) / 41
비정상수익률(abnoraml return) / 161
비체계적 위험(unsystematic risk) / 152
비합리성(irrationality) / 25
비현금배당(non-cash dividend) / 344

(ㅅ)

사양주(declining stock) / 110
사업부의 자본비용(cost of capital of a division) / 279
사외이사(outside or non-executive director) / 487
사잇돌 대출 / 48
사적 부채(privately placed debt) / 331, 467
사적 정보(private information) / 148, 161
사적 편익(private benefit) / 266
사전적(ex ante) / 14, 158
사전적(ex ante) 수익률 / 127
사회보험 / 183
사후적(ex post) / 14, 158
사후적(ex post) 수익률 / 127
산업평균비율(industrial average ratio) / 408
산조르지오은행(Banco di San Giorgio, Bank of St. George) / 36
상관계수(correlation coefficient) / 134
상대가치(relative value) / 93

상대가치평가모형(relative valuation model) / 112
상업금융(commercial banking) / 41
상품스왑(commodity swap) / 203
상호배타적 투자(mutually exclusive investments) / 227
상호출자(cross shareholding) / 488
상환의지(willingness to pay) / 377
새벽의 기습(dawn raid) / 449
생명보험 / 182
생산위험(production risk) / 172
샤프(W. Sharpe) / 153
선도계약(forward contract) / 178, 186
선물(futures) / 178, 186
선물계약(先物契約, futures contract) / 186
선순위부채(senior debt) / 464
선연금(annuity due) / 78
설비투자 / 225
성과기준 보상(performance-based compensation) / 481
성과지표 / 481
성장기회(growth opportunities) / 110
성장기회의 현재가치(present value of growth opportunities: PVGO) / 111
성장성비율(growth ratios) / 399, 403
성장주(growth stock) / 110
세계화(globalization) / 43
소외기업효과(neglected firm effect) / 162
소유경영자(owner manager) / 476
소유구조(ownership structure) / 439
소유와 경영의 분리(separation of ownership and management) / 20
소음거래자(noise trader) / 92
손실예방 및 통제(loss prevention and control) / 176
손실회피(risk aversion) / 27
손 안에 든 새(a bird in the hand) / 352
손익분기도(break-even chart) / 409
손익분기분석(break-even analysis) / 408
손익분기점(beak-even point: BEP) / 408
손해보험 / 183
수금기간(collection period) / 381
수금정책(collection policy) / 381
수량할인(quantity discount) / 376
수명주기(life cycle) / 110, 223
수익률 / 125, 127
수익률곡선(yield curve) / 103
수익성(earnings) / 57
수익성비율(profitability ratios) / 399, 404
수익성지수(profitability index: PI) / 252
수정내부수익률(modified internal rate of return: MIRR) / 250
수정베타 / 158
수정현가(adjusted present value: APV) / 318
수직적 통합(vertical integration) / 444
수평적 통합(horizontal integration) / 444
순운전자본(net working capital) / 234, 365
순자산(net worth) / 94, 113
순현금흐름(net cash flow) / 7, 228
순현재가치(net present value: NPV) / 25, 242
스왑(swap) / 178, 202
스탠다드 · 푸어 500(Standard and Poor's 500: S&P500) / 115
스톡그랜트(stock grant) / 23, 484
스톡옵션(stock option) / 23, 483
승자의 저주(winner's curse) / 457
시기선택(market timing) / 337
시너지(synergy) / 443
시스템위험(systemic risk) / 57
시장가격(market price) / 92
시장규율(market discipline) / 24, 38, 55, 487
시장모형(market model) / 149
시장분석(market analysis) / 223
시장성(marketability) / 373
시장성유가증권(marketable securities) / 372
시장실패(market failure) / 46
시장위험(market risk) / 56, 173
시장위험에 대한 민감도(sensitivity to market risk) / 57

시장중심(market-oriented) 금융시스템 / 37
시장포트폴리오(market portfolio) / 146
시차선호(time preference) / 63
시카고옵션거래소(Chicago Board of Options Exchange: CBOE) / 192
신설합병(consolidation) / 441
신속비율(quick ratio) / 400
신용(credit) / 374
신용결정(credit decision) / 380
신용경색(credit crunch) / 307
신용기간(credit period) / 376
신용도(creditworthiness) / 377
신용보증(credit guarantee) / 184
신용수단(credit instrument) / 376
신용스프레드(credit spread) / 103
신용위험(credit risk) / 56, 105, 173, 373
신용파생상품(credit derivative) / 184
신용판매 / 374
신용평점시스템(credit scoring system: CSS) / 378
신용할당(credit rationing) / 48
신주발행비용 / 353
신형우선주 / 289
신호(signal) / 332, 350
신호균형(signalling equilibrium) / 333
신호비용(signalling cost) / 333
신호이론(signalling approach) / 332
신호효과 / 358
실물옵션(real option) / 254
실물자산(real asset) / 5
실업위험 / 172
실질가치(real value) / 81
실질이자율(real rate of interest) / 81
실질자본비용(real cost of capital) / 251
실질현금흐름(real cash flow) / 251
실천에 의한 교육(teaching by doing) / 459
실천에 의한 학습(learning by doing) / 459
실효연간이자율(effective annual rate: EAR) / 72
심리적 회계(mental accounting) / 353

(ㅇ)

안전자산 선호(flight to quality) / 102
안정배당정책(stable dividend policy) / 355
안정성(stability) / 54
안정성비율(stability ratios) / 398, 402
안주(entrenchment) / 446, 477
암시적 비용(implicit cost) / 278
암흑의 월요일(Black Monday) / 117
액면가(face value 또는 par value) / 95
양도성예금증서(negotiable certificate of deposit: CD) / 40, 98, 373
양도소득세 / 320
업무영역규제 / 54
엔론(Enron) / 484
역사적 정보 / 160
역선택(adverse selection) / 46, 181
연간단순이자율(annual percentage rate: APR) / 72
연금(annuity) / 73
연금의 현재가치 / 75
연금현재가치계수(present value factor of annuity) / 76
연기옵션(option to delay) / 255
연방파산법(Federal Bankruptcy Reform Act) / 466
연속복리(continuous compounding) / 70
연속할인(continuous discounting) / 70
연율화(annualization) / 384
영속부채 / 285
영속연금(perpetuity) / 73, 110
영속연금의 현재가치 / 74
영속채권(perpetual consol) / 73
영업담당임원 / 8
영업레버리지도(degree of operating leverage: DOL) / 415
영업시너지(operating synergy) / 444
영업용순자본비율 / 56
영업지속성관리(business continuity management: BCM)

/ 177
예금보험 / 58
예금보험공사 / 51
예금인출사태(bank run) / 35, 53
예비적 동기(precautionary motive) / 369
예외에 의한 관리(management by exceptions) / 381
오류예방설계(error-preventive design) / 176
옵션(option) / 178, 191
옵션가격(option price) / 191, 193
옵션프리미엄(option premium) / 193
완비계약(complete contract) / 22
완전상관 / 134
완전헤징(perfect hedging) / 189
왕관의 보석(crown jewel) / 456
왕국구축(empire building) / 266
외부자기자본(outside equity) / 326
외부주주(outside shareholders) / 475
외부지배구조 / 486
외상매입금(accounts payable) / 384
외상매출금(accounts receivable) / 374
외적 성장(external growth) / 440
요구불예금 / 40
요구수익률(required rate of return) / 107
우선주(preferred stock) / 17, 288
우선주의 자본비용(cost of preferred stock) / 288
우선청약권(preemptive right) / 334
우호적 기업인수(friendly takeover) / 449
운영위험(operational risk) / 173
운용리스(operating lease) / 255
운전자본(working capital) / 365
운전자본관리(working capital management) / 6, 221
웃돈(premium) / 456, 458
원리금이체증권(pass-through securities) / 43
원천별 자본비용(component cost of capital) / 279
월간효과(monthly effect) / 162
위임장투쟁(proxy fighting) / 443, 475
위험(risk) / 12, 125, 171
위험가중(risk-weighted)자산 / 54, 401
위험감소 / 43
위험감소효과 / 141
위험경감투자(risk-reducing investment) / 225
위험관리(risk management) / 6, 34, 174
위험노출(risk exposure) / 171
위험수용(risk retention) / 176
위험 · 수익의 교환관계(risk-return tradeoff) / 13, 398
위험식별(risk identification) / 175
위험의 시장가격(market price of risk) / 148
위험자산(risky asset) / 144
위험전가(risk transfer) / 176
위험평가(risk assessment) / 175
위험프리미엄(risk premium) / 13
위험회피(risk avoidance) / 175, 266
위험회피적(risk averse) / 125, 171
위험회피적(risk averse) 투자 / 13
유기적 성장(organic growth) / 462
유동비율(current ratio) / 399
유동성(liquidity) / 57, 240, 373, 397, 399
유동성규제 / 55
유동성비율(liquidity ratios) / 398
유동성위기(liquidity crisis) / 240, 424
유동자산 / 367
유럽중앙은행(European Central Bank: ECB) / 84
유럽형 옵션(European option) / 192
유보율(reserve ratio) / 346
유인(incentive) / 23, 480
유인합치계약(incentive-compatible contract) / 23
유인합치의 원칙 / 480
유통시장(secondary market) / 40
유한책임(limited liability) / 17, 20
은행(bank) / 36, 41
은행가비율(banker's ratio) / 399
은행감독위원회 / 401
은행의 소유규제 / 54
은행중심(bank-oriented) 금융시스템 / 35

의제배당(擬制配當) / 359
이사회(board of directors) / 485
이산적 복리(discrete compounding) / 70
이산적 할인(discrete discounting) / 70
이상현상(anomalies) / 45, 161
이익계획(profit planning) / 413
이자 및 법인세지급전 이익(EBIT) / 401
이자보상비율(times interest earned) / 401
이자비용 / 233
이자소득세 / 320
이자율 / 63
이자율위험(interest rate risk) / 105
이자율의 기간구조(term structure of interest rates) / 103
이자율평가설(interest rate parity theory) / 206
이폭(margin) / 404
이표이율(coupon rate) / 95
이표이자(coupon interest) / 95
이표채권(coupon bond) / 95
이해관계자(stakeholder) / 6, 473
인공지능(artificial intelligence: AI) / 44
인수(underwrite) / 40
인수 · 합병(merger and acquisition: M&A) / 222
인플레이션 / 80
인플레이션위험(inflation risk) / 106
一物一價의 법칙 / 91
일반은행(commercial bank) / 41
1월효과(January effect) / 162
일일정산(日日精算, marking to the market: MTM) / 187
일정성장모형(constant growth model) / 109, 289
일정성장 영속연금(constant growth perpetuity) / 74
일정성장 영속연금의 현재가치 / 74
잉여현금흐름(free cash flow) / 114, 266, 351, 359

(ㅈ)

자가배당(home-made dividend) / 349
자가주식(home-made stock) / 349
자금계획 / 424
자금관리대행제도(cash management system: CMS) / 372
자금조달금리(cost of funds index, 코픽스: cofix) / 77
자기 과신(overconfidence) / 26, 268
자기귀속의 오류(self-attribution error) / 482
자기자본(equity) / 5, 16, 18, 289
자기자본가치(value of equity) / 10, 18
자기자본비용(cost of equity) / 289
자기자본비율 / 401
자기자본순이익률(return on equity: ROE) / 405
자기자본이익률(return on equity: ROE) / 109
자본구조(capital structure) / 305
자본구조결정(capital structure decision) / 6
자본구조 재구성(recapitalization) / 456
자본비용(cost of capital) / 243, 277, 308
자본시장(capital market) / 40
자본시장선(capital market line: CML) / 148
자본예산(capital budgeting) / 222
자본예산결정(capital budgeting) / 5
자본이득(capital gain) / 107, 320, 344
자본이득세 / 320
자본자산가격결정모형(capital asset pricing model: CAPM) / 153
자본적정성(capital adequacy) / 57
자본적 지출(capital expenditure) / 222
자본조달결정(financing decision) / 5, 7
자본조달순위이론(pecking order theory) / 333, 351
자본조달 우선순위(pecking order) / 337
자본할당(capital rationing) / 252
자사주매입(stock repurchase) / 344, 358, 439
자산건전성(asset quality) / 57
자산건전성규제 / 55
자산대체문제 / 327
자산베타(asset beta) / 291, 296
자산취득(acquisition of assets) / 442
자원의 시간적 · 공간적 이전 / 33
자유경쟁시장(free and competitive market) / 92

자유현금흐름(free cash flow: FCF) / 114
잔여손실(residual loss) / 23
잔여적 결정(residual decision) / 343
잔여적 청구권(residual claim) / 16
장부가/시가비율 / 160
장부가치(book value) / 94
재건형 절차 / 467
재고관리 / 384
재고자산회전율(inventory turnover) / 403
재고편익(convenience yield) / 190
재무(財務, finance) / 3
재무경제학(financial economics) / 4
재무계획(financial planning) / 418
재무관리(financial management) / 4
재무관리 조직 / 8
재무담당임원 / 8
재무레버리지 / 416
재무레버리지도(degree of financial leverage: DFL) / 416
재무분석(financial analysis) / 397
재무비율(financial ratios) / 398
재무상태 / 94
재무상태표 헤징(B/S hedging) / 209
재무슬랙(financial slack) / 337
재무시너지(financial synergy) / 444
재무예측(financial forecasting) / 418, 419
재무위험(financial risk) / 14, 291, 306
재무적 곤경(financial distress) / 323, 462
재무적 곤경의 비용(costs of financial distress) / 323
재무학(finance) / 4
재벌(財閥) / 489
재정거래(裁定去來) / 91
재정학(public finance) / 5
재투자수익률 / 247
재협상(renegotiation) / 479, 486
재협상가능성(renegotiability) / 35
적기시정조치(prompt corrective action) / 57
적대적 기업인수(hostile takeover) / 449
적시(just-in-time)재고관리 / 386
전략적 재배치 / 445
전략적 제휴(strategic alliance) / 460
전략적 투자(strategic investment) / 225, 461
전액차입(全額借入)효과 / 256
전업주의(專業主義) / 44, 54
전염효과(contagion) / 50
전자단기사채 / 40, 388
전제투자(premise investment) / 226
전환사채(convertible bond) / 17, 287
전환사채의 자본비용 / 287
절대다수(super-majority) / 456
절사율(cut-off rate 또는 hurdle rate) / 247, 279
정기배당(regular dividend) / 344
정보비대칭(information asymmetry) / 46, 331
정보효율성(informational efficiency) / 45
정부저당금고(Government National Mortgage Association: GNMA) / 43
정상연금(ordinary annuity) / 78
정치적 위험(political risk) / 298
정크본드(junk bond) / 102
정태적 주식(static stock) / 110
제품투자(product investment) / 225
제한된 합리성(bounded rationality) / 24
조달비용(floating costs) / 318
조정현재가치(adjusted present value: APV) / 246
주가순자산비율 / 113
주가이익비율(price/earnings ratio: PER) / 112, 160, 453
주가장부가치비율(price to book value ratio: PBR) / 113
주가지수(stock price index) / 115
주거래은행 / 487
주거래은행제(main-bank system) / 35
주당배당(dividend per share: DPS) / 345
주당이익(earnings per share: EPS) / 110
주말효과(weekend effect) / 162
주식 / 106

주식교환 / 450
주식교환비율 / 452
주식매집(buy-back) / 439
주식매집중지협정(standstill agreement) / 439
주식배당(stock dividend) / 344, 360
주식베타(equity beta) / 291, 296
주식취득(acquisition of shares) / 442
주식회사(corporation) / 15, 20
주식회사의 기원 / 15
주인(principal) / 21
주주(shareholder) / 5, 10
주주부(株主富, shareholder's wealth) / 10
주주부의 극대화 / 7, 19
주주분할(split-off) / 438
주주잉여현금흐름(free cash flow of equity: FCFE) / 115
주주행동주의(shareholder activism) / 490
중금리 대출 / 47
증거금(margin) / 187
증권선물위원회 / 51
증권시장(securities market) / 40
증권시장선(security market line: SML) / 154
증권화(securitization) / 43
증분현금흐름(incremental cash flow) / 230
지급결제수단 / 43
지급불능(insolvency) / 16
지급어음(notes and bills payable) / 384
지급여력비율 / 56
지급패턴 어프로치(payment pattern approach) / 383
지니매(Ginnie Mae) / 43
지렛대효과 / 305
지배구조(governance) / 20
지배권(control) / 439, 477
지분매각(equity carve-out) / 438
지주회사분할(split-up) / 438
지표채권(indicator bond) / 95
직접금융시장 / 40
직접 재매입(direct repurchase) / 358
질적 평가(qualitative evaluation) / 224
집단소송(class action) / 492
집중투표제(cumulative voting system) / 491
집착(anchoring) / 27
집행이사(executive director) / 487

(ㅊ)

차등과세 / 350
차익거래(差益去來, arbitrage) / 91, 100, 311
차익거래자(arbitrageur) / 91
차입능력(borrowing capacity) / 296, 319
참여(participation)의 원칙 / 480
참호파기(entrenching) / 266
채권(債券, bond) / 94
채권자(debtholder) / 5
채무불이행(default) / 16
채무불이행위험(default risk) / 102, 173
채무위험(liability risk) / 172
채무자 회생 및 파산에 관한 법률 / 464
처분옵션(option to abandon) / 255
천재지변(natural calamity) / 172
청구권(claims) / 5, 16
청산형 절차 / 467
체계적 위험(systematic risk) / 152, 154
체계적 위험(베타계수) / 153
총자본비용(overall cost of capital) / 281, 309
총자산순이익률(net income to total assets) / 405
총자산영업이익률(operating income to total assets) / 405
총자산증가율 / 404
총자산회전율(total assets turnover) / 403
최소제곱법(least squares) / 150
최저의 요구수익률(minimum required rate of return) / 278
최적배당정책 / 349
최적위험포트폴리오(optimal portfolio of risky assets) / 144, 147

최적자본구조 / 308, 309
최적주문규모 / 386
최적현금잔고 / 369
추가배당(extra dividend) / 344
추정재무제표(pro forma financial statements) / 418

(ㅋ)
카너먼(Daniel Kahneman) / 24
캘린더효과 / 161
케인즈(J. M. Keynes) / 92
코스피(Korea Stock Price Index, 종합주기지수: KOSPI) / 115
코파르베르크(Stora Kopparberg) / 15
콘트롤러(controller) / 8
콜론(call loan) / 40
콜옵션(call option) / 192

(ㅌ)
타인자본비용 / 284
턴키(turn key)계약 / 204
토빈의 분리정리(Tobin's separation theorem) / 146
토요일밤 특별프로(Saturday Night Special) / 456
통제력 인식(perceived control) / 268
통제력 환상(illusion of control) / 26
통화량 / 102
통화스왑(foreign currency swap) / 203
통화안정증권 / 95
투기(speculation) / 187
투기등급(speculative grade) / 102
투기적 동기(speculative motive) / 369
투명성(transparency) / 485
투입기준 보상(input-based compensation) / 481
투입확대(escalation of commitment) / 269
투자(investment) / 221
투자결정(investment decision) / 5, 477
투자기회집합(opportunity set) / 142
투자등급(investment grade) / 102
투자안의 자본비용 / 279, 295
투자의 사회적 책임(socially responsible investing) / 491
투자의 현금흐름 민감성(sensitivity of investment to cash flow) / 236
투자이익률(return on assets: ROA) / 405
투자적격채권 / 102
투자환수(divestiture) / 438
트라페주스(Trapezus) / 36
트레저러(treasurer) / 8
트버스키(Amos N. Tversky) / 24
특별배당(special dividend) / 344
특성선(characteristic line) / 150
특수은행 / 41

(ㅍ)
파산에 의한 청산(liquidation by bankruptcy) / 466
파산절차 / 465
파생상품(derivatives) / 40, 44
파생상품시장 / 40
판매조건(terms of sale) / 376
판별분석(discriminant analysis) / 378
팩토링(factoring) / 382
편익/비용 비율(benefit/cost ratio: B/C ratio) / 252
편중여신규제 / 55
편향(bias) / 26
평균매입채무신용기간(average payment period: APP) / 384
평균 · 분산기준(mean-variance criterion) / 126
평균수금기간(days of sales outstanding) / 383
평균재고기간(average inventory period: AIP) / 386
평활화(smoothing) / 356
포용적 금융(financial inclusion) / 48
포트폴리오(portfolio) / 125, 132
포트폴리오보험(portfolio insurance) / 200
포트폴리오의 위험 / 138
표본선택의 편의(sample-selection bias) / 160
표준편차(標準偏差, standard deviation) / 125, 129

푸블리카니(Publicani) / 15
품질보증(warranty) / 184
풋 · 콜 패리티(put-call parity) / 199
프랜차이징(franchising) / 204
프레이밍 효과(framing effect) / 27
피셔(Irving Fisher) / 11
피셔의 분리정리 / 11
피셔 포인트(Fisher's point) / 250
피셔효과(Fisher effect) / 82
피합병회사(acquired firm) / 441
핀테크(fintech) / 44, 48

(ㅎ)

하마다(R. Hamada)의 공식 / 291
하우스방크 시스템(hausbank system) / 35
한국거래소 / 115
한국은행 / 51
할부상환(amortization) / 77
할인(discounting) / 67
할인가치(discounted value) / 94
할인율(discount rate) / 67, 69, 243
할인채권(discount bond) / 95
할인회수기간(discounted payback period) / 241
합리성(rationality) / 24
합리적 거래자(rational trader) / 92
합병 / 441
합병대가 / 450
합병회사(acquiring firm) / 441
합작투자(joint venture) / 205, 459
해외직접투자(foreign direct investment) / 261, 460
해외투자 / 338
해외투자안의 자본비용 / 298
행사가격(exercise price) / 192, 196
행태경제학(behavioral economics) / 24
행태재무학(behavioral finance) / 24, 162
행태적인 편향 / 14
헤징(hedging) / 178, 188
현금관리(cash management) / 369
현금배당(cash dividend) / 344
현금보유의 동기 / 369
현금예산(cash budget) / 418, 421
현금예산표 / 422
현금유입(cash inflow) / 7, 228
현금유출(cash outflow) / 7, 228
현금잔고(cash balance) / 369
현금잔고의 상한선 / 371
현금전환주기(cash conversion cycle: CCC) / 387
현금지급 / 450
현금취급비용(cash-handling cost) / 372
현금할인(cash discount) / 376
현금흐름(cash flow) / 7, 228
현금흐름능력(cash- flow capacity) / 377
현물거래(現物去來, spot transaction) / 185
현물 · 선물 패리티(spot-futures parity) / 189
현물이자율(spot rate of interest) / 104
현재가치(present value: PV) / 13, 67
현재가치계수(present value factor: PVF) / 67
혼성증권(hybrid securities) / 17
화의 / 465
화이트 스콰이어(white squire) / 457
화폐시장(money market) / 39
화폐의 시간가치(time value of money) / 13, 63
확신편향(confirmation bias) / 26
확실한 손실의 회피(aversion to a sure loss) / 27, 269
확장옵션(option to expand) / 254
확장투자(expansion) / 225
확정소득증권(fixed income securities) / 94
확증(bonding) / 23
확증비용(bonding cost) / 23
환노출(foreign exchange exposure) / 208
환산노출(translation exposure) / 208
환위험(exchange risk) / 208
환위험관리 / 205, 209
환율(exchange rate) / 205

환율결정의 이론 / 205
활동성비율(activity ratios) / 398, 402
황금낙하산(golden parachute) / 439
회계적 이익 / 228
회계적 이익률(accounting rate of return) / 237
회복시간(recovery time) / 177
회사정리 / 465
회사채(corporate bond) / 95
회사채의 자본비용 / 286
회생절차 / 465
회수기간(payback period) / 239, 477
회전율(turnover) / 403
효용(utility) / 9
효율적 금융시장 / 45
효율적 분산투자(efficient diversification) / 139
효율적 시장(efficient market) / 45, 160
효율적 위험배분(efficient risk allocation) / 179
효율적 투자기회선(efficient frontier) / 143
효율적 포트폴리오(efficient portfolio) / 143
후생투자(welfare investment) / 225
후순위 주택저당대출(subprime mortgage) / 185
후순위부채(junior debt) / 464
휴리스틱(heuristic) / 14, 26
흑자도산(黑字倒産) / 367
흡수합병(merger) / 441

(기타)

bank / 36
basis point / 64
BIS기준 / 401
BIS기준 자기자본비율 / 55
BIS기준 자기자본비율규제 / 53
BTL(build-transfer-lease) / 260
BTO(build- transfer-operate) / 260
CAMELS / 57
Capacity(상환능력) / 377
Capital(재무상태) / 377
CAPM / 290
CDO(collateralized debt obligation) / 184
CDS(credit default swap) / 184
CEO(chief executive officer) / 8
CFO(chief financial officer) / 8
Character(상환의지) / 377
Collateral(담보) / 377
Condition(경제상태) / 377
COO(chief operations officer) / 8
LBO(leveraged buy-out) / 439, 458
M&A(merger and acquisition) / 24, 440, 486
MM(1958) / 309
MM(1961)의 배당무관련이론 / 347
MM(1963)의 자본구조이론 / 313
NPV / 25
P&A(purchase & assumption) / 443
PBR / 477
Pillar 1 / 56
Pillar 2 / 56
Pillar 3 / 56
PVFD(present value of costs of financial distress) / 324
q비율 / 446
SOD(separation of duties) / 176

저자약력

조 담

- 고려대학교 경영대학 경영학과 졸업
- 경영학박사(고려대학교)
- Texas Tech Univ., Univ. of Wisconsin-Madison 및 Univ. of Pennsylvania 교환교수
- 한국재무학회 편집위원장 역임
- 한국재무관리학회 회장 역임
- 공인회계사 출제위원 역임
- 삼성화재 및 보험개발원 자문교수, 리딩투자증권 사외이사 역임
- 국민은행 및 KB금융지주 사외이사(리스크관리위원장) 역임
- KB금융지주 이사회 의장 역임
- 전남대학교 경영대학 명예교수

[저서]

- 한국증권시장론(무역경영사, 1980)
- 투자론(공저, 무역경영사, 1981)
- 재무관리(무역경영사, 1992)
- 경영분석론(공저, 박영사, 1995)
- 재무관리연습(무역경영사, 1995)
- 투자론(제8전정판, 공저, 학현사, 2008)
- 행태과학으로 본 재무관리(번역서, 청람, 2012)
- 금융계량분석(제2판, 청람, 2013)

- E-mail : damcho@chonnam.ac.kr
- 홈페이지 : altair.chonnam.ac.kr/~damcho

위정범

- 서울대학교 사회과학대학 경제학과 졸업
- 경제학석사(University of Iowa)
- 경제학박사(University of Oregon)
- 한국경제연구원 금융·조세연구실장 역임
- Drexel Univ. 교환교수
- 한국경영학회, 한국금융학회, 한국재무학회, 한국재무관리학회, 한국증권학회, 한국파생상품학회 등 임원/편집위원 역임
- KB국민카드 사외이사/감사위원, 리스크관리위원장 역임
- 국유재산관리기금, 한국원자력환경공단 위험관리위원장 등
- 경희대학교 경영대학 경영학과 교수

[저서]

- 한국 기업의 해외주식연계증권 발행에 의한 자금조달비용 분석(한국경제연구원, 1996)
- 한국의 기업 환경과 재무구조(한국경제연구원, 1998)
- 금융기관기업 구조조정의 정책방향과 과제(한국경제연구원, 1998)
- 제1차 금융 구조조정의 평가와 향후 과제(한국경제연구원, 1999)
- 20대를 위한 스마트 금융생활가이드(공저, 한국재무학회 · 생명보험사회공헌위원회, 2012)
- 투자론(공저, 청람, 2014)
- 재무금융 리스크 관리(번역서, 경문사, 2014)
- 핵심 투자론(번역서, Pearson, 2015)

- E-mail: jbw@khu.ac.kr

전정7판

현대재무관리 【정가 : 33,000원】

2018년 2월 15일 7판 1쇄 발행
2020년 8월 15일 7판 2쇄 발행

저 자 조 담 · 위 정 범
발행자 채 규 호

발행처 **무 역 경 영 사**

서울특별시 영등포구 양평로 21길 26(2504호)
전화 : (719) 3621 ~ 4
FAX : (719) 3 6 2 5
E-mail : muyok@unitel.co.kr
홈페이지 : www.muyokpub.co.kr
등록 : 1992년 2월 19일 제10-675호

ISBN : 978-89-468-0671-9